명품 평생환급반

★★★★★

가장 많은 학생들이 랜드하나 명품 환급 보장반을
선택하는 데에는 이유가 있습니다!

왜 명품환급인가?

합격할 때까지 모든 강의
무제한 수강 가능

언제든지 합격하면 환급
→ 합격시까지 환급 보장

업계최초! 1차도 환급,
2차도 환급!

모든 특강**도**
전부 포함

모든 교재 + 특강 교재
모두 제공

월간모의고사
전회차 **제공**

EBS 방송교재

★★★★★

공인중개사 신뢰도 1위

공인중개사
답은 하나
랜드하나

2025

랜드하나 공인중개사 기본서

2차 부동산공법

랜드하나 수험연구소

랜드하나

머리말 PREFACE

35회 시험이 끝나고 36회 시험을 앞두고 부동산공법 기본서를 출간합니다. 공인중개사 시험은 35번의 시험을 통해 일반 국민들의 부동산관련 수준을 한 단계 끌어올렸을 뿐 아니라 공인중개사를 부동산관련 법률 전문가로서의 역할을 담당하게 만들어 국민들이 공인중개사를 보는 관점을 단순한 복덕방의 개념이 아니라 공인중개사라고 하는 전문적인 직업의 영역으로 포함을 시켰고 부동산전문가로 자리 잡는 데 공인중개사 시험이 큰 역할을 담당하였습니다. 하지만 이 모든 것은 시험이라고 하는 과정을 통과한 분들에게만 공인중개사라고하는 전문가로서의 지위를 부여하는 것이기에 시험의 합격을 통하여 실력을 증명을 받아야 하는 어려운 관문이 기다리고 있습니다. 이제 여러분이 전문가의 지위를 부여받을 차례입니다.
그러기위해 극복해야할 과정이 남아 있습니다. 그러기 위해서 좀 더 효율적이면서 효과적이 학습의 길을 본 교재를 통하여 제시하고자 합니다. 본 교재는 아래와 같은 특징으로 서술을 했습니다.

이 책의 특징은 다음과 같습니다.

첫째, 체계적 서술을 가장 중시하였습니다. 모든 과목이 그러하지만, 부동산공법은 법률과목으로서 특히 이론의 체계와 흐름이 중요합니다. 이론의 체계가 없는 서술은 이론의 이해를 곤란하게 할 뿐만 아니라 자칫하면 오류를 초래할 수도 있고, 체계없는 나열식 서술은 줄기없는 가지의 나무와 동일합니다. 따라서 수험생 여러분들은 본서를 보실 때 이론의 체계를 잡아야 합니다. 그런 후에 제목 또는 목차에 제시되어 있는 주제를 가지고 문장을 읽어야 합니다. 본서는 여기에 초점을 맞추어서 체계의 중요성을 가장 중요하게 생각하여 서술을 하였고, 목차가 전체의 의미를 담을 수 있도록 최대한 목차에 본문의 내용을 반영을 하였습니다. 그러므로 내용을 보시기 전에 먼저 목차의 전체흐름을 먼저 읽어보시고 내용을 보시기를 부탁드립니다. 처음에는 다소 어려움이 따르겠지만, 이렇게 함으로서 시간을 절약하고 효율적인 학습을 통하여 고득점은 아니라도 합격을 위한 점수는 충분히 득할 수 있지 않나 생각을 합니다.

둘째, 최근 부동산공법 출제경향은 단순암기의 영역이 아니라 법 해석의 영역의 출제가 이루어지고 있습니다. 이는 법률과목으로서의 올바른 출제경향이라 생각됩니다. 하지만 이런 출제경향은 비 전공자이면서 공부기간이 짧고 양이 많은 부동산공법을 공부하는 수험생들에겐 굉장히 부담스럽고 극복하기 힘든 부분이 아닌가 합니다. 여기에 도움을 드리고자 각종 도표와 탑을 활용하여 이론에 대한 이해와 암기를 돕도록 하였습니다. 이론에 대한 이해와 암기는 개별 제도에 서술되어 있는 문장만을 읽어서는 안 되는 부분이 많습니다. 이에 본서는 각종의 도표와 팁[참고학습, 핵심정리]을 활용하여 이론을 보다 입체적으로 이해하고 쉽게 이해시키고자 하였습니다.

셋째, 꼭 알아야 할 부분과 시험에서 자주 출제되는 부분은 학습포인트를 먼저 제시를 하였고, 35회 기출문제를 첨가함으로써 실제시험의 출제경향을 파악하도록 하였습니다. 단원의 끝에 최근 35회의 기출문제로 실력점검을 하고 그에 대한 상세한 해설을 첨가하였으니, 이론을 공부하고 난 다음에 확인학습 차원에서 문제를 풀어보시길 권합니다.

넷째, 공법은 개정이 빈번한 과목인데, 교재출간일 현재 뿐만 아니라 이후에 시행될 예정인 법령의 내용도 확인된 것은 모두 반영을 하였습니다. 이후에 개정 법률이 있어 추가해야할 사항이 생기면 랜드하나 홈페이지를 통하여 반영할 예정이니 랜드하나 홈페이지를 참고하시고 개정된 법령에 대한 걱정은 하지 않아도 되실 듯 합니다.

과정이 아름다우면 결과가 아름다워야 함에도 시험은 과정이 아름다워야 한다는 말보다 그 결과가 아름다워야 한다는 말이 더 어울리지 않나 합니다. 과정이 좋으면 결과도 좋아야 하지만 꼭 그렇지만은 아닌 게 우리 시험에서 현실임을 안타깝게 생각합니다. 과정과 그 결과가 동시에 모든 분들에게 아름다울 수 있는 최대공약수를 찾기 위해 기본서교재 집필과 강의를 통해 최선을 다해 보여드리고자 노력함에도 아직도 스스로가 썩 마음에 들지 않고 부족함을 느낍니다. 능력보다는 과분한 칭찬에 때로는 송구스럽고, 그럴 때마다 한 개라도 더 전달하고자 노력하지만 아직은 부족함이 너무 많은 것 같습니다. 하지만 부족함을 채워주는 많은 수험생들의 응원이 있기에 오늘도 묵묵히 강의에 임할 수 있지 않나 생각합니다. 여러분들의 힘들고 외로운 수험기간 여러분 옆에서 묵묵히 조력자가 되기를 희망 합니다.

아무쪼록 이 졸저가 여러분의 36회 공인중개사 시험 합격에 일조할 수 있길 기대하면서 원고를 탈고 합니다.

여러분의 필 합격을 기원 합니다.

편저자 배상

시험안내 GUIDE

1. 공인중개사 기본정보

1 공인중개사 개요

부동산 중개업을 건전하게 지도, 육성하고 공정하고 투명한 부동산 거래질서를 확립함으로써 국민경제에 이바지함을 목적으로 함(관계법령 : 공인중개사법)

2 수행직무

중개업의 공신력을 높이기 위해 도입된 자격증으로 부동산 중개업무, 관리대행, 컨설팅, 중개업 경영정보 제공, 상가분양 대행, 경매 매수신청 대리 업무 등을 수행

3 실시기관 홈페이지 : 한국산업인력공단 국가자격시험 홈페이지(www.Q-net.or.kr)

4 소관부처명 : 국토교통부(부동산산업과)

2. 시험정보

1 응시자격

- **제한없음(학력, 나이, 내외국인 불문)**

※ 단, 「① 공인중개사법 제4조 3에 따라 시험부정행위로 처분 받은 자의 그 제한기간이 시험시행일 전일까지 경과되지 않은 자 ② 제6조에 따라 자격이 취소된 자 ③ 시행규칙 제2조에 따른 기자격취득자」는 응시할 수 없음

- **결격사유**

1. 부정한 방법으로 공인중개사의 자격을 취득한 경우
2. 제7조 제1항의 규정을 위반하여 다른 사람에게 자기의 성명을 사용하여 중개업무를 하게 하거나 공인중개사 자격증을 양도 또는 대여한 경우
3. 제36조의 규정에 의한 자격정지처분을 받고 그 자격정지기간 중에 중개업무를 행한 경우(다른 개업공인중개사의 소속공인중개사, 중개보조원 또는 법인인 개업공인중개사의 사원, 임원이 되는 경우를 포함)
4. 이 법을 위반하여 징역형의 선고를 받은 경우
5. 시험에서 부정한 행위를 한 응시자로 그 시험시행일로부터 5년간 시험응시자격을 정지 받은자

2 시험과목 및 배점

구분	시험 과목	문항수	시험시간	시험방법
제1차시험 1교시(2과목)	1 부동산학개론(부동산감정평가론 포함) 2 민법 및 민사특별법 중 부동산 중개에 관련되는 규정	과목당 40문항 (1번~80번)	100분 (09:30~11:10)	객관식 5지 선택형
제2차시험 1교시(2과목)	1 공인중개사의 업무 및 부동산 거래신고 등에 관한 법령 및 중개실무 2 부동산공법 중 부동산중개에 관련되는 규정	과목당 40문항 (1번~80번)	100분 (13:00~14:40)	
제2차시험 2교시(1과목)	1 부동산공시에 관한 법령(부동산등기법, 공간정보의 구축 및 관리 등에 관한 법률) 및 부동산 관련 세법	40문항 (1번~40번)	50분 (15:10~16:00)	

※ 답안작성 시 법령이 필요한 경우는 시험시행일 현재 시행되고 있는 법령을 기준으로 작성

3. 시험과목별 시험범위 및 출제비율

구분	시험과목	시험 범위	출제비율
1차 시험 (2과목)	■ 부동산학개론 (부동산감정평가론 포함)	1 부동산학개론	85% 내외
		2 부동산 감정평가론	15% 내외
	■ 민법 및 민사특별법 중 부동산 중개에 관련되는 규정	1 민법의 범위 1) 총칙 중 법률행위 2) 질권을 제외한 물권법 3) 계약법 중 총칙·매매·교환·임대차	85% 내외
		2 민사특별법의 범위 1) 주택임대차보호법 2) 상가건물임대차보호법 3) 가등기담보 등에 관한 법률 4) 집합건물의 소유 및 관리에 관한 법률 5) 부동산 실권리자 명의등기에 관한 법률	15% 내외
2차 시험 (3과목)	■ 공인중개사의 업무 및 부동산 거래신고에 관한 법령 및 중개실무	1 공인중개사의 업무 및 부동산 거래신고에 관한 법령	70% 내외
		2 중개실무	30% 내외
	■ 부동산공법 중 부동산중개에 관련 되는 규정	1 국토의 계획 및 이용에 관한 법률	30% 내외
		2 도시개발법 3 도시 및 주거환경정비법	30% 내외
		4 주택법 5 건축법 6 농지법	40% 내외
	■ 부동산공시에 관한 법령 및 부동산 관련 세법	1 부동산등기법	30% 내외
		2 공간정보의 구축 및 관리 등에 관한 법률	30% 내외
		3 부동산 관련 세법(상속세, 증여세, 법인세, 부가가치세 제외)	40% 내외

시험안내 GUIDE

4. 합격기준

1 합격기준

구분	합격결정기준
1,2차시험 공통	매 과목 100점을 만점으로 하여 매 과목 40점 이상, 전 과목 평균 60점 이상 득점한 자

※ 제1차 시험에 불합격한 자의 제2차 시험에 대해여는 「공인중개사법」 시행령 제5조 제3항에 따라 이를 무효로 함

2 응시수수료(공인중개사법 제8조)

- 1차 : 13,700원
- 2차 : 14,300원
- 1, 2차 동시 응시자 : 28,000원

3 취득방법

• 원서접수방법

Q-net을 통해 하거나 공단 지역본부 및 지사에서 인터넷접수 도우미서비스를 제공받을 수 있음

※ 내방시 준비물 : 사진(3.5*4.5) 1매, 전자결재 수단(신용카드, 계좌이체, 가상계좌)

※ 수험자는 응시원서에 반드시 본인 사진을 첨부하여야 하며, 타인의 사진 첨부 등으로 인하여 신분확인이 불가능할 경우 시험에 응시할 수 없음

• 자격증발급

응시원서접수일 현재 주민등록상 주소지의 시, 도지사명의로 시, 도지사가 교부
(사진(여권용 사진) 3.5*4.5cm 2매, 신분증, 도장 지참, 시·도별로 준비물이 다를 수 있음)

출제경향 빈도표 및 수험대책

1. 출제경향 빈도표

내용별 \ 회별	제1회~제24회	제26회	제27회	제28회	제29회	제30회	제31회	제32회	제33회	제34회	제35회
총설	5										
국토의 계획 및 이용에 관한 법률	316	12	12	12	12	12	12	12	12	12	12
개발제한구역의 지정및관리에관한 특별조치법	18	출제 제외									
도시개발법	100	6	6	6	6	6	6	6	6	6	6
도시및주거환경 정비법	93	6	6	6	6	6	6	6	6	6	6
건축법	158	7	7	7	7	7	7	7	7	7	7
주택법	97	7	7	7	7	7	7	7	7	7	7
산림법	44	출제 제외									
산지관리법	9	출제 제외									
농지법	38	2	2	2	2	2	2	2	2	2	2
합계	878	40	40	40	40	40	40	40	40	40	40

2. 수험대책

제1편 국토의 계획 및 이용에 관한 법률

1. 도시·군관리계획의 내용 중 가장 중요한 부분으로 용도지역·용도지구·용도구역의 지정절차와 행위제한, 도시·군계획시설과 시설사업의 흐름과 절차를 잘 정리하여야 한다.
2. 지구단위계획구역의 지정 대상을 학습하여야 하며, 지구단위계획이 일반 용도지역의 행위제한과 어떻게 다른지 그 완화규정을 잘 이해하여야 한다.
3. 개발행위의 허가대상과 허용대상 및 개발행위허가절차를 정확하게 정리하여야 하며 성장관리계획구역도 신설된 제도로 출제가 빈번하므로 정리를 하여야 한다. 그리고 기반시설부담구역은 시험에서 빠지지 않고 출제되는 부분이니 주의하여야 한다.

시험안내 GUIDE

제2편 도시개발법

1. 도시개발구역의 지정권자를 비롯하여 지정대상지역을 이해 해야하고, 도시개발구역지정의 효과를 숙지하고 있어야 한다.
2. 도시개발사업의 시행자 자격과 시행자변경 사유 등을 정리하고 조합은 반드시 숙지하여야 한다. 수용의 특징을 정리하여야 하고 환지방식으로 시행하는 경우 환지계획의 기준 및 환지처분을 이해할 필요가 있다.

제3편 도시 및 주거환경정비법

1. 정비사업의 종류와 개념을 정확하게 이해하는 것이 중요하다.
2. 정비기본계획의 수립대상과 수립절차를 알고있어야 하며, 정비계획의 수립권자와 정비구역의 지정권자를 잘 이해하여야 한다.
3. 정비사업의 각 사업별로 사업시행자 및 사업시행방식을 정리하고 정비사업조합을 도시개발조합과 비교하여 정리하여야 한다. 특히 관리처분계획은 중요한 부분이며 그에 따르는 기준 및 효과 등은 도시개발법의 환지계획과 비교하여 정확하게 이해하면 도움이 될 듯하다.

제4편 주택법

1. 주택법에서 사용하는 용어의 정의를 정리하여야 한다. 특히 최근에 신설된 용어에 대하여 정확한 이해가 요구된다.
2. 주택건설에 부분에서는 주택건설 등록사업자의 등록요건, 주택조합의 특징, 구성원 자격, 사업계획승인권자와 대상을 명확히 정리하여야 한다. 건설자금 부분에서는 주택상환사채를 정리할 필요가 있다.
3. 주택공급부분에 있어서는 투기과열지구, 조정지역, 분양가상한제와 그에 따른 전매제한 및 전매가능사유가 중요하며, 공급질서교란금지에 관하여 정리할 필요가 있다.

제5편 건축법

1. 「건축법」은 기본적인 용어 및 개념을 먼저 공부해야 한다.
2. 건축허가권자, 건축허가 등의 제한을 비롯하여 도지사의 사전승인대상, 가설건축물의 허가조건, 신고로써 허가에 갈음할 수 있는 대상을 명확하게 정리하여야 한다.
3. 대지의 조경, 공개공지 등은 최근 자주 출제되는 부분이며 도로와 건축선 등의 개념과 건축제한의 규정 등을 명확하게 정리하여야 한다.
4. 건축물의 높이제한 등 일부 건축기준과 건축면적, 바닥면적, 연면적, 높이, 층수 등의 기본개념과 제외되는 부분에 대한 정확한 이해가 필요하다.

제6편 농지법

1. 경자유전의 원칙과 예외, 농지취득자격증명, 농지의 소유상한, 농지처분의무와 처분명령에 따른 매수청구 및 이행강제금 등에 관하여 명확히 정리하여야 한다.
2. 농업진흥구역과 농업보호구역의 개념과 행위제한에 대한 숙지가 필요하고, 농지전용에 대한 전반적인 내용도 정리를 하면 좋겠다.

CONTENTS 차례

PART 1 국토의 계획 및 이용에 관한 법률

차례 CONTENTS

PART 2 도시개발법

차례 CONTENTS

PART 3 도시 및 주거환경정비법

PART 4 주택법

차례 CONTENTS

PART 5 건축법

PART 6 농지법

2025 랜드하나 공인중개사 기본서

PART 1
국토의 계획 및 이용에 관한 법률

01 CHAPTER 총설

단원별 학습포인트

- 출제 문항수는 매년은 아니지만 출제가 된다면 1문제 정도이다. 각종 용어정의는 자주 출제되는 것은 아니지만 정확한 이해를 바탕으로 정리하여야 다른 단원의 이해와 국토의 계획 및 이용에 관한 법률 이외의 법을 이해하는데 도움이 된다.

제1절 제정 목적

이 법은 국토의 이용·개발과 보전을 위한 계획의 수립 및 집행 등에 필요한 사항을 정하여 공공복리를 증진시키고 국민의 삶의 질을 향상시키는 것을 목적으로 한다(법 제1조).

제2절 국토이용 및 관리의 기본원칙 등

1 국토이용 및 관리의 기본원칙

국토는 자연환경의 보전과 자원의 효율적 활용을 통하여 환경적으로 건전하고 지속가능한 발전을 이루기 위하여 다음 각 호의 목적을 이룰 수 있도록 이용되고 관리되어야 한다(법 제3조).

1. 국민생활과 경제활동에 필요한 토지 및 각종 시설물의 효율적 이용과 원활한 공급
2. 자연환경 및 경관의 보전과 훼손된 자연환경 및 경관의 개선 및 복원
3. 교통·수자원·에너지 등 국민생활에 필요한 각종 기초 서비스 제공
4. 주거 등 생활환경 개선을 통한 국민의 삶의 질 향상
5. 지역의 정체성과 문화유산의 보전
6. 지역 간 협력 및 균형발전을 통한 공동번영의 추구
7. 지역경제의 발전과 지역 및 지역 내 적절한 기능 배분을 통한 사회적 비용의 최소화
8. 기후변화에 대한 대응 및 풍수해 저감을 통한 국민의 생명과 재산의 보호
9. 저출산·인구의 고령화에 따른 대응과 새로운 기술변화를 적용한 최적의 생활환경 제공

2. 도시의 지속가능성 및 생활인프라 수준 평가(법 제3조의 2)

① 국토교통부장관은 도시의 지속가능하고 균형 있는 발전을 위하여 도시의 지속가능성 및 생활인프라 수준을 평가할 수 있다.

② 도시의 지속가능성을 평가하기 위한 절차 및 기준 등에 관하여 필요한 사항은 대통령령으로 정한다.

③ 국가와 지방자치단체는 평가 결과를 도시·군계획의 수립 및 집행에 반영하여야 한다.

제3절 용어의 정의

이 법에서 사용하는 용어의 정의는 다음과 같다(법 제2조).

1. 광역도시계획

제10조에 따라 지정된 광역계획권의 장기발전방향을 제시하는 계획을 말한다.

2. 도시·군계획

특별시·광역시·특별자치시·특별자치도·시 또는 군(광역시의 관할 구역에 있는 군은 제외한다.)의 관할 구역에 대하여 수립하는 공간구조와 발전방향에 대한 계획으로서 도시·군기본계획과 도시·군관리계획으로 구분한다.

3. 도시·군기본계획

특별시·광역시·특별자치시·특별자치도·시 또는 군의 관할 구역 및 생활권에 대하여 기본적인 공간구조와 장기발전방향을 제시하는 종합계획으로서 도시·군관리계획 수립의 지침이 되는 계획을 말한다.

4. 도시·군관리계획

특별시·광역시·특별자치시·특별자치도·시 또는 군의 개발·정비 및 보전을 위하여 수립하는 토지 이용, 교통, 환경, 경관, 안전, 산업, 정보통신, 보건, 복지, 안보, 문화 등에 관한 다음 각 목의 구체적 계획을 말한다.

1. 용도지역·용도지구의 지정 또는 변경에 관한 계획
2. 개발제한구역, 도시자연공원구역, 시가화조정구역, 수산자원보호구역의 지정 또는 변경에 관한 계획

3. 기반시설의 설치·정비 또는 개량에 관한 계획
4. 도시개발사업이나 정비사업에 관한 계획
5. 지구단위계획구역의 지정 또는 변경에 관한 계획과 지구단위계획
6. 도시혁신구역의 지정 또는 변경에 관한 계획과 도시혁신계획
7. 복합용도구역의 지정 또는 변경에 관한 계획과 복합용도계획
8. 도시·군계획시설입체복합구역의 지정 또는 변경에 관한 계획

5. 공간재구조화계획

"공간재구조화계획"이란 토지의 이용 및 건축물이나 그 밖의 시설의 용도·건폐율·용적률·높이 등을 완화하는 용도구역의 효율적이고 계획적인 관리를 위하여 수립하는 계획을 말한다.

6. 도시혁신계획

"도시혁신계획"이란 창의적이고 혁신적인 도시공간의 개발을 목적으로 도시혁신구역에서의 토지의 이용 및 건축물의 용도·건폐율·용적률·높이 등의 제한에 관한 사항을 따로 정하기 위하여 공간재구조화계획으로 결정하는 도시·군관리계획을 말한다.

7. 복합용도계획

"복합용도계획"이란 주거·상업·산업·교육·문화·의료 등 다양한 도시기능이 융복합된 공간의 조성을 목적으로 복합용도구역에서의 건축물의 용도별 구성비율 및 건폐율·용적률·높이 등의 제한에 관한 사항을 따로 정하기 위하여 공간재구조화계획으로 결정하는 도시·군관리계획을 말한다.

8. 지구단위계획

도시·군계획 수립 대상지역의 일부에 대하여 토지 이용을 합리화하고 그 기능을 증진시키며 미관을 개선하고 양호한 환경을 확보하며, 그 지역을 체계적·계획적으로 관리하기 위하여 수립하는 도시·군관리계획을 말한다.

9. 성장관리계획

성장관리계획구역에서의 난개발을 방지하고 계획적인 개발을 유도하기 위하여 수립하는 계획을 말한다.

10. 기반시설

다음 각 목의 시설로서 대통령령으로 정하는 시설을 말한다.

교통시설	도로·철도·항만·공항·주차장 등
공간시설	광장·공원·녹지 등
유통·공급시설	유통업무설비, 수도·전기·가스공급설비, 방송·통신시설, 공동구 등
공공·문화체육시설	학교·공공청사·문화시설·공공성이 인정되는 체육시설 등
방재시설	하천·유수지·방화설비 등
보건위생시설	장사시설 등
환경기초시설	하수도·폐기물처리 및 재활용시설·빗물저장 및 이용시설 등

11. 도시·군계획시설

기반시설 중 도시·군관리계획으로 결정된 시설을 말한다.

12. 광역시설

기반시설 중 광역적인 정비체계가 필요한 다음 시설로서 대통령령으로 정하는 시설을 말한다.

1. 둘 이상의 특별시·광역시·특별자치시·특별자치도·시 또는 군의 관할 구역에 걸쳐 있는 시설
2. 둘 이상의 특별시·광역시·특별자치시·특별자치도·시 또는 군이 공동으로 이용하는 시설

13. 공동구

전기·가스·수도 등의 공급설비, 통신시설, 하수도시설 등 지하매설물을 공동 수용함으로써 미관의 개선, 도로구조의 보전 및 교통의 원활한 소통을 위하여 지하에 설치하는 시설물을 말한다.

14. 도시·군계획시설사업

도시·군계획시설을 설치·정비 또는 개량하는 사업을 말한다.

15. 도시·군계획사업

도시·군관리계획을 시행하기 위한 다음 각 목의 사업을 말한다.

1. 도시·군계획시설사업
2. 「도시개발법」에 따른 도시개발사업
3. 「도시 및 주거환경정비법」에 따른 정비사업

16. 도시·군계획사업시행자

이 법 또는 다른 법률에 따라 도시·군계획사업을 하는 자를 말한다.

17. 공공시설

도로·공원·철도·수도, 그 밖에 다음의 공공용 시설을 말한다.

1. 항만·공항·광장·녹지·공공공지·공동구·하천·유수지·방화설비·방풍설비·방수설비·사방설비·방조설비·하수도·구거
2. 행정청이 설치하는 시설로서 주차장, 저수지 및 그 밖에 국토교통부령으로 정하는 시설
3. 「스마트도시 조성 및 산업진흥 등에 관한 법률」 제2조 제3호 다목에 따른 시설

18. 국가계획

중앙행정기관이 법률에 의하여 수립하거나 국가의 정책적인 목적달성을 위하여 수립하는 계획 중 도시·군기본계획의 내용에 해당하는 사항 또는 도시·군관리계획으로 결정하여야 할 사항이 포함된 계획을 말한다.

19. 용도지역

토지의 이용 및 건축물의 용도, 건폐율(「건축법」 제55조의 건폐율을 말한다. 이하 같다), 용적률(「건축법」 제56조의 용적률을 말한다. 이하 같다), 높이 등을 제한함으로써 토지를 경제적·효율적으로 이용하고 공공복리의 증진을 도모하기 위하여 서로 중복되지 아니하게 도시·군관리계획으로 결정하는 지역을 말한다.

20. 용도지구

토지의 이용 및 건축물의 용도·건폐율·용적률·높이 등에 대한 용도지역의 제한을 강화하거나 완화하여 적용함으로써 용도지역의 기능을 증진시키고 경관·안전 등을 도모하기 위하여 도시·군관리계획으로 결정하는 지역을 말한다.

21. 용도구역

토지의 이용 및 건축물의 용도·건폐율·용적률·높이 등에 대한 용도지역 및 용도지구의 제한을 강화하거나 완화하여 따로 정함으로써 시가지의 무질서한 확산방지, 계획적이고 단계적인 토지이용의 도모, 혁신적이고 복합적인 토지활용의 촉진, 토지이용의 종합적 조정·관리 등을 위하여 도시·군관리계획으로 결정하는 지역을 말한다.

22. 개발밀도관리구역

개발로 인하여 기반시설이 부족할 것으로 예상되나 기반시설을 설치하기 곤란한 지역을 대상으로 건폐율이나 용적률을 강화하여 적용하기 위하여 제66조에 따라 지정하는 구역을 말한다.

23. 기반시설부담구역

개발밀도관리구역 외의 지역으로서 개발로 인하여 도로, 공원, 녹지 등 대통령령으로 정하는 기반시설의 설치가 필요한 지역을 대상으로 기반시설을 설치하거나 그에 필요한 용지를 확보하게 하기 위하여 제67조에 따라 지정·고시하는 구역을 말한다.

24. 기반시설설치비용

단독주택 및 숙박시설 등 대통령령으로 정하는 시설의 신·증축 행위로 인하여 유발되는 기반시설을 설치하거나 그에 필요한 용지를 확보하기 위하여 제69조에 따라 부과·징수하는 금액을 말한다.

제4절 국가계획과 광역도시계획 및 도시·군계획의 관계 등

1 도시·군계획의 법적 지위

도시·군계획은 특별시·광역시·특별자치시·특별자치도·시 또는 군의 관할 구역에서 수립되는 다른 법률에 따른 토지의 이용·개발 및 보전에 관한 계획의 기본이 된다(법 제4조 제1항).

2 부문별 계획의 수립

특별시장·광역시장·특별자치시장·특별자치도지사·시장 또는 군수가 관할 구역에 대하여 다른 법률에 따른 환경·교통·수도·하수도·주택 등에 관한 부문별 계획을 수립할 때에는 도시·군기본계획의 내용에 부합되게 하여야 한다(법 제4조 제4항).

3 국가계획과 도시·군계획 상호간의 관계

광역도시계획 및 도시·군계획은 국가계획에 부합되어야 하며, 광역도시계획 또는 도시·군계획의 내용이 국가계획의 내용과 다를 때에는 국가계획의 내용이 우선한다(법 제4조 제2항). 이 경우 국가계획을 수립하려는 중앙행정기관의 장은 미리 지방자치단체의 장의 의견을 듣고 충분히 협의하여야 한다(법 제4조 제2항).

4 도시·군계획 등의 명칭

① 행정구역의 명칭이 특별시·광역시·특별자치시·특별자치도·시인 경우 도시·군계획, 도시·군기본계획, 도시·군관리계획, 도시·군계획시설, 도시·군계획시설사업, 도시·군계획사업 및 도시·군계획상임기획단의 명칭은 각각 "도시계획", "도시·군기본계획", "도시관리계획", "도시계획시설", "도시계획시설사업", "도시계획사업" 및 "도시계획상임기획단"으로 한다(법 제5조 제1항).

② 행정구역의 명칭이 군인 경우 도시·군계획, 도시·군기본계획, 도시·군관리계획, 도시·군계획시설, 도시·군계획시설사업, 도시·군계획사업 및 도시·군계획상임기획단의 명칭은 각각 "군계획", "군기본계획", "군관리계획", "군계획시설", "군계획시설사업", "군계획사업" 및 "군계획상임기획단"으로 한다(법 제5조 제2항).

③ 제113조 제2항에 따라 군에 설치하는 도시계획위원회의 명칭은 "군계획위원회"로 한다(법 제5조 제3항).

광역도시계획

제26회, 제27회, 제28회, 제29회, 제31회, 제32회, 제33회

단원별 학습포인트

광역도시계획의 핵심쟁점

- ❑ 광역도시계획의 법적성격
- ❑ 광역계획권의 지정권자 및 지정절차
- ❑ 광역도시계획의 수립권자와 승인권자
- ❑ 광역도시계획의 수립절차와 승인절차

제1절 의의 및 성격

1 의의

현대 도시의 특징은 교통수단의 발달, 정보망의 연결, 도시공간의 연결 등으로 도시의 경계가 사실상 무의미하고, 도시의 사회·경제적 요소가 도시상호간 의존상태에 있으므로 인구·주택·교통·환경·기반시설 등 여러 가지 도시문제를 행정 관할구역 단위로 해결하고자 하는 것은 한정된 토지자원·예산·인력 등의 낭비를 초래할 뿐만 아니라 근본적인 도시문제 해결에 큰 도움이 못되고 있는 실정이다. 따라서 인접 도시간 공간구조의 상호 연계성을 고려하여 행정구역을 단위로 한 접근이 아닌, 보다 광역적·거시적인 접근이 요구되었고, 이러한 필요성에서 상호 인접한 2이상의 특별시·광역시·특별자치시·특별자치도·시 또는 군의 공간구조와 기능을 상호 연계시키고 환경을 보전하며 광역시설을 체계적으로 정비하기 위하여 광역계획권으로 지정할 수 있도록 하고 이러한 광역계획권의 장기발전 방향을 제시하기 위하여 광역도시계획을 수립·시행할 수 있도록 한 것이다.

2 법적 성격

광역도시계획은 도시·군기본계획과 마찬가지로 일반인에 대하여 구속력이 없는 비구속적 행정계획으로 행정쟁송의 대상이 되지 아니한다.

3 광역도시계획 및 도시·군계획의 관계 등

광역도시계획이 수립되어 있는 지역에 대하여 수립하는 도시·군기본계획은 그 광역도시계획에 부합되어야 하며, 도시·군기본계획의 내용이 광역도시계획의 내용과 다를 때에는 광역도시계획의 내용이 우선한다(법 제4조 제3항).

제2절 광역도시계획의 내용

광역도시계획에는 다음 각 호의 사항 중 그 광역계획권의 지정목적을 이루는 데 필요한 사항에 대한 정책 방향이 포함되어야 한다(법 제12조).

1. 광역계획권의 공간 구조와 기능 분담에 관한 사항
2. 광역계획권의 녹지관리체계와 환경 보전에 관한 사항
3. 광역시설의 배치·규모·설치에 관한 사항
4. 경관계획에 관한 사항
5. 그 밖에 광역계획권에 속하는 특별시·광역시·특별자치시·특별자치도·시 또는 군 상호 간의 기능 연계에 관한 사항으로서 대통령령으로 정하는 사항

제3절 광역계획권의 지정

1 지정목적

국토교통부장관 또는 도지사는 둘 이상의 특별시·광역시·특별자치시·특별자치도·시 또는 군의 공간구조 및 기능을 상호 연계시키고 환경을 보전하며 광역시설을 체계적으로 정비하기 위하여 필요한 경우에는 인접한 둘 이상의 특별시·광역시·특별자치시·특별자치도·시 또는 군의 관할 구역 전부 또는 일부를 광역계획권으로 지정할 수 있다(법 제10조 제1항).

참고학습 | 관할구역 일부를 광역계획권으로 지정하는 경우 일부의 의미

지정권자는 인접한 둘 이상의 특별시·광역시·특별자치시·특별자치도·시 또는 군의 관할구역의 일부를 광역계획권에 포함시키고자 하는 때에는 구·군(광역시의 관할구역 안에 있는 군을 말한다)·읍 또는 면의 관할구역 단위로 하여야 한다(영 제7조 제2항).

2 광역계획권 지정권자(국토교통부장관 또는 도지사)

광역계획권이 둘 이상의 시·도의 관할 구역에 걸쳐 있는 경우 국토교통부장관이 지정하며, 광역계획권이 동일한 도의 관할 구역에 속하여 있는 경우 도지사가 광역계획권을 지정한다.

3 지정절차

1. 요청

중앙행정기관의 장, 시·도지사, 시장 또는 군수는 국토교통부장관이나 도지사(지정권자)에게 광역계획권의 지정 또는 변경을 요청할 수 있다(법 제10조 제2항).

2. 광역계획권 지정절차(의견청취 → 심의 → 지정)

국토교통부장관은 광역계획권을 지정하거나 변경하려면 관계 시·도지사, 시장 또는 군수의 의견을 들은 후 중앙도시계획위원회의 심의를 거쳐야 하며, 도지사가 광역계획권을 지정하거나 변경하려면 관계 중앙행정기관의 장, 관계 시·도지사, 시장 또는 군수의 의견을 들은 후 지방도시계획위원회의 심의를 거쳐야 한다(법 제10조 제3항, 제4항).

3. 통보

국토교통부장관 또는 도지사(지정권자)는 광역계획권을 지정하거나 변경하면 지체 없이 관계 시·도지사, 시장 또는 군수에게 그 사실을 통보하여야 한다(법 제10조 제5항).

제4절 광역도시계획의 수립

1 수립권자 및 승인권자

1. 수립권자(국토교통부장관, 시·도지사, 시장 또는 군수)

국토교통부장관, 시·도지사, 시장 또는 군수는 다음 각 호의 구분에 따라 광역도시계획을 수립하여야 한다(법 제11조 제1항, 제3항).

(1) 광역계획권이 같은 도의 관할에 속한 경우

관할 시장 또는 군수가 공동으로 수립	광역계획권이 같은 도의 관할 구역에 속하여 있는 경우
관할 도지사가 수립	① 광역계획권을 지정한 날부터 3년이 지날 때까지 관할 시장 또는 군수로부터 광역도시계획의 승인 신청이 없는 경우 ② 시장 또는 군수가 협의를 거쳐 요청하는 경우에는 도지사가 단독으로 광역도시계획을 수립할 수 있다.(법 제11조 제3항).

(2) 광역계획권이 둘 이상의 시·도의 관할 구역에 걸쳐 있는 경우

시·도지사가 공동으로 수립	광역계획권이 둘 이상의 시·도의 관할 구역에 걸쳐 있는 경우
국토교통부장관이 수립	① 광역계획권을 지정한 날부터 3년이 지날 때까지 관할 시·도지사로부터 광역도시계획의 승인 신청이 없는 경우 ② 국가계획과 관련된 광역도시계획의 수립이 필요한 경우

(3) 수립권자와 승인권자 공동수립

도지사 + 시장 또는 군수 공동으로	도지사는 시장 또는 군수가 요청하는 경우와 그 밖에 필요하다고 인정하는 경우에는 관할 시장 또는 군수와 공동으로 광역도시계획을 수립할 수 있다(법 제11조 제3항).
국토교통부장관 + 시·도지사 공동으로	국토교통부장관은 시·도지사가 요청하는 경우와 그 밖에 필요하다고 인정되는 경우에는 관할 시·도지사와 공동으로 광역도시계획을 수립할 수 있다(법 제11조 제2항).

2. 승인권자(국토교통부장관, 도지사)

(1) 시·도지사는 광역도시계획을 수립 또는 변경하는 때에는 국토교통부장관의 승인을,

(2) 시장 또는 군수는 광역도시계획을 수립하거나 변경하려면 도지사의 승인을 받아야 한다.

(3) 다만, 다음의 경우에 따라 도지사가 수립하는 광역도시계획은 국토교통부장관의 승인을 받지 않는다(법 제16조 제1항, 제5항).

1. 같은 도에서 도지사가 시장 또는 군수가 요청하는 경우와 그 밖에 필요하다고 인정하여 관할 시장 또는 군수와 공동으로 광역도시계획을 수립하는 경우
2. 시장 또는 군수가 협의를 거쳐 요청하여 도지사가 단독으로 광역도시계획을 수립하는 경우

2 광역도시계획을 공동으로 수립하는 경우 조정과 협의회의 구성

1. 광역도시계획의 조정(법 제17조)

(1) 조정신청(단독 또는 공동)

광역계획권이 둘 이상의 시·도의 관할 구역에 걸쳐 있는 경우 광역도시계획을 공동으로 수립하는 시·도지사는 그 내용에 관하여 서로 협의가 되지 아니하면 단독이나 공동으로 국토교통부장관(광역계획권이 같은 도에 속한 경우 도지사에게 조정신청)에게 조정을 신청할 수 있다.

(2) 협의권고(단독으로 조정신청을 받은 경우)

국토교통부장관(관할이 동일한 경우 도지사)은 단독으로 조정신청을 받은 경우에는 기한을 정하여 당사자 간에 다시 협의를 하도록 권고할 수 있으며, 기한까지 협의가 이루어지지 아니하는 경우에는 직접 조정할 수 있다.

(3) 조정절차(심의)

국토교통부장관(관할이 동일한 경우 도지사)은 조정의 신청을 받거나 직접 조정하려는 경우에는 중앙도시계획위원회(도지사는 지방도시계획위원회)의 심의를 거쳐 광역도시계획의 내용을 조정하여야 한다. 이 경우 이해관계를 가진 지방자치단체의 장은 중앙도시계획위원회(도지사는 지방도시계획위원회)의 회의에 출석하여 의견을 진술할 수 있다.

(4) 반영의무

광역도시계획을 수립하는 자는 조정 결과를 광역도시계획에 반영하여야 한다.

2. 광역도시계획협의회의 구성 및 운영(공동으로 수립할 때)(법 제17조의2)

국토교통부장관, 시·도지사, 시장 또는 군수는 광역도시계획을 공동으로 수립할 때에는 광역도시계획협의회를 구성하여 운영할 수 있고, 광역도시계획의 수립에 관하여 협의·조정을 한 경우에는 그 조정 내용을 광역도시계획에 반영하여야 하며, 해당 시·도지사, 시장 또는 군수는 이에 따라야 한다.

3 광역도시계획의 수립기준

광역도시계획의 수립기준 등은 국토교통부장관이 이를 정한다(법 제12조 제2항, 영 제10조).

4 광역도시계획의 수립절차(기초조사 → 공청회 → 지방의회 및 시장·군수 의견청취)

1. 기초조사

(1) 기초조사의 의무

광역도시계획 수립권자는 광역도시계획을 수립하거나 변경하려면 미리 인구, 경제, 사회, 문화, 토지 이용, 환경, 교통, 주택, 그 밖에 대통령령으로 정하는 사항 중 그 광역도시계획의 수립 또는 변경에 필요한 사항을 대통령령으로 정하는 바에 따라 조사하거나 측량(이하 "기초조사"라 한다)하여야 한다(법 제13조 제1항).

(2) 자료제출 요청 및 전문기관에 의뢰

광역도시계획 수립권자는 관계 행정기관의 장에게 기초조사에 필요한 자료를 제출하도록 요청할 수 있다. 이 경우 요청을 받은 관계 행정기관의 장은 특별한 사유가 없으면 그 요청에 따라야 하며, 효율적인 기초조사를 위하여 필요하면 기초조사를 전문기관에 의뢰할 수 있다(법 제13조 제2항, 제3항).

(3) 기초조사 정보체계구축

① 광역도시계획 수립권자가 기초조사를 실시한 경우에는 해당 정보를 체계적으로 관리하고 효율적으로 활용하기 위하여 기초조사정보체계를 구축·운영하여야 한다(법 제13조 제4항).

② 기초조사정보체계에서 관리하는 정보는 다음 각 호와 같다.

> 1. 광역도시계획의 수립 또는 변경을 위하여 실시하는 기초조사에 관한 정보
> 2. 도시·군기본계획의 수립 또는 변경을 위하여 실시하는 기초조사에 관한 정보
> 3. 도시·군관리계획의 수립 또는 변경을 위하여 실시하는 기초조사에 관한 정보

③ 광역도시계획 수립권자가 기초조사정보체계를 구축한 경우에는 등록된 정보의 현황을 5년마다 확인하고 변동사항을 반영하여야 한다(법 제13조 제5항).

2. 주민의 의견청취(공청회)

국토교통부장관, 시·도지사, 시장 또는 군수는 광역도시계획을 수립하거나 변경하려면 미리 공청회를 열어 주민과 관계 전문가 등으로부터 의견을 들어야 하며, 공청회에서 제시된 의견이 타당하다고 인정하면 광역도시계획에 반영하여야 한다(법 제14조 제1항).

참고학습 | 공청회 개최절차

공청회의 개최에 관하여 필요한 사항은 다음과 같이 대통령령으로 정한다(법 세14조 제2항, 영 제12조).

1. 국토교통부장관, 시·도지사, 시장 또는 군수는 공청회를 개최하려면 일부사항을 해당 광역계획권에 속하는 특별시·광역시·특별자치시·특별자치도·시 또는 군의 지역을 주된 보급지역으로 하는 일간신문에 공청회 개최예정일 14일전까지 1회 이상 공고하여야 한다.
2. 공청회는 광역계획권 단위로 개최하되 필요한 경우에는 광역계획권을 수개의 지역으로 구분하여 개최할 수 있다.
3. 공청회는 국토교통부장관, 시·도지사, 시장 또는 군수가 지명하는 사람이 주재한다.

3. 의회와 지방자치단체의 의견 청취

(1) 시·도지사, 시장 또는 군수가 수립하는 경우

시·도지사, 시장 또는 군수는 광역도시계획을 수립하거나 변경하려면 미리 관계 시·도, 시 또는 군의회와 관계 시장 또는 군수의 의견을 들어야 한다(법 제15조 제1항).

(2) 국토교통부장관이 수립하는 경우(송부를 통한 의견청취)

국토교통부장관은 광역도시계획을 수립하거나 변경하려면 관계 시·도지사에게 광역도시계획안을 송부하여야 하며, 관계 시·도지사는 그 광역도시계획안에 대하여 그 시·도의 의회와 관계 시장 또는 군수의 의견을 들은 후 그 결과를 국토교통부장관에게 제출하여야 한다(법 제15조 제2항).

(3) 의견제시

시·도, 시 또는 군의 의회와 관계 시장 또는 군수는 특별한 사유가 없으면 30일 이내에 시·도지사, 시장 또는 군수에게 의견을 제시하여야 한다(법 제15조 제3항).

5 광역도시계획의 승인

1. 국토교통부장관이 승인하는 경우 절차

(1) 시·도지사는 광역도시계획을 수립하거나 변경하려면 국토교통부장관의 승인을 받아야 한다.

(2) 승인 절차(협의 → 심의)

국토교통부장관은 광역도시계획을 승인하거나 직접 광역도시계획을 수립 또는 변경(시·도지사와 공동으로 수립하거나 변경하는 경우를 포함한다)하려면 관계 중앙행정기관과 협의한 후 중앙도시계획위원회의 심의를 거쳐야 한다. 요청을 받은 관계 중앙행정기관의 장은 특별한 사유가 없으면 그 요청을 받은 날부터 30일 이내에 국토교통부장관에게 의견을 제시하여야 한다(법 제16조 제2항, 제3항).

(3) 승인 후 송부·공고·열람

국토교통부장관은 직접 광역도시계획을 수립 또는 변경하거나 승인하였을 때에는 관계 중앙행정기관의 장과 시·도지사에게 관계 서류를 송부하여야 하며, 관계 서류를 받은 시·도지사는 대통령령으로 정하는 바에 따라 이를 당해 시·도의 공보에 공고하고 일반이 30일 이상 일반이 열람할 수 있도록 하여야 한다(법 제16조 제4항).

2. 도지사가 승인하는 경우 절차

(1) 시장 또는 군수는 광역도시계획을 수립하거나 변경하려면 도지사의 승인을 받아야 한다.

(2) 승인 절차(협의 → 심의)

도지사가 광역도시계획을 승인하거나 직접 광역도시계획을 수립 또는 변경(시장 또는 군수와 공동으로 수립하거나 변경하는 경우를 포함한다.)하려면 관계 행정기관의 장(국토교통부장관을 포함한다)과 협의한 후 지방도시계획위원회의 심의를 거쳐야 한다. 요청을 받은 관계 행정기관의 장(국토교통부장관을 포함한다)은 특별한 사유가 없는 한 그 요청을 받은 날부터 30일 이내에 도지사에게 의견을 제시하여야 한다(법 제16조 제6항).

(3) 승인 후 송부·공고·열람

도지사는 직접 광역도시계획을 수립 또는 변경하거나 승인하였을 때에는 관계 행정기관의 장(국토교통부장관을 포함한다)과 시장 또는 군수에게 관계 서류를 송부하여야 하며, 관계 서류를 받은 시장 또는 군수는 대통령령으로 정하는 바에 따라 이를 당해 시·군의 공보에 공고하고 일반이 30일 이상 일반이 열람할 수 있도록 하여야 한다(법 제16조 제6항).

기출 및 예상문제

01 국토의 계획 및 이용에 관한 법령상 광역계획권에 관한 설명으로 옳은 것은? (제33회)

① 광역계획권이 둘 이상의 도의 관할 구역에 걸쳐 있는 경우, 해당 도지사들은 공동으로 광역계획권을 지정하여야 한다.

② 광역계획권이 하나의 도의 관할 구역에 속하여 있는 경우, 도지사는 국토교통부장관과 공동으로 광역계획권을 지정 또는 변경하여야 한다.

③ 도지사가 광역계획권을 지정하려면 관계 중앙행정기관의 장의 의견을 들은 후 중앙도시계획위원회의 심의를 거쳐야한다.

④ 국토교통부장관이 광역계획권을 변경하려면 관계 시·도지사, 시장 또는 군수의 의견을 들은 후 지방도시계획위원회의 심의를 거쳐야 한다.

⑤ 중앙행정기관의 장, 시·도지사, 시장 또는 군수는 국토교통부장관이나 도지사에게 광역계획권의 지정 또는 변경을 요청할 수 있다.

해설

① 광역계획권이 둘 이상의 도의 관할 구역에 걸쳐 있는 경우 국토교통부장관이 광역계획권을 지정한다.

② 광역계획권이 하나의 도의 관할 구역에 속하여 있는 경우도지사가 광역계획권을 지정한다.

③ 도지사가 광역계획권을 지정하는 경우 중앙도시계획위원회의 심의를 거치는 게 아니라 지방도시계획위원회 심의를 거쳐야한다.

④ 국토교통부장관이 광역계획권을 변경하려면 지방도시계획위원회의 심의를 거치는 게 아니라 중앙도시계획위원회 심의를 거쳐야 한다.

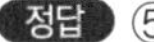

⑤

03 CHAPTER 도시·군기본계획 제20회, 제22회, 제24회, 제27회, 제31회, 제32회, 제33회

단원별 학습포인트

도시·군기본계획의 핵심쟁점

- ❑ 법적성격
- ❑ 광역도시계획 및 도시·군 관리계획과의 관계
- ❑ 수립권자 및 수립단계에서의 절차
- ❑ 승인권자 및 승인단계에서의 절차
- ❑ 재량적 수립대상지역은?

제1절 총설

1 의의

도시·군기본계획이란 특별시·광역시·특별자치시·특별자치도·시 또는 군의 관할구역에 대하여 기본적인 공간구조와 장기발전방향을 제시하는 종합계획으로서 도시·군관리계획 수립의 지침이 되는 계획을 말한다(법 제2조). 즉, 도시·군기본계획은 국토의 한정된 자원을 효율적·합리적으로 활용하여 주민의 삶의 질을 향상시키고, 특별시·광역시·특별자치시·특별자치도·시 또는 군을 환경적으로 건전하고 지속가능한 발전을 위한 정책방향을 제시함과 동시에 장기적으로 발전하여야 할 구조적 틀을 제시하는 종합계획이다.

2 도시·군기본계획의 법적 성격

1. 지침적·종합적·장기계획

(1) 도시·군기본계획은 상위계획인 국토종합계획·광역도시계획의 내용을 수용, 발전시켜 도시의 장기적인 발전방향과 미래상을 제시하는 성격을 갖는 지침적·정책적 계획이다.

(2) 도시·군기본계획은 그 내용이 물적·공간적 측면에 국한되지 않고 환경·사회·경제적 측면이 포괄되는 종합계획이며, 장기계획이다(수립단위 기간은 규정이 없음).

2. 비구속적 계획

도시·군기본계획은 일반국민의 토지이용을 직접 규제하지 않는 비구속적 계획으로 행정쟁송의 대상이 되지 아니한다.

3 광역도시계획과 도시·군계획의 관계

광역도시계획이 수립되어 있는 지역에 대하여 수립하는 도시·군기본계획은 그 광역도시계획에 부합되어야 하며, 도시·군기본계획의 내용이 광역도시계획의 내용과 다를 때에는 광역도시계획의 내용이 우선한다.

제2절 도시·군기본계획의 내용 및 수립기준

1 도시·군기본계획의 내용

도시·군기본계획에는 다음 각 호의 사항에 대한 정책 방향이 포함되어야 한다(법 제19조 제1항).

1. 지역적 특성 및 계획의 방향·목표에 관한 사항
2. 공간구조 및 인구의 배분에 관한 사항
3. 생활권의 설정과 생활권역별 개발·정비 및 보전 등에 관한 사항
4. 토지의 이용 및 개발에 관한 사항
5. 토지의 용도별 수요 및 공급에 관한 사항
6. 환경의 보전 및 관리에 관한 사항
7. 기반시설에 관한 사항
8. 공원·녹지에 관한 사항
9. 경관에 관한 사항
10. 기후변화 대응 및 에너지절약에 관한 사항
11. 방재·방범 등 안전에 관한 사항
12. 이하 생략

2 도시·군기본계획의 수립기준

도시·군기본계획의 수립기준 등은 대통령령으로 정하는 바에 따라 국토교통부장관이 정한다.
(법 제19조 제3항, 영 제16조).

제3절 수립대상지역

1 특별시·광역시·특별자치시·특별자치도·시 또는 군에서 수립

1. 의무적 수립

특별시장·광역시장·특별자치시장·특별자치도지사·시장 또는 군수는 관할구역에 대하여 도시·군기본계획을 수립하여야 한다(법 제18조 제1항).

2. 재량적 수립(기본계획을 수립하지 아니할 수 있는 시 또는 군)

다만, 시 또는 군의 위치, 인구의 규모, 인구감소율 등을 고려하여 대통령령으로 정하는 시 또는 군은 도시·군기본계획을 수립하지 아니할 수 있다(법 제18조 제1항 단서, 영 제14조).

> 1. 「수도권정비계획법」에 의한 수도권에 속하지 아니하고 광역시와 경계를 같이 하지 아니한 시 또는 군으로서 인구 10만명 이하인 시 또는 군
> 2. 관할구역 전부에 대하여 광역도시계획이 수립되어 있는 시 또는 군으로서 당해 광역도시계획에 도시·군기본계획의 내용이 모두 포함되어 있는 시 또는 군

2 인접한 관할구역을 포함하여 수립하는 경우

1. 지역여건상 필요한 경우

특별시장·광역시장·특별자치시장·특별자치도지사·시장 또는 군수는 지역여건상 필요하다고 인정되면 인접한 특별시·광역시·특별자치시·특별자치도·시 또는 군의 관할 구역 전부 또는 일부를 포함하여 도시·군기본계획을 수립할 수 있다(법 제18조 제2항).

2. 인접 특별시장·광역시장·특별자치시장·특별자치도지사·시장 또는 군수와 협의

특별시장·광역시장·특별자치시장·특별자치도지사·시장 또는 군수는 인접한 특별시·광역시·특별자치시·특별자치도·시 또는 군의 관할 구역을 포함하여 도시·군기본계획을 수립하려면 미리 그 특별시장·광역시장·특별자치시장·특별자치도지사·시장 또는 군수와 협의하여야 한다(법 제18조 제3항).

제 4 절 도시·군기본계획의 수립절차 및 승인절차

1 수립권자 및 확정·승인권자

1. 수립권자(법 제18조 제1항)

특별시장·광역시장·특별자치시장·특별자치도지사·시장 또는 군수는 관할구역에 대하여 도시·군기본계획을 수립하여야 한다.

2. 확정 및 승인권자(법 제22조 제1항, 영 제17조)

(1) 특별시장·광역시장·특별자치시장 또는 특별자치도지사의 확정

특별시장·광역시장·특별자치시장 또는 특별자치도지사가 수립하는 경우에는 승인을 받지 않으며 스스로 확정한다.

(2) 도지사의 승인

시장 또는 군수가 도시·군기본계획을 수립 또는 변경하는 경우에는 도지사의 승인을 얻어야 한다.

2 수립절차(기초조사 → 공청회 → 지방의회 의견)

1. 기초조사 및 토지적성평가와 재해취약성분석

① 도시·군기본계획을 수립하거나 변경하는 경우에는 광역도시계획 수립절차를 준용하여 기초조사를 한다(법 제20조 제1항).

② 시·도지사, 시장 또는 군수는 기초조사의 내용에 토지적성평가와 재해취약성분석을 포함하여야 한다(법 제20조 제2항).

③ 다만, 다음 사유가 있으면 토지적성평가와 재해취약성분석을 생략할 수 있다(영 제16조의 2).

> 1. 도시·군기본계획 입안일부터 5년 이내에 토지적성평가와 재해취약성분석를 실시한 경우
> 2. 다른 법률에 따른 지역·지구 등의 지정이나 개발계획 수립 등으로 인하여 도시·군기본계획의 변경이 필요한 경우에는 생략할 수 있다.

2. 공청회개최 의무

특별시장·광역시장·특별자치시장·특별자치도지사·시장 또는 군수는 도시·군기본계획을 수립하거나 변경하려면 미리 공청회를 열어 주민과 관계 전문가 등으로부터 의견을 들어야 하며, 공청회에서 제시된 의견이 타당하다고 인정하면 도시·군기본계획에 반영하여야 한다.

3. 지방의회 의견청취 의무(특별시·광역시·특별자치시·특별자치도·시 또는 군 의회)

특별시장·광역시장·특별자치시장·특별자치도지사·시장 또는 군수는 도시·군기본계획을 수립하거나 변경하려면 미리 그 특별시·광역시·특별자치시·특별자치도·시 또는 군 의회의 의견을 들어야 하며, 의회는 특별한 사유가 없으면 30일 이내에 특별시장·광역시장·특별자치시장·특별자치도지사·시장 또는 군수에게 의견을 제시하여야 한다(법 제21조 제1항, 제2항).

3 도시·군기본계획의 승인절차

1. 도지사의 승인(시장 또는 군수가 수립한 경우)

시장 또는 군수는 도시·군기본계획을 수립하거나 변경하려면 대통령령으로 정하는 바에 따라 도지사 승인을 받아야 한다(법 제22조의2 제1항).

(1) 승인절차(협의 → 심의)

도지사는 도시·군기본계획을 승인하려면 관계 행정기관의 장(국토교통부장관을 포함한다)과 협의한 후 지방도시계획위원회의 심의를 거쳐야 한다(법 제22조의2 제2항).

(2) 요청에 대한 의견제출기간

협의 요청을 받은 관계 행정기관의 장(국토교통부장관을 포함한다)은 특별한 사유가 없으면 그 요청을 받은 날부터 30일 이내에 도지사에게 의견을 제시하여야 한다(법 제22조의2 제3항).

(3) 승인 후 송부·공고·열람

도지사는 도시·군기본계획을 승인하면 관계 행정기관의 장(국토교통부장관을 포함한다)과 시장 또는 군수에게 관계 서류를 송부하여야 하며, 관계 서류를 받은 시장 또는 군수는 대통령령으로 정하는 바에 따라 이를 시·군의 공보에 공고하고 일반이 30일 이상 열람할 수 있도록 하여야 한다(법 제22조의2 제4항).

2. 특별시·광역시·특별자치시·특별자치도의 도시·군기본계획의 확정

(1) 확정절차(협의 → 심의)

특별시장·광역시장·특별자치시장 또는 특별자치도지사는 도시·군기본계획을 수립하거나 변경하려면 관계 행정기관의 장(국토교통부장관을 포함한다)과 협의한 후 지방도시계획위원회의 심의를 거쳐야 한다(법 제22조 제1항).

(2) 요청에 대한 의견제출기간

요청을 받은 관계 행정기관의 장(국토교통부장관을 포함한다)은 특별한 사유가 없으면 그 요청을 받은 날부터 30일 이내에 특별시장·광역시장·특별자치시장 또는 특별자치도지사에게 의견을 제시하여야 한다(법 제22조 제2항).

(3) 승인 후 송부·공고·열람

특별시장·광역시장·특별자치시장 또는 특별자치도지사는 도시·군기본계획을 수립하거나 변경한 경우에는 관계 행정기관의 장(국토교통부장관을 포함한다)에게 관계 서류를 송부하여야 하며, 대통령령으로 정하는 바에 따라 그 계획을 해당 특별시·광역시의 공보에 공고하고 일반이 30일 이상 열람할 수 있도록 하여야 한다(법 제22조 제3항, 영 제16조의3).

4 생활권계획 수립의 특례

1. 수립

특별시장·광역시장·특별자치시장·특별자치도지사·시장 또는 군수는 생활권역별 개발·정비 및 보전 등에 필요한 경우 대통령령으로 정하는 바에 따라 생활권계획을 따로 수립할 수 있다(법 제19조의2 제1항).

2. 생활권계획의 수립 및 승인절차

생활권계획을 수립할 때에는 도시·군기본계획의 수립절차와 승인절차를 준용한다(법 제19조의2 제2항).

3. 도시·군기본계획의 의제

생활권계획이 수립 또는 승인된 때에는 해당 계획이 수립된 생활권에 대해서는 도시·군기본계획이 수립 또는 변경된 것으로 본다(법 제19조의2 제3항).

5 재검토

특별시장·광역시장·특별자치시장·특별자치도지사·시장 또는 군수는 5년마다 관할 구역의 도시·군기본계획에 대하여 타당성을 전반적으로 재검토하여 정비하여야 한다(법 제23조 제1항).

6 도시·군기본계획에 반영

특별시장·광역시장·특별자치시장·특별자치도지사·시장 또는 군수는 도시·군기본계획의 내용에 우선하는 광역도시계획의 내용 및 도시·군기본계획에 우선하는 국가계획의 내용을 도시·군기본계획에 반영하여야 한다(법 제23조 제2항).

03 CHAPTER 기출 및 예상문제

01 국토의 계획 및 이용에 관한 법령상 도시·군계획에 관한 설명으로 옳은 것은? (제35회)

① 도시·군기본계획의 내용이 광역도시계획의 내용과 다를 때에는 도시·군기본계획의 내용이 우선된다.

② 도시·군기본계획의 수립권자가 생활권계획을 따로 수립한 때에는 해당 계획이 수립된 생활권에 대해서도 도시·군관리계획이 수립된 것으로 본다.

③ 시장·군수가 미리 지방의회의 의견을 들어 수립한 도시·군기본계획의 경우 도지사는 지방도시계획위원회의 심의를 거치지 않고 해당 계획을 승인할 수 있다.

④ 주민은 공공청사의 설치에 관한 사항에 대하여 도시·군관리계획의 입안권자에게 그 계획의 입안을 제안할 수 있다.

⑤ 광역도시계획이나 도시·군기본계획을 수립할 때 도시·군관리계획을 함께 입안할 수 없다.

해설

① 도시·군기본계획의 내용이 광역도시계획의 내용과 다를 때에는 광역도시계획이 우선된다.

② 도시·군기본계획의 수립권자가 생활권계획을 따로 수립한 때에는 해당 계획이 수립된 생활권에 대해서도 도시·군기본계획이 수립된 것으로 본다.

③ 시장·군수가 미리 지방의회의 의견을 들어 수립한 도시·군기본계획의 경우 도지사는 지방도시계획위원회의 심의를 거치고 승인할 수 있다.

⑤ 동시입안의 특례로 광역도시계획이나 도시·군기본계획을 수립할 때 도시·군관리계획을 함께 입안할 수 있다.

정답 ④

도시·군 관리계획과 공간재구조화 계획

매년 출제(제33회 제외), 제34회

단원별 학습포인트

도시·군 관리계획의 핵심쟁점

- 법적성격
- 입안권자와 결정권자
- 입안단계에서 절차(기초조사 생략사유, 의회의 의견청취)
- 결정단계에서의 절차(협의, 심의)
- 주민의 입안제안(제안내용과 동의요건, 결과통보기간, 비용부담, 자문)
- 효력발생시기
- 기득권보호

제1절 도시·군관리계획의 의의 및 성격 등

1 도시·군 관리계획의 의의

"도시·군관리계획"이란 특별시·광역시·특별자치시·특별자치도·시 또는 군의 개발·정비 및 보전을 위하여 수립하는 토지 이용, 교통, 환경, 경관, 안전, 산업, 정보통신, 보건, 복지, 안보, 문화 등에 관한 다음 각 목의 구체적 계획을 말한다(법 제2조 제4호).

1. 용도지역·용도지구의 지정 또는 변경에 관한 계획
2. 개발제한구역, 도시자연공원구역, 시가화조정구역, 수산자원보호구역의 지정 또는 변경에 관한 계획
3. 기반시설의 설치·정비 또는 개량에 관한 계획
4. 도시개발사업 또는 정비사업에 관한 계획
5. 지구단위계획구역의 지정 또는 변경에 관한 계획과 지구단위계획
6. 도시혁신구역의 지정 또는 변경에 관한 계획과 도시혁신계획
7. 복합용도구역의 지정 또는 변경에 관한 계획과 복합용도계획
8. 도시·군계획시설입체복합구역의 지정 또는 변경에 관한 계획

2 도시·군 관리계획의 법적성격 등

1. 법적지위 및 성격

(1) 도시·군관리계획은 상위계획인 광역도시계획 및 도시·군기본계획에서 제시된 발전방향을 국토공간에 구체화하고 실현시키는 실행계획이다.

(2) 광역도시계획 또는 도시·군기본계획은 광역계획권 또는 시·군의 관할구역에 대한 발전방향과 미래상을 제시하는 지침적·정책적 계획인데 반하여 도시·군 관리계획은 용도지역·지구·구역의 지정과 변경, 기반시설의 설치·정비·개량, 도시·군 계획사업의 시행 등이 국토공간상에 구체적으로 표현되는 물적 계획이다.

2. 구속적 계획

광역도시계획 및 도시·군기본계획은 일반국민의 토지이용을 직접 규제하지 않는 비구속적 계획으로 행정쟁송의 대상이 되지 않는데 반하여 도시·군 관리계획은 일반국민의 토지이용을 개별적이고 구체적으로 규제하는 구속적 행정계획으로서 행정쟁송의 대상이 된다.

3. 광역도시계획·도시·군기본계획과의 관계

도시·군 관리계획은 광역도시계획 및 도시·군기본계획의 하위계획이다. 그러나 반드시 도시·군기본계획이 수립되어 있어야만 도시·군 관리계획을 수립할 수 있는 것은 아니다. 도시·군기본계획은 수립되지 아니한 시 또는 군이 있을 수 있지만 도시·군 관리계획은 특별시·광역시·시 또는 군에서 반드시 수립하여야 하는 법정계획이다.

제2절 도시·군관리계획의 입안(수립)기준

1 도시·군관리계획의 수립기준 등

1. 상위계획에 부합

① 도시·군관리계획은 광역도시계획 및 도시·군기본계획(생활권계획을 포함한다)에 부합되어야 한다(법 제25조 제1항).

② 도시·군기본계획에 위반한 도시·군관리계획은 당연 무효는 아니며, 취소사유가 된다.

2. 수립기준 등

도시·군관리계획의 수립기준, 도시·군관리계획도서 및 계획설명서의 작성기준·작성방법 등은 대통령령으로 정하는 바에 따라 국토교통부장관이 정한다. (법 제25조 제4항, 영 제19조).

2 지역에 따른 차등 입안

도시·군관리계획은 계획의 상세 정도, 도시·군관리계획으로 결정하여야 하는 기반시설의 종류 등에 대하여 도시 및 농·산·어촌 지역의 인구밀도, 토지 이용의 특성 및 주변 환경 등을 종합적으로 고려하여 차등을 두어 입안하여야 한다(법 제25조 제3항).

3 도시·군관리계획의 동시 입안의 특례

국토교통부장관, 시·도지사, 시장 또는 군수는 도시·군관리계획을 조속히 입안하여야 할 필요가 있다고 인정되면 광역도시계획이나 도시·군기본계획을 수립할 때에 도시·군관리계획을 함께 입안할 수 있다(법 제35조 제1항).

제3절 도시·군관리계획의 입안절차

1 입안권자 및 결정권자

1. 입안권자

(1) 원칙(특별시장·광역시장·특별자치시장·특별자치도지사·시장 또는 군수)

특별시장·광역시장·특별자치시장·특별자치도지사·시장 또는 군수는 관할구역에 대하여 도시·군관리계획을 입안하여야 한다(법 제24조 제1항, 제2항).

(2) 예외적 입안권자

① 국토교통부장관(직접 또는 요청)이 입안하는 경우

국토교통부장관은 다음 어느 하나에 해당하는 경우에는 직접 또는 관계 중앙행정기관의 장의 요청에 의하여 도시·군관리계획을 입안할 수 있다. 이 경우 국토교통부장관은 관할 시·도지사 및 시장·군수의 의견을 들어야 한다(법 제24조 제5항).

> 1. 국가계획과 관련된 경우
> 2. 둘 이상의 시·도에 걸쳐 지정되는 용도지역·용도지구 또는 용도구역과 둘 이상의 시·도에 걸쳐 이루어지는 사업의 계획 중 도시·군관리계획으로 결정하여야 할 사항이 있는 경우
> 3. 특별시장·광역시장·특별자치시장·특별자치도지사·시장 또는 군수가 제138조에 따른 기한까지 국토교통부장관의 도시·군관리계획 조정 요구에 따라 도시·군관리계획을 정비하지 아니하는 경우

② 도지사(직접 또는 요청)가 입안하는 경우

도지사는 다음 각 호의 어느 하나의 경우에는 직접 또는 시장이나 군수의 요청에 의하여 도시·군관리계획을 입안할 수 있다. 이 경우 도지사는 관계 시장 또는 군수의 의견을 들어야 한다(법 제24조 제6항).

> 1. 둘 이상의 시·군에 걸쳐 지정되는 용도지역·용도지구 또는 용도구역과 둘 이상의 시·군에 걸쳐 이루어지는 사업의 계획 중 도시·군관리계획으로 결정하여야 할 사항이 포함되어 있는 경우
> 2. 도지사가 직접 수립하는 사업의 계획으로서 도시·군관리계획으로 결정하여야 할 사항이 포함되어 있는 경우

참고학습 | 상호 인접한 시 또는 군의 관할구역을 포함하여 관리계획을 입안하는 경우

1. 사유

특별시장·광역시장·특별자치시장·특별자치도지사·시장 또는 군수는 다음 각 호의 어느 하나에 해당하면 인접한 특별시·광역시·특별자치시·특별자치도·시 또는 군의 관할 구역 전부 또는 일부를 포함하여 도시·군관리계획을 입안할 수 있다.

① 지역여건상 필요하다고 인정하여 미리 인접한 특별시장·광역시장·특별자치시장·특별자치도지사·시장 또는 군수와 협의한 경우
② 인접한 특별시·광역시·특별자치시·특별자치도·시 또는 군의 관할 구역을 포함하여 도시·군기본계획을 수립한 경우

2. 인접한 시·군이 포함된 관리계획의 입안권자

원칙 (협의)	인접한 특별시·광역시·특별자치시·특별자치도·시 또는 군의 관할 구역에 대한 도시·군관리계획은 관계 특별시장·광역시장·특별자치시장·특별자치도지사·시장 또는 군수가 협의하여 공동으로 입안하거나 입안할 자를 정한다(법 제24조 제3항).
예외 (지정)	협의가 성립되지 아니하는 경우 도시·군관리계획을 입안하려는 구역이 같은 도의 관할 구역에 속할 때에는 관할 도지사가, 둘 이상의 시·도의 관할 구역에 걸쳐 있을 때에는 국토교통부장관(수산자원보호구역의 경우 해양수산부장관을 말한다)이 입안할 자를 지정하고 그 사실을 고시하여야 한다(법 제24조 제4항).

2. 결정권자

(1) **원칙**: 시·도지사 또는 대도시 시장

도시·군관리계획은 시·도지사가 직접 또는 시장·군수의 신청에 따라 결정한다. 다만, 인구 50만 이상의 대도시의 경우에는 해당 대도시 시장이 직접 결정한다(법 제29조 제1항 본문).

(2) **예외(국토교통부장관, 해양수산부장관)(법 제29조 제2항, 영 제24조)**

국토교통부장관	1. 국토교통부장관이 입안한 도시·군관리계획 2. 개발제한구역의 지정 및 변경에 관한 도시·군관리계획 3. 국가계획과 연계하여 시가화조정구역의 지정 또는 변경이 필요한 경우의 시가화조정구역의 지정 및 변경에 관한 도시·군관리계획
해양수산부장관	수산자원보호구역의 지정 및 변경에 관한 도시·군관리계획은 해양수산부장관이 결정한다.

(3) 시장·군수

다음의 도시·군관리계획은 시장 또는 군수가 직접 결정한다(법 제29조 제1항 단서).

> 1. 시장 또는 군수가 입안한 지구단위계획구역의 지정·변경과 지구단위계획의 수립·변경에 관한 도시·군관리계획
> 2. 제52조제1항 제1호의2에 따라 지구단위계획으로 대체하는 용도지구 폐지에 관한 도시·군관리계획[해당 시장 또는 군수가 도지사와 미리 협의한 경우에 한정한다]

2 입안절차(기초조사 → 주민의견청취(열람) → 지방의회 의견청취)

1. 기초조사 등

(1) 광역도시계획 준용(의무)

국토교통부장관, 시·도지사, 시장 또는 군수는 도시·군관리계획을 입안할 때에는 대통령령으로 정하는 바에 따라 도시·군관리계획도서(계획도와 계획조서를 말한다)와 이를 보조하는 계획설명서(기초조사결과·재원조달방안 및 경관계획 등을 포함한다. 이하 같다)를 작성하여야 한다. 이 경우, 광역도시계획 수립을 위한 기초조사의 규정은 도시·군관리계획을 입안하는 경우에 이를 준용한다. 다만 대통령령이 정하는 경미한 사항을 입안하는 경우에는 그러하지 아니하다(법 제27조 제1항, 제2항).

참고학습 계획도와 계획설명서의 작성기준(영 제18조 제1항, 제2항)

> 1. 도시·군관리계획도서(계획도와 계획조서를 말한다) 중 계획도는 축척 1천분의 1 또는 축척 5천분의 1(축척 1천분의 1 또는 축척 5천분의 1의 지형도가 간행되어 있지 아니한 경우에는 축척 2만5천분의 1)의 지형도(수치지형도를 포함한다)에 도시·군관리계획사항을 명시한 도면으로 작성하여야 한다. 다만 지형도가 간행되어 있지 아니한 경우에는 해도·해저지형도 등의 도면으로 지형도에 갈음할 수 있다.
> 2. 이 경우 계획도가 2매 이상인 경우에는 계획설명서(기초조사결과·재원조달방안 및 경관계획 등을 포함한다)에 도시·군관리계획총괄도(축척 5만분의 1 이상의 지형도에 주요 도시·군관리계획사항을 명시한 도면을 말한다)를 포함시킬 수 있다

(2) 기초조사의 추가사항(환경성검토, 토지적성 평가와 재해취약성분석)

국토교통부장관, 시·도지사, 시장 또는 군수는 기초조사의 내용에 도시·군관리계획이 환경에 미치는 영향 등에 대한 환경성검토, 토지적성평가와 재해취약성분석을 포함하여야 한다(법 제27조 제2항, 제3항).

(3) 기초조사 등의 생략

도시·군관리계획으로 입안하려는 지역이 도심지에 위치하거나 개발이 끝나 나대지가 없는 등 대통령령으로 정하는 요건에 해당하면 기초조사, 환경성검토, 토지적성평가 또는 재해취약성분석을 하지 아니할 수 있다(법 제27조 제4항, 영 제21조 제2항).

참고학습 기초조사 등의 생략(시행령 제21조)

1. 기초조사 공통생략사유
   ① 해당 지구단위계획구역이 도심지(상업지역과 상업지역에 연접한 지역을 말한다)에 위치하는 경우
   ② 해당 지구단위계획구역 안의 나대지면적이 구역면적의 2퍼센트에 미달하는 경우
   ③ 해당 지구단위계획구역 또는 도시·군계획시설부지가 다른 법률에 따라 지역·지구 등으로 지정되거나 개발계획이 수립된 경우
   ④ 해당 지구단위계획구역의 지정목적이 해당 구역을 정비 또는 관리하고자 하는 경우로서 지구단위계획의 내용에 너비 12미터 이상 도로의 설치계획이 없는 경우
   ⑤ 기존의 용도지구를 폐지하고 지구단위계획을 수립 또는 변경하여 그 용도지구에 따른 건축물이나 그 밖의 시설의 용도·종류 및 규모 등의 제한을 그대로 대체하려는 경우
   ⑥ 해당 도시·군계획시설의 결정을 해제하려는 경우
2. 환경성 검토를 생략하는 사유
   ① 위 1의 ①부터 ⑥까지의 어느 하나에 해당하는 경우
   ② 「환경영향평가법」에 따른 전략환경영향평가 대상인 도시·군관리계획을 입안하는 경우
3. 토지적성평가 생략사유
   ① 1.의 ①부터 ⑥까지의 공통생략사유 어느 하나에 해당하는 경우
   ② 도시·군관리계획 입안일부터 5년 이내에 토지적성평가를 실시한 경우
   ③ 주거지역·상업지역 또는 공업지역에 도시·군관리계획을 입안하는 경우
   ④ 법 또는 다른 법령에 따라 조성된 지역에 도시·군관리계획을 입안하는 경우
   ⑤ 개발제한구역에서 조정 또는 해제된 지역에 대하여 도시·군관리계획을 입안하는 경우
   ⑥ 「도시개발법」에 따른 도시개발사업의 경우
   ⑦ 지구단위계획구역 또는 도시·군계획시설부지에서 도시·군관리계획을 입안하는 경우
   ⑧ 다음의 어느 하나에 해당하는 용도지역·용도지구·용도구역의 지정 또는 변경의 경우
      - 주거지역·상업지역·공업지역 또는 계획관리지역의 그 밖의 용도지역으로의 변경(계획관리지역을 자연녹지지역으로 변경하는 경우는 제외한다)
      - 주거지역·상업지역·공업지역 또는 계획관리지역 외의 용도지역 상호간의 변경(자연녹지지역으로 변경하는 경우는 제외한다)
      - 용도지구·용도구역의 지정 또는 변경(개발진흥지구의 지정 또는 확대지정은 제외한다)
   ⑨ 일부 기반시설을 설치하는 경우
4. 재해취약성분석 생략사유
   ① 1의 ①부터 ⑥까지의 공통생략사유 어느 하나에 해당하는 경우
   ② 도시·군관리계획 입안일부터 5년 이내에 재해취약성분석을 실시한 경우
   ③ 3의 ⑦ 및 ⑧의 어느 하나에 해당하는 경우(방재지구의 지정·변경은 제외한다)
   ④ 일부 기반시설을 설치하는 경우

2. 주민 및 지방의회의 의견청취

(1) 주민의 의견청취

① 열람

국토교통부장관, 시·도지사, 시장 또는 군수는 도시·군관리계획을 입안할 때에는 주민의 의견을 들어야 하며, 그 의견이 타당하다고 인정되면 도시·군관리계획안에 반영하여야 한다.

다만, 국방상 또는 국가안전보장상 기밀을 지켜야 할 필요가 있는 사항(관계 중앙행정기관의 장이 요청하는 것만 해당한다)이거나 대통령령으로 정하는 경미한 사항인 경우에는 그러하지 아니하다(법 제28조 제1항, 영 제22조 제1항).

② 의견청취절차(영 제22조 제2항, 제3항, 제4항, 제5항)

㉠ 특별시장·광역시장·특별자치시장·특별자치도지사·시장 또는 군수의 의견청취 절차

공고·열람	주민의 의견 청취에 필요한 사항을 정할 때 적용되는 기준은 다음과 같다. 1. 도시·군관리계획안의 주요 내용을 다음 매체에 각각 공고할 것 ① 당 지방자치단체의 공보나 둘 이상의 일반 일간신문(전국 또는 해당 지방자치단체를 주된 보급지역으로 등록한 일반 일간신문을 말한다) ② 해당 지방자치단체의 인터넷 홈페이지 등의 매체 2. 도시·군관리계획안을 14일 이상의 기간 동안 일반인이 열람할 수 있도록 할 것
의견서 제출	공고된 도시·군관리계획안의 내용에 대하여 의견이 있는 자는 열람기간 내에 특별시장·광역시장·특별자치시장·특별자치도지사·시장 또는 군수에게 의견서를 제출할 수 있다.
반영여부 통보	입안권자는 제출된 의견을 도시·군관리계획안에 반영할 것인지 여부를 검토하여 그 결과를 열람기간이 종료된 날부터 60일 이내에 당해 의견을 제출한 자에게 통보하여야 한다.
재공고·열람	입안권자는 다음 각 호의 어느 하나에 해당하는 경우로서 그 내용이 해당 지방자치단체의 조례로 정하는 중요한 사항인 경우에는 그 내용을 다시 공고·열람하게 하여 주민의 의견을 들어야 한다(법 제28조 제4항). 1. 청취한 주민 의견을 도시·군관리계획안에 반영하고자 하는 경우 2. 관계 행정기관의 장과의 협의 및 도시계획위원회의 심의 또는 시·도에 두는 건축위원회와 도시계획위원회의 공동 심의에서 제시된 의견을 반영하여 도시·군관리계획을 결정하고자 하는 경우

㉡ 국토교통부장관 또는 도지사의 의견청취 절차(송부를 통한 의견청취)

국토교통부장관이나 도지사는 도시·군관리계획을 입안하려면 주민의 의견 청취 기한을 밝혀 도시·군관리계획안을 관계 특별시장·광역시장·특별자치시장·특별자치도지사·시장 또는 군수에게 송부하여야 하며, 이를 송부받은 특별시장·광역시장·특별자치시장·특별자치도지사·시장 또는 군수는 명시된 기한까지 그 도시·군관리계획안에 대한 주민의 의견을 들어 그 결과를 국토교통부장관이나 도지사에게 제출하여야 한다(법 제28조 제2항, 제3항).

(2) 지방의회의 의견청취

① 의회의 의견청취대상

국토교통부장관, 시·도지사, 시장 또는 군수는 도시·군관리계획을 입안하려면 대통령령으로 정하는 다음의 사항에 대하여 해당 지방의회의 의견을 들어야 한다(법 제28조 제6항). 다만 대통령령 제25조 제3항 각 호의 사항(경미한 사항) 및 지구단위계획으로 결정 또는 변경결정하는 사항은 제외한다(영 제22조 제7항).

> 1. 용도지역·용도지구 또는 용도구역의 지정 또는 변경지정 다만, 용도지구에 따른 건축물이나 그 밖의 시설의 용도·종류 및 규모 등의 제한을 그대로 지구단위계획으로 대체하기 위한 경우로서 해당 용도지구를 폐지하기 위하여 도시·군관리계획을 결정하는 경우에는 제외한다.
> 2. 광역도시계획에 포함된 광역시설의 설치·정비 또는 개량에 관한 도시·군관리계획의 결정 또는 변경결정
> 3. 대통령령이 정하는 기반시설의 설치·정비 또는 개량에 관한 도시·군관리계획의 결정 또는 변경결정. 다만, 법 제48조제4항(도시·군계획시설 해제권고)에 따른 지방의회의 권고대로 도시·군계획시설결정을 해제하기 위한 도시·군관리계획을 결정하는 경우는 제외한다.

② 의회의 의견청취 절차

㉠ **특별시장·광역시장·특별자치시장·특별자치도지사·시장 또는 군수의 의회 의견청취**

특별시장·광역시장·특별자치시장·특별자치도지사·시장 또는 군수가 지방의회의 의견을 들으려면 의견 제시기한을 밝혀 도시·군관리계획안을 송부하여야 한다. 이 경우 해당 지방의회는 명시된 기한까지 특별시장·광역시장·특별자치시장·특별자치도지사·시장 또는 군수에게 의견을 제시하여야 한다(법 제28조 제8항).

㉡ **국토교통부장관 또는 도지사의 의회 의견청취방법**(송부를 통한 의견청취)

국토교통부장관 또는 도지사가 주민의 의견을 청취하는 절차(송부)는 국토교통부장관 또는 도지사가 지방의회의 의견을 듣는 경우에 이를 준용한다. 이 경우 '주민'은 '지방의회'로 본다(법 제28조 제7항).

3 주민의 입안제안

1. 입안제안

(1) 입안제안 사항

주민(이해관계자를 포함한다)은 다음 사항에 대하여 입안권자에게 도시·군관리계획의 입안을 제안할 수 있다. 이 경우 제안서에는 도시·군관리계획도서(계획도와 계획조서를 말한다)와 계획설명서(기초조사결과·재원조달방안 및 경관계획 등을 포함한다)를 첨부하여야 한다(법 제26조 제1항).

> 1. 기반시설의 설치·정비 또는 개량에 관한 사항
> 2. 지구단위계획구역의 지정 및 변경과 지구단위계획의 수립 및 변경에 관한 사항
> 3. 산업·유통개발진흥지구의 지정 및 변경에 관한 사항
> 4. 용도지구 중 해당 용도지구에 따른 건축물이나 그 밖의 시설의 용도·종류 및 규모 등의 제한을 지구단위계획으로 대체하기 위한 용도지구
> 5. 도시·군계획시설입체복합구역의 지정 및 변경과 도시·군계획시설입체복합구역의 건축제한·건폐율·용적률·높이 등에 관한 사항

(2) 입안제안 시 동의요건

도시·군관리계획의 입안을 제안하려는 자는 다음 각 호의 구분에 따라 토지소유자의 동의를 받아야 한다. 이 경우 동의 대상 토지 면적에서 국·공유지는 제외한다(영 제19조의2 제2항).

> 1. 기반시설의 설치·정비 또는 개량에 관한 사항과 도시·군계획시설입체복합구역에 관한 사항에 대한 제안의 경우 동의 : 대상 토지 면적의 5분의 4 이상
> 2. 나머지 입안 제안의 경우 동의 : 대상 토지 면적의 3분의 2 이상

2. 제안절차 및 결과통보

(1) 자문(임의)

국토교통부장관, 시·도지사, 시장 또는 군수는 제안을 도시·군관리계획입안에 반영할 것인지 여부를 결정함에 있어서 필요한 경우에는 중앙도시계획위원회 또는 당해 지방자치단체에 설치된 지방도시계획위원회의 자문을 거칠 수 있다(영 제20조 제2항).

(2) 결과통보

도시·군관리계획 입안제안을 받은 국토교통부장관, 시·도지사, 시장 또는 군수는 제안일부터 45일 이내에 도시·군관리계획입안에의 반영여부를 제안자에게 알려야 한다. 다만 부득이한 사정이 있는 경우에는 1회에 한하여 30일을 연장할 수 있다(법 제26조 제2항, 영 제20조 제1항).

3. 비용부담

도시·군관리계획의 입안을 제안받은 자는 제안자와 협의하여 제안된 도시·군관리계획의 입안 및 결정에 필요한 비용의 전부 또는 일부를 제안자에게 부담시킬 수 있다(법 제26조 제3항).

4. 개발진흥지구의 입안제안에 관한사항

산업·유통개발진흥지구의 지정 제안을 위하여 충족하여야 할 지구의 규모, 용도지역 등의 요건은 다음과 같이 대통령령으로 정한다(법 제26조 제3항, 영 제19조의2 제3항, 제4항).

참고학습 | 용도지구 입안제안 요건

1. 산업·유통개발진흥지구의 지정을 제안할 수 있는 대상지역의 요건
   (1) 지정 대상 지역의 면적은 1만제곱미터 이상 3만제곱미터 미만일 것
   (2) 지정 대상 지역이 자연녹지지역·계획관리지역 또는 생산관리지역일 것. 다만, 계획관리지역에 있는 기존 공장의 증축이 필요한 경우로서 해당 공장이 도로·철도·하천·건축물·바다 등으로 둘러싸여 있어 증축을 위해서는 불가피하게 보전관리지역 또는 농림지역을 포함해야 하는 경우에는 전체 면적의 20퍼센트 이하의 범위에서 보전관리지역 또는 농림지역을 포함하되, 다음 각 목의 어느 하나에 해당하는 경우에는 20퍼센트 이상으로 할 수 있다.
      ① 보전관리지역 또는 농림지역의 해당 토지가 개발행위허가를 받는 등 이미 개발된 토지인 경우
      ② 보전관리지역 또는 농림지역의 해당 토지를 개발하여도 주변지역의 환경오염·환경훼손 우려가 없는 경우로서 해당 도시계획위원회의 심의를 거친 경우
   (3) 지정 대상 지역의 전체 면적에서 계획관리지역의 면적이 차지하는 비율이 100분의 50 이상일 것. 이 경우 자연녹지지역 또는 생산관리지역 중 도시·군기본계획에 반영된 지역은 계획관리지역으로 보아 산정한다.
   (4) 지정 대상 지역의 토지특성이 과도한 개발행위의 방지를 위하여 국토교통부장관이 정하여 고시하는 기준에 적합할 것
2. 기존의 용도지구를 폐지하고 지구단위계획으로 대체하체 도시·군관리계획의 입안을 제안하려는 경우에는 다음 각 호의 요건을 모두 갖추어야 한다.
   (1) 둘 이상의 용도지구가 중첩하여 지정되어 해당 행위제한의 내용을 정비하거나 통합적으로 관리할 필요가 있는 지역을 대상지역으로 제안할 것
   (2) 해당 용도지구에 따른 건축물이나 그 밖의 시설의 용도·종류 및 규모 등의 제한을 대체하는 지구단위계획구역의 지정 및 변경과 지구단위계획의 수립 및 변경에 관한 사항을 동시에 제안할 것

4 도시·군관리계획의 결정절차(협의 → 심의)

1. 협의

(1) 관계(중앙)행정기관의 장과 협의(법 제30조 제1항)

① 시·도지사 또는 대도시시장이 도시·군관리계획을 결정하려면 관계 행정기관의 장과 미리 협의하여야 한다.

② 국토교통부장관이 도시·군관리계획을 결정하려면 관계 중앙행정기관의 장과 미리 협의하여야 한다.

③ 협의 요청을 받은 기관의 장은 특별한 사유가 없으면 그 요청을 받은 날부터 30일 이내에 의견을 제시하여야 한다.

(2) 국토교통부장관(해양수산부장관)과 협의

시·도지사 또는 대도시 시장은 국토교통부장관이 입안하여 결정한 도시·군관리계획을 변경하거나 그 밖에 대통령령이 정하는 다음의 중요한 사항에 관한 도시·군관리계획을 결정하려면 미리 국토교통부장관과 협의하여야 한다(법 제30조 제2항).

1. 광역도시계획과 관련하여 시·도지사가 입안한 도시·군관리계획
2. 개발제한구역이 해제되는 지역에 대하여 해제 이후 최초로 결정되는 도시·군관리계획
3. 둘이상의 시·도에 걸치는 기반시설의 설치·정비 또는 개량에 관한 도시·군관리계획 중 국토교통부령이 정하는 도시·군관리계획

2. 심의

(1) (중앙)도시계획위원회의 심의

① 국토교통부장관이 도시·군관리계획을 결정하려면 중앙도시계획위원회의 심의를 거쳐야 하며,
② 시·도지사 또는 대도시 시장이 도시·군관리계획을 결정하려면 시·도 또는 대도시 도시계획위원회의 심의를 거쳐야 한다(법 제30조 제3항).

(2) 건축위원회와 도시계획위원회의 공동심의

다만, 시·도지사가 ① 지구단위계획이나 ② 지구단위계획으로 대체하는 용도지구 폐지에 관한 사항을 결정하려면 대통령령으로 정하는 바에 따라 건축위원회와 도시계획위원회가 공동으로 하는 심의를 거쳐야 한다(법 제30조 제3항).

3. 협의·심의절차 생략

국토교통부장관이나 시·도지사는 국방상 또는 국가안전보장상 기밀을 지켜야 할 필요가 있다고 인정되면(관계 중앙행정기관의 장이 요청할 때만 해당된다) 그 도시·군관리계획의 전부 또는 일부에 대하여 협의와 심의 절차를 생략할 수 있다(법 제30조 제4항).

4. 도시·군 관리계획의 변경 및 경미한 변경

결정된 도시·군관리계획을 변경하려는 경우에는 협의 와 심의 규정을 준용한다. 다만, 대통령령으로 정하는 경미한 사항을 변경하는 경우에는 그러하지 아니하다(법 제30조 제5항).

참고학습 주민과 의회의 의견청취, 협의나 심의절차의 생략

다음 각 호의 어느 하나에 해당하는 경우 주민의 의견청취, 의회의 의견청취 협의나 심의를 를 거치지 않고 도시·군관리계획(지구단위계획, 도시혁신계획 및 복합용도계획은 제외한다)을 변경할 수 있다.(시행령 25조 3항)

1. 단위 도시·군계획시설부지 면적 또는 법 도시·군계획시설입체복합구역의 5퍼센트 미만의 변경인 경우.
2. 지형사정으로 인한 도시·군계획시설의 근소한 위치변경 또는 비탈면 등으로 인한 시설부지의 불가피한 변경인 경우
3. 이미 결정된 도시·군계획시설의 세부시설을 변경하는 경우로서 세부시설 면적, 건축물 연면적 또는 건축물 높이의 변경[50퍼센트 미만으로서 시·도 또는 대도시의 도시·군계획조례로 정하는 범위 이내의 변경은 제외하며, 건축물 높이의 변경은 층수변경이 수반되는 경우를 포함한다]이 포함되지 않는 경우
4. 도시지역의 축소에 따른 용도지역·용도지구·용도구역 또는 지구단위계획구역의 변경인 경우
5. 도시지역외의 지역에서 「농지법」에 의한 농업진흥지역 또는 「산지관리법」에 의한 보전산지를 농림지역으로 결정하는 경우
6. 「자연공원법」에 따른 공원구역, 「수도법」에 의한 상수원보호구역, 「문화유산의 보존 및 활용에 관한 법률」에 의하여 지정된 지정문화유산과 그 보호구역 또는 「자연유산의 보존 및 활용에 관한 법률」에 따라 지정된 천연기념물등과 그 보호구역을 자연환경보전지역으로 결정하는 경우

이하생략

5 고시·열람

국토교통부장관, 시·도지사 또는 대도시 시장은 도시·군관리계획을 결정하면 대통령령이 정하는 바에 따라 이를 고시하고, 관계 특별시장·광역시장·특별자치시장·특별자치도지사·시장 또는 군수에게 송부하여 일반이 열람할 수 있도록 하여야 한다(법 제30조 제6항).
특별시장 또는 광역시장·특별자치시장·특별자치도지사, 대도시시장은 다른 특별시·광역시·특별자치시·특별자치도·시 또는 군의 관할구역이 포함된 도시·군관리계획 결정을 고시하는 때에는 당해 특별시장·광역시장·특별자치시장·특별자치도지사·시장 또는 군수에게 관계 서류를 송부하여야 한다(영 제25조 제6항).

핵심정리

1. 고시 : 도시·군관리계획의 결정권자가 고시한다.
2. 열람 : 원칙적 입안권자(특별시장·광역시장·특별자치시장·특별자치도지사·시장 또는 군수)가 결정권자로부터 송부받아 이를 일반인에게 열람시킨다.

제4절 도시·군관리계획 결정·고시의 효력

1 효력발생시기

도시·군관리계획 결정의 효력은 지형도면을 고시한 날부터 발생한다(법 제31조 제1항).

2 기득권 보호(시행 중인 공사에 대한 특례)

1. 원칙

도시·군관리계획 결정 당시 이미 사업이나 공사에 착수한 자(이 법 또는 다른 법률에 따라 허가·인가·승인 등을 받아야 하는 경우에는 그 허가·인가·승인 등을 받아 사업이나 공사에 착수한 자를 말한다)는 그 도시·군관리계획 결정과 관계없이 그 사업이나 공사를 계속할 수 있다(법 제31조 제2항).

2. 예외(시가화조정구역 또는 수산자원보호구역)

(1) 신고

시가화조정구역 또는 수산자원보호구역의 지정에 관한 도시·군관리계획 결정이 있는 경우에는 고시가 있은 날로부터 3개월 이내에 그 사업 또는 공사에 관한 내용을 대통령령이 정하는 바에 따라 특별시장·광역시장·특별자치시장·특별자치도지사·시장 또는 군수에게 신고하고 그 사업이나 공사를 계속할 수 있다(법 제31조 제2항, 영 제26조 제1항).

(2) 건축물의 건축을 목적으로 하는 토지의 형질변경

신고한 행위가 건축물의 건축을 목적으로 하는 토지의 형질변경인 경우 당해 건축물을 건축하고자 하는 자는 토지의 형질변경에 관한 공사를 완료한 후 3개월 이내에 건축허가를 신청하는 때에는 당해 건축물을 건축할 수 있다(영 제26조 제2항).

(3) 공사완료 후 도시·군관리계획 결정의 고시가 있는 경우

건축물의 건축을 목적으로 하는 토지의 형질변경에 관한 공사를 완료한 후 1년 이내에 시가화조정구역 또는 수산자원보호구역의 지정에 관한 도시·군관리계획 결정의 고시가 있는 경우 당해 건축물을 건축하고자 하는 자는 당해 도시·군관리계획 결정의 고시일부터 6개월 이내에 건축허가를 신청하는 때에는 당해 건축물을 건축할 수 있다(영 제26조 제3항).

3 도시·군관리계획에 관한 지형도면의 고시 등

1. 지형도면의 작성권자(입안권자)

(1) 원칙

특별시장·광역시장·특별자치시장·특별자치도지사·시장 또는 군수는 도시·군관리계획 결정이 고시되면 지적(地籍)이 표시된 지형도에 도시·군관리계획사항에 관한 사항을 자세히 밝힌 도면을 작성하여야 한다(법 제32조 제1항).

(2) 예외

국토교통부장관이나 도지사는 도시·군관리계획을 직접 입안한 경우에는 관계 특별시장·광역시장·특별자치시장·특별자치도지사·시장 또는 군수의 의견을 들어 직접 지형도면을 작성할 수 있다(법 제32조 제3항).

2. 승인 절차

(1) 승인(도지사)

시장(대도시 시장은 제외한다)이나 군수는 제1항에 따른 지형도에 도시·군관리계획(지구단위계획구역의 지정·변경과 지구단위계획의 수립·변경에 관한 도시·군관리계획은 제외한다)에 관한 사항을 자세히 밝힌 지형도면을 작성하면 도지사의 승인을 받아야 한다. 이 경우 지형도면의 승인 신청을 받은 도지사는 그 지형도면과 결정·고시된 도시·군관리계획을 대조하여 착오가 없다고 인정되면 대통령령으로 정하는 기간(30일)에 그 지형도면을 승인하여야 한다(법 제32조 제2항, 영 제27조 제7항).

(2) 고시 및 열람

국토교통부장관, 시·도지사 또는 대도시 시장은 직접 지형도면을 작성하거나 지형도면을 승인한 경우에는 이를 고시 하여야 한다(법 제32조 제4항).

3. 지형도면의 준용법규

지형도면의 작성기준 및 방법과 제4항에 따른 지형도면의 고시방법 및 절차 등에 관하여는 「토지이용규제 기본법」 제8조 제2항 및 제6항부터 제9항까지의 규정에 따른다.

제5절 도시·군관리계획의 정비

1 타당성 검토

1. 도시·군관리계획의 타당성 검토

특별시장·광역시장·특별자치시장·특별자치도지사·시장 또는 군수는 5년마다 관할 구역의 도시·군관리계획에 대하여 대통령령으로 정하는 바에 따라 그 타당성을 전반적으로 재검토하여 정비하여야 한다(법 제34조 제1항).

2. 도시·군계획시설 설치에 관한 도시·군관리계획의 타당성검토(시행령 29조 1항 1호)

지방자치단체의 장은 도시·군관리계획을 정비하는 경우에는 다음 각 호의 사항을 검토하여 그 결과를 도시·군관리계획입안에 반영하여야 한다.

1. 도시·군계획시설결정의 고시일부터 3년 이내에 해당 도시·군계획시설의 설치에 관한 도시·군계획시설사업의 전부 또는 일부가 시행되지 아니한 경우 해당 도시·군계획시설결정의 타당성
2. 도시·군계획시설결정에 따라 설치된 시설 중 여건 변화 등으로 존치 필요성이 없는 도시·군계획시설에 대한 해제 여부

3. 도시·군기본계획이 미수립된 시·군의 타당성 검토(공청회)

도시·군기본계획을 수립하지 아니하는 시·군의 시장·군수는 도시·군관리계획을 정비하는 때에는 계획설명서에 당해 시·군의 장기발전구상을 포함시켜야 하며, 공청회를 개최하여 이에 관한 주민의 의견을 들어야 한다(영 제29조 제3항).

2 도시·군관리계획 입안시 관계 행정기관의 장과 협의

국토교통부장관(수산자원보호구역의 경우 해양수산부장관을 말한다), 시·도지사, 시장 또는 군수는 필요하다고 인정되면 도시·군관리계획을 입안할 때에 협의하여야 할 사항에 관하여 관계 중앙행정기관의 장이나 관계 행정기관의 장과 협의할 수 있다. 이 경우 시장 또는 군수는 도지사에게 당해 도시·군관리계획(지구단위계획구역의 지정·변경과 지구단위계획의 수립·변경에 관한 도시·군관리계획은 제외한다)의 결정을 신청하는 때에 관계 행정기관의 장과의 협의결과를 첨부하여야 한다. 이 경우 미리 협의한 사항에 대하여는 협의를 생략할 수 있다(법 제35조 제2항, 제3항).

제6절 공간재구조화 계획

1 공간재구조화 계획의 의의

"공간재구조화계획"이란 토지의 이용 및 건축물이나 그 밖의 시설의 용도·건폐율·용적률·높이 등을 완화하는 용도구역의 효율적이고 계획적인 관리를 위하여 수립하는 계획을 말한다(법 제2조 5의 4).

2 공간재구조화계획 입안의 내용

특별시장·광역시장·특별자치시장·특별자치도지사·시장 또는 군수는 다음 각 호의 용도구역을 지정하고 해당 용도구역에 대한 계획을 수립하기 위하여 공간재구조화계획을 입안하여야 한다(법 제35조의 2 제1항).

1. 도시혁신구역 및 도시혁신계획
2. 복합용도구역 및 복합용도계획
3. 도시·군계획시설입체복합구역(제1호 또는 제2호와 함께 구역을 지정하거나 계획을 입안하는 경우로 한정한다)

3 공간재구조화계획의 내용

공간재구조화계획에는 다음 각 호의 사항을 포함하여야 한다(법 제35조의4).

1. 도시혁신구역 또는 복합용도구역, 입체복합구역 지정 위치 및 용도구역에 대한 계획 등에 관한 사항
2. 도시혁신구역 또는 복합용도구역, 입체복합구역을 지정함에 따라 인근 지역의 주거·교통·기반시설 등에 미치는 영향 등 대통령령으로 정하는 사항

4 공간재구조화 계획의 입안

1. 계획도서와 계획설명서의 작성

공간재구조화계획 입안권자는 공간재구조화계획도서(계획도와 계획조서를 말한다. 이하 같다) 및 이를 보조하는 계획설명서(기초조사결과·재원조달방안 및 경관계획을 포함한다. 이하 같다)를 작성하여야 한다(법 제35조의 2 제4항).

2. 작성기준

공간재구조화계획의 각종기준은 국토교통부장관이 정한다(법 제35조의 2 제5항).

5 공간재구조화 계획의 입안권자와 입안절차

1. 공간재구조화계획의 입안권자는 도시·군관리계획의 입안권자와 동일하다(법 제35조의 2 제2항).
2. 국토교통부장관은 공간재구조화 계획의 입안권자 규정이 있음에도 불구하고 도시의 경쟁력 향상, 특화발전 및 지역 균형발전 등을 위하여 필요한 때에는 관할 특별시장·광역시장·특별자치시장·특별자치도지사·시장 또는 군수의 요청에 따라 공간재구조화계획을 입안할 수 있다(법 제35조의 2 제3항).

3. 공간재구조화 계획의 입안절차

공간재구조화계획의 입안을 위한 기초조사, 주민과 지방의회의 의견 청취 등에 관하여는 도시·군관리계획의 절차를 준용한다(법 제35조의5 제1항).

4. 공간재구조화 계획 기초조사 생략

기초조사, 환경성 검토, 토지적성평가 또는 재해취약성분석은 공간재구조화계획 입안일부터 5년 이내 기초조사를 실시한 경우 등 대통령령으로 정하는 바에 따라 생략할 수 있다(법 제35조의5 제2항).

6 공간재구조화계획의 입안제안

1. 주민의 입안제안

주민(이해관계자를 포함한다.)은 다음의 용도구역 지정을 위하여 공간재구조화계획 입안권자에게 공간재구조화계획의 입안을 제안할 수 있다. 이 경우 제안서에는 공간재구조화계획도서와 계획설명서를 첨부하여야 한다(법 제35조의3 제1항).

> 1. 도시혁신구역 및 도시혁신계획
> 2. 복합용도구역 및 복합용도계획
> 3. 도시·군계획시설입체복합구역(제1호 또는 제2호와 함께 구역을 지정하거나 계획을 입안하는 경우로 한정한다)

2. 입안제안 시 동의요건

공간재구조화계획의 입안을 제안하려는 자는 다음 각 호의 구분에 따라 토지소유자의 동의를 받아야 한다. 이 경우 동의 대상 토지 면적에서 국·공유지는 제외한다(영 제29조의2 제1항).

> 1. 도시혁신구역 또는 복합용도구역의 지정을 제안하는 경우: 대상 토지면적의 3분의 2 이상
> 2. 입체복합구역의 지정을 제안하는 경우(도시혁신구역 또는 복합용도구역과 함께 입체복합구역을 지정하거나 도시혁신계획 또는 복합용도계획과 함께 입체복합구역 지정에 관한 공간재구조화계획을 입안하는 경우로 한정한다): 대상 토지면적의 5분의 4 이상

3. 제안절차 및 결과통보

(1) 자문(임의)

공간재구조화계획 입안권자는 주민이 입안제안한 내용을 공간재구조화계획 입안에 반영할지 여부를 결정함에 있어서 필요한 경우에는 중앙도시계획위원회 또는 지방도시계획위원회의 자문을 거칠 수 있다(영 제29조2 제3항).

(2) 결과통보

공간재구조화계획 입안권자"라 한다)는 제안일부터 45일 이내에 공간재구조화계획 입안에의 반영 여부를 제안자에게 통보해야 한다. 다만, 부득이한 사정이 있는 경우에는 1회에 한정하여 30일을 연장할 수 있다(영 제29조2 제2항).

4. 비용부담

공간재구조화계획 입안권자는 제안자 또는 제3자와 협의하여 제안된 공간재구조화계획의 입안 및 결정에 필요한 비용의 전부 또는 일부를 제안자 또는 제3자에게 부담시킬 수 있다(법 제35조의3 제5항).

5. 제3자의 입안제안

공간재구조화계획의 입안을 제안받은 공간재구조화계획 입안권자는 국유재산·공유재산의 면적의 합이 공간재구조화계획으로 지정된 용도구역 면적의 100분의 50을 초과하는 경우에는 제안자 외의 제3자에 의한 제안이 가능하도록 제안 내용의 개요를 일간신문, 인터넷홈페이지, 국토교통부장관이 구축·운영하는 국토이용정보체계에 90일 이상의 기간을 정하여 공고하여야 한다. 다만, 제안받은 공간재구조화계획을 입안하지 아니하기로 결정한 때에는 그러하지 아니하다(법 제35조의3 제2항, 영 제29조2 제4항, 제5항).

7 공간재구조화계획의 결정절차

1. 결정권자

공간재구조화계획은 시·도지사가 직접 또는 시장·군수의 신청에 따라 결정한다. 다만, 제35조의2에 따라 국토교통부장관이 입안한 공간재구조화계획은 국토교통부장관이 결정한다(법제35조의6 제1항).

2. 결정절차

① 협의

국토교통부장관 또는 시·도지사가 공간재구조화계획을 결정하려면 미리 관계 행정기관의 장(국토교통부장관을 포함한다)과 협의하여야 한다. 이 경우 협의 요청을 받은 기관의 장은 특별한 사유가 없으면 그 요청을 받은 날부터 30일(도시혁신구역 지정을 위한 공간재구조화계획 결정의 경우에는 근무일 기준으로 10일) 이내에 의견을 제시하여야 한다(법제35조의6 제2항).

② 심의

다음 어느 하나에 해당하는 사항은 중앙도시계획위원회의 심의를 거치며, 각 어느 하나를 제외한 공간재구조화계획에 대하여는 지방도시계획위원회의 심의를 거친다.

> 1. 국토교통부장관이 결정하는 공간재구조화계획
> 2. 시·도지사가 결정하는 공간재구조화계획 중 도시혁신구역 또는 복합용도구역, 입체복합구역의 지정 및 입지 타당성 등에 관한 사항

③ 고시 및 열람

국토교통부장관 또는 시·도지사는 공간재구조화계획을 결정하면 대통령령으로 정하는 바에 따라 그 결정을 고시하고, 국토교통부장관이나 도지사는 관계 서류를 관계 특별시장·광역시장·특별자치시장·특별자치도지사·시장 또는 군수에게 송부하여 일반이 열람할 수 있도록 하여야 하며, 특별시장·광역시장·특별자치시장·특별자치도지사는 관계 서류를 일반이 열람할 수 있도록 하여야 한다(법제35조의6 제3항).

8 공간재구조화계획 결정의 효력

1. 효력발생 시기

공간재구조화계획 결정의 효력은 지형도면을 고시한 날부터 발생한다. 다만, 지형도면이 필요 없는 경우에는 공간재구조화계획을 고시한 날부터 효력이 발생하며, 고시된 공간재구조화계획의 내용은 도시·군계획으로 관리하여야 한다(법제35조의7 제1항, 5항).

2. 의제사항

공간재구조화계획 고시를 한 경우에 해당 구역 지정 및 계획 수립에 필요한 내용에 대해서는 고시한 내용에 따라 도시·군기본계획의 수립·변경과 도시·군관리계획의 결정(변경결정을 포함한다) 고시를 한 것으로 본다(법제35조의7 제2항).

3. 기득권보호

공간재구조화계획결정·고시를 할 당시에 이미 사업이나 공사에 착수한 자(이 법 또는 다른 법률에 따라 허가·인가·승인 등을 받아야 하는 경우에는 그 허가·인가·승인 등을 받아 사업이나 공사에 착수한 자를 말한다)는 그 공간재구조화계획 결정과 관계없이 그 사업이나 공사를 계속할 수 있다(법제35조의7 제4항).

04 CHAPTER 기출 및 예상문제

01 국토의 계획 및 이용에 관한 법령상 도시·군관리계획의 결정에 관한 설명으로 옳은 것은? (제35회)

① 도시·군관리계획 결정의 효력은 지형도면을 고시한 날의 다음 날부터 발생한다.

② 시가화조정구역의 지정에 관한 도시·군관리계획 결정당시 이미 사업에 착수한 자는 그 결정에도 불구하고 신고 없이 그 사업을 계속할 수 있다.

③ 국토교통부장관이 도시·군관리계획을 직접 입안한 경우에는 시·도지사가 지형도면을 작성하여야 한다.

④ 시장·군수가 입안한 지구단위계획의 수립에 관한 도시·군관리계획은 시장·군수의 신청에 따라 도지사가 결정한다.

⑤ 시·도지사는 국가계획과 관련되어 국토교통부장관이 입안하여 결정한 도시·군관리계획을 변경하려면 미리 국토교통부장관과 협의하여야 한다.

해설

① 도시·군관리계획 결정의 효력은 지형도면을 고시한 날 효력이 발생한다.

② 시가화조정구역의 지정에 관한 도시·군관리계획 결정당시 이미 사업에 착수한 자는 3개월 안에 신고하고 그 사업을 계속할 수 있다.

③ 국토교통부장관이 도시·군관리계획을 직접 입안한 경우에는 국토교통부장관이 지형도면을 작성하여야 한다.

④ 시장·군수가 입안한 지구단위계획의 수립에 관한 도시·군관리계획은 시장·군수가 결정한다.

정답 ⑤

02 국토의 계획 및 이용에 관한 법령상 도시·군관리계획에 관한 설명으로 틀린 것은? (제32회)

① 국토교통부장관은 국가계획과 관련된 경우 직접 도시·군관리계획을 입안할 수 있다.
② 주민은 산업·유통개발진흥지구의 지정에 관한 사항에 대하여 도시·군관리계획의 입안권자에게 도시·군관리계획의 입안을 제안할 수 있다.
③ 도시·군관리계획으로 입안하려는 지구단위계획구역이 상업지역에 위치하는 경우에는 재해취약성분석을 하지 아니할 수 있다.
④ 도시·군관리계획결정의 효력은 지형도면을 고시한 다음 날부터 발생한다.
⑤ 인접한 특별시·광역시·특별자치시·특별자치도·시 또는 군의 관할 구역에 대한 도시·군관리계획은 관계 특별시장·광역시장·특별자치시장·특별자치도지사·시장 또는 군수가 협의하여 공동으로 입안하거나 입안 할 자를 정한다.

해설 ④ 도시·군관리계획결정의 효력은 지형도면을 고시한 날부터 효력이 발생한다.

정답 ④

03 「국토의 계획 및 이용에 대한 법률」상 도시·군관리계획의 결정에 관한 설명으로 틀린 것은? (제31회)

① 시장 또는 군수가 입안한 지구단위계획구역의 지정·변경에 관한 도시·군관리계획은 시장 또는 군수가 직접 결정한다.
② 개발제한구역의 지정에 관한 도시·군관리계획은 국토교통부장관이 결정한다.
③ 시·도지사가 지구단위계획을 결정하면 「건축법」에 따라 시·도에 두는 건축위원회와 도시계획위원회가 공동으로 하는 심의를 거쳐야 한다.
④ 국토교통부장관은 관계 중앙행정기관의 장의 요청이 없어도 국가안전보장상 기밀을 지켜야 할 필요가 있다고 인정되면 중앙도시계획위원회의 심의를 거치지 않고 도시·군관리계획을 결정할 수 있다.
⑤ 도시·군관리계획 결정의 효력은 지형도면을 고시한 날부터 발생한다.

해설 국토교통부장관이나 시·도지사는 국방상 또는 국가안전보장상 기밀을 지켜야 할 필요가 있다고 인정되면(관계 중앙행정기관의 장이 요청할 때만 해당된다) 그 도시·군관리계획의 전부 또는 일부에 대하여 협의와 심의 절차를 생략할 수 있다.

정답 ④

05 CHAPTER

용도지역·용도지구·용도구역

단원별 학습포인트

용도지역·용도지구·용도구역의 핵심쟁점

- 용도지역, 용도지구, 용도구역의 중복여부
- 용도지역, 용도지구, 용도구역의 행위제한의 법적근거
- 용도지역(용도지역의 종류, 용도지역 지정절차의 특례와 건축제한, 건폐율, 용적률)
- 용도지구(용도지구의 종류, 행위제한의 원칙과 예외)
- 용도구역(지정권자, 시가화조정구역의 유보기간과 행위제한)
- 2이상의 용도지역에 걸치는 경우의 계산문제 특히, 연면적을 구하는 문제의 충분한 연습

제1절 용도지역·용도지구·용도구역의 개념 및 비교

1 의의

용도지역제(용도지역·지구·구역제)는 국토를 토지의 특성·적성·기능에 따라 가장 적합하게 이용하기 위한 토지이용구분으로서 일정한 지역을 구획·획정하여 그 구획·획정된 각 지역마다 각각 다른 토지이용을 할 수 있도록 건축물의 건축 등 토지의 이용에 대하여 공법상의 규제를 가하는 제도로서, 용도지역·지구·구역이 지정되면 별도의 후속 절차 없이 국토의 계획 및 이용에 관한법령, 개별법령, 도시계획조례 등에 의하여 건축물의 용도제한, 건폐율·용적률제한, 높이제한 등 토지이용행위에 일정한 제한이 따르게 되는 바, 이는 공권력에 의하여 토지를 각각의 용도에 따라 구분함으로써 질서 있는 토지이용을 도모하기 위하여 토지이용의 형태를 규제하는 것으로서 학문상 공용제한(계획제한)에 해당한다. 용도지역제는 토지이용의 혼란과 비효율성을 사전에 배제하고 합리적이고 능률적인 토지이용과 개발을 유도하여 쾌적한 국토환경을 만들기 위한 것이다.

2 용도지역지정과 손실보상의 인정여부

도시·군관리계획상의 용도지역 등에 의한 행위제한은 학문상 공용부담 중 물적공용부담으로 공용제한에 해당한다. 또한 행정계획으로 가해지는 계획제한의 성격에 해당하므로 손실보상을 인정하지 아니한다(헌재결 1991. 7. 22, 89헌마174).

제2절 용도지역 매년출제(제34회 제외), 제35회

1 의의

1. '용도지역'이라 함은 토지의 이용 및 건축물의 용도·건폐율·용적률·높이 등을 제한함으로써 토지를 경제적·효율적으로 이용하고 공공복리의 증진을 도모하기 위하여 서로 중복되지 아니하게 도시·군관리계획으로 결정하는 지역을 말한다(법 제2조 제15호).
2. 용도지역은 대체로 전국의 토지를 대상으로 한 일반적 용도중심의 구분, 즉 기본적인 생활권역별(도시지역·관리지역·농림지역·자연환경보전지역) 토지이용구분이며 전국적으로 통일성을 가진 수평적·평면적 이용규제이다. 따라서 용도지역 상호간에는 서로 중복하여 지정할 수 없다.

2 용도지역의 분류와 개념

1. **원칙** : 대통령령에 따른 세분

   국토교통부장관, 시·도지사 또는 대도시 시장은 다음 각 호의 어느 하나에 해당하는 용도지역의 지정 또는 변경을 도시·군관리계획으로 결정하며, 대통령령이 정하는 바에 따라 용도지역을 도시·군관리계획 결정으로 다시 세분하여 지정하거나 이를 변경할 수 있다(법 제36조 제1항, 제2항, 영 제30조 제1항).

2. **예외** : 조례에 따른 세분

   시·도지사 또는 대도시 시장은 해당 시·도 또는 대도시의 도시·군계획조례로 정하는 바에 따라 도시·군관리계획결정으로 세분된 주거지역·상업지역·공업지역·녹지지역을 추가적으로 세분하여 지정할 수 있다(영 제30조 제2항).

3. **도시지역**

   인구와 산업이 밀집되어 있거나 밀집이 예상되어 당해 지역에 대하여 체계적인 개발·정비·관리·보전 등이 필요한 지역(법 제6조)

(1) **주거지역** : 거주의 안녕과 건전한 생활환경의 보호를 위하여 필요한 지역

① **전용주거지역** : 양호한 주거환경을 보호하기 위하여 필요한 지역

제1종 전용주거지역	단독주택 중심의 양호한 주거환경을 보호하기 위하여 필요한 지역
제2종 전용주거지역	공동주택 중심의 양호한 주거환경을 보호하기 위하여 필요한 지역

② 일반주거지역 : 편리한 주거환경을 조성하기 위하여 필요한 지역

제1종일반주거지역	저층주택(4층 이하) 중심으로 편리한 주거환경을 조성하기 위하여 필요한 지역
제2종일반주거지역	중층주택을 중심으로 편리한 주거환경을 조성하기 위하여 필요한 지역
제3종일반주거지역	중·고층주택을 중심으로 편리한 주거환경을 조성하기 위하여 필요한 지역

③ **준주거지역** : 주거기능을 위주로 이를 지원하는 일부 상업기능 및 업무기능을 보완하기 위하여 필요한 지역

(2) **상업지역** : 상업 그 밖의 업무의 편익증진을 위하여 필요한 지역

중심상업지역	도심·부도심의 상업기능 및 업무기능의 확충을 위하여 필요한 지역
일반상업지역	일반적인 상업기능 및 업무기능을 담당하게 하기 위하여 필요한 지역
유통상업지역	도시 내 및 지역간 유통기능의 증진을 위하여 필요한 지역
근린상업지역	근린지역에서의 일용품 및 서비스의 공급을 위하여 필요한 지역

(3) **공업지역** : 공업의 편익증진을 위하여 필요한 지역

전용공업지역	주로 중화학공업, 공해성공업 등을 수용하기 위하여 필요한 지역
일반공업지역	환경을 저해하지 아니하는 공업의 배치를 위하여 필요한 지역
준공업지역	경공업 그 밖의 공업을 수용하되, 주거기능·상업기능 및 업무기능의 보완이 필요한 지역

(4) **녹지지역** : 자연환경·농지 및 산림의 보호, 보건위생, 보안과 도시의 무질서한 확산을 방지하기 위하여 녹지의 보전이 필요한 지역

보전녹지지역	도시의 자연환경·경관·산림 및 녹지공간을 보전할 필요가 있는 지역
생산녹지지역	주로 농업적 생산을 위하여 개발을 유보할 필요가 있는 지역
자연녹지지역	도시의 녹지공간의 확보, 도시확산의 방지, 장래 도시용지의 공급 등을 위하여 보전할 필요가 있는 지역으로서 불가피한 경우에 한하여 제한적인 개발이 허용되는 지역

4. 관리지역

도시지역의 인구와 산업을 수용하기 위하여 도시지역에 준하여 체계적으로 관리하거나 농림업의 진흥, 자연환경 또는 산림의 보전을 위하여 농림지역 또는 자연환경보전지역에 준하여 관리가 필요한 지역(법 제6조)

계획관리지역	도시지역으로의 편입이 예상되는 지역 또는 자연환경을 고려하여 제한적인 이용·개발을 하려는 지역으로서 계획적·체계적인 관리가 필요한 지역
생산관리지역	농업·임업·어업생산 등을 위하여 관리가 필요하나, 주변의 용도지역과의 관계 등을 고려할 때 농림지역으로 지정하여 관리하기가 곤란한 지역
보전관리지역	자연환경보호, 산림보호, 수질오염방지, 녹지공간 확보 및 생태계 보전 등을 위하여 보전이 필요하나, 주변의 용도지역과의 관계 등을 고려할 때 자연환경보전지역으로 지정하여 관리하기가 곤란한 지역

5. 농림지역

도시지역에 속하지 아니하는 「농지법」에 의한 농업진흥지역 또는 「산지관리법」에 의한 보전산지 등으로서 농림업의 진흥과 산림의 보전을 위하여 필요한 지역(법 제6조)

6. 자연환경보전지역

자연환경·수자원·해안·생태계·상수원 및 「국가유산기본법」 제3조에 따른 국가유산의 보전과 수산자원의 보호·육성 등을 위하여 필요한 지역(법 제6조)

3 용도지역 지정절차

1. 원칙

국토교통부장관, 시·도지사 또는 대도시 시장은 용도지역의 지정 또는 변경을 도시·군관리계획으로 결정한다(법 제36조 제1항).

2. 용도지역지정절차의 특례

(1) 결정의 특례(공유수면매립지에 관한 용도지역의 지정절차의 특례)

① 특례 인정 사유

공유수면(바다만 해당한다)의 매립 목적이 그 매립구역과 이웃하고 있는 용도지역의 내용과 같으면 도시·군관리계획의 입안 및 결정 절차 없이 그 매립준공구역은 그 매립의 준공인가일부터 이와 이웃하고 있는 용도지역으로 지정된 것으로 본다. 이 경우 관계 특별시장·광역시장·특별자치시장·특별자치도지사·시장 또는 군수는 그 사실을 지체 없이 고시하여야 한다(법 제41조 제1항).

② 특례 불인정

공유수면의 매립 목적이 그 매립구역과 이웃하고 있는 용도지역의 내용과 다른 경우 및 그 매립구역이 둘 이상의 용도지역에 걸쳐 있거나 이웃하고 있는 경우 그 매립구역이 속할 용도지역은 도시·군관리계획 결정으로 지정하여야 한다(법 제41조 제2항).

③ 준공인가통보

관계 행정기관의 장은 「공유수면 관리 및 매립에 관한 법률」에 따른 공유수면 매립의 준공검사를 하면 국토교통부령으로 정하는 바에 따라 지체 없이 관계 특별시장·광역시장·특별자치시장·특별자치도지사·시장 또는 군수에게 통보하여야 한다(법 제41조 제3항).

참고학습 용도지역지정절차의 특례에서 말하는 용도지역이란? (시행령 제33조 제1항)

공유수면매립절차에서 "용도지역"이란 도시지역, 관리지역, 농림지역, 자연환경보전지역을 말한다. 다만, 용도지역이 도시지역에 해당하는 경우에는 대통령령에 따라 세분하여 지정된 용도지역을 말한다.

(2) 결정·고시의 특례(다른 법률에 따라 지정된 지역의 용도지역 지정 등의 의제)

① 도시지역으로 결정·고시된 것으로 보는 경우(법 제42조 제1항)

1. 「항만법」에 의한 항만구역으로서 도시지역에 연접된 공유수면
2. 「어촌·어항법」에 의한 어항구역으로서 도시지역에 연접된 공유수면
3. 「산업입지 및 개발에 관한 법률」에 의한 국가산업단지, 일반산업단지 및 도시첨단산업단지
4. 「택지개발촉진법」에 의한 택지개발지구
5. 「전원개발촉진법」에 의한 전원개발사업구역 및 예정구역(수력발전소 또는 송·변전설비만을 설치하기 위한 전원개발사업구역 및 예정구역을 제외한다)

② 관리지역 안에서 용도지역 지정절차의 특례

㉠ 농림지역으로 결정·고시된 것으로 보는 경우

관리지역 안에서 「농지법」에 의한 농업진흥지역으로 지정·고시된 지역은 이 법에 의한 농림지역으로 결정·고시된 것으로 본다(법 제42조 제2항).

㉡ 농림지역 또는 자연환경보전지역으로 결정·고시된 것으로 보는 경우

관리지역 안의 산림 중 「산지관리법」에 의하여 보전산지로 지정·고시된 지역은 당해 고시에서 구분하는 바에 의하여 이 법에 의한 농림지역 또는 자연환경보전지역으로 결정·고시된 것으로 본다(법 제42조 제2항).

③ 지형도면 통보

관계 행정기관의 장은 항만구역·어항구역·산업단지·택지개발지구·전원개발사업구역 및 예정구역·농업진흥지역 또는 보전산지를 지정한 경우에는 국토교통부령이 정하는 바에 따라 고시된 지형도면 또는 지형도에 그 지정사실을 표시하여 해당 지역을 관할하는 특별시장·광역시장·특별자치시장·특별자치도지사·시장 또는 군수에게 통보하여야 한다(법 제42조 제3항).

(3) 용도지역 환원

위의 ①, ②에 해당하는 구역·단지·지구등(구역등)이 해제되는 경우(개발사업의 완료로 해제되는 경우를 제외한다), 이 법 또는 다른 법률에서 당해 구역 등이 어떤 용도지역에 해당되는지를 따로 정하고 있지 아니한 때에는 이를 지정하기 이전의 용도지역으로 환원된 것으로 본다. 이 경우 지정권자는 용도지역이 환원된 사실을 대통령령이 정하는 바에 따라 고시하고, 해당 지역을 관할하는 특별시장·광역시장·특별자치시장·특별자치도지사·시장 또는 군수에게 통보하여야 한다(법 제42조 제4항).

(4) 기득권 보호

용도지역이 환원되는 당시 이미 사업 또는 공사에 착수한 자(이 법 또는 다른 법률에 의하여 허가·인가·승인 등을 얻어야 하는 경우에는 당해 허가·인가·승인 등을 얻어 사업 또는 공사에 착수한 자를 말한다)는 당해 용도지역의 환원에 관계없이 그 사업 또는 공사를 계속할 수 있다(법 제42조 제5항).

4 용도지역 안에서의 행위제한(건축제한·건폐율·용적률)

1. 용도지역 안에서의 건축물의 건축제한 등

(1) 원칙(대통령령)

1. 용도지역에서의 건축물이나 그 밖의 시설의 용도·종류 및 규모 등의 제한에 관한 사항은 대통령령으로 정한다. 건축제한을 적용함에 있어서 부속건축물에 대하여는 주된 건축물에 대한 건축제한에 의한다(법 제76조 제1항, 영 제76조 제1항, 제2항).
2. 건축물이나 그 밖의 시설의 용도·종류 및 규모 등의 제한은 해당 용도지역과 용도지구의 지정목적에 적합하여야 한다(법 제76조 제3항).
3. 건축물 그 밖의 시설의 용도·종류 및 규모 등을 변경하는 경우 변경 후의 건축물 그 밖의 시설의 용도·종류 및 규모 등은 용도지역·용도지구의 지정목적에 맞아야 한다(법 제76조 제4항).

(2) 건축제한의 특례

다음의 경우의 건축물 그 밖의 시설의 용도·종류 및 규모 등의 제한에 관하여는 개별법령에 의한다(법 제76조 제5항, 제6항).

농공단지	「산업입지 및 개발에 관한 법률」에 의한 농공단지 안에서는 「산업입지 및 개발에 관한 법률」이 정하는 바에 의한다.
농림지역 중	① 농업진흥지역 : 「농지법」 ② 보전산지 : 「산지관리법」 ③ 초지 : 「초지법」이 정하는 바에 따라서 건축제한을 한다.
자연환경 보전지역 중	① 「자연공원법」에 따른 공원구역 : 「자연공원법」 ② 「수도법」에 따른 상수원보호구역 : 「수도법」 ③ 「문화유산의 보존 및 활용에 관한 법률」에 따라 지정된 지정문화유산 : 「문화유산의 보존 및 활용에 관한 법률」 ④ 「자연유산의 보존 및 활용에 관한 법률」에 따라 지정된 천연기념물과 그 보호구역 : 「지연유산의 보존 및 활용에 관한 법률」 ⑤ 「해양생태계의 보전 및 관리에 관한 법률」에 의한 해양보호구역 : 「해양생태계의 보전 및 관리에 관한 법률」 ⑥ 수산자원보호구역인 경우에는 「수산자원관리법」으로 정하는 바에 따라서 건축제한을 한다.
보전관리지역 또는 생산관리지역 중	보전관리지역이나 생산관리지역에 대하여 농림축산식품부장관·환경부장관 또는 산림청장이 농지 보전, 자연환경 보전, 해양환경 보전 또는 산림 보전에 필요하다고 인정하는 경우에는 「농지법」, 「자연환경보전법」, 「야생동·식물보호 및 관리에 관한법률」, 「해양생태계의 보전 및 관리에 관한 법률」 또는 「산림자원의 조성 및 관리에 관한 법률」에 따라 건축물이나 그 밖의 시설의 용도·종류 및 규모 등을 제한할 수 있다. 이 경우 이 법에 따른 제한의 취지와 형평을 이루도록 하여야 한다.

용도지역별 건축제한의 예(법 제76조 제1항, 영 제71조 제1항)

1. 제1종 전용주거지역 안에서 건축할 수 있는 건축물

건축할 수 있는 건축물	도시·군계획조례로 정하는 바에 의하여 건축할 수 있는 건축물
1. 단독주택(다가구주택을 제외한다) 2. 제1종 근린생활시설 중 다음에 해당하는 것으로서 당해 용도에 쓰이는 바닥면적의 합계가 1천㎡ 미만인 것 ① 수퍼마켓과 일용품(식품·잡화·의류·완구·서적·건축자재·의약품·의료기기 등) 등의 소매점으로서 같은 건축물에 해당 용도로 쓰는 바닥면적의 합계가 1천㎡ 미만인 것 ② 휴게음식점 또는 제과점으로서 같은 건축물에 해당 용도로 쓰는 바닥면적의 합계가 300㎡ 미만인 것 ③ 이용원, 미용원, 목욕장 및 세탁소(공장이 부설된 것과 「대기환경보전법」, 「수질 및 수생태계 보전에 관한 법률」 또는 「소음·진동규제법」에 따른 배출시설의 설치허가 또는 신고의 대상이 되는 것은 제외한다) ④ 의원·치과의원·한의원·침술원·접골원(접골원) 및 조산원 ⑤ 탁구장 및 체육도장으로서 같은 건축물에 해당 용도로 쓰는 바닥면적의 합계가 500㎡ 미만인 것 ⑥ 지역자치센터, 파출소, 지구대, 소방서, 우체국, 방송국, 보건소, 공공도서관, 지역건강보험조합, 그 밖에 이와 비슷한 것으로서 같은 건축물에 해당 용도로 쓰는 바닥면적의 합계가 1천㎡ 미만인 것 ⑦ 마을회관, 마을공동작업소, 마을공동구판장, 그 밖에 이와 비슷한 것	1. 단독주택 중 다가구주택 2. 공동주택 중 연립주택 및 다세대주택 3. 제1종 근린생활시설 중 다음에 해당하는 것으로서 당해 용도에 쓰이는 바닥면적의 합계가 1천㎡ 미만인 것 ① 변전소, 양수장, 정수장, 대피소, 공중화장실, 그 밖에 이와 비슷한 것 ② 지역아동센터(단독주택과 공동주택에 해당하지 아니한 것을 말한다) 4. 제2종 근린생활시설 중 종교집회장 5. 문화 및 집회시설 중 전시장(박물관·미술관 및 기념관에 한한다)에 해당하는 것으로서 그 용도에 쓰이는 바닥면적의 합계가 1천㎡ 미만인 것 6. 종교시설에 해당하는 것으로서 그 용도에 쓰이는 바닥면적의 합계가 1천㎡ 미만인 것 7. 교육연구시설 중 유치원·초등학교·중학교 및 고등학교 8. 노유자시설 9. 자동차관련시설 중 주차장

2. 제2종 전용주거지역안에서 건축할 수 있는 건축물

건축할 수 있는 건축물	도시·군계획조례로 정하는 바에 의하여 건축할 수 있는 건축물
1. 단독주택 2. 공동주택 3. 제1종 근린생활시설로서 당해 용도에 쓰이는 바닥면적의 합계가 1천㎡ 미만인 것	1. 제2종 근린생활시설 중 종교집회장 2. 문화 및 집회시설 중 동호 라목(박물관·미술관 및 기념관에 한한다)에 해당하는 것으로서 그 용도에 쓰이는 바닥면적의 합계가 1천㎡ 미만인 것 3. 종교시설에 해당하는 것으로서 그 용도에 쓰이는 바닥면적의 합계가 1천㎡ 미만인 것 4. 교육연구시설 중 유치원·초등학교·중학교 및 고등학교 5. 노유자시설 6. 자동차관련시설 중 주차장

3. 제1종 일반주거지역안에서 건축할 수 있는 건축물

4층 이하(도시형생활주택에 따른 단지형 연립주택 및 단지형 다세대주택인 경우에는 5층 이하를 말하며, 단지형 연립주택의 1층 전부를 필로티 구조로 하여 주차장으로 사용하는 경우에는 필로티 부분을 층수에서 제외하고, 단지형 다세대주택의 1층 바닥면적의 2분의 1 이상을 필로티 구조로 하여 주차장으로 사용하고 나머지 부분을 주택 외의 용도로 쓰는 경우에는 해당 층을 층수에서 제외한다. 이하 이 호에서 같다)의 건축물만 해당한다. 다만, 4층 이하의 범위에서 도시·군계획조례로 따로 층수를 정하는 경우에는 그 층수 이하의 건축물만 해당한다.

건축할 수 있는 건축물	도시·군계획조례로 정하는 바에 의하여 건축할 수 있는 건축물
1. 단독주택 2. 공동주택(아파트를 제외한다) 3. 제1종 근린생활시설 4. 교육연구시설 중 유치원·초등학교·중학교 및 고등학교 5. 노유자시설	1. 제2종 근린생활시설(단란주점 및 안마시술소를 제외한다) 2. 문화 및 집회시설(공연장 및 관람장을 제외한다) 3. 종교시설 4. 판매시설 중 같은 호 나목 및 다목(일반게임제공업의 시설은 제외한다)에 해당하는 것으로서 해당용도에 쓰이는 바닥면적의 합계가 2천 제곱미터 미만인 것(너비 15미터 이상의 도로로서 도시·군계획조례가 정하는 너비 이상의 도로에 접한 대지에 건축하는 것에 한한다)과 기존의 도매시장 또는 소매시장을 재건축하는 경우로서 인근의 주거환경에 미치는 영향, 시장의 기능회복 등을 고려하여 도시·군계획조례가 정하는 경우에는 해당용도에 쓰이는 바닥면적의 합계의 4배 이하 또는 대지면적의 2배 이하인 것 5. 의료시설(격리병원을 제외한다) 6. 교육연구시설 중 제1호 라목에 해당하지 아니하는 것 7. 수련시설(유스호스텔의 경우 특별시 및 광역시 지역에서는 너비 15미터 이상의 도로에 20미터 이상 접한 대지에 건축하는 것에 한하며, 그 밖의 지역에서는 너비 12미터 이상의 도로에 접한 대지에 건축하는 것에 한한다)

	8. 운동시설(옥외 철탑이 설치된 골프연습장을 제외한다) 9. 업무시설 중 오피스텔로서 그 용도에 쓰이는 바닥면적의 합계가 3천 제곱미터 미만인 것 10. 공장 중 인쇄업, 기록매체복제업, 봉제업(의류편조업을 포함한다), 컴퓨터 및 주변기기제조업, 컴퓨터 관련 전자제품조립업, 두부제조업, 세탁업의 공장 및 지식산업센터 11. 공장 중 떡 제조업 및 빵 제조업(이에 딸린 과자 제조업을 포함한다. 이하 같다)의 공장으로서 일정 요건을 모두 갖춘 것 12. 창고시설 13. 위험물저장 및 처리시설 중 주유소, 석유판매소, 액화가스 취급소·판매소, 도료류 판매소, 「대기환경보전법」에 따른 저공해자동차의 연료공급시설, 시내버스차고지에 설치하는 액화석유가스충전소 및 고압가스충전·저장소 14. 자동차관련시설 중 주차장 및 세차장 15. 동물 및 식물관련시설 중 화초 및 분재 등의 온실 16. 교정 및 국방·군사시설 17. 방송통신시설 18. 발전시설 19. 야영장 시설

4. 제2종 일반주거지역 안에서 건축할 수 있는 건축물(경관관리 등을 위하여 도시계획조례로 건축물의 층수를 제한하는 경우에는 그 층수 이하의 건축물로 한정한다)

건축할 수 있는 건축물	도시·군계획조례로 정하는 바에 의하여 건축할 수 있는 건축물
1. 단독주택 2. 공동주택 3. 제1종 근린생활시설 4. 종교시설 5. 교육연구시설 중 유치원·초등학교·중학교 및 고등학교 6. 노유자시설	1. 제2종 근린생활시설(단란주점 및 안마시술소를 제외한다) 2. 문화 및 집회시설(관람장을 제외한다) 3. 판매시설 중 같은 호 나목 및 다목(일반게임제공업의 시설은 제외한다)에 해당하는 것으로서 당해 용도에 쓰이는 바닥면적의 합계가 2천제곱미터 미만인 것(너비 15미터 이상의 도로로서 도시·군계획조례가 정하는 너비 이상의 도로에 접한 대지에 건축하는 것에 한한다)과 기존의 도매시장 또는 소매시장을 재건축하는 경우로서 인근의 주거환경에 미치는 영향, 시장의 기능회복 등을 고려하여 도시·군계획조례가 정하는 경우에는 당해 용도에 쓰이는 바닥면적의 합계의 4배 이하 또는 대지면적의 2배 이하인 것 4. 의료시설(격리병원을 제외한다) 5. 교육연구시설 중 다음에 해당하는 것 ① 학교(전문대학, 대학, 대학교, 그 밖에 이에 준하는 각종 학교를 말한다) ② 교육원(연수원, 그 밖에 이와 비슷한 것을 포함한다) ③ 직업훈련소(운전 및 정비 관련 직업훈련소는 제외한다) ④ 학원(자동차학원 및 무도학원은 제외한다)

	⑤ 연구소(연구소에 준하는 시험소와 계측계량소를 포함한다) ⑥ 도서관 6. 수련시설(유스호스텔의 경우 특별시 및 광역시 지역에서는 너비 15미터 이상의 도로에 20미터 이상 접한 대지에 건축하는 것에 한하며, 그 밖의 지역에서는 너비 12미터 이상의 도로에 접한 대지에 건축하는 것에 한한다) 7. 운동시설 8. 업무시설 중 오피스텔·금융업소·사무소 및 동호 가목에 해당하는 것으로서 해당용도에 쓰이는 바닥면적의 합계가 3천㎡ 미만인 것 9. 공장 10. 창고시설 11. 위험물저장 및 처리시설 중 주유소, 석유판매소, 액화가스 취급소·판매소, 도료류 판매소, 「대기환경보전법」에 따른 저공해자동차의 연료공급시설, 시내버스차고지에 설치하는 액화석유가스충전소 및 고압가스충전·저장소 12. 자동차관련시설 중 차고 및 주기장(駐機場)과 주차장 및 세차장 13. 동물 및 식물관련시설 중 다음에 해당하는 것 ① 작물 재배사 ② 종묘배양시설 ③ 화초 및 분재 등의 온실 ④ 식물과 관련된 마목부터 사목까지의 시설과 비슷한 것(동·식물원은 제외한다) 14. 교정 및 국방·군사시설 15. 방송통신시설 16. 발전시설 17. 야영장시설

5. 제3종 일반주거지역안에서 건축할 수 있는 건축물

건축할 수 있는 건축물	도시·군계획조례로 정하는 바에 의하여 건축할 수 있는 건축물
1. 단독주택 2. 공동주택 3. 제1종 근린생활시설 4. 종교시설 5. 교육연구시설 중 유치원·초등학교·중학교 및 고등학교 6. 노유자시설	1. 제2종 근린생활시설(단란주점 및 안마시술소를 제외한다) 2. 문화 및 집회시설(관람장을 제외한다) 3. 판매시설 중 같은 호 나목 및 다목(일반게임제공업의 시설은 제외한다)에 해당하는 것으로서 당해 용도에 쓰이는 바닥면적의 합계가 2천제곱미터 미만인 것(너비 15미터 이상의 도로로서 도시·군계획조례가 정하는 너비 이상의 도로에 접한 대지에 건축하는 것에 한한다)과 기존의 도매시장 또는 소매시장을 재건축하는 경우로서 인근의 주거환경에 미치는 영향, 시장의 기능회복 등을 고려하여 도시·군계획조례가 정하는 경우에는 당해 용도에 쓰이는 바닥면적의 합계의 4배 이하 또는 대지면적의 2배 이하인 것 4. 의료시설(격리병원을 제외한다) 5. 교육연구시설 중 다음에 해당하는 것

	① 학교(전문대학, 대학, 대학교, 그 밖에 이에 준하는 각종 학교를 말한다) ② 교육원(연수원, 그 밖에 이와 비슷한 것을 포함한다) ③ 직업훈련소(운전 및 정비 관련 직업훈련소는 제외한다) ④ 학원(자동차학원 및 무도학원은 제외한다) ⑤ 연구소(연구소에 준하는 시험소와 계측계량소를 포함한다) ⑥ 도서관 6. 수련시설(유스호스텔의 경우 특별시 및 광역시 지역에서는 너비 15미터 이상의 도로에 20미터 이상 접한 대지에 건축하는 것에 한하며, 그 밖의 지역에서는 너비 12미터 이상의 도로에 접한 대지에 건축하는 것에 한한다) 7. 운동시설 8. 업무시설로서 그 용도에 쓰이는 바닥면적의 합계가 3천㎡ 이하인 것 9. 공장 10. 창고시설 11. 위험물저장 및 처리시설 중 주유소, 석유판매소, 액화가스 취급소·판매소, 도료류 판매소, 「대기환경보전법」에 따른 저공해자동차의 연료공급시설, 시내버스차고지에 설치하는 액화석유가스충전소 및 고압가스충전·저장소 12. 자동차관련시설 중 동호 아목에 해당하는 것과 주차장 및 세차장 13. 동물 및 식물관련시설 중 동호 마목 내지 아목에 해당하는 것 14. 교정 및 국방·군사시설 15. 방송통신시설 16. 발전시설 17. 야영장시설

6. 준주거지역 안에서 건축할 수 없는 건축물

건축할 수 없는 건축물	도시·군계획조례로 정하는 바에 의하여 건축할 수 없는 건축물
1. 제2종 근린생활시설 중 단란주점 2. 판매시설 중 일반게임제공업의 시설 3. 의료시설 중 격리병원 4. 숙박시설(생활숙박시설로서 공원·녹지 또는 지형지물에 의하여 주택 밀집지역과 차단되거나 주택 밀집지역으로부터 도시·군계획조례로 정하는 거리 밖에 있는 대지에 건축하는 것은 제외한다) 5. 위락시설 6. 「건축법 시행령」 별표 1 제17호의 공장으로서 별표 4 제2호차목(1)부터 (6)까지의 어느 하나에 해당하는 것 7. 위험물 저장 및 처리 시설 중 시내버스차고지 외의	1. 제2종 근린생활시설 중 안마시술소 2. 문화 및 집회시설(공연장 및 전시장은 제외한다) 3. 판매시설 4. 운수시설 5. 숙박시설 중 생활숙박시설로서 공원·녹지 또는 지형지물에 의하여 주택 밀집지역과 차단되거나 주택 밀집지역으로부터 도시·군계획조례로 정하는 거리 밖에 있는 대지에 건축하는 것 6. 공장(제1호마목에 해당하는 것은 제외한다.) 7. 창고시설 8. 위험물 저장 및 처리 시설(제1호바목에 해당하는 것은 제외한다)

지역에 설치하는 액화석유가스 충전소 및 고압가스 충전소·저장소(「환경친화적 자동차의 개발 및 보급 촉진에 관한 법률」 제2조제9호의 수소연료공급시설은 제외한다) 8. 자동차 관련 시설 중 폐차장 9. 동물 및 식물 관련 시설 중 축사·도축장·도계장 10. 자원순환 관련 시설 11. 묘지 관련 시설	9. 자동차 관련 시설(제1호사목에 해당하는 것은 제외한다) 10. 동물 및 식물 관련 시설(제1호아목에 해당하는 것은 제외한다) 11. 교정 및 군사 시설 12. 발전시설 13. 관광 휴게시설 14. 장례시설

7. 중심상업지역 안에서 건축할 수 없는 건축물

건축할 수 없는 건축물	도시·군계획조례로 정하는 바에 의하여 건축할 수 없는 건축물
1. 단독주택(다른 용도와 복합된 것은 제외한다) 2. 공동주택[공동주택과 주거용 외의 용도가 복합된 건축물(다수의 건축물이 일체적으로 연결된 하나의 건축물을 포함한다)로서 공동주택 부분의 면적이 연면적의 합계의 90퍼센트(도시·군계획조례로 90퍼센트 미만의 범위에서 별도로 비율을 정한 경우에는 그 비율) 미만인 것은 제외한다] 3. 숙박시설 중 일반숙박시설 및 생활숙박시설(공원·녹지 또는 지형지물에 따라 주거지역과 차단되거나 주거지역으로부터 도시·군계획조례로 정하는 거리 밖에 있는 대지에 건축하는 것은 제외한다) 4. 위락시설(공원·녹지 또는 지형지물에 따라 주거지역과 차단되거나 주거지역으로부터 도시·군계획조례로 정하는 거리 밖에 있는 대지에 건축하는 것은 제외한다) 5. 공장(제2호바목에 해당하는 것은 제외한다) 6. 위험물 저장 및 처리 시설 중 시내버스차고지 외의 지역에 설치하는 액화석유가스 충전소 및 고압가스 충전소·저장소(「환경친화적 자동차의 개발 및 보급 촉진에 관한 법률」 제2조제9호의 수소연료공급시설은 제외한다) 7. 자동차 관련 시설 중 폐차장 8. 동물 및 식물 관련 시설 9. 자원순환 관련 시설 10. 묘지 관련 시설	1. 단독주택 중 다른 용도와 복합된 것 2. 공동주택(제1호나목에 해당하는 것은 제외한다) 3. 의료시설 중 격리병원 4. 교육연구시설 중 학교 5. 수련시설 6. 공장 중 출판업·인쇄업·금은세공업 및 기록매체복제업의 공장으로서 별표 4 제2호 차목 (1)부터 (6)까지의 어느 하나에 해당하지 않는 것 7. 창고시설 8. 위험물 저장 및 처리시설(제1호바목에 해당하는 것은 제외한다) 9. 자동차 관련 시설 중 같은 호 나목 및 라목부터 아목까지에 해당하는 것 10. 교정 및 군사 시설(국방·군사시설은 제외한다) 11. 관광 휴게시설 12. 장례시설 13. 야영장시설

8. 일반상업지역 안에서 건축할 수 없는 건축물

건축할 수 없는 건축물	도시·군계획조례로 정하는 바에 의하여 건축할 수 없는 건축물
1. 숙박시설 중 일반숙박시설 및 생활숙박시설(공원·녹지 또는 지형지물에 따라 주거지역과 차단되거나 주거지역으로부터 도시·군계획조례로 정하는 거리 밖에 있는 대지에 건축하는 것은 제외한다) 2. 위락시설(공원·녹지 또는 지형지물에 따라 주거지역과 차단되거나 주거지역으로부터 도시·군계획조례로 정하는 거리 밖에 있는 대지에 건축하는 것은 제외한다) 3. 공장으로서 별표 4 제2호차목(1)부터 (6)까지의 어느 하나에 해당하는 것 4. 위험물 저장 및 처리 시설 중 시내버스차고지 외의 지역에 설치하는 액화석유가스 충전소 및 고압가스 충전소·저장소(「환경친화적 자동차의 개발 및 보급 촉진에 관한 법률」 제2조제9호의 수소연료공급시설은 제외한다) 5. 자동차 관련 시설 중 폐차장 6. 동물 및 식물 관련 시설 중 같은 호 가목부터 라목까지에 해당하는 것 7. 자원순환 관련 시설 8. 묘지 관련 시설	1. 단독주택 2. 공동주택[공동주택과 주거용 외의 용도가 복합된 건축물(다수의 건축물이 일체적으로 연결된 하나의 건축물을 포함한다)로서 공동주택 부분의 면적이 연면적의 합계의 90퍼센트(도시·군계획조례로 90퍼센트 미만의 비율을 정한 경우에는 그 비율) 미만인 것은 제외한다] 3. 수련시설 4. 「공장(제1호다목에 해당하는 것은 제외한다) 5. 위험물 저장 및 처리 시설(제1호라목에 해당하는 것은 제외한다) 6. 자동차 관련 시설 중 같은 호 라목부터 아목까지에 해당하는 것 7. 동물 및 식물 관련 시설(제1호바목에 해당하는 것은 제외한다) 8. 교정 및 군사 시설(국방·군사시설은 제외한다) 9. 야영장시설

9. 근린상업지역 안에서 건축할 수 없는 건축물

건축할 수 없는 건축물	도시·군계획조례로 정하는 바에 의하여 건축할 수 없는 건축물
1. 의료시설 중 격리병원 2. 숙박시설 중 일반숙박시설 및 생활숙박시설(공원·녹지 또는 지형지물에 따라 주거지역과 차단되거나 주거지역으로부터 도시·군계획조례로 정하는 거리 밖에 있는 대지에 건축하는 것은 제외한다) 3. 위락시설(공원·녹지 또는 지형지물에 따라 주거지역과 차단되거나 주거지역으로부터 도시·군계획조례로 정하는 거리 밖에 있는 대지에 건축하는 것은 제외한다) 4. 공장으로서 별표 4 제2호차목 (1)부터 (6)까지의 어느 하나에 해당하는 것	1. 공동주택[공동주택과 주거용 외의 용도가 복합된 건축물(다수의 건축물이 일체적으로 연결된 하나의 건축물을 포함한다)로서 공동주택 부분의 면적이 연면적의 합계의 90퍼센트(도시·군계획조례로 90퍼센트 미만의 범위에서 별도로 비율을 정한 경우에는 그 비율) 미만인 것은 제외한다] 2. 문화 및 집회시설(공연장 및 전시장은 제외한다) 3. 「판매시설로서 그 용도에 쓰이는 바닥면적의 합계가 3천제곱미터 이상인 것 4. 운수시설로서 그 용도에 쓰이는 바닥면적의 합계가 3천제곱미터 이상인 것

5. 위험물 저장 및 처리 시설 중 시내버스차고지 외의 지역에 설치하는 액화석유가스 충전소 및 고압가스 충전소·저장소(「환경친화적 자동차의 개발 및 보급 촉진에 관한 법률」 제2조제9호의 수소연료공급시설은 제외한다) 6. 자동차 관련 시설 중 같은 호 다목부터 사목까지에 해당하는 것 7. 동물 및 식물 관련 시설 중 같은 호 가목부터 라목까지에 해당하는 것 8. 자원순환 관련 시설 9. 묘지 관련 시설	5. 위락시설(제1호다목에 해당하는 것은 제외한다) 6. 공장(제1호라목에 해당하는 것은 제외한다) 7. 창고시설 8. 위험물 저장 및 처리 시설(제1호마목에 해당하는 것은 제외한다) 9. 자동차 관련 시설 중 같은 호 아목에 해당하는 것 10. 동물 및 식물 관련 시설(제1호사목에 해당하는 것은 제외한다) 11. 교정 및 군사 시설 12. 발전시설 13. 관광 휴게시설

10. 유통상업지역 안에서 건축할 수 없는 건축물

건축할 수 없는 건축물	도시·군계획조례로 정하는 바에 의하여 건축할 수 없는 건축물
1. 단독주택 2. 공동주택 3. 의료시설 4. 숙박시설 중 일반숙박시설 및 생활숙박시설(공원·녹지 또는 지형지물에 따라 주거지역과 차단되거나 주거지역으로부터 도시·군계획조례로 정하는 거리 밖에 있는 대지에 건축하는 것은 제외한다) 5. 위락시설(공원·녹지 또는 지형지물에 따라 주거지역과 차단되거나 주거지역으로부터 도시·군계획조례로 정하는 거리 밖에 있는 대지에 건축하는 것은 제외한다) 6. 공장 7. 위험물 저장 및 처리 시설 중 시내버스차고지 외의 지역에 설치하는 액화석유가스 충전소 및 고압가스 충전소·저장소(「환경친화적 자동차의 개발 및 보급 촉진에 관한 법률」 제2조제9호의 수소연료공급시설은 제외한다) 8. 동물 및 식물 관련 시설 9. 자원순환 관련 시설 10. 묘지 관련 시설	1. 제2종 근린생활시설 2. 문화 및 집회시설(공연장 및 전시장은 제외한다) 3. 종교시설 4. 교육연구시설 5. 노유자시설 6. 수련시설 7. 운동시설 8. 숙박시설(제1호라목에 해당하는 것은 제외한다) 9. 위락시설(제1호마목에 해당하는 것은 제외한다) 10. 위험물 저장 및 처리시설(제1호사목에 해당하는 것은 제외한다) 11. 자동차 관련 시설(주차장 및 세차장은 제외한다) 12. 교정 및 군사 시설 13. 방송통신시설 14. 발전시설 15. 관광 휴게시설 16. 장례시설 17. 야영장시설

11. 전용공업지역 안에서 건축할 수 있는 건축물

건축할 수 있는 건축물	도시·군계획조례로 정하는 바에 의하여 건축할 수 있는 건축물
1. 제1종 근린생활시설 2. 제2종 근린생활시설(다음을 제외한다) ① 일반음식점, 기원 ② 휴게음식점 또는 제과점으로서 제1종 근린생활시설에 해당하지 아니하는 것 ③ 단란주점으로서 같은 건축물에 해당 용도로 쓰는 바닥면적의 합계가 150㎡ 미만인 것 ④ 안마시술소, 노래연습장 3. 공장 4. 창고시설 5. 위험물저장 및 처리시설 6. 자동차관련시설 7. 자원순환관련시설 8. 발전시설	1. 공동주택 중 기숙사 2. 제2종 근린생활시설 중 다음에 해당하는 것 ① 일반음식점, 기원 ② 휴게음식점 또는 제과점으로서 제1종 근린생활시설에 해당하지 아니하는 것 ③ 안마시술소, 노래연습장 3. 문화 및 집회시설 중 산업전시장 및 박람회장 4. 판매시설(해당전용공업지역에 소재하는 공장에서 생산되는 제품을 판매하는 경우에 한한다) 5. 운수시설 6. 의료시설 7. 교육연구시설 중 직업훈련소(「근로자직업능력 개발법」 제2조 제3호에 따른 직업능력개발훈련시설과 그 밖에 동법 제32조에 따른 직업능력개발훈련법인이 직업능력개발훈련을 실시하기 위하여 설치한 시설에 한한다)·학원(기술계학원에 한한다) 및 연구소(공업에 관련된 연구소, 「고등교육법」에 따른 기술대학에 부설되는 것과 공장 대지 안에 부설되는 것에 한한다) 8. 노유자시설 9. 교정 및 국방·군사시설 10. 방송통신시설

12. 일반공업지역 안에서 건축할 수 있는 건축물

건축할 수 있는 건축물	도시·군계획조례로 정하는 바에 의하여 건축할 수 있는 건축물
1. 제1종 근린생활시설 2. 제2종 근린생활시설(단란주점 및 안마시술소를 제외한다) 3. 판매시설(해당일반공업지역에 소재하는 공장에서 생산되는 제품을 판매하는 시설에 한한다) 4. 운수시설 5. 공장 6. 창고시설 7. 위험물저장 및 처리시설 8. 자동차관련시설 9. 자원순환관련시설 10. 발전시설	1. 단독주택 2. 공동주택 중 기숙사 3. 제2종 근린생활시설 중 안마시술소 4. 문화 및 집회시설 중 전시장(박물관, 미술관, 과학관, 문화관, 체험관, 기념관, 산업전시장, 박람회장, 그 밖에 이와 비슷한 것을 말한다)에 해당하는 것 5. 종교시설 6. 의료시설 7. 교육연구시설 8. 노유자시설 9. 수련시설 10. 업무시설(일반업무시설로서 「산업집적활성화 및 공장설립에 관한 법률」에 따른 지식산업센터에 입주하는 지원시설에 한정한다) 11. 동물 및 식물관련시설 12. 국방·군사시설

	13. 방송통신시설 14. 장례시설 15. 야영장시설

13. 준공업지역 안에서 건축할 수 없는 건축물

건축할 수 없는 건축물	도시·군계획조례로 정하는 바에 의하여 건축할 수 없는 건축물
1. 위락시설 2. 묘지 관련 시설	1. 단독주택 2. 공동주택(기숙사는 제외한다) 3. 제2종 근린생활시설 중 단란주점 및 안마시술소 4. 문화 및 집회시설(공연장 및 전시장은 제외한다) 5. 종교시설 6. 판매시설(해당 준공업지역에 소재하는 공장에서 생산되는 제품을 판매하는 시설은 제외한다) 7. 운동시설 8. 숙박시설 9. 공장으로서 해당 용도에 쓰이는 바닥면적의 합계가 5천㎡ 이상인 것 10. 동물 및 식물 관련 시설 11. 교정 및 군사 시설 12. 관광 휴게시설

14. 보전녹지지역 안에서 건축할 수 있는 건축물(4층 이하의 건축물에 한한다. 다만, 4층 이하의 범위 안에서 도시·군계획조례로 따로 층수를 정하는 경우에는 그 층수 이하의 건축물에 한한다)

건축할 수 있는 건축물	도시·군계획조례로 정하는 바에 의하여 건축할 수 있는 건축물
1. 교육연구시설 중 초등학교 2. 창고(농업·임업·축산업·수산업용만 해당한다) 3. 교정 및 국방·군사시설	1. 단독주택(다가구주택을 제외한다) 2. 제1종 근린생활시설로서 해당용도에 쓰이는 바닥면적의 합계가 500㎡ 미만인 것 3. 제2종 근린생활시설 중 종교집회장 4. 문화 및 집회시설 중 전시장(박물관, 미술관, 과학관, 문화관, 체험관, 기념관, 산업전시장, 박람회장, 그 밖에 이와 비슷한 것을 말한다)에 해당하는 것 5. 종교시설 6. 의료시설 7. 교육연구시설 중 유치원·중학교·고등학교 8. 노유자시설 9. 위험물저장 및 처리시설 중 액화석유가스충전소 및 고압가스충전·저장소 10. 동물 및 식물관련시설(도축장, 도계장을 제외한다) 11. 묘지관련시설 12. 장례시설

15. 생산녹지지역 안에서 건축할 수 있는 건축물(4층 이하의 건축물에 한한다. 다만, 4층 이하의 범위 안에서 도시·군계획조례로 따로 층수를 정하는 경우에는 그 층수 이하의 건축물에 한한다)

건축할 수 있는 건축물	도시·군계획조례로 정하는 바에 의하여 건축할 수 있는 건축물
1. 단독주택 2. 제1종 근린생활시설 3. 교육연구시설 중 유치원·초등학교 4. 노유자시설 5. 수련시설 6. 운동시설 중 운동장 7. 창고(농업·임업·축산업·수산업용만 해당한다) 8. 위험물저장 및 처리시설 중 액화석유가스충전소 및 고압가스충전·저장소 9. 동물 및 식물관련시설(도축장, 도계장을 제외한다) 10. 교정 및 국방·군사시설 11. 방송통신시설 12. 발전시설 13. 야영장시설	1. 공동주택(아파트를 제외한다) 2. 제2종 근린생활시설로서 해당용도에 쓰이는 바닥면적의 합계가 1천㎡ 미만인 것(단란주점을 제외한다) 3. 문화 및 집회시설 중 동호 나목 및 라목에 해당하는 것 4. 판매시설(농업·임업·축산업·수산업용에 한한다) 5. 의료시설 6. 교육연구시설 중 중학교·고등학교·교육원(농업·임업·축산업·수산업과 관련된 교육시설에 한한다) 및 직업훈련소및 연구소(농업·임업·축산업·수산업과 관련된 연구소로 한정한다. 7. 운동시설(운동장을 제외한다) 8. 공장 중 도정공장·식품공장·제1차산업생산품 가공공장 및 「산업집적활성화 및 공장설립에 관한 법률 시행령」 별표 1 제2호마목의 첨단업종의 공장(이하 "첨단업종의 공장"이라 한다)으로서 다음의 어느 하나에 해당하지 아니하는 것 ① 「대기환경보전법」 제2조 제9호에 따른 특정대기유해물질을 배출하는 것 ② 「대기환경보전법」 제2조 제11호에 따른 대기오염물질배출시설에 해당하는 시설로서 동법 시행령 별표 8에 따른 1종사업장 내지 3종사업장에 해당하는 것 ③ 「수질 및 수생태계 보전에 관한 법률」 제2조 제8호에 따른 특정수질유해물질을 배출하는 것. 다만, 동법 제34조에 따라 폐수무방류배출시설의 설치허가를 받아 운영하는 경우를 제외한다. ④ 「수질 및 수생태계 보전에 관한 법률」 제2조 제10호에 따른 폐수배출시설에 해당하는 시설로서 같은 법 시행령 별표 13에 따른 제1종사업장 부터 제4종사업장까지 해당하는 것 ⑤ 「폐기물관리법」 제2조 제4호에 따른 지정폐기물을 배출하는 것 9. 창고(농업·임업·축산업·수산업용으로 쓰는 것은 제외한다) 10. 위험물저장 및 처리시설(액화석유가스충전소 및 고압가스충전·저장소를 제외한다) 11. 자동차관련시설 중 동호 사목 및 아목에 해당하는 것 12. 동물 및 식물관련시설 중 동호 다목 및 라목에 해당하는 것 13. 자원순환관련시설 14. 묘지관련시설 15. 장례시설

16. 자연녹지지역 안에서 건축할 수 있는 건축물(4층 이하의 건축물에 한한다. 다만, 4층 이하의 범위 안에서 도시·군계획조례로 따로 층수를 정하는 경우에는 그 층수 이하의 건축물에 한한다)

건축할 수 있는 건축물	도시·군계획조례로 정하는 바에 의하여 건축할 수 있는 건축물
1. 단독주택 2. 제1종 근린생활시설 3. 제2종 근린생활시설(휴게음식점 또는 제과점과 일반음식점·단란주점 및 안마시술소를 제외한다) 4. 의료시설(종합병원·병원·치과병원 및 한방병원을 제외한다) 5. 교육연구시설(직업훈련소 및 학원을 제외한다) 6. 노유자시설 7. 수련시설 8. 운동시설 9. 창고(농업·임업·축산업·수산업용만 해당한다) 10. 동물 및 식물관련시설 11. 자원순환관련시설 12. 교정 및 국방·군사시설 13. 방송통신시설 14. 발전시설 15. 묘지관련시설 16. 관광휴게시설 17. 장례시설 18. 야영장시설	1. 공동주택(아파트를 제외한다) 2. 제2종 근린생활시설 중 휴게음식점 또는 제과점과 일반음식점 및 안마시술소 4. 종교시설 5. 판매시설 중 다음의 어느 하나에 해당하는 것 ① 「농수산물유통 및 가격안정에 관한 법률」 제2조에 따른 농수산물공판장 ② 「농수산물유통 및 가격안정에 관한 법률」 제68조 제2항에 따른 농수산물직판장으로서 해당용도에 쓰이는 바닥면적의 합계가 1만㎡ 미만인 것(「농어촌발전 특별조치법」 제2조 제2호·제3호 또는 동법 제4조에 해당하는 자나 지방자치단체가 설치·운영하는 것에 한한다) ③ 지식경제부장관이 관계중앙행정기관의 장과 협의하여 고시하는 대형할인점 및 중소기업공동판매시설 6. 운수시설 7. 의료시설 중 종합병원·병원·치과병원 및 한방병원 8. 교육연구시설 중 직업훈련소 및 학원 9. 숙박시설로서 「관광진흥법」에 따라 지정된 관광지 및 관광단지에 건축하는 것 10. 공장 중 다음의 어느 하나에 해당하는 것 ① 첨단업종의 공장, 아파트형 공장, 도정공장 및 식품공장과 읍·면지역에 건축하는 제재업의 공장으로서 별표 16 제2호아목 (1) 내지 (5)의 어느 하나에 해당하지 아니하는 것 ② 「공익사업을 위한 토지 등의 취득 및 보상에 관한 법률」에 따른 공익사업 및 「도시개발법」에 따른 도시개발사업으로 해당 특별시·광역시·시 및 군 지역으로 이전하는 레미콘 또는 아스콘공장 11. 창고(농업·임업·축산업·수산업용으로 쓰는 것은 제외한다) 및 집배송시설 12. 위험물저장 및 처리시설 13. 자동차관련시설 14. 야영장시설

17. 보전관리지역 안에서 건축할 수 있는 건축물(4층 이하의 건축물에 한한다. 다만, 4층 이하의 범위 안에서 도시·군계획조례로 따로 층수를 정하는 경우에는 그 층수 이하의 건축물에 한한다)

건축할 수 있는 건축물	도시·군계획조례로 정하는 바에 의하여 건축할 수 있는 건축물
1. 단독주택 2. 교육연구시설 중 초등학교 3. 교정 및 국방·군사시설	1. 제1종 근린생활시설(휴게음식점 및 제과점을 제외한다) 2. 제2종 근린생활시설(다음을 제외한다) ① 휴게음식점 또는 제과점으로서 제1종 근린생활시설에 해당하지 아니하는 것 ② 제조업소, 수리점, 세탁소, 그 밖에 이와 비슷한 것으로서 같은 건축물에 해당 용도로 쓰는 바닥면적의 합계가 500㎡ 미만이고, 다음의 요건 중 어느 하나에 해당되는 시설 ㉠ 「대기환경보전법」, 「수질 및 수생태계 보전에 관한 법률」 또는 「소음·진동규제법」에 따른 배출시설의 설치허가 또는 신고의 대상이 아닌 것 ㉡ 「대기환경보전법」, 「수질 및 수생태계 보전에 관한 법률」 또는 「소음·진동규제법」에 따른 설치허가 또는 신고 대상 시설이나 귀금속·장신구 및 관련 제품 제조시설로서 발생되는 폐수를 전량 위탁처리하는 것 ③ 일반음식점 및 단란주점 3. 종교시설 중 종교집회장 4. 의료시설 5. 교육연구시설 중 유치원·중학교·고등학교 6. 노유자시설 7. 창고(농업·임업·축산업·수산업용만 해당한다) 8. 위험물저장 및 처리시설 9. 동물 및 식물관련시설 중 동호 가목 및 마목 내지 아목에 해당하는 것 10. 방송통신시설 11. 발전시설 12. 묘지관련시설 13. 장례시설 14. 야영장

18. 생산관리지역 안에서 건축할 수 있는 건축물(4층 이하의 건축물에 한한다. 다만, 4층 이하의 범위 안에서 도시·군계획조례로 따로 층수를 정하는 경우에는 그 층수 이하의 건축물에 한한다)

건축할 수 있는 건축물	도시·군계획조례로 정하는 바에 의하여 건축할 수 있는 건축물
1. 단독주택 2. 제1종 근린생활시설 중 동	1. 공동주택(아파트를 제외한다) 2. 제1종 근린생활시설(다음을 제외한다)

<table>
<tr>
<td>호 다음에 해당하는 것
① 수퍼마켓과 일용품(식품·잡화·의류·완구·서적·건축자재·의약품·의료기기 등) 등의 소매점으로서 같은 건축물(하나의 대지에 두 동 이상의 건축물이 있는 경우에는 이를 같은 건축물로 본다. 이하 같다)에 해당 용도로 쓰는 바닥면적의 합계가 1천 ㎡ 미만인 것
② 변전소, 양수장, 정수장, 대피소, 공중화장실, 그 밖에 이와 비슷한 것
3. 교육연구시설 중 초등학교
4. 운동시설 중 운동장
5. 창고(농업·임업·축산업·수산업용만 해당한다)
6. 동물 및 식물관련시설 중 다음에 해당하는 것
① 작물재배사
② 종묘배양시설
③ 화초 및 분재 등의 온실
④ 식물과 관련된 마목부터 사목까지의 시설과 비슷한 것(동·식물원은 제외한다)
7. 교정 및 국방·군사시설
8. 발전시설</td>
<td>① 수퍼마켓과 일용품(식품·잡화·의류·완구·서적·건축자재·의약품·의료기기 등) 등의 소매점
② 휴게음식점 또는 제과점
③ 변전소, 양수장, 정수장, 대피소, 공중화장실, 그 밖에 이와 비슷한 것
④ 「도시가스사업법」 제2조제5호에 따른 가스배관시설
3. 제2종 근린생활시설(다음을 제외한다)
① 휴게음식점 또는 제과점
② 제조업소, 수리점, 세탁소, 그 밖에 이와 비슷한 것
③ 일반음식점 및 단란주점
4. 판매시설(농업·임업·축산업·수산업용에 한한다)
5. 의료시설
6. 교육연구시설 중 유치원·중학교·고등학교 및 교육원(농업·임업·축산업·수산업과 관련된 교육시설에 한한다)
7. 노유자시설
8. 수련시설
9. 공장(동시행령 별표 1 제4호의 제2종 근린생활시설 중 제조업소를 포함한다) 중 도정공장 및 식품공장과 읍·면지역에 건축하는 제재업의 공장으로서 다음의 어느 하나에 해당하지 아니하는 것
① 「대기환경보전법」 제2조 제9호에 따른 특정대기유해물질을 배출하는 것
② 「대기환경보전법」 제2조 제11호에 따른 대기오염물질배출시설에 해당하는 시설로서 동법 시행령 별표 8에 따른 1종사업장 내지 3종사업장에 해당하는 것
③ 「수질 및 수생태계 보전에 관한 법률」 제2조 제8호에 따른 특정수질유해물질을 배출하는 것. 다만, 동법 제34조에 따라 폐수무방류배출시설의 설치허가를 받아 운영하는 경우를 제외한다.
④ 「수질 및 수생태계 보전에 관한 법률」 제2조 제10호에 따른 폐수배출시설에 해당하는 시설로서 같은 법 시행령 별표 13에 따른 제1종사업장부터 제4종사업장까지 해당하는 것
10. 위험물저장 및 처리시설
11. 자동차관련시설 중 동호 사목 및 아목에 해당하는 것
12. 동물 및 식물관련시설 중 동호 가목 내지 라목에 해당하는 것
13. 자원순환관련시설
14. 방송통신시설
15. 묘지관련시설
16. 장례시설
17. 야영장시설</td>
</tr>
</table>

19. 계획관리지역 안에서 건축할 수 없는 건축물

건축할 수 없는 건축물	도시·군계획조례로 정하는 바에 의하여 건축할 수 없는 건축물
1. 4층을 초과하는 모든 건축물 2. 공동주택 중 아파트 3. 근린생활시설 중 휴게음식점 및 제과점으로서 국토교통부령으로 정하는 기준에 해당하는 지역에 설치하는 것 4. 근린생활시설 중 일반음식점·휴게음식점·제과점으로서 국토교통부령으로 정하는 기준에 해당하는 지역에 설치하는 것과 단란주점 5. 판매시설(성장관리방안이 수립된 지역에 설치하는 판매시설로서 그 용도에 쓰이는 바닥면적의 합계가 3천제곱미터 미만인 경우는 제외한다) 6. 업무시설 7. 숙박시설로서 국토교통부령으로 정하는 기준에 해당하는 지역에 설치하는 것 8. 위락시설 9. 공장 중 다음의 어느 하나에 해당하는 것(「공익사업을 위한 토지 등의 취득 및 보상에 관한 법률」에 따른 공익사업 및 「도시개발법」에 따른 도시개발사업으로 해당 특별시·광역시·특별자치시·특별자치도·시 또는 군의 관할구역으로 이전하는 레미콘 또는 아스콘 공장은 제외한다)	1. 4층 이하의 범위에서 도시·군계획조례로 따로 정한 층수를 초과하는 모든 건축물 2. 공동주택(제1호나목에 해당하는 것은 제외한다) 3. 「건축법 시행령」 별표 1 제4호아목, 자목, 너목 및 러목(안마시술소만 해당한다)에 따른 제2종 근린생활시설 4. 제2종 근린생활시설 중 일반음식점·휴게음식점·제과점으로서 도시·군계획조례로 정하는 지역에 설치하는 것과 안마시술소 및 같은 호 너목에 해당하는 것 5. 문화 및 집회시설 6. 종교시설 7. 운수시설 8. 의료시설 중 종합병원·병원·치과병원 및 한방병원 9. 「교육연구시설 중 같은 호 다목부터 마목까지에 해당하는 것 10. 「운동시설(운동장은 제외한다) 11. 「숙박시설로서 도시·군계획조례로 정하는 지역에 설치하는 것 12. 공장 중 다음의 어느 하나에 해당하는 것 (1) 「수도권정비계획법」 제6조제1항제3호에 따른 자연보전권역 외의 지역 및 「환경정책기본법」 제38조에 따른 특별대책지역 외의 지역에 설치되는 경우(제1호자목에 해당하는 것은 제외한다) (2) 「수도권정비계획법」 제6조제1항제3호에 따른 자연보전권역 및 「환경정책기본법」 제38조에 따른 특별대책지역에 설치되는 것으로서 제1호자목 (7)에 해당하지 아니하는 경우 (3) 「공익사업을 위한 토지 등의 취득 및 보상에 관한 법률」에 따른 공익사업 및 「도시개발법」에 따른 도시개발사업으로 해당 특별시·광역시·특별자치시·특별자치도·시 또는 군의 관할구역으로 이전하는 레미콘 또는 아스콘 공장 13. 창고시설(창고 중 농업·임업·축산업·수산업용으로 쓰는 것은 제외한다) 14. 위험물 저장 및 처리 시설 15. 자동차 관련 시설 16. 관광 휴게시설

20. 농림지역 안에서 건축할 수 있는 건축물

건축할 수 있는 건축물	도시·군계획조례로 정하는 바에 의하여 건축할 수 있는 건축물
1. 단독주택으로서 현저한 자연훼손을 가져오지 아니하는 범위 안에서 건축하는 농어가주택 2. 제1종 근린생활시설 중 변전소, 양수장, 정수장, 대피소, 공중화장실, 그 밖에 이와 비슷한 것 3. 교육연구시설 중 초등학교 4. 창고(농업·임업·축산업·수산업용만 해당한다) 5. 동물 및 식물관련시설 중 동호마목 내지 아목에 해당하는 것 6. 발전시설	1. 제1종 근린생활시설(다음을 제외한다) ① 휴게음식점 또는 제과점 ② 변전소, 양수장, 정수장, 대피소, 공중화장실, 그 밖에 이와 비슷한 것 2. 제2종 근린생활시설(휴게음식점 또는 제과점 및 제조업소, 수리점, 세탁소, 그 밖에 이와 비슷한 것과 일반음식점·단란주점 및 안마시술소를 제외한다) 3. 문화 및 집회시설 중 동·식물원(동물원, 식물원, 수족관, 그 밖에 이와 비슷한 것을 말한다) 4. 종교시설 5. 의료시설 6. 수련시설 7. 위험물저장 및 처리시설 중 액화석유가스충전소 및 고압가스충전·저장소 8. 동물 및 식물관련시설(다음을 제외한다) ① 작물 재배사 ② 종묘배양시설 ③ 화초 및 분재 등의 온실 ④ 식물과 관련된 마목부터 사목까지의 시설과 비슷한 것(동·식물원은 제외한다) 9. 자원순환관련시설 10. 교정 및 국방·군사시설 11. 방송통신시설 12. 묘지관련시설 13. 장례시설 14. 야영장시설

21. 자연환경보전지역 안에서 건축할 수 있는 건축물

건축할 수 있는 건축물	도시·군계획조례로 정하는 바에 의하여 건축할 수 있는 건축물 (수질오염 및 경관 훼손의 우려가 없다고 인정하여 도시·군계획조례가 정하는 지역 내에서 건축하는 것에 한한다)
1. 단독주택으로서 현저한 자연훼손을 가져오지 아니하는 범위 안에서 건축하는 농어가주택	1. 제1종 근린생활시설 중 다음에 해당하는 것 ① 수퍼마켓과 일용품(식품·잡화·의류·완구·서적·건축자재·의약품·의료기기 등) 등의 소매점

2. 교육연구시설 중 초등학교	② 지역자치센터, 파출소, 지구대, 소방서, 우체국, 방송국, 보건소, 공공도서관, 지역건강보험조합, 그 밖에 이와 비슷한 것으로서 같은 건축물에 해당 용도로 쓰는 바닥면적의 합계가 1천 ㎡ 미만인 것 ③ 마을회관, 마을공동작업소, 마을공동구판장, 그 밖에 이와 비슷한 것 ④ 변전소, 양수장, 정수장, 대피소, 공중화장실, 그 밖에 이와 비슷한 것 2. 제2종 근린생활시설 중 종교집회장으로서 지목이 종교용지인 토지에 건축하는 것 3. 종교시설로서 지목이 종교용지인 토지에 건축하는 것 4. 고압가스 충전소·판매소·저장소 중 「환경친화적 자동차의 개발 및 보급 촉진에 관한 법률의 수소연료공급시설 5. 동물 및 식물관련시설 중 다음의 시설 ① 작물 재배사 ② 종묘배양시설 ③ 화초 및 분재 등의 온실 ④ 식물과 관련된 마목부터 사목까지의 시설과 비슷한 것(동·식물원은 제외한다) ⑤ 양어시설(양식장을 포함한다) 6. 국방·군사시설 중 관할 시장·군수 또는 구청장이 입지의 불가피성을 인정한 범위에서 건축하는 시설 7. 발전시설 8. 묘지관련시설

2. 건폐율

(1) 의의

대지면적에 대한 건축면적(대지에 2 이상의 건축물이 있는 경우에는 이들 건축면적의 합계로 한다)의 비율을 말한다.

$$건폐율 = \frac{건축면적}{대지면적} \times 100$$

(2) 건폐율의 규제목적

대지 안의 건축면적을 제한함으로써 대지 안의 최소한의 공지를 확보하여 건축물의 과밀을 방지하고 일조·채광·통풍 등 위생적인 환경을 조성하기 위함이며 또한 화재 기타 재해시에 연소의 차단이나 소화·피난 등에 필요한 공간을 확보하는 데 있다.

3. 용적률

(1) 의의

대지면적에 대한 건축물의 연면적(대지에 2 이상의 건축물이 있는 경우에는 이들 연면적의 합계로 한다)의 비율을 말한다.

$$용적률 = \frac{건축연면적}{대지면적} \times 100$$

연면적이란 하나의 건축물의 각 층의 바닥면적의 합계로 하되, 용적률의 산정에 있어서는 다음에 해당하는 면적을 제외한다.

1. 지하층의 면적
2. 지상층의 주차용(당해 건축물의 부속용도인 경우에 한한다)으로 사용되는 면적
3. 초고층 건축물과 준초고층 건축물에 설치하는 피난안전구역의 면적
4. 건축물의 경사지붕 아래에 설치하는 대피공간의 면적(층수가 11층 이상인 건축물로서 바닥면적 합계가 1만 제곱미터 이상인 건물의 옥상의 지붕으로 경사지붕으로 하는 경우)

(2) 용적률의 규제목적

일조·채광·통풍 등 위생적인 환경을 조성하며, 건폐율과 결합하여 건축물의 높이를 간접적으로 규제하기 위함이다.

4. 용도지역별 건폐율 및 용적률

건폐율과 용적률의 최대한도는 「국토의 계획 및 이용에 관한 법률」의 규정에 의한 건폐율과 용적률의 기준에 의한다. 다만, 「건축법」에서 그 기준을 완화 또는 강화하여 적용하도록 규정한 경우에는 그에 의한다.

(1) 국토의 계획 및 이용에 관한 법률 → 대통령령 → 도시·군계획 조례

지정된 용도지역 안에서 건폐율 및 용적률의 최대한도는 관할구역의 면적 및 인구규모, 용도지역의 특성 등을 고려하여 「국토의 계획 및 이용에 관한 법률」이 정하는 범위 안에서 대통령령이 정하는 기준에 따라 특별시·광역시·특별자치시·특별자치도·시 또는 군의 조례로 정한다(법 제77조 제1항, 제2항, 법 제78조 제1항, 영 제84조 제1항, 영 제85조 제1항).

(2) 도시·군계획조례의 기준이 되는 건폐율 및 용적률

세분된 용도지역 안에서의 건폐율 및 용적률에 관한 기준은 「국토의 계획 및 이용에 관한 법률」이 정하는 범위 안에서 다음과 같이 대통령령으로 따로 정한다(법 제77조 제2항, 법 제78조 제2항).

<table>
<tr><th colspan="4" rowspan="2">용도지역</th><th colspan="2">건폐율</th><th colspan="2">용적률</th></tr>
<tr><th>법</th><th>대통령령</th><th>법</th><th>대통령령</th></tr>
<tr><td rowspan="16">도시지역</td><td rowspan="6">주거지역</td><td rowspan="2">전용주거지역</td><td>1종</td><td rowspan="6">70% 이하</td><td>50% 이하</td><td rowspan="6">500% 이하</td><td>50% 이상 100% 이하</td></tr>
<tr><td>2종</td><td>50% 이하</td><td>50% 이상 150% 이하</td></tr>
<tr><td rowspan="3">일반주거지역</td><td>1종</td><td>60% 이하</td><td>100% 이상 200% 이하</td></tr>
<tr><td>2종</td><td>60% 이하</td><td>100% 이상 250% 이하</td></tr>
<tr><td>3종</td><td>50% 이하</td><td>100% 이상 300% 이하</td></tr>
<tr><td colspan="2">준주거지역</td><td>70% 이하</td><td>200% 이상 500% 이하</td></tr>
<tr><td rowspan="4">상업지역</td><td colspan="2">중심상업지역</td><td rowspan="4">90% 이하</td><td>90% 이하</td><td rowspan="4">1500% 이하</td><td>200% 이상 1500% 이하</td></tr>
<tr><td colspan="2">일반상업지역</td><td>80% 이하</td><td>200% 이상 1300% 이하</td></tr>
<tr><td colspan="2">유통상업지역</td><td>80% 이하</td><td>200% 이상 1100% 이하</td></tr>
<tr><td colspan="2">근린상업지역</td><td>70% 이하</td><td>200% 이상 900% 이하</td></tr>
<tr><td rowspan="3">공업지역</td><td colspan="2">전용공업지역</td><td rowspan="3">70% 이하</td><td rowspan="3">70% 이하</td><td rowspan="3">400% 이하</td><td>150% 이상 300% 이하</td></tr>
<tr><td colspan="2">일반공업지역</td><td>150% 이상 350% 이하</td></tr>
<tr><td colspan="2">준공업지역</td><td>150% 이상 400% 이하</td></tr>
<tr><td rowspan="3">녹지지역</td><td colspan="2">보전녹지지역</td><td rowspan="3">20% 이하</td><td rowspan="3">20% 이하</td><td rowspan="3">100% 이하</td><td>50% 이상 80% 이하</td></tr>
<tr><td colspan="2">생산녹지지역</td><td>50% 이상 100% 이하</td></tr>
<tr><td colspan="2">자연녹지지역</td><td>50% 이상 100% 이하</td></tr>
<tr><td colspan="2" rowspan="3">관리지역</td><td colspan="2">계획관리지역</td><td>40% 이하</td><td>40% 이하</td><td>100% 이하</td><td>50% 이상 100% 이하</td></tr>
<tr><td colspan="2">생산관리지역</td><td>20% 이하</td><td>20% 이하</td><td>80% 이하</td><td>50% 이상 80% 이하</td></tr>
<tr><td colspan="2">보전관리지역</td><td>20% 이하</td><td>20% 이하</td><td>80% 이하</td><td>50% 이상 80% 이하</td></tr>
<tr><td colspan="4">농림지역</td><td>20% 이하</td><td>20% 이하</td><td>80% 이하</td><td>50% 이상 80% 이하</td></tr>
<tr><td colspan="4">자연환경보전지역</td><td>20% 이하</td><td>20% 이하</td><td>80% 이하</td><td>50% 이상 80% 이하</td></tr>
</table>

5. 건폐율 및 용적률의 특례

(1) 건폐율의 특례규정

다음 각 호의 어느 하나에 해당하는 지역에서의 건폐율에 관한 기준은 80% 이하의 범위에서 대통령령이 정하는 기준에 따라 특별시·광역시·특별자치시·특별자치도·시 또는 군 의 조례로 따로 정한다(법 제77조 제3항, 영 제84조 제4항).

구분	건폐율
계획관리지역에 지정된 산업유통개발진흥지구	60% 이하
개발진흥지구 (자연녹지지역에 한한다)	30% 이하
개발진흥지구 (도시지역 외의 지역)	40% 이하
수산자원보호구역	40% 이하
「자연공원법」에 따른 자연공원	60% 이하
자연취락지구 (집단취락지구에 대하여는 「개발제한구역의 지정 및 관리에 관한 특별조치법령」이 정하는 바에 의한다)	60% 이하
「산업입지 및 개발에 관한 법률」에 따른 농공단지	70% 이하
공업지역에 있는 「산업입지 및 개발에 관한 법률」에 따른 국가산업단지, 일반산업단지 및 도시첨단산업단지와 준산업단지	80% 이하

(2) 용적률의 특례규정

① 용적률의 특별규정

다음에 해당하는 지역 안에서의 용적률에 대한 기준은 200% 이하의 범위 안에서 대통령령이 정하는 기준에 따라 특별시·광역시·특별자치시·특별자치도·시 또는 군의 조례로 따로 정하는 비율을 초과하여서는 아니 된다(법 제78조 제3항, 영 제85조 제6항).

구분	용적률
수산자원보호구역	80% 이하
개발진흥지구 (도시지역 외의 지역 또는 자연녹지지역에 한한다)	100% 이하
「자연공원법」에 의한 자연공원	100% 이하. 다만, 「자연공원법」에 의한 공원밀집마을지구의 경우에는 150% 이하로 하고, 공원집단시설지구의 경우에는 200% 이하로 한다.
「산업입지 및 개발에 관한 법률」에 따른 농공단지 (도시지역외의 지역에 지정된 농공단지에 한한다)	150% 이하

5 도시지역에서의 다른 법률의 적용배제

도시지역에 내하여는 다음 법률의 규정을 적용하지 아니한다(법 제83조).

1. 「도로법」 제40조에 따른 접도구역 안에서 건축제한
2. 「농지법」 제8조에 따른 농지취득자격증명. 다만 녹지지역 안의 농지로서 도시·군계획시설사업에 필요하지 아니한 농지에 대하여는 그러하지 아니하다.

6 용도지역 미지정 또는 미세분 지역에서의 행위제한 등

1. 미 지정 지역에서의 행위제한

도시지역·관리지역·농림지역 또는 자연환경보전지역으로 용도가 지정되지 아니한 지역에 대하여는 용도지역별 건축제한, 건폐율, 용적률의 규정을 적용함에 있어서 자연환경보전지역에 관한 규정을 적용한다(법 제79조 제1항).

2. 미 세분 지역에서의 행위제한

도시지역 또는 관리지역이 세부용도지역으로 지정되지 아니한 경우에는 용도지역별 건축제한, 건폐율, 용적률의 규정을 적용함에 있어서 당해 용도지역이 도시지역인 경우에는 녹지지역 중 보전녹지지역에 관한 규정을 적용하고, 관리지역인 경우에는 보전관리지역에 관한 규정을 적용한다(법 제79조 제2항, 영 제86조).

제3절 용도지구 제22회, 제23회, 제25회, 제29회, 제30회, 제31회, 제33회, 제34회, 제35회

1 의의

1. 용도지구란 토지의 이용 및 건축물의 용도·건폐율·용적률·높이 등에 대한 용도지역의 제한을 강화 또는 완화하여 적용함으로써 용도지역의 기능을 증진시키고 미관·경관·안전 등을 도모하기 위하여 도시·군관리계획으로 결정하는 지역을 말한다(법 제2조 제16호).
2. 용도지구는 용도지역의 지정만으로 달성할 수 없는 특정한 목적달성을 위하여 용도지역 위에 2차적으로 지정하는 것으로서 쾌적하고 안전한 도시환경조성과 능률적인 도시기능의 발휘를 위한 국지적·부가적인 규제라 할 수 있다. 따라서 용도지역과 용도지구는 물론 용도지구와 용도지구 간에 중복지정도 가능하다.

2 용도지구의 지정 및 세분

1. 법령에 의한 지정 및 대통령령에 의한 세분

(1) 국토교통부장관, 시·도지사 또는 대도시 시장은 다음 어느 하나에 해당하는 용도지구의 지정 또는 변경을 도시·군관리계획으로 결정하며, 필요하다고 인정되면 대통령령이 정하는 바에 따라 경관지구·방재지구·보호지구·시설보호지구·취락지구 및 개발진흥지구를 도시·군관리계획결정으로 다시 세분하여 지정하거나 이를 변경할 수 있다(법 제37조 제1항, 제2항, 영 제31조 제2항).

경관지구	경관의 보전·관리 및 형성을 위하여 필요한 지구	
	자연경관지구	산지·구릉지 등 자연경관을 보호하거나 유지하기 위하여 필요한 지구
	시가지경관지구	지역 내 주거지, 중심지 등 시가지의 경관을 보호 또는 유지하거나 형성하기 위하여 필요한 지구
	특화경관지구	지역 내 주요 수계의 수변 또는 문화적 보존가치가 큰 건축물 주변의 경관 등 특별한 경관을 보호 또는 유지하거나 형성하기 위하여 필요한 지구
고도지구	쾌적한 환경조성 및 토지의 고도이용과 그 증진을 위하여 건축물의 높이의 최고한도를 규제할 필요가 있는 지구	
보호지구	「국가유산기본법」 제3조에 따른 국가유산, 중요 시설물(항만, 공항 등 대통령령으로 정하는 시설물을 말한다) 및 문화적· 생태적으로 보존가치가 큰 지역의 보호와 보존을 위하여 필요한 지구	
	역사문화환경 보호지구	국가유산·전통사찰 등 역사·문화적으로 보존가치가 큰 시설 및 지역의 보호와 보존을 위하여 필요한 지구

<table>
<tr><td rowspan="2">보호지구</td><td>중요시설물 보호지구</td><td>중요시설물의 보호와 기능의 유지 및 증진 등을 위하여 필요한 지구
"중요시설"이란 항만, 공항, 공용시설(공공업무시설, 공공필요성이 인정되는 문화시설·집회시설·운동시설 및 그 밖에 이와 유사한 시설로서 도시·군계획조례로 정하는 시설을 말한다), 교정시설·군사시설을 말한다.</td></tr>
<tr><td>생태계보호지구</td><td>야생동식물서식처 등 생태적으로 보존가치가 큰 지역의 보호와 보존을 위하여 필요한 지구</td></tr>
<tr><td rowspan="3">취락지구</td><td colspan="2">녹지지역·관리지역·농림지역·자연환경보전지역·개발제한구역 또는 도시자연공원구역의 취락을 정비하기 위한 지구</td></tr>
<tr><td>자연취락지구</td><td>녹지지역·관리지역·농림지역 또는 자연환경보전지역안의 취락을 정비하기 위하여 필요한 지구</td></tr>
<tr><td>집단취락지구</td><td>개발제한구역안의 취락을 정비하기 위하여 필요한 지구</td></tr>
<tr><td rowspan="6">개발진흥 지구</td><td colspan="2">주거기능·상업기능·공업기능·유통물류기능·관광기능·휴양기능 등을 집중적으로 개발·정비할 필요가 있는 지구</td></tr>
<tr><td>주거개발진흥지구</td><td>주거기능을 중심으로 개발·정비할 필요가 있는 지구</td></tr>
<tr><td>산업·유통 개발진흥지구</td><td>공업기능 및 유통·물류기능을 중심으로 개발·정비할 필요가 있는 지구</td></tr>
<tr><td>관광·휴양 개발진흥지구</td><td>관광·휴양기능을 중심으로 개발·정비할 필요가 있는 지구</td></tr>
<tr><td>복합개발진흥지구</td><td>주거기능, 공업기능, 유통·물류기능 및 관광·휴양기능 중 2 이상의 기능을 중심으로 개발·정비할 필요가 있는 지구</td></tr>
<tr><td>특정개발진흥지구</td><td>주거기능, 공업기능, 유통·물류기능 및 관광·휴양기능 외의 기능을 중심으로 특정한 목적을 위하여 개발·정비할 필요가 있는 지구</td></tr>
<tr><td rowspan="3">방재지구</td><td colspan="2">풍수해, 산사태, 지반의 붕괴 그 밖의 재해를 예방하기 위하여 필요한 지구</td></tr>
<tr><td>시가지방재지구</td><td>건축물·인구가 밀집되어 있는 지역으로서 시설 개선 등을 통하여 재해 예방이 필요한 지구</td></tr>
<tr><td>자연방재지구</td><td>토지의 이용도가 낮은 해안변, 하천변, 급경사지 주변 등의 지역으로서 건축 제한 등을 통하여 재해 예방이 필요한 지구</td></tr>
<tr><td>방화지구</td><td colspan="2">화재의 위험을 예방하기 위하여 필요한 지구</td></tr>
<tr><td>특정용도 제한지구</td><td colspan="2">주거기능 보호 또는 청소년 보호 등의 목적으로 청소년 유해시설 등 특정시설의 입지를 제한할 필요가 있는 지구</td></tr>
<tr><td>복합용도지구</td><td colspan="2">지역의 토지이용 상황, 개발 수요 및 주변 여건 등을 고려하여 효율적이고 복합적인 토지이용을 도모하기 위하여 특정시설의 입지를 완화할 필요가 있는 지구</td></tr>
</table>

(2) 방재지구의 지정과 재해저감대책의 수립 및 행위제한의 완화

① 시·도지사 또는 대도시 시장은 연안침식이 진행 중이거나 우려되는 지역 등 대통령령으로 정하는 다음의 지역에 대해서는 방재지구의 지정 또는 변경을 도시·군관리계획으로 결정하여야 한다. 이 경우 도시·군관리계획의 내용에는 해당 방재지구의 재해저감대책을 포함하여야 한다(법 제37조 제4항, 영 제31조 제5항).

> 1. 연안침식으로 인하여 심각한 피해가 발생하거나 발생할 우려가 있어 이를 특별히 관리할 필요가 있는 지역으로서 「연안관리법」에 따른 연안침식관리구역으로 지정된 지역(같은 법 제2조제3호의 연안육역에 한정한다)
> 2. 풍수해, 산사태 등의 동일한 재해가 최근 10년 이내 2회 이상 발생하여 인명 피해를 입은 지역으로서 향후 동일한 재해 발생 시 상당한 피해가 우려되는 지역

② 방재지구에서 건폐율완화

녹지지역·관리지역·농림지역 및 자연환경보전지역의 건축물로서 방재지구의 재해저감대책에 부합하게 재해예방시설을 설치한 건축물은 해당 용도지역별 건폐율의 150퍼센트 이하의 범위에서 도시·군계획조례로 정하는 비율로 완화할 수 있다(영 제84조 제6항 제2호).

③ 방재지구에서 용적률완화

방재지구의 재해저감대책에 부합하게 재해예방시설을 설치하는 건축물의 경우 주거지역, 상업지역, 공업지역에서는 해당 용적률의 140퍼센트 이하의 범위에서 도시·군계획조례로 정하는 비율로 할 수 있다(영 제85조 제5항).

(3) 복합용도지구의 지정

시·도지사 또는 대도시 시장은 일반주거지역·일반공업지역·계획관리지역에 복합용도지구를 지정할 수 있으며, 그 지정기준 및 방법 등에 필요한 사항은 다음과 같다(법 제37조 제5항, 영 제31조 제6항, 제7항).

> 1. 용도지역의 변경 시 기반시설이 부족해지는 등의 문제가 우려되어 해당 용도지역의 건축제한만을 완화하는 것이 적합한 경우에 지정할 것
> 2. 간선도로의 교차지(交叉地), 대중교통의 결절지(結節地) 등 토지이용 및 교통 여건의 변화가 큰 지역 또는 용도지역 간의 경계지역, 가로변 등 토지를 효율적으로 활용할 필요가 있는 지역에 지정할 것
> 3. 용도지역의 지정목적이 크게 저해되지 아니하도록 해당 용도지역 전체 면적의 3분의 1 이하의 범위에서 지정할 것
> 4. 그 밖에 해당 지역의 체계적·계획적인 개발 및 관리를 위하여 지정 대상지가 국토교통부장관이 정하여 고시하는 기준에 적합할 것

2. 시·도 또는 대도시의 도시·군계획조례에 의한 용도지구의 세분

시·도지사 또는 대도시 시장은 지역여건상 필요한 때에는 해당 시·도 또는 대도시의 도시·군계획조례로 정하는 바에 따라 경관지구를 추가적으로 세분(특화경관지구의 세분을 포함한다)하거나 중요시설물보호지구 및 특정용도제한지구를 세분하여 지정할 수 있다(영 제31조 제3항).

3. 시·도 또는 대도시의 조례에 의한 용도지구의 지정요건

시·도지사 또는 대도시 시장은 지역여건상 필요한 때에는 대통령령이 정하는 다음의 기준에 따라 당해 시·도 또는 대도시의 조례로 용도지구의 명칭 및 지정목적과 건축 그 밖의 행위의 금지 및 제한에 관한 사항 등을 정하여 법과 대통령령으로 정한 용도지구 외의 용도지구의 지정 또는 변경을 도시·군관리계획으로 결정할 수 있다(법 제37조 제3항, 영 제31조 제4항).

조례에 따른 용도지구의 신설 사유	용도지구의 신설은 법에서 정하고 있는 용도지역·용도지구 또는 용도구역 지구단위계획구역 또는 다른 법률에 따른 지역·지구만으로는 효율적인 토지이용을 달성할 수 없는 부득이한 사유가 있는 경우에 한할 것
행위제한 정도	용도지구 안에서의 행위제한은 그 용도지구의 지정목적 달성에 필요한 최소한도에 그치도록 할 것
기존의 용도지역 또는 용도구역과의 관계	당해 용도지역 또는 용도구역의 행위제한을 완화하는 용도지구를 신설하지 아니할 것

3 용도지구 안에서의 건축제한 등

1. 원칙(특별시·광역시·특별자치시·특별자치도·시 또는 군의 조례)

제72조 내지 제81조에 규정된 용도지구 외의 용도지구 안에서의 건축제한에 관하여는 그 용도지구 지정의 목적달성에 필요한 범위 안에서 조례로 정한다(법 제76조 제2항, 영 제82조).

(1) 경관지구 안에서의 건축제한

① 경관지구 안에서는 그 지구의 경관의 보전·관리·형성에 장애가 된다고 인정하여 도시·군계획조례가 정하는 건축물을 건축할 수 없다. 다만, 특별시장·광역시장·특별자치시장·특별자치도지사·시장 또는 군수가 지구의 지정목적에 위배되지 아니하는 범위안에서 도시·군계획조례가 정하는 기준에 적합하다고 인정하여 해당 지방자치단체에 설치된 도시계획위원회의 심의를 거친 경우에는 그러하지 아니하다(영 제72조 제1항).

② 경관지구 안에서의 건축물의 건폐율·용적률·높이·최대너비·색채 및 대지안의 조경 등에 관하여는 그 지구의 경관의 보전·관리·형성에 필요한 범위 안에서 도시·군계획조례로 정한다(영 제72조 제2항).

(2) 방재지구 안에서의 건축제한

① 방재지구 안에서는 풍수해·산사태·지반붕괴·지진 그 밖에 재해예방에 장애가 된다고 인정하여 도시·군계획조례로 정하는 건축물을 건축할 수 없다. 다만 특별시장·광역시장·특별자치시장·특별자치도지사·시장 또는 군수가 지구의 지정목적에 위배되지 아니하는 범위 안에서 도시·군계획조례로 정하는 기준에 적합하다고 인정하여 당해 지방자치단체에 설치된 도시계획위원회의 심의를 거친 경우에는 그러하지 아니하다(영 제75조).

② 방재지구 안에서는 제71조에 따른 용도지역 안에서의 건축제한 중 층수 제한에 있어서는 1층 전부를 필로티 구조로 하는 경우 필로티 부분을 층수에서 제외한다(영 제83조 제6항).

(3) 보호지구 안에서의 건축제한

보호지구 안에서는 다음 각호의 구분에 따른 건축물에 한하여 건축할 수 있다. 다만, 특별시장·광역시장·특별자치시장·특별자치도지사·시장 또는 군수가 지구의 지정목적에 위배되지 아니하는 범위안에서 도시·군계획조례가 정하는 기준에 적합하다고 인정하여 관계 행정기관의 장과의 협의 및 당해 지방사치단체에 설치된 도시계획위원회의 심의를 거친 경우에는 그러하지 아니하다(영 제76조).

① **역사문화환경보호지구** : 「국가유산기본법」의 적용을 받는 국가유산을 직접 관리·보호하기 위한 건축물과 문화적으로 보존가치가 큰 지역의 보호 및 보존을 저해하지 아니하는 건축물로서 도시·군계획조례가 정하는 것

② **중요시설물보호지구** : 중요시설물의 보호와 기능 수행에 장애가 되지 아니하는 건축물로서 도시·군계획조례가 정하는 것. 이 경우 제31조제3항에 따라 공항시설에 관한 보호지구를 세분하여 지정하려는 경우에는 공항시설을 보호하고 항공기의 이·착륙에 장애가 되지 아니하는 범위에서 건축물의 용도 및 형태 등에 관한 건축제한을 포함하여 정할 수 있다.

③ **생태계보호지구** : 생태적으로 보존가치가 큰 지역의 보호 및 보존을 저해하지 아니하는 건축물로서 도시·군계획조례가 정하는 것

(4) 특정용도제한지구 안에서의 건축제한

특정용도제한지구 안에서는 주거기능을 훼손하거나 청소년 정서에 유해하다고 인정하여 도시·군계획조례로 정하는 건축물을 건축할 수 없다(영 제80조).

(5) 복합용도지구 건축제한

복합용도지구에서는 해당 용도지역에서 허용되는 건축물 외에 다음 각 호에 따른 건축물 중 도시·군계획조례가 정하는 건축물을 건축할 수 있다(영 제81조).

① **일반주거지역** : 준주거지역에서 허용되는 건축물. 다만, 다음 각 목의 건축물은 제외한다.

> 1. 안마시술소
> 2. 관람장
> 3. 공장
> 4. 위험물 저장 및 처리 시설
> 5. 동물 및 식물 관련 시설
> 6. 장례시설

② **일반공업지역** : 준공업지역에서 허용되는 건축물. 다만 다음 각 목의 건축물은 제외한다.

> 1. 아파트
> 2. 제2종 근린생활시설 중 단란주점 및 안마시술소
> 3. 노유자시설

③ **계획관리지역** : 다음 각 목의 어느 하나에 해당하는 건축물

> 1. 제2종 근린생활시설 중 일반음식점·휴게음식점·제과점(건축할 수 없는 일반음식점·휴게음식점·제과점은 제외한다)
> 2. 판매시설
> 3. 숙박시설(건축할 수 없는 숙박시설은 제외한다)
> 4. 유원시설업의 시설, 그 밖에 이와 비슷한 시설

2. 예외(도시·군계획조례에 의하지 않는 경우)

고도지구	도시·군관리계획으로 정하는 높이를 초과하는 건축물을 건축할 수 없다(영 제74조).
자연취락지구	취락지구의 지정목적 범위 안에서 대통령령으로 따로 정한다(법 제76조 제5항, 영 제78조 제1항 별표 23).
집단취락지구	개발제한구역의 지정 및 관리에 관한 특별조치법령이 정하는 바에 의한다(영 제78조 제2항).
개발진흥지구	① 지구단위계획 또는 관계 법률에 따른 개발계획을 수립하는 개발진흥지구에서는 지구단위계획 또는 관계 법률에 따른 개발계획에 위반하여 건축물을 건축할 수 없으며, 지구단위계획 또는 개발계획이 수립되기 전에는 개발진흥지구의 계획적 개발에 위배되지 아니하는 범위에서 도시·군계획조례로 정하는 건축물을 건축할 수 있다(영 제79조 제1항). ② 지구단위계획 또는 관계 법률에 따른 개발계획을 수립하지 아니하는 개발진흥지구에서는 해당 용도지역에서 허용되는 건축물을 건축할 수 있다(영 제79조 제2항).

참고학습 자연취락지구 건축제한 및 지원(영 제78조 제1항, 제2항, 별표 제 23).

건축할 수 있는 건축물(4층 이하의 건축물에 한한다. 다만, 4층 이하의 범위 안에서 도시·군계획 조례로 따로 층수를 정하는 경우에는 그 층수 이하의 건축물에 한한다)

1. 단독주택
2. 제1종 근린생활시설
3. 제2종 근린생활시설(휴게음식점, 일반음식점, 단란주점, 및 안마시술소, 제조업소, 수리점은 제외한다)
4. 운동시설
5. 창고(농업·임업·축산업·수산업용만 해당한다)
6. 동물 및 식물관련시설
7. 교정 및 국방·군사시설
8. 방송통신시설
9. 발전시설

국가 또는 지방자치단체가 자연취락지구안의 주민의 생활편익과 복지증진 등을 위하여 시행하거나 지원할 수 있는 사업은 다음 각호와 같다.

1. 자연취락지구안에 있거나 자연취락지구에 연결되는 도로·수도공급설비·하수도 등의 정비
2. 어린이놀이터·공원·녹지·주차장·학교·마을회관 등의 설치·정비
3. 쓰레기처리장·하수처리시설 등의 설치·개량
4. 하천정비 등 재해방지를 위한 시설의 설치·개량
5. 주택의 신축·개량

제4절 용도구역 제20회, 제21회, 제22회, 제24회, 제29회, 제32회, 제33회, 제35회

1 의의

토지의 이용 및 건축물의 용도·건폐율·용적률·높이 등에 대한 용도지역 및 용도지구의 제한을 강화 또는 완화하여 따로 정함으로써 시가지의 무질서한 확산방지, 계획적이고 단계적인 토지이용의 도모, 토지이용의 종합적 조정·관리 등을 위하여 도시·군관리계획으로 결정하는 지역을 말한다(법 제2조).

2 개발제한구역

1. 개발제한구역의 지정

(1) 국토교통부장관은 도시의 무질서한 확산을 방지하고 도시주변의 자연환경을 보전하여 도시민의 건전한 생활환경을 확보하기 위하여 도시의 개발을 제한할 필요가 있거나 국방부장관의 요청이 있어 보안상 도시의 개발을 제한할 필요가 있다고 인정되면 개발제한구역의 지정 또는 변경을 도시·군관리계획으로 결정할 수 있다(법 제38조 제1항).

(2) 개발제한구역의 지정 또는 변경에 관하여 필요한 사항은 따로 법률(「개발제한구역의 지정 및 관리에 관한 특별조치법」)로 정한다(법 제38조 제2항).

2. 행위제한

개발제한구역에서의 행위 제한이나 그 밖에 개발제한구역의 관리에 필요한 사항은 따로 법률(「개발제한구역의 지정 및 관리에 관한 특별조치법」)로 정한다(법 제80조).

3 시가화조정구역

1. 시가화조정구역의 지정권자 및 목적

(1) **원칙** : 시·도지사는 직접 또는 관계 행정기관의 장의 요청을 받아 도시지역과 그 주변지역의 무질서한 시가화를 방지하고 계획적·단계적인 개발을 도모하기 위하여 5년 이상 20년 이내의 기간 동안 시가화를 유보할 필요가 있다고 인정되면 시가화조정구역의 지정 또는 변경을 도시·군관리계획으로 결정할 수 있다(법 제39조 제1항 본문, 영 제32조 제1항).

(2) **예외** : 다만, 국가계획과 연계하여 시가화조정구역의 지정 또는 변경이 필요한 경우에는 국토교통부장관이 직접 시가화조정구역의 지정 또는 변경을 도시·군관리계획으로 결정할 수 있다(법 제39조 제1항 단서).

2. 시가화조정구역의 실효

시가화조정구역의 지정에 관한 도시·군관리계획의 결정은 시가화 유보기간이 끝난 날(5년 이상 20년 이내에서 정한 기간)의 다음날부터 그 효력을 잃는다. 이 경우 국토교통부장관 또는 시·도지사는 대통령령으로 정하는 바에 따라 그 사실을 고시하여야 한다(법 제39조 제2항).

3. 시가화조정구역 안에서의 행위제한 등

(1) 도시·군계획사업

시가화조정구역에서의 도시·군계획사업은 ㉠ 국방상 또는 공익상 시가화조정구역 안에서의 사업시행이 불가피한 것으로서 ㉡ 관계 중앙행정기관의 장의 요청에 의하여 ㉢ 국토교통부장관이 시가화조정구역의 지정목적달성에 지장이 없다고 인정하는 사업에 한하여 이를 시행할 수 있다(법 제81조 제1항 시행령 제87조).

(2) 비 도시·군계획사업

시가화조정구역 안에서는 제56조(개발행위허가) 및 제76조(용도지역, 용도지구 안에서의 건축제한)의 규정에 불구하고 도시·군계획사업의 경우 외에는 다음 각 호의 어느 하나에 해당하는 행위에 한정하여 특별시장·광역시장·특별자치시장·특별자치도지사·시장 또는 군수의 허가를 받아 그 행위를 할 수 있다(법 제81조 제2항, 영 제88조 별표24).

① 농업·임업 또는 어업용의 건축물 중 대통령령으로 정하는 종류와 규모의 건축물이나 그 밖의 시설을 건축하는 행위

> 1. 축사
> 2. 퇴비사
> 3. 잠실
> 4. 창고(저장 및 보관시설을 포함한다)
> 5. 생산시설(단순가공시설을 포함한다)
> 6. 관리용건축물로서 기존 관리용건축물의 면적을 포함하여 33㎡ 이하인 것
> 7. 양어장

② 주택 및 그 부속건축물의 건축

> 1. 주택의 증축(기존주택의 면적을 포함하여 100㎡ 이하에 해당하는 면적의 증축)
> 2. 부속건축물의 건축(주택 또는 이에 준하는 건축물에 부속되는 것에 한하되 기존건축물의 면적을 포함하여 33㎡ 이하에 해당하는 면적의 신축·증축·재축 또는 대수선을 말한다)

③ 마을공동시설의 설치

> 1. 농로·제방 및 사방시설의 설치
> 2. 새마을회관의 설치
> 3. 기존정미소(개인소유의 것을 포함)의 증축 및 이축(시가화조정구역의 인접지에서 시행하는 공공사업으로 인하여 시가화조정구역안으로 이전하는 경우를 포함한다)
> 4. 정자 등 간이휴게소의 설치
> 5. 농기계수리소 및 농기계용 유류판매소(개인소유의 것을 포함한다)의 설치
> 6. 선착장 및 물양장의 설치

④ 공익시설·공용시설 및 공공시설 등의 설치

> 1. 「공익사업을 위한 토지 등의 취득 및 보상에 관한 법률」상 공익사업을 위한 시설의 설치
> 2. 국가유산의 복원과 국가유산관리용 건축물의 설치
> 3. 보건소·경찰파출소·소방파출소·우체국 및 읍·면·동사무소의 설치
> 4. 공공도서관·전신전화국·직업훈련소·연구소·양수장·초소·대피소 및 공중화장실과 예비군 운영에 필요한 시설의 설치
> 5. 「농업협동조합법」에 의한 조합, 산림조합 및 수산업협동조합(어촌계를 포함한다)의 공동구판장·하치장 및 창고의 설치
> 6. 사회복지시설의 설치
> 7. 환경오염방지시설의 설치

> 8. 교정시설의 설치
> 9. 야외음악당 및 야외극장의 설치

⑤ 광공업 등을 위한 건축물 및 공작물의 설치

⑥ 기존 건축물의 동일한 용도 및 규모 안에서의 개축·재축 및 대수선

⑦ 시가화조정구역 안에서 허용되는 건축물의 건축 또는 공작물의 설치를 위한 공사용 가설건축물과 그 공사에 소요되는 블록·시멘트벽돌·쇄석·레미콘 및 아스콘 등을 생산하는 가설공작물의 설치

⑧ 다음에 해당하는 용도변경행위

> 1. 관계 법령에 의하여 적법하게 건축된 건축물의 용도를 시가화조정구역 안에서의 신축이 허용되는 건축물로 변경하는 행위
> 2. 공장의 업종변경(오염물질 등의 배출이나 공해의 정도가 변경 전의 수준을 초과하지 아니하는 경우에 한한다)
> 3. 공장·주택 등 시가화조정구역 안에서의 신축이 금지된 시설의 용도를 근린생활시설(수퍼마켓·일용품소매점·취사용가스판매점·일반음식점·다과점·다방·이용원·미용원·세탁소·목욕탕·사진관·목공소·의원·약국·접골시술소·안마시술소·침구시술소·조산소·동물병원·기원·당구장·장의사·탁구장 등 간이운동시설 및 간이수리점에 한한다) 또는 종교시설로 변경하는 행위

⑨ 종교시설의 증축(새로운 대지조성은 허용되지 아니하며, 증축면적은 시가화조정구역 지정 당시의 종교시설 연면적의 200%를 초과할 수 없다)

⑩ 입목의 벌채, 조림, 육림, 토석의 채취

⑪ 다음에 해당하는 토지의 형질변경

> 1. 건축물의 건축 또는 공작물의 설치를 위한 토지의 형질변경
> 2. 「공익사업을 위한 토지 등의 취득 및 보상에 관한 법률」의 공익사업을 수행하기 위한 토지의 형질변경
> 3. 농업·임업 및 어업을 위한 개간과 축산을 위한 초지조성을 목적으로 하는 토지의 형질변경
> 4. 시가화조정구역 지정 당시 이미 「광업법」에 의하여 설정된 광업권의 대상이 되는 광물의 개발을 위한 토지의 형질변경

⑫ 토지의 합병 및 분할

4. 원상회복명령과 대집행

특별시장·광역시장·특별자치시장·특별자치도지사·시장 또는 군수는 개발행위허가를 받지 아니하고 개발행위를 하거나 허가내용과 다르게 개발행위를 하는 자에 대하여는 그 토지의 원상회복을 명할 수 있다(법 제81조 제4항). 원상회복의 명령을 받은 자가 원상회복을 하지 아니하는 때에는 「행정대집행법」에 의한 행정대집행에 의하여 원상회복을 할 수 있다. 이 경우 행정대집행에 필요한 비용은 개발행위허가를 받은 자가 예치한 이행보증금을 사용할 수 있다(법 제81조 제4항).

5. 시가화조정구역에서 허가를 거부할 수 없는 행위

특별시장·광역시장·특별자치시장·특별자치도지사·시장 또는 군수는 특별한 사유가 없는 한 다음의 행위 허가를 거부하여서는 안된다(시행령 별표 25).

1. 제52조 제1항(개발행위허가의 경미한 사항의 변경) 각 호 및 제53조 각 호(개발행위 허가 받지 않아도 되는 행위)
2. 다음에 해당하는 행위
   ① **축사의 설치** : 1가구(시가화조정구역 안에서 주택을 소유하면서 거주하는 경우로서 농업 또는 어업에 종사하는 1세대를 말한다)당 기존축사의 면적을 포함하여 300㎡ 이하(나환자촌의 경우에는 500㎡ 이하) 다만 과수원·초지 등의 관리사 인근에는 100㎡ 이하의 축사를 별도로 설치할 수 있다.
   ② **퇴비사의 설치** : 1가구당 기존퇴비사의 면적을 포함하여 100㎡ 이하
   ③ **잠실의 설치** : 뽕나무밭 조성면적 2천㎡당 또는 뽕나무 1천800주당 50㎡ 이하
   ④ **창고의 설치** : 시가화조정구역 안의 토지 또는 그 토지와 일체가 되는 토지에서 생산되는 생산물의 저장에 필요한 것으로서 기존창고면적을 포함하여 그 토지면적의 0.5% 이하 다만 감귤을 저장하기 위한 경우에는 1% 이하로 한다.
   ⑤ **관리용건축물의 설치** : 과수원·초지·유실수단지 또는 원예단지 안에 설치하되, 생산에 직접 공여되는 토지면적의 0.5% 이하로서 기존 관리용 건축물의 면적을 포함하여 33㎡ 이하
3. 「건축법」 제14조 제1항 각호의 건축신고로서 건축허가를 갈음하는 행위

4 도시자연공원구역

1. 도시자연공원구역의 지정

(1) 시·도지사 또는 대도시 시장은 도시의 자연환경 및 경관을 보호하고 도시민에게 건전한 여가·휴식공간을 제공하기 위하여 도시지역 안에서 식생(植生)이 양호한 산지(山地)의 개발을 제한할 필요가 있다고 인정하면 도시자연공원구역의 지정 또는 변경을 도시·군관리계획으로 결정할 수 있다(법 제38조의2제1항).

(2) 도시자연공원구역의 지정 또는 변경에 관하여 필요한 사항은 따로 「도시공원 및 녹지 등에 관한 법률」로 정한다(시행령 제83조 제3항).

2. 행위제한

도시자연공원구역에서의 행위 제한 등 도시자연공원구역의 관리에 필요한 사항은 「도시공원 및 녹지 등에 관한 법률」로 정한다(시행령 제83조 제3항).

5 수산자원보호구역

1. 수산자원보호구역의 지정

해양수산부장관은 직접 또는 관계 행정기관의 장의 요청을 받아 수산자원을 보호·육성하기 위하여 필요한 공유수면이나 그에 인접한 토지에 대한 수산자원보호구역의 지정 또는 변경을 도시·군관리계획으로 결정할 수 있다(법 제40조).

2. 행위제한

수산자원보호구역 안에서 건축제한에 관하여는 수산자원 관리법이 정하는 바에 따른다(시행령 제83조 제3항).

6 도시혁신구역

1. 도시혁신구역의 지정

공간재구조화계획 결정권자는 다음 각 호의 어느 하나에 해당하는 지역을 도시혁신구역으로 지정할 수 있다(법 제40조의3 제1항, 영 제32조3).

> 1. 도시·군기본계획에 따른 도심·부도심 또는 생활권의 중심지역
> 2. 주요 기반시설과 연계하여 지역의 거점 역할을 수행할 수 있는 지역
> 3. 유휴토지 또는 대규모 시설의 이전부지
> 4. 그 밖에 도시공간의 창의적이고 혁신적인 개발이 필요하다고 인정되는 지역으로서 해당 시·도의 도시·군계획조례로 정하는 지역

2. 도시혁신구역에서의 행위 제한

용도지역 및 용도지구에 따른 제한에도 불구하고 도시혁신구역에서의 토지의 이용, 건축물이나 그 밖의 시설의 용도·건폐율·용적률·높이 등에 관한 제한 및 그 밖에 건축물이나 그 밖의 시설의 종류 및 규모의 제한에 관한 사항에 관하여는 도시혁신계획으로 따로 정한다(법 제80조의 4, 영 제86조의2).

3. 도시혁신계획의 내용(법 제40조의3 제2항)

도시혁신계획에는 도시혁신구역의 지정 목적을 이루기 위하여 다음 각 호에 관한 사항이 포함되어야 한다.

> 1. 용도지역·용도지구, 도시·군계획시설 및 지구단위계획의 결정에 관한 사항
> 2. 주요 기반시설의 확보에 관한 사항
> 3. 건축물의 건폐율·용적률·높이에 관한 사항
> 4. 건축물의 용도·종류 및 규모 등에 관한 사항
> 5. 제83조의3에 따른 다른 법률 규정 적용의 완화 또는 배제에 관한 사항
> 6. 도시혁신구역 내 개발사업 및 개발사업의 시행자 등에 관한 사항
> 7. 그 밖에 도시혁신구역의 체계적 개발과 관리에 필요한 사항

4. 다른 법률에 따른 도시혁신구역의 의제

다른 법률에서 제35조의6에 따른 공간재구조화계획의 결정을 의제하고 있는 경우에도 이 법에 따르지 아니하고 도시혁신구역의 지정과 도시혁신계획을 결정할 수 없다(법 제40조의3 제4항).

5. 도시혁신구역 지정을 위한 협의기간의 특례

공간재구조화계획 결정권자가 공간재구조화계획을 결정하기 위하여 관계 행정기관의 장과 협의하는 경우 협의 요청을 받은 기관의 장은 그 요청을 받은 날부터 10일(근무일 기준) 이내에 의견을 회신하여야 한다(법 제40조의3 제5항).

6. 도시혁신구역에서의 다른 법률의 적용 특례

도시혁신구역에 대하여는 다음 각 호의 법률 규정에도 불구하고 도시혁신계획으로 따로 정할 수 있다(법 제83조의 3).

> 1. 「주택법」에 따른 주택의 배치, 부대시설·복리시설의 설치기준 및 대지조성기준
> 2. 「주차장법」에 따른 부설주차장의 설치
> 3. 「문화예술진흥법」에 따른 건축물에 대한 미술작품의 설치
> 4. 「건축법」에 따른 공개 공지 등의 확보
> 5. 「도시공원 및 녹지 등에 관한 법률」에 따른 도시공원 또는 녹지 확보기준
> 6. 「학교용지 확보 등에 관한 특례법」에 따른 학교용지의 조성·개발 기준

7. 특별건축구역 의제

① 도시혁신구역으로 지정된 지역은 「건축법」에 따른 특별건축구역으로 지정된 것으로 본다(법 제83조의3 제2항).

② 시·도지사 또는 시장·군수·구청장은 「건축법」 특별건축구역지정에도 불구하고 도시혁신구역에서 건축하는 건축물을 같은 법 제73조에 따라 건축기준 등의 특례사항을 적용하여 건축할 수 있는 건축물에 포함시킬 수 있다(법 제83조의3 제3항).

8. 도시혁신구역의 도시개발법 의제

도시혁신구역의 지정·변경 및 도시혁신계획 결정의 고시는 「도시개발법」에 따른 개발계획의 내용에 부합하는 경우 도시개발구역의 지정 및 개발계획 수립의 고시로 본다. 이 경우 도시혁신계획에서 정한 시행자는 도시개발구역 사업시행자 지정요건 및 도시개발구역 지정 제안 요건 등을 갖춘 경우에 한정하여 같은 법에 따른 도시개발사업의 시행자로 지정된 것으로 본다(법 제83조의3 제4항).

9. 공동심의

도시혁신계획에 대한 도시계획위원회 심의 시 지역교육환경보호위원회, 문화유산위원회 또는 자연유산위원회와 공동으로 심의를 개최하고, 그 결과에 따라 다음 각 호의 법률 규정을 완화하여 적용할 수 있다. 이 경우 다음 각 호의 완화 여부는 각각 지역교육환경보호위원회, 문화유산위원회 및 자연유산위원회의 의결에 따른다(법 제83조의3 제5항).

1. 「교육환경 보호에 관한 법률」에 따른 교육환경보호구역에서의 행위제한
2. 「문화유산의 보존 및 활용에 관한 법률」에 따른 역사문화환경 보존지역에서의 행위제한
3. 「자연유산의 보존 및 활용에 관한 법률」에 따른 역사문화환경 보존지역에서의 행위제한

7 복합용도구역

1. 복합용도구역의 지정

공간재구조화계획 결정권자는 다음 각 호의 어느 하나에 해당하는 지역을 복합용도구역으로 지정할 수 있다(법 제40조의4 1항, 영 제32조4).

1. 산업구조 또는 경제활동의 변화로 복합적 토지이용이 필요한 지역
2. 노후 건축물 등이 밀집하여 단계적 정비가 필요한 지역
3. 복합용도구역으로 지정하려는 지역이 둘 이상의 용도지역에 걸치는 경우로서 토지를 효율적으로 이용하기 위해 건축물의 용도, 종류 및 규모 등을 통합적으로 관리할 필요가 있는 지역
4. 그 밖에 복합된 공간이용을 촉진하고 다양한 도시공간을 조성하기 위해 계획적 관리가 필요하다고 인정되는 지역으로서 해당 시·도의 도시·군계획조례로 정하는 지역

2. 복합용도구역에서 행위제한

① 용도지역 및 용도지구에 따른 제한에도 불구하고 복합용도구역에서의 건축물이나 그 밖의 시설의 용도·종류 및 규모 등의 제한에 관하여 도시지역에서 허용되는 범위에서 복합용도계획으로 따로 정한다(법 제80조의5 제1항, 영 제86조의 3).

② 복합용도구역에서의 건폐율과 용적률은 용도지역별 건폐율과 용적률의 최대한도의 범위에서 복합용도계획으로 정한다(법 제80조의5 제2항).

3. 복합용도계획의 내용

복합용도계획에는 복합용도구역의 지정 목적을 이루기 위하여 다음 각 호에 관한 사항이 포함되어야 한다(법 제40조의4 제2항).

1. 용도지역·용도지구, 도시·군계획시설 및 지구단위계획의 결정에 관한 사항
2. 주요 기반시설의 확보에 관한 사항
3. 건축물의 용도별 복합적인 배치비율 및 규모 등에 관한 사항
4. 건축물의 건폐율·용적률·높이에 관한 사항
5. 제83조의4에 따른 특별건축구역계획에 관한 사항
6. 그 밖에 복합용도구역의 체계적 개발과 관리에 필요한 사항

4. 복합용도구역의 지구단위계획구역 의제

복합용도구역 및 복합용도계획에 관한 도시·군관리계획 결정의 실효, 복합용도구역에서의 건축 등에 관하여 다른 특별한 규정이 없으면 지구단위계획구역과 지구단위계획으로 본다(법 제40조의 4 제4항).

5. 특별건축구역 의제

① 복합용도구역으로 지정된 지역은 「건축법」에 따른 특별건축구역으로 지정된 것으로 본다(법 제83조의4).

② 시·도지사 또는 시장·군수·구청장은 「건축법」 특별건축구역지정에도 불구하고 복합용도구역에서 건축하는 건축물을 같은 법 제73조에 따라 건축기준 등의 특례사항을 적용하여 건축할 수 있는 건축물에 포함시킬 수 있다(법 제83조의4).

8 도시·군계획시설 입체복합구역

1. 도시·군계획시설입체복합구역의 지정

도시·군관리계획 결정권자는 도시·군계획시설의 입체복합적 활용을 위하여 다음 각 호의 어느 하나에 해당하는 경우에 도시·군계획시설이 결정된 토지의 전부 또는 일부를 도시·군계획시설입체복합구역(이하 "입체복합구역"이라 한다)으로 지정할 수 있다(법 제40조의5 제1항, 영 제 32조의 5 제1항).

1. 도시·군계획시설 준공 후 10년이 경과한 경우로서 해당 시설의 개량 또는 정비가 필요한 경우
2. 주변지역 정비 또는 지역경제 활성화를 위하여 기반시설의 복합적 이용이 필요한 경우
3. 첨단기술을 적용한 새로운 형태의 기반시설 구축 등이 필요한 경우
4. 효율적이고 복합적인 도시·군계획시설의 조성을 위해 필요한 경우로서 해당 시·도 또는 대도시의 도시·군계획조례로 정하는 경우를 말한다.

2. 입체복합구역에서의 행위제한

입체복합구역에서의 도시·군계획시설과 도시·군계획시설이 아닌 시설에 대한 건축제한, 건폐율, 용적률, 높이 등은 대통령령으로 정하는 범위에서 따로 정할 수 있다. 다만, 다른 법률에 따라 정하여진 건축제한, 건폐율, 용적률, 높이 등을 완화하는 경우에는 미리 관계 기관의 장과 협의하여야 한다(법 제40조의5 제2항).

참고학습 입체복합구역에서 도시군계획시설이 아닌 시설의 행위제한

② 법 제40조의5 제2항 본문에서 "대통령령으로 정하는 범위"란 다음 각 호의 구분에 따른 범위를 말한다.

1. 입체복합구역에서의 도시·군계획시설과 도시·군계획시설이 아닌 시설에 대한 건축물이나 그 밖의 시설의 용도·종류 및 규모 등의 제한: 다음 각 목의 구분에 따른 범위
   가. 도시지역의 경우 : 도시지역에서 허용되는 범위
   나. 관리지역, 농림지역 및 자연환경보전지역의 경우: 계획관리지역에서 허용되는 범위
2. 입체복합구역 안에서의 건폐율 : 용도지역별 건폐율의 최대한도의 150퍼센트 이하의 범위. 이 경우 건폐율은 도시·군계획시설과 도시·군계획시설이 아닌 시설의 건축면적의 합을 기준으로 한다.
3. 입체복합구역 안에서의 용적률 : 용도지역별 용적률의 최대한도의 200퍼센트 이하의 범위. 이 경우 용적률은 도시·군계획시설과 도시·군계획시설이 아닌 시설의 바닥면적의 합을 기준으로 한다.
4. 입체복합구역 안에서의 건축물의 높이 : 다음 각 목의 구분에 따른 범위
   가. 「건축법」 제60조에 따라 제한된 높이의 150퍼센트 이하의 범위
   나. 「건축법」 제61조제2항에 따른 채광 등의 확보를 위한 건축물의 높이 제한의 200퍼센트 이하의 범위

제5절 용도지역·용도지구·용도구역에서의 행위제한의 특별규정 제21회

1 대지가 2 이상의 용도지역·용도지구·용도구역에 걸치는 경우 행위제한적용

1. 원칙

하나의 대지가 둘 이상의 용도지역·용도지구 또는 용도구역(이하 이 항에서 "용도지역등"이라 한다)에 걸치는 경우로서 각 용도지역 등에 걸치는 부분 중 가장 작은 부분의 규모가 330㎡ 이하인 경우에는 전체 대지의 건폐율 및 용적률은 각 부분이 전체 대지 면적에서 차지하는 비율을 고려하여 다음 각 호의 구분에 따라 각 용도지역 등별 건폐율 및 용적률을 가중평균한 값을 적용하고, 그 밖의 건축 제한 등에 관한 사항은 그 대지 중 가장 넓은 면적이 속하는 용도지역 등에 관한 규정을 적용한다. 다만, 도로변에 띠 모양으로 지정된 상업지역에 걸쳐 있는 토지의 경우에는 660㎡를 말한다(법 제84조 제1항, 영 제94조).

1. 가중평균한 건폐율 = (f1x1 + f2x2 + … + fnxn) / 전체 대지 면적
   이 경우 f1부터 fn까지는 각 용도지역 등에 속하는 토지 부분의 면적을 말하고, x1부터 xn까지는 해당 토지 부분이 속하는 각 용도지역 등의 건폐율을 말하며, n은 용도지역 등에 걸치는 각 토지 부분의 총 개수를 말한다.
2. 가중평균한 용적률 = (f1x1 + f2x2 + … + fnxn) / 전체 대지 면적
   이 경우 f1부터 fn까지는 각 용도지역 등에 속하는 토지 부분의 면적을 말하고, x1부터 xn까지는 해당 토지 부분이 속하는 각 용도지역 등의 용적률을 말하며, n은 용도지역 등에 걸치는 각 토지 부분의 총 개수를 말한다.

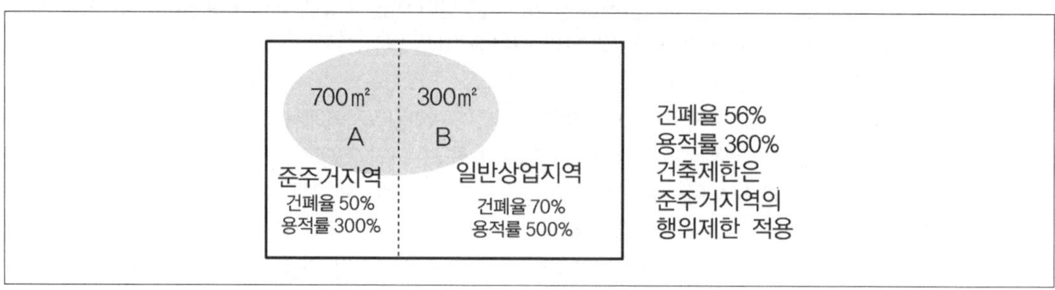

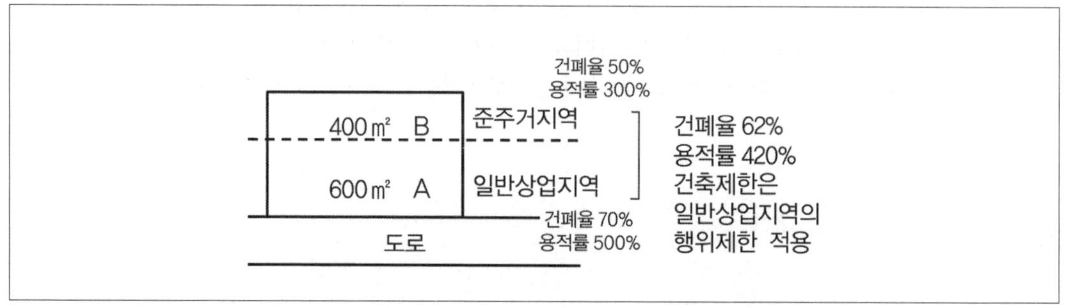

2. 예외

(1) **고도지구**(건축물이 고도지구에 걸쳐 있는 경우)

건축물이 고도지구에 걸쳐 있는 경우에는 그 건축물 및 대지의 전부에 대하여 고도지구의 건축물 및 대지에 관한 규정을 적용한다(법 제84조 제1항, 영 제94조).

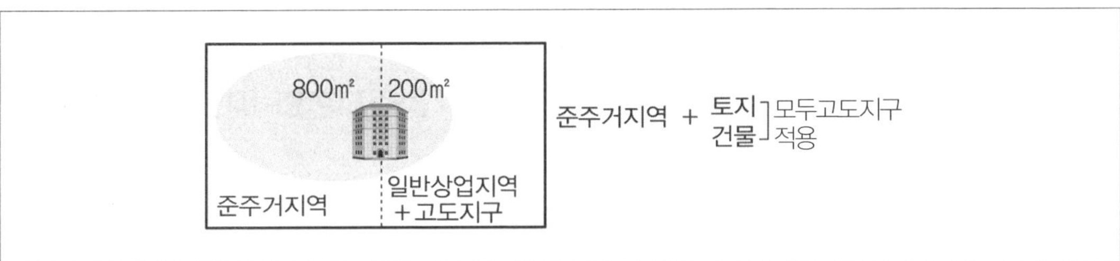

(2) **방화지구**(건축물이 방화지구에 걸쳐 있는 경우)

하나의 건축물이 방화지구와 그 밖의 용도지역·용도지구 또는 용도구역에 걸쳐 있는 경우에는 그 전부(건축물 전부)에 대하여 방화지구의 건축물에 관한 규정을 적용한다. 다만 그 건축물이 있는 방화지구와 그 밖의 용도지역·용도지구 또는 용도구역의 경계가 「건축법」에 의한 방화벽으로 구획되는 경우 그 밖의 용도지역·용도지구 또는 용도구역에 있는 부분에 대하여는 그러하지 아니하다(법 제84조 제2항).

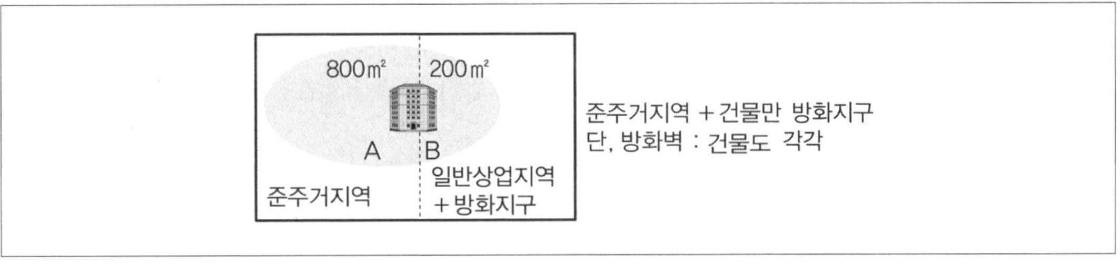

(3) **녹지지역**(녹지지역에 걸쳐 있는 경우)

하나의 대지가 녹지지역과 그 밖의 용도지역·용도지구 또는 용도구역에 걸쳐 있는 경우(규모가 가장 작은 부분이 녹지지역으로서 해당 녹지지역이 330㎡ 이하인 경우는 제외한다)에는 각각의 용도지역·용도지구 또는 용도구역의 건축물 및 토지에 관한 규정을 적용한다. 다만 녹지지역의 건축물이 고도지구에 걸쳐 있는 경우에는 그 건축물 및 대지의 전부에 대하여 고도지구 안의 건축물 및 대지에 관한 규정을 적용하며, 또는 방화지구에 걸쳐 있는 경우에는 그 전부(건축물 전부)에 대하여 방화지구 안의 건축물에 관한 규정을 적용한다(법 제84조 제3항).

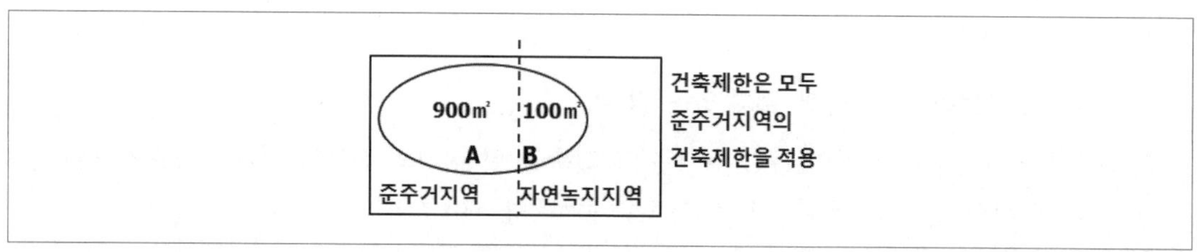

2 용도지역·용도지구 및 용도구역 안에서의 건축제한의 예외 등

1. 도시·군계획시설

용도지역·용도지구 안에서의 도시·군계획시설에 대하여는 건축제한의 규정을 적용하지 아니한다(영 제83조 제1항).

2. 리모델링이 필요한 건축물

경관지구 또는 고도지구 안에서의 「건축법시행령」의 규정에 의한 리모델링이 필요한 건축물에 대하여는 건축물의 높이·규모 등의 제한을 완화하여 제한할 수 있다(영 제83조 제2항).

3. 용도구역의 건축제한 우선적용

시가화조정구역 안에서의 건축제한에 관하여는 시가화조정구역의 규정에 의하고, 수산자원보호구역 안에서의 건축제한에 관하여는 「수산자원관리법령」의 규정에 의하며, 개발제한구역 안에서의 건축제한에 관하여는 「개발제한구역의 지정 및 관리에 관한 특별조치법령」이 정하는 바에 의한다(영 제83조 제3항).

3 기존의 건축물에 대한 특례

법령의 제정·개정이나 그 밖에 대통령령으로 정하는 사유로 기존 건축물이 이 법에 맞지 아니하게 된 경우에는 대통령령으로 정하는 범위에서 증축, 개축, 재축 또는 용도변경을 할 수 있다(법 제82조).

1. 용도지역 등의 규모기준에 부적합한 기존 건축물의 재축 또는 개축·증축

다음 각 호의 어느 하나에 해당하는 사유로 인하여 기존의 건축물이 용도지역·용도지구·시가화조정구역 안에서 행위제한, 「수산자원관리법 시행령」에 따른 수산자원보호구역에서의 건폐율·용적률 및 높이 등의 규모기준에 부적합하게 된 경우에도 재축 또는 대수선은 할 수 있으며, 증축 또는 개축은 증축 또는 개축하고자 하는 부분이 용도지역·용도지구·시가화조정구역 안에서 행위제한, 「수산자원관리법 시행령」에 따른 수산자원보호구역에서의 건폐율·용적률 및 높이 등의 규모기준에 따른 건폐율·용적률 및 높이 등의 규모기준에 적합한 경우에는 이를 할 수 있다(영 제93조 제1항).

> 1. 법령 또는 도시·군계획조례의 제정·개정
> 2. 도시·군관리계획의 결정·변경 또는 행정구역의 변경
> 3. 도시·군계획시설의 설치, 도시·군계획사업의 시행 또는 「도로법」에 의한 도로의 설치

2. 용도지역 등의 건축제한에 부적합한 기존 건축물의 용도를 인정하는 경우

(1) 종전 용도로 계속 사용

기존의 건축물이 다음의 사유로 용도지역, 용도지구에서의 건축제한, 시가화조정구역안에서의 행위제한 및 「수산자원관리법 시행령」에 따른 수산자원보호구역에서의 건축제한 규정에 적합하지 아니하게 된 경우에도 해당 건축물의 기존 용도가 국토교통부령(수산자원보호구역의 경우에는 농림축산식품부령을 말한다)으로 정하는 바에 따라 확인되는 경우에는 종전의 용도로 계속 사용할 수 있다. 다만, 공장이나 제조업소가 기존 용도의 범위에서 업종을 변경하는 경우에는 특별시·광역시·특별자치시·특별자치도·시 또는 군 의 도시·군계획조례로 정하는 바에 따라 기존 업종보다 오염배출 수준이 같거나 낮은 경우에만 변경할 수 있다(영 제93조 제2항).

> 1. 법령 또는 도시·군계획조례의 제정·개정
> 2. 도시·군관리계획의 결정·변경 또는 행정구역의 변경

(2) 용도지역 등에서 허용되는 용도로 변경

기존의 건축물이 다음의 사유로 용도지역, 용도지구에서의 건축제한, 시가화조정구역안에서의 행위제한 및 「수산자원관리법 시행령」에 따른 수산자원보호구역에서의 건축제한 규정에 적합하지 아니하게 된 경우에도 해당 건축물이 있는 용도지역·용도지구·용도구역에서 허용되는 용도(건폐율·용적률·높이·면적의 제한을 제외한 용도를 말한다)로 변경할 수 있다(영 제93조 제3항).

> 1. 법령 또는 도시·군계획조례의 제정·개정
> 2. 도시·군관리계획의 결정·변경 또는 행정구역의 변경

05 CHAPTER

기출 및 예상문제

01 국토의 계획 및 이용에 관한 법령상 용도지역에 관한 설명으로 옳은 것은? (제35회)

① 용도지역은 토지를 경제적·효율적으로 이용하기 위하여 필요한 경우 서로 중복되게 지정할 수 있다.

② 용도지역은 필요한 경우 도시·군기본계획으로 결정할 수 있다.

③ 주민은 상업지역에 산업·유통개발진흥지구를 지정하여줄 것을 내용으로 하는 도시·군관리계획의 입안을 제안할 수 있다.

④ 바다인 공유수면의 매립구역이 둘 이상의 용도지역과 이웃하고 있는 경우 그 매립구역은 이웃하고 있는 가장 큰 용도지역으로 지정된 것으로 본다.

⑤ 관리지역에서 「농지법」에 따른 농업진흥지역으로 지정·고시된 지역은 「국토의 계획 및 이용에 관한 법률」에 따른 농림지역으로 결정·고시된 것으로 본다.

해설

① 용도지역은 상호간에 서로 중복되게 지정할 수 없다.

② 용도지역은 도시·군관리계획으로 결정한다.

③ 산업·유통개발진흥지구는 계획관리지역, 생산관리지역, 자연녹지지역에 주민이 입안을 지정을 제안할 수 있다.

④ 바다인 공유수면의 매립구역이 둘 이상의 용도지역과 이웃하고 있는 경우 그 매립구역은 이웃하고 있는 가장 큰 용도지역으로 지정된 것으로 본다.

정답 ⑤

02 국토의 계획 및 이용에 관한 법령상 개발진흥지구를 세분하여 지정할 수 있는 지구에 해당하지 않는 것은? (단, 조례는 고려하지 않음) (제35회)

① 주거개발진흥지구
② 중요시설물개발진흥지구
③ 복합개발진흥지구
④ 특정개발진흥지구
⑤ 관광·휴양개발진흥지구

해설

개발진흥지구는 주거 개발진흥지구, 산업·유통개발진흥지구, 관광·휴양개발진흥지구, 복합개발진흥지구, 특정 개발진흥지구로 분류가 된다.

정답 ②

03 국토의 계획 및 이용에 관한 법령상 자연취락지구안에서 건축할 수 있는 건축물에 해당하지 않는 것은? (단, 4층 이하의 건축물이고, 조례는 고려하지 않음) (제31회)

① 동물 전용의 장례식장　② 단독주택　③ 도축장
④ 마을회관　⑤ 한의원

해설 자연취락지구 안에서는 동물전용 장례식장은 허용이 되지 않는다. 도축장은 동식물관련시설로서 허용이 가능하다.

정답 ①

04 국토의 계획 및 이용에 관한 법령상 시·도지사가 복합용도지구를 지정할 수 있는 용도지역에 해당하는 것을 모두 고른 것은? (제34회)

ㄱ. 준주거지역	ㄴ. 근린상업지역
ㄷ. 일반공업지역	ㄹ. 계획관리지역
ㅁ. 일반상업지역	

① ㄱ, ㄴ　② ㄷ, ㄹ　③ㄱ, ㄴ, ㄷ
④ ㄷ, ㄹ, ㅁ　⑤ ㄱ, ㄴ, ㄹ,ㅁ

해설 시·도지사 또는 대도시 시장은 일반주거지역·일반공업지역·계획관리지역에 복합용도지구를 지정할 수 있다.

정답 ②

05 국토의 계획 및 이용에 관한 법령상 시가화조정구역 안에서 특별시장·광역시장·특별자치시장·특별자치도지사·시장 또는 군수의 허가를 받아 할 수 있는 행위에 해당하지 않는 것은? (단, 도시·군계획사업은 고려하지 않음) (제33회)

① 농업·임업 또는 어업을 영위하는 자가 관리용건축물로서 기존 관리용건축물의 면적을 제외하고 33제곱미터를 초과하는 것을 건축하는 행위
② 주택의 증축(기존 주택의 면적을 포함하여 100제곱미터 이하에 해당하는 면적의 증축을 말한다)
③ 마을공동시설로서 정자 등 간이휴게소의 설치
④ 마을공동시설로서 농로·제방 및 사방시설의 설치
⑤ 마을공동시설로서 농기계수리소 및 농기계용 유류판매소(개인소유의 것을 포함한다)의 설치

해설 ① 농업·임업 또는 어업을 영위하는 자가 관리용건축물로서 기존 관리용건축물의 면적을 제외하고 33제곱미터를 초과가 아니라 33제곱미터를 이하로 건축하는 행위가 허용되는 사항이다.

정답 ①

06 국토의 계획 및 이용에 관한 법령상 해당 구역으로 지정되면 「건축법」 제69조에 따른 특별건축구역으로 지정된 것으로 보는 구역을 모두 고른 것은? (제35회)

ㄱ. 도시혁신구역	ㄴ. 복합용도구역
ㄷ. 시가화조정구역	ㄹ. 도시자연공원구역

① ㄱ ② ㄱ, ㄴ ③ ㄷ, ㄹ
④ ㄴ, ㄷ, ㄹ ⑤ ㄱ, ㄴ, ㄷ, ㄹ

해설 도시혁신구역과 복합용도구역으로 지정된 지역은 건축법에 따른 특별건축구역으로 지정된 것으로 본다.

정답 ②

06 CHAPTER 도시·군 계획시설

단원별 학습포인트

도시·군 계획시설, 매수청구권과 해제권고, 소유자의 해제신청 핵심쟁점

- 도시·군 계획시설의 설치와 관리의 특성
- 광역시설의 특징
- 공동구의 설치의무와 비용, 관리주체와 관리방법
- 매수청구권의 일반적 절차
- 매수를 거부하는 경우와 매수가 지연되는 경우의 권리구제
- 권리구제에서 의회보고와 의회에서 해제권고절차
- 토지소유자의 해제신청

도시·군계획시설의 용어흐름

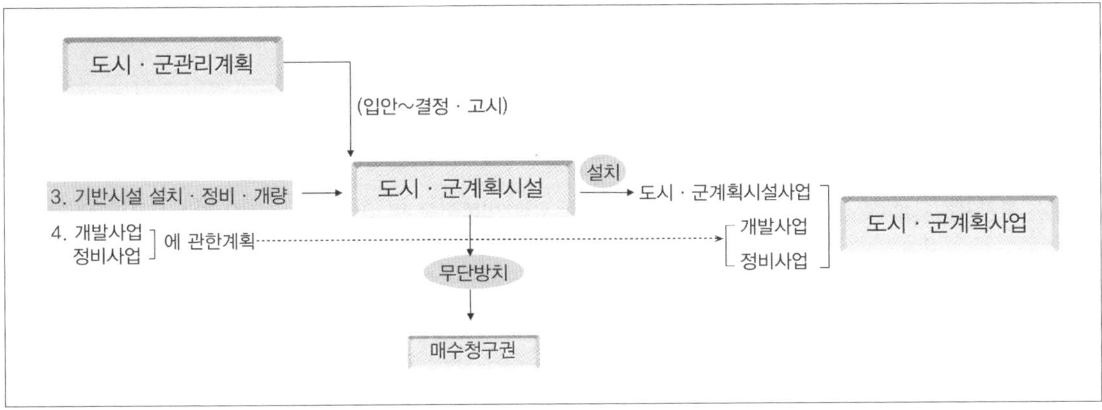

제1절 기반시설의 정의 및 종류 제21회, 제25회, 제26회, 제27회, 제28회, 제29회, 제32회, 제35회

1 도시·군계획시설의 정의

'도시·군계획시설'이라 함은 기반시설 중 도시·군관리계획으로 결정된 시설을 말한다(법 제2조 제7호).

2 기반시설의 종류(법 제2조 제6호, 영 제2조 제1항)

1. 기반시설이란 다음 각 호의 시설을 말한다.

교통시설	도로·철도·항만·공항·주차장·자동차정류장·궤도·차량 검사 및 면허시설
공간시설	광장·공원·녹지·유원지·공공공지
유통·공급시설	유통업무설비, 수도·전기·가스·열공급설비, 방송·통신시설, 공동구·시장, 유류저장 및 송유설비
공공·문화체육시설	학교·공공청사·문화시설·공공성이 인정되는 체육시설·연구시설·사회복지시설·공공직업훈련시설·청소년수련시설
방재시설	하천·유수지·저수지·방화설비·방풍설비·방수설비·사방설비·방조설비
보건위생시설	장사시설·도축장·종합의료시설
환경기초시설	하수도·폐기물처리 및 재활용시설·빗물저장 및 이용시설·수질오염방지시설·폐차장

2. 기반시설중 도로·자동차정류장 및 광장은 다음 각 호와 같이 세분할 수 있다.

(1) **도로**

1. 일반도로
2. 자동차전용도로
3. 보행자전용도로
4. 보행자우선도로
5. 자전거전용도로
6. 고가도로사. 지하도로

(2) **자동차정류장**

1. 여객자동차터미널
2. 물류터미널
3. 공영차고지
4. 공동차고지
5. 화물자동차 휴게소
6. 복합환승센터
7. 환승센터

(3) 광장

1. 교통광장	2. 일반광장
3. 경관광장	4. 지하광장
5. 건축물부설광장	

제2절 도시·군계획시설의 설치·관리 제24회, 제28회, 제33회

1 기반시설의 설치

1. 원칙

지상·수상·공중·수중 또는 지하에 기반시설을 설치하려면 그 시설의 종류·명칭·위치·규모 등을 미리 도시·군관리계획으로 결정하여야 한다(법 제43조 제1항).

2. 예외

① 다만, 용도지역·기반시설의 특성 등을 고려하여 대통령령으로 정하는 다음의 경우에는 그러하지 아니하다(영 제35조 제1항).

> 1. 도시지역 또는 지구단위계획구역에서 다음 각목의 기반시설을 설치하고자 하는 경우
>   ① 주차장, 자동차 및 건설기계검사시설, 공공공지, 열공급설비, 방송·통신시설, 시장·공공청사·문화시설·공공필요성이 인정되는 체육시설·연구시설·사회복지시설·공공직업 훈련시설·청소년수련시설·저수지·방화설비·방풍설비·방수설비·사방설비·방조설비·장사시설·종합의료시설·빗물저장 및 이용시설·폐차장
>   ② 「도시공원 및 녹지 등에 관한 법률」의 규정에 의하여 점용허가대상이 되는 공원 안의 기반시설
>   ③ 그 밖에 국토교통부령으로 정하는 시설
> 2. 도시지역 및 지구단위계획구역외의 지역에서 다음 각목의 기반시설을 설치하고자 하는 경우
>   ① 1의 ① 및 ②의 기반시설
>   ② 궤도·삭도 및 전기공급설비
>   ③ 그 밖에 국토교통부령으로 정하는 시설

② 효율적인 토지이용을 위하여 둘 이상의 도시·군계획시설을 같은 토지에 함께 결정하거나 도시·군계획시설이 위치하는 공간의 일부를 구획하여 도시·군계획시설을 결정할 수 있다(법 제43조 제2항).

2 도시·군계획시설의 설치기준

도시·군계획시설의 결정·구조 및 설치의 기준 등에 필요한 사항은 국토교통부령으로 정하고, 그 세부사항은 국토교통부령으로 정하는 범위에서 시·도의 조례로 정할 수 있다. 다만, 다른 법률에 특별한 규정이 있는 경우에는 그 법률에 따른다(법 제43조 제3항).

3 도시·군계획시설의 공중 및 지하 설치기준과 보상 등

도시·군계획시설을 공중·수중·수상 또는 지하에 설치하는 경우 그 높이나 깊이의 기준과 그 설치로 인하여 토지나 건물의 소유권 행사에 제한을 받는 자에 대한 보상 등에 관하여는 따로 법률로 정한다(법 제46조).

4 도시·군계획시설의 관리

도시·군계획시설의 관리에 관하여 이 법 또는 다른 법률에 특별한 규정이 있는 경우 외에는 다음에 의한다(법 제43조 제4항).

구분	내용
국가가 관리하는 경우	대통령령(「국유재산법」에 따른 중앙관서의 장이 관리)으로 관리에 관한 사항을 정한다.
지방자치단체가 관리하는 경우	지방자치단체의 조례로 도시·군계획시설의 관리에 관한 사항을 정한다.

제3절 광역시설의 설치·관리 등 제28회, 제32회

1 광역시설의 의의

광역시설이란 기반시설 중 광역적인 정비체계가 필요한 다음 각 목의 시설로서 대통령령으로 정하는 시설을 말한다(법 제2조 제8호).

1. 2 이상의 특별시·광역시·특별자치시·특별자치도·시 또는 군 의 관할 구역에 걸쳐 있는 시설 : 도로·철도·광장·녹지, 수도·전기·가스 등
2. 2 이상의 특별시·광역시·특별자치시·특별자치도·시 또는 군이 공동으로 이용하는 시설 : 항만·공항·자동차정류장·공원·유원지·유통업무설비등

2 광역시설의 설치·관리

1. 원칙

광역시설의 설치 및 관리는 도시·군계획시설의 설치·관리에 따른다(법 제45조 제1항).

2. 예외

(1) 협약체결 또는 협의회 등 구성

관계 특별시장·광역시장·특별자치시장·특별자치도지사·시장 또는 군수는 협약을 체결하거나 협의회 등을 구성하여 광역시설을 설치·관리할 수 있다(법 제45조 제2항).

(2) 도지사의 설치·관리

협약의 체결이나 협의회 등의 구성이 이루어지지 아니하는 경우 그 시 또는 군이 같은 도에 속할 때에는 관할 도지사가 광역시설을 설치·관리할 수 있다(법 제45조 제2항).

(3) 법인의 설치·관리

국가계획으로 설치하는 광역시설은 그 광역시설의 설치·관리를 사업목적 또는 사업종목으로 하여 다른 법률에 따라 설립된 법인이 설치·관리할 수 있다(법 제45조 제3항).

3 광역시설의 설치에 따른 환경오염방지사업의 시행

지방자치단체는 환경오염이 심하게 발생하거나 해당 지역의 개발이 현저하게 위축될 우려가 있는 광역시설을 다른 지방자치단체의 관할 구역에 설치할 때에는 대통령령으로 정하는 다음의 사업을 해당 지방자치단체와 함께 시행하거나 이에 필요한 자금을 해당 지방자치단체에 지원하여야 한다. 다만, 다른 법률에 특별한 규정이 있는 경우에는 그 법률에 따른다(법 제45조 제1항, 영 제40조).

1. 환경오염의 방지를 위한 사업 : 녹지·하수도 또는 폐기물처리시설의 설치사업과 대기오염·수질오염·악취·소음 및 진동방지사업 등
2. 지역주민의 편익을 위한 사업 : 도로·공원·수도공급설비·문화시설·사회복지시설·노인정·하수도·종합의료시설 등의 설치사업 등

제4절 공동구의 설치·관리 제25회, 제26회, 제28회, 제29회, 제31회, 제32회, 제35회

1 의의

공동구라 함은 지하매설물(전기·가스·수도 등의 공급설비, 통신시설, 하수도시설 등)을 공동수용 함으로써 도시 미관의 개선, 도로구조의 보전 및 교통의 원활한 소통을 기하기 위하여 지하에 설치하는 시설물을 말한다(법 제2조 9호).

2 공동구의 설치

1. 공동구의 설치 의무 등

(1) 공동구의 설치 의무

다음 각 호에 해당하는 지역·지구·구역 등이 200만㎡를 초과하는 경우에는 해당 지역등에서 개발사업을 시행하는 사업시행자는 공동구를 설치하여야 한다(법 제44조 제1항).

1. 「도시개발법」에 따른 도시개발구역
2. 「택지개발촉진법」에 따른 택지개발지구
3. 「경제자유구역의 지정 및 운영에 관한 특별법」에 따른 경제자유구역
4. 「도시 및 주거환경정비법」에 따른 정비구역
5. 「공공주택건설 등에 관한 특별법」에 따른 공공주택지구
6. 「도청이전을 위한 도시건설 및 지원에 관한 특별법」에 따른 도청이전신도시

(2) 공동구 설치에 관한 계획 포함 의무(협의 → 심의)

(1)에 따른 개발사업의 계획을 수립할 경우에는 공동구 설치에 관한 계획을 포함하여야 한다. 이 경우 공동구에 수용되어야 할 시설을 설치하고자 공동구를 점용하려는 공동구 점용예정자와 설치 노선 및 규모 등에 관하여 미리 협의한 후 공동구협의회의 심의를 거쳐야 한다(법 제44조 제4항).

2. 공동구에 수용

(1) 공동구 수용의무

공동구가 설치된 경우에는 대통령령으로 정하는 바에 따라 공동구에 수용하여야 할 시설이 모두 수용되도록 하여야 한다(법 제44조 제3항, 영 제36조 제3항).

(2) 공동구에 수용하여야 하는 시설

공동구가 설치된 경우에는 제1호부터 제6호까지의 시설을 공동구에 수용하여야 하며, 제7호 및 제8호의 시설은 공동구협의회의 심의를 거쳐 수용할 수 있다(영 제35조의3).

1. 전선로	2. 통신선로	3. 수도관
4. 열수송관	5. 중수도관	6. 쓰레기수송관
7. 가스관	8. 하수도관, 그 밖의 시설	

(3) 수용절차

① 사업시행자는 공동구의 설치공사를 완료한 때에는 지체 없이 다음 각 호의 사항을 공동구 점용예정자에게 개별적으로 통지하여야 한다(영 제37조 제1항).

> 1. 공동구에 수용될 시설의 점용공사 기간
> 2. 공동구 설치위치 및 설계도면
> 3. 공동구에 수용할 수 있는 시설의 종류
> 4. 공동구 점용공사 시 고려할 사항

② 공동구 점용예정자는 점용공사 기간 내에 공동구에 수용될 시설을 공동구에 수용하여야 한다. 다만, 그 기간 내에 점용공사를 완료하지 못하는 특별한 사정이 있어서 미리 사업시행자와 협의한 경우에는 그러하지 아니하다(영 제37조 제2항).

③ 공동구 점용예정자는 공동구에 수용될 시설을 공동구에 수용함으로써 용도가 폐지된 종래의 시설은 사업시행자가 지정하는 기간 내에 철거하여야 하고, 도로는 원상으로 회복하여야 한다(영 제37조 제3항).

3. 공동구의 설치비용

(1) 설치비용 부담

공동구의 설치(개량하는 경우를 포함한다)에 필요한 비용은 이 법 또는 다른 법률에 특별한 규정이 있는 경우를 제외하고는 공동구 점용예정자와 사업시행자가 부담한다. 이 경우 공동구 점용예정자는 해당 시설을 개별적으로 매설할 때 필요한 비용의 범위에서 대통령령으로 정하는 바에 따라 부담한다(법 제44조 제5항, 영 제38조 제2항).

(2) 공동구 설치비용의 보조 또는 융자

공동구 점용예정자와 사업시행자가 공동구 설치비용을 부담하는 경우 국가, 특별시장·광역시장·특별자치시장·특별자치도지사·시장 또는 군수는 공동구의 원활한 설치를 위하여 그 비용의 일부를 보조 또는 융자할 수 있다(법 제44조 제6항).

4. 공동구에 수용되어야 하는 시설물의 설치기준 등

공동구에 수용되어야 하는 시설물의 설치기준 등은 다른 법률에 특별한 규정이 있는 경우를 제외하고는 국토교통부장관이 정한다(법 제44조 제7항).

3 공동구의 관리·운영 등

1. 공동구관리자

공동구는 특별시장·광역시장·특별자치시장·특별자치도지사·시장 또는 군수(이하 이 조 및 제44조의3에서 "공동구관리자"라 한다)가 관리한다. 다만, 공동구의 효율적인 관리·운영을 위하여 필요하다고 인정하는 경우에는 대통령령으로 정하는 기관에 그 관리·운영을 위탁할 수 있다(법 제44조의2 제1항).

2. 공동구의 안전 및 유지관리계획

공동구관리자는 5년마다 해당 공동구의 안전 및 유지관리계획을 대통령령으로 정하는 바에 따라 수립·시행하여야 한나(법 세44조의2 제2항).

3. 공동구의 안전점검 실시

공동구관리자는 대통령령으로 정하는 바에 따라 1년에 1회 이상 공동구의 안전점검을 실시하여야 하며, 안전점검결과 이상이 있다고 인정되는 때에는 지체 없이 정밀안전진단·보수·보강 등 필요한 조치를 하여야 한다, 안전진단은「시설물의 안전 및 유지관리에 관한 특별법」에 따른 안전점검 및 정밀안전진단으로 실시하여야 한다(법 제44조의2 제3항, 영 제39조 제 5항).

4 공동구의 관리비용 등

1. 관리비용 부담

공동구의 관리에 소요되는 비용은 그 공동구를 점용하는 자가 함께 부담하되, 부담비율은 점용면적을 고려하여 공동구관리자가 정하며, 공동구관리자는 공동구의 관리에 드는 비용을 연 2회로 분할하여 납부하게 하여야 한다(법 제44조의3 제1항, 영 제39의3).

2. 공동구 점용 시 허가(후발사업자의 공동구 사용)

공동구 설치비용을 부담하지 아니한 자(부담액을 완납하지 아니한 자를 포함한다)가 공동구를 점용하거나 사용하려면 그 공동구를 관리하는 공동구관리자의 허가를 받아야 한다(법 제44조의3 제2항).

3. 점용료 또는 사용료 납부

공동구를 점용하거나 사용하는 자는 그 공동구를 관리하는 특별시·광역시·특별자치도·시 또는 군의 조례로 정하는 바에 따라 점용료 또는 사용료를 납부하여야 한다(법 제44조의3 제3항).

제5절 도시·군계획시설부지의 권리구제 제25회~제27회, 제29회, 제30회, 제32회, 제35회

1 매수청구권의 제도적 배경

1. 도시·군 계획시설에 대한 도시·군계획시설결정 후 장기간 도시·군 계획시설사업이 시행되지 않을 경우 도시·군 계획시설부지로 편입된 토지의 소유자는 그 기간만큼 재산권행사의 제한이 따를 수 밖에 없게 된다. 따라서 구체적인 사업을 시행하지 않으면서 도시·군계획시설부지를 장기간 방치함으로써 개인의 재산권을 과도하게 침해하면서도 전혀 손실보상을 하지 않는것에 대한 비판과 위헌논란이 있었고 이에 따라 헌법재판소가 관련조문에 대하여 1999년 헌법불합치결정을 함으로서 사인의 권리보호수단으로 2000.1.28 구 도시계획법의 전면개정에 따라 도입된 제도이다.
2. 도시·군 계획시설부지의 매수청구제도란 도시·군 계획시설결정후 10년이 경과할 때까지 당해 도시·군 계획시설사업이 시행되지 않을 경우 당해 도시·군 계획시설부지 중 지목이 대(垈)인 토지소유자가 특별시장·광역시장·특별자치시장·특별자치도지사·시장 또는 군수 등 매수의무자에게 당해 토지의 매수를 청구할 수 있게 하여 장기미집행 도시·군 계획시설로 인한 재산권의 과도한 제한을 해소하기 위한 제도이다.

2 매수청구권

1. 매수청구권자

도시·군계획시설에 대한 도시·군관리계획의 결정(도시·군계획시설결정)의 고시일부터 10년 이내에 그 도시·군계획시설의 설치에 관한 도시·군계획시설사업이 시행되지 아니하는 경우(실시계획의 인가나 그에 상당하는 절차가 진행된 경우는 제외한다. 이하 같다) 그 도시·군계획시설의 부지로 되어 있는 토지 중 지목이 대(垈)인 토지(그 토지에 있는 건축물 및 정착물을 포함한다. 이하 이 조에서 같다)의 소유자는 대통령령으로 정하는 바에 따라 그 토지의 매수를 청구할 수 있다(법 제47조 제1항).

2. 매수의무자

(1) 원칙

특별시장·광역시장·특별자치시장·특별자치도지사·시장 또는 군수에게 그 토지의 매수를 청구할 수 있다.(법 제47조 제1항)

(2) 예외

① 사업시행자(법 제47조 제1항 1호)
이 법에 따라 해당 도시·군계획시설사업의 시행자가 정하여진 경우

② 설치·관리의무자(법 제47조 제1항 2호)

이 법 또는 다른 법률에 의하여 도시·군계획시설을 설치하거나 관리하여야 할 의무가 있는 자가 있는 경우 그 의무자. 이 경우 도시·군계획시설을 설치하거나 관리하여야 할 의무가 있는 자가 서로 다른 경우에는 설치하여야 할 의무가 있는 자에게 매수청구하여야 한다.

3. 매수청구대상

매수청구대상은 10년이 경과된 지목이 대(垈)인 토지와 당해 토지에 있는 건축물 및 정착물에 한하며, 이주대책비, 영업손실에 대한 보상 및 잔여지 보상 등은 청구대상이 아니다.(법 제47조 제1항)

4. 매수절차

① 매수의무자는 매수 청구를 받은 날부터 6개월 이내에 매수 여부를 결정하여 토지 소유자와 특별시장·광역시장·특별자치시장·특별자치도지사·시장 또는 군수에게 알려야 하며,

② 매수하기로 결정한 토지는 매수 결정을 알린 날부터 2년 이내에 매수하여야 한다(법 제47조 제6항).

5. 매수하는 경우 대금지급방법

(1) 원칙(현금)

매수의무자는 매수 청구를 받은 토지를 매수할 때에는 현금으로 그 대금을 지급한다(법 제47조 제2항).

참고학습 「공익사업을 위한 토지 등의 취득 및 보상에 관한 법률」의 준용

매수 청구된 토지의 매수가격·매수절차 등에 관하여 이 법에 특별한 규정이 있는 경우 외에는 「공익사업을 위한 토지 등의 취득 및 보상에 관한 법률」 을 준용한다(법 제47조 제4항).

(2) 도시·군계획시설채권 발행조건

다음 각 호의 어느 하나에 해당하는 경우로서 매수의무자가 지방자치단체인 경우에는 채권(이하 "도시·군계획시설채권"이라 한다)을 발행하여 지급할 수 있다(법 제47조 제2항 단서).

1. 토지소유자가 원하는 경우
2. 대통령령이 정하는 부재부동산소유자의 토지 또는 비업무용토지로서 매수대금이 3,000만원을 초과하여 그 초과하는 금액을 지급하는 경우

(3) 채권 상환기간 및 이율(특별시·광역시·특별자치시·특별자치도·시 또는 군의 조례)

도시·군계획시설채권의 상환기간은 10년 이내로 하며, 그 이율은 채권 발행 당시 「은행법」에 따른 인가를 받은 은행 중 전국을 영업으로 하는 은행이 적용하는 1년 만기 정기예금금리의 평균 이상이어야 하며, 구체적인 상환기간과 이율은 조례로 정한다(법 제47조 제3항).

(4) 채권발행 시 법 준용(발행절차 등)

도시·군계획시설채권의 발행절차나 그 밖에 필요한 사항에 관하여 이 법에 특별한 규정이 있는 경우 외에는 「지방재정법」이 정하는 바에 따른다(법 제47조 제5항).

3 매수하지 아니하는 경우 등의 권리구제 방법

매수청구를 한 토지의 소유자는 다음에 따라 개발행위허가규정(제56조의 규정)에 의한 허가를 받아 대통령령이 정하는 다음의 건축물 또는 공작물을 설치할 수 있다. 다만, 다음 각 호에 규정된 범위에서 특별시·광역시·특별자치시·특별자치도·시 또는 군 의 도시·군계획조례로 따로 허용범위를 정하는 경우에는 그에 따른다. 이 경우 제58조(개발행위허가의 기준) 및 제64조(도시·군계획시설부지에서의 개발행위)의 규정은 이를 적용하지 아니한다(법 제47조 제7항, 영 제41조 제5항).

1. 허가사유

1. 매수하지 아니하기로 결정한 경우
2. 매수 결정을 알린 날부터 2년이 지날 때까지 해당 토지를 매수하지 아니하는 경우

2. 허가 받을 수 있는 건축물, 공작물

1. 단독주택으로서 3층 이하인 것
2. 제1종 근린생활시설로서 3층 이하인 것
3. 제2종 근린생활시설(단란주점, 안마시술소, 노래연습장 및 다중생활시설은 제외한다)로서 3층 이하인 것
4. 공작물

4 도시·군계획시설결정의 실효

도시·군계획시설결정이 고시된 도시·군계획시설에 대하여 그 고시일부터 20년이 지날 때까지 그 시설의 설치에 관한 도시·군계획시설사업이 시행되지 아니하는 경우 그 도시·군계획시설결정은 그 고시일부터 20년이 되는 날의 다음날에 그 효력을 잃는다. 시·도지사 또는 대도시 시장은 도시·군계획시설결정이 효력을 잃으면 대통령령으로 정하는 바에 따라 지체 없이 그 사실을 고시하여야 한다(법 제48조 제1항, 제2항).

5 도시·군계획시설결정의 의회보고 및 해제권고

1. 도시·군계획시설에 대한 지방의회에 보고(법 제48조 3항, 영 제42조 제2항)

(1) 지방자치단체장은 도시·군계획시설결정이 고시된 도시·군계획시설(국토교통부장관이 결정·고시한 도시·군계획시설 중 관계 중앙행정기관의 장이 직접 설치하기로 한 시설은 제외한다. 이하 이 조에서 같다) 중 ① 도시·군계획시설을 설치할 필요성이 없어진 경우 또는 ② 그 고시일부터 10년이 지날 때까지 해당 시설의 설치에 관한 도시·군계획시설사업이 시행되지 아니한 장기미집행 도시·군계획시설 등에 대하여 매년 해당 지방의회의 정례회 또는 임시회의의 기간 중에 보고하여야 한다. 이 경우 지방자치단체의 장이 필요하다고 인정하는 경우에는 해당 지방자치단체에 소속된 지방도시계획위원회의 자문을 거치거나 관계 행정기관의 장과 미리 협의를 거칠 수 있다.

(2) 지방자치단체의 장은 지방의회에 보고한 장기미집행 도시·군계획시설등 중 도시·군계획시설결정이 해제되지 아니한 장기미집행 도시·군계획시설등에 대하여 최초로 지방의회에 보고한 때부터 2년마다 지방의회에 보고하여야 한다(시행령 제42조 제3항).

2. 도시·군계획시설결정의 해제 권고

지방의회는 장기미집행 도시·군계획시설등에 대하여 해제를 권고하는 경우에는 보고가 지방의회에 접수된 날부터 90일 이내에 해제를 권고하는 서면(도시·군계획시설의 명칭, 위치, 규모 및 해제사유 등이 포함되어야 한다)을 지방자치단체의 장에게 보내야 한다(법 제48조 제4항, 시행령 제42조 제4항).

3. 권고받은 도시·군계획시설결정의 해제를 위한 도시·군관리계획의 결정

도시·군계획시설결정의 해제를 권고받은 지방자치단체의 장은 특별한 사유가 없으면 상위계획과의 연관성, 단계별 집행계획, 교통, 환경 및 주민 의사 등을 고려하여 해제할 수 없다고 인정하는 특별한 사유가 있는 경우를 제외하고는 해당 장기미집행 도시·군계획시설등의 해제권고를 받은 날부터 1년 이내에 해제를 위한 도시·군관리계획을 결정하여야 한다. 이 경우 지방자치단체의 장은 지방의회에 해제할 수 없다고 인정하는 특별한 사유를 해제권고를 받은 날부터 6개월 이내에 소명하여야 한다(법 제48조 제5항, 시행령 제42조 제5항).

4. 도지사가 결정한 도시·군계획시설결정의 해제

시장 또는 군수는 도지사가 결정한 도시·군관리계획의 해제가 필요한 경우에는 도지사에게 그 결정을 신청하여야 하며, 도시·군계획시설결정의 해제를 신청받은 도지사는 특별한 사유가 없으면 신청을 받은 날부터 1년 이내에 해당 도시·군계획시설의 해제를 위한 도시·군관리계획결정을 하여야 한다(시행령 제42조 제6항, 제7항).

6 토지소유자의 도시·군계획시설결정에 대한 해제신청

1. 도시·군계획시설 해제에 대한 입안신청

도시·군계획시설결정의 고시일부터 10년 이내에 그 도시·군계획시설의 설치에 관한 도시·군계획시설사업이 시행되지 아니한 경우로서 제85조제1항에 따른 단계별 집행계획상 해당 도시·군계획시설의 실효 시까지 집행계획이 없는 경우에는 그 도시·군계획시설 부지로 되어 있는 토지의 소유자는 대통령령으로 정하는 바에 따라 해당 도시·군계획시설에 대한 도시·군관리계획 입안권자에게 그 토지의 도시·군계획시설결정 해제를 위한 도시·군관리계획 입안을 신청할 수 있다(법 제48조의2 제1항).

2. 도시·군계획시설 해제를 위한 입안절차

(1) 입안권자에게 해제신청

도시·군관리계획 입안권자는 해제입안신청을 받은 날부터 3개월 이내에 입안 여부를 결정하여 토지 소유자에게 알려야 하며, 해당 도시·군계획시설결정의 실효 시까지 설치하기로 집행계획을 수립하는 등 대통령령으로 정하는 특별한 사유가 없으면 그 도시·군계획시설결정의 해제를 위한 도시·군관리계획을 입안하여야 한다(법 제48조의2 제2항).

(2) 결정권자에게 해제신청

① 제1항에 따라 신청을 한 토지 소유자는 해당 도시·군계획시설결정의 해제를 위한 도시·군관리계획이 입안되지 아니하는 등 대통령령으로 정하는 사항에 해당하는 경우에는 해당 도시·군계획시설에 대한 도시·군관리계획 결정권자에게 그 도시·군계획시설결정의 해제를 신청할 수 있다(법 제48조의2 제3항).

② 도시·군관리계획 결정권자는 제3항에 따른 신청을 받은 날부터 2개월 이내에 결정 여부를 정하여 토지 소유자에게 알려야 하며, 특별한 사유가 없으면 그 도시·군계획시설결정을 해제하여야 한다(법 제48조의2 제4항, 영 제42조의2 제2항).

(3) 국토교통부장관에게 해제신청

① 결정권자에게 해제 신청을 한 토지 소유자는 해당 도시·군계획시설결정이 해제되지 아니하는 등 대통령령으로 정하는 사항에 해당하는 경우에는 국토교통부장관에게 그 도시·군계획시설결정의 해제 심사를 신청할 수 있다. 이 경우 국토교통부장관은 입안권자 및 결정권자에게 해제 심사를 위한 관련 서류 등을 제출할 것을 요구할 수 있다(법 제48조의2 제5항, 영 42조의2 제5항).

② 해제신청을 받은 국토교통부장관은 중앙도시계획위원회의 심의를 거쳐 도시·군관리계획 결정권자에게 도시·군계획시설결정의 해제를 권고할 수 있다(법 제48조의2 제6항, 영 42조의2 제6항).

③ 해제를 권고받은 도시·군관리계획 결정권자는 특별한 사유가 없으면 그 도시·군계획시설결정을 해제하여야 한다(법 제48조의2 제7항).

(4) 의회의 의견청취

입안권자가 해제입안을 하기 위하여 해당 지방의회에 의견을 요청한 경우 지방의회는 요청받은 날부터 60일 이내에 의견을 제출해야 한다. 이 경우 60일 이내에 의견이 제출되지 않은 경우에는 의견이 없는 것으로 본다(영 제42조의2 제7항).

3. 해제절차의 이행

도시·군계획시설결정의 해제결정(해제를 하지 아니하기로 결정하는 것을 포함한다. 이하 이 조에서 같다)은 다음 각 호의 구분에 따른 날부터 6개월(제9항 본문에 따라 결정하는 경우에는 2개월) 이내에 이행되어야 한다. 다만, 관계 법률에 따른 별도의 협의가 필요한 경우 그 협의에 필요한 기간은 기간계산에서 제외한다(영 제42조의2 제8항).

1. 해당 도시·군계획시설결정의 해제입안을 하기로 통지한 경우 : 입안권자가 신청인에게 입안하기로 통지한 날
2. 해당 도시·군계획시설결정을 해제하기로 통지한 경우 : 결정권자가 신청인에게 해제하기로 통지한 날
3. 해당 도시·군계획시설결정을 해제할 것을 권고받은 경우 : 결정권자가 해제권고를 받은 날

06 CHAPTER 기출 및 예상문제

01 국토의 계획 및 이용에 관한 법령상 도시·군계획시설에 관한 설명으로 틀린 것은? (단, 조례는 고려하지 않음) (제32회)

① 도시·군계획시설 부지의 매수의무자인 지방공사는 도시·군계획시설채권을 발행하여 그 대금을 지급할 수 있다.

② 도시·군계획시설 부지의 매수의무자는 매수하기로 결정한 토지를 매수 결정을 알린 날부터 2년 이내에 매수하여야 한다.

③ 200만제곱미터를 초과하는 '도시개발법'에 따른 도시개발구역에서 개발사업을 시행하는 자는 공동구를 설치하여야 한다.

④ 국가계획으로 설치하는 광역시설은 그 광역시설의 설치·관리를 사업종목으로 하여 다른 법률에 따라 설립된 법인이 설치·관리를 할 수 있다.

⑤ 도시·군계획시설채권의 상환기간은 10년 이내로 한다.

해설 ① 도시·군계획시설 부지의 매수의무자가 도시·군계획시설채권을 발행하려면 매수의무자가 지방자치단체인 경우이다 지방공사는 채권을 발행할 수 없다.

정답 ①

02 국토의 계획 및 이용에 관한 법령상 도시·군계획시설(이하 '시설'이라 함)**에 관한 설명으로 옳은 것은?** (제35회)

① 시설결정의 고시일부터 10년 이내에 실시계획의 인가만 있고 시설사업이 진행되지 아니하는 경우 그 부지의 소유자는 그 토지의 매수를 청구할 수 있다.

② 공동구가 설치된 경우 쓰레기수송관은 공동구협의회의 심의를 거쳐야 공동구에 수용할 수 있다.

③ 「택지개발촉진법」에 따른 택지개발지구가 200만제곱미터를 초과하는 경우에는 공동구를 설치하여야 한다.

④ 시설결정의 고시일부터 20년이 지날 때까지 시설사업이 시행되지 아니하는 경우 그 시설결정은 20년이 되는 날에 효력을 잃는다.

⑤ 시설결정의 고시일부터 10년 이내에 시설사업이 시행되지 아니하는 경우 그 부지 내에 건물만을 소유한 자도 시설결정 해제를 위한 도시·군관리계획 입안을 신청할 수 있다.

해설

① 도시·군계획시설결정·고시일부터 10년 이내에 실시계획의 인가가 있는 경우 매수청구권은 발생하지 않는다.

② 공동구협의회의 심의를 거치는 시설은 가스관과 하수도관이다.

④ 시설결정의 고시일부터 20년이 지날 때까지 시설사업이 시행되지 아니하는 경우 그 시설결정은 20년이 되는 날이 아니라 그 다음날 효력을 잃는다.

⑤ 시설결정의 고시일부터 10년 이내에 시설사업이 시행되지 아니하는 경우 시설결정 해제를 위한 도시·군관리계획 입안을 신청할 수 있는 주체는 토지소유자이다.

정답 ③

07 CHAPTER 도시·군계획시설사업

단원별 학습포인트

도시·군계획시설사업 핵심쟁점

- ❑ 도시·군 계획시설사업의 절차
- ❑ 단계별집행계획의 수립기간, 수립권자, 수립이 없는 경우의 권리구제
- ❑ 실시계획의 특징 (실시계획의 인가권자, 조건부인가, 경미한 변경의 경우 생략사유, 실효)
- ❑ 토지수용 (특히 공,취,법의 특례)
- ❑ 타인의 토지등 출입절차 (출입과 일시사용의 차이점)
- ❑ 도시·군 계획시설사업의 비용부담 (누가 비용을 부담하는 게 원칙인가?)
- ❑ 행정청이 비용을 부담하는 경우에 비용의 보조범위와 이익을 받은 다른 지방자치단체에 비용을 부담시키는 경우 방법과 부담시키는 비용의 범위
- ❑ 비행정청의 비용부담 시 보조받는 범위와 다른 이익을 받은 지방자치단체에 비용을 부담시킬 수 있는지 여부

제1절 의의 제29회, 제34회

'도시·군계획시설사업'이라 함은 도시·군계획시설을 설치·정비 또는 개량하는 사업을 말하며 도시·군계획사업의 일종이다(법 제2조 제7호).

참고학습 도시·군계획사업

도시·군관리계획을 시행하기 위한 사업으로서
1. 「국토의 계획 및 이용에 관한 법률」에 의한 도시·군계획시설사업
2. 「도시개발법」에 의한 도시개발사업
3. 「도시 및 주거환경정비법」에 의한 정비사업을 말한다.

제2절 단계별 집행계획의 수립

1 단계별 집행계획의 의의

단계별집행계획은 도시·군 관리계획에 의하여 결정·고시된 도시·군 계획시설에 대하여 그 집행시기, 예산확보(재원조달), 보상문제 등을 감안하여 도시·군 계획시설사업을 효율적으로 시행하기 위한 단계별 추진에 관한 사항을 정하는 행정계획으로 볼 수 있다.

2 단계별 집행계획의 수립권자와 수립절차

1. 원칙적 수립권자

특별시장·광역시장·특별자치시장·특별자치도지사·시장 또는 군수는 도시·군계획시설에 대하여 도시·군계획시설결정의 고시일부터 3개월 이내에 대통령령으로 정하는 바에 따라 재원조달계획, 보상계획 등을 포함하는 단계별 집행계획을 수립하여야 한다. 다만, 대통령령으로 정하는 다음의 법률에 따라 도시·군관리계획의 결정이 의제되는 경우에는 해당 도시·군계획시설결정의 고시일부터 2년 이내에 단계별 집행계획을 수립할 수 있다(법 제85조 제1항, 영 제95조 제2항).

> 1. 「도시 및 주거환경정비법」
> 2. 「도시재정비 촉진을 위한 특별법」
> 3. 「도시재생 활성화 및 지원에 관한 특별법」

2. 예외적 수립권자

국토교통부장관이나 도지사가 직접 입안한 도시·군관리계획인 경우 국토교통부장관이나 도지사는 단계별 집행계획을 수립하여 해당 특별시장·광역시장·특별자치시장·특별자치도지사·시장 또는 군수에게 송부할 수 있다(법 제85조 제2항).

3. 수립절차(협의 및 의회의 의견청취)

특별시장·광역시장·특별자치시장·특별자치도지사·시장 또는 군수는 단계별집행계획을 수립하고자 하는 때에는 미리 관계 행정기관의 장과 협의하여야 하며, 해당 지방의회의 의견을 들어야 한다(영 제95조 제1항).

4. 공고

특별시장·광역시장·특별자치시장·특별자치도지사·시장 또는 군수는 단계별 집행계획을 수립하거나 국토교통부장관이나 도지사로부터 송부받은 때에는 지체없이 지방자치단체의 공보에 공고하여야 하며, 필요한 경우 전국 또는 해당 지방자치단체를 주된 보급지역으로 하는 일간신문에 게재하는 방법을 병행할 수 있다(법 제85조 제4항, 영 제95조 제3항).

3 단계별 집행계획의 구분

1. 단계별집행계획의 구분

단계별 집행계획은 제1단계 집행계획과 제2단계 집행계획으로 구분하여 수립하되, 3년 이내에 시행하는 도시·군계획시설사업은 제1단계 집행계획에, 3년 후에 시행하는 도시·군계획시설사업은 제2단계 집행계획에 포함되도록 하여야 한다(법 제85조 제3항).

2. 단계별 집행계획의 조정

특별시장·광역시장·특별자치시장·특별자치도지사·시장 또는 군수는 매년 제2단계 집행계획을 검토하여 3년 이내에 도시·군계획시설사업을 시행할 도시·군계획시설은 이를 제1단계 집행계획에 포함시킬 수 있다(영 제95조 제2항).

4 단계별집행계획의 수립이 없는 경우의 권리구제

1. 허가사유 등

특별시장·광역시장·특별자치시장·특별자치도지사·시장 또는 군수는 도시·군계획시설결정의 고시일부터 2년이 지날 때까지 그 시설의 설치에 관한 사업이 시행되지 아니한 도시·군계획시설 중 ① 단계별 집행계획이 수립되지 아니하거나, ② 단계별 집행계획에서 제1단계 집행계획(단계별 집행계획을 변경한 경우에는 최초의 단계별 집행계획을 말한다)에 포함되지 아니한 도시·군계획시설의 부지에서 개발행위를 허가할 수 있다(법 제64조 제2항).

2. 허가 받으면 가능한 행위

1. 가설건축물의 건축과 이에 필요한 범위에서의 토지의 형질변경
2. 도시·군계획시설의 설치에 지장이 없는 공작물의 설치와 이에 필요한 범위에서 토지 형질변경
3. 건축물의 개축 또는 재축과 이에 필요한 범위 안에서의 토지의 형질변경(「건축법」에 의하여 신고하고 설치할 수 있는 건축물의 개축·증축 또는 재축과 이에 필요한 범위 안에서의 토지의 형질변경을 제외한다)

3. 원상회복명령

특별시장·광역시장·특별자치시장·특별자치도지사·시장 또는 군수는 가설건축물의 건축이나 공작물의 설치를 허가한 토지에서 도시·군계획시설사업이 시행되는 경우에는 그 시행예정일 3개월 전까지 가설건축물이나 공작물 소유자의 부담으로 그 가설건축물이나 공작물의 해체 등 원상회복에 필요한 조치를 명하여야 한다. 다만, 원상회복이 필요하지 아니하다고 인정되는 경우에는 그러하지 아니하다(법 제64조 제3항).

4. 행정대집행

특별시장·광역시장·특별자치시장·특별자치도지사·시장 또는 군수는 원상회복의 명령을 받은 자가 원상회복을 하지 아니하면 「행정대집행법」에 따른 행정대집행에 따라 원상회복을 할 수 있다(법 제64조 제4항).

5 도시·군 계획시설부지에서 개발행위

1. 원칙

특별시장·광역시장·특별자치시장·특별자치도지사·시장 또는 군수는 도시·군계획시설의 설치 장소로 결정된 지상·수상·공중·수중 또는 지하는 그 도시·군계획시설이 아닌 건축물의 건축이나 공작물의 설치를 허가하여서는 아니 된다(법 제64조 제1항).

2. 예외

다만 다음의 경우에는 그러하지 아니하다(법 제64조 제1항 단서, 영 제61조).

1. 지상·수상·공중·수중 또는 지하에 일정한 공간적 범위를 정하여 도시·군계획시설이 결정되어 있고, 그 도시·군계획시설의 설치·이용 및 장래의 확장 가능성에 지장이 없는 범위에서 도시·군계획시설이 아닌 건축물 또는 공작물을 그 도시·군계획시설인 건축물 또는 공작물의 부지에 설치하는 경우
2. 도시·군계획시설과 도시·군계획시설이 아닌 시설을 같은 건축물 안에 설치한 경우로서 실시계획 인가를 받는 경우
3. 「도로법」 등 도시·군계획시설의 설치 및 관리에 관하여 규정하고 있는 다른 법률에 의하여 점용허가를 받아 건축물 또는 공작물을 설치하는 경우
4. 도시·군계획시설의 설치·이용 및 장래의 확장 가능성에 지장이 없는 범위에서 신·재생에너지 설비 중 태양에너지 설비 또는 연료전지 설비를 설치하는 경우

제3절 도시·군 계획시설사업의 시행자 제21회, 제23회, 제24회, 제27회, 제32회, 제34회

1 행정청인 시행자

1. 원칙(특별시장·광역시장·특별자치시장·특별자치도지사·시장 또는 군수)

특별시장·광역시장·특별자치시장·특별자치도지사·시장 또는 군수는 이 법 또는 다른 법률에 특별한 규정이 있는 경우 외에는 관할 구역의 도시·군계획시설사업을 시행한다(법 제86조 제1항).

2. 예외

(1) 2이상의 특별시·광역시·특별자치시·특별자치도·시 또는 군의 관할구역에 걸치는 경우

① 원칙(협의지정)

도시·군계획시설사업이 둘 이상의 특별시·광역시·특별자치시·특별자치도·시 또는 군 의 관할 구역에 걸쳐 시행되게 되는 경우에는 관계 특별시장·광역시장·특별자치시장·특별자치도지사·시장 또는 군수가 서로 협의하여 시행자를 정한다(법 제86조 제2항).

② 예외(협의 불성립)

협의가 성립되지 아니하는 경우 도시·군계획시설사업을 시행하려는 구역이 같은 도의 관할 구역에 속하는 경우에는 관할 도지사가 시행자를 지정하고, 둘 이상의 시·도의 관할 구역에 걸치는 경우에는 국토교통부장관이 사업시행자를 지정한다(법 제86조 제3항).

(2) 국토교통부장관

국토교통부장관은 국가계획과 관련되거나 그 밖에 특히 필요하다고 인정되는 경우에는 관계 특별시장·광역시장·특별자치시장·특별자치도지사·시장 또는 군수의 의견을 들어 직접 도시·군계획시설사업을 시행할 수 있다(법 제86조 제4항).

(3) 도지사

도지사는 광역도시계획과 관련되거나 특히 필요하다고 인정되는 경우에는 관계 시장 또는 군수의 의견을 들어 직접 도시·군계획시설사업을 시행할 수 있다(법 제86조 제4항).

2 비행정청인 사업시행자(지정을 요한다.)

1. 사업시행자 지정

행정청이 아닌 자는 대통령령이 정하는 바에 따라 국토교통부장관, 시·도지사, 시장 또는 군수로부터 시행자로 지정을 받아 도시·군계획시설사업을 시행할 수 있다. 도시·군계획시설사업의 시행자로 지정받고자 하는 자는 해당 사항을 기재한 신청서를 국토교통부장관, 시·도지사 또는 시장·군수에게 제출하여야 한다(법 제86조 제5항, 영 제96조 제1항).

2. 민간시행자의 사업시행자 지정요건

다음 각 호에 해당하지 아니하는 자(민간부분)가 도시·군계획시설사업의 시행자로 지정을 받으려면 도시·군계획시설사업의 대상인 토지(국·공유지는 제외한다)면적의 3분의 2 이상에 해당하는 토지를 소유하고, 토지소유자 총수의 2분의 1 이상에 해당하는 자의 동의를 얻어야 한다(법 제86조 제7항, 영 제96조 제2항, 제3항).

1. 국가 또는 지방자치단체
2. 대통령령으로 정하는 공공기관(공기업, 준시장형 공기업)
3. 그 밖에 대통령령으로 정하는 자(지방공사 및 지방공단)

3. 지정고시

국토교통부장관, 시·도지사, 시장 또는 군수는 도시·군계획시설사업의 시행자를 지정한 때에는 국토교통부령이 정하는 바에 따라 그 지정내용을 고시하여야 한다(법 제86조 제6항).

4. 행정심판

이 법에 의한 도시·군계획시설사업의 시행자의 처분에 대하여는 「행정심판법」에 의하여 행정심판을 제기할 수 있다. 이 경우 행정청이 아닌 시행자의 처분에 대하여는 당해 시행자를 지정한 자에게 행정심판을 제기하여야 한다(법 제134조).

제4절 실시계획 제21회, 제28회, 제32회

1 실시계획의 작성

1. 작성의무

(1) 실시계획 작성의 주체(모든 시행자)

도시·군계획시설사업의 시행자는 대통령령이 정하는 바에 따라 당해 도시·군계획시설사업에 관한 실시계획을 작성하여야 한다(법 제88조 제1항).

(2) 실시계획의 내용(법 제88조 제5항, 영 제97조 제1항)

실시계획에는 사업시행에 필요한 설계도서, 자금계획, 시행기간, 그 밖에 대통령령으로 정하는 다음의 사항을 자세히 밝히거나 첨부하여야 한다.

1. 사업의 종류 및 명칭
2. 사업의 면적 또는 규모
3. 사업시행자의 성명 및 주소(법인인 경우에는 법인의 명칭 및 소재지와 대표자의 성명 및 주소)
4. 사업의 착수예정일 및 준공예정일

(3) 비행정청인 시행자의 실시계획 작성

비행정청으로서 도시·군계획시설사업의 시행자로 지정을 받은 자는 실시계획을 작성하고자 하는 때에는 미리 당해 특별시장·광역시장·특별자치시장·특별자치도지사·시장 또는 군수의 의견을 들어야 한다(영 제97조 제4항).

2. 시설사업을 분할시행하는 경우 실시계획 작성

도시·군계획시설사업의 시행자는 도시·군계획시설사업을 효율적으로 추진하기 위하여 필요하다고 인정되면 사업시행대상지역 또는 대상시설을 둘 이상으로 분할하여 도시·군계획시설사업을 시행할 수 있다. 도시·군계획시설사업을 분할하여 시행하는 때에는 분할된 지역별로 실시계획을 작성할 수 있다(법 제87조, 영 제97조 제5항).

2 실시계획의 인가

1. 실시계획의 인가절차

(1) 실시계획 인가권자

도시·군계획시설사업의 시행자(국토교통부장관, 시·도지사와 대도시 시장은 제외한다)는 실시계획을 작성하면 대통령령이 정하는 바에 따라

① 국토교통부장관이 지정한 시행자는 국토교통부장관의 인가를 받아야 하며,

② 그 밖의 시행자는 시·도지사와 대도시 시장의 인가를 받아야 한다. (법 제88조 제2항).

(2) 인가신청서 제출 및 변경 또는 폐지

도시·군계획시설사업의 시행자로 지정된 자는 특별한 사유가 없는 한 시행자지정시에 정한 기일까지 인가권자에게 실시계획인가신청서를 제출하여야 한다. 인가를 받은 실시계획을 변경 또는 폐지하는 경우에 이를 준용한다. 다만 국토교통부령이 정하는 경미한 사항을 변경하는 경우에는 그러하지 아니하다(법 제88조 제4항, 영 제97조 제3항).

참고학습 실시계획의 변경인가 생략 사유(국토교통부령 제16조)

1. 사업명칭을 변경하는 경우
2. 구역경계의 변경이 없는 범위 안에서 행하는 건축물 또는 공작물의 연면적 10% 미만의 변경과 「학교시설사업 촉진법」에 의한 학교시설의 변경인 경우
3. 기존 시설의 용도변경을 수반하지 아니하는 대수선·재축 및 개축인 경우
4. 도로의 포장 등 기존 도로의 면적·위치 및 규모의 변경을 수반하지 아니하는 도로의 개량인 경우

(3) 첨부사항

실시계획에는 사업시행에 필요한 설계도서·자금계획 및 시행기간 그 밖에 대통령령이 정하는 사항을 명시하거나 첨부하여야 한다(법 제88조 제5항).

2. 조건부 인가

국토교통부장관, 시·도지사 또는 대도시 시장은 도시·군계획시설사업의 시행자가 작성한 실시계획이 도시·군계획시설의 결정·구조 및 설치의 기준 등에 맞다고 인정하는 경우에는 실시계획을 인가하여야 한다. 이 경우 국토교통부장관, 시·도지사 또는 대도시 시장은 기반시설의 설치나 그에 필요한 용지의 확보, 위해 방지, 환경오염 방지, 경관 조성, 조경 등의 조치를 할 것을 조건으로 실시계획을 인가할 수 있다(법 제88조 제3항).

3. 실시계획의 실효

(1) 실시계획의 실효사유

도시·군계획시설결정의 고시일부터 10년 이후에 실시계획을 작성하거나 인가(다른 법률에 따라 의제된 경우는 제외한다) 받은 장기미집행 도시·군계획시설사업의 시행자가

① 실시계획 고시일부터 5년 이내에 「공익사업을 위한 토지 등의 취득 및 보상에 관한 법률」에 따른 재결신청을 하지 아니한 경우에는 실시계획 고시일부터 5년이 지난 다음 날에 그 실시계획은 효력을 잃는다.

② 다만, 장기미집행 도시·군계획시설사업의 시행자가 재결신청을 하지 아니하고 실시계획 고시일부터 5년이 지나기 전에 해당 도시·군계획시설사업에 필요한 토지 면적의 3분의 2 이상을 소유하거나 사용할 수 있는 권원을 확보하고 실시계획 고시일부터 7년 이내에 재결신청을 하지 아니한 경우 실시계획 고시일부터 7년이 지난 다음 날에 그 실시계획은 효력을 잃는다.

③ 하지만 장기미집행 도시·군계획시설사업의 시행자가 재결신청 없이 도시·군계획시설사업에 필요한 모든 토지·건축물 또는 그 토지에 정착된 물건을 소유하거나 사용할 수 있는 권원을 확보한 경우 그 실시계획은 효력을 유지한다(법 제88조 제7항, 제8항).

(2) 실시계획의 실효와 도시·군계획시설 실효의 관계

실시계획이 폐지되거나 효력을 잃은 경우 해당 도시·군계획시설결정은 제48조제1항(20년 되는 날의 다음날 효력 상실)에도 불구하고 다음 각 호에서 정한 날 효력을 잃는다. 이 경우 시·도지사 또는 대도시 시장은 대통령령으로 정하는 바에 따라 지체 없이 그 사실을 고시하여야 한다(법 제88조 제9항).

1. 도시·군계획시설결정의 고시일부터 20년이 되기 전에 실시계획이 폐지되거나 효력을 잃고 다른 도시·군계획시설사업이 시행되지 아니하는 경우 : 도시·군계획시설결정의 고시일부터 20년이 되는 날의 다음 날
2. 도시·군계획시설결정의 고시일부터 20년이 되는 날의 다음 날 이후 실시계획이 폐지되거나 효력을 잃은 경우 : 실시계획이 폐지되거나 효력을 잃은 날

4. 원상회복명령과 행정대집행

특별시장·광역시장·특별자치시장·특별자치도지사·시장 또는 군수는 실시계획의 인가 또는 변경인가를 받지 아니하고 도시·군계획시설사업을 하거나 그 인가내용과 다르게 도시·군계획시설사업을 하는 자에 대하여 그 토지의 원상회복을 명할 수 있다. 원상회복의 명령을 받은 자가 원상회복을 하지 아니하는 경우에는 「행정대집행법」에 따른 행정대집행에 따라 원상회복을 할 수 있다. 이 경우 행정대집행에 필요한 비용은 도시·군계획시설사업의 시행자가 예치한 이행보증금으로 충당할 수 있다(법 89조 제 3항, 제4항).

참고학습 도시·군계획시설사업의 이행담보(이행보증금예치 시행령 제98조)

1. 이행보증금 예치
   특별시장·광역시장·특별자치시장·특별자치도지사·시장 또는 군수는 기반시설의 설치나 그에 필요한 용지의 확보, 위해 방지, 환경오염 방지, 경관 조성, 조경 등을 위하여 필요하다고 인정되는 경우로서 대통령령으로 정하는 경우에는 그 이행을 담보하기 위하여 도시·군계획시설사업 시행자에게 이행보증금을 예치하게 할 수 있다. 다만, 다음 각 호의 어느 하나에 해당하는 자에 대하여는 그러하지 아니하다(법 제89조 제1항, 영 제98조 제2항).

1. 국가 또는 지방자치단체 2. 대통령령으로 정하는 공공기관 3. 그 밖에 대통령령으로 정하는 자

2. 이행보증금 예치사유
   (1) 도시·군계획시설사업으로 인하여 도로·수도공급설비·하수도 등 기반시설의 설치가 필요한 경우
   (2) 도시·군계획시설사업으로 인하여 다음에 해당하는 경우
      ① 토지의 굴착으로 인하여 인근의 토지가 붕괴될 우려가 있거나 인근의 건축물 또는 공작물이 손괴될 우려가 있는 경우
      ② 토석의 발파로 인한 낙석·먼지 등에 의하여 인근지역에 피해가 발생할 우려가 있는 경우
      ③ 토석을 운반하는 차량의 통행으로 인하여 통행로 주변의 환경이 오염될 우려가 있는 경우
      ④ 토지의 형질변경이나 토석의 채취가 완료된 후 비탈면에 조경을 할 필요가 있는 경우
3. 이행보증금 예치방법
   예치금액의 산정 및 예치방법 등에 관하여 개발행위허가에 대한 이행담보규정을 이를 준용한다(법 제89조 제2항, 영 제98조 제3항).

5. 서류의 열람 등

(1) 서류의 열람

국토교통부장관, 시·도지사 또는 대도시 시장은 실시계획을 인가하려면 미리 대통령령으로 정하는 바에 따라 그 사실을 공고하고, 관계 서류의 사본을 14일 이상 일반이 열람할 수 있도록 하여야 한다(법 제90조 제1항).

(2) 의견제출 및 반영

도시·군계획시설사업의 시행지구의 토지·건축물 등의 소유자 및 이해관계인은 열람기간 이내에 국토교통부장관, 시·도지사, 대도시 시장 또는 도시·군계획시설사업의 시행자에게 의견서를 제출할 수 있으며, 국토교통부장관, 시·도지사, 대도시 시장 또는 도시·군계획시설사업의 시행자는 제출된 의견이 타당하다고 인정되면 그 의견을 실시계획에 반영하여야 한다(법 제90조 제2항).

3 실시계획고시

1. 고시(법 제91조 제1항, 영 제100조 제1항)

국토교통부장관, 시·도지사 또는 대도시 시장은 실시계획을 작성(변경작성을 포함한다), 인가(변경인가를 포함한다), 폐지하거나 실시계획이 효력을 잃은 경우에는 국토교통부장관이 하는 경우에는 관보에, 시·도 또는 대도시 시장이 하는 경우에는 공보에 고시하여야 한다

2. 통보

국토교통부장관 또는 시·도지사 또는 대도시 시장은 실시계획을 고시한 때에는 그 내용을 관계 행정기관의 장에게 통보하여야 한다(영 제100조 제2항).

3. 실시계획고시의 효과로서 인·허가 등의 의제

국토교통부장관, 시·도지사 또는 대도시 시장이 실시계획의 작성 또는 변경작성 또는 인가 또는 변경인가를 함에 있어서 당해 실시계획에 대한 다음의 인·허가 등에 관하여 관계 행정기관의 장과 협의한 사항에 대하여는 당해 인·허가 등을 받은 것으로 보며, 실시계획의 고시가 있는 때에는 관계 법률에 의한 인·허가 등의 고시·공고 등이 있은 것으로 본다. 인·허가등의 의제를 받으려는 자는 실시계획 인가 또는 변경인가를 신청할 때에 해당 법률에서 정하는 관련 서류를 함께 제출하여야 하며 국토교통부장관, 시·도지사 또는 대도시 시장은 실시계획을 작성 또는 변경작성하거나 인가 또는 변경인가할 때에 그 내용에 의제사항이 있으면 미리 관계 행정기관의 장과 협의하여야 한다(법 제92조 제1항, 제2항).

1. 「건축법」 제8조의 규정에 의한 건축허가, 동법 제9조의 규정에 의한 건축신고, 동법 제15조의 규정에 의한 가설건축물건축의 허가 또는 신고
2. 「산업집적 활성화 및 공장설립에 관한 법률」 제13조의 규정에 의한 공장설립 등의 승인
3. 「공유수면 관리 및 매립에 관한 법률」 제8조에 따른 공유수면의 점용·사용허가, 같은 법 제17조에 따른 점용·사용 실시계획의 승인 또는 신고, 같은 법 제28조에 따른 공유수면의 매립면허, 같은 법 제35조에 따른 국가 등이 시행하는 매립의 협의 또는 승인 및 같은 법 제38조에 따른 공유수면매립실시계획의 승인
4. 「광업법」 제42조에 따른 채굴계획의 인가
5. 「국유재산법」 제24조의 규정에 의한 사용·수익의 허가
6. 이하 생략

제5절 공사완료절차

1 공사완료 보고서 제출

도시·군계획시설사업의 시행자(국토교통부장관, 시·도지사와 대도시 시장은 제외한다)는 도시·군계획시설사업의 공사를 마친 때에는 7일 이내에 국토교통부령으로 정하는 바에 따라 공사완료보고서를 작성하여 시·도지사나 대도시 시장의 준공검사를 받아야 한다(법 제98조 제1항).

2 준공검사 및 공사완료 공고

1. 시·도지사나 대도시 시장은 공사완료보고서를 받으면 지체 없이 준공검사를 하여야 하며, 준공검사를 한 결과 실시계획대로 완료되었다고 인정되는 경우에는 도시·군계획시설사업의 시행자에게 준공검사증명서를 발급하고 공사완료 공고를 하여야 한다(법 제98조 제2항, 제3항).
2. 국토교통부장관, 시·도지사 또는 대도시 시장인 도시·군계획시설사업의 시행자는 도시·군계획시설사업의 공사를 마친 때에는(준공검사 없이) 공사완료 공고를 하여야 한다(법 제98조 제4항).

3 준공검사 등 의제

준공검사를 하거나 공사완료 공고를 할 때에 국토교통부장관, 시·도지사 또는 대도시 시장이 의제되는 인·허가등에 따른 준공검사·준공인가 등에 관하여 관계 행정기관의 장과 협의한 사항에 대하여는 그 준공검사·준공인가 등을 받은 것으로 본다(법 제98조 제5항).

제6절 사업시행자 보호조치 제22회

1 관계서류의 무상열람 등

도시·군계획시설사업의 시행자는 도시·군계획시설사업을 시행하기 위하여 필요하면 등기소나 그 밖의 관계 행정기관의 장에게 필요한 서류의 열람 또는 복사나 그 등본 또는 초본의 발급을 무료로 청구할 수 있다(법 제93조).

2 도시·군계획시설사업의 분할시행

도시·군계획시설사업의 시행자는 도시·군계획시설사업의 효율적인 추진을 위하여 필요하다고 인정되는 때에는 사업시행대상지역 또는 대상시설을 2 이상으로 분할하여 도시·군계획시설사업을 시행할 수 있다. 도시·군계획시설사업을 분할시행하는 때에는 분할된 지역별로 실시계획을 작성할 수 있다(법 제87조, 영 제97조 제5항).

3 서류의 공시송달

도시·군계획시설사업의 시행자는 이해관계인에게 서류를 송달할 필요가 있으나 이해관계인의 주소 또는 거소(居所)가 불분명하거나 그 밖의 사유로 서류를 송달할 수 없는 경우에는 대통령령으로 정하는 바에 따라 그 서류의 송달을 갈음하여 그 내용을 공시할 수 있다. 서류의 공시송달에 관하여는 「민사소송법」의 공시송달의 예에 따른다. 행정청이 아닌 도시·군계획시설사업의 시행자는 공시송달은 하려는 경우에는 국토교통부장관, 관할 시·도지사 또는 대도시 시장의 승인을 받아야 한다(법 제94조 제1항, 제2항, 영 제101조).

4 국·공유지의 처분제한

도시·군관리계획 결정을 고시한 경우에는 국·공유지로서 도시·군계획시설사업에 필요한 토지는 그 도시·군관리계획으로 정하여진 목적 외의 목적으로 매각하거나 양도할 수 없으며, 위반한 행위는 무효로 한다(법 제97조 제1항, 제2항).

5 토지 등의 수용 및 사용

1. 수용·사용대상

도시·군계획시설사업의 시행자는 도시·군계획시설사업에 필요한 다음 각 호의 물건 또는 권리를 수용하거나 사용할 수 있다(법 제95조 제1항).

> 1. 토지·건축물 또는 그 토지에 정착된 물건
> 2. 토지·건축물 또는 그 토지에 정착된 물건에 관한 소유권 외의 권리

2. 인접지의 사용(확장사용)

도시·군계획시설사업의 시행자는 사업시행을 위하여 특히 필요하다고 인정되면 도시·군계획시설에 인접한 물건 또는 권리를 일시 사용할 수 있다(법 제95조 제2항).

3. 「공익사업을 위한 토지 등의 취득 및 보상에 관한 법률」의 준용

수용 및 사용에 관하여는 이 법에 특별한 규정이 있는 경우 외에는 「공익사업을 위한 토지 등의 취득 및 보상에 관한 법률」을 준용한다(법 제96조 제1항).

4. 「공익사업을 위한 토지 등의 취득 및 보상에 관한 법률」의 특례(법 제96조 제2항)

구분	내용
사업인정고시의 특례	「공익사업을 위한 토지 등의 취득 및 보상에 관한 법률」을 준용할 때에 실시계획을 고시한 경우에는 같은 법에 따른 사업인정 및 그 고시가 있었던 것으로 본다.
재결신청기간의 특례	재결신청은 「공익사업을 위한 토지 등의 취득 및 보상에 관한 법률」의 규정(사업인정고시일로부터 1년 이내에 제기)에 불구하고 실시계획에서 정한 도시·군계획시설사업의 시행기간 이내에 하여야 한다.

참고학습 공,취,법상의 사업인정고시와 재결의 의미

1. **사업인정고시** : 타인의 토지를 수용할 수 있는 권리발생시점을 의미
2. **재결과 재결신청기간** : 재결이란 토지를 수용하는 경우 수용가격에 불만이 있어 가격에 불복하는 경우를 재결을 신청한다고하며, 재결기간은 사업인정고시일로부터 1년 이내에 재결신청을 하여야 한다.

6 타인 토지에의 출입과 일시사용

1. 출입권자 및 출입사유

국토교통부장관, 시·도지사, 시장 또는 군수나 도시·군계획시설사업의 시행자는 다음 각 호의 행위를 하기 위하여 필요하면 타인의 토지에 출입하거나 타인의 토지를 재료 적치장 또는 임시통로로 일시 사용할 수 있으며, 특히 필요한 경우에는 나무, 흙, 돌, 그 밖의 장애물을 변경하거나 제거할 수 있다(법 제130조 제1항).

1. 도시·군계획·광역도시계획에 관한 기초조사
2. 개발밀도관리구역, 기반시설부담구역 및 기반시설설치계획에 관한 기초조사
3. 지가의 동향 및 토지거래의 상황에 관한 조사
4. 도시·군계획시설사업에 관한 조사·측량 또는 시행

2. 타인토지출입 등의 절차

(1) 타인 토지 출입의 절차

타인의 토지에 출입하려는 자는 특별시장·광역시장·특별자치시장·특별자치도지사·시장 또는 군수의 허가를 받아야 하며, 출입하려는 날의 7일 전까지 그 토지의 소유자·점유자 또는 관리인에게 그 일시와 장소를 알려야 한다. 다만, 행정청인 도시·군계획시설사업의 시행자는 허가를 받지 아니하고 타인의 토지에 출입할 수 있다(법 제130조 제2항).

(2) 타인 토지 일시사용 등의 절차

① 일시사용 또는 장애물 등의 변경·제거의 동의

타인의 토지를 재료 적치장 또는 임시통로로 일시사용하거나 나무, 흙, 돌, 그 밖의 장애물을 변경 또는 제거하려는 자는 토지의 소유자·점유자 또는 관리인의 동의를 받아야 한다(법 제130조 제3항).

② 동의를 얻을 수 없는 때(통지 또는 허가)

①의 경우 토지나 장애물의 소유자·점유자 또는 관리인이 현장에 없거나 주소 또는 거소가 불분명하여 그 동의를 받을 수 없는 경우에는 행정청인 도시·군계획시설사업의 시행자는 관할 특별시장·광역시장·특별자치시장·특별자치도지사·시장 또 는 군수에게 그 사실을 통지하여야 하며, 행정청이 아닌 도시·군계획시설사업의 시행자는 미리 관할 특별시장·광역시장·특별자치시장·특별자치도지사·시장 또는 군수의 허가를 받아야 한다(법 제130조 제4항).

③ 변경·제거통지

토지를 일시 사용하거나 장애물을 변경 또는 제거하려는 자는 토지를 사용하려는 날이나 장애물을 변경 또는 제거하려는 날의 3일 전까지 그 토지나 장애물의 소유자·점유자 또는 관리인에게 알려야 한다(법 제130조 제5항).

3. 타인토지 출입제한

일출 전이나 일몰 후에는 그 토지 점유자의 승낙 없이 택지나 담장 또는 울타리로 둘러싸인 타인의 토지에 출입할 수 없다(법 제130조 제6항).

4. 수인의무

토지의 점유자는 정당한 사유없이 출입 등의 행위를 방해하거나 거부하지 못한다(법 제130조 제7항).

5. 증표 등 제시의무

출입 등의 행위를 하고자 하는 자는 그 권한을 표시하는 증표와 허가증을 지니고 이를 관계인에게 내보여야 한다(법 제130조 제8항).

6. 벌칙

다음 각호의 하나에 해당하는 자는 1천만원 이하의 과태료에 처한다.

1. 정당한 사유없이 타인출입 등의 행위를 방해 또는 거부한 자 2. 타인출입 등의 규정에 의한 허가 또는 동의를 받지 아니하고 타인출입 등의 행위를 한 자

7. 토지에의 출입 등에 따른 손실보상

(1) 손실보상 의무자

타인 토지출입 등 행위로 인하여 손실을 받은 자가 있는 때에는 그 행위자가 속한 행정청 또는 도시·군계획시설사업의 시행자가 그 손실을 보상하여야 한다(법 제131조 제1항).

(2) 손실보상절차

① **협의** : 손실보상에 관하여는 그 손실을 보상할 자(행위자가 속한 행정청 또는 도시·군계획시설사업의 시행자)와 손실을 받은 자가 협의하여야 한다(법 제131조 제2항).

② **재결신청** : 손실을 보상할 자 또는 손실을 받은 자는 제2항의 규정에 의한 협의가 성립되지 아니하거나 협의를 할 수 없는 때에는 관할 토지수용위원회에 재결을 신청할 수 있다(법 제131조 제3항).

제7절 비용부담 제21회, 제22회, 제24회

1 원칙(시행자부담의 원칙)

광역도시계획 및 도시·군계획의 수립과 도시·군계획시설사업에 관한 비용은 이 법 또는 다른 법률에 특별한 규정이 있는 경우 외에는 국가가 하는 경우에는 국가예산에서, 지방자치단체가 하는 경우에는 해당 지방자치단체가, 행정청이 아닌 자가 하는 경우에는 그 자가 부담함을 원칙으로 한다(법 제101조).

2 예외(수익자부담)

1. 지방자치단체의 비용부담

(1) 행정안전부장관과 협의

국토교통부장관이나 시·도지사는 그가 시행한 도시·군계획시설사업으로 현저히 이익을 받는 시·도, 시 또는 군이 있으면 대통령령으로 정하는 바에 따라 그 도시·군계획시설사업에 든 비용의 일부를 그 이익을 받는 시·도, 시 또는 군에 부담시킬 수 있다. 이 경우 국토교통부장관은 시·도, 시 또는 군에 비용을 부담시키기 전에 행정안전부장관과 협의하여야 한다(법 제102조 제1항).

(2) 수익자와 협의 또는 행정안전부장관이 결정

① 시·도지사가 시행한 경우

시·도지사는 제1항에 따라 그 시·도에 속하지 아니하는 특별시·광역시·특별자치시·특별자치도·시 또는 군에 비용을 부담시키려면 해당 지방자치단체의 장과 협의하되, 협의가 성립되지 아니하는 경우에는 행정안전부장관이 결정하는 바에 따른다(법 제102조 제2항).

② 시장·군수가 시행한 경우

시장이나 군수는 그가 시행한 도시·군계획시설사업으로 현저히 이익을 받는 다른 지방자치단체가 있으면 대통령령으로 정하는 바에 따라 그 도시·군계획시설사업에 든 비용의 일부를 그 이익을 받는 다른 지방자치단체와 협의하여 그 지방자치단체에 부담시킬 수 있다. 협의가 성립되지 아니하는 경우 다른 지방자치단체가 같은 도에 속할 때에는 관할 도지사가 결정하는 바에 따르며, 다른 시·도에 속할 때에는 행정안전부장관이 결정하는 바에 따른다(법 제102조 제3항, 제4항).

(3) 이익을 본 지방자치단체의 비용부담의 범위

이익을 본 지방자치단체에게 부담하는 비용의 총액은 당해 도시·군계획시설사업에 소요된 비용의 50%를 넘지 못한다. 이 경우 도시·군계획시설사업에 소요된 비용에는 당해 도시·군계획시설사업의 조사·측량비, 설계비 및 관리비를 포함하지 아니한다(영 제104조 제1항).

3 비용의 보조 또는 융자

1. 도시·군계획 등의 수립비용

시·도지사, 시장 또는 군수가 수립하는 광역도시계획 또는 도시·군계획에 관한 기초조사나 지형도면의 작성에 드는 비용은 대통령령으로 정하는 바에 따라 그 비용의 전부 또는 일부를 국가예산에서 보조할 수 있다(법 제104조 제1항).

2. 도시·군계획시설 사업비용

행정청이 시행하는 도시·군계획시설사업에 드는 비용은 대통령령으로 정하는 바에 따라 그 비용의 전부 또는 일부를 국가예산에서 보조하거나 융자할 수 있으며, 행정청이 아닌 자가 시행하는 도시·군계획시설사업에 드는 비용의 일부는 대통령령으로 정하는 바에 따라 국가 또는 지방자치단체가 보조하거나 융자할 수 있다. 이 경우 국가 또는 지방자치단체는 다음 각 호의 어느 하나에 해당하는 지역을 우선 지원할 수 있다(법 제104조 제2항).

1. 도로, 상하수도 등 기반시설이 인근지역에 비하여 부족한 지역
2. 광역도시계획에 반영된 광역시설이 설치되는 지역
3. 개발제한구역(집단취락만 해당한다)에서 해제된 지역
4. 도시·군계획시설결정의 고시일부터 10년이 경과할 때까지 그 도시·군계획시설의 설치에 관한 도시·군계획시설사업이 시행되지 아니한 경우로서 해당 도시·군계획시설의 설치 필요성이 높은 지역

3. 부담한 비용의 보조 및 융자범위

(1) 행정청의 보조 및 융자범위

① 기초조사 또는 지형도면의 작성에 소요되는 비용은 그 비용의 80% 이하의 범위안에서 국가예산으로 보조할 수 있다(영 제106조 제1항).

② 행정청이 시행하는 도시·군계획시설사업에 대하여는 당해 도시·군계획시설사업에 소요되는 비용(조사·측량비, 설계비 및 관리비를 제외한 공사비와 감정비를 포함한 보상비를 말한다. 이하 이 항에서 같다)의 50% 이하의 범위안에서 국가예산으로 보조 또는 융자할 수 있다.

(2) 비 행정청의 보조 및 융자범위

행정청이 아닌 자가 시행하는 도시·군계획시설사업에 대하여는 당해 도시·군계획시설사업에 소요되는 비용의 3분의 1 이하의 범위안에서 국가 또는 지방자치단체가 보조 또는 융자할 수 있다(영 제106조 제1항).

07 CHAPTER

기출 및 예상문제

01 국토의 계획 및 이용에 관한 법령상 도시·군계획시설사업의 시행에 관한 설명으로 옳은 것은? (제34회)

① 「도시 및 주거환경정비법」에 따라 도시·군관리계획의 결정이 의제되는 경우에는 해당 도시·군계획시설결정의 고시일부터 3개월 이내에 도시·군계획시설에 대하여 단계별 집행계획을 수립하여야 한다.

② 5년 이내에 시행하는 도시·군계획시설사업은 단계별 집행계획 중 제1단계 집행계획에 포함되어야 한다.

③ 한국토지주택공사가 도시·군계획시설사업의 시행자로 지정을 받으려면 토지소유자 총수의 3분의 2이상에 해당하는 자의 동의를 얻어야 한다.

④ 국토교통부장관은 국가계획과 관련되거나 그 밖에 특히 필요하다고 인정되는 경우에는 관계 특별시장·광역시장·특별자치시장·특별자치도지사·시장 또는 군수의 의견을 들어 직접 도시·군계획시설사업을 시행할 수 있다.

⑤ 사업시행자는 도시·군계획시설사업 대상시설을 둘 이상으로 분할하여 도시·군계획시설사업을 시행하여서는 아니 된다.

해설

① 도시 및 주거환경정비법」에 따라 도시·군관리계획의 결정이 의제되는 경우에는 해당 도시·군계획시설결정의 고시일부터 3개월이 아니라 2년 이내에 도시·군계획시설에 대하여 단계별 집행계획을 수립하여야 한다.

② 1단계 집행계획은 3년 이내에 시행하는 사업이다.

③ 한국토지주택공사가 도시·군계획시설사업의 시행자로 지정을 받으려는 경우에는 동의가 필요없다.

⑤ 둘 이상으로 분할하여 도시·군계획시설사업을 시행할 수 있다.

 ④

02 국토의 계획 및 이용에 관한 법령상 도시·군계획시설사업 시행을 위한 타인의 토지에의 출입 등에 관한 설명으로 옳은 것은? (제34회)

① 타인의 토지에 출입하려는 행정청인 사업시행자는 출입하려는 날의 7일 전까지 그 토지의 소유자·점유자 또는 관리인에게 그 일시와 장소를 알려야 한다.

② 토지의 소유자. 점유자 또는 관리인의 동의 없이 타인의 토지를 재료 적치장 또는 임시통로로 일시 사용한 사업시행자는 사용한 날부터 14일 이내에 시장 또는 군수의 허가를 받아야 한다.

③ 토지 점유자가 승낙하지 않는 경우에도 사업시행자는 시장 또는 군수의 허가를 받아 일몰 후에 울타리로 둘러싸인 타인의 토지에 출입할 수 있다.

④ 토지에의 출입에 따라 손실을 입은 자가 보상에 관하여 국토교통부장관에게 조정을 신청하지 아니하는 경우에는 관할 토지수용위원회에 재결을 신청할 수 없다.

⑤ 사업시행자가 행정청인 경우라도 허가를 받지 아니하면 타인의 토지에 출입할 수 없다.

해설

② 동의없이 일시사용한 경우 행정청인 사업시행자는 관할 특별시장·광역시장·시장 또는 군수에게 그 사실을 통지하여야 하며, 행정청이 아닌 사업시행자는 미리 관할 특별시장·광역시장·시장 또는 군수의 허가를 받아야 한다.

③ 일출전 일몰후에는 점유자의 승낙을 받아야 한다.

④ 토지수용위원회에 재결신청은 국토교통부장관에게 조정이 필수요건인 것은 아니다.

⑤ 행정청은 허가없이 타인의 토지에 출입할 수 있다.

정답 ①

지구단위계획

단원별 학습포인트

지구단위계획의 핵심쟁점

- 지구단위계획의 개념
- 지구단위계획구역의 재량적 지정대상지역과 의무적 지정대상지역
- 비도시지역에서 지구단위계획이 어디에 지정되는지와 지정하는 경우 면적기준과 특히 개발진흥지구 지정요건
- 지구단위계획에 반드시 포함되어야 할 내용 2개
- 지구단위계획에서 행위제한의 완화내용과 구체적 완화범위

제1절 지구단위계획의 의의 및 수립

1 의의

"지구단위계획"이란 도시·군계획 수립 대상지역의 일부에 대하여 토지 이용을 합리화하고 그 기능을 증진시키며 미관을 개선하고 양호한 환경을 확보하며, 그 지역을 체계적·계획적으로 관리하기 위하여 수립하는 도시·군관리계획을 말한다(법 제2조 제5호).

2 지구단위계획의 수립

1. 지구단위계획의 수립기준 등

지구단위계획의 수립기준 등은 대통령령으로 정하는 바에 따라 국토교통부장관이 정한다(법 제49조 제2항).

2. 지구단위계획구역 및 지구단위계획의 결정

지구단위계획구역 및 지구단위계획은 도시·군관리계획으로 결정한다(법 제50조).

제2절 지구단위계획구역의 지정 등 제20회, 제24회, 제25회, 제27회, 제29회, 제30회, 제32회, 제34회

1 임의적 지정

국토교통부장관, 시·도지사, 시장 또는 군수는 다음 각 호의 어느 하나에 해당하는 지역의 전부 또는 일부에 대하여 지구단위계획구역을 지정할 수 있다(법 제51조 제1항, 영 제 43조 제1항).

1. 용도지구
2. 도시개발구역(도시개발법)
3. 정비구역(도시 및 주거환경정비법)
4. 택지개발지구(택지개발촉진법)
5. 대지조성사업지구(주택법)
6. 산업단지와 준산업단지(산업입지 및 개발에 관한 법률)
7. 관광단지와 관광특구(관광진흥법)
8. 개발제한구역·도시자연공원구역·시가화조정구역 또는 공원에서 해제되는 구역, 녹지지역에서 주거·상업·공업지역으로 변경되는 구역과 새로 도시지역으로 편입되는 구역 중 계획적인 개발 또는 관리가 필요한 지역
9. 도시지역 내 주거·상업·업무 등의 기능을 결합하는 등 복합적인 토지 이용을 증진시킬 필요가 있는 지역으로서 일반주거지역, 준주거지역, 준공업지역 및 상업지역에서 낙후된 도심 기능을 회복하거나 도시균형발전을 위한 중심지 육성이 필요한 경우로서 다음 각 호의 어느 하나에 해당하는 지역을 말한다. (이하 역세권 복합용도개발형 지구단위계획구역으로 칭한다)
   ① 주요 역세권, 고속버스 및 시외버스 터미널, 간선도로의 교차지 등 양호한 기반시설을 갖추고 있어 대중교통 이용이 용이한 지역
   ② 역세권의 체계적·계획적 개발이 필요한 지역
   ③ 세 개 이상의 노선이 교차하는 대중교통 결절지로부터 1킬로미터 이내에 위치한 지역
   ④ 역세권개발구역, 고밀복합형 재정비촉진지구로 지정된 지역
10. 도시지역 내 유휴토지를 효율적으로 개발하거나 교정시설, 군사시설, 그 밖에 철도, 항만, 공항, 공장, 병원, 학교, 공공청사, 공공기관, 시장, 운동장 및 터미널을 이전 또는 재배치하여 토지 이용을 합리화하고, 그 기능을 증진시키기 위하여 집중적으로 정비가 필요한 면적이 5천제곱미터 이상으로서 도시·군계획조례로 정하는 면적 이상의 유휴토지 또는 대규모 시설의 이전부지로서 다음 각 호의 어느 하나에 해당하는 지역을 말한다.
    ① 대규모 시설의 이전에 따라 도시기능의 재배치 및 정비가 필요한 지역
    ② 토지의 활용 잠재력이 높고 지역거점 육성이 필요한 지역
    ③ 지역경제 활성화와 고용창출의 효과가 클 것으로 예상되는 지역
11. 도시지역의 체계적·계획적인 관리 또는 개발이 필요한 지역
12. 그 밖에 양호한 환경의 확보나 기능 및 미관의 증진 등을 위하여 필요한 지역으로서 대통령령으로 정하는 지역

① 시범도시
② 개발행위허가제한지역
③ 지하 및 공중공간을 효율적으로 개발하고자 하는 지역
④ 용도지역의 지정·변경에 관한 도시·군관리계획을 입안하기 위하여 열람·공고된 지역
⑤ 재건축사업에 의하여 공동주택을 건축하는 지역 등
⑥ 지구단위계획구역으로 지정하고자 하는 토지와 접하여 공공시설을 설치하고자 하는 자연녹지 지역

참고학습 역세권 복합용도개발형 지구단위계획구역

도시지역 내 주거·상업·업무 등의 기능을 결합하여 복합적인 토지 이용이 가능하도록 지하철, 버스 등 대중교통 이용이 용이한 지역이나 역세권의 체계적·계획적 개발이 필요한 지역에 지정하는 지구단위계획구역으로 위의 임의적 지정 대상지역의 9.를 말한다.

2 의무적 지정

국토교통부장관, 시·도지사, 시장 또는 군수는 다음 각 호의 어느 하나에 해당하는 지역은 지구단위계획구역으로 지정하여야 한다. 다만, 관계 법률에 따라 그 지역에 토지 이용과 건축에 관한 계획이 수립되어 있는 경우에는 그러하지 아니하다(법 제51조 제2항)

<table>
<tr><td colspan="2">1. 정비구역</td><td rowspan="2">에서 시행되는 사업이 끝난 후 10년이 지난 지역</td></tr>
<tr><td colspan="2">2. 택지개발지구</td></tr>
<tr><td>3. 시가화조정구역</td><td rowspan="2">에서 해제되는 지역</td><td rowspan="3">중 체계적·계획적인 개발 또는 관리가 필요한 지역으로서 그 면적이 30만㎡이상인 지역을 말한다.</td></tr>
<tr><td>4. 공원</td></tr>
<tr><td colspan="2">5. 녹지지역을 주거·상업·공업지역으로 변경되는 지역</td></tr>
</table>

3 기존의 용도지구를 폐지하고 그 용도지구에서 행위 제한 등을 지구단위계획으로 대체하려는 지역에 지구단위계획구역을 지정 할 수 있다.

4 도시지역 외의 지역을 지구단위계획구역으로 지정하는 경우

도시지역 외의 지역을 지구단위계획구역으로 지정하려는 경우 다음 각 호의 어느 하나에 해당하여야 한다(법 제51조 제3항)

1. 계획관리지역의 지정요건

지정하려는 구역 면적의 100분의 50 이상이 계획관리지역으로서 나머지 용도지역은 생산관리지역 또는 보전관리지역일 것. 다만, 보전관리지역의 면적은 다음 구분에 따른 면적 요건을 충족하여야 한다(시행령 제44조 제1항).

1. 전체 지구단위계획구역 면적이 10만㎡ 이하인 경우 : 전체 면적의 20% 이내
2. 전체 지구단위계획구역 면적이 10만㎡ 초과 20만㎡이하인 경우 : 2만㎡
3. 전체 지구단위계획구역 면적이 20만㎡를 초과하는 경우 : 전체 면적의 10% 이내

1. 지구단위계획구역으로 지정하고자 하는 토지의 면적이 다음 각목의 어느 하나에 규정된 면적 요건에 해당할 것
   (1) 지정하고자 하는 지역에 공동주택 중 아파트 또는 연립주택의 건설계획이 포함되는 경우에는 30만㎡ 이상일 것. 이 경우 다음 요건에 해당하는 때에는 일단의 토지를 통합하여 하나의 지구단위계획구역으로 지정할 수 있다.
      ① 아파트 또는 연립주택의 건설계획이 포함되는 각각의 토지의 면적이 10만㎡ 이상이고, 그 총면적이 30만㎡ 이상일 것
      ② ①의 각 토지는 국토교통부장관이 정하는 범위안에 위치하고, 국토교통부장관이 정하는 규모 이상의 도로로 서로 연결되어 있거나 연결도로의 설치가 가능할 것
   (2) 지정하고자 하는 지역에 공동주택중 아파트 또는 연립주택의 건설계획이 포함되는 경우로서 다음의 어느 하나에 해당하는 경우에는 10만㎡ 이상일 것
      ① 지구단위계획구역이「수도권정비계획법」 규정에 의한 자연보전권역인 경우
      ② 지구단위계획구역 안에 초등학교 용지를 확보하여 관할 교육청의 동의를 얻거나 지구단위계획구역 안 또는 지구단위계획구역으로부터 통학이 가능한 거리에 초등학교가 위치하고 학생수용이 가능한 경우로서 관할 교육청의 동의를 얻은 경우
   (3) (1) 및 (2)의 경우를 제외하고는 3만㎡ 이상일 것
2. 당해 지역에 도로·수도공급설비·하수도 등 기반시설을 공급할 수 있을 것
3. 자연환경·경관·미관 등을 해치지 아니하고 국가유산의 훼손우려가 없을 것

2. 개발진흥지구의 지정요건

개발진흥지구로서 대통령령으로 정하는 요건에 해당하는 지역(시행령 제44조 제2항)

1. 계획관리지역의 요건 중 1부터 제3까지의 요건에 해당할 것
2. 당해 개발진흥지구가 다음 용도의 지역에 위치할 것
   ① 주거개발진흥지구, 복합개발진흥지구(주거기능이 포함된 경우에 한한다) 및 특정개발진흥지구 : 계획관리지역
   ② 산업·유통개발진흥지구 및 복합개발진흥지구(주거기능이 포함되지 아니한 경우에 한한다) : 계획관리지역·생산관리지역 또는 농림지역
   ③ 관광·휴양개발진흥지구 : 도시지역외의 지역

제 3 절 지구단위계획의 내용 제20회, 제21회, 제26회, 제27회, 제28회, 제29회, 제32회, 제34회

1 지구단위계획의 내용

지구단위계획구역의 지정목적을 이루기 위하여 지구단위계획에는 다음 각 호의 사항 중 3.과 5.의 사항을 포함한 둘 이상의 사항이 포함되어야 한다. 다만, 2.를 내용으로 하는 지구단위계획의 경우에는 그러하지 아니하다(법 제52조 제1항).

1. 용도지역이나 용도지구를 대통령령으로 정하는 범위에서 세분하거나 변경하는 사항
2. 기존의 용도지구를 폐지하고 그 용도지구에서의 건축물이나 그 밖의 시설의 용도·종류 및 규모 등의 제한을 대체하는 사항
3. 대통령령으로 정하는 기반시설의 배치와 규모
4. 도로로 둘러싸인 일단의 지역 또는 계획적인 개발·정비를 위하여 구획된 일단의 토지의 규모와 조성계획
5. 건축물의 용도제한, 건축물의 건폐율 또는 용적률, 건축물 높이의 최고한도 또는 최저한도
6. 건축물의 배치·형태·색채 또는 건축선에 관한 계획
7. 환경관리계획 또는 경관계획
8. 보행안전등을 고려한 교통처리계획
9. 그 밖에 토지 이용의 합리화, 도시나 농·산·어촌의 기능 증진 등에 필요한 사항으로서 대통령령으로 정하는 사항

2 도시·군계획시설의 처리·공급 및 수용능력의 조화

지구단위계획은 도로, 상하수도 등 대통령령으로 정하는 도시·군계획시설의 처리·공급 및 수용능력이 지구단위계획구역에 있는 건축물의 연면적, 수용인구 등 개발밀도와 적절한 조화를 이룰 수 있도록 하여야 한다(법 제52조 제2항).

3 법 규정의 완화

1. 지구단위계획구역 안에서는 다음의 각 법률의 규정을 대통령령이 정하는 범위 안에서 지구단위계획이 정하는 바에 따라 완화하여 적용할 수 있다(법 제52조 제3항, 영 제46조, 제47조).

> 1. 「국토의 계획 및 이용에 관한 법률」
>   ① 용도지역, 용도지구 안에서의 건축제한(제76조)
>   ② 용도지역 안에서의 건폐율(제77조)
>   ③ 용도지역 안에서의 용적률(제78조)
> 2. 「건축법」
>   ① 대지 안의 조경(제42조)
>   ② 대지와 도로와의 관계(제44조)
>   ③ 건축물의 높이제한(제60조)
>   ④ 일조 등의 확보를 위한 건축물의 높이제한(제61조)
>   ⑤ 공개 공지 등의 확보(제43조)
> 3. 「주차장법」
>   부설주차장의 설치의무 등(제19조 및 제19조의2)

2. **도시지역 내 지구단위계획구역에서 건폐율 등의 완화적용**(시행령 제46조)

(1) 건축제한의 완화

지구단위계획구역에서는 지구단위계획으로 용도지역안에서 건축할 수 있는 건축물(도시·군계획조례가 정하는 바에 의하여 건축할 수 있는 건축물의 경우 도시·군계획조례에서 허용되는 건축물에 한한다)의 용도·종류 및 규모 등의 범위안에서 이를 완화하여 적용할 수 있다(시행령 제46조 제5항).

(2) 건폐율·용적률의 완화

지구단위계획구역 안에서는 일정한 경우 건폐율·용적률을 완화 할 수 있는데 이에 의하여 완화하여 적용되는 건폐율 및 용적률은 당해 용도지역 또는 용도지구에 적용되는 건폐율의 150퍼센트 및 용적률의 200퍼센트를 각각 초과할 수 없다(시행령 제46조 제10항).

(3) 높이제한의 완화

① 도시지역에 개발진흥지구를 지정하고 당해 지구를 지구단위계획구역으로 지정한 경우에는 지구단위계획으로 「건축법」 제60조(가로구역에서의 높이제한)에 따라 제한된 건축물높이의 120% 이내에서 높이제한을 완화하여 적용할 수 있다(영 제46조 제8항).

② 지구단위계획구역의 지정목적이 다음 각호의 1에 해당하는 경우에는 지구단위계획으로 「주차장법」 규정에 의한 주차장 설치기준을 100퍼센트까지 완화하여 적용할 수 있다(시행령 제46조 제6항).

> 1. 한옥마을을 보존하고자 하는 경우
> 2. 차 없는 거리를 조성하고자 하는 경우(지구단위계획으로 보행자전용도로를 지정하거나 차량의 출입을 금지한 경우를 포함한다)
> 3. 그 밖에 국토교통부령이 정하는 경우

(4) 역세권 복합용도개발형 지구단위계획구역(임의지정의 9.)내 준주거지역의 행위제한 완화

① 역세권 복합용도개발형 지구단위계획구역 내 준주거지역에서 건축물을 건축할 때 공공시설 등의 부지를 제공하거나 공공시설 등을 설치하여 제공하는 경우에는 용적률 140%이내 (준주거 법정 상한인 500퍼센트의 1.4배인 700%)의 범위에서 용적률을 완화하여 적용할 수 있다. 이 경우 공공시설등의 부지를 제공하거나 공공시설등을 설치하여 제공하는 비용은 용적률 완화에 따른 토지가치 상승분의 범위로 하며, 그 비용 중 시·도 또는 대도시의 조례로 정하는 비율 이상은 공공임대주택을 제공하는 데에 사용해야 한다(시행령 제46조 제11항).

② 역세권 복합용도개발형 지구단위계획구역 내 준주거지역에서 「공공주택 특별법」에 따른 도심 공공주택 복합사업(주거상업고밀지구에서 시행하는 사업으로 한정한다) 또는 「빈집 및 소규모주택 정비에 관한 특례법」에 따른 소규모재개발사업을 시행하는 경우에는 지구단위계획으로 용적률의 140퍼센트 이내의 범위에서 용적률을 완화하여 적용할 수 있다(시행령 제46조 제12항).

③ 역세권 복합용도개발형 지구단위계획구역 내 준주거지역에서는 「건축법」에 따른 채광확보를 위한 건축물 높이 제한을 200퍼센트까지 완화하여 적용할 수 있다(시행령 제46조 제13항).

(5) 용적률 완화의 예외

다음 각 호의 어느 하나에 해당하는 경우에는 용적률의 완화하지 아니한다(영 제46조 제9항).

> 1. 개발제한구역·시가화조정구역·녹지지역 또는 공원에서 해제되는 구역과 새로이 도시지역으로 편입되는 구역 중 계획적인 개발 또는 관리가 필요한 지역인 경우
> 2. 기존의 용도지역 또는 용도지구가 용적률이 높은 용도지역 또는 용도지구로 변경되는 경우로서 기존의 용도지역 또는 용도지구의 용적률을 적용하지 아니하는 경우

3. 도시지역 외 지구단위계획구역에서 건폐율 등의 완화적용(시행령 제47조)

(1) 건축제한의 완화(시행령 제47조 제2항)

지구단위계획구역에서는 지구단위계획으로 법 제76조의 규정에 의한 건축물의 용도·종류 및 규모 등을 완화하여 적용할 수 있다. 다만, 개발진흥지구(계획관리지역에 지정된 개발진흥지구를 제외한다)에 지정된 지구단위계획구역에 대하여는 공동주택중 아파트 및 연립주택은 허용되지 아니한다.

(2) 건폐율·용적률의 완화(시행령 제47조 제1항)

도시지역 외 지구단위계획구역에서는 지구단위계획으로 당해 용도지역 또는 개발진흥지구에 적용되는 건폐율의 150퍼센트 및 용적률의 200퍼센트 이내에서 건폐율 및 용적률을 완화하여 적용할 수 있다. 다만, 계획관리지역에 지정된 산업·유통개발진흥지구의 전부 또는 일부에 대해 지구단위계획구역이 지정된 경우에는 같은 규정에 따른 건폐율의 120퍼센트 이내의 범위에서 건폐율을 완화하여 적용할 수 있다.

4 지구단위계획구역의 지정에 관한 도시·군관리계획결정의 실효(법 제53조)

1. 지구단위계획구역지정의 실효

지구단위계획구역의 지정에 관한 도시·군관리계획결정의 고시일부터 3년 이내에 그 지구단위계획구역에 관한 지구단위계획이 결정·고시되지 아니하면 그 3년이 되는 날의 다음날에 그 지구단위계획구역의 지정에 관한 도시·군관리계획결정은 효력을 잃는다. 다만, 다른 법률에서 지구단위계획의 결정(결정된 것으로 보는 경우를 포함한다)에 관하여 따로 정한 경우에는 그 법률에 따라 지구단위계획을 결정할 때까지 지구단위계획구역의 지정은 그 효력을 유지한다.

2. 주민이 입안제안한 지구단위계획의 실효

주민이 입안을 제안한 지구단위계획에 관한 도시·군관리계획결정의 고시일부터 5년 이내에 이 법 또는 다른 법률에 따라 허가·인가·승인 등을 받아 사업이나 공사에 착수하지 아니하면 그 5년이 된 날의 다음날에 그 지구단위계획에 관한 도시·군관리계획결정은 효력을 잃는다. 이 경우 지구단위계획과 관련한 도시·군관리계획결정에 관한 사항은 해당 지구단위계획구역 지정 당시의 도시·군관리계획으로 환원된 것으로 본다.

3. 실효고시

국토교통부장관, 시·도지사, 시장 또는 군수는 지구단위계획구역 지정이 효력을 잃으면 대통령령으로 정하는 바에 따라 지체 없이 그 사실을 고시하여야 한다.

5 지구단위계획구역 안에서의 건축 등

지구단위계획구역에서 건축물(일정 기간 내 철거가 예상되는 다음의 가설건축물은 제외한다)을 건축 또는 용도변경하거나 공작물을 설치하려면 그 지구단위계획에 맞게 하여야 한다. 다만, 지구단위계획이 수립되어 있지 아니한 경우에는 그러하지 아니하다(법 제54조, 시행령 제50조의 2).

참고학습 철거가 예상되는 가설건축물(시행령 제50조의2)

1. 존치기간(연장된 존치기간을 포함한 총 존치기간을 말한다)이 3년의 범위에서 해당 지방자치단체의 도시·군계획조례로 정한 존치기간 이내인 가설건축물 다만, 다음 각 목의 어느 하나에 해당하는 가설건축물의 경우에는 각각 다음 각 목의 기준에 따라 존치기간을 연장할 수 있다.

   ① 국가 또는 지방자치단체가 공익 목적으로 건축하는 가설건축물 또는 전시를 위한 견본주택이나 그 밖에 이와 비슷한 가설건축물: 횟수별 3년의 범위에서 해당 지방자치단체 조례로 정하는 횟수만큼
   ② 도시·군계획시설 및 도시·군계획시설예정지에서 건축하는 가설건축물 : 도시·군계획사업이 시행될 때까지

2. 재해복구기간 중 이용하는 재해복구용 가설건축물
3. 공사기간 중 이용하는 공사용 가설건축물

08 CHAPTER

기출 및 예상문제

01 국토의 계획 및 이용에 관한 법령상 지구단위계획구역의 지정에 관한 설명으로 옳은 것은? (단, 조례는 고려하지 않음) (제34회)

① 「산업입지 및 개발에 관한 법률」에 따른 준산업단지에대하여는 지구단위계획구역을 지정할 수 없다

② 도시지역 내 복합적인 토지 이용을 증진시킬 필요가 있는 지역으로서 지구단위계획구역을 지정할 수 있는 지역에 일반공업지역은 해당하지 않는다.

③ 택지개발촉진법」에 따라 지정된 택지개발지구에서 시행되는 사업이 끝난 후 5년이 지나면 해당 지역은 지구단위계획구역으로 지정하여야 한다.

④ 도시지역 외의 지역을 지구단위계획구역으로 지정하려면 지정하려는 구역 면적의 3분의2 이상이 계획관리지역이어야 한다.

⑤ 농림지역에 위치한 산업·유통개발진흥지구는 지구단위계획구역으로 지정할 수 있는 대상지역에 포함되지 않는다.

해설

① 지구단위계획구역은 산업단지나 준 산업단지의 전부 또는 일부에 지정할 수 있다.

③ 택지개발지구에서 시행되는 사업이 끝난 후 5년이 아니라 10년 지나면 해당 지역은 지구단위계획구역으로 지정하여야 한다.

④ 도시지역 외의 지역을 지구단위계획구역으로 지정하려면 계획관리지역이 전체면적의 2분의1 이상이 이어야 한다.

⑤ 산업·유통개발진흥지구는 계획관리지역, 생산관리지역, 농림지역에 지구단위계획구역으로 지정할 수 있다.

정답 ②

09 CHAPTER 개발행위 허가

단원별 학습포인트

개발행위허가 핵심쟁점

- ❑ 개발행위 허가사항과 허용사항 (생업, 경미한 행위, 공익관련행위)
- ❑ 도시·군 계획사업은 개발행위허가대상에서 제외한다.
- ❑ 개발행위 허가절차의 전반적 흐름
- ❑ 개발행위허가의 기준과 허가기준의 세부적 적용
- ❑ 개발행위허가의 제한
- ❑ 이행보증금 (금액, 누구는 예치하지 않는가?)
- ❑ 준공검사 대상과 준공검사를 받지 않는 것의 구분
- ❑ 개발밀도관리구역은 개념, 지정권자, 지정기준, 효과
- ❑ 기반시설부담구역은 개념, 지정권자, 지정대상지역, 지정기준, 기반시설설치비용

제1절 개발행위 허가대상 제20회, 제23회, 제24회, 제25회

1 개발행위허가의 의의

개발행위허가제는 도시·군 계획사업에 의하지 아니한 건축물의 건축·공작물의 설치, 토지의 형질변경 등 일정 개발행위는 원칙적으로 금지하되, 그 개발행위가 규모의 적정성 여부, 도시·군 관리계획과의 적합성 여부, 주변환경·경관과의 조화여부 등 허가기준에 적합한 경우에 한하여 개발행위를 할 수 있도록 허가를 해 줌으로써 무질서한 국토의 난개발을 방지하고자 하는 제도이다.

(구)도시계획법에서는 개발행위허가제를 도시·군 계획구역(도시지역)에 한정하여 실시하였으나, 현행 국토의 계획 및 이용에 관한 법률에서는 이를 비도시지역으로 확대 적용하도록 함으로써 전국의 모든 토지가 개발행위허가제의 적용범위에 포함되게 되었다.

2 개발행위허가 대상

개발행위허가는 도시·군계획사업(다른 법률에 따라 도시·군계획사업을 의제한 사업을 포함한다)에 의하지 아니하고 대통령령이 정하는 다음의 행위를 하고자 하는 경우 적용된다(법 제56조 제1항, 시행령 제51조).

1. 건축물의 건축	「건축법」에 따른 건축물의 건축
2. 공작물의 설치	인공을 가하여 제작한 시설물(「건축법」에 따른 건축물을 제외한다)의 설치
3. 토지 형질변경	절토(땅깍기)·성토(흙쌓기)·정지·포장 등의 방법으로 토지의 형상을 변경하는 행위와 공유수면의 매립(경작을 위한 경우로서 대통령령으로 정하는 토지의 형질변경은 제외한다)
4. 토석채취	흙·모래·자갈·바위 등의 토석을 채취하는 행위. 다만 토지의 형질변경을 목적으로 하는 것을 제외한다.
5. 토지분할	다음 각 목의 어느 하나에 해당하는 토지의 분할(건축물이 있는 대지의 분할은 제외한다) ① 녹지지역·관리지역·농림지역 및 자연환경보전지역 안에서 관계 법령에 따른 허가·인가 등을 받지 아니하고 행하는 토지의 분할 ② 「건축법」 제57조 제1항에 따른 분할제한면적 비만으로의 토지의 분할 ③ 관계 법령에 의한 허가·인가 등을 받지 아니하고 행하는 너비 5m 이하로의 토지의 분할
6. 물건을 쌓아 놓는 행위	녹지지역·관리지역 또는 자연환경보전지역 안에서 건축법에 따른 사용승인을 받은 건축물의 울타리 안(적법한 절차에 의하여 조성된 대지에 한한다)에 위치하지 아니한 토지에 물건을 1개월 이상 쌓아놓는 행위

참고학습 경작을 위한 경우로서 대통령령으로 정하는 토지의 형질변경(시행령 제51조 제2항)

법 제56조 제1항 제2호에서 "대통령령으로 정하는 토지의 형질변경"이란 조성이 끝난 농지에서 농작물 재배, 농지의 지력 증진 및 생산성 향상을 위한 객토(새 흙 넣기)·환토(흙 바꾸기)·정지(땅고르기) 또는 양수·배수시설의 설치·정비를 위한 토지의 형질변경으로서 다음 각 호의 어느 하나에 해당하지 않는 경우의 형질변경을 말한다.

1. 인접토지의 관개·배수 및 농작업에 영향을 미치는 경우
2. 재활용 골재, 사업장 폐토양, 무기성 오니 등 수질오염 또는 토질오염의 우려가 있는 토사 등을 사용하여 성토하는 경우 다만, 「농지법 시행령」 제3조의2 제2호에 따른 성토는 제외한다.
3. 지목의 변경을 수반하는 경우(전·답 사이의 변경은 제외한다)
4. 옹벽 설치(제53조에 따라 허가를 받지 않아도 되는 옹벽 설치는 제외한다) 또는 2미터 이상의 절토·성토가 수반되는 경우. 다만, 절토·성토에 대해서는 2미터 이내의 범위에서 특별시·광역시·특별자치시·특별자치도·시 또는 군의 도시·군계획조례로 따로 정할 수 있다.

3 허가를 받은 사항의 변경(허가) 및 경미한 사항변경(통지)

개발행위허가를 받은 사항을 변경하는 경우에는 변경의 허가를 받아야 한다. 다만 대통령령이 정하는 경미한 다음의 사항을 변경하는 경우에는 지체없이 그 사실을 개발행위허가권자에게 통지하여야 한다(법 제56조 제2항, 영 제51조, 영 제52조 제1항, 제2항).

1. 사업기간을 단축하는 경우
2. 부지면적 또는 건축물 연면적을 5% 범위 안에서 축소(공작물의 무게, 부피 또는 수평투영면적 또는 토석채취량을 5퍼센트 범위에서 축소하는 경우를 포함한다)하는 경우
3. 관계 법령의 개정 또는 도시·군관리계획의 변경에 따라 허가받은 사항을 불가피하게 변경하는 경우
4. 「공간정보의 구축 및 관리 등에 관한 법률」 및 「건축법」에 따라 허용되는 오차를 반영하기 위한 변경
5. 「건축법 시행령」 제12조제3항 각 호의 어느 하나에 해당하는 변경인 경우

제 2 절 개발행위허가 허용사항

다음에 해당하는 행위는 위 규정에 불구하고 개발행위허가를 받지 아니하고 이를 할 수 있다. 다만 응급조치를 한 경우에는 1개월 이내에 특별시장·광역시장·특별자치시장·특별자치도지사·시장 또는 군수에게 이를 신고하여야 한다(법 제56조 제4항, 영 제53조).

1. 재해복구 또는 재난수습을 위한 응급조치(1개월 이내에 허가권자에게 이를 신고)
2. 「건축법」에 의하여 신고하고 설치할 수 있는 건축물의 증축·개축 또는 재축과 이에 필요한 범위 안에서의 토지의 형질변경(도시·군계획시설사업이 시행되지 아니하고 있는 도시·군계획시설의 부지인 경우에 한한다)
3. 그 밖에 대통령령이 정하는 다음의 경미한 행위. 다만, 다음 각 호에 규정된 범위에서 특별시·광역시·특별자치시·특별자치도·시 또는 군 의 도시·군계획조례로 따로 정하는 경우에는 그에 따른다(영 제53조).

1. 건축물의 건축	「건축법」에 따른 건축허가 또는 건축신고 및 가설건축물 건축의 허가 또는 가설건축물의 축조신고 대상에 해당하지 아니하는 건축물의 건축
2. 공작물의 설치	① 도시지역 또는 지구단위계획구역에서 무게가 50톤 이하, 부피가 50㎥ 이하, 수평투영면적이 50㎡ 이하인 공작물의 설치. 다만, 신고하고 설치하는 공작물의 설치는 제외한다. ② 도시지역·자연환경보전지역 및 지구단위계획구역외의 지역에서 무게가 150톤 이하, 부피가 150㎥ 이하, 수평투영면적이 150㎡ 이하인 공작물의 설치. 다만, 신고하고 설치하는 공작물의 설치는 제외한다. ③ 녹지지역·관리지역 또는 농림지역 안에서의 농림어업용 비닐하우스(양식업을 하기 위하여 비닐하우스 안에 설치하는 양식장은 제외한다)의 설치
3. 토지의 형질변경	① 높이 50cm 이내 또는 깊이 50cm 이내의 절토·성토·정지 등(포장을 제외하며, 주거지역·상업지역 및 공업지역 외의 지역에서는 지목변경을 수반하지 아니하는 경우에 한한다) ② 도시지역·자연환경보전지역·지구단위계획구역 외의 지역에서 면적이 660㎡ 이하인 토지에 대한 지목변경을 수반하지 아니하는 절토·성토·정지·포장 등(토지의 형질변경 면적은 형질변경이 이루어지는 당해 필지의 총면적을 말한다. 이하 같다) ③ 조성이 완료된 기존 대지에 건축물이나 그 밖의 공작물을 설치하기 위한 토지의 형질변경(절토 및 성토는 제외한다) ④ 국가 또는 지방자치단체가 공익상의 필요에 의하여 직접 시행하는 사업을 위한 토지의 형질변경
4. 토석채취	① 도시지역 또는 지구단위계획구역에서 채취면적이 25㎡ 이하인 토지에서의 부피 50㎥ 이하의 토석채취 ② 도시지역·자연환경보전지역 및 지구단위계획구역외의 지역에서 채취면적이 250㎡ 이하인 토지에서의 부피 500㎥ 이하의 토석채취
5. 토지분할	① 「사도법」에 의한 사도개설허가를 받은 토지의 분할 ② 토지의 일부를 국유지 또는 공유지로 하거나 공공시설로 사용하기 위한 토지의 분할 ③ 행정재산 중 용도폐지되는 부분의 분할 또는 일반재산을 매각·교환 또는 양여하기 위한 분할 ④ 토지의 일부가 도시·군계획시설로 지형도면고시가 된 당해 토지의 분할 ⑤ 너비 5m 이하로 이미 분할된 토지의 「건축법」 제57조 제1항의 규정에 따른 분할제한면적 이상으로의 분할
6. 물건을 쌓아 놓는 행위	① 녹지지역 또는 지구단위계획구역에서 물건을 쌓아놓는 면적이 25㎡ 이하인 토지에 전체무게 50톤 이하, 전체부피 50㎥ 이하로 물건을 쌓아놓는 행위 ② 관리지역(지구단위계획구역으로 지정된 지역을 제외한다)에서 물건을 쌓아놓는 면적이 250㎡ 이하인 토지에 전체무게 500톤 이하, 전체부피 500㎥ 이하로 물건을 쌓아놓는 행위

제3절 개발행위허가 규정의 배제(개별법 적용)

위의 개발행위허가규정에 불구하고 토지형질변경 및 토석채취의 개발행위에 관하여는 다음의 법률에 의한다(법 제56조 제3항).

1. 「산림자원의 조성 및 관리에 관한 법률」 및 「사방사업법」 적용
   토지형질변경 및 토석채취의 개발행위 중 도시지역과 계획관리지역의 산림에서의 임도(林道) 설치와 사방사업에 관하여는 「산림자원의 조성 및 관리에 관한 법률」과 「사방사업법」에 따른다.
2. 「산지관리법」 적용
   토지형질변경(농업·임업·어업을 목적으로 하는 토지의 형질변경만 해당한다) 및 토석채취의 개발행위 중 보전관리지역·생산관리지역·농림지역 및 자연환경보전지역의 산림에서는 「산지관리법」에 따른다.

제4절 개발행위허가 절차 제22회, 제24회, 제25회, 제26회, 제29회, 제30회, 제32회, 제33회

1 개발행위허가신청서 제출

개발행위를 하려는 자는 그 개발행위에 따른 기반시설의 설치나 그에 필요한 용지의 확보, 위해 방지, 환경오염 방지, 경관, 조경 등에 관한 계획서를 첨부한 신청서를 개발행위허가권자에게 제출하여야 한다. 이 경우 개발밀도관리구역 안에서는 기반시설의 설치나 그에 필요한 용지의 확보에 관한 계획서를 제출하지 아니한다. 다만, 건축물의 건축 또는 공작물의 설치 중 「건축법」의 적용을 받는 건축물의 건축 또는 공작물의 설치를 하려는 자는 「건축법」에서 정하는 절차에 따라 신청서류를 제출하여야 한다(법 제57조 제1항).

2 도시계획위원회의 심의

1. 심의대상

관계 행정기관의 장은 건축물의 건축, 공작물의 설치, 토지의 형질변경(경작을 위한 토지의 형질변경을 제외한다), 토석의 채취에 해당하는 행위로서 대통령령이 정하는 행위를 이 법에 따라 허가 또는 변경허가하거나 다른 법률에 따라 인가·허가·승인 또는 협의를 하려면 대통령령이 정하는 바에 따라 중앙도시계획위원회나 지방도시계획위원회의 심의를 거쳐야 한다(법 제59조 제1항)(영 제57조 제1항).

2. 심의생략

다음 각 호의 어느 하나에 해당하는 개발행위는 중앙도시계획위원회와 지방도시계획위원회의 심의를 거치지 아니한다(법 제59조 제2항).

1. 제8조, 제9조 또는 다른 법률에 따라 도시계획위원회의 심의를 받는 구역에서 하는 개발행위
2. 지구단위계획 또는 성장관리계획을 수립한 지역에서 하는 개발행위
3. 주거지역·상업지역·공업지역에서 시행하는 개발행위 중 특별시·광역시·특별자치시·특별자치도·시 또는 군의 조례로 정하는 규모·위치 등에 해당하지 아니하는 개발행위
4. 「환경영향평가법」에 따라 환경영향평가를 받은 개발행위
5. 「도시교통정비 촉진법」에 따라 교통영향평가에 대한 검토를 받은 개발행위
6. 「농어촌정비법」에 따른 농어촌정비사업 중 대통령령으로 정하는 사업을 위한 개발행위
7. 「산림자원의 조성 및 관리에 관한 법률」에 따른 산림사업 및 「사방사업법」에 따른 사방사업을 위한 개발행위

제5절 허가 또는 불허가의 처분 제21회~제26회, 제29회 ~ 제35회

1 처분기간

허가권자는 개발행위허가의 신청에 대하여 특별한 사유가 없는 한 15일(도시계획위원회의 심의를 거쳐야 하거나 관계 행정기관의 장과 협의를 하여야 하는 경우에는 심의 또는 협의기간을 제외한다) 이내에 허가 또는 불허가의 처분을 하여야 한다(법 제57조 제2항).

2 허가증 교부 또는 불허가처분사유 통지

허가권자는 허가 또는 불허가의 처분을 할 때에는 지체 없이 그 신청인에게 허가내용이나 불허가처분의 사유를 서면 또는 제128조에 따른 국토이용정보체계를 통하여 알려야 한다(법 제57조 제3항).

3 개발행위허가의 기준

1. 개발행위허가의 기준

개발행위허가권자는 개발행위허가의 신청 내용이 다음 각 호의 기준에 맞는 경우에만 개발행위허가 또는 변경허가를 하여야 한다(법 제58조 제1항).

(1) 토지의 형질변경면적에 적합할 것

용도지역별 특성을 감안하여 대통령령이 정하는 개발행위의 규모(토지의 형질변경면적)에 적합할 것. 다만, 개발행위가 농어촌정비사업으로 이루어지는 경우 등 대통령령으로 정하는 경우에는 개발행위 규모의 제한을 받지 아니한다.

개발행위허가의 용도지역별 규모 (영 제55조 제1항)
"대통령령이 정하는 개발행위의 규모"라 함은 다음에 해당하는 토지의 형질변경면적을 말한다. 다만, 관리지역 및 농림지역에 대하여는 제3호의 규정에 의한 면적의 범위안에서 당해 특별시·광역시·특별자치시·특별자치도·시 또는 군의 도시·군계획조례로 따로 정할 수 있다.

1. 주거지역·상업지역·자연녹지지역·생산녹지지역 : 1만㎡ 미만
2. 자연환경보전지역·보전녹지지역 : 5,000㎡ 미만
3. 공업지역·관리지역·농림지역 : 3만㎡ 미만

※ 형질변경의 면적산정방법 (영 제55조 제2항)
개발행위허가의 대상인 토지가 2 이상의 용도지역에 걸치는 경우에는 각각의 용도지역에 위치하는 토지부분에 대하여 각각의 용도지역의 개발행위의 규모에 관한 규정을 적용한다. 다만 개발행위허가의 대상인 토지의 총면적이 당해 토지가 걸쳐 있는 용도지역 중 개발행위의 규모가 가장 큰 용도지역의 개발행위의 규모를 초과하여서는 아니 된다.

(2) 도시·군관리계획 및 성장관리계획의 내용에 어긋나지 아니할 것

(3) 도시·군계획사업의 시행에 지장이 없을 것

(4) 주변지역의 토지이용실태 또는 토지이용계획, 건축물의 높이, 토지의 경사도, 수목의 상태, 물의 배수, 하천·호소·습지의 배수 등 주변환경이나 경관과 조화를 이룰 것

(5) 해당 개발행위에 따른 기반시설의 설치나 그에 필요한 용지의 확보계획이 적절할 것

2. 개발행위허가의 세부 기준

허가할 수 있는 경우 그 허가의 기준은 지역의 특성, 지역의 개발상황, 기반시설의 현황 등을 고려하여 다음 각 호의 구분에 따라 대통령령으로 정한다(법 제58조 제3항, 시행령 56조).

1. 시가화 용도 : 토지의 이용 및 건축물의 용도·건폐율·용적률·높이 등에 대한 용도지역의 제한에 따라 개발행위허가의 기준을 적용하는 주거지역·상업지역 및 공업지역

2. 유보 용도 : 제59조에 따른 도시계획위원회의 심의를 통하여 개발행위허가의 기준을 강화 또는 완화하여 적용할 수 있는 계획관리지역·생산관리지역 및 녹지지역 중 자연녹지지역
3. 보전 용도 : 제59조에 따른 도시계획위원회의 심의를 통하여 개발행위허가의 기준을 강화하여 적용할 수 있는 보전관리지역·농림지역·자연환경보전지역·생산녹지지역·보전녹지지역

4 도시·군계획사업의 시행자의 의견청취

특별시장·광역시장·특별자치시장·특별자치도지사·시장 또는 군수는 개발행위허가를 하려면 그 개발행위가 도시·군계획사업의 시행에 지장을 주는지에 관하여 해당 지역에서 시행되는 도시·군계획사업의 시행자의 의견을 들어야 한다(법 제58조 제2항).

핵심정리 개발행위허가 시 의견청취

1. 개발행위허가 신청자의 의견 : 조건부 허가 시
2. 도시·군계획사업 시행자의 의견청취 : 도시·군계획사업 시행에 시장 여부
3. 관리청의 의견청취 : 공공시설 귀속에 관한 사항이 포함된 경우
4. 기반시설부담구역 지정시 : 주민의 의견청취

5 성장관리계획구역과 성장관리계획

1. 성장관리계획구역의 지정

개발행위허가권자는 녹지지역, 관리지역, 농림지역 및 자연환경보전지역 중 다음 각 호의 어느 하나에 해당하는 지역의 전부 또는 일부에 대하여 성장관리계획구역을 지정할 수 있다(법 제 75조의2 제1항, 시행령 제70조의 12).

1. 개발수요가 많아 무질서한 개발이 진행되고 있거나 진행될 것으로 예상되는 지역
2. 주변의 토지이용이나 교통여건 변화 등으로 향후 시가화가 예상되는 지역
3. 주변지역과 연계하여 체계적인 관리가 필요한 지역
4. 「토지이용규제 기본법」 제2조제1호에 따른 지역·지구등의 변경으로 토지이용에 대한 행위제한이 완화되는 지역
5. 인구 감소 또는 경제성장 정체 등으로 압축적이고 효율적인 도시성장관리가 필요한 지역
6. 공장 등과 입지 분리 등을 통해 쾌적한 주거환경 조성이 필요한 지역

2. 성장관리계획구역 지정과 성장관리계획의 수립절차

(1) 주민의 의견청취

① 허가권자는 성장관리계획구역의 지정 또는 변경에 관하여 주민의 의견을 들으려면 성장관리계획구역안의 주요 내용을 해당 지방자치단체의 공보나 전국 또는 해당 지방자치단체를 주된 보급지역으로 하는 둘 이상의 일간신문과 해당 지방자치단체의 인터넷 홈페이지 등에 공고하고, 성장관리계획구역 안을 14일 이상 일반이 열람할 수 있도록 해야 한다(시행령 70조의13 제1항, 제2항).

② 공고된 성장관리계획구역 안에 대하여 의견이 있는 사람은 열람기간 내에 개발행위허가권자에게 의견서를 제출할 수 있다(시행령 70조의13 제3항).

③ 허가권자는 제출된 의견을 성장관리계획구역 안에 반영할 것인지 여부를 검토하여 그 결과를 열람기간이 종료된 날부터 30일 이내에 해당 의견을 제출한 사람에게 통보해야 한다(시행령 70조의13 제4항).

(2) 의회의 의견청취

허가권자는 성장관리계획구역을 지정하거나 이를 변경하기 위하여 의회의 의견을 들어야 하는 경우 해당 의회는 특별한 사유가 없으면 60일 이내에 개발행위허가권자에게 의견을 제시하여야 하며, 그 기한까지 의견을 제시하지 아니하면 의견이 없는 것으로 본다(법 제 75조의2 제3항).

(3) 협의 심의

허가권자는 성장관리계획구역을 지정하거나 이를 변경하기 위하여 관계 행정기관의 장과 협의하는 경우 협의 요청을 받은 관계 행정기관의 장은 특별한 사유가 없으면 요청을 받은 날부터 30일 이내에 개발행위허가권자에게 의견을 제시하여야 한다(법 제 75조의2 제4항).

(4) 고시 열람

개발행위허가권자가 성장관리계획구역을 지정하거나 이를 변경한 경우에는 관계 행정기관의 장에게 관계 서류를 송부하여야 하며, 대통령령으로 정하는 바에 따라 이를 고시하고 일반인이 열람할 수 있도록 하여야 한다(법 제 75조의2 제5항).

참고학습 | 성장관리계획구역지정 하는 경우 주민과 의회 의견청취, 협의, 심의절차의 생략(영 제70조의13 제5항)

경미한 사항을 변경하는 경우"란 성장관리계획구역의 면적을 10퍼센트 이내에서 변경하는 경우(성장관리계획구역을 변경하는 부분에 둘 이상의 읍·면 또는 동의 일부 또는 전부가 포함된 경우에는 해당 읍·면 또는 동 단위로 구분된 지역의 면적을 각각 10퍼센트 이내에서 변경하는 경우로 한정한다)를 말한다.

3. 성장관리계획의 수립

개발행위허가권자는 성장관리계획구역을 지정할 때에는 다음 각 호의 사항 중 그 성장관리계획구역의 지정목적을 이루는 데 필요한 사항을 포함하여 성장관리계획을 수립하여야 한다(법 제 75조의3 제1항).

1. 도로, 공원 등 기반시설의 배치와 규모에 관한 사항
2. 건축물의 용도제한, 건축물의 건폐율 또는 용적률
3. 건축물의 배치·형태·색채 및 높이
4. 환경관리 및 경관계획
5. 그 밖에 난개발의 방지와 체계적인 관리에 필요한 사항으로서 대통령령으로 정하는 사항

4. 성장관리계획구역 건폐율과 용적률의 완화

성장관리계획구역에서는 다음 각 호의 구분에 따른 범위에서 성장관리계획으로 정하는 바에 따라 특별시·광역시·특별자치시·특별자치도·시 또는 군의 조례로 정하는 비율까지 건폐율과 용적률을 완화하여 적용할 수 있다(법 제 75조의3 제2항).

구분	계획관리지역	생산관리지역·농림지역·자연녹지지역·생산녹지지역
건폐율	50퍼센트 이하	30퍼센트 이하
용적률	125퍼센트 이하	

5. 성장관리계획의 재검토

특별시장·광역시장·특별자치시장·특별자치도지사·시장 또는 군수는 5년마다 관할 구역 내 수립된 성장관리계획에 대하여 대통령령으로 정하는 바에 따라 그 타당성 여부를 전반적으로 재검토하여 정비하여야 한다(법 제 75조의3 제5항).

6. 성장관리계획구역에서의 개발행위

성장관리계획구역에서 개발행위 또는 건축물의 용도변경을 하려면 그 성장관리계획에 맞게 하여야 한다.

6 조건부 허가 및 이행보증금

1. 개발행위의 조건부 허가 및 의견청취

허가권자는 개발행위허가를 하는 경우에는 대통령령이 정하는 바에 따라 당해 개발행위에 따른 기반시설의 설치 또는 그에 필요한 용지의 확보·위해방지·환경오염방지·경관·조경 등에 관한 조치

를 할 것을 조건으로 개발행위허가를 할 수 있다(법 제57조 제4항). 허가권자는 개발행위허가에 조건을 붙이고자 하는 때에는 미리 개발행위허가를 신청한 자의 의견을 들어야 한다.

2. 개발행위허가의 이행담보 등

(1) 이행보증금 예치

허가권자는 기반시설의 설치나 그에 필요한 용지의 확보, 위해 방지, 환경오염 방지, 경관, 조경 등을 위하여 필요하다고 인정되는 경우로서 대통령령으로 정하는 경우에는 이의 이행을 보증하기 위하여 개발행위허가(다른 법률에 따라 개발행위허가가 의제되는 협의를 거친 인가·허가·승인 등을 포함한다. 이하 이 조에서 같다)를 받는 자로 하여금 이행보증금을 예치하게 할 수 있다. 다만, 다음 각 호의 어느 하나에 해당하는 경우에는 그러하지 아니하다(법 제60조 제1항).

1. 국가나 지방자치단체가 시행하는 개발행위
2. 「공공기관의 운영에 관한 법률」에 따른 공공기관 중 대통령령으로 정하는 기관(공기업, 준정부기관 중 위탁집행형 준정부기관)이 시행하는 개발행위
3. 그 밖에 해당 지방자치단체의 조례로 정하는 공공단체가 시행하는 개발행위

(2) 이행보증금 예치사유(영 제59조 제1항)

1. 건축물의 건축 또는 공작물의 설치, 토지의 형질변경(경작을 위한 토지의 형질변경은 제외한다), 채취에 해당하는 개발행위로서 당해 개발행위로 인하여 도로·수도공급설비·하수도 등 기반시설의 설치가 필요한 경우
2. 토지의 굴착으로 인하여 인근의 토지가 붕괴될 우려가 있거나 인근의 건축물 또는 공작물이 손괴될 우려가 있는 경우
3. 토석의 발파로 인한 낙석·먼지 등에 의하여 인근지역에 피해가 발생할 우려가 있는 경우
4. 토석을 운반하는 차량의 통행으로 인하여 통행로 주변의 환경이 오염될 우려가 있는 경우
5. 토지의 형질변경이나 토석의 채취가 완료된 후 비탈면에 조경을 할 필요가 있는 경우

(3) 이행보증금 예치금액

이행보증금의 예치금액은 기반시설의 설치나 그에 필요한 용지의 확보, 위해의 방지, 환경오염의 방지, 경관 및 조경에 필요한 비용의 범위 안에서 산정하되 총공사비의 20% 이내가 되도록 하고, 그 산정에 관한 구체적인 사항 및 예치방법은 조례로 정한다. 이 경우 도시지역 또는 계획관리지역 안의 산지 안에서의 개발행위에 대한 이행보증금의 예치금액은 「산지관리법」에 의한 복구비를 포함하여 정하되, 복구비가 이행보증금에 중복하여 계상되지 아니하도록 하여야 한다(법 제60조 제2항, 영 제59조 제2항).

(4) 이행보증금 예치방법

이행보증금은 현금으로 납입하되, 이행보증서 등으로 이를 갈음할 수 있다(영 제59조 제3항).

(5) 이행보증금 반환

이행보증금은 개발행위허가를 받은 자가 준공검사를 받은 때에는 즉시 이를 반환하여야 한다(영 제59조 제4항).

7 준공검사대상 등

1. 준공검사대상

다음의 개발행위허가를 받은 자는 그 개발행위를 마치면 국토교통부령으로 정하는 바에 따라 특별시장·광역시장·특별자치시장·특별자치도지사·시장 또는 군수(허가권자)의 준공검사를 받아야 한다. 다만, 건축물의 건축 행위에 대하여 「건축법」에 따른 건축물의 사용승인을 받은 경우에는 그러하지 아니하다(법 제62조 제1항).

1. 건축물의 건축(「건축법」에 의한 건축물의 사용승인을 얻은 경우에는 그러하지 아니하다)
2. 공작물의 설치
3. 토지형질변경
4. 토석채취의 행위

2. 준공검사의제

위의 규정에 의한 준공검사를 받은 경우에는 특별시장·광역시장·특별자치시장·특별자치도지사·시장 또는 군수가 제61조에 따라 의제되는 인·허가 등에 따른 준공검사·준공인가 등에 관하여 관계 행정기관의 장과 협의한 사항에 대하여는 그 준공검사·준공인가 등을 받은 것으로 본다(법 제62조 제2항).

8 개발행위허가 위반자에 대한조치(법 제60조 제3항, 제4항, 영 제59조 제5항)

1. 원상회복명령·행정대집행

특별시장·광역시장·특별자치시장·특별자치도지사·시장 또는 군수는 개발행위허가를 받지 아니하고 개발행위를 하거나 허가내용과 다르게 개발행위를 하는 자에게는 그 토지의 원상회복을 명할 수 있다. 이 경우 허가권자는 원상회복의 명령을 받은 자가 원상회복을 하지 아니하면 「행정대집행법」에 따른 행정대집행에 따라 원상회복을 할 수 있다.

2. 비용징수 방법

이 경우 행정대집행에 필요한 비용은 개발행위허가를 받은 자가 예치한 이행보증금을 사용할 수 있다. 이 경우 잔액이 있는 때에는 즉시 이를 이행보증금의 예치자에게 반환하여야 한다.

3. 형사처벌

위반자에 대하여는 3년 이하의 징역 또는 3,000만원 이하의 벌금에 처한다.

9 개발행위허가 제한

1. 개발행위제한권자 및 대상지역 등

국토교통부장관, 시·도지사, 시장 또는 군수는 다음의 하나에 해당되는 지역으로서 도시·군관리계획상 특히 필요하다고 인정되는 지역에 대해서 대통령령이 정하는 바에 따라 중앙도시계획위원회 또는 지방도시계획위원회의 심의를 거쳐 개발행위허가를 제한할 수 있다(법 제63조 제1항).

제한사유	제한기간
1. 녹지지역이나 계획관리지역으로서 수목이 집단적으로 자라고 있거나 조수류 등이 집단적으로 서식하고 있는 지역 또는 우량 농지 등으로 보전할 필요가 있는 지역 2. 개발행위로 인하여 주변의 환경·경관·미관·국가유산 등이 크게 오염되거나 손상될 우려가 있는 지역	한차례만 3년 이내의 기간 동안 개발행위허가를 제한할 수 있다.
3. 도시·군기본계획이나 도시·군관리계획을 수립하고 있는 지역으로서 그 도시·군기본계획이나 도시·군관리계획이 결정될 경우 용도지역·용도지구 또는 용도구역의 변경이 예상되고 그에 따라 개발행위허가의 기준이 크게 달라질 것으로 예상되는 지역 4. 지구단위계획구역으로 지정된 지역 5. 기반시설부담구역으로 지정된 지역	한차례만 3년 이내의 기간 동안 개발행위허가를 제한할 수 있다. 다만 3·4·5의 경우에는 중앙도시계획위원회나 지방도시계획위원회의 심의를 거치지 아니하고 한차례만 2년 이내의 기간 동안 개발행위허가의 제한을 연장할 수 있다.

2. 개발행위허가의 제한절차

(1) 제한지역·제한사유 등 고시

국토교통부장관, 시·도지사, 시장 또는 군수는 개발행위허가를 제한하려면 대통령령이 정하는 바에 따라 국토교통부장관이 하는 경우에는 관보에, 시·도지사 또는 시장·군수가 하는 경우에는 당해 지방자치단체의 공보에 제한지역·제한사유·제한대상행위 및 제한기간을 미리 고시하여야 하며, 고시한 내용을 해당 기관의 인터넷 홈페이지에도 게재하여야 한다(법 제63조 제2항, 영 제60조 제3항).

(2) 개발행위허가제한의 해제

개발행위허가를 제한하기 위하여 개발행위허가 제한지역 등을 고시한 국토교통부장관, 시·도지사, 시장 또는 군수는 해당 지역에서 개발행위를 제한할 사유가 없어진 경우에는 그 제한기간이 끝나기 전이라도 지체 없이 개발행위허가의 제한을 해제하여야 한다. 이 경우 국토교통부장관, 시·도지사, 시장 또는 군수는 대통령령으로 정하는 바에 따라 해제지역 및 해제시기를 고시하여야 한다(법 제63조 제3항).

(3) 도시계획위원회의 심의

개발행위허가를 제한하고자 하는 자가 국토교통부장관인 경우에는 중앙도시계획위원회의 심의를 거쳐야 하며, 시·도지사 또는 시장·군수인 경우에는 당해 지방자치단체에 설치된 지방도시계획위원회의 심의를 거쳐야 한다(영 제60조 제1항).

(4) 시장·군수의 의견청취

개발행위허가를 제한하고자 하는 자가 국토교통부장관 또는 시·도지사인 경우에는 중앙도시계획위원회 또는 시·도 도시계획위원회의 심의 전에 미리 제한하고자 하는 지역을 관할하는 시장 또는 군수의 의견을 들어야 한다(영 제60조 제2항).

10 관련 인·허가 등의 의제

1. 개발행위허가에 따른 의제사항

개발행위허가 또는 변경허가를 할 때에 허가권자가 그 개발행위에 대한 다음 각 호의 인가·허가·승인·면허·협의·해제·신고 또는 심사 등(이하 "인·허가등"이라 한다)에 관하여 미리 관계 행정기관의 장과 협의한 사항에 대하여는 그 인·허가 등을 받은 것으로 본다(법 제61조 제1항).

1. 「공유수면 관리 및 매립에 관한 법률」에 따른 공유수면의 점용·사용허가, 점용·사용 실시계획의 승인 또는 신고, 공유수면의 매립면허 및 공유수면매립실시계획의 승인
2. 「광업법」에 따른 채굴계획의 인가
3. 「농어촌정비법」에 따른 농업생산기반시설의 목적 외 사용의 승인
4. 「농지법」에 따른 농지전용의 허가 또는 협의, 농지전용의 신고 및 농지의 타용도 일시사용의 허가 또는 협의
5. 「도로법」에 따른 도로관리청이 아닌자에 대한 도로공사 시행의 허가 및 도로 점용허가 및 같은 법 제52조에 따른 도로와 다른 시설의 연결허가 및 같은법 제61조에 따른 도로의 점용 허가

이하 생략

19. 「도시공원 및 녹지 등에 관한 법률」 제24조에 따른 도시공원의 점용허가 및 같은 법 제38조에 따른 녹지의 점용허가

2. 개발행위허가 의제를 위한 협의 및 의견제출(법 제60조 제2항, 제3항)

인·허가등의 의제를 받으려는 자는 개발행위허가 또는 변경허가를 신청할 때에 해당 법률에서 정하는 관련 서류를 함께 제출하여야 하며, 허가권자는 개발행위허가 또는 변경허가를 할 때에 그 내용에 제1항 각 호의 어느 하나에 해당하는 사항이 있으면 미리 관계 행정기관의 장과 협의하여야 한다. 이 경우 협의 요청을 받은 관계 행정기관의 장은 요청을 받은 날부터 20일 이내에 의견을 제출하여야 하며, 그 기간 내에 의견을 제출하지 아니하면 협의가 이루어진 것으로 본다(법 제61조 제2항 제3항).

제6절 개발행위에 따른 공공시설 등의 귀속 제32회, 제33회

1 공공시설의 귀속

	개발행위허가 받은자가 행정청인 경우	개발행위허가 받은자가 비 행정청인 경우
새로 설치된 공공시설의 소유권귀속	개발행위허가(다른 법률에 따라 개발행위허가가 의제되는 협의를 거친 인가·허가·승인 등을 포함한다.)를 받은 자가 행정청이거나 비행정청인 경우 개발행위허가를 받은 자가 새로 공공시설을 설치하거나 기존의 공공시설에 대체되는 공공시설을 설치한 경우에는 새로 설치된 공공시설은 그 시설을 관리할 관리청에 무상으로 귀속된다(법 제65조 제1항).	
종래의 공공시설의 소유권귀속	종래의 공공시설은 개발행위허가를 받은 자에게 무상으로 귀속된다(법 제65조 제1항).	개발행위로 용도가 폐지되는 공공시설은 새로 설치한 공공시설의 설치비용에 상당하는 범위에서 개발행위허가를 받은 자에게 무상으로 양도할 수 있다(법 제65조 제2항).
소유권 귀속시기	개발행위허가를 받은 자가 행정청인 경우 개발행위허가를 받은 자는 개발행위가 끝나 준공검사를 마친 때에는 해당 시설의 관리청에 공공시설의 종류와 토지의 세목(細目)을 통지하여야 한다. 이 경우 공공시설은 그 통지한 날에 해당 시설을 관리할 관리청과 개발행위허가를 받은 자에게 각각 귀속된 것으로 본다(법 제65조 제5항).	개발행위허가를 받은 자가 행정청이 아닌 경우 개발행위허가를 받은 자는 관리청에 귀속되거나 그에게 양도될 공공시설에 관하여 개발행위가 끝나기 전에 그 시설의 관리청에 그 종류와 토지의 세목을 통지하여야 하고, 준공검사를 한 허가권자는 그 내용을 해당 시설의 관리청에 통보하여야 한다. 이 경우 공공시설은 준공검사를 받음으로써 그 시설을 관리할 관리청과 개발행위허가를 받은 자에게 각각 귀속되거나 양도된 것으로 본다(법 제65조 제6항).

2 종래의 공공시설 수익금 전용금지

개발행위허가를 받은 자가 행정청인 경우 개발행위허가를 받은 자는 그에게 귀속된 공공시설의 처분으로 인한 수익금을 도시·군계획사업 외의 목적에 사용하여서는 아니된다(법 제65조 제8항).

3 공공시설의 귀속에 따른 관리청의 의견 청취

특별시장·광역시장·특별자치시장·특별자치도지사·시장 또는 군수는 공공시설의 귀속에 관한 사항이 포함된 개발행위허가를 하려면 미리 해당 공공시설이 속한 관리청의 의견을 들어야 한다. 다만, 관리청이 지정되지 아니한 경우에는 관리청이 지정된 후 준공되기 전에 관리청의 의견을 들어야 하며, 관리청이 불분명한 경우에는 도로 등에 대하여는 국토교통부장관을, 하천에 대하여는 환경부장관을 관리청으로 보고, 그 외의 재산에 대하여는 기획재정부장관을 관리청으로 본다(법 제65조 제3항).

4 관계 법률에 의한 승인·허가 등의 의제 및 공공시설의 무상사용 등

특별시장·광역시장·특별자치시장·특별자치도지사·시장 또는 군수가 관리청의 의견을 듣고 개발행위허가를 한 경우 개발행위허가를 받은 자는 그 허가에 포함된 공공시설의 점용 및 사용에 관하여 관계 법률에 따른 승인·허가 등을 받은 것으로 보아 개발행위를 할 수 있다. 이 경우 해당 공공시설의 점용 또는 사용에 따른 점용료 또는 사용료는 면제된 것으로 본다(법 제65조 제4항).

제7절 개발행위에 따른 기반시설의 설치(기반시설연동제) 제22회 ~ 제35회

1 의의

개발행위허가제의 확대도입과 함께 기반시설 수용범위 또는 기반시설의 설치여부와 연계하여 개발행위를 허용해주는, 이른바 기반시설연동제를 도입하였는바, 이미 개발이 완료된 도심지역과 같이 기반시설을 추가로 설치하기가 어려운 지역(개발밀도관리구역)에서는 해당 용도지역에서 허용되는 건폐율, 용적률을 강화하여 적용함으로써 개발압력을 완화하여 기반시설의 부족현상이 심화되는 것을 방지하는 한편, 신규개발지역에 개발이 집중되어 도로, 상·하수도 등 기반시설을 추가로 설치해야 할 필요가 있는 지역(기반시설부담구역)에서는 개발행위자가 직접 기반시설을 설치 또는 용지를 확보하거나 비용을 납부하도록 하여 그동안 기반시설 없이 우후죽순처럼 이루어졌던 아파트, 신도시 주변의 기생개발 등 난개발 문제를 근본적으로 해소하고자 하였다.

2 개발밀도관리구역

1. 의의

'개발밀도관리구역'이라 함은 개발로 인하여 기반시설이 부족할 것이 예상되나 기반시설의 설치가 곤란한 지역을 대상으로 건폐율 또는 용적률을 강화하여 적용하기 위하여 지정하는 구역을 말한다(법 제2조 제18호).

2. 지정대상 및 지정기준

(1) 지정권자 및 지정대상

특별시장·광역시장·특별자치시장·특별자치도지사·시장 또는 군수는 주거·상업 또는 공업지역에서의 개발행위로 인하여 기반시설(도시·군계획시설을 포함한다)의 처리·공급 또는 수용능력이 부족할 것으로 예상되는 지역 중 기반시설의 설치가 곤란한 지역을 개발밀도관리구역으로 지정할 수 있다(법 제66조 제1항).

(2) 지정기준 등

개발밀도관리구역의 지정기준, 개발밀도관리구역의 관리 등에 관하여 필요한 사항은 대통령령이 정하는 바에 따라 국토교통부장관이 정한다. 국토교통부장관은 개발밀도관리구역의 지정기준 및 관리방법을 정할 때에는 다음의 사항을 종합적으로 고려하여야 한다(법 제66조 제5항, 영 제63조).

1. 개발밀도관리구역은 도로·수도공급설비·하수도·학교 등 기반시설의 용량이 부족할 것으로 예상되는 지역 중 기반시설의 설치가 곤란한 지역으로서 다음의 1에 해당하는 지역에 대하여 지정할 수 있도록 할 것
   ① 당해 지역의 도로서비스 수준이 매우 낮아 차량통행이 현저하게 지체되는 지역. 이 경우 도로서비스 수준의 측정에 관하여는 「도시교통정비 촉진법」에 따른 교통영향평가의 예에 따른다.
   ② 당해 지역의 도로율이 국토교통부령이 정하는 용도지역별 도로율에 20% 이상 미달하는 지역
   ③ 향후 2년 이내에 당해 지역의 수도에 대한 수요량이 수도시설의 시설용량을 초과할 것으로 예상되는 지역
   ④ 향후 2년 이내에 당해 지역의 하수발생량이 하수시설의 시설용량을 초과할 것으로 예상되는 지역
   ⑤ 향후 2년 이내에 당해 지역의 학생수가 학교수용능력을 20% 이상 초과할 것으로 예상되는 지역
2. 개발밀도관리구역의 경계는 도로·하천 그 밖에 특색 있는 지형지물을 이용하거나 용도지역의 경계선을 따라 설정하는 등 경계선이 분명하게 구분되도록 할 것
3. 용적률의 강화범위는 최대한도의 50% 범위 안에서 기반시설의 부족정도를 감안하여 결정할 것
4. 개발밀도관리구역안의 기반시설의 변화를 주기적으로 검토하여 용적률을 강화 또는 완화하거나 개발밀도관리구역을 해제하는 등 필요한 조치를 취하도록 할 것

3. 지정절차(심의 → 지정 → 고시)

(1) 심의

개발행위허가권자는 개발밀도관리구역을 지정하거나 변경하려면 다음 사항을 포함하여 지방도시계획위원회의 심의를 거쳐야 한다(법 제66조 제3항).

1. 개발밀도관리구역의 명칭
2. 개발밀도관리구역의 범위
3. 건폐율 또는 용적률의 강화 범위

(2) 고시

특별시장·광역시장·특별자치시장·특별자치도지사·시장 또는 군수는 개발밀도관리구을 지정하거나 변경한 경우에는 이를 대통령령이 정하는 바에 따라 당해 지방자치단체의 공보에 고시하여야 한다(법 제66조 제4항, 영 제62조 제2항).

4. 개발밀도관리구역의 지정효과(용적률 강화)

특별시장·광역시장·특별자치시장·특별자치도지사·시장 또는 군수는 개발밀도관리구역 안에서는 대통령령이 정하는 범위 안에서 건폐율 또는 용적률(당해 용도지역에 적용되는 용적률의 최대한도의 50% 범위 안)을 강화하여 적용한다(법 제66조 제2항, 영 제62조 제1항).

3 기반시설부담구역

1. 의의

개발밀도관리구역 외의 지역으로서 개발로 인하여 도로, 공원, 녹지 등 대통령령으로 정하는 기반시설의 설치가 필요한 지역을 대상으로 기반시설을 설치하거나 그에 필요한 용지를 확보하게 하기 위하여 지정·고시하는 구역을 말한다(법 제2조 19호, 영 제4조의2).

참고학습 기반시설부담구역에서 필요한 기반시설(영 제4조의2)

1. 도로(인근의 간선도로로부터 기반시설부담구역까지의 진입도로를 포함한다)
2. 공원
3. 녹지
4. 학교(대학은 제외한다)
5. 수도(인근의 수도로부터 기반시설부담구역까지 연결하는 수도를 포함한다)
6. 하수도(인근의 하수도로부터 기반시설부담구역까지 연결하는 하수도를 포함한다)
7. 폐기물처리시설 및 재활용시설

2. 기반시설 부담구역의 지정대상

(1) 의무적 지정

특별시장·광역시장·특별자치시장·특별자치도지사·시장 또는 군수는 다음 각 호의 어느 하나에 해당하는 지역에 대하여는 기반시설부담구역으로 지정하여야 한다(법 제67조 제1항, 영 제64조 제1항).

> 1. 이 법 또는 다른 법령의 제정·개정으로 인하여 행위 제한이 완화되거나 해제되는 지역
> 2. 이 법 또는 다른 법령에 따라 지정된 용도지역 등이 변경되거나 해제되어 행위 제한이 완화되는 지역
> 3. 개발행위허가 현황 및 인구증가율 등을 고려하여 특별시장·광역시장·특별자치시장·특별자치도지사·시장 또는 군수가 기반시설의 설치가 필요하다고 인정하는 지역으로서 다음 각 호의 어느 하나에 해당하는 지역
>   ① 해당 지역의 전년도 개발행위허가 건수가 전전년도 개발행위허가 건수보다 20% 이상 증가한 지역
>   ② 해당 지역의 전년도 인구증가율이 그 지역이 속하는 특별시·광역시·특별자치시·특별자치도·시 또는 군(광역시의 관할 구역에 있는 군은 제외한다)의 전년도 인구증가율보다 20% 이상 높은 지역

(2) 임의적 지정

다만, 개발행위가 집중되어 특별시장·광역시장·특별자치시장·특별자치도지사·시장 또는 군수가 해당 지역의 계획적 관리를 위하여 필요하다고 인정하는 경우에는 위 (1)의 각 호에 해당하지 아니하는 경우라도 기반시설부담구역으로 지정할 수 있다(법 제67조 제1항 단서).

3. 지정기준 등

기반시설부담구역의 지정기준 등에 관하여 필요한 사항은 대통령령으로 정하는 바에 따라 국토교통부장관이 정하며, 국토교통부장관은 기반시설부담구역의 지정기준을 정할 때에는 다음 각 호의 사항을 종합적으로 고려하여야 한다(법 제67조 제5항, 영 제66조).

> 1. 기반시설부담구역은 기반시설이 적절하게 배치될 수 있는 규모로서 최소 10만 ㎡ 이상의 규모가 되도록 지정할 것
> 2. 소규모 개발행위가 연접하여 시행될 것으로 예상되는 지역의 경우에는 하나의 단위구역으로 묶어서 기반시설부담구역을 지정할 것
> 3. 기반시설부담구역의 경계는 도로, 하천, 그 밖의 특색 있는 지형지물을 이용하는 등 경계선이 분명하게 구분되도록 할 것

4. 지정절차(주민의견 → 심의 → 지정 → 고시)

특별시장·광역시장·특별자치시장·특별자치도지사·시장 또는 군수는 기반시설부담구역을 지정 또는 변경하고자 하는 때에는 주민의 의견을 들어야 하며, 해당 지방자치단체에 설치된 지방도시계획위원회의 심의를 거쳐 대통령령으로 정하는 바에 따라 해당 지방자치단체의 공보와 인터넷 홈페이지에 고시하여야 한다(법 제67조 제2항, 영 제64조 제2항).

5. 기반시설설치계획 수립 및 해제(법 제67조 제4항, 영 제65조 제3항, 제4항)

(1) 개발행위허가권자는 기반시설부담구역이 지정된 경우에는 기반시설부담구역의 지정·고시일부터 1년이 되는 날까지 기반시설설치계획을 수립하여야 하며 기반시설설치계획을 수립하지 아니하면 그 1년이 되는 날의 다음날에 기반시설부담구역의 지정은 해제된 것으로 본다.(법 제67조 제4항, 영 제65조 제3항, 제4항)

(2) 지구단위계획을 수립한 경우에는 기반시설설치계획을 수립한 것으로 본다.

6. 기반시설설치비용

(1) 의의

"기반시설설치비용"이란 단독주택 및 숙박시설 등 대통령령으로 정하는 시설의 신·증축 행위로 인하여 유발되는 기반시설을 설치하거나 그에 필요한 용지를 확보하기 위하여 부과·징수하는 금액을 말한다(법 제2조 제20호).

(2) 기반시설설치비용 부과대상

기반시설부담구역에서 기반시설설치비용의 부과대상인 건축행위는 단독주택 및 숙박시설 등 대통령령으로 정하는 시설로서 200㎡(기존 건축물의 연면적을 포함한다)를 초과하는 건축물의 신축·증축 행위로 한다. 다만, 기존 건축물을 해체하고 신축하는 경우에는 기존 건축물의 건축연면적을 초과하는 건축행위만 부과대상으로 한다(법 제68조 제1항).

(3) 기반시설설치비용의 산정

① **기준** : 기반시설설치비용은 기반시설을 설치하는 데 필요한 기반시설 표준시설비용과 용지비용을 합산한 금액에 부과대상 건축연면적과 기반시설 설치를 위하여 사용되는 총 비용 중 국가·지방자치단체의 부담분을 제외하고 민간 개발사업자가 부담하는 부담률을 곱한 금액으로 한다. 다만, 특별시장·광역시장·특별자치시장·특별자치도지사·시장 또는 군수가 해당 지역의 기반시설 소요량 등을 고려하여 대통령령으로 정하는 바에 따라 기반시설부담계획을 수립한 경우에는 그 부담계획에 따른다(법 제68조 제2항).

② **표준시설비용** : 기반시설 표준시설비용은 기반시설 조성을 위하여 사용되는 단위당 시설비로서 해당 연도의 생산자물가상승률 등을 고려하여 매년 1월 1일을 기준으로 한 기반시설 표준시설비용을 매년 6월 10일까지 국토교통부장관이 고시하여야 한다(법 제68조 제3항, 영 제68조).

③ **용지비용** : 용지비용은 부과대상이 되는 건축행위가 이루어지는 토지를 대상으로 다음 각 호의 기준을 곱하여 산정한 가액으로 한다(법 제68조 제4항).

1. 지역별 기반시설의 설치 정도를 고려하여 0.4 범위에서 지방자치단체의 조례로 정하는 용지환산계수
2. 기반시설부담구역의 개별공시지가 평균 및 대통령령으로 정하는 건축물별 기반시설유발계수

참고학습 용지환산계수와 기반시설유발계수

1. 용지환산계수
"용지환산계수"란 기반시설부담구역별로 기반시설이 설치된 정도를 고려하여 산정된 기반시설 필요 면적률(기반시설부담구역의 전체 토지면적 중 기반시설이 필요한 토지면적의 비율을 말한다)을 건축 연면적당 기반시설 필요 면적으로 환산하는데 사용되는 계수를 말한다(영 제69조 제1항).
2. 기반시설유발계수(영 제69조 제2항, 별표 1의3).

1. 단독주택 : 0.7
2. 공동주택 : 0.7
3. 제1종 근린생활시설 : 1.3
4. 제2종 근린생활시설 : 1.6
5. 문화 및 집회시설 : 1.4
6. 종교시설 : 1.4
7. 판매시설 : 1.3
8. 운수시설 : 1.4
9. 의료시설 : 0.9
10. 교육연구시설 : 0.7
11. 노유자시설 : 0.7
12. 수련시설 : 0.7
13. 운동시설 : 0.7
14. 업무시설 : 0.7
15. 숙박시설 : 1.0
16. 위락시설 : 2.1
17. 공장 : 0.3 ~ 2.1
18. 창고시설 : 0.5
19. 위험물저장 및 처리시설 : 0.7
20. 자동차관련시설 : 0.7
21. 동물 및 식물관련시설 : 0.7
22. 자원순환 관련 시설 : 1.4
23. 교정 및 군사시설 : 0.7
24. 방송통신시설 : 0.8
25. 발전시설 : 0.7
26. 묘지 관련 시설 : 0.7
27. 관광휴게시설 : 1.9
28. 장례시설 : 0.7

④ **민간개발사업자의 부담률** : 민간 개발사업자가 부담하는 부담률은 100분의 20으로 하며, 특별시장·광역시장·특별자치시장·특별자치도지사·시장 또는 군수가 건물의 규모, 지역 특성 등을 고려하여 100분의 25의 범위에서 부담률을 가감할 수 있다(법 제68조 제5항).

⑤ **설치비용의 감면** : 납부의무자가 직접 기반시설을 설치하거나 그에 필요한 용지를 확보한 경우에는 기반시설설치비용에서 직접 기반시설을 설치하거나 용지를 확보하는 데 든 비용을 공제한다(법 제68조 제6항, 영 제70조 제1항).

7. 기반시설부담계획

(1) 수립 및 내용

특별시장·광역시장·특별자치시장·특별자치도지사·시장 또는 군수는 기반시설부담계획을 수립할 때에는 다음 각 호의 내용을 포함하여야 한다(영 제67조 제1항).

1. 기반시설의 설치 또는 그에 필요한 용지의 확보에 소요되는 총부담비용
2. 1.에 따른 총부담비용 중 법 제68조 제1항에 따른 건축행위를 하는 자(제70조의2 제1항 각 호에 해당하는 자를 포함한다. 이하 "납부의무자"라 한다)가 각각 부담하여야 할 부담분
3. 2.에 따른 부담분의 부담시기
4. 재원의 조달 및 관리·운영방법

(2) 수립절차(의견청취 – 심의 – 고시)

특별시장·광역시장·특별자치시장·특별자치도지사·시장 또는 군수는 기반시설부담계획을 수립하거나 변경할 때에는 주민의 의견을 듣고 해당 지방자치단체에 설치된 지방도시계획위원회의 심의를 거쳐 그 내용을 고시하여야 한다(영 제67조 제4항).

8. 기반시설설치비용의 부과 및 납부

(1) 납부의무자

기반시설부담구역에서 기반시설설치비용의 부과대상인 건축행위를 하는 자(건축행위의 위탁자 또는 지위의 승계자 등 대통령령으로 정하는 다음의 자를 포함한다. 이하 "납부의무자"라 한다)는 기반시설설치비용을 내야 한다(법 제69조 제1항, 영제70조의2).

1. 건축행위를 위탁 또는 도급한 경우에는 그 위탁이나 도급을 한 자
2. 타인 소유의 토지를 임차하여 건축행위를 하는 경우에는 그 행위자
3. 건축행위를 완료하기 전에 건축주의 지위나 ① 또는 ②에 해당하는 자의 지위를 승계하는 경우에는 그 지위를 승계한 자

(2) 기반시설설치비용의 부과 및 비용의 결정 등

① 부과시기 : 특별시장·광역시장·특별자치시장·특별자치도지사·시장 또는 군수는 납부의무자가 국가 또는 지방자치단체로부터 건축허가(다른 법률에 따른 사업승인 등 건축허가가 의제되는 경우에는 그 사업승인)를 받은 날부터 2개월 이내에 기반시설설치비용을 부과하여야 하고, 부과하려면 부과기준시점부터 30일 이내에 납부의무자에게 적용되는 부과 기준 및 부과될 기반시설설치비용을 미리 알려야 한다(법 제69조 제2항, 영 제70조의3 제1항).

② **고지 전 심사** : 위 ①에 따른 예정 통지를 받은 납부의무자는 예정 통지된 기반시설설치비용에 대하여 이의가 있으면 예정 통지를 받은 날부터 15일 이내에 특별시장·광역시장·특별자치시장·특별자치도지사·시장 또는 군수에게 심사(이하 "고지 전 심사"라 한다)를 청구할 수 있고, 고지 전 심사 청구를 받은 특별시장·광역시장·특별자치시장·특별자치도지사·시장 또는 군수는 그 청구를 받은 날부터 15일 이내에 청구 내용을 심사하여 그 결과를 청구인에게 알려야 한다(영 제70조의3 제2항, 제4항).

③ **기반시설설치비용의 결정** : 특별시장·광역시장·특별자치시장·특별자치도지사·시장 또는 군수는 예정 통지에 이의가 없는 경우 또는 고지 전 심사청구에 대한 심사결과를 통지한 경우에는 그 통지한 금액에 따라 기반시설설치비용을 결정한다(영 제70조의4).

④ **기반시설설치비용의 정정** : 특별시장·광역시장·특별자치시장·특별자치도지사·시장 또는 군수는 기반시설설치비용을 부과한 후 그 내용에 누락이나 오류가 있는 것을 발견한 경우에는 즉시 부과한 기반시설설치비용을 조사하여 정정하고 그 정정 내용을 납부의무자에게 알려야 하며, 건축허가사항 등의 변경으로 건축연면적이 증가되는 등 기반시설설치비용의 증가사유가 발생한 경우에는 변경허가 등을 받은 날을 기준으로 산정한 변경된 건축허가사항 등에 대한 기반시설설치비용에서 변경허가 등을 받은 날을 기준으로 산정한 당초 건축허가사항 등에 대한 기반시설설치비용을 뺀 금액을 추가로 부과하여야 한다(영 제70조의6).

(3) 기반시설설치비용의 납부

① **납부시기** : 납부의무자는 사용승인(다른 법률에 따라 준공검사 등 사용승인이 의제되는 경우에는 그 준공검사)신청 시까지 이를 내야 한다(법 제69조 제2항).

② **납부방법** : 기반시설설치비용은 현금, 신용카드 또는 직불카드로 납부하도록 하되, 부과대상 토지 및 이와 비슷한 토지로 하는 납부(이하 "물납"이라 한다)를 인정할 수 있다(영 제70조의7 제1항).

③ **물납의 절차** : 물납을 신청하려는 자는 납부기한 20일 전까지 기반시설설치비용, 물납 대상 토지의 면적 및 위치, 물납신청 당시 물납 대상 토지의 개별공시지가 등을 적은 물납신청서를 특별시장·광역시장·특별자치시장·특별자치도지사·시장 또는 군수에게 제출하여야 하며, 특별시장·광역시장·특별자치시장·특별자치도지사·시장 또는 군수는 물납신청서를 받은 날부터 10일 이내에 신청인에게 수납 여부를 서면으로 알려야 한다(영 제70조의7 제2항, 제3항).

④ **물납금액** : 물납을 신청할 수 있는 토지의 가액은 해당 기반시설설치비용의 부과액의 범위 내에서 다음 각 호에 해당하는 금액을 합한 가액으로 하며, 납부의무자는 부과된 기반시설설치비용에서 물납하는 토지의 가액을 뺀 금액을 현금, 신용카드 또는 직불카드로 납부하여야 한다(영 제70조의7 제4항, 제5항).

> ㉠ 위 ②에 따라 서면으로 알린 날의 가장 최근에 결정·공시된 개별공시지가
> ㉡ ㉠에 따른 개별공시지가의 기준일부터 ②에 따라 서면으로 알린 날까지의 해당 시·군·구의 지가변동률을 일 단위로 적용하여 산정한 금액

⑤ **물납의 귀속** : 특별시장·광역시장·특별자치시장·특별자치도지사·시장 또는 군수는 물납을 받으면 법 제70조 제1항에 따라 해당 기반시설부담구역에 설치한 기반시설특별회계에 귀속시켜야 한다(영 제70조의7 제6항).

(4) 강제징수 및 환급

특별시장·광역시장·특별자치시장·특별자치도지사·시장 또는 군수는 납부의무자가 (2)에서 정한 때까지 기반시설설치비용을 내지 아니하는 경우에는「지방행정제재·부과금의 징수 등에 관한 법률」에 따라 징수할 수 있고, 기반시설설치비용을 납부한 자가 사용승인 신청 후 해당 건축행위와 관련된 기반시설의 추가 설치 등 기반시설설치비용을 환급하여야 하는 사유가 발생하는 경우에는 그 사유에 상당하는 기반시설설치비용을 환급하여야 한다(법 제69조 제3항, 제4항).

(5) 납부의 연기 및 분할납부

① **연기 및 분할납부 사유** : 특별시장·광역시장·특별자치시장·특별자치도지사·시장 또는 군수는 납부의무자가 일정한 사유가 있어 기반시설설치비용을 납부하기가 곤란하다고 인정되면 해당 개발사업 목적에 따른 이용 상황 등을 고려하여 1년의 범위에서 납부 기일을 연기하거나 2년의 범위에서 분할 납부를 인정할 수 있다(영 제70조의8 제1항).

② **연기 및 분할납부 절차** : 기반시설설치비용의 납부 기일을 연기하거나 분할 납부를 신청하려는 자는 납부고지서를 받은 날부터 15일 이내에 납부 기일 연기신청서 또는 분할 납부 신청서를 특별시장·광역시장·특별자치시장·특별자치도지사·시장 또는 군수에게 제출하여야 하며, 특별시장·광역시장·특별자치시장·특별자치도지사·시장 또는 군수는 납부 기일 연기신청서 또는 분할 납부 신청서를 받은 날부터 15일 이내에 납부 기일의 연기 또는 분할 납부 여부를 서면으로 알려야 한다(영 제70조의8 제2항, 제3항).

③ **납부의 독촉** : 특별시장·광역시장·특별자치시장·특별자치도지사·시장 또는 군수는 납부의무자가 사용승인(다른 법률에 따라 준공검사 등 사용승인이 의제되는 경우에는 그 준공검사)신청 시까지 그 기반시설설치비용을 완납하지 아니하면 납부기한이 지난 후 10일 이내에 독촉장을 보내야 한다(영 제70조의9).

9. 기반시설설치비용의 관리 및 사용

(1) 특별회계의 설치

특별시장·광역시장·특별자치시장·특별자치도지사·시장 또는 군수는 기반시설설치비용의 관리 및 운용을 위하여 기반시설부담구역별로 특별회계를 설치하여야 하며, 그에 필요한 사항은 지방자치단체의 조례로 정한다(법 제70조 제1항).

(2) 기반시설설치비용의 사용

납부한 기반시설설치비용은 다음 각 호의 용도로 사용하여야 한다. 다만, 해당 기반시설부담구역에 필요한 기반시설을 모두 설치하거나 그에 필요한 용지를 모두 확보한 후에도 잔액이 생기는 경우에는 해당 기반시설부담구역의 기반시설과 연계된 기반시설의 설치 또는 그에 필요한 용지의 확보 등에 사용할 수 있다(법 제70조 제2항, 영 제70조의11 제1항, 제2항).

1. 기반시설부담구역별 기반시설설치계획 및 기반시설부담계획 수립
2. 기반시설부담구역에서 건축물의 신·증축행위로 유발되는 기반시설의 신규 설치, 그에 필요한 용지 확보 또는 기존 기반시설의 개량
3. 기반시설부담구역별로 설치하는 특별회계의 관리 및 운영

09 CHAPTER 기출 및 예상문제

01 국토의 계획 및 이용에 관한 법령상 개발행위허가(이하 '허가'라 함)**에 관한 설명으로 옳은 것은?** (제35회)

① 도시·군계획사업에 의하여 10층 이상의 건축물을 건축하려는 경우에는 허가를 받아야 한다.
② 건축물의 건축에 대한 허가를 받은 자가 그 건축을 완료하고 「건축법」에 따른 건축물의 사용승인을 받은 경우 허가권자의 준공검사를 받지 않아도 된다.
③ 허가를 받은 건축물의 연면적을 5퍼센트 범위에서 축소하려는 경우에는 허가권자에게 미리 신고하여야 한다.
④ 허가의 신청이 있는 경우 특별한 사유가 없으면 도시계획위원회의 심의 또는 기타 협의 기간을 포함하여 15일 이내에 허가 또는 불허가의 처분을 하여야 한다.
⑤ 국토교통부장관이 지구단위계획구역으로 지정된 지역에 대하여 허가의 제한을 연장하려면 중앙도시계획위원회의 심의를 거쳐야 한다.

해설
① 도시·군계획사업의 경우에는 개발행위허가를 받지 않는다.
③ 허가를 받은 건축물의 연면적을 5퍼센트 범위에서 축소하려는 경우에는 허가권자에게 신고하는 게 아니라 통지한다.
④ 허가의 신청이 있는 경우 15일 이내에 허가 또는 불허가의 처분을 하여야 한다. 여기서의 15일에는 협의나 심의기간은 제외한다.
⑤ 국토교통부장관이 지구단위계획구역으로 지정된 지역에 대하여 허가의 제한을 연장하려면 중앙도시계획위원회의 심의를 거쳐야 한다.

정답 ②

02 국토의 계획 및 이용에 관한 법령상 성장관리계획구역에서 30퍼센트 이하의 범위에서 성장관리계획으로 정하는 바에 따라 건폐율을 완화하여 적용할 수 있는 지역이 <u>아닌</u> 것은? (단, 조례는 고려하지 않음) (제35회)

① 생산관리지역 ② 생산녹지지역 ③ 보전녹지지역
④ 자연녹지지역 ⑤ 농림지역

해설
성장관리계획구역 내에서 성장관리계획으로 자연녹지지역·생산녹지지역·생산관리지역·농림지역에서 건폐율 30%이하범위에서 완화할 수 있고 계획관리지역은 건폐율 50%이하, 용적률 125%이하 범위에서 완화 적용할 수 있다.

정답 ③

03 국토의 계획 및 이용에 관한 법령상 기반시설부담구역에 관한 설명으로 옳은 것은? (제35회)

① 공원의 이용을 위하여 필요한 편의시설은 기반시설부담구역에 설치가 필요한 기반시설에 해당하지 않는다.

② 기반시설부담구역에서 기존 건축물을 철거하고 신축하는 경우에는 기존 건축물의 건축연면적을 포함하는 건축행위를 기반시설설치비용의 부과대상으로 한다.

③ 지구단위계획을 수립한 경우에는 기반시설설치계획을 수립한 것으로 본다.

④ 기반시설부담구역 내에서 신축된 「건축법 시행령」상의 종교집회장은 기반시설설치비용의 부과대상이다.

⑤ 기반시설부담구역으로 지정된 지역에 대해서는 개발행위허가의 제한을 연장할 수 없다.

해설

① 공원의 이용을 위하여 필요한 편의시설도 기반시설부담구역에 설치가 필요한 기반시설이다.

② 기반시설부담구역 안에서 기반시설부과대상인 건축행위는 200㎡를 초과하는 건물의 신축·증축행위로 한다. 다만, 기존건축물을 철거하고 신축하는 경우에는 기존건축물의 연면적을 초과하는 건축행위에 대하여만 부과대상으로 한다.

④ 종교집회장은 기반시설부담구역 내에서 기반시설을 유발하는 시설에서 제외되는 건물이다.

⑤ 기반시설부담구역으로 지정된 지역에 대해서는 최장 5년동안 개발행위허가의 제한을 연장할 수 있다.

정답 ③

04 국토의 계획 및 이용에 관한 법령상 개발밀도관리구역에 관한 설명으로 틀린 것은? (제35회)

① 개발밀도관리구역의 변경고시는 당해 지방자치단체의 공보에 게재하는 방법에 의한다.

② 개발밀도관리구역으로 지정될 수 있는 지역에 농림지역은 포함되지 않는다.

③ 개발도관리구역의 지정은 해당 지방자치단체에 설치된 지방도시계획위원회의 심의대상이다.

④ 개발밀도관리구역에서는 해당 용도지역에 적용되는 건폐율의 최대한도의 50퍼센트 범위에서 건폐율을 강화하여 적용한다.

⑤ 개발밀도관리구역은 기반시설부담구역으로 지정될 수 없다.

해설

④ 개발밀도관리구역에서는 해당 용도지역에 적용되는 건폐율이 아니라 용적률 최대한도의 50퍼센트 범위에서 용적률을 강화하여 적용한다.

정답 ④

10 CHAPTER

보칙

단원별 학습포인트

- 출제문항수는 1문제 정도이다. 이 단원은 청문, 시범도시의 지정권자, 절차, 지원 등에 관한 사항에 관하여 정리하여야 하며, 각종 내용들이 이 법의 규정에 포함되어 있다는 정도만 확인한다.

제1절 시범도시의 지정·지원

국토교통부장관은 도시의 경제·사회·문화적인 특성을 살려 개성 있고 지속가능한 발전을 촉진하기 위하여 필요하면 직접 또는 관계 중앙행정기관의 장이나 시·도지사의 요청에 의하여 경관, 생태, 정보통신, 과학, 문화, 관광, 그 밖에 대통령령으로 정하는 분야별로 시범도시(시범지구나 시범단지를 포함한다)를 지정할 수 있다(법 제127조 제1항, 영 제126조 제1항).

제2절 청문 제20회, 제22회, 제28회, 제31회

국토교통부장관, 시·도지사, 시장·군수 또는 구청장은 다음 각 호의 어느 하나에 해당하는 처분을 하려면 청문을 하여야 한다(법 제136조).

1. 개발행위허가의 취소
2. 제86조 제5항의 규정에 의한 도시·군계획시설사업의 시행자 지정의 취소
3. 실시계획인가의 취소

PART 2
도시개발법

CHAPTER 01

총설

제1절 목적

이 법은 도시개발에 필요한 사항을 규정하여 계획적이고 체계적인 도시개발을 도모하고 쾌적한 도시환경의 조성과 공공복리의 증진에 이바지함을 목적으로 한다(법 제1조).

제2절 용어의 정의

이 법에서 사용하는 용어의 뜻은 다음과 같다(법 제2조 제1항).

1 도시개발구역

"도시개발구역"이란 도시개발사업을 시행하기 위하여 제3조와 제9조에 따라 지정·고시된 구역을 말한다.

2 도시개발사업

"도시개발사업"이란 도시개발구역에서 주거, 상업, 산업, 유통, 정보통신, 생태, 문화, 보건 및 복지 등의 기능이 있는 단지 또는 시가지를 조성하기 위하여 시행하는 사업을 말한다.

3 「국토의 계획 및 이용에 관한 법률」의 준용

「국토의 계획 및 이용에 관한 법률」에서 사용하는 용어는 이 법으로 특별히 정하는 경우 외에는 이 법에서 이를 적용한다(법 제2조 제2항).

제3절 개발계획의 수립 및 변경 제21회, 제22회, 제26회, 제28회, 제33회, 제34회, 제35회

1 개발계획의 의의

개발계획이란 도시개발사업 전반에 걸친 방향설정계획으로 신도시의 청사진으로 볼 수 있으며, 새로 만들어지는 신도시의 헌법적 역할을 한다. 즉, 신도시가 나아가야 할 방향과 미래상이 포함되어 있다.

2 개발계획의 내용

1. 개발계획의 내용

개발계획에는 다음 각 호의 사항이 포함되어야 한다. 다만, 14.부터 17.에 해당하는 사항은 도시개발구역을 지정한 후에 개발계획에 포함시킬 수 있다(법 제5조 제1항).

1. 도시개발구역의 명칭·위치 및 면적
2. 도시개발구역의 지정 목적과 도시개발사업의 시행기간
3. 도시개발구역을 둘 이상의 사업시행지구로 분할하거나 서로 떨어진 둘 이상의 지역을 하나의 구역으로 결합하여 도시개발사업을 시행하는 경우에는 그 분할이나 결합에 관한 사항
4. 도시개발사업의 시행자에 관한 사항
5. 도시개발사업의 시행방식
6. 인구수용계획[분양주택(분양을 목적으로 공급하는 주택을 말한다) 및 임대주택으로 구분한 주택별 수용계획을 포함한다]
7. 토지이용계획
8. 원형지로 공급될 대상 토지 및 개발 방향
9. 교통처리계획
10. 환경보전계획
11. 보건의료시설 및 복지시설의 설치계획
12. 도로, 상하수도 등 주요 기반시설의 설치계획
13. 재원조달계획
14. 도시개발구역 밖의 지역에 기반시설을 설치하여야 하는 경우에는 그 시설의 설치에 필요한 비용의 부담 계획
15. 수용(收用) 또는 사용의 대상이 되는 토지·건축물 또는 토지에 정착한 물건과 이에 관한 소유권 외의 권리, 광업권, 어업권, 양식업권, 물의 사용에 관한 권리가 있는 경우에는 그 세부목록
16. 임대주택건설계획 등 세입자 등의 주거 및 생활 안정 대책
17. 순환개발 등 단계적 사업추진이 필요한 경우 사업추진 계획 등에 관한 사항

2. 개발계획의 공모

지정권자는 창의적이고 효율적인 도시개발사업을 추진하기 위하여 필요한 경우에는 대통령령으로 정하는 바에 따라 개발계획안을 공모하여 선정된 안을 개발계획에 반영할 수 있다. 이 경우 선정된 개발계획안의 응모자가 사업시행자의 요건을 갖춘 자인 경우에는 해당 응모자를 우선하여 시행자로 지정할 수 있다(법 제4조 제2항).

3. 개발계획의 변경

지정권자는 직접 또는 관계 중앙행정기관의 장 또는 시장(대도시 시장은 제외한다)·군수·구청장 또는 도시개발사업의 시행자의 요청을 받아 개발계획을 변경할 수 있다(법 제4조 제2항).

3 개발계획의 수립시기 및 변경

1. 원칙(지정전 개발계획 수립)

지정권자는 도시개발구역을 지정하려면 해당 도시개발구역에 대한 개발계획을 수립하여야 한다(법 제4조 제1항).

2. 예외(개발계획의 단계적 수립)

다만, 개발계획을 공모하거나 다음의 지역에 도시개발구역을 지정하는 때에는 도시개발구역 지정 후에 개발계획을 수립할 수 있다(법 제4조 제1항 단서, 영 제6조 제1항).

1. 자연녹지지역
2. 생산녹지지역(생산녹지지역이 도시개발구역 지정면적의 100분의 30 이하인 경우에 한한다)
3. 도시지역 외의 지역
4. 당해 도시개발구역에 포함되는 주거지역·상업지역·공업지역의 면적의 합계가 전체 도시개발구역 지정 면적의 100분의 30 이하인 지역
5. 국토교통부장관이 지역균형발전을 위하여 관계 중앙행정기관의 장과 협의하여 도시개발구역으로 지정하려는 지역(자연환경보전지역을 제외한다)

3. 도시개발구역 지정 후 개발계획의 수립

4조 1항 단서에 따라 개발계획을 공모하거나 도시개발구역을 지정한 후에 개발계획을 수립하는 경우에는 도시개발구역을 지정할 때에 대통령령으로 정하는 다음 사항에 관한 계획을 수립하여야 한다(법 제5조 제3항).

4 개발계획 수립 시 동의(환지방식)

1. 환지 방식의 도시개발사업에 대한 개발계획을 수립시 동의

(1) 원칙

지정권자는 환지 방식의 도시개발사업에 대한 개발계획을 수립하려면 환지 방식이 적용되는 지역의 토지면적의 3분의 2 이상에 해당하는 토지 소유자와 그 지역의 토지 소유자 총수의 2분의 1 이상의 동의를 받아야 한다. 환지 방식으로 시행하기 위하여 개발계획을 변경(대통령령으로 정하는 경미한 사항의 변경은 제외한다)하려는 경우에도 또한 같다(법 제4조 제4항).

(2) 예외(법 제4조 제5항)

① **동의생략** : 지정권자는 도시개발사업을 환지 방식으로 시행하려고 개발계획을 수립하거나 변경할 때에 도시개발사업의 시행자가 국가 또는 지방자치단체인 경우에는 위의 규정에 불구하고 토지 소유자의 동의를 받을 필요가 없다.

② **동의의제** : 지정권자가 도시개발사업의 전부를 환지 방식으로 시행하려고 개발계획을 수립하거나 변경할 때에 도시개발사업의 시행자가 조합(전부를 환지방식으로 시행하는 경우)에 해당하는 경우로서 조합이 성립된 후 총회에서 도시개발구역의 토지면적의 3분의 2 이상에 해당하는 조합원과 그 지역의 조합원 총수의 2분의 1 이상의 찬성으로 수립 또는 변경을 의결한 개발계획을 지정권자에게 제출한 경우에는 토지 소유자의 동의를 받은 것으로 본다.

2. 동의자 수의 산정방법 등

(1) 동의자 수 산정방법

동의자 수의 산정방법 및 동의절차 그 밖의 필요한 사항은 대통령령으로 다음과 같이 정한다(법 제4조 제6항, 영 제6조 제2항).

1. 도시개발구역의 토지면적을 산정하는 경우 : 국공유지를 포함하여 산정할 것
2. 토지 소유권을 여러 명이 공유하는 경우 : 다른 공유자의 동의를 받은 대표 공유자 1명만을 해당 토지 소유자로 볼 것. 다만, 「집합건물의 소유 및 관리에 관한 법률」에 따른 구분소유자는 각각을 토지 소유자 1명으로 본다.
3. 1인이 둘 이상 필지의 토지를 단독으로 소유한 경우 : 필지의 수에 관계없이 토지 소유자를 1인으로 볼 것
4. 둘 이상 필지의 토지를 소유한 공유자가 동일한 경우 : 공유자 여럿을 대표하는 1인을 토지 소유자로 볼 것
5. 도시개발구역의 지정을 위한 공람·공고일 후에 「집합건물의 소유 및 관리에 관한 법률」에 따른 구분소유권을 분할하게 되어 토지 소유자의 수가 증가하게 된 경우 : 공람·공고일 전의 토지 소유자의 수를 기준으로 산정하고, 증가된 토지 소유자의 수는 토지 소유자 총수에 추가 산입하지 말 것

6. 도시개발구역의 지정이 제안되기 전에 또는 도시개발구역에 대한 개발계획의 변경을 요청받기 전에 동의를 철회하는 사람이 있는 경우 : 그 사람은 동의자 수에서 제외할 것
7. 도시개발구역의 지정이 제안된 후부터 개발계획이 수립되기 전까지의 사이에 토지 소유자가 변경된 경우 또는 개발계획의 변경을 요청받은 후부터 개발계획이 변경되기 전까지의 사이에 토지 소유자가 변경된 경우 : 기존 토지 소유자의 동의서를 기준으로 할 것

(2) **동의 및 철회 방법**(영 제6조 제3항, 제4항)

1. 국·공유지를 제외한 전체 사유 토지면적 및 토지 소유자에 대하여 법 제4조 제3항에 따른 동의 요건 이상으로 동의를 받은 후에 그 토지면적 및 토지 소유자의 수가 법적 동의 요건에 미달하게 된 경우에는 국·공유지 관리청의 동의를 받아야 한다.
2. 토지 소유자가 동의하거나 동의를 철회할 경우에는 국토교통부령으로 정하는 동의서 또는 동의 철회서를 제출하여야 하며, 공유토지의 대표 소유자는 공유자의 인감을 찍은 대표자지정 동의서와 해당 인감증명서를 첨부하여 함께 제출하여야 한다.

5 광역도시계획 또는 도시·군기본계획에 부합

「국토의 계획 및 이용에 관한 법률」에 따른 광역도시계획이나 도시·군기본계획이 수립되어 있는 지역에 대하여 개발계획을 수립하려면 개발계획의 내용이 해당 광역도시계획이나 도시·군기본계획에 들어맞도록 하여야 한다(법 제5조 제2항).

6 복합기능을 갖는 도시의 규모

330만㎡ 이상인 도시개발구역에 관한 개발계획을 수립할 때에는 해당 구역에서 주거, 생산, 교육, 유통, 위락 등의 기능이 서로 조화를 이루도록 노력하여야 한다(법 제5조 제4항, 영 제9조 제3항).

7 개발계획의 작성의 기준 및 방법

개발계획의 작성 기준 및 방법은 국토교통부장관이 정한다(법 제5조 제5항).

기출 및 예상문제

01 도시개발법령상 환지 방식의 도시개발사업에 대한 개발계획 수립에 필요한 동의자의 수를 산정하는 방법으로 옳은 것은? (제35회)

① 도시개발구역의 토지면적을 산정하는 경우: 국공유지를 제외하고 산정할 것

② 1인이 둘 이상 필지의 토지를 단독으로 소유한 경우: 필지의 수에 관계없이 토지 소유자를 1인으로 볼 것

③ 둘 이상 필지의 토지를 소유한 공유자가 동일한 경우: 공유자 각각을 토지 소유자 1인으로 볼 것

④ 1필지의 토지 소유권을 여럿이 공유하는 경우:「집합건물의 소유 및 관리에 관한 법률」에 따른 구분 소유자인지 여부와 관계없이 다른 공유자의 동의를 받은 대표 공유자 1인을 해당 토지 소유자로 볼 것

⑤ 도시개발구역의 지정이 제안된 후부터 개발계획이 수립되기 전까지의 사이에 토지 소유자가 변경된 경우: 변경된 토지 소유자의 동의서를 기준으로 할 것

해설

① 도시개발구역의 토지면적을 산정하는 경우 : 국공유지를 포함한다.

③ 둘 이상 필지의 토지를 소유한 공유자가 동일한 경우 : 토지 소유자를 1인으로 본다.

④ 1필지의 토지 소유권을 여럿이 공유하는 경우: 구분 소유자는 각각으로 나머지는 대표 공유자 1인을 해당 토지 소유자로 본다

⑤ 도시개발구역의 지정이 제안된 후부터 개발계획이 수립되기 전까지의 사이에 토지 소유자가 변경된 경우: 변경되기 전 토지 소유자의 동의서를 기준으로 한다.

정답 ②

02 CHAPTER 도시개발구역의 지정 등

단원별 학습포인트

도시개발구역 지정 핵심쟁점

- ❑ 도시개발구역 지정권자
- ❑ 누가 누구에게 요청 하고, 누가 누구에게 제안 하는지
- ❑ 도시개발구역 지정절차
- ❑ 개발구역의 면적기준과 미개발지역의 요건
- ❑ 도시개발구역지정의 효과와 효과가 발생하지 않는 취락지구와 지구단위계획구역
- ❑ 도시개발구역에서 개발행위허가와 국토계획법상의 개발행위허가의 차이와 내용의 유사점
- ❑ 도시개발구역의 분할과 결합의 요건
- ❑ 도시개발구역지정의 해제 사유

제1절 도시개발구역의 지정 제20회~제26회, 제29회, 제30회, 제31회, 제32회, 제33회

1 도시개발구역의 지정권자

1. 원칙

(1) 시·도지사·대도시 시장

시·도지사, 대도시 시장은 계획적인 도시개발이 필요하다고 인정되는 때에는 도시개발구역을 지정할 수 있다(법 제3조 제1항, 영 제3조).

(2) 둘 이상의 시·도 또는 대도시의 행정구역에 걸치는 경우 도시개발구역의 지정권자

도시개발사업이 필요하다고 인정되는 지역이 둘 이상의 시·도 또는 대도시의 행정구역에 걸치는 경우에는 관계 시·도지사 또는 대도시 시장이 협의하여 도시개발구역을 지정할 자를 정하며, 협의가 성립되지 않는 경우 국토교통부장관이 도시개발구역을 지정한다(법 제3조 제2항).

2. 예외(국토교통부장관)

국토교통부장관은 다음 각 호의 어느 하나에 해당하면 도시개발구역을 지정할 수 있다(법 제3조 제3항, 영 제4조).

1. 국가가 도시개발사업을 실시할 필요가 있는 경우
2. 관계중앙행정기관의 장이 요청하는 경우
3. 대통령령이 정하는 공공기관의 장 또는 정부출연기관의 장이 30만㎡ 이상으로서 국가계획과 밀접한 관련이 있는 도시개발구역의 지정을 제안하는 경우
4. 둘 이상의 시·도 또는 대도시의 행정구역에 걸치는 경우에 협의가 성립되지 아니하는 경우
5. 천재지변, 그 밖의 사유로 인하여 도시개발사업을 긴급하게 할 필요가 있는 경우

2 도시개발구역 지정요청(시장·군수·구청장이 시·도지사에게)

시장(대도시 시장은 제외한다)·군수 또는 구청장은 대통령령으로 정하는 바에 시·군·구도시계획위원회의 자문을 한 후 시·도지사에게 도시개발구역의 지정을 요청할 수 있다. 다만 지구단위계획구역에서 이미 결정된 지구단위계획에 따라 도시개발사업을 시행하기 위하여 도시개발구역의 지정을 요청하는 경우에는 시·군·구 도시계획위원회에 자문을 하지 아니할 수 있다(법 제3조 제4항, 영 제5조).

3 도시개발구역 지정제안(사업시행자가 시장·군수·구청장, 특별자치도지사에게)

1. 원칙(국가, 지방자치단체와 조합을 제외한 시행자 → 특별자치도지사·시장·군수 또는 구청장)

국가, 지방자치단체와 조합을 제외한 시행자는 대통령령으로 정하는 바에 따라 특별자치도지사·시장·군수 또는 구청장에게 도시개발구역의 지정을 제안할 수 있다. 도시개발구역의 지정을 제안하려는 지역이 둘 이상의 시·군 또는 구의 행정구역에 걸쳐 있는 경우에는 그 지역에 포함된 면적이 가장 큰 행정구역의 시장·군수 또는 구청장에게 관계 서류를 제출하여야 한다(법 제11조 제5항, 영 제23조 제1항, 제2항).

2. 예외(국토교통부장관에게 지정제안)

국토교통부장관이 도시개발구역을 지정할 수 있는 경우로서 대통령령이 정하는 공공기관, 정부출연기관의 장이 30만㎡ 이상으로서 국가계획과 밀접한 관련이 있는 경우에는 국토교통부장관에게 직접 제안할 수 있다(법 제11조 제5항).

3. 지정제안 전 동의(민간사업시행자만 동의)

토지소유자(조합은 제외) 또는 민간사업시행자 및 공동출자법인(공공사업시행자가 50%를 초과하여 출자한 경우는 제외한다)에 해당하는 자가 도시개발구역의 지정을 제안하려는 경우에는 대상 구역 토지면적의 3분의 2 이상에 해당하는 토지 소유자(지상권자를 포함한다)의 동의를 받아야 한다. 이 경우 동의자 수의 산정방법 및 동의절차 그 밖에 필요한 사항은 대통령령으로 정한다(법 제11조 제6항, 영 제19조 제5항, 제19조의3).

4. 제안내용의 수용여부 통보

도시개발구역지정의 제안을 받은 국토교통부장관·특별자치도지사·시장·군수 또는 구청장은 제안내용의 수용 여부를 1개월 이내에 제안자에게 통보하여야 한다. 다만, 관계 기관과의 협의가 지연되는 등 불가피한 사유가 있는 경우에는 1개월 이내의 범위에서 통보기간을 연장할 수 있다(영 제23조 제3항).

5. 제안자의 비용부담

특별자치도지사·시장·군수 또는 구청장은 제안자와 협의하여 도시개발구역의 지정을 위하여 필요한 비용의 전부 또는 일부를 제안자에게 부담시킬 수 있다(법 제11조 제7항).

4 도시개발구역 지정절차

1. 기초조사 등

(1) 임의사항

도시개발사업의 시행자나 시행자가 되려는 자는 도시개발구역을 지정하거나 도시개발구역의 지정을 요청 또는 제안하려고 할 때에는 도시개발구역으로 지정될 구역의 토지, 건축물, 공작물, 주거 및 생활실태, 주택수요, 그 밖에 필요한 사항에 관하여 대통령령으로 정하는 바에 따라 조사하거나 측량할 수 있다(법 제6조 제1항).

(2) 자료요청

조사나 측량을 하려는 자는 관계 행정기관, 지방자치단체, 「공공기관의 운영에 관한 법률」에 따른 공공기관(이하 "공공기관"이라 한다), 정부출연기관, 그 밖의 관계 기관의 장에게 필요한 자료의 제출을 요청할 수 있다. 이 경우 자료 제출을 요청받은 기관의 장은 특별한 사유가 없으면 요청에 따라야 한다(법 제6조 제2항).

2. 주민 등의 의견청취(공람 후 공청회)

(1) 공람·공청회

국토교통부장관, 시·도지사 또는 대도시 시장이 도시개발구역을 지정(대도시 시장이 아닌 시장·군수 또는 구청장의 요청에 의하여 지정하는 경우를 제외한다)하고자 하거나 대도시 시장이 아닌 시장·군수 또는 구청장이 도시개발구역의 지정을 요청하려고 하는 경우에는 공람이나 공청회를 통하여 주민이나 관계 전문가 등으로부터 의견을 들어야 하며, 공람이나 공청회에서 제시된 의견이 타당하다고 인정되면 이를 반영하여야 한다. 도시개발구역을 변경(대통령령으로 정하는 경미한 사항은 제외한다)하려는 경우에도 또한 같다(법 제7조 제1항).

(2) 주민의 의견청취방법(공람 후 공청회)(법 제7조 제2항)

① 공고·열람

1. 지정권자의 의견청취(송부를 통한 의견청취)
   국토교통부장관 또는 시·도지사는 법 제7조에 따라 도시개발구역의 지정에 관한 주민의 의견을 청취하려면 관계 서류 사본을 시장·군수 또는 구청장에게 송부하여야 한다(영 제11조 제1항).
2. 시장·군수 또는 구청장의 의견청취
   시장·군수 또는 구청장은 관계 서류 사본을 송부받거나 주민의 의견을 청취하려는 경우에는 일정한 사항을 전국 또는 해당 지방을 주된 보급지역으로 하는 둘 이상의 일간신문과 해당 시·군 또는 구의 인터넷 홈페이지에 공고하고 14일(토요일과 공휴일을 제외하고 계산한다) 이상 일반인에게 공람시켜야 한다. 다만, 도시개발구역의 면적이 10만㎡ 미만인 경우에는 일간신문에 공고하지 아니하고 공보와 해당 시·군 또는 구의 인터넷 홈페이지에 공고할 수 있다(영 제11조 제2항).
3. 의견제출
   공고된 내용에 관하여 의견이 있는 자는 공람기간에 도시개발구역의 지정에 관한 공고를 한 자에게 의견서를 제출할 수 있다. 시장·군수 또는 구청장은 제출된 의견을 종합하여 국토교통부장관(제1항에 따라 국토교통부장관이 시장·군수·구청장에게 송부한 경우에만 해당한다. 이하 이 조에서 같다), 시·도지사에게 제출하여야 하며, 제출된 의견이 없으면 그 사실을 국토교통부장관, 시·도지사에게 통보하여야 한다. 다만, 대도시 시장이 지정권자인 경우에는 그러하지 아니하다(영 제11조 제3항, 제4항).
4. 반영여부통보
   국토교통부장관, 시·도지사, 시장·군수 또는 구청장은 제출된 의견을 공고한 내용에 반영할 것인지를 검토하여 그 결과를 공람기간이 끝난 날부터 30일 이내에 그 의견을 제출한 자에게 통보하여야 한다(영 제11조 제5항).

② 공청회 개최(법 제7조 제2항)

1. 공청회개최의무
   국토교통부장관, 시·도지사, 시장·군수 또는 구청장은 도시개발사업을 시행하려는 구역의 면적이 100만㎡ 이상인 경우(법 제4조 제3항에 따른 도시개발계획의 변경 후의 면적이 100만㎡ 이상인 경우를 포함한다)에는 공람기간이 끝난 후에 공청회를 개최하여야 한다(영 제13조 제1항).
2. 일간신문에 공고
   국토교통부장관, 시·도지사, 시장·군수 또는 구청장은 공청회를 개최하려면 전국 또는 해당 지방을 주된 보급지역으로 하는 일간신문과 인터넷 홈페이지에 공청회 개최 예정일 14일 전까지 1회 이상 공고하여야 한다(영 제13조 제2항).

3. 협의·심의

(1) 원칙

지정권자는 도시개발구역을 지정하거나 개발계획을 수립(개발구역 지정 후 개발계획을 수립)하려면 관계 행정기관의 장과 협의한 후 도시계획위원회의 심의를 거쳐야 한다. 변경하는 경우에도 또한 같다. 다만, 대통령령으로 정하는 경미한 사항을 변경하는 경우에는 그러하지 아니하다(법 제8조 제1항).

(2) 국토교통부장관과 협의

지정권자는 관계 행정기관의 장과 협의하는 경우 지정하려는 도시개발구역이 일정 규모 이상 또는 국가계획과 관련되는 등 대통령령으로 정하는 다음의 경우에 해당하면 국토교통부장관과 협의하여야 한다(법 제8조 제3항).

1. 지정하려는 도시개발구역 면적이 50만㎡ 이상인 경우
2. 개발계획이 「국토의 계획 및 이용에 관한 법률」에 따른 국가계획을 포함하고 있거나 그 국가계획과 관련되는 경우

(3) 심의생략(지구단위계획에 따라 도시개발사업을 시행)

「국토의 계획 및 이용에 관한 법률」에 의한 지구단위계획에 따라 도시개발사업을 시행하기 위하여 도시개발구역을 지정하는 경우에는 도시계획위원회의 심의를 거치지 아니한다(법 제8조 제2항).

4. 도시개발구역지정의 고시 등

(1) 고시·공람

지정권자는 도시개발구역을 지정하거나 개발계획을 수립(개발구역 지정 후 개발계획을 수립)한 경우에는 대통령령으로 정하는 바에 따라 이를 관보나 공보에 고시하고, 대도시 시장인 지정권자는 관계 서류를 일반에게 14일 이상 공람시켜야 하며, 대도시 시장이 아닌 지정권자는 해당 도시개발구역을 관할하는 시장(대도시 시장은 제외한다)·군수 또는 구청장에게 관계 서류의 사본을 보내야 하며, 지정권자인 특별자치도지사와 관계 서류를 송부받은 시장(대도시 시장은 제외한다)·군수 또는 구청장은 해당 관계 서류를 일반인에게 14일 이상 공람시켜야 한다. 변경하는 경우에도 또한 같다(법 제9조 제1항, 영 제15조 제1항, 제4항).

(2) 통보

시·도지사 또는 대도시 시장이 도시개발구역을 지정·고시한 경우에는 국토교통부장관에게 그 내용을 통보하여야 한다(법 제9조 제3항).

5 도시개발구역의 지정규모 및 미개발지역 지정요건

도시개발구역을 지정하기 위해서는 일정면적 이상의 규모와 광역도시계획이나 도시·군기본계획의 개발용도에 적합한 조건을 갖추어야 한다.

1. 지정규모

(1) 도시개발구역으로 지정할 수 있는 대상지역 및 규모는 다음과 같다(영 제2조 제1항).

도시지역 안	1. 주거지역 : 1만㎡ 이상 2. 상업지역 : 1만㎡ 이상 3. 공업지역 : 3만㎡ 이상 4. 자연녹지지역 : 1만㎡ 이상 5. 생산녹지지역(생산녹지지역이 도시개발구역 지정면적의 100분의 30 이하인 경우만 해당된다) : 1만㎡ 이상
도시지역 외의 지역	1. 원칙 : 30만㎡ 이상 2. 예외 : 다만, 공동주택 중 아파트 또는 연립주택의 건설계획이 포함되는 경우로서 다음 요건을 모두 갖춘 경우에는 10만㎡ 이상으로 한다. ① 도시개발구역에 초등학교용지를 확보하여 관할 교육청의 동의를 받은 경우 ② 도시개발구역에서 「도로법」 제12조부터 제15조까지의 규정에 해당하는 도로 또는 국토교통부령으로 정하는 도로와 연결되거나 4차로 이상의 도로를 설치하는 경우

(2) **자연녹지지역, 생산녹지지역 및 도시지역 외의 지역의 지정요건**(영 제2조 제2항)

광역도시계획 또는 도시·군기본계획이 수립된 경우	광역도시계획 또는 도시·군기본계획에 의하여 개발이 가능한 지역에서만 국토교통부장관이 정하는 기준에 따라 지정하여야 한다.
광역도시계획 및 도시·군기본계획이 수립되지 아니한 지역인 경우	자연녹지지역 및 계획관리지역에서만 도시개발구역을 지정할 수 있다.

(3) **기준적용배제**

다음 어느 하나에 해당하는 지역으로서 지정권자가 계획적인 도시개발이 필요하다고 인정하는 지역에 대하여는 도시개발구역의 규모 및 미개발지역의 지정요건을 적용하지 아니한다(영 제2조 제3항).

> 1. 「국토의 계획 및 이용에 관한 법률」에 따른 취락지구 또는 개발진흥지구로 지정된 지역
> 2. 「국토의 계획 및 이용에 관한 법률」에 따른 지구단위계획구역으로 지정된 지역
> 3. 국토교통부장관이 지역균형발전을 위하여 관계 중앙행정기관의 장과 협의하여 도시개발구역으로 지정하려는 지역(자연환경보전지역은 제외한다)

6 도시개발구역 지정·고시효과(용도지역 등의 지정의제 등)

1. 용도지역 등의 지정의제 효과

(1) 도시지역 및 지구단위계획구역 의제

도시개발구역이 지정·고시된 경우 해당 도시개발구역은 「국토의 계획 및 이용에 관한 법률」에 따른 도시지역과 지구단위계획구역으로 결정되어 고시된 것으로 본다. 다만, 「국토의 계획 및 이용에 관한 법률」에 따른 지구단위계획구역 및 취락지구로 지정된 지역인 경우에는 그러하지 아니하다(법 제9조 제2항, 영 제12조 제5항).

(2) 지형도면 고시의 특례

위 (1)의 결정·고시된 것으로 보는 사항에 대하여 「국토의 계획 및 이용에 관한 법률」에 따른 도시·군관리계획에 관한 지형도면의 고시는 같은 법에도 불구하고 도시개발사업의 시행 기간에 할 수 있다(법 제9조 제4항).

2. 도시개발구역에서 개발행위 허가

(1) 행위제한

① 원칙(허가)

도시개발구역지정에 관한 주민 등의 의견청취를 위한 공고가 있는 지역 및 도시개발구역에서 다음의 행위를 하려는 자는 특별시장·광역시장·특별자치도지사·시장 또는 군수의 허가를 받아야 한다. 허가받은 사항을 변경하려는 경우에도 또한 같다(법 제9조 제5항, 영 제16조 제1항).

1. 건축물의 건축 등	「건축법」에 따른 건축물(가설건축물을 포함한다)의 건축, 대수선 또는 용도 변경을 포함한다.
2. 공작물의 설치	인공을 가하여 제작한 시설물의 설치
3. 토지의 형질변경	절토(땅깎기)·성토(흙쌓기)·정지·포장 등의 방법으로 토지의 형상을 변경하는 행위, 토지의 굴착 또는 공유수면의 매립
4. 토석의 채취	흙·모래·자갈·바위 등의 토석을 채취하는 행위. 다만, 토지의 형질변경을 목적으로 하는 것은 제3호에 따른다.
5. 토지분할	
6. 물건을 쌓아놓는 행위	옮기기 쉽지 아니한 물건을 1개월 이상 쌓아놓는 행위
7. 죽목(竹木)의 벌채 및 식재(植栽)	

② 예외(허용사항)

다음의 행위는 허가를 받지 아니하고 이를 할 수 있다(법 제9조 제6항, 영 제16조 제3항).

1. 재해 복구 또는 재난 수습에 필요한 응급조치를 위하여 하는 행위
2. 「국토의 계획 및 이용에 관한 법률」에 의한 개발행위허가의 대상이 아닌 다음의 경미한 행위
   ① 농림수산물의 생산에 직접 이용되는 것으로서 국토교통부령으로 정하는 간이공작물의 설치
   ② 경작을 위한 토지의 형질변경
   ③ 도시개발구역의 개발에 지장을 주지 아니하고 자연경관을 훼손하지 아니하는 범위에서의 토석채취
   ④ 도시개발구역에 남겨두기로 결정된 대지에서 물건을 쌓아놓는 행위
   ⑤ 관상용 죽목의 임시 식재(경작지에서의 임시 식재는 제외한다)

(2) 사업시행자 의견청취

특별시장·광역시장·특별자치도지사·시장 또는 군수는 행위에 대한 허가를 하려는 경우에 시행자가 이미 지정되어 있으면 미리 그 시행자의 의견을 들어야 한다(영 제16조 제2항).

(3) 「국토의 계획 및 이용에 관한 법률」의 준용

행위허가에 관하여 이 법에 규정한 것을 제외하고는 「국토의 계획 및 이용에 관한 법률」의 개발행위허가절차, 허가기준, 도시계획위원회의 심의, 이행보증금 예치 및 준공검사에 관한 규정을 준용한다(법 제9조 제9항).

(4) 「국토의 계획 및 이용에 관한 법률」의 의제

행위허가를 받은 경우에는 「국토의 계획 및 이용에 관한 법률」의 규정에 의한 개발행위허가를 받은 것으로 본다(법 제9조 제10항).

(5) 기득권 보호

허가를 받아야 하는 행위로서 도시개발구역의 지정 및 고시 당시 이미 관계 법령에 따라 행위 허가를 받았거나 허가를 받을 필요가 없는 행위에 관하여 그 공사나 사업에 착수한 자는 도시개발구역의 지정 및 고시가 있은 날부터 30일 이내에 특별시장·광역시장·특별자치도지사· 시장 또는 군수에게 신고한 후 이를 계속 시행할 수 있다(법 제9조 제7항, 영 제16조 제4항).

(6) 원상회복 명령 등

특별시장·광역시장·특별자치도지사·시장 또는 군수는 행위허가 규정을 위반한 자에게 원상회복을 명할 수 있다. 이 경우 명령을 받은 자가 그 의무를 이행하지 아니하는 경우에는 특별시장·광역시장·특별자치도지사·시장 또는 군수는 「행정대집행법」에 따라 이를 대집행할 수 있다(법 제9조 제8항).

(7) 처벌

허가규정을 위반한 자에 대하여는 3년 이하의 징역이나 3,000만원 이하의 벌금에 처할 수 있다(법 제80조).

7 도시개발구역의 분할 및 결합

1. 분할 및 결합개발

지정권자는 도시개발사업의 효율적인 추진과 도시의 경관 보호 등을 위하여 필요하다고 인정하는 경우에는 도시개발구역을 둘 이상의 사업시행지구로 분할하거나 서로 떨어진 둘 이상의 지역을 결합하여 하나의 도시개발구역으로 지정할 수 있다. 도시개발구역을 분할 또는 결합하여 지정하는 요건과 절차 등에 필요한 사항은 대통령령으로 정한다(법 제3조의2 제1항, 제2항).

2. 분할의 요건

도시개발구역을 둘 이상의 사업시행지구로 분할할 수 있는 경우는 지정권자가 도시개발사업의 효율적인 추진을 위하여 필요하다고 인정하는 경우로서 분할 후 각 사업시행지구의 면적이 각각 1만제곱미터 이상인 경우로 한다(영 제5의2 제1항).

3. 결합의 요건

서로 떨어진(동일 또는 연접한 특별시·광역시·도·특별자치도로 한정한다) 둘 이상의 지역을 결합하여 하나의 도시개발구역으로 지정(이하 "결합개발"이라 한다)할 수 있는 경우는 면적이 1만㎡ 이상인 어느 하나에 해당하는 지역이 도시개발구역에 하나 이상 포함된 경우로 한다(영 제5의2 제2항).

8 도시개발구역지정의 해제

1. 개발계획수립 후 개발구역을 지정한 경우 해제사유

도시개발구역의 지정은 다음 각 호의 어느 하나에 규정된 날의 다음 날에 해제된 것으로 본다(법 제10조 제1항).

1. 도시개발구역이 지정·고시된 날부터 3년이 되는 날까지 실시계획의 인가를 신청하지 아니하는 경우에는 그 3년이 되는 날
2. 도시개발사업의 공사완료(환지방식에 따른 사업인 경우에는 그 환지처분)의 공고일

2. 개발구역지정 후 개발계획을 수립한 경우 해제사유

도시개발구역을 지정한 후 개발계획을 수립하는 경우에는 다음 각 호의 어느 하나에 규정된 날의 다음 날에 도시개발구역의 지정이 해제된 것으로 본다(법 제10조 제2항, 영 제17조 제2항).

1. 도시개발구역이 지정·고시된 날부터 2년이 되는 날까지 개발계획을 수립·고시하지 아니하는 경우에는 그 2년이 되는 날. 다만, 도시개발구역의 면적이 330만㎡ 이상인 경우에는 5년으로 한다.
2. 개발계획을 수립·고시한 날부터 3년이 되는 날까지 제17조에 따른 실시계획 인가를 신청하지 아니하는 경우에는 그 3년이 되는 날. 다만, 도시개발구역의 면적이 330만㎡ 이상인 경우에는 5년으로 한다.

3. 도시개발구역해제의 효과

도시개발구역의 지정이 해제의제된 경우에는 그 도시개발구역에 대한 「국토의 계획 및 이용에 관한 법률」에 따른 용도지역 및 지구단위계획구역은 해당 도시개발구역 지정 전의 용도지역 및 지구단위계획구역으로 각각 환원되거나 폐지된 것으로 본다. 다만, 도시개발사업의 공사완료(환지방식에 의한 사업인 경우에는 그 환지처분)의 공고일의 다음 날에 도시개발구역의 지정이 해제의제된 경우에는 환원되거나 폐지된 것으로 보지 아니한다(법 제10조 제3항).

4. 도시개발구역해제의 고시·통보

도시개발구역의 지정이 해제의제되는 경우 지정권자는 대통령령으로 정하는 바에 따라 이를 관보나 공보에 고시하고, 대도시 시장인 지정권자는 관계 행정기관의 장에게 통보하여야 하며 관계 서류를 일반에게 14일 이상 공람시켜야 하고, 대도시 시장이 아닌 지정권자는 관계 행정기관의 장과 도시개발구역을 관할하는 시장(대도시 시장은 제외한다)·군수 또는 구청장에게 통보하여야 한다. 이 경우 지정권자인 특별자치도지사와 본문에 따라 통보를 받은 시장(대도시 시장은 제외한다)·군수 또는 구청장은 관계 서류를 일반인에게 14일 이상 공람시켜야 한다(법 제10조 제4항, 영 제17조 제1항, 제3항).

제2절 도시개발구역의 보안관리 및 부동산투기방지대책

1 도시개발관련정보 누설관련 조치

다음 각 호에 해당하는 자는 도시개발구역지정에 따른 주민의견청취를 위한 공람 전까지는 도시개발구역의 지정을 위한 조사, 관계 서류 작성, 관계기관 협의, 중앙 또는 지방도시계획위원회 심의 등의 과정에서 관련 정보가 누설되지 아니하도록 필요한 조치를 하여야 한다. 다만, 지정권자가 도시개발사업의 원활한 시행을 위하여 필요하다고 인정하는 경우로서 대통령령으로 정하는 경우에는 관련 정보를 미리 공개할 수 있다(법 10조의2 제1항).

1. 지정권자
2. 도시개발구역의 지정을 요청하거나 요청하려는 관계 중앙행정기관의 장 또는 시장·군수·구청장
3. 시행자 또는 시행자가 되려는 자 및 도시개발구역의 지정을 제안하거나 제안하려는 자
4. 도시개발구역을 지성하거나 도시개발구역의 지정을 요청 또는 제안하기 위한 자료의 제출을 요구받은 자
5. 도시개발구역 지정 시 협의하는 관계 행정기관의 장 또는 자문·심의기관의 장

2 미 공개정보 타인 누설금지

다음 각 호의 기관 또는 업체에 종사하였거나 종사하는 자는 업무 처리 중 알게 된 도시개발구역 지정 또는 지정의 요청·제안과 관련한 정보로서 불특정 다수인이 알 수 있도록 공개되기 전의 미공개정보를 도시개발구역의 지정 또는 지정 요청·제안 목적 외로 사용하거나 타인에게 제공 또는 누설해서는 아니 된다(법 10조의2 제2항).

1. 지정권자가 속한 기관
2. 도시개발구역의 지정을 요청하거나 또는 요청하려는 관계 중앙행정기관 또는 시·군·구
3. 시행자 또는 시행자가 되려는 자 및 도시개발구역의 지정을 제안하거나 제안하려는 자(토지 소유자를 포함한다)
4. 도시개발구역을 지정하거나 도시개발구역의 지정을 요청 또는 제안하기 위한 자료의 제출을 요구받은 기관
5. 도시개발구역 지정 시 협의하는 관계 기관 또는 자문·심의 기관
6. 도시개발사업의 시행자 또는 시행자가 되려는 자가 도시개발구역의 지정 또는 지정 요청·제안에 필요한 조사·측량을 하거나 관계 서류 작성 등을 위하여 용역 계약을 체결한 업체

3 미 공개정보 제공받은 자의 누설금지

제2항 각 호의 어느 하나에 해당하는 기관 또는 업체에 종사하였거나 종사하는 자로부터 미공개정보를 제공받은 자 또는 미공개정보를 부정한 방법으로 취득한 자는 그 미공개정보를 도시개발구역의 지정 또는 지정 요청·제안 목적 외로 사용하거나 타인에게 제공 또는 누설해서는 아니 된다(법 10조의2 제3항).

4 미공개정보 누설한 자에 대한 벌칙

미공개정보누설금지 규정을 위반하여 미공개정보를 목적 외로 사용하거나 타인에게 제공 또는 누설한 자는 5년 이하의 징역 또는 그 위반행위로 얻은 재산상 이익 또는 회피한 손실액의 3배 이상 5배 이하에 상당하는 벌금에 처한다. 다만, 얻은 이익 또는 회피한 손실액이 없거나 산정하기 곤란한 경우 또는 그 위반행위로 얻은 재산상 이익의 5배에 해당하는 금액이 10억원 이하인 경우에는 벌금의 상한액을 10억원으로 한다(법 79조의2 제1항).

02 CHAPTER

기출 및 예상문제

01 도시개발법령상 도시개발 구역을 지정할 수 있는 자를 모두 고른 것은? (제32회)

ㄱ. 시·도지사	ㄴ .대도시 시장
ㄷ. 국토교통부장관	ㄹ. 한국토지주택공사

① ㄱ ② ㄴ, ㄹ ③ ㄷ, ㄹ ④ ㄱ, ㄴ, ㄷ ⑤ ㄱ, ㄴ, ㄷ, ㄹ

해설 ④ 도시개발구역은 원칙적으로 시·도지사 또는 대도시 시장이고, 예외적으로 국토교통부장관이 지정한다.

정답 ④

02 도시개발법령상 도시개발구역의 지정에 관한 설명으로 옳은 것은? (단, 특례는 고려하지 않음) (제30회)

① 대도시 시장은 직접 도시개발구역을 지정할 수 없고, 도지사에게 그 지정을 요청하여야 한다.
② 도시개발사업이 필요하다고 인정되는 지역이 둘 이상의 도의 행정구역에 걸치는 경우에는 해당 면적이 더 넓은 행정구역의 도지사가 도시개발구역을 지정하여야 한다.
③ 천재지변으로 인하여 도시개발사업을 긴급하게 할 필요가 있는 경우 국토교통부장관이 도시개발구역을 지정할 수 있다.
④ 도시개발구역의 총 면적이 1만제곱미터 미만인 경우 둘이상의 사업시행지구로 분할하여 지정할 수 있다.
⑤ 자연녹지지역에서 도시개발구역을 지정한 이후 도시개발사업의 계획을 수립하는 것은 허용되지 아니한다.

해설 ① 도시개발구역은 원칙적으로 시·도지사 또는 대도시시장이 지정한다.
② 도시개발사업이 필요하다고 인정되는 지역이 둘 이상의 도의 행정구역에 걸치는 경우 면적이 큰 곳이 아니라 협의하여 지정할 자를 정한다.
④ 도시개발구역을 둘이상의 사업시행지구로 분할하려면 1만㎡ 미만이 아니라 1만㎡ 이상이 포함되어야 한다.
⑤ 자연녹지지역은 도시개발구역을 먼저 지정하고 나중에 개발계획을 수립할 수 있다.

정답 ③

03 도시개발법령상 국토교통부장관이 도시개발구역을 지정할 수 있는 경우에 해당하지 않는 것은? (제33회)

① 국가가 도시개발사업을 실시할 필요가 있는 경우
② 관계 중앙행정기관의 장이 요청하는 경우
③ 한국토지주택공사 사장이 20만 제곱미터의 규모로 국가계획과 밀접한 관련이 있는 도시개발구역의 지정을 제안하는 경우
④ 천재재변, 그 밖의 사유로 인하여 도시개발사업을 긴급하게 할 필요가 있는 경우
⑤ 도시개발사업이 필요하다고 인정되는 지역이 둘 이상의 도의 행정구역에 걸치는 경우에 도시개발 구역을 지정할 자에 관하여 관계 도지사 간에 협의가 성립되지 아니하는 경우

해설 ③ 국토교통부장관은 다음 어느 하나에 해당하면 도시개발구역을 지정할 수 있다.

1. 국가가 도시개발사업을 실시할 필요가 있는 경우
2. 관계중앙행정기관의 장이 요청하는 경우
3. 대통령령이 정하는 공공기관의 장 또는 정부출연기관의 장이 30만㎡ 이상으로서 국가계획과 밀접한 관련이 있는 도시개발구역의 지정을 제안하는 경우
4. 둘 이상의 시·도 또는 대도시의 행정구역에 걸치는 경우에 협의가 성립되지 아니하는 경우
5. 천재지변, 그 밖의 사유로 인하여 도시개발사업을 긴급하게 할 필요가 있는 경우

정답 ③

04 도시개발법령상 도시개발구역에서 허가를 받아야 할 행위로 명시되지 않은 것은? (제32회)

① 토지의 합병
② 토석의 채취
③ 죽목의 식재
④ 공유수면의 매립
⑤ '건축법'에 따른 건축물의 용도 변경

해설 ① 도시개발구역에서 개발행위허가를 받아야 할 행위는 다음과 같다.

1. 건축물의 건축 : 건축법상의 건물(가설건축물을 포함한다)건축, 대수선, 용도변경을 포함한다.
2. 공작물의 설치
3. 토지의 형질변경
4. 토석의 채취 (토지형질변경을 목적으로 하는 경우는 제외한다.)
5. 토지분할
6. 물건을 쌓아놓는 행위 : 옮기기 쉽지 아니한 물건을 1월 이상 쌓아올리는 행위
7. 죽목의 벌채·식재

정답 ①

03 CHAPTER

도시개발사업의 시행

제1절 사업시행자 등 제27회 ~ 제31회, 제33회, 제34회, 제35회

단원별 학습포인트

사업시행자의 핵심쟁점

- ❑ 사업시행자(공공부분 사업시행자와 민간 사업시행자를 구분)
- ❑ 전부환지방식에서 지방자치단체등이 사업시행자되는 경우
- ❑ 사업시행자 변경사유
- ❑ 도시개발사업의 대행이란
- ❑ 조합설립 시 동의 요건과 동의요건 계산방법
- ❑ 조합설립 인가권자
- ❑ 조합의 성립시기
- ❑ 대의원회에서 대신할 수 없는 것(총회의 전권사항)
- ❑ 임원의 결격사유, 겸직 금지

1 원칙

1. 지정권자가 지정

도시개발사업의 시행자는 다음 각 호의 자 중에서 지정권자가 지정한다(법 제11조 제1항, 영 제18조).

(1) 공공 사업시행자

1. 국가 또는 지방자치단체	
2. 대통령령으로 정하는 공공기관	① 한국토지주택공사 ② 한국수자원공사 ③ 한국농어촌공사 ④ 한국관광공사 ⑤ 한국철도공사 ⑥ 「공공기관 지방이전에 따른 혁신도시 건설 및 지원에 관한 특별법」에 따른 매입공공기관(종전부동산 및 그 주변을 개발하는 경우로 한정한다)
3. 대통령령으로 정하는 정부출연기관	① 「국가철도공단법」에 따른 국가철도공단(「역세권의 개발 및 이용에 관한 법률」에 따른 역세권개발사업을 시행하는 경우에만 해당한다) ② 「제주특별자치도 설치 및 국제자유도시 조성을 위한 특별법」에 따른 제주국제자유도시개발센터(제주특별자치도에서 개발사업을 하는 경우에만 해당한다)
4. 지방공사	「지방공기업법」에 의하여 설립된 지방공사

(2) 민간 사업시행자

1. 도시개발구역의 토지소유자	「공유수면 관리 및 매립에 관한 법률」 제28조에 따라 면허를 받은 자를 해당 공유수면을 소유한 자로 보고 그 공유수면을 토지로 보며, 제21조에 따른 수용 또는 사용 방식의 경우에는 도시개발구역의 국공유지를 제외한 토지면적의 3분의 2 이상을 소유한 자를 말한다.
2. 조합	도시개발구역 안의 토지소유자가 도시개발을 위하여 설립한 조합(도시개발사업의 전부를 환지방식으로 시행하는 경우에 한하며, 이하 "조합"이라 한다)
3. 민간법인	과밀억제권역에서 수도권 외의 지역으로 이전하는 법인 중 과밀억제권역의 사업기간 등 대통령령으로 정하는 요건에 해당하는 법인
4. 등록사업자	「주택법」 제9조에 따라 등록한 자 중 도시개발사업을 시행할 능력이 있다고 인정되는 자로서 대통령령으로 정하는 요건에 해당하는 자 (「주택법」 제2조 제6호에 따른 주택단지와 그에 수반되는 기반시설을 조성하는 경우에만 해당한다)
5. 시행할 능력이 있다고 인정되는 자	「건설산업기본법」에 따른 토목공사업 또는 토목건축공사업의 면허를 받는 등 개발계획에 맞게 도시개발사업을 시행할 능력이 있다고 인정되는 자로서 대통령령으로 정하는 요건에 해당하는 자
6. 부동산개발업자	「부동산개발업의 관리 및 육성에 관한 법률」 제4조 제1항에 따라 등록한 부동산개발업자로서 대통령령으로 정하는 요건에 해당하는 자
7. 부동산투자회사	「부동산투자회사법」에 따라 설립된 자기관리부동산투자회사 또는 위탁관리부동산투자회사로서 대통령령이 정하는 요건에 해당하는 자(조합을 제외한 위의 시행자와 공동으로 시행하는 경우에 한한다)

(3) 공동출자법인

위 (1), (2)에 해당하는 자(조합을 제외) 둘 이상이 도시개발사업을 시행할 목적으로 출자하여 설립한 법인

2. 시행자 지정신청

시행자로 지정받으려는 자는 대통령령이 정한 사항을 기재한 사업시행자 지정신청서를 시장(대도시 시장은 제외한다)·군수 또는 구청장을 거쳐 지정권자에게 제출하여야 한다. 다만, 지정권자가 도시개발사업을 직접 시행하는 경우에는 그러하지 아니하며, 국토교통부장관·특별자치도지사 또는 대도시 시장이 지정권자인 경우에는 국토교통부장관·특별자치도지사 또는 대도시 시장에게 직접 제출할 수 있다(영 제19조 제1항).

2 도시개발사업 전부를 환지방식으로 시행하는 경우 사업시행자

1. 원칙(토지소유자 또는 조합을 지정)

도시개발구역의 전부를 환지방식으로 시행하는 경우에는 토지소유자 또는 조합을 시행자로 지정한다(법 제11조 제1항 단서).

2. 예외(지방자치단체 등을 지정)

지정권자는 다음 각 호의 어느 하나에 해당하는 사유가 있으면 지방자치단체 등(지방자치단체, 한국토지주택공사, 지방공사와 신탁업자 중 「주식회사의 외부감사에 관한 법률 시행령」에 따른 외부감사의 대상이 되는 자)를 시행자로 지정할 수 있다. 이 경우 도시개발사업을 시행하는 자가 시·도지사 또는 대도시 시장인 경우 국토교통부장관이 지정한다(법 제11조 제2항, 영 제20조 제1항, 제2항).

1. 도시개발구역의 국공유지를 제외한 토지면적의 2분의 1 이상에 해당하는 토지 소유자 및 토지 소유자 총수의 2분의 1 이상이 지방자치단체 등의 시행에 동의한 경우
2. 토지소유자 또는 조합이 개발계획의 수립·고시일부터 1년 이내(다만, 지정권자가 시행자지정신청기간의 연장이 불가피하다고 인정하여 6월의 범위 안에서 이를 연장한 경우에는 그 연장된 기간)에 시행자 지정을 신청하지 아니한 경우 또는 지정권자가 신청된 내용이 위법하거나 부당하다고 인정한 경우
3. 지방자치단체의 장이 집행하는 공공시설에 관한 사업과 병행하여 시행할 필요가 있다고 인정한 경우

3 사업시행자 변경

지정권자는 다음 각 호의 어느 하나에 해당하는 경우에는 시행자를 변경할 수 있다(법 제11조 제8항).

1. 도시개발구역의 전부를 환지방식으로 시행하는 경우 시행자로 지정된 자(토지소유자 또는 조합)가 도시개발구역 지정·고시일부터 1년 내에 도시개발사업에 관한 실시계획의 인가를 신청하지 아니하는 경우(다만, 지정권자가 시행자지정신청기간의 연장이 불가피하다고 인정하여 6월의 범위 안에서 이를 연장한 경우에는 그 연장된 기간을 말한다)(영 제24조).
2. 도시개발사업에 관한 실시계획의 인가를 받은 후 2년 이내에 사업에 착수하지 아니하는 경우
3. 행정처분으로 시행자의 지정이나 실시계획의 인가가 취소된 경우
4. 시행자의 부도·파산, 그 밖에 이와 유사한 사유로 도시개발사업의 목적을 달성하기 어렵다고 인정되는 경우

4 도시개발사업의 대행

1. 대행자

공공사업시행자는 도시개발사업을 효율적으로 시행하기 위하여 필요한 경우에는 대통령령으로 정하는 바에 따라 설계·분양 등 도시개발사업의 일부를 「주택법」에 따른 주택건설사업자 등으로 하여금 다음의 범위에서 대행하게 할 수 있다(법 제11조 제11항).

2. 대행의 범위

주택건설사업자 등에게 대행하게 할 수 있는 도시개발사업의 범위는 다음 각 호와 같다(영 제25의2조 제1항).

1. 실시설계
2. 부지조성공사
3. 기반시설공사
4. 조성된 토지의 분양

3. 대행자 선정방법

(1) 시행자는 도시개발사업을 대행하게 하려는 경우에는 대행할 사업자(이하 "대행개발사업자"라 한다)를 경쟁입찰 방식으로 선정하여야 한다(영 제25의2조 제2항).

(2) 시행자는 도시개발사업을 대행하게 하려는 경우에는 대행개발사업자와 대행에 관한 계약을 체결하여야 한다(영 제25의2조 제3항).

5 규약 등의 작성

1. 규약의 작성

지정권자는 토지소유자 2인 이상이 도시개발사업을 시행하고자 하는 때 또는 토지소유자가 민간사업시행자와 공동으로 도시개발사업을 시행하고자 하는 때에는 대통령령이 정하는 바에 따라 도시개발사업에 관한 규약을 정하게 할 수 있다(법 제11조 제3항).

2. 시행규정의 작성

다음의 경우에는 대통령령이 정하는 바에 따라 시행규정을 작성하여야 한다. 이 경우 공공기관, 정부출연기관, 지방공사인 시행자는 대통령령으로 정하는 기준에 따라 사업관리에 필요한 비용의 책정에 관한 사항을 시행규정에 포함할 수 있다(법 제11조 제4항, 영 제22조 제1항).

> 1. 도시개발사업 전부를 환지방식에 의하여 시행하는 경우로서 예외적으로 지정을 받은 지방자치단체 등이 도시개발사업의 전부를 환지방식에 의하여 시행하고자 하는 때
> 2. 공공시행자 또는 공동출자법인(공공시행가 100분의 50를 초과하여 출자한 경우에 한한다)에 해당하는 자가 도시개발사업의 일부를 환지방식에 의하여 시행하고자 하는 때

6 법인의 설립과 사업시행

1. 공공시행자와 민간참여자의 법인설립

① 공공시행자가 민간참여자와 법인을 설립하여 도시개발사업을 시행하고자 하는 경우에는 총사업비, 예상 수익률, 민간참여자와의 역할 분담 등이 포함된 사업계획을 마련하여야 한다. 이 경우 민간참여자의 이윤율은 총사업비 중 공공시행자의 부담분을 제외한 비용의 100분의 10 이내로 한다(법 제11조의2 제1항, 영 제25의3조 제1항).

② 제1항에 따른 총사업비는 용지비, 용지부담금, 이주대책비, 조성비, 기반시설 설치비·부담금, 직접인건비, 일반관리비, 자본비용과 그 밖에 국토교통부장관이 정하여 고시하는 비용을 합산한 금액으로 한다(영 제25의3조 제2항).

③ 국토교통부장관은 제25조의3제1항에 따른 민간참여자의 이윤율 상한에 대하여 2022년 6월 22일을 기준으로 3년마다(매 3년이 되는 해의 6월 22일 전까지를 말한다) 그 타당성을 검토하여 개선 등의 조치를 해야 한다(영 제85의 7).

2. 공공시행자의 법인설립방법

(1) 공모

공공시행자는 법인을 설립하려는 경우 공모의 방식으로 민간참여자를 선정하여야 하며, 공모의 방식으로 민간참여자를 선정하려는 경우에는 같은 조 제1항에 따른 사업계획을 전국에 보급되는 일간신문과 공공시행자의 인터넷 홈페이지에 공고해야 한다(법 제11조의2 제2항 본문, 영 제25의3조 제4항).

(2) 공모외의 방식

다만, 민간참여자로 선정되려는 자가 공공시행자에게 사업을 제안하는 경우로서 다음 각 호의 요건을 모두 갖춘 경우 공모가 아닌 다른 방식으로 민간참여자를 선정할 수 있다(법 제11조의2 제2항 단서, 영 제25의3조 제6항).

> 1. 제안자(2인 이상이 공동으로 제안하는 경우에는 그중 1인)가 대상 지역 토지면적의 3분의 2 이상을 소유할 것

2. 대상 지역이 도시지역(개발제한구역은 제외한다)에 해당할 것
3. 대상 지역의 면적이 10만제곱미터 미만일 것
4. 대상 지역이 도시개발구역의 지정 기준을 충족할 것
5. 대상 지역이 「군사기지 및 군사시설 보호법」 등 관계 법률에 따라 개발이 제한되는 지역이 아닐 것

3. 공공시행자와 민간참여자의 협약체결

① 협약에 포함되는 사항

공공시행자는 민간참여자와 제1항에 따른 법인을 설립하기 전에 민간참여자와 사업시행을 위한 협약을 체결하여야 하며, 그 협약의 내용에는 다음 각 호의 사항이 모두 포함되어야 한다(법 제11조의2 제3항).

1. 출자자 간 역할 분담 및 책임과 의무에 관한 사항
2. 총사업비 및 자금조달계획에 관한 사항
3. 출자자 간 비용 분담 및 수익 배분에 관한 사항
4. 민간참여자의 이윤율에 관한 사항
5. 그 밖에 대통령령으로 정하는 사항

② 협약체결의 제출 및 지정권자 승인

공공시행자가 협약 체결을 승인받으려는 경우에는 작성한 협약내용을 시장(대도시 시장은 제외한다)·군수 또는 구청장을 거쳐 지정권자(지정권자가 법 제11조의2제1항에 따른 법인의 출자자인 경우에는 국토교통부장관을 말한다.)에게 제출해야 한다. 다만, 국토교통부장관·특별자치도지사 또는 대도시시장이 지정권자인 경우에는 지정권자에게 직접 제출하여 지정권자의 승인을 받아야 한다. 이 경우 협약 체결을 승인하려는 지정권자는 총사업비 및 자금조달계획에 관한 사항, 민간참여자의 이윤율에 관한 사항 등 협약 내용의 적정성을 확인해야 한다.(법 제11조의2 제4항 전단, 영 제25의3조 제8항, 제9항)

④ 국토교통부장관에게 보고

협약 체결을 승인한 지정권자는 국토교통부장관에게 그 내용을 보고하여야 한다.(법 제11조의2 제4항 후단)

③ 적정성검토

국토교통부장관은 지정권자 승인에 따른 보고 내용이 위법하거나 보완이 필요하다고 인정하는 경우에는 제74조제3항에 따른 전문기관의 적정성 검토를 거쳐 지정권자에게 협약 내용의 시정을 명할 수 있다. 이 경우 시정명령을 받은 지정권자는 지체 없이 협약 체결의 승인을 취소하거나 협약 내용의 시정에 필요한 조치를 하여야 한다.(법 제11조의2 제5항, 6항)

4. 법인의 개발이익의 재투자

(1) 제11조의2제1항에 따른 법인이 도시개발사업의 시행자인 경우 시행자는 도시개발사업으로 인하여 발생하는 개발이익 중 민간참여자에게 배분하여야 하는 개발이익이 같은 조 제3항제4호에 따른 협약에 따른 이윤율을 초과할 경우 그 초과분을 다음 각 호의 어느 하나에 해당하는 용도로 사용하여야 한다.(법 제53조의2 제1항)

1. 해당 지방자치단체가 제60조에 따라 설치한 도시개발특별회계에의 납입
2. 해당 시·군·구 주민의 생활 편의 증진을 위한 주차장 및 공공·문화체육시설 등 대통령령으로 정하는 시설의 설치 또는 그 비용의 부담
3. 해당 도시개발구역 내의 「국토의 계획 및 이용에 관한 법률」 제2조 제6호에 따른 기반시설의 설치를 위한 토지 및 임대주택 건설용지의 공급가격 인하
4. 해당 시·군·구 내에서 임대주택을 건설·공급하는 사업에 드는 비용의 부담

(2) 시행자는 제1항에 따른 개발이익의 재투자를 위하여 도시개발사업으로 인하여 발생한 개발이익을 구분하여 회계처리하는 등 필요한 조치를 하고, 매년 또는 지징권자가 요청하는 경우 지정권자에게 해당 도시개발사업의 회계에 관한 사항을 보고하여야 한다.(법 제53조의2 제2항)

7 도시개발사업시행의 위탁 등

1. 국가·지방자치단체 또는 공공기관·정부출연기관 또는 지방공사에 위탁

시행자는 항만·철도, 그 밖에 대통령령으로 정하는 공공시설(「국토의 계획 및 이용에 관한 법률」에 따른 기반시설)의 건설과 공유수면의 매립에 관한 업무를 대통령령으로 정하는 바에 따라 국가, 지방자치단체, 대통령령으로 정하는 공공기관·정부출연기관 또는 지방공사에 위탁하여 시행할 수 있다(법 제12조 제1항).

2. 지방자치단체 또는 공공기관·정부출연기관·정부출자기관 또는 지방공사에 위탁

시행자는 도시개발사업을 위한 기초조사, 토지 매수 업무, 손실보상 업무, 주민 이주대책 사업 등을 대통령령으로 정하는 바에 따라 관할 지방자치단체, 대통령령으로 정하는 공공기관·정부출연기관·정부출자기관 또는 지방공사에 위탁할 수 있다. 다만, 정부출자기관에 주민 이주대책 사업을 위탁하는 경우에는 이주대책의 수립·실시 또는 이주정착금의 지급, 그 밖에 보상과 관련된 부대업무만을 위탁할 수 있다(법 제12조 제2항).

3. 위탁수수료 지급

시행자가 업무를 위탁하여 시행하는 경우에는 국토교통부령으로 정하는 요율의 위탁 수수료를 그 업무를 위탁받아 시행하는 자에게 지급하여야 한다(법 제12조 제3항).

8 신탁계약체결(민간사업시행자)

민간사업시행자(부동산투자회사 및 공동출자법인은 제외)는 지정권자의 승인을 받아 「자본시장과 금융투자업에 관한 법률」에 따른 신탁업자와 대통령령으로 정하는 바에 따라 신탁계약을 체결하여 도시개발사업을 시행할 수 있다(법 제12조 제4항).

제2절 조합 제20회~제25회, 제27회, 제29회, 제31회, 제33회, 제34회, 제35회

1 조합설립의 인가

조합을 설립하려면 도시개발구역의 토지 소유자 7명 이상이 대통령령으로 정하는 사항을 포함한 정관을 작성하여 지정권자에게 조합 설립의 인가를 받아야 한다(법 제13조 제1항). 조합이 인가를 받은 사항을 변경하려면 지정권자로부터 변경인가를 받아야 한다. 다만, 대통령령으로 정하는 다음의 경미한 사항을 변경하려는 경우에는 신고하여야 한다(법 제13조 제1항, 제2항, 영 제30조).

> 1. 주된 사무소의 소재지를 변경하려는 경우
> 2. 공고방법을 변경하려는 경우

2 조합설립 시 동의

1. 동의자 수

조합 설립의 인가를 신청하려면 해당 도시개발구역의 토지면적의 3분의 2 이상에 해당하는 토지 소유자와 그 구역의 토지 소유자 총수의 2분의 1 이상의 동의를 받아야 한다(법 제13조 제3항).

2. 동의자 수 산정 방법 등

(1) 동의자 수 산정방법(법 제13조 제4항, 영 제31조)

동의자 수의 산정방법 및 동의절차 그 밖의 필요한 사항은 대통령령으로 다음과 같이 정한다.

> 1. **도시개발구역의 토지면적을 산정하는 경우** : 국공유지를 포함하여 산정할 것
> 2. **토지 소유권을 여러 명이 공유하는 경우** : 다른 공유자의 동의를 받은 대표 공유자 1명만을 해당 토지 소유자로 볼 것. 다만, 「집합건물의 소유 및 관리에 관한 법률」 제2조 제2호에 따른 구분소유자는 각각을 토지 소유자 1명으로 본다.
> 3. **1인이 둘 이상 필지의 토지를 단독으로 소유한 경우** : 필지의 수에 관계없이 토지 소유자를 1인으로 볼 것

4. 둘 이상 필지의 토지를 소유한 공유자가 동일한 경우 : 공유자 여럿을 대표하는 1인을 토지 소유자로 볼 것
5. 도시개발구역의 지정을 위한 공람·공고일 후에 「집합건물의 소유 및 관리에 관한 법률」에 따른 구분소유권을 분할하게 되어 토지 소유자의 수가 증가하게 된 경우 : 공람·공고일 전의 토지 소유자의 수를 기준으로 산정하고, 증가된 토지 소유자의 수는 토지 소유자 총수에 추가 산입하지 말 것

(2) 동의 및 철회 방법

1. 국공유지를 제외한 전체 사유 토지면적 및 토지 소유자에 대하여 법 제4조 제3항에 따른 동의 요건 이상으로 동의를 받은 후에 그 토지면적 및 토지 소유자의 수가 법적 동의 요건에 미달하게 된 경우에는 국공유지 관리청의 동의를 받아야 한다(영 제6조 제3항).
2. 토지 소유자는 조합 설립인가의 신청 전에 동의를 철회할 수 있다. 이 경우 그 토지 소유자는 동의자 수에서 제외한다(영 제31조 제2항).
3. 토지 소유자가 동의하거나 동의를 철회할 경우에는 국토교통부령으로 정하는 동의서 또는 동의철회서를 제출하여야 하며, 공유토지의 대표 소유자는 공유자의 인감을 찍은 대표자지정 동의서와 해당 인감증명서를 첨부하여 함께 제출하여야 한다(영 제6조 제4항).
4. 조합 설립인가에 동의한 자로부터 토지를 취득한 자는 조합의 설립에 동의한 것으로 본다. 다만, 토지를 취득한 자가 조합 설립인가 신청 전에 동의를 철회한 경우에는 그러하지 아니하다(영 제31조 제3항).

3 등기(조합의 법인격 등)

1. 법적성격

조합은 법인으로 한다. 즉 공법상 비영리사단법인의 성격을 갖는다(법 제15조 제1항).

2. 성립시기

조합의 설립인가가 있는 때에는 당해 조합을 대표하는 자는 설립인가를 받은 날부터 30일 이내에 주된 사무소의 소재지에서 설립등기를 하여야 하며(영 제32조 제1항), 조합은 그 주된 사무소의 소재지에서 등기를 하면 성립한다(법 제15조 제2항).

3. 법 준용

조합에 관하여 이 법으로 규정한 것 외에는 「민법」 중 사단법인에 관한 규정을 준용한다(법 제15조 제4항).

4 조합원의 권리 및 의무(영 제32조 제2항, 제3항, 제4항)

1. 의결권

보유토지의 면적과 관계없는 평등한 의결권. 다만, 다른 조합원으로부터 해당 도시개발구역에 그가 가지고 있는 토지 소유권 전부를 이전 받은 조합원은 정관으로 정하는 바에 따라 본래의 의결권과는 별도로 그 토지 소유권을 이전한 조합원의 의결권을 승계할 수 있다.

① **공유토지에 대한 의결권** : 공유 토지는 공유자의 동의를 받은 대표공유자 1명만 의결권이 있으며, 구분소유자는 구분소유자별로 의결권이 있다. 다만, 도시개발구역지정에 따른 공람·공고일 후에 구분소유권을 분할하여 구분소유권을 취득한 자는 의결권이 없다.

② **소규모 토지 소유자 등에 대한 차별 금지** : 조합은 환지 계획을 작성하거나 그 밖에 사업을 시행하는 과정에서 조합원이 총회에서 의결하는 사항 등에 동의하지 아니하거나 소규모 토지 소유자라는 이유로 차별해서는 아니 된다.

2. 정관에서 정한 조합의 운영 및 도시개발사업의 시행에 필요한 경비를 부담할 의무가 있다.

3. 그 밖에 정관에서 정하는 권리 및 의무를 가진다.

5 조합원과 조합임원의 자격

1. 조합원

조합의 조합원은 도시개발구역의 토지 소유자로 한다(법 제14조 제1항).

2. 조합의 임원

조합에는 ① 조합장 1명 ② 이사 ③ 감사등 임원을 두며, 조합의 임원은 의결권가진 조합원이어야 하고, 정관으로 정한 바에 따라 총회에서 선임한다(영 제33조 제1항, 제2항).

3. 조합임원의 결격사유

다음 각 호의 어느 하나에 해당하는 자는 조합의 임원이 될 수 없다. 조합의 임원으로 선임된 자가 결격사유에 해당하게 된 경우에는 그 다음 날부터 임원의 자격을 상실한다(법 제14조 제1항, 제3항).

1. 피 성년후견인, 피 한정후견인 또는 미성년자
2. 파산선고를 받은 자로서 복권되지 아니한 자
3. 금고 이상의 형을 선고받고 그 집행이 끝나거나 집행을 받지 아니하기로 확정된 후 2년이 지나지 아니한 자
4. 형의 집행유예 기간 중에 있는 자

4. 조합임원의 겸직금지 의무

조합의 임원은 그 조합의 다른 임원이나 직원을 겸할 수 없고, 조합의 임원은 같은 목적의 사업을 하는 다른 조합의 임원 또는 직원을 겸할 수 없다(법 제14조 제2항, 영 제26조의3 제5항).

5. 조합장

조합장은 조합을 대표하고 그 사무를 총괄하며, 총회·대의원회 또는 이사회의 의장이 된다.

6. 이사

이사는 정관에서 정하는 바에 따라 조합장을 보좌하며, 조합의 사무를 분장(分掌)한다(영 제26조의3 제2항).

7. 감사

감사는 조합의 사무 및 재산상태와 회계에 관한 사항을 감사한다(영 제26조의3 제3항).

8. 조합장 또는 이사의 자기를 위한 조합과의 계약이나 소송에 관하여는 감사가 조합을 대표한다(영 제26조의3 제4항).

6 총회

1. 총회는 최고의 의사결정기구이다.

2. **총회의 전권사항** : 다음 각 호의 사항은 총회의 의결을 거쳐야 한다(영 제35조).

> 1. 정관의 변경
> 2. 개발계획 및 실시계획의 수립 및 변경
> 3. 자금의 차입과 그 방법·이율 및 상환방법
> 4. 조합의 수지예산
> 5. 부과금의 금액 또는 징수방법
> 6. 환지계획의 작성
> 7. 환지예정지의 지정
> 8. 법 제44조에 따른 체비지 등의 처분방법
> 9. 조합임원의 선임
> 10. 조합의 합병 또는 해산에 관한 사항. 다만, 법 제46조에 따른 청산금의 징수·교부를 완료한 후에 조합을 해산하는 경우는 제외한다.
> 11. 그 밖에 정관에서 정하는 사항

7 대의원회

1. 임의적 설립

의결권가진 조합원의 수가 50인 이상인 조합은 총회의 권한을 대행하게 하기 위하여 대의원회를 둘 수 있다(영 제36조 제1항).

2. 대의원 수

대의원회에 두는 대의원의 수는 의결권가진 조합원 총수의 100분의 10 이상으로 하고, 대의원은 의결권가진 조합원 중에서 정관에서 정하는 바에 따라 선출한다(영 제36조 제2항).

3. 총회권한의 대행

대의원회는 총회의 의결사항 중 다음의 사항을 제외한 총회의 권한을 대행할 수 있다(영 제36조 제3항).

1. 정관의 변경
2. 개발계획의 수립 및 변경(실시계획의 수립 및 변경은 대행할 수 있다)
3. 환지계획의 작성
4. 조합임원의 선임
5. 조합의 합병 또는 해산에 관한 사항. 다만 법 제46조의 규정에 의한 청산금의 징수·교부를 완료한 후에 조합을 해산하는 경우를 제외한다.

8 조합원의 경비부담 등

1. 경비부과·징수

조합은 그 사업에 필요한 비용을 조성하기 위하여 정관으로 정하는 바에 따라 조합원에게 경비를 부과·징수할 수 있다(법 제16조 제1항).

2. 연체료 부담

조합은 그 조합원이 부과금의 납부를 게을리한 경우에는 정관으로 정하는 바에 따라 연체료를 부담시킬 수 있다(법 제16조 제3항).

3. 징수위탁

조합은 부과금이나 연체료를 체납하는 자가 있으면 대통령령으로 정하는 바에 따라 특별자치도지사·시장·군수 또는 구청장에게 그 징수를 위탁할 수 있다(법 제16조 제4항).

4. 강제징수 등

특별자치도지사·시장·군수 또는 구청장이 부과금이나 연체료의 징수를 위탁받으면 지방행정제재·부과금의 징수 등에 관한 법률에 따라 징수할 수 있다. 이 경우 조합은 특별자치도지사·시장·군수 또는 구청장이 징수한 금액의 100분의 4에 해당하는 금액을 해당 특별자치도·시·군 또는 구에 지급하여야 한다(법 제16조 제5항).

핵심정리 | **행정심판**

이 법에 의하여 시행자가 한 처분에 관하여 불복이 있는 자는 「행정심판법」에 의하여 행정심판을 제기할 수 있다. 다만 행정청이 아닌 시행자가 한 처분에 관하여는 다른 법률에 특별한 규정이 있는 경우를 제외하고는 지정권자에게 행정심판을 제기하여야 한다(법 제77조).

제 3 절 실시계획 제23회, 제25회, 제29회, 제31회

단원별 학습포인트

실시계획의 핵심쟁점

- ❑ 실시계획에 포함하여야 하는 것
- ❑ 실시계획의 인가권자와 경미한 사항의 변경으로 인가절차의 생략사유
- ❑ 실시계획인가 시 의견청취하는 경우
- ❑ 실시계획인가고시의 효과

1 실시계획의 작성

1. 시행자의 작성의무

시행자는 대통령령이 정하는 바에 따라 도시개발사업에 관한 실시계획을 작성하여야 한다. 실시계획은 개발계획에 맞게 작성하여야 한다(법 제17조 제1항, 영 제38조 제1항).

2. 의무적 포함사항

실시계획에는 지구단위계획이 포함되어야 한다. 지구단위계획은 「국토의 계획 및 이용에 관한 법률」 제49조 제2항에 따른 지구단위계획의 수립기준에 따라 작성하여야 한다(법 제17조 제1항, 영 제38조 제2항).

3. 실시계획의 내용

실시계획에는 사업 시행에 필요한 설계도서, 자금계획, 시행기간, 그 밖에 대통령령으로 정하는 사항과 서류를 명시하거나 첨부하여야 한다(법 제17조 제5항).

4. 실시계획의 세부규정

실시계획의 작성에 필요한 세부적인 사항은 국토교통부장관이 정한다(영 제38조 제3항).

2 실시계획의 인가 및 고시

1. 인가권자

시행자(지정권자가 시행자인 경우를 제외한다)는 작성된 실시계획에 관하여 지정권자의 인가를 받아야 한다. 시행자가 실시계획의 인가를 받으려는 경우에는 실시계획 인가신청서에 국토교통부령으로 정하는 서류를 첨부하여 시장(대도시 시장은 제외한다)·군수 또는 구청장을 거쳐 지정권자에게 제출하여야 한다. 다만, 국토교통부장관·특별자치도지사 또는 대도시 시장이 지정권자인 경우에는 국토교통부장관·특별자치도지사 또는 대도시 시장에게 직접 제출할 수 있다(법 제17조 제2항, 영 제39조).

2. 지정권자가 실시계획을 작성하거나 인가하는 경우 의견청취

(1) 국토교통부장관인 지정권자는 시·도지사 또는 대도시 시장의 의견을,

(2) 시·도지사인 지정권자는 시장(대도시 시장은 제외한다)·군수 또는 구청장의 의견을 미리 들어야 한다(법 제17조 제3항).

3. 고시·공람

지정권자가 실시계획을 작성하거나 인가한 경우에는 대통령령으로 정하는 바에 따라 이를 관보나 공보에 고시하고 시행자에게 관계 서류의 사본을 송부하며,

① 대도시 시장인 지정권자는 일반에게 관계 서류를 공람시켜야 하고,

② 대도시 시장이 아닌 지정권자는 해당 도시개발구역을 관할하는 시장·군수 또는 구청장에게 관계 서류의 사본을 보내야 한다. 이 경우 지정권자인 특별자치도지사와 본문에 따라 관계 서류를 받은 시장·군수 또는 구청장은 이를 일반인에게 14일 이상을 공람시켜야 한다(법 제18조 제1항, 시행령 제40조 제3항).

참고학습 실시계획의 변경과 생략 (법 제17조 제4항, 시행규칙 제21조)

인가를 받은 실시계획을 변경하거나 폐지하는 경우에도 인가를 받아야 한다. 다만, 국토교통부령으로 정하는 다음의 경미한 사항을 변경하는 경우에는 그러하지 아니하다.

1. 사업시행지역의 변동이 없는 범위에서의 착오·누락 등에 따른 사업시행면적의 정정
2. 사업시행면적의 100분의 10의 범위에서의 면적의 감소
3. 사업비의 100분의 10의 범위에서의 사업비의 증감
4. 「공간정보구축 및 관리에 관한 법률」 제2조제4호에 따른 지적측량 결과를 반영하기 위한 부지 면적 등의 변경
5. 이하생략

3 실시계획 고시의 효과

1. 도시·군관리계획의 결정·고시 의제

실시계획을 고시한 경우 그 고시된 내용 중 「국토의 계획 및 이용에 관한 법률」에 따라 도시·군관리계획(지구단위계획을 포함한다. 이하 같다)으로 결정하여야 하는 사항은 같은 법에 따른 도시·군관리계획이 결정되어 고시된 것으로 본다. 이 경우 종전에 도시·군관리계획으로 결정된 사항 중 고시 내용에 저촉되는 사항은 고시된 내용으로 변경된 것으로 본다(법 제18조 제2항).

2. 지형도면 고시의 특례

도시·군관리계획으로 결정·고시된 사항에 대한 「국토의 계획 및 이용에 관한 법률」의 도시·군관리계획에 관한 지형도면의 고시에 대하여는 「국토의 계획 및 이용에 관한 법률」의 규정에 불구하고 도시개발사업의 시행기간 안에 할 수 있다(법 제18조 제3항).

4 실시계획인가에 따른 관련 인·허가 등의 의제

1. 의제사항

실시계획을 작성하거나 인가할 때 지정권자가 해당 실시계획에 대한 다음 각 호의 허가·승인·심사·인가·신고·면허·등록·협의·지정·해제 또는 처분 등(이하 "인·허가등"이라 한다)에 관하여 관계 행정기관의 장과 협의한 사항에 대하여는 해당 인·허가등을 받은 것으로 보며, 실시계획을 고시한 경우에는 관계 법률에 따른 인·허가등의 고시나 공고를 한 것으로 본다(법 제19조 제1항).

1. 「수도법」 제17조와 제49조에 따른 수도사업의 인가, 같은 법 제52조와 제54조에 따른 전용상수도설치의 인가
2. 「하수도법」 제16조에 따른 공공하수도 공사시행의 허가
3. 「공유수면 관리 및 매립에 관한 법률」 제8조에 따른 공유수면의 점용·사용허가, 같은 법 제28조에 따른 공유수면의 매립면허, 같은 법 제35조에 따른 국가 등이 시행하는 매립의 협의 또는 승인 및 같은 법 제38조에 따른 공유수면매립실시계획의 승인
4. 「하천법」 제30조에 따른 하천공사 시행의 허가, 같은 법 제33조에 따른 하천의 점용허가 및 같은 법 제50조에 따른 하천수의 사용허가
5. 「도로법」 제34조에 따른 도로공사 시행의 허가, 같은 법 제38조에 따른 도로점용의 허가
6. 「농어촌정비법」 제23조에 따른 농업생산기반시설의 목적 외 사용의 승인
7. 「농지법」 제34조에 따른 농지전용의 허가 또는 협의, 같은 법 제35조에 따른 농지의 전용신고, 같은 법 제36조에 따른 농지의 타용도 일시사용허가·협의 및 같은 법 제40조에 따른 용도변경의 승인
8. 「산지관리법」에 따른 산지전용허가 및 산지전용신고, 같은 법에 따른 산지일시사용허가·신고, 같은 법 제25조에 따른 토석채취허가 및 「산림자원의 조성 및 관리에 관한 법률」 제36조 제1항·제4항과 제45조 제1항·제2항에 따른 입목벌채 등의 허가·신고

이하 생략

2. 의제절차

인·허가 등의 의제를 받으려는 자는 실시계획의 인가를 신청하는 때에 해당 법률로 정하는 관계 서류를 함께 제출하여야 한다. 지정권자는 실시계획을 작성하거나 이를 인가함에 있어서 그 내용에 의제사항이 있는 때에는 미리 관계 행정기관의 장과 협의하여야 한다. 이 경우 관계 행정기관의 장은 협의요청을 받은 날부터 20일 이내에 의견을 제출하여야 하며, 그 기간 내에 의견을 제출하지 아니하면 협의한 것으로 본다(법 제19조 제2항, 제3항, 영 제41조).

제 4 절 도시개발사업 시행방식 제30회, 제35회

1 도시개발사업의 시행방식의 종류

도시개발사업은 시행자가 도시개발구역의 토지 등을 수용 또는 사용하는 방식이나 환지 방식 또는 이를 혼용하는 방식으로 시행할 수 있다(법 제21조 제1항).

2 도시개발사업 시행방식 적용기준

시행자는 도시개발구역으로 지정하려는 지역에 대하여 다음 각 호에서 정하는 바에 따라 도시개발사업의 시행방식을 정함을 원칙으로 하되, 사업의 용이성·규모 등을 고려하여 필요하면 국토교통부장관이 정하는 기준에 따라 도시개발사업의 시행방식을 정할 수 있다(법 제21조 제3항, 영 제43조).

구분	내용
환지방식	1. 대지로서의 효용증진과 공공시설의 정비를 위하여 토지의 교환·분할·합병, 그 밖의 구획변경, 지목 또는 형질의 변경이나 공공시설의 설치·변경이 필요한 경우 2. 도시개발사업을 시행하는 지역의 지가가 인근의 다른 지역에 비하여 현저히 높아 수용 또는 사용방식으로 시행하는 것이 어려운 경우
수용·사용방식	계획적이고 체계적인 도시개발 등 집단적인 조성과 공급이 필요한 경우
혼용방식	도시개발구역으로 지정하려는 지역이 부분적으로 환지방식 또는 수용 또는 사용방식에 해당하는 경우 1. 분할 혼용방식 : 수용 또는 사용 방식이 적용되는 지역과 환지 방식이 적용되는 지역을 사업시행지구별로 분할하여 시행하는 방식 2. 미분할 혼용방식 : 사업시행지구를 분할하지 아니하고 수용 또는 사용 방식과 환지 방식을 혼용하여 시행하는 방식. 이 경우 환지에 대해서는 환지 방식에 따른 사업 시행에 관한 규정을 적용하고, 그 밖의 사항에 대해서는 수용 또는 사용 방식에 관한 규정을 적용한다. 3. 사업시행지구를 분할하여 시행하는 경우에는 각 사업지구에서 부담하여야 하는 「국토의 계획 및 이용에 관한 법률」에 따른 기반시설의 설치비용 등을 명확히 구분하여 실시계획에 반영하여야 한다.
지정권자는 지가상승 등 지역개발 여건의 변화로 도시개발사업 시행방식 지정 당시의 요건을 충족하지 못하나 위 각 호 어느 하나의 요건을 충족하는 경우에는 해당 요건을 충족하는 도시개발사업 시행방식으로 변경할 수 있다(영 제43조 제5항).	

3 도시개발사업의 시행방식의 변경

지정권자는 도시개발구역지정 이후 다음 각 호의 어느 하나에 해당하는 경우에는 도시개발사업의 시행방식을 변경할 수 있다. 수용 또는 사용의 방식이나 환지 방식 또는 이를 혼용할 수 있는 도시개발구역의 요건, 그 밖에 필요한 사항은 대통령령으로 정한다(법 제21조 제2항, 제3항).

공공시행자	1. 공공시행자가 대통령령으로 정하는 기준에 따라 도시개발사업의 시행방식을 수용 또는 사용방식에서 전부 환지 방식으로 변경하는 경우 2. 공공시행자가 대통령령으로 정하는 기준에 따라 도시개발사업의 시행방식을 혼용방식에서 전부 환지 방식으로 변경하는 경우
모든 시행자 (조합 제외)	조합을 제외한 시행자가 대통령령으로 정하는 기준에 따라 도시개발사업의 시행방식을 수용 또는 사용 방식에서 혼용방식으로 변경하는 경우

4 순환개발방식의 개발사업

1. 순차적 개발

시행자는 도시개발사업을 원활하게 시행하기 위하여 도시개발구역의 내외에 새로 건설하는 주택 또는 이미 건설되어 있는 주택에 그 도시개발사업의 시행으로 철거되는 주택의 세입자 또는 소유자(주민 등의 의견을 듣기 위하여 공람한 날 또는 공청회의 개최에 관한 사항을 공고한 날 이전부터 도시개발구역의 주택에 실제로 거주하는 자에 한정한다. 이하 "세입자등"이라 한다)를 임시로 거주하게 하는 등의 방식으로 그 도시개발구역을 순차적으로 개발할 수 있다(법 제21조의2 제1항).

2. 「주택법」에 따른 공급규칙 배제

시행자는 순환개발방식으로 도시개발사업을 시행하는 경우에는 「주택법」 제38조에도 불구하고 임시로 거주하는 주택(이하 "순환용주택"이라 한다)을 임시거주시설로 사용하거나 임대할 수 있다(법 제21조의2 제2항).

3. 환지 대상자이거나 이주대책 대상자인 경우

순환용주택에 거주하는 자가 도시개발사업이 완료된 후에도 순환용주택에 계속 거주하기를 희망하는 때에는 대통령령으로 정하는 바에 따라 이를 분양하거나 계속 임대할 수 있다. 이 경우 계속 거주하는 자가 환지 대상자이거나 이주대책 대상자인 경우에는 대통령령으로 정하는 바에 따라 환지 대상에서 제외하거나 이주대책을 수립한 것으로 본다(법 제21조의2 제3항).

5 세입자등을 위한 임대주택 건설용지의 공급 등

1. 임대주택 건설용지 또는 임대주택 건설·공급의무

(1) 시행자는 도시개발사업에 따른 세입자등의 주거안정 등을 위하여 기초조사에 따른 주거 및 생활 실태 조사와 주택수요 조사 결과를 고려하여 임대주택 건설용지 조성계획 또는 임대주택 건설계획을 수립하여야 한다(법 제21조의3 제1항, 영 제 43조의 3).

(2) 사업시행자는 다음 각 호의 어느 하나에 해당하는 경우에는 임대주택 건설용지 조성계획 또는 임대주택 건설계획을 수립하지 아니할 수 있다.

> 1. 도시개발구역 면적이 10만제곱미터 미만이거나 수용예정인구가 3천명 이하(도시개발구역 전부를 환지 방식으로 시행하는 경우에는 도시개발구역 면적이 30만제곱미터 미만이거나 수용예정인구가 5천명 이하)인 경우
> 2. 도시개발사업으로 건설·공급되는 주거전용면적 60제곱미터 이하 공동주택의 수용예정인구가 도시개발구역 전체 수용예정인구의 100분의 40(수도권과 광역시 지역은 100분의 50) 이상인 경우
> 3. 제1항에 따라 계획된 임대주택이 50세대 미만인 경우

2. 공공시행자의 임대주택 건설용지 등의 인수의무

공공사업시행자에 해당하는 자 중 주택의 건설, 공급, 임대를 할 수 있는 자는 시행자가 요청하는 경우 도시개발사업의 시행으로 공급되는 임대주택 건설용지나 임대주택을 인수하여야 하며, 임대주택 건설용지 또는 임대주택의 인수 방법, 시기 및 하자 보수 등에 필요한 사항은 시행자와 임대주택 건설용지 또는 임대주택을 인수할 자가 협의하여 결정한다(법 제21조의3제2항, 제3항, 영 제 43조의 4 제1항).

3. 임대주택을 건설·공급 방법

시행자(1.에 따라 임대주택 건설용지를 공급하는 경우에는 공급받은 자를 말하고, 2.에 따라 인수한 경우에는 그 인수자를 말한다. 이하 이 항에서 같다)가 도시개발구역에서 임대주택을 건설·공급하는 경우에 임차인의 자격, 선정방법, 임대보증금, 임대료 등에 관하여는 「임대주택법」에도 불구하고 대통령령으로 정하는 범위에서 그 기준을 따로 정할 수 있다. 이 경우 행정청이 아닌 시행자는 미리 시장·군수·구청장의 승인을 받아야 한다(법 제21조의3 제4항).

제5절 수용 또는 사용방식에 의한 사업시행 제30회, 제32회, 제33회, 제34회, 제35회

단원별 학습포인트

수용의 핵심쟁점

- 민간사업시행자 수용하는 경우 동의요건
- 공취법의 특례 (사업인정고시의 특례, 재결기간의 특례)
- 토지상환채권의 발행 시 절차와 특징
- 원형지 특징 (면적, 원형지개발자, 원형지 공급방법, 원형지 공급가격)
- 토지공급의 방법 경쟁입찰, 추첨, 수의계약
- 선수금을 받기위한 요건

1 토지 등의 수용 또는 사용

1. 수용 또는 사용의 주체

사업 시행자(조합제외)는 도시개발사업에 필요한 토지 등을 수용하거나 사용할 수 있다(법 제22조 제1항).

2. 민간사업시행자 수용 또는 사용시 동의요건(도시개발구역지정 고시일을 기준)

민간사업시행자(조합은 제외) 및 공동출자법인인 시행자(공공시행자가 100분의 50비율을 초과하여 출자한 경우를 제외한다)는 사업대상 토지면적의 3분의 2 이상에 해당하는 토지를 소유하고 토지 소유자 총수의 2분의 1 이상에 해당하는 자의 동의를 받아야 한다. 이 경우 토지 소유자의 동의요건 산정기준일은 도시개발구역지정·고시일을 기준으로 하며, 그 기준일 이후 시행자가 취득한 토지에 대하여는 동의 요건에 필요한 토지 소유자의 총수에 포함하고 이를 동의한 자의 수로 산정한다(법 제22조 제1항 단서, 영 제44조).

3. 「공익사업을 위한 토지 등의 취득 및 보상에 관한 법률」의 준용

토지 등의 수용 또는 사용에 관하여 이 법에 특별한 규정이 있는 경우를 제외하고는 「공익사업을 위한 토지 등의 취득 및 보상에 관한 법률」을 준용한다(법 제22조 제2항).

4. 「공익사업을 위한 토지 등의 취득 및 보상에 관한 법률」 특례(법 제22조 제3항)

사업인정·고시의 특례	「공익사업을 위한 토지 등의 취득 및 보상에 관한 법률」을 준용할 때 개발계획에서 수용 또는 사용의 대상이 되는 토지의 세부목록을 고시한 경우에는 「공익사업을 위한 토지 등의 취득 및 보상에 관한 법률」에 따른 사업인정 및 그 고시가 있었던 것으로 본다.
재결신청기간의 특례	재결신청은 「공익사업을 위한 토지 등의 취득 및 보상에 관한 법률」(사업인정고시일로부터 1년 이내)에 불구하고 개발계획에서 정한 도시개발사업의 시행 기간 종료일까지 행하여야 한다.

2 토지상환채권의 발행

1. 발행조건 등

(1) 발행자 등

시행자는 토지 소유자가 원하면 토지 등의 매수 대금의 일부를 지급하기 위하여 대통령령으로 정하는 바에 따라 사업 시행으로 조성된 토지·건축물로 상환하는 채권(이하 "토지상환채권"이라 한다)을 발행할 수 있다(법 제23조 제1항).

(2) 지급보증(민간사업시행자)

민간사업시행자 및 공동출자법인인 시행자(민간이 50% 초과 출자한 법인)는 「은행법」의 은행과 「보험업법」에 의한 보험회사 및 「건설산업기본법」에 따른 공제조합을 으로부터 지급보증을 받은 경우에만 이를 발행할 수 있다(법 제23조 제1항 단서, 영 제46조).

(3) 발행규모

토지상환채권의 발행규모는 그 토지상환채권으로 상환할 토지·건축물이 해당 도시개발사업으로 조성되는 분양토지 또는 분양건축물 면적의 2분의 1을 초과하지 아니하도록 하여야 한다(영 제45조).

2. 발행계획의 승인 및 공고

(1) 시행자(지정권자가 시행자인 경우는 제외한다)는 토지상환채권을 발행하려면 대통령령으로 정하는 바에 따라 토지상환채권의 발행계획을 작성하여 미리 지정권자의 승인을 받아야 한다(법 제23조 제2항, 영 제36조).

(2) 시행자가 토지상환채권을 발행하는 경우에는 토지상환채권의 명칭과 발행계획을 공고하여야 한다(영 제48조).

3. 토지상환채권의 이율과 발행의 방법(법 제22조 제3항)

(1) 토지상환채권의 이율은 발행당시의 은행의 예금금리 및 부동산 수급상황을 고려하여 발행자가 정한다(영 제49조 제1항).

(2) 토지상환채권은 기명식 증권으로 한다(영 제49조 제2항).

4. 토지상환채권원부의 비치

토지상환채권의 발행자는 주된 사무소에 토지상환채권원부를 비치하여야 한다(영 제52조).

5. 토지상환채권의 이전 등

(1) 이전

토지상환채권을 이전하는 경우 취득자는 그 성명과 주소를 토지상환채권원부에 기재하여 줄 것을 요청하여야 한다.(영 제53조 제1항)

(2) 대항력

토지상환채권을 이전한 후 대항력을 갖추기 위하여는 취득자의 성명과 주소가 토지상환채권에 기재되지 아니하면 취득자는 발행자 및 그 밖의 제3자에게 대항하지 못한다.

(3) 질권설정

토지상환채권을 질권의 목적으로 하는 경우에는 질권자의 성명과 주소가 토지상환채권원부에 기재되지 아니하면 질권자는 발행자 및 그 밖의 제3자에게 대항하지 못한다. 발행자는 질권이 설정된 때에는 토지상환채권에 그 사실을 표시하여야 한다(영 제53조 제2항, 제3항).

3 이주대책 등

시행자는 「공익사업을 위한 토지 등의 취득 및 보상에 관한 법률」로 정하는 바에 따라 도시개발사업의 시행에 필요한 토지 등의 제공으로 생활의 근거를 상실하게 되는 자에 관한 이주대책 등을 수립·시행하여야 한다(법 제24조).

4 원형지의 공급과 개발

1. 원형지의 공급과 개발

(1) 지정권자의 승인

① 시행자는 도시를 자연친화적으로 개발하거나 복합적·입체적으로 개발하기 위하여 필요한 경우에는 대통령령으로 정하는 절차에 따라 미리 지정권자의 승인을 받아 다음 각 호의 어느 하나에 해당하는 자에게 원형지를 공급하여 개발하게 할 수 있다. 이 경우 공급될 수 있는 원형지 면적은 도시개발구역 전체 면적의 3분의 1 이내로 한정한다(법 제25조의2 제1항).

> 1. 국가 또는 지방자치단체 또는 대통령령으로 정하는 공공기관
> 2. 「공공기관의 운영에 관한 법률」 제4조에 따른 공공기관
> 3. 「지방공기업법」에 따라 설립된 지방공사
> 4. 국가 또는 지방자치단체, 대통령령이 정하는 공공기관이 복합개발 등을 위하여 실시한 공모에서 선정된 자
> 5. 원형지를 학교나 공장 등의 부지로 직접 사용하는 자

② 제1항에 따른 승인신청서를 제출받은 지정권자는 개발계획을 수립한 후 원형지 공급을 승인할 수 있다(영 제55조의2 제2항).

(2) 조건부 승인

지정권자는 원형지공급 승인을 할 때에는 용적률 등 개발밀도, 토지용도별 면적 및 배치, 교통처리계획 및 기반시설의 설치 등에 관한 이행조건을 붙일 수 있다(법 제25조의2 제5항).

2. 원형지의 공급 계획(사업시행자가 지정권자에게)

시행자는 원형지를 공급하기 위하여 지정권자에게 승인 신청을 할 때에는 원형지의 공급 계획을 작성하여 함께 제출하여야 한다. 작성된 공급 계획을 변경하는 경우에도 같다. 원형지 공급 계획에는 원형지개발자에 관한 사항과 원형지의 공급내용 등이 포함되어야 한다(법 제25조의2제2항, 제3항).

3. 세부계획의 작성과 실시계획에 반영(원형지개발자가 사업시행자에게)

시행자는 개발계획에 따른 개발방향과 위 지정권자의 승인내용 및 공급계획에 따라 원형지개발자와 공급계약을 체결한 후 원형지개발자로부터 세부계획을 제출받아 이를 실시계획의 내용에 반영하여야 한다(법 제25조의2 제4항).

4. 원형지 매각제한(법 제25조의2 제6항)

(1) 원형지개발자(국가 및 지방자치단체는 제외한다)는 10년의 범위에서 대통령령으로 정하는 기간 안에는 원형지를 매각할 수 없다.

> "대통령령으로 정하는 기간"이란 다음 각 호의 기간 중 먼저 끝나는 기간을 말한다.
> 1. 원형지에 대한 공사완료 공고일부터 5년
> 2. 원형지 공급 계약일부터 10년

(2) 다만, 이주용 주택이나 공공·문화 시설 등 대통령령으로 정하는 경우로서 미리 지정권자의 승인을 받은 경우에는 예외로 한다(법 제25조의2 제6항).

> "대통령령으로 정하는 경우"란 다음 각 호의 용지로 원형지를 사용하는 경우를 말한다.
> 1. 기반시설 용지
> 2. 임대주택 용지
> 3. 그 밖에 원형지개발자가 직접 조성하거나 운영하기 어려운 시설의 설치를 위한 용지

5. 원형지 공급의 승인 취소 등(지정권자가 사업시행자에게)

지정권자는 다음 각 호의 어느 하나에 해당하는 경우에는 원형지 공급 승인을 취소하거나 시행자로 하여금 그 이행의 촉구, 원상회복 또는 손해배상의 청구, 원형지 공급계약의 해제 등 필요한 조치를 취할 것을 요구할 수 있다(법 제25조의2 제7항).

> 1. 시행자가 원형지의 공급 계획대로 토지를 이용하지 아니하는 경우
> 2. 원형지개발자가 세부계획의 내용대로 사업을 시행하지 아니하는 경우
> 3. 시행자 또는 원형지개발자가 이행조건을 이행하지 아니하는 경우

6. 원형지 공급계약의 해제(사업시행자가 원형지개발자에게)

시행자는 다음 각 호의 어느 하나에 해당하는 경우 원형지개발자에게 2회 이상 시정을 요구하여야 하고, 원형지개발자가 시정하지 아니한 경우에는 원형지 공급계약을 해제할 수 있다. 이 경우 원형지개발자는 시행자의 시정 요구에 대하여 의견을 제시할 수 있다(법 제25조의2 제8항, 영 제 55의2 제5항).

> 1. 원형지개발자가 세부계획에서 정한 착수 기한 안에 공사에 착수하지 아니하는 경우
> 2. 원형지개발자가 공사 착수 후 세부계획에서 정한 사업 기간을 넘겨 사업 시행을 지연하는 경우
> 3. 공급받은 토지의 전부나 일부를 시행자의 동의 없이 제3자에게 매각하는 경우
> 4. 그 밖에 공급받은 토지를 세부계획에서 정한 목적대로 사용하지 아니하는 등 제4항에 따른 공급계약의 내용을 위반한 경우

7. 원형지개발자의 선정방법

(1) **원칙** : 원형지개발자의 선정은 수의계약의 방법으로 한다.

(2) **예외** : 다만, 원형지를 학교나 공장 등의 부지로 직접 사용하는 원형지개발자의 선정은 경쟁입찰의 방식으로 하며, 경쟁입찰이 2회 이상 유찰된 경우에는 경우 수의계약의 방법으로 할 수 있다(영 제56조의2 제6항).

8. 원형지 공급가격

원형지 공급가격은 개발계획이 반영된 원형지의 감정가격에 시행자가 원형지에 설치한 기반시설 등의 공사비를 더한 금액을 기준으로 시행자와 원형지개발자가 협의하여 결정한다(영 제55조의2 제7항).

5 선수금

시행자는 조성토지 등과 원형지를 공급받거나 이용하려는 자로부터 대통령령으로 정하는 바에 따라 해당 대금의 전부 또는 일부를 미리 받을 수 있으며, 시행자(지정권자가 시행자인 경우는 제외한다)는 해당 대금의 전부 또는 일부를 미리 받으려면 지정권자의 승인을 받아야 한다(법 제25조 제1항, 제2항).

1. 공공사업시행자의 선수금 요건

개발계획을 수립·고시한 후에 사업시행 토지면적의 100분의 10 이상의 토지에 대한 소유권을 확보할 것(사용동의를 포함한다). 다만, 실시계획인가를 받기 전에 선수금을 받으려는 경우에는 「환경영향평가법」에 따른 환경영향평가 및 「도시교통정비 촉진법」에 따른 교통영향평가를 수립하여 「국토의 계획 및 이용에 관한 법률」 제2조제6호에 따른 기반시설 투자계획이 구체화된 경우로 한정한다.

2. 민간사업시행자의 선수금 요건

해당 도시개발구역에 대하여 실시계획인가를 받은 후 다음 각 목의 요건을 모두 갖출 것

① 공급하려는 토지에 대한 소유권을 확보하고, 해당 토지에 설정된 저당권을 말소하였을 것. 다만, 부득이한 사유로 토지소유권을 확보하지 못하였거나 저당권을 말소하지 못한 경우에는 시행자·토지소유자 및 저당권자가 공동약정서를 공증하여 제출하여야 한다.

② 공급하려는 토지에 대한 도시개발사업의 공사 진척률이 100분의 10 이상일 것

③ 공급계약의 불이행 시 선수금의 환불을 담보하기 위하여 다음의 내용이 포함된 보증서 등을 지정권자에게 제출할 것.

6 조성토지 등의 공급계획의 제출 및 승인

1. 조성토지 등의 공급계획의 승인

시행자는 조성토지등을 공급하려고 할 때에는 조성토지등의 공급 계획을 작성하여 시장(대도시 시장은 제외한다)·군수 또는 구청장을 거쳐 지정권자에게 제출하여 지정권자의 승인을 받아야 한다. 다만, 국토교통부장관·특별자치도지사 또는 대도시 시장이 지정권자인 경우에는 지정권자에게 직접 제출하여 지정권자의 승인을 받아야 한다(법 제26조 제1항, 영 제55조의 3).

2. 조성토지 등의 공급계획의 의견청취

지정권자가 제1항에 따라 조성토지등의 공급 계획을 작성하거나 승인하는 경우

① 국토교통부장관이 지정권자이면 시·도지사 또는 대도시 시장의 의견을,
② 시·도지사가 지정권자이면 시장(대도시 시장은 제외한다)·군수 또는 구청장의 의견을 미리 들어야 한다(법 제26조 제2항).

3. 사업시행자의 직접 건축을 위한 공급계획

① 시행자(제11조제1항제11호에 해당하는 법인이 시행자인 경우에는 그 출자자를 포함한다)가 직접 건축물을 건축하여 사용하거나 공급하려고 계획한 토지가 있는 경우에는 그 현황을 제1항에 따른 조성토지등의 공급 계획의 내용에 포함하여야 한다.(법 제26조 제3항 전단)
② 다만, 민간참여자가 직접 건축물을 건축하여 사용하거나 공급하려고 계획한 토지는 전체 조성토지 중 해당 민간참여자의 출자 지분 범위 내에서만 조성토지등의 공급 계획에 포함할 수 있다.(법 제26조 제3항 후단)

7 조성토지 등의 공급방법 등(법 제25조 제2항)

1. 공급 조건

시행자는 법 제26조제1항에 따른 조성토지등의 공급 계획에 따라 조성토지등을 공급해야 한다. 이 경우 시행자는 「국토의 계획 및 이용에 관한 법률」에 따른 기반시설의 원활한 설치를 위하여 필요하면 공급대상자의 자격을 제한하거나 공급조건을 부여할 수 있다(영 제57조 제1항).

2. 조성토지 공급방법

(1) 원칙

조성토지등의 공급은 경쟁입찰의 방법에 따른다(영 제57조 제2항).

(2) 예외

추첨 (영 제57조 제3항)	1. 국민주택규모 이하의 주택건설용지(임대주택건설용지를 포함한다) 2. 「주택법」 제2조 제5호에 따른 공공택지 3. 국토교통부령으로 정하는 면적(330㎡) 이하의 단독주택용지 4. 공장용지에 대하여는 추첨의 방법으로 분양할 수 있다
수의계약 (영 제57조 제4항).	1. 학교용지, 공공청사용지 등 일반에게 분양할 수 없는 공공용지를 국가, 지방자치단체, 그 밖의 법령에 따라 해당 시설을 설치할 수 있는 자에게 공급하는 경우 2. 임대주택 건설용지를 다음 각 목에 해당하는 자가 단독 또는 공동으로 총지분의 100분의 50을 초과하여 출자한 「부동산투자회사법」에 따른 부동산투자회사에 공급하는 경우 가. 국가나 지방자치단체 나. 한국토지주택공사 다. 주택사업을 목적으로 설립된 지방공사 3. 실시계획에 따라 존치하는 시설물의 유지관리에 필요한 최소한의 토지를 공급하는 경우 4. 「공익사업을 위한 토지 등의 취득 및 보상에 관한 법률」에 따른 협의를 하여 그가 소유하는 도시개발구역 안의 조성토지등의 전부를 시행자에게 양도한 자에게 국토교통부령으로 정하는 기준에 따라 토지를 공급하는 경우 5. 토지상환채권에 의하여 토지를 상환하는 경우 6. 토지의 규모 및 형상, 입지조건 등에 비추어 토지이용가치가 현저히 낮은 토지로서, 인접 토지 소유자 등에게 공급하는 것이 불가피하다고 시행자가 인정하는 경우 7. 공공부분의 사업시행자가 도시개발구역에서 도시발전을 위하여 복합적이고 입체적인 개발이 필요하여 국토교통부령으로 정하는 절차와 방법에 따라 선정된 자에게 토지를 공급하는 경우 8. 산업통상자원부장관이 「외국인투자 촉진법」에 따른 외국인투자위원회의 심의를 거쳐 같은 법 제2조제6호에 따른 외국인투자기업에게 수의계약을 통하여 조성토지등을 공급할 필요가 있다고 인정하는 경우. 다만, 2009년 7월 1일부터 2011년 6월 30일까지 공급되는 조성토지등만 해당한다. 9. 대행개발사업자가 개발을 대행하는 토지를 해당 대행개발사업자에게 공급하는 경우 10. 경쟁입찰 또는 추첨의 결과 2회 이상 유찰된 경우 11. 그 밖에 관계 법령의 규정에 따라 수의계약으로 공급할 수 있는 경우

8 조성토지 등의 가격평가

1. 원칙

조성토지등의 가격 평가는 감정가격으로 한다(영 제57조 제5항).

2. 예외

(1) 가격산정의 특례(학교용지 등의 공급가격)

① 시행자는 학교, 폐기물처리시설, 임대주택, 그 밖에 대통령령으로 정하는 다음의 시설을 설치하기 위한 조성토지등과 이주단지의 조성을 위한 토지를 공급하는 경우에는 해당 토지의 가격을 「감정평가 및 감정평가사에 관한 법률」에 따른 감정평가법인등이 감정평가한 가격 이하로 정할 수 있다.

② 다만, 공공사업시행자에게 임대주택 건설용지를 공급하는 경우에는 해당 토지의 가격을 감정평가한 가격 이하로 정하여야 한다.(법 제27조 제1항, 영 제58조 제1항, 제2항).

1. 공공청사
2. 사회복지시설(행정기관 및 「사회복지사업법」에 따른 사회복지법인이 설치하는 사회복지시설을 말한다). 다만, 「사회복지사업법」에 따른 사회복지시설의 경우에는 유료시설을 제외한 시설로서 관할 지방자치단체의 장의 추천을 받은 경우로 한정한다.
3. 「국토의 계획 및 이용에 관한 법률 시행령」 별표 17 제2호 차목에 해당하는 공장. 다만, 해당 도시개발사업으로 이전되는 공장의 소유자가 설치하는 경우로 한정한다.
4. 임대주택. 다만, 공공시행자가 임대주택을 건설하려는 자에게 공급하는 경우로 한정한다.
5. 「주택법」에 따른 국민주택 규모 이하의 공동주택. 다만, 공공사업시행자가 국민주택 규모 이하의 공동주택을 건설하려는 자에게 공급하는 경우로 한정한다.
6. 「관광진흥법」에 따른 호텔업 시설. 다만, 공공시행자가 200실 이상의 객실을 갖춘 호텔의 부지로 토지를 공급하는 경우로 한정한다.
7. 그 밖에 「국토의 계획 및 이용에 관한 법률」 제2조 제6호에 따른 기반시설로서 국토교통부령으로 정하는 시설

(2) 가격산정의 특례(도시개발사업의 활성화를 위하여 필요한 경우)

공공시행자는 위 (1)에서 정한 토지 외에 지역특성화 사업 유치 등 도시개발사업의 활성화를 위하여 필요한 경우에는 대통령령으로 정하는 바에 따라 감정평가한 가격 이하로 공급할 수 있다(법 제27조 제2항).

제 6 절 환지방식에 의한 사업시행 매년출제

단원별 학습포인트

환지의 핵심쟁점

- ❏ 환지계획의 내용
- ❏ 환지계획 작성의 원칙과 특례
- ❏ 환지예정지에서 법적성격과 효력발생기간, 용익권자 보호규정
- ❏ 환지처분이후 소유권변동과 관련된 권리관계 (환지처분에 영향을 받는 것과 받지 않는 것)
- ❏ 청산금의 결정시기와 확정시기, 청산금의 소멸시효
- ❏ 등기는 누가? 언제? 환지등기 전에 다른 등기여부?

1 환지계획의 작성

1. 환지계획의 작성의무 등

(1) 시행자는 도시개발사업의 전부 또는 일부를 환지 방식으로 시행하려면 다음 각 호의 사항이 포함된 환지 계획을 작성하여야 한다. 환지 계획의 작성에 따른 환지 계획의 기준, 보류지의 책정 기준 등에 관하여 필요한 사항은 국토교통부령으로 정할 수 있다(법 제28조 제1항, 제2항).

> 1. 환지설계
> 2. 필지별로 된 환지명세
> 3. 필지별과 권리별로 된 청산 대상 토지 명세
> 4. 체비지(替費地) 또는 보류지(保留地)의 명세
> 5. 입체 환지를 계획하는 경우에는 입체 환지용 건축물의 명세와 입체 환지에 따른 주택 공급 등에 따른 공급 방법·규모에 관한 사항
> 6. 그 밖에 국토교통부령으로 정하는 사항

(2) 환지설계시 토지의 평가액

환지설계 시 적용되는 토지·건축물의 평가액은 최초 환지계획인가 시를 기준으로 하여 정하고 변경할 수 없으며, 환지 후 토지·건축물의 평가액은 실시계획의 변경으로 평가 요인이 변경된 경우에만 환지 계획의 변경인가를 받아 변경할 수 있다(규칙 제27의2 제 1항).

2. 환지계획의 작성방법

(1) 원칙(적응환지)

환지 계획은 종전의 토지와 환지의 위치·지목·면적·토질·수리·이용 상황·환경, 그 밖의 사항을 종합적으로 고려하여 합리적으로 정하여야 한다(법 제28조 제2항).

참고학습 | 환지계획의 기준(시행규칙 제27조)

1. 시행자는 환지 계획을 작성할 때에는 환지계획구역 별로 작성하여야 하며, 실시계획 인가 사항, 환지계획구역의 시가화 정도, 토지의 실제 이용 현황과 경제적 가치 등을 종합적으로 고려하여야 한다(규칙 제27조 제1항).
2. 환지의 방식은 다음 각 호와 같이 구분한다(규칙 제27조 제2항).

> 1. 평면 환지 : 환지 전 토지에 대한 권리를 도시개발사업으로 조성되는 토지에 이전하는 방식
> 2. 입체 환지 : 법 제32조에 따라 환지 전 토지나 건축물(무허가 건축물은 제외한다)에 대한 권리를 도시개발사업으로 건설되는 구분건축물에 이전하는 방식

3. 환지설계는 평가식(도시개발사업 시행 전후의 토지의 평가가액에 비례하여 환지를 결정하는 방법을 말한다. 이하 같다)을 원칙으로 하되, 환지지정으로 인하여 토지의 이동이 경미하거나 기반시설의 단순한 정비 등의 경우에는 면적식(도시개발사업 시행 전의 토지 및 위치를 기준으로 환지를 결정하는 방식을 말한다. 이하 같다)을 적용할 수 있다. 이 경우 하나의 환지계획구역에서는 같은 방식을 적용하여야 하며, 입체 환지를 시행하는 경우에는 반드시 평가식을 적용하여야 한다(규칙 제27조 제3항).
4. 환지의 위치는 다음 각 호의 사항을 고려하여 시행자가 정한다. 이 경우 토지나 건축물의 환지는 같은 환지계획구역에서 이루어져야 한다(규칙 제27조 제4항).

> 1. 평면 환지 : 환지 전 토지의 용도, 보유 기간, 위치, 권리가액, 청산금 규모 등을 고려하여 정한다.
> 2. 입체 환지 : 토지 소유자 등의 신청에 따라 정하되, 같은 내용의 신청이 2 이상인 경우에는 환지 전 토지 또는 건축물의 보유 기간, 거주 기간(주택을 공급하는 경우에 한정한다), 권리가액 등을 고려하여 정한다.

5. 토지[대지사용권에 해당하는 토지지분을 포함한다] 또는 건축물(구분소유권에 해당하는 건축물 부분을 포함한다)은 필지별, 건축물 별로 환지한다. 이 경우 하나의 대지에 속하는 동일인 소유의 토지와 건축물은 분리하여 입체 환지를 지정할 수 없다(규칙 제27조 제6항).
6. 시행자는 과소 토지 등에 대하여 2 이상의 토지 또는 건축물 소유자의 신청을 받아 환지 후 하나의 토지나 구분건축물에 공유로 환지를 지정할 수 있다. 이 경우 환지를 지정받은 자는 다른 환지를 지정받을 수 없다(규칙 제27조 제8항).
7. 시행자는 「집합건물의 소유 및 관리에 관한 법률」에 해당하는 건축물을 건축할 용도로 계획된 토지에 대하여 2 이상의 토지 소유자의 신청을 받아 공유로 환지를 지정할 수 있다(규칙 제27조 제9항).
8. 시행자는 동일인이 소유한 2 이상의 환지 전 토지 또는 건축물에 대하여 환지 후 하나의 토지 또는 구분건축물에 환지를 지정할 수 있다(규칙 제27조 제10항).
9. 시행자는 하나의 환지 전 토지에 대하여 2 이상의 환지 후 토지 또는 구분건축물에 환지를 지정(이하 "분할환지"라 한다)할 수 있다. 이 경우 분할환지로 지정되는 각각의 권리면적은 과소 토지 규모 이상이어야 하며, 대지사용권에 해당하는 토지지분은 분할환지할 수 없다(규칙 제27조 제11항, 12항).
10. 시행자는 환지 계획을 변경하는 경우에는 환지계획 당시의 방식 및 기준에 따라야 한다. 다만, 환지계획구역이 변동되는 등의 사유로 당초의 방식 또는 기준을 따를 수 없는 경우에는 그러하지 아니하다(규칙 제27조 제13항).

(2) 예외(적응환지의 예외)

① 동의 등에 따른 환지부지정

토지 소유자가 신청하거나 동의하면 해당 토지의 전부 또는 일부에 대하여 환지를 정하지 아니할 수 있다. 다만, 해당 토지에 관하여 임차권자등이 있는 경우에는 그 동의를 받아야 한다. (법 제30조 제1항)

② 토지면적을 고려한 환지(증환지, 감환지)

시행자는 토지 면적의 규모를 조정할 특별한 필요가 있으면 면적이 작은 토지는 과소(過小) 토지가 되지 아니하도록 면적을 늘려 환지를 정하거나(증환지) 환지 대상에서 제외(환지부지정)할 수 있고, 면적이 넓은 토지는 그 면적을 줄여서(감환지) 환지를 정할 수 있다(법 제31조 제1항).

③ 과소토지의 기준

과소 토지의 기준이 되는 면적은 환지계획상 환지의 면적이 「건축법 시행령」 제80조에서 정하는 면적 범위에서 시행자가 규약·정관 또는 시행규정으로 정한다. 이 경우 과소 토지 여부의 판단은 권리면적(토지 소유자가 환지 계획에 따라 환지가 이루어질 경우 도시개발사업으로 조성되는 토지에서 받을 수 있는 토지의 면적을 말한다. 이하 이 조에서 같다)을 기준으로 한다. 다만, 기존 건축물이 없는 토지에 대하여는 과소 토지의 기준이 되는 면적을 국토교통부령으로 달리 정할 수 있다(법 제31조 제2항, 영 제62조 제1항, 제2항).

④ 공공시설의 용지 등에 관한 조치

㉠ 환지계획기준 적용배제

「공익사업을 위한 토지 등의 취득 및 보상에 관한 법률」 제4조 각 호의 어느 하나에 해당하는 공공시설의 용지에 대하여는 환지 계획을 정할 때 그 위치·면적 등에 관하여 환지계획기준을 적용하지 아니할 수 있다(법 제33조 제1항).

㉡ 환지부지정(대체되는 공공시설을 설치하는 경우)

시행자가 도시개발사업의 시행으로 국가 또는 지방자치단체가 소유한 공공시설과 대체되는 공공시설을 설치하는 경우 종전의 공공시설의 전부 또는 일부의 용도가 폐지되거나 변경되어 사용하지 못하게 될 토지는 공공시설의 귀속 등 규정에도 불구하고 환지를 정하지 아니하며, 이를 다른 토지에 대한 환지의 대상으로 하여야 한다(법 제33조 제2항).

⑤ 체비지 등

㉠ **체비지·보류지 지정** : 시행자는 도시개발사업에 필요한 경비에 충당하거나 규약·정관·시행규정 또는 실시계획으로 정하는 목적을 위하여 일정한 토지를 환지로 정하지 아니하고 보류지로 정할 수 있으며, 그 중 일부를 체비지로 정하여 도시개발사업에 필요한 경비에 충당할 수 있다(법 제34조 제1항).

㉡ **체비지의 집단지정** : 특별자치도지사·시장·군수 또는 구청장은 「주택법」에 따른 공동주택의 건설을 촉진하기 위하여 필요하다고 인정하면 체비지 중 일부를 같은 지역에 집단으로 정하게 할 수 있다(법 제34조 제2항).

2 토지부담률

1. 토지부담률 산정

시행자는 면적식으로 환지계획 수립한 경우 다음 기준에 따라 환지계획구역안의 토지 소유자가 도시개발사업을 위하여 부담하는 토지부담률을 산정하여야 한다(시행규칙 제29조 제1항).

① 공공시설용지의 면적을 명확히 파악하고, 환지 전후의 지가변동률 및 인근 토지의 가격을 고려하여 체비지를 책정함으로써 토지부담률을 적정하게 할 것
② 기존 시가지·주택밀집지역 등 토지의 이용도가 높은 지역과 저지대·임야 등 토지의 이용도가 낮은 지역에 대하여는 토지부담률을 차등하여 산정하되, 사업시행 전부터 도로·상하수도 등 기반시설이 갖추어져 있는 주택지에 대하여는 토지부담률을 최소화할 것
③ 면적식으로 환지 설계를 하는 경우 지목상 전·답·임야이나 사실상 형질변경 등으로 대지가 된 토지와 도로 등 공공시설을 지방자치단체에 기부채납 또는 무상귀속시킨 토지는 그에 상당하는 비용을 고려하여 토지부담률을 산정할 것

2. 평균 토지부담률

(1) 원칙

환지계획구역의 평균 토지부담률은 50%를 초과할 수 없다.

(2) 예외

다만, 해당 환지계획구역의 특성을 고려하여 지정권자가 인정하는 경우에는 60%까지로 할 수 있으며, 환지계획구역안의 토지 소유자 2/3가 동의하는 경우에는 60%를 초과하여 정할 수 있다(시행규칙 제29조 제2항).

3. 토지부담률 산정방법

환지계획구역의 평균 토지부담률은 다음의 계산식에 따라 산정한다(시행규칙 제29조 제3항).

$$\frac{\text{보류지면적 - (① 시행자에게 무상귀속되는 공공시설면적 + ② 사업시행자가 소유한 토지)}}{\text{환지계획구역면적 - (① 시행자에게 무상귀속되는 공공시설면적 + ② 사업시행자가 소유한 토지)}}$$

4. 토지부담률의 변경

시행자는 사업시행 중 부득이한 경우를 제외하고는 토지 소유자에게 부담을 주는 토지부담률의 변경을 하여서는 아니 된다(시행규칙 제29조 제4항).

5. 도로부지에 대한 부담

환지계획구역의 외부와 연결되는 환지계획구역 안의 도로로서 너비 25m 이상의 간선도로는 토지 소유자가 도로의 부지를 부담하고, 관할 지방자치단체가 공사비를 보조하여 건설할 수 있다(시행규칙 제29조 제6항).

3 환지계획의 인가 절차

1. 인가권자

행정청이 아닌 시행자가 환지 계획을 작성한 경우에는 특별자치도지사·시장·군수 또는 구청장의 인가를 받아야 한다. 인가받은 내용을 변경하려는 경우에 준용한다. 다만, 대통령령으로 정하는 경미한 사항을 변경하는 경우에는 그러하지 아니하다(법 제29조 제1항, 제2항, 영 제60조).

참고학습 환지계획인가의 생략(영 제60조)

"대통령령으로 정하는 경미한 사항을 변경하는 경우"란 다음 각 호의 경우를 말한다.

1. 종전 토지의 합필 또는 분필로 환지명세가 변경되는 경우
2. 토지 또는 건축물 소유자(체비지인 경우에는 시행자 또는 체비지 매수자를 말한다)의 동의에 따라 환지 계획을 변경하는 경우. 다만, 다른 토지 또는 건축물 소유자에 대한 환지 계획의 변경이 없는 경우로 한정한다.
3. 「공간정보의 구축 및 관리 등에 관한 법률」 제2조제4호에 따른 지적측량의 결과를 반영하기 위하여 환지 계획을 변경하는 경우
4. 환지로 지정된 토지나 건축물을 금전으로 청산하는 경우
5. 그 밖에 국토교통부령으로 정하는 경우

2. 공람 등

(1) 환지 계획의 기준 및 내용 등의 공람

행정청이 아닌 시행자가 환지 계획의 인가를 신청하려고 하거나 행정청인 시행자가 환지 계획을 정하려고 하는 경우에는 토지 소유자와 해당 토지에 대하여 임차권, 지상권, 그 밖에 사용하거나 수익할 권리를 가진 자(이하 "임차권자 등"이라 한다)에게 환지 계획의 기준 및 내용 등을 대통령령으로 정하는 방법에 따라 관계 서류의 사본을 일반인에게 공람시켜야 한다. 다만, 대통령령으로 정하는 경미한 사항을 변경하는 경우에는 그러하지 아니하다(법 제29조 제3항, 영 제61조 제2항).

(2) 의견제출

토지 소유자나 임차권자등은 공람 기간에 시행자에게 의견서를 제출할 수 있으며, 시행자는 그 의견이 타당하다고 인정하면 환지 계획에 이를 반영하여야 한다. 행정청이 아닌 시행자가 환지 계획 인가를 신청할 때에는 제출된 의견서를 첨부하여야 한다(법 제29조 제4항, 제5항).

(3) 반영여부 통보

시행자는 제출된 의견에 대하여 공람 기일이 종료된 날부터 60일 이내에 그 의견을 제출한 자에게 환지 계획에의 반영여부에 관한 검토 결과를 통보하여야 한다(법 제29조 제6항).

4 입체환지

1. 입체환지

(1) 입체환지의 신청

시행자는 도시개발사업을 원활히 시행하기 위하여 특히 필요한 경우에는 토지 또는 건축물 소유자의 신청을 받아 건축물의 일부와 그 건축물이 있는 토지의 공유지분을 부여할 수 있다(법 제32조 제1항).

(2) 입체환지신청의 통지 및 공고

입체 환지의 경우 시행자는 환지 계획 작성 전에 실시계획의 내용, 환지 계획 기준, 환지 대상 필지 및 건축물의 명세, 환지신청 기간 등 대통령령으로 정하는 사항을 토지 소유자(건축물 소유자를 포함한다. 이하 제4항, 제32조의3 및 제35조부터 제45조까지에서 입체 환지 방식으로 사업을 시행하는 경우에서 같다)에게 통지하고 해당 지역에서 발행되는 일간신문에 공고하여야 한다(법 제32조 제3항).

(3) 입체환지의 신청 기간

입체 환지의 신청 기간은 통지한 날부터 30일 이상 60일 이하로 하여야 한다. 다만, 시행자는 환지 계획의 작성에 지장이 없다고 판단하는 경우에는 20일의 범위에서 그 신청기간을 연장할 수 있다(법 제32조 제4항).

(4) 입체환지 신청 방법

입체 환지를 받으려는 토지 소유자는 환지신청 기간 이내에 대통령령으로 정하는 방법 및 절차에 따라 시행자에게 환지신청을 하여야 한다(법 제32조 제5항).

(5) 입체환지 부지정

다만, 토지 또는 건축물이 입체 환지를 신청하는 자의 종전 소유 토지 및 건축물의 권리가액(환지 계획상 환지 후 조성토지등에 대하여 종전의 토지 및 건축물 소유자가 얻을 수 있는 권리의 가액을 말한다. 이하 이 조에서 같다)이 도시개발사업으로 조성되는 토지에 건축되는 구분건축물의 최소 공급 가격의 100분의 70 이하인 경우에는 시행자가 규약·정관 또는 시행규정으로 신청대상에서 제외할 수 있다(영 제62의2조 제1항). 다만, 환지 전 토지에 주택을 소유하고 있던 토지 소유자는 권리가액과 관계없이 법 제32조에 따른 입체 환지를 신청할 수 있다(영 제62의2조 제1항, 제2항).

2. 입체환지에 따른 주택의 공급

(1) 주택 등 건축물 공급

시행자는 입체 환지로 건설된 주택 등 건축물을 인가된 환지 계획에 따라 환지신청자에게 공급하여야 한다. 이 경우 주택을 공급하는 경우에는 「주택법」 제38조에 따른 주택의 공급에 관한 기준을 적용하지 아니한다(법 제32조의3 제1항).

① 1세대 1주택 공급의 원칙

입체 환지로 주택을 공급하는 경우 제1항에 따른 환지 계획의 내용은 다음 각 호의 기준에 따른다. 이 경우 주택의 수를 산정하기 위한 구체적인 기준은 대통령령으로 정한다(법 제32조의3 제2항).

> 1. 1세대 또는 1명이 하나 이상의 주택 또는 토지를 소유한 경우 1주택을 공급할 것
> 2. 같은 세대에 속하지 아니하는 2명 이상이 1주택 또는 1토지를 공유한 경우에는 1주택만 공급할 것

② 1세대 1주택 공급의 특례

시행자는 ①에도 불구하고 다음 각 호의 어느 하나에 해당하는 토지 소유자에 대하여는 소유한 주택의 수만큼 공급할 수 있다(법 제32조의3 제3항).

> 1. 과밀억제권역에 위치하지 아니하는 도시개발구역의 토지 소유자
> 2. 근로자(공무원인 근로자를 포함한다) 숙소나 기숙사의 용도로 주택을 소유하고 있는 토지 소유자
> 3. 공공시행자

③ 주택을 소유하지 아니한 토지 소유자에 대한 주택 공급

입체 환지로 주택을 공급하는 경우 주택을 소유하지 아니한 토지 소유자에 대하여는 환지 기준일 현재 다음 각 호의 어느 하나에 해당하는 경우에만 주택을 공급할 수 있다(법 제32조의3 제4항).

> 1. 토지 면적이 국토교통부장관이 정하는 규모 이상인 경우
> 2. 종전 토지의 총 권리가액(주택 외의 건축물이 있는 경우 그 건축물의 총 권리가액을 포함한다)이 입체 환지로 공급하는 공동주택 중 가장 작은 규모의 공동주택 공급예정가격 이상인 경우

(2) 입체환지의 대상이 되는 용지 중 잔여 건축물의 공급

시행자는 입체 환지의 대상이 되는 용지에 건설된 건축물 중 공급대상자에게 공급하고 남은 건축물의 공급에 대하여는 규약·정관 또는 시행규정으로 정하는 목적을 위하여 체비지(건축물을 포함한다)로 정하거나 토지 소유자 외의 자에게 분양할 수 있다(법 제32조의3 제5항).

(3) 일반공급의 우선순위

시행자는 입체 환지에 따른 주택 등을 공급하고 남은 건축물은 일반에게 공급하되, 환지대상에서 제외되어 도시개발사업으로 새로 조성된 토지를 환지받지 못하고 금전으로 청산을 받은 자 또는 도시개발사업으로 해체되는 건축물의 세입자에게 우선적으로 공급할 수 있다. 이 경우 남은 건축물 등을 토지 소유자 외의 자에게 분양하는 경우에는 국토교통부령으로 정하는 바에 따라 분양공고 등을 실시하여 공급하여야 한다(영 제62의3 제1항, 제2항).

5 환지예정지의 지정

1. 의의

도시개발사업이 환지방식으로 시행되는 경우 종전의 토지에 관한 권리는 환지처분이 있어야 그 다음날에 비로소 환지로 이전·확정된다. 이 경우 사업시행기간이 장기간 소요된다면 종전에 토지소유자 또는 임차권자 등은 권리관계가 장기간 불안정한 상태에 놓이게 되며, 사용·수익권의 행사에 상당한 제약을 받게 된다. 따라서 환지처분 전이라도 실제로 환지를 받은 것처럼 사용·수익권을 행사할 수 있도록 하여 장기간에 걸친 사업의 시행으로 인한 권리관계의 불안정을 다소 해결하고자 하는 제도이다. 따라서 그 사업시행기간이 장기간 등 필요한 경우가 아니라면 굳이 지정을 하여야 하는 것은 아니므로 임의적인 행정처분의 성격을 갖는다.

2. 환지예정지 지정

(1) 임의적 지정

시행자는 도시개발사업의 시행을 위하여 필요하면 도시개발구역의 토지에 대하여 환지 예정지를 지정할 수 있다(법 제35조 제1항).

(2) 임차권자등이 있는 경우

이 경우 종전의 토지에 대한 임차권자등이 있으면 해당 환지 예정지에 대하여 해당 권리의 목적인 토지 또는 그 부분을 아울러 지정하여야 한다(법 제35조 제1항 단서).

(3) 지정절차

① 공람(민간사업시행자)

민간사업시행자가 환지예정지를 지정하고자 하는 때에 토지소유자와 당해 토지에 대하여 임차권·지상권 기타 사용 또는 수익할 권리(임차권 등)를 가진 자(임차권자 등)에게 이를 통지하고 대통령령이 정하는 바에 따라 관계서류의 사본을 일반에게 공람시켜야 한다. 다만 대통령령이 정하는 경미한 사항을 변경하는 경우에는 그러하지 아니하다. 토지 소유자나 임차권자등은 공람

기간에 시행자에게 의견서를 제출할 수 있으며, 시행자는 그 의견이 타당하다고 인정하면 환지 계획에 이를 반영하여야 한다(법 제35조 제2항).

② 통지

시행자가 환지 예정지를 지정하려면 관계 토지 소유자와 임차권자등에게 환지 예정지의 위치·면적과 환지 예정지 지정의 효력발생 시기를 알려야 한다(법 제35조 제3항).

3. 환지예정지 지정의 효과

(1) 사용·수익권능의 이전

① 원칙적 사용·수익기간(효력발생일)

환지 예정지가 지정되면 종전의 토지의 소유자와 임차권자등은 환지 예정지 지정의 효력발생일부터 환지처분이 공고되는 날까지 환지 예정지나 해당 부분에 대하여 종전과 같은 내용의 권리를 행사할 수 있으며 종전의 토지는 사용하거나 수익할 수 없다(법 제36조 제1항).

② 예외(따로 정한 사용 또는 수익을 시작할 날)

시행자는 환지 예정지를 지정한 경우에 해당 토지를 사용하거나 수익하는 데에 장애가 될 물건이 그 토지에 있거나 그 밖에 특별한 사유가 있으면 그 토지의 사용 또는 수익을 시작할 날을 따로 정할 수 있다(법 제36조 제2항).

(2) 수인의무

환지 예정지 지정의 효력이 발생하거나 그 토지의 사용 또는 수익을 시작하는 경우에 해당 환지 예정지의 종전의 소유자 또는 임차권자등은 환지예정지의 지정의 효력발생일(사용 또는 수익을 시작할 날을 별도로 정한 경우에는 별도로 정한날)부터 환지처분의 공고가 있는 날까지 이를 사용하거나 수익할 수 없으며 환지예정지를 지정받은 자의 권리의 행사를 방해할 수 없다(법 제36조 제3항).

(3) 체비지의 환지예정지 지정(사용·수익, 처분)

시행자는 체비지의 용도로 환지 예정지가 지정된 경우에는 도시개발사업에 드는 비용을 충당하기 위하여 이를 사용 또는 수익하게 하거나 처분할 수 있다(법 제36조 제4항).

(4) 임차인 권리의 조정(법 제36조 제5항)

① 임대료 등의 증감청구

도시개발사업으로 임차권 등의 목적인 토지 또는 지역권에 관한 승역지(承役地)의 이용이 증진되거나 방해를 받아 종전의 임대료·지료, 그 밖의 사용료 등이 불합리하게 되면 당사자는 계약 조건에도 불구하고 장래에 관하여 그 증감을 청구할 수 있다. 도시개발사업으로 건축물이 이전된 경우 그 임대료에 관하여도 또한 같다. 이 경우 당사자는 해당 권리를 포기하거나 계약을 해지하여 그 의무를 지지 아니할 수 있다(법 제48조 제1항, 제2항).

② 권리의 포기, 계약의 해지

도시개발사업의 시행으로 지역권 또는 임차권 등을 설정한 목적을 달성할 수 없게 되면 당사자는 해당 권리를 포기하거나 계약을 해지할 수 있다. 도시개발사업으로 건축물이 이전되어 그 임대의 목적을 달성할 수 없게 된 경우에도 또한 같다(법 제49조 제1항).

③ 손실보상청구

권리를 포기하거나 계약을 해지한 자는 그로 인한 손실을 보상하여 줄 것을 시행자에게 청구할 수 있다(법 제49조 제2항).

④ 구상

손실을 보상한 시행자는 해당 토지 또는 건축물의 소유자 또는 그로 인하여 이익을 얻는 자에게 이를 구상(求償)할 수 있다.

⑤ 권리행사기간

환지예정지의 효력발생일로부터 60일이 지나면 임대료·지료, 그 밖의 사용료 등의 증감을 청구할 수 없다(법 제48조 제3항, 법 제49조 제4항).

(5) 환지부지정에 토지 사용·수익의 정지의 통지

시행자는 환지를 정하지 아니하기로 결정된 토지 소유자나 임차권자등에게 날짜를 정하여 그날부터 해당 토지 또는 해당 부분의 사용 또는 수익을 정지시킬 수 있다. 시행자가 사용 또는 수익을 정지하게 하려면 30일 이상의 기간을 두고 미리 해당 토지 소유자 또는 임차권자등에게 알려야 한다(법 제36조 제1항, 제2항).

(6) 장애물 등의 이전 및 제거

시행자는 환지 예정지를 지정하거나 종전의 토지에 관한 사용 또는 수익을 정지시키는 경우나 기반시설의 변경·폐지에 관한 공사를 시행하는 경우 필요하면 도시개발구역에 있는 건축물과 그 밖의 공작물이나 물건 및 죽목, 토석, 울타리 등의 장애물을 이전하거나 제거할 수 있다. 이 경우 시행자(행정청이 아닌 시행자만 해당한다)는 미리 관할 특별자치도지사·시장·군수 또는 구청장의 허가를 받아야 한다(법 제38조 제1항).

(7) 토지의 관리 등(사용 또는 수익할 수 있는 자가 없게 된 토지)

환지 예정지의 지정이나 사용 또는 수익의 정지처분으로 이를 사용하거나 수익할 수 있는 자가 없게 된 토지 또는 해당 부분은 환지 예정지의 지정일이나 사용 또는 수익의 정지처분이 있은 날부터 환지처분을 공고한 날까지 시행자가 관리한다(법 제39조 제1항).

6 환지에서 토지 등의 가격평가

시행자는 환지 방식이 적용되는 도시개발구역에 있는 조성토지 등의 가격을 평가할 때에는 토지평가협의회의 심의를 거쳐 결정하되, 그에 앞서 대통령령으로 정하는 공인평가기관인 감정평가법인등이 평가하게 하여야 한다(법 제28조 제3항).

7 환지처분

1. 의의

환지처분이란 사업 전의 종전 토지에 갈음하여 새로운 토지를 교부하고 그 과부족분을 청산하는 절차를 말한다. 이러한 환지처분은 이미 환지계획으로 결정되어 있으며, 이러한 환지계획의 내용대로 처분하여야 하고 그렇지 않은 경우에는 행정쟁송의 대상이 되는 행정처분이다.

2. 환지처분 절차(공사완료공고 → 공람 → 준공검사 → 환지처분공고)

(1) 공고·공람

① 공사완료 공고·공람

시행자는 환지방식에 의하여 도시개발사업에 관한 공사를 끝낸 경우에는 지체없이 관보 또는 공보에 공고하고 공사관계서류를 14일 이상 일반에게 공람시켜야 한다(법 제40조 제1항, 영 제64조 제1항, 제2항).

② 의견제출

도시개발구역의 토지 소유자나 이해관계인은 공람 기간에 시행자에게 의견서를 제출할 수 있으며, 의견서를 받은 시행자는 공사 결과와 실시계획 내용에 맞는지를 확인하여 필요한 조치를 하여야 한다(법 제40조 제2항).

(2) 준공검사 또는 공사완료

시행자는 공람 기간에 의견서의 제출이 없거나 제출된 의견서에 따라 필요한 조치를 한 경우에는 지정권자에 의한 준공검사를 신청하거나 도시개발사업의 공사를 끝내야 한다(법 제40조 제3항).

(3) 환지처분

시행자는 지정권자에 의한 준공검사를 받은 경우(지정권자가 시행자인 경우에는 공사 완료 공고가 있는 때)에는 60일 내에 환지처분을 하여야 한다(법 제40조 제4항, 영 제65조).

(4) 환지처분공고

시행자는 환지처분을 하려는 경우에는 환지 계획에서 정한 사항을 토지 소유자에게 알리고 관보 또는 공보에 공고하여야 한다(법 제40조 제5항, 영 제66조 제1항, 제2항).

3. 환지처분의 효과(권리의 이전·확정)

(1) 권리의 이전·확정의 원칙

일반환지	환지계획에서 정하여진 환지는 그 환지처분이 공고된 날의 다음 날부터 종전토지로 보며, 환지계획에서 환지를 정하지 아니한 종전의 토지에 있던 권리는 그 환지처분이 공고된 날이 끝나는 때에 소멸한다(법 제42조 제1항).
입체환지 (법 제42조 제4항)	① 입체환지처분을 받은 자는 환지처분이 공고된 날의 다음 날에 환지 계획으로 정하는 바에 따라 건축물의 일부와 해당 건축물이 있는 토지의 공유지분을 취득한다. ② 이 경우 종전의 토지에 대한 저당권은 환지처분이 공고된 날의 다음 날부터 해당 건축물의 일부와 해당 건축물이 있는 토지의 공유지분에 존재하는 것으로 본다.(법 제42조 제4항)
체비지·보류지	체비지는 시행자가, 보류지는 환지 계획에서 정한 자가 각각 환지처분이 공고된 날의 다음 날에 해당 소유권을 취득한다. 다만, 환지예정지가 체비지의 용도로 지정되어 이미 처분된 체비지는 그 체비지를 매입한 자가 소유권 이전 등기를 마친 때에 소유권을 취득한다.(법 제42조 제5항)

(2) 예외적인 경우

① 행정상·재판상의 처분으로서 종전의 토지에 전속하는 처분

행정상 처분이나 재판상의 처분으로서 종전의 토지에 전속(專屬)하는 것에 관하여는 영향을 미치지 아니한다(법 제42조 제2항).

참고학습 | 행정상·재판상의 처분으로서 종전의 토지에 전속하는 처분의 예

「공익사업을 위한 토지 등의 취득 및 보상에 관한 법률」에 의한 사업인정·고시(수용처분), 출입금지의 가처분, 증거보전처분, 「국토의 계획 및 이용에 관한 법률」에 의한 용도지역·용도지구·용도구역의 지정 등

② 지역권

도시개발구역의 토지에 대한 지역권(地役權)은 종전의 토지에 존속한다. 다만, 도시개발사업의 시행으로 행사할 이익이 없어진 지역권은 환지처분이 공고된 날이 끝나는 때에 소멸한다.(법 제42조 제3항)

(3) 용익권자 권리의 조정

환지예정지 지정하는 경우 임차인 보호 규정과 내용은 동일하며, 권리행사기간은 환지처분의 공고가 있은 날부터 60일이 경과한 때에는 임대료·지료 기타 사용료 등의 증감을 청구할 수 없다(법 제47조, 제48조).

4. 환지등기

(1) 환지등기시기

시행자는 환지처분이 공고되면 공고 후 14일 이내에 관할 등기소에 이를 알리고 토지와 건축물에 관한 등기를 촉탁하거나 신청하여야 한다. 등기에 관하여는 대법원규칙으로 정하는 바에 따른다(법 제43조 제1항, 제2항).

(2) 타 등기의 제한(법 제43조 제3항)

환지처분의 공고가 있은 날부터 환지등기가 있는 때까지는 다른 등기를 할 수 없다. 다만, 등기신청인이 확정일자가 있는 서류로 환지처분의 공고일 전에 등기원인이 생긴 것임을 증명하면 다른 등기를 할 수 있다.

핵심정리 | 물권변동

도시개발사업에 의한 물권변동은 「민법」 제187조의 법률규정에 의한 물권변동으로 환지등기와는 무관하게 변동이 있으나 「도시개발법」에서는 공고 후 14일 이내에 등기를 촉탁 또는 신청하도록 규정하고 있음에 유의하여야 한다. 그리고 환지 받은 토지는 환지처분공고일 다음날 소유권을 취득하지만 처분은 환지처분공고일 다음날 처분하는 게 아니라 환지 등기 후 처분이 가능하다.

5. 청산금의 징수·교부 등

(1) 징수·교부시기

① 원칙 : 시행자는 환지처분이 공고된 후에 확정된 청산금을 징수하거나 교부하여야 한다.
② 예외 : 다만, 환지를 정하지 아니하는 토지에 대하여는 환지처분 전이라도 청산금을 교부할 수 있다(법 제46조 제1항).

(2) 청산금의 결정

청산금은 환지처분을 하는 때에 이를 결정하여야 한다. 다만 환지대상에서 제외한 토지 등에 하여는 청산금을 교부하는 때에 이를 결정할 수 있다(법 제42조 제2항).

(3) 청산금의 확정

청산금은 환지처분의 공고가 있은 날의 다음 날에 확정된다(법 제42조 제6항).

(4) 청산금 징수·교부방식 등

① 산정방법

환지를 정하거나 그 대상에서 제외한 경우 그 과부족분은 종전의 토지(입체 환지 방식으로 사업을 시행하는 경우에는 환지 대상 건축물을 포함한다. 이하 제42조 및 제45조에서 같다) 및 환지의 위치·지목·면적·토질·수리·이용 상황·환경, 그 밖의 사항을 종합적으로 고려하여 금전으로 청산하여야 한다(법 제41조 제1항).

② **청산금 징수·교부방식**(분할징수·교부)

청산금은 대통령령으로 정하는 바에 따라 이자를 붙여 분할징수하거나 분할교부 할 수 있다(법 제46조 제2항).

③ **강제징수 및 위탁**(법 제46조 제3항)

징수 및 위탁	1. 행정청인 시행자 : 청산금을 내야 할 자가 이를 내지 아니하면 국세 또는 지방행정제재·부과금의 징수 등에 관한 법률에 따라 징수할 수 있다. 2. 행정청이 아닌 시행자 : 특별자치도지사·시장·군수 또는 구청장에게 청산금의 징수를 위탁할 수 있다. 이 경우 특별자치도지사·시장·군수 또는 구청장이 부과금이나 연체료의 징수를 위탁받으면 지방행정제재·부과금의 징수 등에 관한 법률에 따라 징수할 수 있다.
수수료 지급	이 경우 조합은 특별자치도지사·시장·군수 또는 구청장이 징수한 금액의 100분의 4에 해당하는 금액을 해당 특별자치도·시·군 또는 구에 지급하여야 한다.

④ **공탁**

청산금을 받을 자가 주소 불분명 등의 이유로 청산금을 받을 수 없거나 받기를 거부하면 그 청산금을 공탁할 수 있다(법 제46조 제4항).

(5) 청산금의 소멸시효

청산금을 받을 권리나 징수할 권리를 5년간 행사하지 아니하면 시효로 소멸한다(법 제47조).

8 체비지의 처분 등

시행자는 체비지나 보류지를 규약·정관·시행규정 또는 실시계획으로 정하는 목적 및 방법에 따라 합리적으로 처분하거나 관리하여야 한다(법 제44조 제1항).

1. 행정청이 체비지 처분하는 경우 법 적용

행정청인 시행자가 체비지 또는 보류지를 관리하거나 처분하는 경우에는 국가나 지방자치단체의 재산처분에 관한 법률을 적용하지 아니한다. 다만, 신탁계약에 따라 체비지를 처분하려는 경우에는 「공유재산 및 물품 관리법」 제29조 및 제43조를 준용한다(법 제44조 제2항).

2. 조성토지 등의 공급가격산정의 특례

학교, 폐기물처리시설, 그 밖에 대통령령으로 정하는 시설을 설치하기 위하여 조성토지등을 공급하는 경우 그 조성토지등의 공급 가격에 관하여는 제27조(학교용지 등의 공급가격의 특례)를 준용한다(법 제44조 제3항).

3. 조성토지 등의 공급가격산정의 특례(도시개발사업의 활성화)

공공 시행자가 지역특성화 사업 유치 등 도시개발사업의 활성화를 위하여 필요한 경우에 공급하는 토지 중 위 ② 외의 토지에 대하여는 제27조 제2항(감정평가한 가격 이하로 공급)을 준용한다.

9 감가보상금

1. 의의

행정청인 시행자는 도시개발사업의 시행으로 사업 시행 후의 토지 가액의 총액이 사업 시행 전의 토지 가액의 총액보다 줄어든 경우에는 그 차액에 해당하는 감가보상금을 대통령령으로 정하는 기준에 따라 종전의 토지 소유자나 임차권자등에게 지급하여야 한다(법 제45조).

2. 감가보상금의 지급요건 등

(1) 행정청인 시행자인 경우이다.

(2) 도시개발사업의 시행으로 인하여 사업시행 후의 토지가액의 총액이 사업시행 전의 토지가액의 총액보다 줄어들어야 한다. 따라서 개별적인 청산금과는 별개의 개념이다.

(3) 지급대상자는 대통령령이 정하는 기준에 따라 종전의 토지소유자 또는 임차권·지상권 기타 사용·수익할 권리를 가진 자이며 저당권 등 담보물권자는 제외된다.

3. 감가보상금의 산출방법

감가보상금으로 지급하여야 할 금액은 도시개발사업 시행 후의 토지가액의 총액과 시행 전의 토지가액의 총액과의 차액을 시행 전의 토지가액의 총액으로 나누어 얻은 수치에 종전의 토지 또는 그 토지에 대하여 수익할 수 있는 권리의 시행 전의 가액을 곱한 금액으로 한다(영 제67조).

$$\text{산출방법 : 종전 토지가액} \times \frac{(\text{시행 전 토지가액총액} - \text{시행 후 토지가액총액})}{\text{시행 전 토지가액총액}} = \text{감가보상금}$$

A토지 감가보상금 산출방법

① A토지 시행 전 가액 : 1억 원
② 시행 전 토지가액총액 : 1,000억 원
③ 시행 후 토지가액총액 : 900억 원

$$1\text{억 원} \times \frac{(1{,}000\text{억 원} - 900\text{억 원})}{1{,}000\text{억 원}} = 1{,}000\text{만 원}$$

제7절 준공검사 등 제27회

1 준공검사

1. 공사완료보고(준공검사신청)

시행자(지정권자가 시행자인 경우는 제외한다)가 도시개발사업의 공사를 끝낸 때에는 국토교통부령으로 정하는 바에 따라 공사완료 보고서를 작성하여 지정권자의 준공검사를 받아야 한다(법 제50조 제1항).

2. 준공검사

지정권자는 공사완료 보고서를 받으면 지체 없이 준공검사를 하여야 한다. 이 경우 지정권자는 효율적인 준공검사를 위하여 필요하면 관계 행정기관·공공기관·연구기관, 그 밖의 전문기관 등에 의뢰하여 준공검사를 할 수 있다(법 제50조 제2항).

3. 준공검사 참여요청

지정권자는 공사완료 보고서의 내용에 포함된 공공시설을 인수하거나 관리하게 될 국가기관·지방자치단체 또는 공공기관의 장 등에게 준공검사에 참여할 것을 요청할 수 있으며, 이를 요청받은 자는 특별한 사유가 없으면 요청에 따라야 한다(법 제50조 제3항).

4. 완료된 부분별 준공검사

시행자는 도시개발사업을 효율적으로 시행하기 위하여 필요하면 해당 도시개발사업에 관한 공사가 전부 끝나기 전이라도 공사가 끝난 부분에 관하여 준공검사(지정권자가 시행자인 경우에는 시행자에 의한 공사 완료 공고를 말한다)를 받을 수 있다(법 제50조 제4항).

2 공사완료 공고

지정권자는 준공검사를 한 결과 도시개발사업이 실시계획대로 끝났다고 인정되면 시행자에게 준공검사 증명서를 내어주고 공사 완료 공고를 하여야 하며, 실시계획대로 끝나지 아니하였으면 지체 없이 보완 시공 등 필요한 조치를 하도록 명하여야 한다. 지정권자가 시행자인 경우 그 시행자는 도시개발사업의 공사를 완료한 때에는 공사완료공고를 하여야 한다(법 제51조 제1항, 제2항).

3 조성토지의 준공검사 전 사용

준공검사 전 또는 공사 완료 공고 전에는 조성토지 등(체비지는 제외한다)을 사용할 수 없다. 다만, 사업 시행의 지장 여부를 확인받는 등 그 범위를 정하여 준공전사용허가신청서에 사업시행상의 지장 여부에 관한 검토서를 첨부하여 지정권자에게 제출하여 지정권자로부터 사용허가를 받은 경우에는 그러하지 아니하다. 이 경우 지정권자는 허가신청이 있는 경우 그 사용으로 인하여 앞으로 시행될 사업에 지장이 있는지를 확인한 후 허가 여부를 결정하여야 한다(법 제53조 영 제 70조 1항, 2항).

4 공사완료에 따른 관련 인·허가 등의 의제

1. 의제사항

준공검사를 하거나 공사 완료 공고를 할 때 지정권자가 실시계획의 고시로 의제되는 인·허가등(제19조 제1항 제4호에 따른 면허·협의 또는 승인은 제외한다. 이하 이 조에서 같다)에 따른 준공검사·준공인가 등에 대하여 관계 행정기관의 장과 협의한 사항에 대하여는 그 준공검사·준공인가 등을 받은 것으로 본다(법 제52조 제1항).

2. 의제절차

시행자(지정권자인 시행자는 제외한다)가 준공검사·준공인가 등의 의제를 받으려면 준공검사를 신청할 때 해당 법률로 정하는 관계 서류를 함께 제출하여야 한다. 지정권자는 준공검사를 하거나 공사완료 공고를 할 때 그 내용에 실시계획의 고시에 따라 의제되는 인·허가등에 따른 준공검사·준공인가 등에 해당하는 사항이 있으면 미리 관계 행정기관의 장과 협의하여야 한다(법 제52조 제2항, 제3항).

기출 및 예상문제

01 도시개발법령상 수용 또는 사용 방식으로 시행하는 도시개발사업의 시행자로 지정될 수 없는 자는? (제35회)

① 「한국철도공사법」에 따른 한국철도공사
② 지방자치단체
③ 「지방공기업법」에 따라 설립된 지방공사
④ 도시개발구역의 국공유지를 제외한 토지면적의 3분의 2이상을 소유한 자
⑤ 도시개발구역의 토지 소유자가 도시개발을 위하여 설립한 조합

해설 도시개발사업의 사업시행자는 수용방식에서는 조합이 사업시행자가 될 수 없다.

정답 ⑤

02 도시개발법령상 도시개발사업 조합에 관한 설명으로 옳은 것은? (제35회)

① 조합을 설립하려면 도시개발구역의 토지 소유자 10명 이상이 정관을 작성하여 지정권자에게 조합 설립의 인가를 받아야 한다.
② 조합이 설립인가를 받은 사항 중 청산에 관한 사항을 변경하려는 경우에는 지정권자에게 신고하여야 한다.
③ 다른 조합원으로부터 해당 도시개발구역에 그가 가지고 있는 토지 소유권 전부를 이전받은 조합원은 정관으로 정하는 바에 따라 본래의 의결권과는 별도로 그 토지 소유권을 이전한 조합원의 의결권을 승계할 수 있다.
④ 조합은 총회의 권한을 대행하게 하기 위하여 대의원회를 두어야 한다.
⑤ 조합의 임원으로 선임된 자가 금고 이상의 형을 선고받으면 그 날부터 임원의 자격을 상실한다.

해설
① 조합을 설립하려면 도시개발구역의 토지 소유자 10명이 아니라 7명 이상이다.
② 조합이 설립인가를 받은 사항 중 청산에 관한 사항을 변경하려는 경우에는 경미한 사항이 아니므로 변경의 인가를 받아야 한다.
④ 조합은 총회의 권한을 대행하게 하기 위하여 대의원회를 둘 수 있다.
⑤ 조합의 임원으로 선임된 자가 금고 이상의 형을 선고받으면 그 날부터가 아니라 그 다음날부터 임원의 자격을 상실한다.

정답 ③

03 도시개발법령상 도시개발사업의 시행자인 지방자치 단체가 「주택법」 제4조에 따른 주택건설사업자 등으로 하여금 대행하게 할 수 있는 도시개발사업의 범위에 해당하지 않는 것은? (제34회)

① 실시설계
② 부지조성공사
③ 기반시설공사
④ 조성된 토지의 분양
⑤ 토지상환채권의 발행

해설 주택건설사업자 등에게 대행하게 할 수 있는 도시개발사업의 범위는 다음 각 호와 같다.

1. 실시설계	2. 부지조성공사
3. 기반시설공사	4. 조성된 토지의 분양

정답 ⑤

04 도시개발법령상 원형지의 공급과 개발에 관한 설명으로 옳은 것은? (제34회)

① 원형지를 공장 부지로 직접 사용하는 원형지개발자의 선정은 경쟁입찰의 방식으로 하며, 경쟁입찰이 2회 이상 유찰된 경우에는 수의계약의 방법으로 할 수 있다.
② 지정권자는 원형지의 공급을 승인할 때 용적률 등 개발 밀도에 관한 이행조건을 붙일 수 없다.
③ 원형지 공급가격은 원형지의 감정가격과 원형지에 설치한 기반시설 공사비의 합산 금액을 기준으로 시·도의 조례로 정한다.
④ 원형지개발자인 지방자치단체는 10년의 범위에서 대통령령으로 정하는 기간 안에는 원형지를 매각할 수 없다.
⑤ 원형지개발자가 공급받은 토지의 전부를 시행자의 동의 없이 제3자에게 매각하는 경우 시행자는 원형지개발자에 대한 시정요구 없이 원형지 공급계약을 해제할 수 있다.

해설 ② 지정권자는 원형지의 공급을 승인할 때 이행조건을 붙일 수 있다.
③ 원형지 공급가격은 원형지의 감정가격과 원형지에 설치한 기반시설 공사비의 합산 금액을 기준으로 시행자와 원형지개발자가 협의하여 결정한다.
④ 국가나 지방자치단체는 원형지를 매각할 수 있다.
⑤ 원형지개발자의 위반행위에 대하여 2회 이상 시정요구 후 이행하지 않는 경우 공급계약을 해제할 수 있다.

정답 ①

05 도시개발법령상 도시개발구역지정 이후 지정권자가 도시개발사업의 시행방식을 변경할 수 있는 경우를 모두 고른 것은? (단, 시행자는 국가이며, 시행방식 변경을 위한 다른 요건은 모두 충족됨) (제35회)

ㄱ. 수용 또는 사용방식에서 전부 환지 방식으로의 변경
ㄴ. 수용 또는 사용방식에서 혼용방식으로의 변경
ㄷ. 혼용방식에서 전부 환지 방식으로의 변경
ㄹ. 전부 환지 방식에서 혼용방식으로의 변경

① ㄱ, ㄷ ② ㄱ, ㄹ ③ ㄴ, ㄹ ④ ㄱ, ㄴ, ㄷ ⑤ ㄴ, ㄷ, ㄹ

해설 사업시행자는 다음과 같이 시행방식을 변경할 수 있다.

주체	변경 전	변경 후
공공 사업시행자	수용방식	환지방식
공공 사업시행자	혼용방식	환지방식
모든 사업시행자 (조합제외)	수용방식	혼용방식

정답 ④

06 도시개발법령상 환지 방식에 의한 사업 시행에 관한 설명으로 틀린 것은? (제35회)

① 행정청이 아닌 시행자가 환지 계획을 작성하여 인가를 신청하려는 경우 토지 소유자와 임차권자 등에게 환지 계획의 기준 및 내용 등을 알려야 한다.
② 「집합건물의 소유 및 관리에 관한 법률」에 따른 대지사용권에 해당하는 토지지분은 분할환지할 수 없다.
③ 환지 예정지가 지정되면 종전의 토지의 소유자는 환지 예정지 지정의 효력발생일부터 환지처분이 공고되는 날까지 종전의 토지를 사용할 수 없다.
④ 도시개발사업으로 임차권의 목적인 토지의 이용이 방해를 받아 종전의 임대료가 불합리하게 된 경우라도, 환지처분이 공고된 날의 다음 날부터는 임대료 감액을 청구할 수 없다.
⑤ 도시개발사업의 시행으로 행사할 이익이 없어진 지역권은 환지처분이 공고된 날이 끝나는 때에 소멸한다.

해설 ④ 도시개발사업으로 임차권의 목적인 토지의 이용이 방해를 받아 종전의 임대료가 불합리하게 된 경우 임대료 증감을 청구할 수 있다.

정답 ④

PART 2 도시개발법

04 CHAPTER

비용부담과 채권

단원별 학습포인트

- ❑ 비용부담의 원칙, 예외적인 비용부담
- ❑ 도시개발채권을 정리

제1절 비용부담 제27회, 제31회

1 비용부담의 원칙(시행자부담)과 예외

1. 원칙

도시개발사업에 필요한 비용은 이 법이나 다른 법률에 특별한 규정이 있는 경우 외에는 시행자가 부담한다(법 제54조).

2. 예외

(1) 지정권자가 시행자인 경우(법 제56조 제1항)

① 지정권자가 시행자인 경우 그 시행자는 그가 시행한 도시개발사업으로 이익을 얻는 시·도 또는 시·군·구가 있으면 대통령령으로 정하는 바에 따라 그 도시개발사업에 든 비용의 일부를 그 이익을 얻는 시·도 또는 시·군·구에 부담시킬 수 있다.

② 이 경우 국토교통부장관은 행정안전부장관과 협의하여야 하고,

③ 시·도지사 또는 대도시 시장은 관할 외의 시·군·구에 비용을 부담시키려면 그 시·군·구를 관할하는 시·도지사와 협의하여야 하며, 시·도지사간 또는 대도시 시장과 시·도지사 간의 협의가 성립되지 아니하는 경우에는 행정안전부장관의 결정에 따른다.

(2) 시장·군수 또는 구청장이 시행자인 경우

시장·군수 또는 구청장은 그가 시행한 도시개발사업으로 이익을 얻는 다른 지방자치단체가 있으면 대통령령으로 정하는 바에 따라 그 도시개발사업에 든 비용의 일부를 그 이익을 얻는 다른 지방자치단체와 협의하여 그 지방자치단체에 부담시킬 수 있다. 이 경우 협의가 성립되지 아니하면 관할 시·도지사의 결정에 따르며, 그 시·군·구를 관할하는 시·도지사가 서로 다른 경우에는 시·도지사와 협의하여야 하며, 시·도지사간 협의가 성립되지 아니하는 경우에는 행정안전부장관의 결정에 따른다.(법 제56조 제2항)

3. 공공시설관리자의 비용부담

시행자는 공동구를 설치하는 경우에는 다른 법률에 따라 그 공동구에 수용될 시설을 설치할 의무가 있는 자에게 공동구의 설치에 드는 비용을 부담시킬 수 있다. 이 경우 공동구의 설치 방법·기준 및 절차와 비용의 부담 등에 관한 사항은 「국토의 계획 및 이용에 관한 법률」 제44조를 준용한다(법 제57조 제2항).

2 보조 또는 융자

도시개발사업의 시행에 드는 비용은 대통령령으로 정하는 바에 따라 그 비용의 전부 또는 일부를 국고에서 보조하거나 융자할 수 있다. 다만, 시행자가 행정청이면 전부를 보조하거나 융자할 수 있다(법 제59조).

3 도시개발구역의 시설설치 및 비용부담

1. 시설 설치의무자

시설의 설치비용은 그 설치의무자가 이를 부담하며, 도시개발구역의 시설의 설치는 다음 각 호의 구분에 따른다(법 제55조 제1항, 제2항).

1. **도로와 상하수도시설의 설치** : 지방자치단체
2. **전기시설·가스공급시설 또는 지역 난방시설의 설치** : 당해 지역에 전기·가스 또는 난방을 공급하는 자
3. **통신시설의 설치** : 당해 지역에 통신서비스를 제공하는 자

2. 지중선로 설치비용

다만, 도시개발구역 안의 전기시설을 사업시행자가 지중선로로 설치할 것을 요청하는 경우에는 전기를 공급하는 자와 지중에 설치할 것을 요청하는 자가 각각 2분의 1의 비율로 그 설치비용을 부담한다 다만, 전부 환지 방식으로 도시개발사업을 시행하는 경우에는 전기시설을 공급하는 자가 3분의 2, 지중에 설치할 것을 요청하는 자가 3분의 1의 비율로 부담한다(법 제55조 제2항).

3. 설치시기

특별한 사유가 없으면 준공검사 신청일(지정권자가 시행자인 경우에는 도시개발사업의 공사를 끝내는 날을 말한다)까지 끝내야 한다. 시설의 종류별 설치 범위는 대통령령으로 정한다(법 제55조 제3항, 제4항).

4. 설치대행

대통령령으로 정하는 시설의 종류별 설치 범위 중 지방자치단체의 설치 의무 범위에 속하지 아니하는 도로 또는 상하수도시설로서 시행자가 그 설치비용을 부담하려는 경우에는 시행자의 요청에 따라 지방자치단체가 그 도로 설치 사업이나 상하수도 설치 사업을 대행할 수 있다(법 제55조 제5항).

제 2 절 도시개발채권의 발행 제21회, 제24회, 제28회, 제29회, 제32회

1 발행권자

시·도지사는 도시개발사업 또는 도시·군계획시설사업에 필요한 자금을 조달하기 위하여 도시개발채권을 발행할 수 있다(법 제62조 제1항, 영 제82조 제1항).

2 행정안전부장관의 승인

시·도지사는 도시개발채권의 발행하려는 경우에는 다음 각 호의 사항에 대하여 행정안전부장관의 승인을 받아야 한다(영 제82조 제2항).

1. 채권의 발행총액
2. 채권의 발행방법
3. 채권의 발행조건
4. 상환방법 및 절차
5. 그 밖에 채권의 발행에 필요한 사항

3 소멸시효

도시개발채권의 소멸시효는 상환일부터 기산하여 원금은 5년, 이자는 2년으로 한다(법 제62조 제3항).

4 발행방법 등(법 제62조 제4항, 영 제83조)

도시개발채권의 이율, 발행 방법, 발행 절차, 상환, 발행 사무 취급, 그 밖에 필요한 사항은 대통령령으로 정한다.

1. 발행방법

도시개발채권은 「주식·사채 등의 전자등록에 관한 법률」에 따라 전자등록하여 발행하거나 무기명으로 발행할 수 있으며, 발행방법에 필요한 세부적인 사항은 시·도의 조례로 정한다.

2. 이율

도시개발채권의 이율은 채권의 발행 당시의 국채·공채 등의 금리와 특별회계의 상황 등을 고려하여 해당 시·도의 조례로 정하되, 행정안전부장관의 승인을 받아야 한다.

3. 상환기간

도시개발채권의 상환은 5년부터 10년까지의 범위에서 지방자치단체의 조례로 정한다.

4. 업무취급

도시개발채권의 매출 및 상환업무의 사무취급기관은 해당 시·도지사가 지정하는 은행 또는 「자본시장과 금융투자업에 관한 법률」 제294조에 따라 설립된 한국예탁결제원으로 한다.

5 도시개발채권의 매입의무자

다음 각 호의 어느 하나에 해당하는 자는 도시개발채권을 매입하여야 한다. 다른 법률에 의하여 실시계획의 인가 또는 「국토의 계획 및 이용에 관한 법률」상 개발행위허가가 의제되는 협의를 거친 자를 포함한다(법 제63조 제1항, 제2항).

1. 수용 또는 사용방식으로 시행하는 도시개발사업의 경우 제11조 제1항 제1호부터 제4호(공공부분 사업시행자)까지의 규정에 해당하는 자와 공사의 도급계약을 체결하는 자
2. 제1호에 해당하는 시행자(공공부분 시행자) 외에 도시개발사업을 시행하는 자
3. 「국토의 계획 및 이용에 관한 법률」 제56조 제1항에 따른 허가를 받은 자 중 대통령령으로 정하는 자

CHAPTER 04 기출 및 예상문제

01 도시개발법령상 도시개발채권에 관한 설명으로 옳은 것은? (제32회)

① '국토의 계획 및 이용에 관한 법률'에 따른 공작물의 설치허가를 받은 자는 도시개발채권을 매입하여야 한다.

② 도시개발채권의 이율은 기획재정부장관이 국채·공채등의 금리와 특별회계의 상황 등을 고려하여 정한다.

③ 도시개발채권을 발행하려는 시·도지사는 기획재정부장관의 승인을 받은 후 채권의 발행총액 등을 고려하여 정한다.

④ 도시개발채권의 상황기간은 5년보다 짧게 정할 수는 없다.

⑤ 도시개발사업을 공공기관이 시행하는 경우 해당 공공기관의 장은 시·도지사의 승인을 받아 도시개발채권을 발행할 수 있다.

해설

① 도시개발채권의 매입의무에 공작물설치허가가 아니라 토지형질변경의 허가를 받은 경우 매입하여야 한다.

② 도시개발채권의 이율은 국채·공채등의 금리와 특별회계의 상황 등을 고려하여 시·도지사가 정하되 행정안전부장관의 승인을 받아야 한다.

③ 도시개발채권을 발행하려는 시·도지사는 기획재정부장관의 승인이 아니라 행정안전부장관의 승인을 받아야 한다.

⑤ 도시개발채권은 공공기관이 발행할 수는 없다. 시·도지사가 발행한다.

정답 ④

PART 3
도시 및 주거환경정비법

CHAPTER 1 총설

CHAPTER 2 기본계획의 수립 및 정비구역의 지정

CHAPTER 3 정비사업의 시행

CHAPTER 4 분양과 관리처분계획

CHAPTER 01

총설

단원별 학습포인트

정비법 용어정의의 핵심쟁점
- 3가지 정비사업의 특징
- 각 정비사업별 토지등 소유자의 차이
- 정비기반시설과 주민공동이용시설의 구분

제1절 제정목적

이 법은 도시기능의 회복이 필요하거나 주거환경이 불량한 지역을 계획적으로 정비하고 노후·불량건축물을 효율적으로 개량하기 위하여 필요한 사항을 규정함으로써 도시환경을 개선하고 주거생활의 질을 높이는 데 이바지함을 목적으로 한다(법 제1조).

제2절 용어 정의 제23회, 제24회, 제27회, 제28회, 제29회, 제32회, 제34회, 제35회

이 법에서 사용하는 용어의 정의는 다음과 같다(법 제2조).

1. 정비구역

'정비구역'이란 정비사업을 계획적으로 시행하기 위하여 제16조의 규정에 의하여 지정·고시된 구역을 말한다.

2. 정비사업

"정비사업"이란 이 법에서 정한 절차에 따라 도시기능을 회복하기 위하여 정비구역에서 정비기반시설을 정비하거나 주택 등 건축물을 개량 또는 건설하는 다음 각 목의 사업을 말한다.

주거환경개선사업	도시저소득 주민이 집단거주하는 지역으로서 정비기반시설이 극히 열악하고 노후·불량건축물이 과도하게 밀집한 지역의 주거환경을 개선하거나 단독주택 및 다세대주택이 밀집한 지역에서 정비기반시설과 공동이용시설 확충을 통하여 주거환경을 보전·정비·개량하기 위한 사업
재개발사업	정비기반시설이 열악하고 노후·불량건축물이 밀집한 지역에서 주거환경을 개선하거나 상업지역·공업지역 등에서 도시기능의 회복 및 상권활성화 등을 위하여 도시환경을 개선하기 위한 사업
공공재개발사업	1. 시장·군수등 또는 토지주택공사등(조합과 공동으로 시행하는 경우를 포함한다)이 주거환경개선사업의 시행자, 재개발사업의 시행자나 재개발사업의 대행자(이하 "공공재개발사업 시행자"라 한다)일 것 2. 건설·공급되는 주택의 전체 세대수 또는 전체 연면적 중 토지등소유자 대상 분양분(지분형주택은 제외한다)을 제외한 나머지 주택의 세대수 또는 연면적의 100분의 20 이상 100분의 50 이하의 범위에서 대통령령으로 정하는 기준에 따라 시·도 조례로 정하는 비율 이상을 지분형주택, 공공임대주택 또는 공공지원민간임대주택으로 건설·공급할 것. 이 경우 주택 수 산정방법 및 주택 유형별 건설비율은 대통령령으로 정한다.
재건축사업	정비기반시설은 양호하나 노후·불량건축물에 해당하는 공동주택이 밀집한 지역에서 주거환경을 개선하기 위한 사업
공공재건축사업	1. 시장·군수등 또는 토지주택공사등(조합과 공동으로 시행하는 경우를 포함한다)이 재건축사업의 시행자나 재건축사업의 대행자(이하 "공공재건축사업 시행자"라 한다)일 것 2. 종전의 용적률, 토지면적, 기반시설 현황 등을 고려하여 대통령령으로 정하는 세대수 이상을 건설·공급할 것. 다만, 정비구역의 지정권자가 도시·군기본계획, 토지이용 현황 등 대통령령으로 정하는 불가피한 사유로 해당하는 세대수를 충족할 수 없다고 인정하는 경우에는 그러하지 아니하다.

참고학습 공공재개발과 공공재건축의 공공임대주택건설비율

1. 공공재개발사업에서 20%이상 50%이하 범위에서 대통령령이 정하는 기준
   ① 과밀억제권역에서 시행하는 경우: 100분의 30 이상 100분의 40 이하
   ② 과밀억제권역 외의 지역에서 시행하는 경우: 100분의 20 이상 100분의 30 이하
2. 공공재개발사업의 공공임대주택건설비율
   ① 공공임대주택 건설비율은 건설·공급되는 주택의 전체 세대수의 100분의 20 이하에서 국토교통부장관이 정하여 고시하는 비율 이상으로 한다.(시행령 1조의2 제2항)
   ② 정비구역지정권자는 제1항에도 불구하고 다음 각 호의 어느 하나에 해당하는 경우에는 해당 지방자치단체에 설치된 지방도시계획위원회의 심의를 거쳐 공공임대주택 건설비율을 제1항의 비율보다 완화할 수 있다.(시행령 1조의2 제3항)

> 1. 건설하는 주택의 전체 세대수가 200세대 미만인 경우
> 2. 정비구역의 입지, 정비사업의 규모, 토지등소유자의 수 등을 고려할 때 토지등소유자의 부담이 지나치게 높아 제1항에 따른 공공임대주택 건설비율을 확보하기 어렵다고 인정하는 경우

3. 공공재건축사업의 세대수 기준

① 대통령령으로 정하는 세대수"란 공공재건축사업을 추진하는 단지의 종전 세대수의 100분의 160에 해당하는 세대를 말한다.(시행령 1조의3 제1항)

② 도시·군기본계획, 토지이용 현황 등 대통령령으로 정하는 불가피한 사유"란 다음 각 호의 어느 하나에 해당하는 사유를 말한다. 이 경우 정비구역지정권자는 각 호의 사유로 제1항에 따른 세대수를 충족할 수 없는지를 판단할 때에는 지방도시계획위원회의 심의를 거쳐야 한다.(시행령 1조의3 제2항)

1. 제1항에 따른 세대수를 건설·공급하는 경우 따른 도시·군기본계획에 부합하지 않게 되는 경우
2. 해당 토지 및 인근 토지의 이용 현황을 고려할 때 제1항에 따른 세대수를 건설·공급하기 어려운 부득이한 사정이 있는 경우

3. 노후·불량건축물

"노후·불량건축물"이란 다음 각 목의 어느 하나에 해당하는 건축물을 말한다(법 제 2조 3호).

(1) 건축물이 훼손되거나 일부가 멸실되어 붕괴 그 밖의 안전사고의 우려가 있는 건축물

(2) 내진성능이 확보되지 아니한 건축물 중 중대한 기능적 결함 또는 부실 설계·시공으로 인한 구조적 결함 등이 있는 건축물로서 대통령령으로 정하는 건축물

"대통령령으로 정하는 건축물"이란 건축물을 건축하거나 대수선할 당시 건축법령에 따른 지진에 대한 안전 여부 확인 대상이 아닌 건축물로서 다음 각 호의 어느 하나에 해당하는 건축물을 말한다(시행령 제2조 제1항).

1. 급수·배수·오수 설비 등의 설비 또는 지붕·외벽 등 마감의 노후화나 손상으로 그 기능을 유지하기 곤란할 것으로 우려되는 건축물
2. 건축물의 내구성·내하력(耐荷力) 등이 법 제12조제4항에 따라 국토교통부장관이 정하는 기준에 미치지 못할 것으로 예상되어 구조 안전의 확보가 곤란할 것으로 우려되는 건축물

(3) 다음의 요건에 해당하는 건축물로서 대통령령으로 정하는 바에 따라 시·도 조례로 정하는 건축물

① 주변 토지의 이용상황 등에 비추어 주거환경이 불량한 곳에 소재할 것

② 건축물을 해체하고 새로운 건축물을 건설하는 경우 그에 소요되는 비용에 비하여 효용의 현저한 증가가 예상될 것

시·도 조례로 정할 수 있는 건축물은 다음 각 호의 어느 하나에 해당하는 건축물을 말한다(시행령 제2조 제2항).

1. 「건축법」제57조제1항(대지의 분할제한)에 따라 당해 지방자치단체의 조례가 정하는 면적에 미달되거나 「국토의 계획 및 이용에 관한 법률」제2조제7호의 규정에 의한 도시·군계획시설등의 설치로 인하여 효용을 다할 수 없게 된 대지에 있는 건축물
2. 공장의 매연·소음 등으로 인하여 위해를 초래할 우려가 있는 지역안에 있는 건축물

> 3. 당해 건축물을 준공일 기준으로 40년까지 사용하기 위하여 보수·보강하는데 드는 비용이 해체 후 새로운 건축물을 건설하는 데 드는 비용보다 클 것으로 예상되는 건축물

(4) 도시미관을 저해하거나 노후화된 건축물로서 대통령령으로 정하는 바에 따라 시·도 조례로 정하는 건축물은 다음 각 호의 어느 하나에 해당하는 건축물을 말한다(영 제2조 제3항).

> 1. 준공된 후 20년 이상 30년 이하의 범위에서 조례로 정하는 기간이 지난 건축물
> 2. 「국토의 계획 및 이용에 관한 법률」에 의한 도시·군기본계획의 경관에 관한 사항에 저촉되는 건축물

4. 정비기반시설

'정비기반시설'이라 함은 도로·상하수도·구거(도랑)·공원·공용주차장·공동구(국토의 계획 및 이용에 관한 법률 제2조 제9호의 규정에 의한 공동구를 말한다. 이하 같다) 그 밖에 주민의 생활에 필요한 열·가스 등의 공급시설로서 다음의 시설을 말한다(영 제3조).

> 1. 녹지
> 2. 하천
> 3. 공공공지
> 4. 광장
> 5. 소방용수시설
> 6. 비상대피시설
> 7. 가스공급시설 등
> 8. 지역난방시설
> 9. 주거환경개선사업을 위하여 지정·고시된 법 제2조제1호의 규정에 의한 정비구역 안에 설치하는 공동이용시설로서 법 제30조의 규정에 의한 사업시행계획서에 해당 특별자치시장·특별자치도지사·시장·군수 또는 자치구의 구청장이 관리하는 것으로 포함된 것

5. 주민공동이용시설

주민이 공동으로 사용하는 놀이터·마을회관·공동작업장 그 밖에 다음의 시설을 말한다(영 제4조).

> 1. 공동으로 사용하는 구판장·세탁장·화장실 및 수도
> 2. 탁아소·어린이집·경로당 등 노유자시설
> 3. 그 밖에 제1호 및 제2호의 시설과 유사한 용도의 시설로서 시·도 조례로 정하는 시설

6. 대지 : 정비사업으로 조성된 토지를 말한다.

7. **주택단지** : "주택단지"라 함은 주택 및 부대·복리시설을 건설하거나 대지로 조성되는 일단의 토지로서 다음 각 목의 어느 하나에 해당하는 일단의 토지를 말한다.

> 1. 「주택법」에 따른 사업계획승인을 받아 주택과 부대·복리시설을 건설한 일단의 토지
> 2. 1.에 따른 일단의 토지 중 도시·군계획시설인 도로나 그 밖에 이와 유사한 시설로 분리되어 각각 관리되고 있는 각각의 토지
> 3. 1.에 따른 일단의 토지 2 이상이 공동으로 관리되고 있는 경우 그 전체 토지
> 4. 제67조에 따라 분할된 토지 또는 분할되어 나가는 토지
> 5. 「건축법」에 따라 건축허가를 얻어 아파트 또는 연립주택을 건설한 일단의 토지

8. **사업시행자** : 정비사업을 시행하는 자를 말한다.

9. 토지등소유자

"토지등소유자"란 다음 각 목의 어느 하나에 해당하는 자를 말한다. 다만, 「자본시장과 금융투자업에 관한 법률」 제8조제7항에 따른 신탁업자가 사업시행자로 지정된 경우 토지등소유자가 정비사업을 목적으로 신탁업자에게 신탁한 토지 또는 건축물에 대하여는 위탁자를 토지등소유자로 본다.

(1) 주거환경개선사업 및 재개발사업의 경우에는 정비구역에 위치한 토지 또는 건축물의 소유자 또는 그 지상권자

(2) 재건축사업의 경우에는 정비구역에 위치한 건축물 및 그 부속토지의 소유자

10. 주택공사 등

「한국토지주택공사법」에 의하여 설립된 한국토지주택공사 또는 「지방공기업법」에 의하여 주택사업을 수행하기 위하여 설립된 지방공사를 말한다.

11. 정관 등

'정관 등'이라 함은 다음의 것을 말한다.

> 1. 제40조의 규정에 의한 조합의 정관
> 2. 사업시행자인 토지등소유자가 자치적으로 정한 규약
> 3. 시장·군수등 또는 주택공사 등 또는 신탁업자가 제53조에 따라 작성한 시행규정

01 CHAPTER 기출 및 예상문제

01 도시 및 주거환경정비법령상 정비기반시설에 해당하지 않는 것은? (단, 주거환경개선사업을 위하여 지정·고시된 정비구역이 아님) (제24회, 제28회, 제34회)

① 녹지
② 공공공지
③ 공용주차장
④ 소방용수시설
⑤ 공동으로 사용하는 구판장

해설 ⑤ 공동으로 사용하는 구판장은 주민공동이용시설이다.

정답 ⑤

02 도시 및 주거환경정비법령상 "토지등소유자"에 해당 하지 않는 자는? (제35회)

① 주거환경개선사업 정비구역에 위치한 건축물의 소유자
② 재개발사업 정비구역에 위치한 토지의 지상권자
③ 재개발사업 정비구역에 위치한 건축물의 소유자
④ 재건축사업 정비구역에 위치한 건축물 및 그 부속토지의 소유자
⑤ 재건축사업 정비구역에 위치한 건축물 부속토지의 지상권자

해설
- 주거환경개선사업·재개발사업 : 정비구역에 위치한 토지 또는 건축물의 소유자 또는 그 지상권자
- 재건축사업 : 정비구역에 위치한 건축물 및 그 부속토지의 소유자

정답 ⑤

CHAPTER 02

기본계획의 수립 및 정비구역의 지정

단원별 학습포인트

정비기본계획과 정비계획, 정비구역의 지정

- ❑ 정비기본계획의 수립기간, 재검토기간, 수립권자와 수립절차
- ❑ 정비계획의 수립권자와 수립절차
- ❑ 정비구역 지정권자
- ❑ 정비구역지정의 효과
- ❑ 정비구역지정의 해제사유
- ❑ 안전진단의 방법과 절차

제1절 정비기본방침과 정비기본계획의 수립 제20회, 제22회, 제26회, 제27회, 제29회, 제30회

1 도시·주거환경정비기본방침의 수립(법 제3조)

국토교통부장관은 도시 및 주거환경을 개선하기 위하여 10년마다 다음 각 호의 사항을 포함한 기본방침을 정하고, 5년마다 그 타당성을 검토하여 그 결과를 기본방침에 반영하여야 한다.

1. 도시 및 주거환경 정비를 위한 국가 정책방향
2. 도시·주거환경정비기본계획의 수립 방향
3. 노후·불량 주거지 조사 및 개선계획의 수립
4. 도시 및 주거환경 개선에 필요한 재정지원계획
5. 그 밖에 도시 및 주거환경 개선을 위하여 필요한 사항으로 대통령령으로 정하는 사항

2 정비기본계획의 수립(법 제4조 제1항, 영 제7조)

1. 수립의 의무

특별시장·광역시장·특별자치시장·특별자치도지사 또는 시장은 다음의 사항이 포함된 정비기본계획(이하 "기본계획"이라 한다)을 10년 단위로 수립하며 5년마다 그 타당성을 검토하여 그 결과를 기본계획에 반영하여야 한다(법 제4조 제1항, 제2항).

2. 수립의 예외

다만, 도지사가 대도시가 아닌 시로서 기본계획을 수립할 필요가 없다고 인정하는 시에 대하여는 기본계획을 수립하지 아니할 수 있다(법 제4조 제1항 단서).

3. 정비기본계획의 내용

(1) 정비기본계획에는 다음 각 호의 사항이 포함되어야 한다(법 제5조 제1항).

> 1. 정비사업의 기본방향
> 2. 정비사업의 계획기간
> 3. 인구·건축물·토지이용·정비기반시설·지형 및 환경 등의 현황
> 4. 주거지 관리계획
> 5. 토지이용계획·정비기반시설계획·공동이용시설설치계획 및 교통계획
> 6. 녹지·조경·에너지공급·폐기물처리 등에 관한 환경계획
> 7. 사회복지시설 및 주민문화시설 등의 설치계획
> 8. 도시의 광역적 재정비를 위한 기본방향
> 9. 정비구역으로 지정할 예정인 정비예정구역의 개략적 범위
> 10. 단계별 정비사업추진계획(정비예정구역별 정비계획의 수립시기를 포함하여야 한다)
> 11. 건폐율·용적률 등에 관한 건축물의 밀도계획
> 12. 세입자에 대한 주거안정대책
> 13. 그 밖에 주거환경 등을 개선하기 위하여 필요한 사항으로서 대통령령이 정하는 사항

(2) 정비기본계획의 생략

기본계획의 수립권자는 기본계획에 다음 각 호의 사항을 포함하는 경우에는 정비기본계획의 내용 중 9. 및 10.의 사항을 생략할 수 있다(법 제5조 제2항).

> 1. 생활권의 설정, 생활권별 기반시설 설치계획 및 주택수급계획
> 2. 생활권별 주거지의 정비·보전·관리의 방향

3 수립절차(주민공람 – 의회의 의견청취 - 협의 - 심의)

1. 주민의 의견청취(공람)

기본계획의 수립권자는 기본계획을 수립하거나 변경하려는 경우에는 14일 이상 주민에게 공람하여 의견을 들어야 하며, 제시된 의견이 타당하다고 인정되면 이를 기본계획에 반영하여야 한다(법 제6조 제1항).

2. 의회의 의견청취

기본계획의 수립권자는 제1항에 따른 공람과 함께 지방의회의 의견을 들어야 한다. 이 경우 지방의회는 기본계획의 수립권자가 기본계획을 통지한 날부터 60일 이내에 의견을 제시하여야 하며, 의견제시 없이 60일이 지난 경우 이의가 없는 것으로 본다(법 제6조 제2항).

3. 협의 및 심의

기본계획의 수립권자(대도시의 시장이 아닌 시장은 제외한다)는 기본계획을 수립하거나 변경하려면 관계 행정기관의 장과 협의한 후 지방도시계획위원회의 심의를 거쳐야 한다(법 제7조 제1항).

4. 경미한 사항의 변경

대통령령으로 정하는 다음의 경미한 사항을 변경하는 경우에는 주민공람과 지방의회의 의견청취 절차 와 협의 및 지방도시계획위원회의 심의를 거치지 아니할 수 있다(법 제6조 제3항).

참고학습 정비기본계획의 경미한 사항으로 주민과 의회의 의견청취 생략사항(시행령 제6조 4항)

1. 정비기반시설(제3조제9호에 해당하는 시설은 제외한다. 이하 제8조제3항·제13조제4항·제38조 및 제76조제3항에서 같다)의 규모를 확대하거나 그 면적을 10퍼센트 미만의 범위에서 축소하는 경우
2. 정비사업의 계획기간을 단축하는 경우
3. 공동이용시설에 대한 설치계획을 변경하는 경우
4. 사회복지시설 및 주민문화시설 등에 대한 설치계획을 변경하는 경우
5. 구체적으로 면적이 명시된 정비예정구역의 면적을 20퍼센트 미만의 범위에서 변경하는 경우
6. 법 제5조제1항제10호에 따른 단계별 정비사업 추진계획을 변경하는 경우
7. 건폐율 및 용적률을 각 20퍼센트 미만의 범위에서 변경하는 경우
8. 정비사업의 시행을 위하여 필요한 재원조달에 관한 사항을 변경하는 경우
9. 도시·군기본계획의 변경에 따라 기본계획을 변경하는 경우

4 승인절차(고시 - 보고 - 열람)

1. 도지사 승인을 받는 경우

대도시의 시장이 아닌 시장은 기본계획을 수립 또는 변경하려면 도지사의 승인을 받아야 하며, 도지사가 이를 승인하려면 관계 행정기관의 장과 협의한 후 지방도시계획위원회의 심의를 거쳐야 한다. 다만, 경미한사항의 변경인 경우에는 도지사의 승인을 받지 아니할 수 있다(법 제7조 제2항).

2. 스스로 확정(법 제7조 제2항)

특별시장·광역시장·특별자치시장·특별자치도지사 또는 대도시시장은 승인없이 확정한다.

3. 고시 및 열람

기본계획의 수립권자는 기본계획을 수립하거나 변경한 때에는 지체 없이 이를 해당 지방자치단체 공보에 고시하고 국토교통부장관에게 보고하여야 하며 일반인이 열람할 수 있도록 하여야 한다(법 제7조 제3항, 제4항).

4. 작성기준(법 제5조 제3항)

정비기본계획의 작성기준 및 작성방법은 국토교통부장관이 이를 정하여 고시한다.

제2절 정비계획의 수립 및 정비구역의 지정 제20회, 제22회, 제24회, 제25회, 제28회, 제30회, 제31회

1 정비계획의 입안

1. 정비계획의 입안 절차(주민설명회 및 공람, 의회의 의견청취 → 정비구역 지정신청)

(1) 입안권자

① 정비계획은 특별시장·광역시장·특별자치시장·특별자치도지사·시장·군수(광역시의 군수는 제외하며, 이하 "정비구역의 지정권자"라 한다)가 입안하여 직접 정비구역을 지정한다.(법 제8조 제1항)

② 구청장 또는 광역시의 군수는 정비계획을 입안하여 특별시장이나 광역시장에게 정비구역지정을 신청하여야 한다(법 제8조 제5항).

(2) 주민설명회 및 공람

입안권자는 정비계획을 입안하거나 변경하려면 주민에게 서면으로 통보한 후 주민설명회 및 30일 이상 주민에게 공람하여 의견을 들어야 하며, 제시된 의견이 타당하다고 인정되면 이를 정비계획에 반영하여야 한다(법 제15조 제1항).

(3) 의회의 의견청취

정비계획의 입안권자는 주민공람과 함께 지방의회의 의견을 들어야 한다. 이 경우 지방의회는 정비계획의 입안권자가 정비계획을 통지한 날부터 60일 이내에 의견을 제시하여야 하며, 의견제시 없이 60일이 지난 경우 이의가 없는 것으로 본다(법 제15조 제2항).

2. 절차상 특례

(1) 절차의 생략

다만, 대통령령으로 정하는 경미한 사항을 변경하는 경우에는 주민에 대한 서면통보, 주민설명회, 주민공람 및 지방의회의 의견청취절차를 거치지 아니할 수 있다(법 제15조 제3항).

(2) 관리청의 의견청취

정비계획의 입안권자는 제97조, 제98조, 제101조 등에 따라 정비기반시설 및 국유·공유재산의 귀속 및 처분에 관한 사항이 포함된 정비계획을 입안하려면 미리 해당 정비기반시설 및 국유·공유재산의 관리청의 의견을 들어야 한다(법 제15조 제4항).

3. 정비계획의 내용 및 작성기준

정비계획에는 다음의 사항이 포함 되어야 하며 작성기준 및 작성방법은 국토교통부장관이 정하여 고시한다(법 제9조 제4항).

1. 정비사업의 명칭
2. 정비구역 및 그 면적
3. 토지등소유자별 분담금 추산액 및 산출근거
4. 도시·군계획시설의 설치에 관한 계획
5. 공동이용시설 설치계획
6. 건축물의 주용도·건폐율·용적률·높이에 관한 계획
7. 환경보전 및 재난방지에 관한 계획
8. 정비구역 주변의 교육환경 보호에 관한 계획
9. 세입자 주거대책
10. 정비사업시행 예정시기
11. 정비사업을 통하여 「민간임대주택에 관한 특별법」 제2조 제4호에 따른 공공지원민간임대주택을 공급하거나 같은 조 제11호에 따른 주택임대관리업자에게 임대할 목적으로 주택을 위탁하려는 경우의 사항
12. 「국토의 계획 및 이용에 관한 법률」 지구단위계획의 내용 (필요한 경우로 한정한다)
13. 그 밖에 정비사업의 시행을 위하여 필요한 사항으로서 대통령령으로 정하는 사항

4. 정비기본계획과 정비계획 수립 시 용적률 완화

① 정비기본계획의 수립권자 또는 정비계획의 입안권자는 정비사업의 원활한 시행을 위하여 기본계획을 수립하거나 정비계획을 입안하려는 경우에는(변경하려는 경우에도 또한 같다) 주거지역에 대하여는 조례로 정한 용적률에도 불구하고 관계 법률에 따른 용적률의 상한까지 용적률을 정할 수 있다(법 제11조 제1항).

② 정비기본계획의 수립권자 또는 정비계획의 입안권자는 천재지변, 그 밖의 불가피한 사유로 건축물이 붕괴할 우려가 있어 긴급히 정비사업을 시행할 필요가 있다고 인정하는 경우에는 용도지역의 변경을 통해 용적률을 완화하여 기본계획을 수립하거나 정비계획을 입안할 수 있다. 이 경우 기본계획의 수립권자, 정비계획의 입안권자 및 정비구역의 지정권자는 용도지역의 변경을 이유로 기부채납을 요구하여서는 아니 된다(법 제11조 제2항).

2 정비계획의 입안 제안(토지등소유자 → 정비계획 입안권자)

1. 입안제안 사유

토지등소유자(제5호의 경우에는 제26조제1항 제1호 및 제27조제1항 제1호에 따라 사업시행자가 되려는 자를 말한다)는 다음 각 호의 어느 하나에 해당하는 경우에는 정비계획의 입안권자에게 정비계획의 입안을 제안할 수 있다(법 제14조 제1항).

1. 제5조 제1항 제10호에 따른 단계별 정비사업 추진계획상 정비예정구역별 정비계획의 입안시기가 지났음에도 불구하고 정비계획이 입안되지 아니하거나 같은 호에 따른 정비예정구역별 정비계획의 수립시기를 정하고 있지 아니한 경우
2. 토지등소유자가 제26조 제1항 제7호 및 제8호에 따라 토지주택공사등을 사업시행자로 지정 요청하려는 경우
3. 대도시가 아닌 시 또는 군으로서 시·도조례로 정하는 경우
4. 정비사업을 통하여 공공지원민간임대주택을 공급하거나 임대할 목적으로 주택을 주택임대관리업자에게 위탁하려는 경우로서 제9조 제1항 제10호 각 목을 포함하는 정비계획의 입안을 요청하려는 경우
5. 천재·지변에 따라 정비사업을 시행하려는 경우
6. 토지등소유자(조합이 설립된 경우에는 조합원을 말한다.)가 3분의 2 이상의 동의로 정비계획의 변경을 요청하는 경우. 다만, 제15조 제3항에 따른 경미한 사항을 변경하는 경우에는 토지등소유자의 동의절차를 거치지 아니한다.
7. 토지등소유자가 공공재개발사업 또는 공공재건축사업을 추진하려는 경우

2. 제안서의 처리 등

정비계획의 제안을 위한 토지등소유자의 동의, 제안서의 처리 등에 관하여 필요한 사항은 대통령령으로 정한다(영 제12조).

① **제안서 제출** : 토지등소유자가 정비계획의 입안권자에게 정비계획의 입안을 제안하려는 경우 토지등소유자의 3분의 2 이하 및 토지면적 3분의 2 이하의 범위에서 시·도 조례로 정하는 비율 이상의 동의를 받은 후 시·도조례로 정하는 제안서 서식에 정비계획도서, 계획설명서, 그 밖의 필요한 서류를 첨부하여 정비계획의 입안권자에게 제출하여야 한다.

② **반영여부 통보** : 시장·군수는 제안이 있는 경우에는 제안일부터 60일 이내에 정비계획에의 반영 여부를 제안자에게 통보하여야 한다. 다만, 부득이한 사정이 있는 경우에는 한 차례만 30일을 연장할 수 있다.

③ **정비계획도서와 계획설명서의 활용** : 시장·군수는 제안을 정비계획에 반영하는 경우에는 제안서에 첨부된 정비계획도서와 계획설명서를 정비계획의 입안에 활용할 수 있다.

3 정비구역지정을 위한 정비계획의 입안 요청(토지등소유자 → 정비계획 입안권자)

1. 입안요청 사유

토지등소유자는 다음 각 호의 어느 하나에 해당하는 경우에는 정비계획의 입안권자에게 정비구역의 지정을 위한 정비계획의 입안을 요청할 수 있다(법 제13조의2 제1항).

1. 단계별 정비사업 추진계획상 정비예정구역별 정비계획의 입안시기가 지났음에도 불구하고 정비계획이 입안되지 아니한 경우
2. 정비기본계획에 같은 조 제1항 제9호(정비예정구역의 개략적 범위) 및 제10호(단계별 정비사업 추진계획)에 따른 사항을 생략한 경우
3. 천재지변 등 대통령령으로 정하는 불가피한 사유로 긴급하게 정비사업을 시행할 필요가 있다고 판단되는 경우

2. 요청서의 처리 등

정비계획의 입안권자는 제1항의 요청이 있는 경우에는 요청일부터 4개월 이내에 정비계획의 입안 여부를 결정하여 토지등소유자 및 정비구역의 지정권자에게 알려야 한다. 다만, 정비계획의 입안권자는 정비계획의 입안 여부의 결정 기한을 2개월의 범위에서 한 차례만 연장할 수 있다.(법 제13조의2 제2항)

3. 정비구역지정권자의 정비계획기본방향의 제시

정비구역의 지정권자는 다음 각 호의 어느 하나에 해당하는 경우에는 토지이용, 주택건설 및 기반시설의 설치 등에 관한 정비계획의 기본방향을 작성하여 정비계획의 입안권자에게 제시하여야 한다.(법 제13조의2 제3항)

1. 제2항에 따라 정비계획의 입안권자가 토지등소유자에게 정비계획을 입안하기로 통지한 경우
2. 제5조 제1항 제10호에 따른 단계별 정비사업 추진계획에 따라 정비계획의 입안권자가 요청하는 경우
3. 제12조 제6항에 따라 정비계획의 입안권자가 정비계획을 입안하기로 결정한 경우로서 대통령령으로 정하는 경우
4. 정비계획을 변경하는 경우로서 대통령령으로 정하는 경우

4 정비구역 지정

1. 정비구역 지정권자

① **특별시장·광역시장·특별자치시장·특별자치도지사·시장 또는 군수**
직접 정비계획을 수립하고 직접 정비구역을 지정한다(법 제8조 제1항).

② **구청장과 광역시의 군수**
구청장 등은 정비계획을 수립하여 특별시장·광역시장에게 정비구역지정을 신청하며, 이 경우 지방의회의 의견을 첨부하여야 한다(법 제8조 제1항 본문, 법 제8조 제5항).

③ **천재·지변이 발생한 경우**
천재·지변에 따라 정비사업을 시행하려는 경우에는 기본계획을 수립하거나 변경하지 아니하고 정비구역을 지정할 수 있다(법 제8조 제2항).

2. 정비구역지정 시 인접지역의 포함여부

정비구역의 지정권자는 정비구역의 진입로 설치를 위하여 필요한 경우에는 진입로 지역과 그 인접지역을 포함하여 정비구역을 지정할 수 있다(법 제8조 제3항).

3. 정비구역 지정 절차(지방도시계획위원회의 심의)

정비구역의 지정권자는 정비구역을 지정하거나 변경지정하려면 지방도시계획위원회 심의를 거쳐야 한다. 다만, 제15조제3항에 따른 경미한 사항을 변경하는 경우에는 지방도시계획위원회의 심의를 거치지 아니할 수 있다(법 제16조 제1항).

4. 정비구역 지정 이후 절차(고시·보고·열람)

정비구역의 지정권자는 정비구역을 지정하거나 정비계획을 결정한 때에는 정비계획을 포함한 정비구역 지정의 내용을 해당 지방자치단체의 공보에 고시하여야 하며, 이 경우 지형도면 고시 등에 대하여는 「토지이용규제 기본법」 제8조에 따른다. 정비구역을 지정·고시한 때에는 국토교통부령으로 정하는 방법 및 절차에 따라 국토교통부장관에게 그 지정의 내용을 보고하여야 하며, 관계 서류를 일반인이 열람할 수 있도록 하여야 한다(법 제16조 제2항, 제3항).

5. 정비구역지정의 효과

(1) 지구단위계획 등의 의제

정비구역의 지정·고시가 있는 경우 해당 정비구역 및 정비계획 중 지구단위계획 내용의 어느 하나에 해당하는 사항은 지구단위계획구역 및 지구단위계획으로 결정·고시된 것으로 본다(법 제17조 제1항).

(2) 정비구역의 지정·고시의 의제

「국토의 계획 및 이용에 관한 법률」에 따른 지구단위계획구역에 대하여 정비계획의 내용을 모두 포함한 지구단위계획을 결정·고시(변경 결정·고시하는 경우를 포함한다)하는 경우 해당 지구단위계획구역은 정비구역으로 지정·고시된 것으로 본다(법 제17조 제2항).

(3) 건폐율과 용적률 등의 완화적용

① 정비계획을 통한 토지의 효율적 활용을 위하여 「국토의 계획 및 이용에 관한 법률」에 따른 건폐율·용적률 등의 완화규정은 정비계획에 준용한다. 이 경우 "지구단위계획구역"은 "정비구역"으로, "지구단위계획"은 "정비계획"으로 본다(법 제17조 제3항).

② 제3항에도 불구하고 용적률이 완화되는 경우로서 사업시행자가 정비구역에 있는 대지의 가액 일부에 해당하는 금액을 현금으로 납부한 경우에는 대통령령으로 정하는 공공시설 또는 기반시설(이하 이 항에서 "공공시설등"이라 한다)의 부지를 제공하거나 공공시설등을 설치하여 제공한 것으로 본다(법 제17조 제4항).

5 정비구역지정의 해제

1. 정비구역의 의무적 해제사유

정비구역의 지정권자는 다음 하나에 해당하는 경우에는 정비구역등을 해제하여야 한다. 구청장등은 다음 하나에 해당하는 경우에는 특별시장·광역시장에게 정비구역등의 해제를 요청하여야 한다(법 제20조 제1항, 제2항).

1. 정비예정구역에 대하여 기본계획에서 정한 정비구역 지정 예정일부터 3년이 되는 날까지 특별자치시장, 특별자치도지사, 시장 또는 군수가 정비구역을 지정하지 아니하거나 구청장등이 정비구역 지정을 신청하지 아니하는 경우
2. 재개발사업·재건축사업[조합이 시행하는 경우로 한정한다]이 다음 각 목의 어느 하나에 해당하는 경우
   ① 토지등소유자가 정비구역으로 지정·고시된 날부터 2년이 되는 날까지 조합설립추진위원회의 승인을 신청하지 아니하는 경우
   ② 토지등소유자가 정비구역으로 지정·고시된 날부터 3년이 되는 날까지 조합 설립인가를 신청하지 아니하는 경우(추진위원회를 구성하지 아니하는 경우로 한정한다.)
   ③ 추진위원회가 추진위원회 승인일부터 2년이 되는 날까지 조합 설립인가를 신청하지 아니하는 경우
   ④ 조합이 조합 설립인가를 받은 날부터 3년이 되는 날까지 사업시행계획인가를 신청하지 아니하는 경우
3. 토지등소유자가 시행하는 재개발사업으로서 토지등소유자가 정비구역으로 지정·고시된 날부터 5년이 되는 날까지 사업시행계획인가를 신청하지 아니하는 경우

2. 해제절차

(1) 주민 공람 및 지방의회의 의견청취

정비구역등을 해제하거나 정비구역등의 해제를 요청하는 특별자치시장, 특별자치도지사, 시장, 군수 또는 구청장등은 정비구역등의 해제에 관한 내용을 30일 이상 주민에게 공람하고 지방의회 의견을 들어야 한다. 이 경우 지방의회는 특별자치시장, 특별자치도지사, 시장, 군수 또는 구청장등이 정비구역등의 해제에 관한 계획을 통지한 날부터 60일 이내에 의견을 제시하여야 하며, 의견제시 없이 60일이 지난 경우 이의가 없는 것으로 본다(법 제20조 제3항, 제4항).

(2) 심의

정비구역의 지정권자는 정비구역등의 해제를 요청받거나 정비구역등을 해제하려면 지방도시계획위원회의 심의를 거쳐야 한다. 다만, 「도시재정비 촉진을 위한 특별법」에 따른 재정비촉진지구에서는 도시재정비위원회의 심의를 거쳐 정비구역등을 해제하여야 한다(법 제20조 제5항).

(3) 정비구역지정해제의 연장

다만, 정비구역의 지정권자는 다음 어느 하나에 해당하는 경우에는 정비구역해제 규정에 따른 해당 기간을 2년의 범위에서 연장하여 정비구역등을 해제하지 아니할 수 있다(법 제20조 제6항).

1. 정비구역등의 토지등소유자(조합을 설립한 경우에는 조합원을 말한다) 100분의 30 이상의 동의로 제1항제1호부터 제3호까지에 따른 해당 기간 도래 전까지 연장을 요청하는 경우
2. 정비사업의 추진상황으로 보아 주거환경의 계획적 정비 등을 위하여 정비구역등의 존치가 필요하다고 인정하는 경우

3. 정비구역 해제 이후의 절차(고시 통보 열람)

정비구역의 지정권자는 정비구역등을 해제하는 경우(제6항에 따라 해제하지 아니한 경우를 포함한다)에는 그 사실을 해당 지방자치단체의 공보에 고시하고 국토교통부장관에게 통보하여야 하며, 관계 서류를 일반인이 열람할 수 있도록 하여야 한다(법 제20조 제7항).

4. 정비구역등의 직권해제

(1) 해제사유

정비구역의 지정권자는 다음 각 호의 어느 하나에 해당하는 경우 지방도시계획위원회의 심의를 거쳐 정비구역등을 해제할 수 있다(법 제21조 제1항).

1. 정비사업의 시행에 따른 토지등소유자의 과도한 부담이 예상되는 경우
2. 정비예정구역 또는 정비구역의 추진 상황으로 보아 지정 목적을 달성할 수 없다고 인정하는 경우
3. 토지등소유자의 100분의 30 이상이 정비구역 등(추진위원회가 구성되지 아니한 구역에 한한다)의 해제를 요청하는 경우
4. 제23조제1항 제1호에 따른 스스로 방법으로 시행하고 있는 주거환경개선사업의 정비구역이 지정·고시된 날부터 10년 이상 지나고, 추진 상황으로 보아 지정 목적을 달성할 수 없다고 인정되는 경우로서 토지등소유자의 과반수가 정비구역의 해제에 동의하는 경우
5. 추진위원회 구성 또는 조합 설립에 동의한 토지등소유자의 2분의 1 이상 3분의 2 이하의 범위에서 시·도 조례로 정하는 비율 이상의 동의로 정비구역의 해제를 요청하는 경우(사업시행계획인가를 신청하지 아니한 경우로 한정한다)
6. 추진위원회가 구성되거나 조합이 설립된 정비구역에서 토지등소유자 과반수의 동의로 정비구역의 해제를 요청하는 경우(사업시행계획인가를 신청하지 아니한 경우로 한정한다)

(2) 직권해제절차

지정권자는 직권으로 해제하는 경우에도 30일 이상 주민에게 공람하고, 지방의회의 의견을 들어야 한다. 이 경우 지방의회는 지정권자가 해제에 관한 계획을 통지한 날부터 60일 이내에 의견을 제시하여야 하며, 의견제시 없이 60일이 지난 경우 이의가 없는 것으로 본다. 또한 정비구역의 지정권자는 직권으로 해제하려면 지방도시계획위원회의 심의를 거쳐 해제하며, 해제이후에는 그 사실을 해당 지방자치단체의 공보에 고시하고 국토교통부장관에게 통보하여야 하며, 관계 서류를 일반인이 열람할 수 있도록 하여야 한다(법 제21조 제2항).

(3) 해제에 따른 비용보조

직권으로 정비구역등을 해제하여 추진위원회 구성승인 또는 조합설립인가가 취소되는 경우 정비구역의 지정권자는 해당 추진위원회 또는 조합이 사용한 비용의 일부를 대통령령으로 정하는 범위에서 시·도 조례로 정하는 바에 따라 보조할 수 있다(법 제21조 제3항).

5. 해제의 효과

(1) 용도지역과 기반시설의 환원

정비구역 등이 요청 또는 직권으로 해제된 경우에는 정비계획으로 변경된 용도지역, 정비기반시설 등은 정비구역 지정 이전의 상태로 환원된 것으로 본다. 다만, 1항 제4호(주거환경개선사업의 스스로 방식의 해제사유)의 경우 특별시장, 광역시장, 특별자치시장, 특별자치도지사, 시장 또는 군수는 정비기반시설의 설치 등 해당 정비사업의 추진상황에 따라 환원되는 범위를 제한할 수 있다(법 제22조 제1항).

(2) 도시재생 선도지역으로 지정요청

정비구역등이 해제된 경우 정비구역의 지정권자는 해제된 정비구역등을 「도시재생 활성화 및 지원에 관한 특별법」에 따른 도시재생선도지역으로 지정하도록 국토교통부장관에게 요청할 수 있다(법 제21조의 2).

(3) 해제된 정비구역을 주거환경개선구역으로 지정

정비구역등(재개발사업 및 재건축사업을 시행하려는 경우로 한정한다. 이하 이 항에서 같다)이 해제된 경우 정비구역의 지정권자는 해제된 정비구역등을 스스로 방법으로 시행하는 주거환경개선구역으로 지정할 수 있다. 이 경우 주거환경개선구역으로 지정된 구역은 정비기본계획에 반영된 것으로 본다(법 제22조 제2항).

(4) 정비구역해제로 인한 조합설립인가의 취소

정비구역등이 해제·고시된 경우 추진위원회 구성승인 또는 조합설립인가는 취소된 것으로 보고, 시장·군수등은 해당 지방자치단체의 공보에 그 내용을 고시하여야 한다(법 제22조 제3항).

6 정비구역에서 개발행위 허가

1. 원칙(허가)

정비구역 안에서 다음의 행위를 하고자 하는 자는 시장·군수의 허가를 받아야 한다. 허가받은 사항을 변경하고자 하는 때에도 또한 같다(법 제19조 제1항, 영 제15조 제1항).

1. 건축물의 건축 등	「건축법」 제2조 제1항 제2호에 따른 건축물(가설건축물을 포함한다)의 건축, 용도변경
2. 공작물의 설치	인공을 가하여 제작한 시설물(「건축법」 제2조 제1항 제2호에 따른 건축물을 제외한다)의 설치
3. 토지의 형질변경	절토(땅깎기)·성토(흙쌓기)·정지(땅고르기)·포장 등의 방법으로 토지의 형상을 변경하는 행위, 토지의 굴착 또는 공유수면의 매립
4. 토석의 채취	흙·모래·자갈·바위 등의 토석을 채취하는 행위. 다만, 토지의 형질변경을 목적으로 하는 것은 제3호에 따른다.
5. 토지분할	
6. 물건을 쌓아놓는 행위	이동이 용이하지 아니한 물건을 1월 이상 쌓아놓는 행위
7. 죽목의 벌채 및 식재	

2. 허용사항

다음의 행위는 허가를 받지 아니하고 이를 할 수 있다(법 제19조 제2항, 영 제15조 제3항).

1. 재해복구 또는 재난수습을 위한 응급조치
2. 기존 건축물의 붕괴 등 안전사고의 우려가 있는 경우 해당 건축물에 대한 안전조치를 위한 행위
3. 「국토의 계획 및 이용에 관한 법률」에 의한 개발행위허가의 대상이 아닌 경미한 행위
   ① 농림수산물의 생산에 직접 이용되는 국토교통부령이 정하는 간이공작물의 설치
   ② 경작을 위한 토지의 형질변경
   ③ 정비구역의 개발에 지장을 주지 아니하고 자연경관을 손상하지 아니하는 범위 안에서의 토석의 채취
   ④ 정비구역 안에 남겨두기로 결정된 대지 안에서 물건을 쌓아놓는 행위
   ⑤ 관상용 죽목의 임시식재(경작지에서의 임시식재를 제외한다)

3. 시행자 의견청취

시장·군수는 행위허가를 하고자 하는 경우로서 시행자가 있는 경우에는 미리 그 시행자의 의견을 들어야 한다(영 제15조제2항).

4. 「국토의 계획 및 이용에 관한 법률」의 준용

행위허가에 관하여 이 법에 규정한 것을 제외하고는 「국토의 계획 및 이용에 관한 법률」의 개발행위허가절차, 허가기준, 도시계획위원회의 심의, 이행보증금 예치 및 준공검사에 관한 규정을 준용한다(법 제5조 제5항).

5. 「국토의 계획 및 이용에 관한 법률」의 의제

정비구역 안에서 허가를 받은 경우에는 「국토의 계획 및 이용에 관한 법률」 제56조의 규정에 따라 개발행위허가를 받은 것으로 본다(법 제5조 제6항).

6. 기득권 보호

허가를 받아야 하는 행위로서 정비구역의 지정 및 고시 당시 이미 관계 법령에 따라 행위허가를 받았거나 허가를 받을 필요가 없는 행위에 관하여 그 공사 또는 사업에 착수한 자는 정비구역이 지정·고시된 날부터 30일 이내에 그 공사 또는 사업의 진행상황과 시행계획을 첨부하여 관할 시장·군수에게 신고하여야 한다(법 제19조 제3항, 영 제15조 제4항).

7. 원상회복 명령 등

시장·군수는 허가의 규정을 위반한 자에 대하여 원상회복을 명할 수 있다. 이 경우 명령을 받은 자가 그 의무를 이행하지 아니하는 때에는 시장·군수는 「행정대집행법」에 따라 이를 대집행할 수 있다(법 제19조 제4항).

8. 처벌

개발행위허가 위반자에 대하여는 2년 이하의 징역 또는 2천만원 이하의 벌금에 처할 수 있다.

7 정비예정구역(정비구역지정 전)에서 개발행위 제한

1. 국토교통부장관, 시·도지사, 시장·군수 또는 구청장은 비경제적인 건축행위 및 투기 수요의 유입 방지를 위하여 기본계획을 공람 중인 정비예정구역 또는 정비계획을 수립 중인 지역에 대하여 3년 이내의 기간(1년의 범위 안에서 한차례만 연장할 수 있다)을 정하여 대통령령으로 정하는 방법과 절차에 따라 다음 각 호의 행위를 제한할 수 있다(법 제19조 제7항).

> 1. 건축물의 건축
> 2. 토지의 분할
> 3. 「건축법」에 따른 건축물대장 중 일반건축물대장을 집합건축물대장으로 전환
> 4. 「건축법」에 따른 건축물대장 중 집합건축물대장의 전유부분 분할

2. 행위제한지역 등의 사전 고시

국토교통부장관, 시·도지사, 시장, 군수 또는 구청장이 행위를 제한하려는 때에는 제한지역·제한사유·제한대상행위 및 제한기간을 미리 고시하여야 한다(영 제16조 제1항).

3. 행위제한절차

행위를 제한하려는 자가 국토교통부장관 또는 시·도지사인 경우에는 도시계획위원회의 심의 전에 미리 제한하려는 지역을 관할하는 시장·군수의 의견을 들어야 하며, 국토교통부장관인 경우에는 중앙도시계획위원회의 심의를 거쳐야 하며, 시·도지사 또는 시장·군수·구청장인 경우에는 지방도시계획위원회의 심의를 거쳐야 한다(영 제16조 제2항, 제3항).

4. 행위허가

행위가 제한된 지역에서 건축물의 건축, 토지의 분할의 행위를 하려는 자는 시장·군수의 허가를 받아야 한다(영 제16조 제5항).

8 정비구역에서 지역조합원 모집금지

정비예정구역 또는 정비구역(이하 "정비구역등"이라 한다)에서는 주택법에 따른 지역주택조합의 조합원을 모집해서는 아니 된다(법 제19조 제8항).

9 정비사업으로 건설하는 주택의 규모 및 건설비율

정비계획의 입안권자는 주택수급의 안정과 저소득 주민의 입주기회 확대를 위하여 정비사업으로 건설하는 주택에 대하여 다음 각 호의 구분에 따른 범위에서 국토교통부장관이 정하여 고시하는 임대주택 및 주택규모별 건설비율 등을 정비계획에 반영하여야 한다(법 제10조 제1항).

1. 「주택법」에 따른 국민주택규모의 주택이 전체 세대 수의 100분의 90 이하로서 대통령령으로 정하는 범위
2. 임대주택(민간임대주택 및 공공임대주택을 말한다)이 전체 세대수 또는 전체 연면적의 100분의 30 이하로서 대통령령으로 정하는 범위

참고학습

국민주택규모 및 임대주택건설비율(시행령 제9조)

1. 주거환경개선사업
   ① 국민주택규모의 주택 : 건설하는 주택 전체 세대수의 100분의 90 이하
   ② 공공임대주택 : 건설하는 주택 전체 세대수의 100분의 30 이하로 하며, 주거전용면적이 40제곱미터 이하인 공공임대주택이 전체 공공임대주택 세대수의 100분의 50 이하
2. 재개발사업의 경우 다음 각 목의 범위
   ① 국민주택규모의 주택 : 건설하는 주택 전체 세대수의 100분의 80 이하
   ② 임대주택(민간임대주택과 공공임대주택을 말한다. 이하 같다) : 건설하는 주택 전체 세대수(법 제54조제1항, 법 제66조제3항 또는 법 제101조의5제1항에 따라 정비계획으로 정한 용적률을 초과하여 건축함으로써 증가된 세대수는 제외한다. 이하 이 목에서 같다)의 100분의 20 이하
3. 재건축사업의 경우 국민주택규모의 주택이 건설하는 주택 전체 세대수의 100분의 60 이하
   다만 과밀억제권역에서 다음 각 호의 요건을 모두 갖춘 경우에는 국민주택규모의 주택 건설 비율을 적용하지 아니한다.
   ① 재건축사업의 조합원에게 분양하는 주택은 기존 주택(재건축하기 전의 주택을 말한다)의 주거전용면적을 축소하거나 30퍼센트의 범위에서 그 규모를 확대할 것
   ② 조합원 이외의 자에게 분양하는 주택은 모두 85제곱미터 이하 규모로 건설할 것

제3절 재건축사업의 안전진단 및 시행여부 결정 등

1 안전진단 실시의무

1. 정비계획 입안권자의 직접실시

정비계획의 입안권자는 재건축사업 정비계획의 입안을 위하여 정비예정구역별 정비계획의 수립시기가 도래한 때에 안전진단을 실시하여야 한다(법 제12조 제1항).

2. 요청에 따른 실시

정비계획의 입안권자는 제1항에도 불구하고 다음 각 호의 어느 하나에 해당하는 경우에는 안전진단을 실시하여야 한다. 이 경우 정비계획의 입안권자는 안전진단에 드는 비용을 해당 안전진단의 실시를 요청하는 자에게 부담하게 할 수 있다(법 제12조 제2항).

1. 제14조에 따라 정비계획의 입안을 제안하려는 자가 입안을 제안하기 전에 해당 정비예정구역에 위치한 건축물 및 그 부속토지의 소유자 10분의 1 이상의 동의를 받아 안전진단의 실시를 요청하는 경우
2. 제5조제2항에 따라 정비예정구역을 지정하지 아니한 지역에서 재건축사업을 하려는 자가 사업예정구역에 있는 건축물 및 그 부속토지의 소유자 10분의 1 이상의 동의를 받아 안전진단의 실시를 요청하는 경우
3. 제2조제3호나목에 해당하는 건축물의 소유자로서 재건축사업을 시행하려는 자가 해당 사업예정구역에 위치한 건축물 및 그 부속토지의 소유자 10분의 1 이상의 동의를 받아 안전진단의 실시를 요청하는 경우

2 안전진단 대상주택과 제외주택

재건축사업의 안전진단은 주택단지의 건축물을 대상으로 한다. 다만, 다음의 주택단지 건축물인 경우에는 안전진단 대상으로 제외할 수 있다(법 제12조 제3항, 영 제10조 3항).

1. 천재·지변 등으로 주택이 붕괴되어 신속히 재건축을 추진할 필요가 있다고 시장·군수가 인정하는 것
2. 주택의 구조안전상 사용금지가 필요하다고 시장·군수가 인정하는 것
3. 노후불량건축물수에 관한 기준을 충족한 경우 잔여 건축물
4. 진입도로 등 기반시설 설치를 위하여 불가피하게 정비구역에 포함된 것으로 시장·군수가 인정하는 건축물
5. 시설물의 안전 및 유지관리에 관한 특별법」 제2조제1호의 시설물로서 같은 법 제16조에 따라 지정받은 안전등급이 D (미흡) 또는 E (불량)인 건축물

3 안전진단의 구분(영 제10조 제6항)

1. **구조안전성 평가** : 제2조제1항 각 호에 따른 노후·불량건축물을 대상으로 구조적 또는 기능적 결함 등을 평가하는 안전진단
2. **주거환경 중심 평가** : 구조안정성 평가를 하는 건물 외의 노후·불량건축물을 대상으로 주거생활의 편리성과 거주의 쾌적성 등을 중심으로 평가하는 안전진단

4 요청에 의한 안전진단 실시

1. 현지조사를 통한 요청의 반려

정비계획의 입안권자는 현지조사 등을 통하여 안전진단의 요청이 있는 공동주택이 노후·불량건축물에 해당하지 아니함이 명백하다고 인정하는 경우에는 안전진단의 실시가 필요하지 아니하다고 결정할 수 있다. 이 경우 정비계획의 입안권자는 현지조사의 전문성 확보를 위하여 한국건설기술연구원 또는 국토안전관리원에 현지조사를 의뢰할 수 있고, 의뢰받은 기관은 의뢰를 받은 날부터 20일 이내에 조사결과를 정비계획의 입안권자에게 제출하여야 한다(영 제10조 제2항, 제5항).

2. 안전진단 실시여부의 결정 및 실시 시기의 조정

정비계획입안권자는 안전진단의 요청이 있는 때에는 요청일부터 30일 이내에 국토교통부장관이 정하는 바에 따라 안전진단의 실시여부를 결정하여 요청인에게 통보하여야 한다. 이 경우 정비계획 입안권자는 안전진단 실시 여부를 결정하기 전에 단계별 정비사업추진계획 등의 사유로 재건축사업의 시기를 조정할 필요가 있다고 인정하는 경우에는 안전진단의 실시 시기를 조정할 수 있다(영 제10조 제1항).

5 안전진단의 실시 및 재건축사업의 시행여부 결정

1. 안전진단 실시여부결정 및 안전진단 의뢰

정비계획의 입안권자는 현지조사 등을 통하여 해당 건축물의 구조안전성, 건축마감, 설비노후도 및 주거환경 적합성 등을 심사하여 안전진단의 실시 여부를 결정하여야 하며, 안전진단의 실시가 필요하다고 결정한 경우에는 대통령령으로 정하는 안전진단기관에 안전진단을 의뢰하여야 한다(법 제12조 제4항, 영 제10조 제4항).

> 1. 「시설물의 안전관리에 관한 특별법」에 의한 안전진단전문기관
> 2. 「국토안전관리원법」에 의한 국토안전관리원
> 3. 「과학기술분야 정부출연연구기관 등의 설립·운영 및 육성에 관한 법률」에 의한 한국건설기술연구원

2. 안전진단실시 및 보고서 제출

안전진단을 의뢰받은 안전진단기관은 국토교통부장관이 정하여 고시하는 기준(건축물의 내진성능 확보를 위한 비용을 포함한다)에 따라 안전진단을 실시하여야 하며, 국토교통부령으로 정하는 방법 및 절차에 따라 안전진단 결과보고서를 작성하여 정비계획의 입안권자 및 안전진단의 실시를 요청한 자에게 제출하여야 한다(법 제12조 제5항).

3. 정비계획의 수립 또는 재건축사업의 시행여부 결정

정비계획입안권자는 안전진단의 결과와 도시계획 및 지역여건 등을 종합적으로 검토하여 정비계획의 입안여부를 결정하여야 한다(법 제12조 제6항).

6 안전진단결과의 적정성 검토

1. 안전진단결과보고서 제출(입안권자 → 시·도지사에게)

정비계획의 입안권자(특별자치시장 및 특별자치도지사는 제외한다. 이하 이 조에서 같다)는 제12조제6항에 따라 정비계획의 입안 여부를 결정한 경우에는 지체 없이 시·도지사에게 결정내용과 해당 안전진단 결과보고서를 제출하여야 한다(법 제13조 제1항).

2. 안전진단결과의 적정성 여부에 대한 검토 의뢰

안전진단결과보고서를 제출 받은 시·도지사는 필요한 경우 국토안전관리원 또는 한국건설기술연구원에 안전진단결과의 적정성에 대한 검토를 의뢰할 수 있다(법 제13조 제2항, 영 제11조 1항).

3. 국토교통부장관의 자료제출 요청 등

국토교통부장관은 시·도지사에게 안전진단결과보고서 제출을 요청할 수 있으며, 필요한 경우 시·도지사에게 안전진단 결과의 적정성에 대한 검토를 요청할 수 있다(법 제13조 제3항).

4. 적정성검토 비용

안전진단 결과의 적정성 여부에 따른 검토 비용은 적정성 여부에 대한 검토를 의뢰 또는 요청한 국토교통부장관 또는 시·도지사가 부담한다(영 제11조 제2항).

5. 적정성검토 결과통보기간

안전진단 결과의 적정성 여부에 따른 검토를 의뢰받은 기관은 적정성 여부에 따른 검토를 의뢰받은 날부터 60일 이내에 그 결과를 시·도지사에게 제출하여야 한다. 다만, 부득이한 경우에는 30일의 범위에서 한 차례만 연장할 수 있다(영 제11조 제3항).

6. 시·도지사의 시행결정의 취소 등 요청(시·도지사 → 정비계획 입안권자)(법 제13조 제4항)

시·도지사는 적정성 검토결과에 따라 정비계획의 입안권자에게 정비계획 입안결정의 취소 등 필요한 조치를 요청할 수 있으며, 정비계획의 입안권자는 특별한 사유가 없으면 그 요청에 따라야 한다. 다만, 특별자치시장 및 특별자치도지사는 직접 정비계획의 입안결정의 취소 등 필요한 조치를 할 수 있다.

7 안전진단의 재실시

시장·군수 등은 정비구역지정·고시에 따라 정비구역이 지정·고시된 날부터 10년이 되는 날까지 제50조에 따른 사업시행계획인가를 받지 아니하고 다음 각 호의 어느 하나에 해당하는 경우에는 안전진단을 다시 실시하여야 한다.

1. 재난이 발생할 위험이 높거나 재난예방을 위하여 계속적으로 관리할 필요가 있다고 인정하여 특정관리대상지역으로 지정하는 경우
2. 재해 및 재난 예방과 시설물의 안전성 확보 등을 위하여 정밀안전진단을 실시하는 경우
3. 공동주택의 구조안전에 중대한 하자가 있다고 인정하여 안전진단을 실시하는 경우

02 CHAPTER 기출 및 예상문제

01 도시 및 주거환경정비법령상 도시·주거환경정비기본계획(이하 '기본계획'이라 함)**의 수립에 관한 설명으로 <u>틀린</u> 것은?** (제29회)

① 도지사가 대도시가 아닌 시로서 기본계획을 수립할 필요가 없다고 인정하는 시에 대하여는 기본계획을 수립하지 아니할 수 있다.
② 국토교통부장관은 기본계획에 대하여 5년마다 타당성 여부를 검토하여 그 결과를 기본계획에 반영하여야 한다.
③ 기본계획의 수립권자는 기본계획을 수립하려는 경우 14일 이상 주민에게 공람하여 의견을 들어야 한다.
④ 기본계획에서는 사회복지시설 및 주민문화시설 등의 설치 계획이 포함되어야 한다.
⑤ 대도시의 시장이 아닌 시장은 기본계획의 내용 중 정비사업의 계획기간을 단축하는 경우 도지사의 변경승인을 받지 아니할 수 있다.

해설 정비기본계획은 국토교통부장관이 아니라 특별시장·광역시장·특별자치시·특별자치도 또는 시장은 10년 단위로 수립하며, 5년마다 타당성 여부를 검토하여야 한다.

정답 ②

02 도시 및 주거환경정비법령상 도시·주거환경정비기본계획의 수립 및 정비구역의 지정에 관한 설명으로 <u>틀린</u> 것은? (제30회)

① 기본계획의 수립권자는 기본계획을 수립하려는 경우에는 14일 이상 주민에게 공람하여 의견을 들어야 한다.
② 기본계획의 수립권자는 기본계획을 수립한 때에는 지체없이 이를 해당 지방자치단체의 공보에 고시하고 일반인이 열람할 수 있도록 하여야 한다.
③ 정비구역의 지정권자는 정비구역의 진입로 설치를 위하여 필요한 경우에는 진입로 지역과 그 인접지역을 포함하여 정비구역을 지정할 수 있다.
④ 정비구역에서는 「주택법」에 따른 지역주택조합의 조합원을 모집해서는 아니 된다.
⑤ 정비구역에서는 이동이 쉽지 아니한 물건을 14일 동안 쌓아두기 위해서는 시장·군수등의 허가를 받아야 한다.

해설 정비구역에서는 이동이 쉽지 아니한 물건을 14일이 아니라 1월 이상 쌓아두기 위해서는 시장·군수등의 허가를 받아야 한다.

정답 ⑤

03 CHAPTER 정비사업의 시행

단원별 학습포인트

정비사업의 시행자와 시행방법의 핵심쟁점
- 3가지 정비사업의 사업시행방법의 차이와 공통점
- 3가지 정비사업의 사업시행자의 차이와 공통점 (공공과 민간으로 구분)
- 정비사업의 대행은 누가? 누구에게? 언제?
- 시공자 선정시기

제1절 정비사업의 시행방법 제20회, 제27회, 제28회, 제29회, 제35회

1 주거환경개선사업

주거환경개선사업은 다음 각 호에 해당하는 방법 또는 이를 혼용하는 방법에 따른다(법 제23조 제1항).

1. 정비구역 안에서 정비기반시설을 새로이 설치하거나 확대하고 토지등소유자가 스스로 주택을 개량하는 방법
2. 정비구역의 전부 또는 일부를 수용하여 주택을 건설한 후 토지등소유자에게 우선 공급하거나 대지를 토지등소유자 또는 토지등소유자 외의 자에게 공급하는 방법
3. 환지로 공급하는 방법
4. 정비구역에서 인가받은 관리처분계획에 따라 주택 및 부대시설·복리시설을 건설하여 공급하는 방법

2 재개발사업

1. 정비구역에서 인가받은 관리처분계획에 따라 건축물을 건설하여 공급하거나,
2. 환지로 공급하는 방법에 의한다(법 제23조 제2항).

3 재건축사업

재건축사업은 정비구역에서 인가받은 관리처분계획에 따라 주택, 부대시설·복리시설 및 오피스텔을 건설하여 공급하는 방법으로 한다. 다만, 주택단지에 있지 아니하는 건축물의 경우에는 지형여건·주변의 환경으로 보아 사업 시행상 불가피한 경우로서 정비구역으로 보는 사업에 한정한다(법 제23조 제3항).

참고학습 오피스텔 공급(법 제23조 제4항)

오피스텔을 건설하여 공급하는 경우에는 준주거지역 및 상업지역에서만 건설할 수 있다. 이 경우 오피스텔의 연면적은 전체 건축물 연면적의 100분의 30 이하이어야 한다.

제2절 정비사업의 시행자 제26회

1 주거환경개선사업(시장·군수가 직접 시행 또는 주택공사 등을 지정하여 시행)

1. 동의(토지 등 소유자와 세입자의 동의)

(1) 제23조 제1항 제1호에 따른 방법(스스로 방법)으로 시행하는 주거환경개선사업은 시장·군수등이 직접 시행하되, 토지주택공사등을 사업시행자로 지정하여 시행하게 하려는 경우에는 정비계획 입안을 위한 공람공고일 현재 토지등소유자의 과반수의 동의를 받아야 한다(법 제24조 제1항).

(2) 제23조 제1항 제2호부터 제4호까지의 규정에 따른 방법으로 시행하는 주거환경개선사업은 정비계획입안을 위한 공람공고일 현재 해당 정비예정구역의 토지 또는 건축물의 소유자 또는 지상권자의 3분의 2 이상의 동의와 세입자(정비계획입안을 위한 공람공고일 3개월 전부터 해당 정비예정구역에 3개월 이상 거주하고 있는 자를 말한다) 세대수의 과반수의 동의를 각각 받아 시장·군수등이 직접 시행하거나 다음 각 호에서 정한 자에게 시행하게 할 수 있다(법 제24조 제2항, 제3항).

1. 시장·군수등이 다음 각 목의 어느 하나에 해당하는 자를 사업시행자로 지정하는 경우
   ① 토지주택공사등
   ② 주거환경개선사업을 시행하기 위하여 국가, 지방자치단체, 토지주택공사등 또는 「공공기관의 운영에 관한 법률」에 따른 공공기관이 총지분의 100분의 50을 초과하는 출자로 설립한 법인
2. 시장·군수등이 위 1.에 해당하는 자와 다음 각 목의 어느 하나에 해당하는 자를 공동시행자로 지정하는 경우
   ① 「건설산업기본법」에 따른 건설사업자
   ② 「주택법」에 따라 건설업자로 보는 등록사업자

2. 세입자의 동의 생략

다만 세입자의 세대수가 토지등소유자의 2분의 1 이하인 경우 등 대통령령이 정하는 다음의 사유 중 하나의 경우에는 세입자의 동의절차를 거치지 아니할 수 있다(법 제24조 제3항 단서, 영 제18조).

> 1. 세입자의 세대수가 토지등소유자의 2분의 1 이하인 경우
> 2. 정비구역 지정고시일 현재 당해 지역이 속한 시·군·구에 공공임대주택 등 세입자 입주가능한 임대주택이 충분하여 임대주택을 건설할 필요가 없다고 시·도지사가 인정하는 경우
> 3. 다음의 방법으로 주거환경개선사업을 시행하는 경우
>   ① 주거환경개선사업의 시행자가 정비구역 안에서 정비기반시설을 새로이 설치하거나 확대하고 토지등소유자가 스스로 주택을 개량하는 방법
>   ② 주거환경개선사업의 시행자가 환지로 공급하는 방법
>   ③ 사업시행자가 정비구역에서 인가받은 관리처분계획에 따라 주택 및 부대시설·복리시설을 건설하여 공급하는 방법

3. 토지등소유자 및 세입자의 동의 생략

시장·군수는 천재·지변 그 밖의 불가피한 사유로 인하여 건축물의 붕괴우려가 있어 긴급히 정비사업을 시행할 필요가 있다고 인정하는 경우에는 토지등소유자 및 세입자의 동의 없이 자신이 직접 시행하거나 주택공사 등을 사업시행자로 지정하여 시행하게 할 수 있다. (법 제24조 제4항).

2 재개발 사업시행자(조합 단독 또는 공동)

재개발사업은 다음 각 호의 어느 하나에 해당하는 방법으로 시행할 수 있다(법 제25조 제1항, 영 제19조).

> 1. 조합이 시행하거나 조합이 조합원의 과반수의 동의를 받아 시장·군수등, 토지주택공사등, 건설업자, 등록사업자 또는 신탁업자와 한국부동산원과 공동으로 시행하는 방법
> 2. 토지등소유자가 20인 미만인 경우에는 토지등소유자가 시행하거나 토지등소유자가 토지등소유자의 과반수의 동의를 받아 시장·군수등, 토지주택공사등, 건설업자, 등록사업자 또는 신탁업자와 한국부동산원과 공동으로 시행하는 방법

3 재건축 사업시행자(조합 단독 또는 공동)

재건축사업은 조합이 시행하거나 조합이 조합원의 과반수의 동의를 받아 시장·군수등, 토지주택공사등, 건설업자 또는 등록사업자와 공동으로 시행할 수 있다(법 제25조 제2항).

4 재개발사업과 재건축사업의 공공시행자(공공주도사업으로 전환)

1. 시장·군수 등의 예외적 직접 시행 사유(법 제26조 제1항)

시장·군수등은 재개발사업 및 재건축사업이 다음 각 호의 어느 하나에 해당하는 때에는 원칙적사업시행자가 있음에도 불구하고 시장·군수가 직접 정비사업을 시행하거나 토지주택공사등을 사업시행자로 지정하여 정비사업을 시행하게 할 수 있다(법 제26조 제1항).

1. 천재·지변, 「재난 및 안전관리 기본법」 또는 「시설물의 안전 및 유지관리에 관한 특별법」에 따른 사용제한·사용금지, 그 밖의 불가피한 사유로 긴급하게 정비사업을 시행할 필요가 있다고 인정하는 때
2. 정비구역지정·고시에 따라 고시된 정비계획에서 정한 정비사업시행 예정일부터 2년 이내에 사업시행계획인가를 신청하지 아니하거나 사업시행계획인가를 신청한 내용이 위법 또는 부당하다고 인정하는 때(재건축사업의 경우는 제외한다)
3. 추진위원회가 시장·군수등의 구성승인을 받은 날부터 3년 이내에 조합설립인가를 신청하지 아니하거나 조합이 조합설립인가를 받은 날부터 3년 이내에 사업시행계획인가를 신청하지 아니한 때
4. 지방자치단체의 장이 시행하는 도시·군계획사업과 병행하여 정비사업을 시행할 필요가 있다고 인정하는 때
5. 순환정비방식으로 정비사업을 시행할 필요가 있다고 인정하는 때
6. 사업시행계획인가가 취소된 때
7. 해당 정비구역의 국·공유지 면적 또는 국·공유지와 토지주택공사등이 소유한 토지를 합한 면적이 전체 토지면적의 2분의 1 이상으로서 토지등소유자의 과반수가 시장·군수등 또는 토지주택공사등을 사업시행자로 지정하는 것에 동의하는 때
8. 해당 정비구역의 토지면적 2분의 1 이상의 토지소유자와 토지등소유자의 3분의 2 이상에 해당하는 자가 시장·군수등 또는 토지주택공사등을 사업시행자로 지정할 것을 요청하는 때. 이 경우 토지등소유자가 정비계획의 입안을 제안한 경우 입안제안에 동의한 토지등소유자는 토지주택공사등의 사업시행자 지정에 동의한 것으로 본다. 다만, 사업시행자의 지정 요청 전에 시장·군수등 및 제47조에 따른 주민대표회의에 사업시행자의 지정에 대한 반대의 의사표시를 한 토지등소유자의 경우에는 그러하지 아니하다.

2. 재개발사업과 재건축사업의 지정개발자의 시행사유

시장·군수등은 재개발사업 및 재건축사업이 다음 각 호의 어느 하나에 해당하는 때에는 토지등소유자, 「사회기반시설에 대한 민간투자법」에 따른 민관합동법인 또는 신탁업자로서 대통령령으로 정하는 요건을 갖춘 지정개발자를 사업시행자로 지정하여 정비사업을 시행하게 할 수 있다(법 제27조 제1항).

1. 천재·지변, 「재난 및 안전관리 기본법」 또는 「시설물의 안전 및 유지관리에 관한 특별법」에 따른 사용제한·사용금지, 그 밖의 불가피한 사유로 긴급하게 정비사업을 시행할 필요가 있다고 인정하는 때
2. 고시된 정비계획에서 정한 정비사업시행 예정일부터 2년 이내에 사업시행계획인가를 신청하지 아니하거나 사업시행계획인가를 신청한 내용이 위법 또는 부당하다고 인정하는 때(재건축사업의 경우는 제외한다)
3. 재개발사업 및 재건축사업의 조합설립을 위한 동의요건 이상에 해당하는 자가 신탁업자를 사업시행자로 지정하는 것에 동의하는 때

참고학습 지정개발자의 요건(영 제21조)

1. 정비구역의 토지 중 정비구역 전체 면적 대비 50퍼센트 이상의 토지를 소유한 자로서 토지등소유자의 2분의 1 이상의 추천을 받은 자
2. 「사회기반시설에 대한 민간투자법」 제2조제12호에 따른 민관합동법인(민간투자사업의 부대사업으로 시행하는 경우에만 해당한다)으로서 토지등소유자의 2분의 1 이상의 추천을 받은 자
3. 신탁업자로서 토지등소유자의 2분의 1 이상의 추천을 받거나 법 제27조제1항제3호 또는 법 제28조제1항제2호에 따른 동의를 받은 자

3. 시장·군수의 직접시행 및 주공등 사업시행의 효과

(1) 시장·군수등은 직접 정비사업을 시행하거나 토지주택공사등을 사업시행자로 지정하는 때에는 정비사업 시행구역 등 토지등소유자에게 알릴 필요가 있는 사항으로서 대통령령으로 정하는 사항을 해당 지방자치단체의 공보에 고시하여야 한다. 다만, 제1항 제1호(천재·지변)의 경우에는 토지등소유자에게 지체 없이 정비사업의 시행 사유·시기 및 방법 등을 통보하여야 한다(법 제26조 제2항, 제27조 제2항).

(2) 시장·군수등이 직접 정비사업을 시행하거나 토지주택공사등을 사업시행자로 지정·고시한 때에는 그 고시일 다음 날에 추진위원회의 구성승인 또는 조합설립인가가 취소된 것으로 본다. 이 경우 시장·군수등은 해당 지방자치단체의 공보에 해당 내용을 고시하여야 한다(법 제26조 제3항, 제27조 제5항).

5 사업대행자의 지정 등

1. 정비사업의 대행

시장·군수등은 다음 각 호의 어느 하나에 해당하는 경우에는 해당 조합 또는 토지등소유자를 대신하여 직접 정비사업을 시행하거나 토지주택공사등 또는 지정개발자에게 해당 조합 또는 토지등소유자를 대신하여 정비사업을 시행하게 할 수 있다(법 제28조 제1항).

> 1. 장기간 정비사업이 지연되거나 권리관계에 대한 분쟁 등으로 인하여 해당 조합 또는 토지등소유자가 시행하는 정비사업을 계속 추진하기 어렵다고 인정하는 경우
> 2. 토지등소유자(조합을 설립한 경우에는 조합원을 말한다)의 과반수 동의로 요청하는 경우

2. 사업대행개시결정 등

(1) 시장·군수는 정비사업을 직접 시행하거나 지정개발자 또는 주택공사 등으로 하여금 정비사업을 대행하게 하고자 하는 때에는 사업대행개시결정을 하여 당해 지방자치단체의 공보 등에 고시하여야 한다(영 제22조 제1항).

(2) 시장·군수는 토지등소유자 및 사업시행자에게 고시내용을 통지하여야 한다(영 제22조 제2항).

3. 사업대행개시결정의 효과

(1) 대행기간 및 대행방법

대행개시결정·고시가 있은 때에는 사업대행자는 그 고시일의 다음 날부터 사업대행완료·고시일까지 자기의 이름 및 사업시행자의 계산으로 사업시행자의 업무를 집행하고 재산을 관리한다. 이 경우 법 또는 법에 의한 명령이나 정관 등이 정하는 바에 의하여 사업시행자가 행하거나 사업시행자에 대하여 행하여진 처분·절차 그 밖의 행위는 사업대행자가 행하거나 사업대행자에 대하여 행하여진 것으로 본다(영 제22조 제3항).

(2) 시장·군수의 승인(시행자에게 재산상 부담을 가하는 행위)

시장·군수가 아닌 사업대행자는 재산의 처분, 자금의 차입 그 밖에 사업시행자에게 재산상 부담을 가하는 행위를 하고자 하는 때에는 미리 시장·군수의 승인을 얻어야 한다(영 제22조 제4항).

4. 사업대행의 완료

(1) 대행의 완료 및 보고

사업대행자는 사업대행의 원인이 된 사유가 없어지거나 소유권이전등기를 완료한 때에는 사업대행을 완료하여야 한다. 이 경우 시장·군수가 아닌 사업대행자는 미리 시장·군수에게 사업대행을 완료할 뜻을 보고하여야 한다(영 제23조 제1항).

(2) 사업대행완료일 등의 고시 및 통지

시장·군수는 사업대행이 완료된 때에는 사업대행완료일 등을 당해 지방자치단체의 공보 등에 고시하고, 토지등소유자 및 사업시행자에게 각각 통지하여야 한다(영 제23조 제2항).

(3) 업무인계 및 인수

사업대행자는 사업대행완료의 고시가 있은 때에는 지체없이 사업시행자에게 업무를 인계하여야 하며, 사업시행자는 정당한 사유가 없는 한 이를 인수하여야 한다(영 제23조 제3항).

(4) 권리와 의무의 승계

인계·인수가 완료된 때에는 사업대행자가 정비사업을 대행함에 있어서 취득하거나 부담한 권리와 의무는 사업시행자에게 승계된다(영 제23조 제4항).

(5) 이자청구

사업대행자가 사업시행자에게 보수 또는 비용의 상환을 청구함에 있어서는 그 보수 또는 비용을 지출한 날 이후의 이자를 청구할 수 있다(영 제23조 제5항).

(6) 보수 또는 비용의 상환

정비사업을 대행하는 사업대행자는 사업시행자에게 청구할 수 있는 보수 또는 비용의 상환에 대한 권리로써 사업시행자에게 귀속될 대지 또는 건축물을 압류할 수 있다(법 제28조 제2항).

5. 사업대행자의 주의의무와 협조의무

사업대행자는 대행업무를 행함에 있어서는 선량한 관리자로서의 주의의무를 다하여야 하며, 사업대행자는 대행업무를 행함에 있어서 필요한 때에는 사업시행자에게 협조를 요청할 수 있으며, 사업시행자는 특별한 사유가 없는 한 이에 응하여야 한다(영 제22조 제5항).

6 사업시행자 등의 권리·의무의 승계

사업시행자와 정비사업과 관련하여 권리를 갖는 자의 변동이 있은 때에는 종전의 사업시행자와 권리자의 권리·의무는 새로이 사업시행자와 권리자로 된 자가 이를 승계한다(법 제10조).

7 계약의 방법과 시공자의 선정 및 공사비검증요청

1. 계약의 방법

(1) 공사·용역 등의 계약체결방법

추진위원장 또는 사업시행자(청산인을 포함한다)는 이 법 또는 다른 법령에 특별한 규정이 있는 경우를 제외하고는 계약(공사, 용역, 물품구매 및 제조 등을 포함한다. 이하 같다)을 체결하려면 일반경쟁에 부쳐야 한다. 다만, 계약규모, 재난의 발생 등 대통령령으로 정하는 경우에는 입찰 참가자를 지명하여 경쟁에 부치거나 수의계약으로 할 수 있다(법 제29조 제1항).

(2) 일반경쟁의 방법으로 계약을 체결하는 경우로서 대통령령으로 정하는 규모를 초과하는 계약은 「전자조달의 이용 및 촉진에 관한 법률」의 국가종합전자조달시스템(이하 "전자조달시스템"이라 한다)을 이용하여야 한다(법 제29조 제2항).

2. 시공자 선정

(1) 조합이 시행자인 경우 시공자 선정과 합동설명회

① 조합은 조합설립인가를 받은 후 조합총회에서 경쟁입찰 또는 수의계약(2회 이상 경쟁입찰이 유찰된 경우로 한정한다) 방법으로 건설업자 또는 등록사업자를 시공자로 선정하여야 한다. 다만, 조합원이 100인 이하의 정비사업은 조합총회에서 정관으로 정하는 바에 따라 선정할 수 있다(법 제29조 제4항, 영 제24조 제3항).

② 조합은 시공자 선정을 위한 입찰에 참가하는 건설업자 또는 등록사업자가 토지등소유자에게 시공에 관한 정보를 제공할 수 있도록 합동설명회를 2회 이상 개최하여야 한다(법 제29조 제8항).

(2) 토지등소유자가 재개발사업을 시행하는 경우 시공자 선정

사업시행계획인가를 받은 후 규약에 따라 건설업자 또는 등록사업자를 시공자로 선정하여야 한다(법 제29조 제5항).

(3) 시장·군수 또는 지정개발자가 직접 정비사업을 시행하는 경우 시공자 선정

① 시공자 선정시기

시장·군수등이 직접 정비사업을 시행하거나 토지주택공사등 또는 지정개발자를 사업시행자로 지정한 경우 사업시행자는 사업시행자 지정·고시 후 경쟁입찰 또는 수의계약의 방법으로 건설업자 또는 등록사업자를 시공자로 선정하여야 한다(법 제29조 제6항).

② 시공자 선정방법

시공자를 선정하거나 제23조 제1항 제4호의 방법(관리처분계획의 방법)으로 시행하는 주거환경개선사업의 사업시행자가 시공자를 선정하는 경우 주민대표회의 또는 토지등소유자 전체회의는 대통령령으로 정하는 경쟁입찰 또는 수의계약(2회 이상 경쟁입찰이 유찰된 경우로 한정한다)의 방법으로 시공자를 추천할 수 있다. 이 경우 시공자를 추천한 경우 사업시행자는 추천받은 자를 시공자로 선정하여야 한다. 이 경우 시공자와의 계약에 관해서는 「지방자치단체를 당사자로 하는 계약에 관한 법률」 또는 「공공기관의 운영에 관한 법률」을 적용하지 아니한다(법 제29조 제10항).

(4) 공사계약 체결 시 철거공사 포함

사업시행자(사업대행자를 포함한다)는 시공자와 공사에 관한 계약을 체결할 때에는 기존 건축물의 철거공사에 관한 사항을 포함시켜야 한다(법 제29조 제11항).

(5) 시공자선정 시 금지행위

누구든지 추진위원, 조합임원의 선임 또는 시공자선정 계약 체결과 관련하여 다음 행위를 하여서는 아니 된다(법 제132조).

> 1. 금품, 향응 또는 그 밖의 재산상 이익을 제공하거나 제공의사를 표시하거나 제공을 약속하는 행위
> 2. 금품, 향응 또는 그 밖의 재산상 이익을 제공받거나 제공의사 표시를 승낙하는 행위
> 3. 제3자를 통하여 제1호 또는 제2호에 해당하는 행위를 하는 행위

(6) 시공보증서를 조합에 제출할 의무

조합이 정비사업의 시행을 위하여 시장·군수 또는 주택공사 등이 아닌 자를 시공자로 선정(공동시행 규정에 의한 공동사업시행자가 시공하는 경우를 포함한다)한 경우 그 시공자는 공사의 시공보증을 위하여 국토교통부령으로 정하는 기관의 시공보증서를 조합에 제출하여야 하며, 시장·군수는 「건축법」에 의한 착공신고를 받는 경우에는 시공보증서 제출여부를 확인하여야 한다(법 제82조 제1항, 제2항).

3. 공사비 검증요청

재개발사업·재건축사업의 사업시행자(시장·군수등 또는 토지주택공사등이 단독 또는 공동으로 정비사업을 시행하는 경우는 제외한다)는 시공자와 계약 체결 후 다음 각 호의 어느 하나에 해당하는 때에는 제114조에 따른 정비사업 지원기구에 공사비 검증을 요청하여야 한다(법 제29조의2 제1항).

> 1. 토지등소유자 또는 조합원 5분의 1 이상이 사업시행자에게 검증 의뢰를 요청하는 경우
> 2. 공사비의 증액 비율(당초 계약금액 대비 누적 증액 규모의 비율로서 생산자물가상승률은 제외한다)이 다음 각 목의 어느 하나에 해당하는 경우
>   ① **사업시행계획인가 이전에 시공자를 선정한 경우** : 100분의 10 이상
>   ② **사업시행계획인가 이후에 시공자를 선정한 경우** : 100분의 5 이상
> 3. 제1호 또는 제2호에 따른 공사비 검증이 완료된 이후 공사비의 증액 비율(검증 당시 계약금액 대비 누적 증액 규모의 비율로서 생산자물가상승률은 제외한다)이 100분의 3 이상인 경우

4. 임대사업자 선정

사업시행자는 공공지원민간임대주택을 원활히 공급하기 위하여 국토교통부장관이 정하는 경쟁입찰의 방법 또는 수의계약(2회 이상 경쟁입찰이 유찰된 경우와 공공재개발사업을 통해 건설·공급되는 공공지원민간임대주택을 국가가 출자·설립한 법인 등 대통령령으로 정한 자에게 매각하는 경우로 한정한다)의 방법으로 임대사업자를 선정할 수 있다(법 제30조 제1항).

제3절 조합설립추진위원회 및 조합의 설립 등 매년 출제

단원별 학습포인트

정비사업 조합의 핵심쟁점

- ❑ 추진위원회 성립시기와 설립 시 동의요건 및 추진위원회 업무
- ❑ 창립총회 성립시기와 창립총회의 업무
- ❑ 정비사업별 조합설립 시 동의 요건
- ❑ 토지등소유자 동의요건의 계산법
- ❑ 조합원의 지위양도 (원칙과 투기과열지구에서 금지되는 시전과 가능사유)
- ❑ 조합설립인가, 변경의 인가의 동의요건, 인가생략
- ❑ 총회에서만 결정하는 사항과 대의원회 의결사항
- ❑ 조합총회의 의사결정에 있어 10% 출석, 20% 출석하는 경우, 과반수 찬성과 2/3 찬성
- ❑ 임원의 자격, 결격사유와 결격사유 시 법률행위의 효과
- ❑ 정관변경 시 동의 요건 (조합원 2/3찬성하는 경우 암기)

1 조합의 설립의무 및 추진위원회의 구성

1. 조합의 설립의무 여부

시장·군수등, 토지주택공사등 또는 지정개발자가 아닌 자가 정비사업을 시행하려는 경우에는 토지등소유자로 구성된 조합을 설립하여야 한다. 다만, 토지등소유자가 재개발사업을 시행하려는 경우에는 그러하지 아니하다(법 제35조 제1항).

2. 조합설립추진위원회의 구성 등

(1) 추진위원회의 구성

조합을 설립하고자 하는 경우에는 정비구역지정 고시 후 위원장을 포함한 5인 이상의 추진위원회위원 및 운영규정에 대한 토지등소유자 과반수의 동의를 받아 조합설립을 위한 추진위원회를 구성하여 국토교통부령으로 정하는 방법과 절차에 따라 시장·군수의 승인을 받아야 한다(법 제31조 제1항).

(2) 추진위원회 동의자의 조합설립 동의 간주

추진위원회의 구성에 동의한 토지등소유자(추진위원회 동의자)는 조합의 설립에 동의한 것으로 본다. 다만, 조합설립인가 신청 전에 시장·군수 및 추진위원회에 조합설립에 대한 반대의 의사표시를 한 추진위원회 동의자의 경우에는 그러하지 아니하다(법 제31조 제2항).

(3) 공공지원을 시행하는 경우 추진위원회의 구성

정비사업에 대하여 공공지원을 하려는 경우에는 추진위원회를 구성하지 아니할 수 있다(법 제31조 제4항).

3. 추진위원회의 기능

(1) 추진위원회는 다음 각호의 업무를 수행할 수 있다(법 제32조 제1항, 영 제26조).

> 1. 정비사업전문관리업자의 선정 및 변경
> 2. 설계자의 선정 및 변경
> 3. 개략적인 정비사업 시행계획서의 작성
> 4. 조합의 설립인가를 받기 위한 준비업무
> 5. 그 밖에 조합설립의 추진을 위한 업무로서 대통령령이 정하는 업무(영 제 26조)
>   ① 추진위원회 운영규정의 작성
>   ② 토지등소유자의 동의서의 접수
>   ③ 조합의 설립을 위한 창립총회의 개최
>   ④ 조합 정관의 초안 작성
>   ⑤ 그 밖에 추진위원회 운영규정으로 정하는 업무

(2) 정비사업전문관리업자 선정방법

추진위원회가 정비사업전문관리업자를 선정하려는 경우에는 추진위원회 승인을 받은 후 경쟁입찰 또는 수의계약(2회 이상 경쟁입찰이 유찰된 경우로 한정한다)의 방법으로 선정하여야 한다(법 제32조 제2항).

4. 조합설립 위한 창립총회

(1) 창립총회 개최시기(법 제32조 제3항, 영 제27조 제1항)

추진위원회는 조합설립의 동의를 받은 후 조합설립인가의 신청 전에 조합설립을 위한 창립총회를 개최하여야 한다.

(2) 창립총회의 소집방법(영 제27조 제3항)

창립총회는 추진위원회 위원장(추진위원회를 구성하지 아니하는 경우에는 토지등소유자의 대표자를 말한다. 이하 이 조에서 같다)의 직권 또는 토지등소유자 5분의 1 이상의 요구로 추진위원회 위원장이 소집한다. 다만, 토지등소유자 5분의 1 이상의 소집요구에도 불구하고 추진위원회 위원장이 2주 이상 소집요구에 응하지 아니하는 경우 소집요구한 자의 대표가 소집할 수 있다.

(3) 창립총회 개최의 공개 및 통지(영 제27조 제2항)

추진위원회는 창립총회 14일전까지 회의목적·안건·일시·장소·참석자격 및 구비사항 등을 인터넷 홈페이지를 통해 공개하고, 토지등소유자에게 등기우편으로 발송·통지하여야 한다.

(4) 창립총회의 업무

창립총회에서는 다음 각 호의 업무를 처리한다(영 제27조 제4항).

1. 조합정관의 확정
2. 조합임원의 선임
3. 대의원의 선임
4. 그 밖에 필요한 사항으로 창립총회개최 시에 사전에 통지한 사항

(5) 창립총회의 의사결정

창립총회의 의사결정은 토지등소유자(재건축사업의 경우 조합설립에 동의한 토지등소유자로 한정한다)의 과반수 출석과 출석한 토지등소유자 과반수 찬성으로 결의한다. 다만, 조합임원 및 대의원의 선임은 확정된 정관에서 정하는 바에 따라 선출한다(영 제27조 제5항).

5. 토지등소유자의 비용부담 수반업무 등에 대한 동의

추진위원회가 수행하는 업무의 내용이 토지등소유자의 비용부담을 수반하거나 권리와 의무에 변동을 발생시키는 경우로서 대통령령으로 정하는 사항에 대하여는 그 업무를 수행하기 전 대통령령으로 정하는 비율 이상의 토지등소유자의 동의를 받아야 한다(법 제32조 제4항).

6. 추진위원회의 조직 및 운영

(1) 추진위원회의 조직구성

추진위원회는 추진위원회를 대표하는 추진위원장 1인과 감사를 두어야 한다(법 제33조 제1항).

(2) 운영규정의 고시

국토교통부장관은 추진위원회의 공정한 운영을 위하여 추진위원회의 운영규정을 정하여 고시하여야 한다(법 제34조 제1항).

(3) 경비납부 등

추진위원회는 운영규정에 따라 운영하여야 하며, 토지등소유자는 운영에 필요한 경비를 운영규정에 따라 납부하여야 한다(법 제34조 제2항).

(4) 업무보고 및 업무승계

추진위원회는 추진위원회가 행한 업무를 총회에 보고하여야 하며, 추진위원회가 행한 업무와 관련된 권리와 의무는 조합이 포괄승계 한다(법 제34조 제3항). 추진위원회는 사용경비를 기재한 회계장부 및 관계 서류를 조합설립인가일부터 30일 이내에 조합에 인계하여야 한다(법 제34조 제4항).

(5) 추진위원회 위원의 해임 등

토지등소유자는 추진위원회의 운영규정에 따라 추진위원회에 추진위원회 위원의 교체 및 해임을 요구할 수 있으며, 추진위원장이 사임, 해임, 임기만료, 그 밖에 불가피한 사유 등으로 직무를 수행할 수 없는 때부터 6개월 이상 선임되지 아니한 경우에는 시장·군수등은 전문조합관리인을 선정하여 추진위원장의 업무를 대행하게 할 수 있다(법 제33조 제3항).

7. 추정분담금의 통보

추진위원회는 조합설립에 필요한 동의를 받기 전에 추정분담금 등 대통령령으로 정하는 정보를 토지등소유자에게 제공하여야 한다(법 제35조 제8항).

2 조합설립 인가

1. 재개발사업의 동의 요건

재개발사업의 추진위원회(추진위원회를 구성하지 아니하는 경우에는 토지등소유자를 말한다)가 조합을 설립하려면 토지등소유자의 4분의 3 이상 및 토지면적의 2분의 1 이상의 토지소유자의 동의를 받아 시장·군수등의 인가를 받아야 한다(법 제35조 제2항).

2. 재건축사업의 동의 요건

(1) 주택단지 안

재건축사업의 추진위원회(추진위원회를 구성하지 아니하는 경우에는 토지등소유자를 말한다)가 조합을 설립하려는 때에는 주택단지의 공동주택의 각 동(복리시설의 경우에는 주택단지의 복리시설 전체를 하나의 동으로 본다)별 구분소유자의 과반수 동의(공동주택의 각 동별 구분소유자가 5 이하인 경우는 제외한다)와 주택단지의 전체 구분소유자의 4분의 3 이상 및 토지면적의 4분의 3 이상의 토지소유자의 동의를 받아 시장·군수등의 인가를 받아야 한다(법 제35조 제3항).

(2) 주택단지가 아닌 지역

주택단지가 아닌 지역이 정비구역에 포함된 때에는 주택단지가 아닌 지역의 토지 또는 건축물 소유자의 4분의 3 이상 및 토지면적의 3분의 2 이상의 토지소유자의 동의를 받아야 한다(법 제35조 제4항).

3. 재개발·재건축조합설립 후 인가 받은 사항의 변경

(1) 재개발·재건축조합이 인가받은 사항을 변경하고자 하는 때에는 총회에서 조합원의 3분의 2 이상의 찬성으로 의결하고, 시장·군수등의 인가를 받아야 한다. 다만, 대통령령으로 정하는 경미한 사항을 변경하려는 때에는 총회의 의결 없이 시장·군수등에게 신고하고 변경할 수 있다(법 제35조 제5항).

(2) 시장·군수등은 신고를 받은 날부터 20일 이내에 신고수리 여부를 신고인에게 통지하여야 하며, 기간 내에 신고수리 여부 또는 민원 처리 관련 법령에 따른 처리기간의 연장을 신고인에게 통지하지 아니하면 그 기간이 끝난 날의 다음 날에 신고를 수리한 것으로 본다(법 제35조 6항, 7항).

참고학습 | 인가 받은 조합의 경미한 사항의 변경으로 변경 인가를 생략하는 경우(영 제31조)

1. 조합의 명칭 및 주된 사무소의 소재지와 조합장의 주소 및 성명
2. 토지 또는 건축물의 매매 등으로 인하여 조합원의 권리가 이전된 경우의 조합원의 교체 또는 신규가입
3. 조합임원 또는 대의원의 변경(조합장은 총회의 의결을 거쳐 변경인가를 받아야 한다)
4. 건설되는 건축물의 설계 개요의 변경
5. 정비사업비의 변경
6. 현금청산으로 인하여 정관에서 정하는 바에 따라 조합원이 변경되는 경우
7. 정비구역 또는 정비계획의 변경에 따라 변경되어야 하는 사항. 다만, 정비구역 면적이 10퍼센트 이상 변경되는 경우는 제외한다.
8. 그 밖에 시·도 조례로 정하는 사항

3 토지등소유자의 동의방법 및 동의자수 산정방법

1. 동의방법(성명과 지장)

토지등소유자의 동의는 서면동의서에 토지등소유자의 성명을 적고 지장을 날인하는 방법으로 하며, 주민등록증, 여권 등 신원을 확인할 수 있는 신분증명서의 사본을 첨부하여야 한다. 다만, 토지등소유자가 해외에 장기체류하거나 법인인 경우 등 불가피한 사유가 있다고 시장·군수가 인정하는 경우에는 토지등소유자의 인감도장을 찍은 서면동의서에 해당 인감증명서를 첨부하는 방법으로 할 수 있다(법 제36조 제1항, 제2항).

참고학습 | 검인의 방법(영 제34조)

1. 동의서에 검인(檢印)을 받으려는 자는 제21조의2 또는 제26조에 따라 동의서에 기재할 사항을 기재한 후 관련 서류를 첨부하여 시장·군수에게 검인을 신청하여야 한다.
2. 검인신청을 받은 시장·군수는 동의서 기재사항의 기재 여부 등 형식적인 사항을 확인하고 해당 동의서에 연번(連番)을 부여한 후 검인을 하여야 한다.
3. 시장·군수는 검인신청일부터 20일 이내에 신청인에게 검인한 동의서를 내주어야 한다.

2. 서면동의서 작성방법과 효력

서면동의서를 작성하는 경우 추진위원회 동의 및 조합설립동의에 해당하는 때에는 시장·군수등이 대통령령으로 정하는 방법에 따라 검인한 서면동의서를 사용하여야 하며, 검인을 받지 아니한 서면동의서는 그 효력이 발생하지 아니한다(법 제36조 제3항).

3. 동의자 수 산정방법 및 절차 등

토지등소유자의 동의자 수 산정방법 및 절차 등에 관하여 필요한 사항은 다음과 같다(법 제36조 제4항, 영 제33조 제1항).

1. 주거환경개선사업, 재개발사업의 경우에는 다음 각 목의 기준에 의할 것
   (1) 1필지의 토지 또는 하나의 건축물을 여럿이서 공유하는 경우에는 해당 토지 또는 건축물의 토지등소유자의 4분의 3 이상의 동의를 받아 이를 대표하는 1인을 토지등소유자로 산정할 것
   (2) 토지에 지상권이 설정되어 있는 경우 토지의 소유자와 해당 토지의 지상권자를 대표하는 1인을 토지등소유자로 산정할 것
   (3) 1인이 다수 필지의 토지 또는 다수의 건축물을 소유하고 있는 경우에는 필지나 건축물의 수에 관계없이 토지등소유자를 1인으로 산정할 것. 다만, 재개발사업의 경우 토지등소유자가 정비구역 지정 후에 정비사업을 목적으로 취득한 토지 또는 건축물에 대하여는 정비구역 지정 당시의 토지 또는 건축물의 소유자를 토지등소유자의 수에 포함하여 산정하되, 이 경우 동의 여부는 이를 취득한 토지등소유자에 의한다.
   (4) 둘 이상의 토지 또는 건축물을 소유한 공유자가 동일한 경우에는 그 공유자 여럿을 대표하는 1인을 토지등소유자로 산정할 것
2. 재건축사업의 경우에는 다음 각 목의 기준에 따를 것
   (1) 소유권 또는 구분소유권이 여러 명의 공유에 속하는 경우에는 그 여러 명을 대표하는 1명을 토지등소유자로 산정할 것
   (2) 1명이 둘 이상의 소유권 또는 구분소유권을 소유하고 있는 경우에는 소유권 또는 구분소유권의 수에 관계없이 토지등소유자를 1명으로 산정할 것
   (3) 둘 이상의 소유권 또는 구분소유권을 소유한 공유자가 동일한 경우에는 그 공유자 여럿을 대표하는 1인을 토지등소유자로 할 것
3. 취득자의 동의간주
   추진위원회 또는 조합의 설립에 동의한 자로부터 토지 또는 건축물을 취득한 자는 추진위원회 또는 조합의 설립에 동의한 것으로 볼 것
4. 토지등소유자의 수에서 제외
   토지건물등기사항증명서, 건물등기사항증명서, 토지대장 또는 건축물관리대장에 소유자로 등재될 당시 주민등록번호의 기재가 없고 기재된 주소가 현재의 주소와 상이한 경우로서 소재가 확인되지 아니한 자는 토지등소유자 또는 공유자 수에서 제외할 것
5. 국유지·공유지
   국유지·공유지에 대해서는 그 재산관리청을 토지등소유자로 산정할 것

4. 토지등소유자가 시행하는 재개발사업에서 토지등소유자 산정의 특례

(1) 정비구역 지정·고시(변경지정·고시는 제외한다. 이하 같다) 이후 토지등소유자가 재개발사업을 시행하는 경우 토지등소유자의 동의자 수를 산정하는 기준일은 다음 각 호의 구분에 따른다.(법 제36조의2 제1항)

① **토지등소유자가 3분의 2 이상의 동의로 정비계획의 변경을 제안하는 경우** : 정비구역 지정·고시가 있는 날

② **토지등소유자의 4분의 3 이상 및 토지면적의 2분의 1 이상의 토지소유자의 동의를 받아 사업시행계획인가를 신청하는 경우** : 사업시행계획인가를 신청하기 직전의 정비구역 변경지정·고시가 있는 날(정비구역 변경지정이 없거나 정비구역 지정·고시 후에 정비사업을 목적으로 취득한 토지 또는 건축물에 대해서는 정비구역 지정·고시가 있는 날을 말한다)

(2) 제1항에 따른 토지등소유자의 동의자 수를 산정함에 있어 같은 항 각 호의 구분에 따른 산정기준일 이후 1명의 토지등소유자로부터 토지 또는 건축물의 소유권이나 지상권을 양수하여 여러 명이 소유하게 된 때에는 그 여러 명을 대표하는 1명을 토지등소유자로 본다.(법 제36조의2 제2항)

5. 토지등소유자의 동의서 재사용 시 특례

(1) 조합설립인가(변경인가를 포함한다)를 받은 후에 동의서 위조, 동의 철회, 동의율 미달 또는 동의자 수 산정방법에 관한 하자 등으로 다툼이 있는 경우로서 다음 각 호의 어느 하나에 해당하는 때에는 동의서의 유효성에 다툼이 없는 토지등소유자의 동의서를 다시 사용할 수 있다(법 제37조 제1항).

> 1. 조합설립인가의 무효 또는 취소소송 중에 일부 동의서를 추가 또는 보완하여 조합설립변경인가를 신청하는 때
> 2. 법원의 판결로 조합설립인가의 무효 또는 취소가 확정되어 조합설립인가를 다시 신청하는 때

(2) 조합이 토지등소유자의 동의서를 다시 사용하려면 다음 각 호의 요건을 충족하여야 한다(법 제37조 제2항).

> 1. 토지등소유자에게 기존 동의서를 다시 사용할 수 있다는 취지와 반대의사 표시의 절차 및 방법을 설명·고지할 것
> 2. 법원의 판결로 무효가 되는 경우에는 다음 각 목의 요건
>   ① 조합설립인가의 무효 또는 취소가 확정된 조합과 새롭게 설립하려는 조합이 추진하고자 하는 정비사업의 목적과 방식이 동일할 것
>   ② 조합설립인가의 무효 또는 취소가 확정된 날부터 3년의 범위에서 대통령령으로 정하는 기간 내에 새로운 조합을 설립하기 위한 창립총회를 개최할 것

6. 동의의 철회와 효력발생

(1) 동의의 철회 또는 반대의사 표시의 시기는 다음 각 호의 기준에 따른다.

① 동의의 철회 또는 반대의사의 표시는 해당 동의에 따른 인·허가 등을 신청하기 전까지 할 수 있다.

② ①에도 불구하고 다음 각 목의 동의는 최초로 동의한 날부터 30일까지만 철회할 수 있다. 다만, 조합설립을 위한 동의는 최초로 동의한 날부터 30일이 지나지 아니한 경우에도 조합설립을 위한 창립총회 개최후에는 철회할 수 없다(영 제33조 제2항).

> 1. 법 제4조의3 제4항 제4호에 따른 정비구역의 해제에 대한 동의
> 2. 법 제16조에 따른 조합설립에 대한 동의(동의 후 제26조 제2항 각 호의 사항이 변경되지 아니한 경우로 한정한다)

(2) 철회의 방법

동의를 철회하거나 반대의 의사표시를 하려는 토지등소유자는 동의의 상대방 및 시장·군수에게 철회서에 토지등소유자의 지장(指章)을 날인하고 자필로 서명한 후 주민등록증 및 여권 등 신원을 확인할 수 있는 신분증명서 사본을 첨부하여 내용증명의 방법으로 발송하여야 한다. 이 경우 시장·군수가 철회서를 받은 때에는 지체 없이 동의의 상대방에게 철회서가 접수된 사실을 통지하여야 한다(영 제33조 제3항).

(3) 철회의 효력발생

동의의 철회나 반대의 의사표시는 철회서가 동의의 상대방에게 도달한 때 또는 시장·군수가 동의의 상대방에게 철회서가 접수된 사실을 통지한 때 중 빠른 때에 효력이 발생한다(영 제33조 제4항).

4 조합원의 자격 등

1. 조합원

(1) 재개발사업·재건축정비사업의 조합원

재개발사업·재건축사업의 조합원(사업시행자가 신탁업자인 경우에는 위탁자를 말한다. 이하 이 조에서 같다)은 토지등소유자(재건축사업의 경우에는 재건축사업에 동의한 자만 해당한다)로 하되, 다음 각 호의 어느 하나에 해당하는 때에는 그 여러명을 대표하는 1명을 조합원으로 본다. 다만, 「지방자치분권 및 지역균형발전에 관한 특별법」에 따른 공공기관지방이전 및 혁신도시 활성화를 위한 시책 등에 따라 이전하는 공공기관이 소유한 토지 또는 건축물을 양수한 경우 양수한 자(공유의 경우 대표자 1인을 말한다)를 조합원으로 본다(법 제39조 제1항).

1. 토지 또는 건축물의 소유권과 지상권이 수인의 공유에 속하는 때
2. 여러 명의 토지등소유자가 1세대에 속하는 때. 이 경우 동일한 세대별 주민등록표 상에 등재되어 있지 아니한 배우자 및 미혼인 19세 미만의 직계비속은 1세대로 보며, 1세대로 구성된 여러 명의 토지등소유자가 조합설립인가 후 세대를 분리하여 동일한 세대에 속하지 아니하는 때에도 이혼 및 19세 이상 자녀의 분가(세대별 주민등록을 달리하고, 실거주지를 분가한 경우로 한정한다)를 제외하고는 1세대로 본다.
3. 조합설립인가 후(조합설립인가 전에 제27조제1항제3호에 따라 신탁업자를 사업시행자로 지정한 경우에는 사업시행자의 지정을 말한다. 이하 이 조에서 같다) 1명의 토지등소유자로부터 토지 또는 건축물의 소유권이나 지상권을 양수하여 여러 명이 소유하게 된 때

(2) 투기과열지구 안에서 재개발사업과 재건축사업의 조합원의 지위 양도

투기과열지구로 지정된 지역에서

① 재건축사업을 시행하는 경우에는 조합설립인가 후,

② 재개발사업을 시행하는 경우에는 관리처분계획의 인가 후 해당 정비사업의 건축물 또는 토지를 양수(매매·증여, 그 밖의 권리의 변동을 수반하는 모든 행위를 포함하되, 상속·이혼으로 인한 양도·양수는 제외한다.)한 자는 조합원이 될 수 없다. 다만, 양도인이 다음 각 호의 어느 하나에 해당하는 경우 그 양도인으로부터 그 건축물 또는 토지를 양수한 자는 그러하지 아니하다(법 제39조 제2항, 영 제37조).

1. 세대원(세대주가 포함된 세대의 구성원을 말한다. 이하 이 조에서 같다)의 근무상 또는 생업상의 사정이나 질병치료(「의료법」에 따른 의료기관의 장이 1년 이상의 치료나 요양이 필요하다고 인정하는 경우로 한정한다)·취학·결혼으로 세대원이 모두 해당 사업구역에 위치하지 아니한 특별시·광역시·특별자치시·특별자치도·시 또는 군으로 이전하는 경우
2. 상속으로 취득한 주택으로 세대원 모두 이전하는 경우
3. 세대원 모두 해외로 이주하거나 세대원 모두 2년 이상 해외에 체류하려는 경우
4. 1세대(제1항제2호에 따라 1세대에 속하는 때를 말한다) 1주택자로서 양도하는 주택에 대한 소유기간(10년) 및 거주기간(5년)이 대통령령으로 정하는 기간 이상인 경우
   ※ **거주기간은 주민등록표를 기준으로 하며, 소유자가 거주하지 아니하고 소유자의 배우자나 직계존비속이 해당 주택에 거주한 경우에는 그 기간을 합산한다.**
5. 지분형주택을 공급받기 위하여 건축물 또는 토지를 토지주택공사등과 공유하려는 경우
6. 공공임대주택, 공공분양주택의 공급 및 공공재개발사업 시행자가 상가를 임대하는 사업을 목적으로 건축물 또는 토지를 양수하려는 공공재개발사업 시행자에게 양도하려는 경우
7. 그 밖에 불가피한 사정으로 양도하는 경우로서 대통령령으로 정하는 경우
   ① 조합설립인가일부터 3년 이내에 사업시행계획인가 신청이 없는 재건축사업의 건축물을 3년 이상 계속하여 소유하고 있는 경우(소유기간을 산정할 때 소유자가 피상속인으로부터 상속받아 소유권을 취득한 경우에는 피상속인의 소유기간을 합산한다. 이하 같다)

② 사업시행계획인가일부터 3년 이내에 착공하지 못한 재건축사업의 토지 또는 건축물을 3년 이상 계속하여 소유하고 있는 경우
③ 착공일부터 3년 이내에 준공되지 않은 재개발사업·재건축사업의 토지를 3년 이상 계속하여 소유하고 있는 경우
④ 법률 제7056호 「도시및주거환경정비법」중 개정법률 부칙 제2항의 규정에 의한 토지등소유자로부터 상속·이혼으로 인하여 토지 또는 건축물을 소유한 자
⑤ 국가·지방자치단체 및 금융기관에 대한 채무를 이행하지 못하여 재개발사업·재건축사업의 토지 또는 건축물이 경매 또는 공매되는 경우
⑥ 투기과열지구로 지정되기 전에 건축물 또는 토지를 양도하기 위한 계약(계약금 지급 내역 등으로 계약일을 확인할 수 있는 경우로 한정한다)을 체결하고, 투기과열지구로 지정된 날부터 60일 이내에 부동산 거래의 신고를 한 경우

(3) 조합원자격을 취득할 수 없는 자에 대한 손실보상

사업시행자는 제2항 각 호 외의 부분 본문에 따라 조합원의 자격을 취득할 수 없는 경우 정비사업의 토지, 건축물 또는 그 밖의 권리를 취득한 자에게 제73조를 준용하여 손실보상을 하여야 한다(법 제39조 제3항).

(4) 양도규정 위반 시 벌칙

3년 이하의 징역 또는 3천만원 이하의 벌금에 처한다(법 제84조의3).

5 등기(조합의 법인격)

1. 조합은 법인으로 한다(법 제38조 제1항).

2. 조합은 조합설립의 인가를 받은 날부터 30일 이내에 주된 사무소의 소재지에서 대통령령이 정하는 다음의 사항을 등기하는 때 성립한다(법 제38조 제2항, 영 제36조).

> 1. 설립목적
> 2. 조합의 명칭
> 3. 주된 사무소의 소재지
> 4. 설립인가일
> 5. 임원의 성명 및 주소
> 6. 임원의 대표권을 제한하는 경우에는 그 내용
> 7. 법 제41조제5항 단서에 따른 전문조합관리인을 선정한 경우에는 그 성명 및 주소

3. 조합은 명칭에 '정비사업조합'이라는 문자를 사용하여야 한다(법 제38조 제3항).

6 총회개최 및 의결사항

1. 총회설치의무

조합에 조합원으로 구성되는 총회를 둔다(법 제44조 제1항).

2. 총회의 소집

(1) 총회소집의 원칙

총회는 조합장이 직권으로 소집하거나 조합원 5분의 1 이상(정관의 기재사항 중 조합임원의 권리·의무·보수·선임방법·변경 및 해임에 관한 사항을 변경하기 위한 총회의 경우는 10분의 1 이상으로 한다) 또는 대의원 3분의 2 이상의 요구로 조합장이 소집하며, 조합원 또는 대의원의 요구로 총회를 소집하는 경우 조합은 소집을 요구하는 자가 본인인지 여부를 대통령령으로 정하는 기준에 따라 정관으로 정하는 방법으로 확인하여야 한다(법 제44조 제2항).

(2) 총회소집의 예외

조합임원의 사임, 해임 또는 임기만료 후 6개월 이상 조합임원이 선임되지 아니한 경우에는 시장·군수등이 조합임원 선출을 위한 총회를 소집할 수 있다(법 제44조 제3항).

(3) 총회소집의 통지 및 방법

총회를 소집하려는 자는 총회가 개최되기 7일 전까지 회의 목적·안건·일시 및 장소를 정하여 조합원에게 통지하여야 하며, 소집 절차·시기 등에 필요한 사항은 정관으로 정한다(법 제44조 제4항, 제5항).

3. 총회의 출석정원(법 제45조 제7항)

(1) **원칙** : 100분의 10이 출석하는 경우

총회에서 의결을 하는 경우에는 조합원의 100분의 10이 직접 출석(대리인을 통하여 의결권을 행사하는 경우 직접 출석한 것으로 본다)하여야 한다.

(2) 예외

① 100분의 20이 출석하는 경우

1. 창립총회 2. 시공자 선정 취소를 위한 총회 3. 사업시행계획서의 작성 및 변경 4. 관리처분계획의 수립 및 변경을 의결하는 총회의 경우

② 조합원과반수가 직접출석

시공자의 선정을 의결하는 총회의 경우에는 조합원의 과반수가 직접 출석하여야 한다.

4. 조합총회의 의결정족수

(1) 원칙

총회의 의결은 이 법 또는 정관에 다른 규정이 없으면 조합원 과반수의 출석과 출석 조합원의 과반수 찬성으로 한다(법 제45조 제3항).

(2) 조합원 과반수동의

① 사업시행계획서의 작성 및 변경과 ② 관리처분계획의 수립 및 변경의 경우에는 조합원 과반수의 동의를 받아야 한다(법 제45조 제4항).

(3) 조합원 2/3 이상의 동의

다만, 정비사업비가 100분의 10(생산자물가상승률분, 법 제73조에 따른 현금청산금액은 제외한다) 이상 늘어나는 경우에는 조합원 3분의 2 이상의 동의를 받아야 한다(법 제45조 제4항).

5. 조합원의 동의가 필요한 사항

총회의 의결사항 중 이 법 또는 정관의 규정에 의하여 조합원의 동의가 필요한 사항은 총회에 상정하여야 한다(법 제45조 제2항).

6. 총회의 의결사항

다음 각 호의 사항은 총회의 의결을 거쳐야 한다(법 제45조 제1항).

1. 정관의 변경(제40조 제4항에 따른 경미한 사항의 변경은 이 법 또는 정관에서 총회의결사항으로 정한 경우로 한정한다)
2. 자금의 차입과 그 방법·이자율 및 상환방법
3. 정비사업비의 세부 항목별 사용계획이 포함된 예산안 및 예산의 사용내역
4. 예산으로 정한 사항 외에 조합원에게 부담이 되는 계약
5. 시공자·설계자 또는 감정평가법인등(제74조 제2항에 따라 시장·군수등이 선정·계약하는 감정평가법인등은 제외한다)의 선정 및 변경. 다만, 감정평가법인등 선정 및 변경은 총회의 의결을 거쳐 시장·군수등에게 위탁할 수 있다.
6. 정비사업전문관리업자의 선정 및 변경
7. 조합임원의 선임 및 해임
8. 정비사업비의 조합원별 분담내역

9. 사업시행계획서의 작성 및 변경(제50조 제1항 본문에 따른 정비사업의 중지 또는 폐지에 관한 사항을 포함하며, 같은 항 단서에 따른 경미한 변경은 제외한다)
10. 관리처분계획의 수립 및 변경(제74조 제1항 각 호 외의 부분 단서에 따른 경미한 변경은 제외한다)
11. 제86조의2에 따른 조합의 해산과 조합 해산 시의 회계보고
12. 제89조에 따른 청산금의 징수·지급(분할징수·분할지급을 포함한다)
13. 제93조에 따른 비용의 금액 및 징수방법
13. 조합의 합병 또는 해산에 관한 사항
14. 대의원의 선임 및 해임에 관한 사항
15. 건설되는 건축물의 설계 개요의 변경
16. 정비사업비의 변경

7. 총회에서 대리인을 통한 의결권행사

(1) 조합원은 서면으로 의결권을 행사하거나 다음 각 호의 어느 하나에 해당하는 경우에는 대리인을 통하여 의결권을 행사할 수 있다. 서면으로 의결권을 행사하는 경우에는 정족수를 산정할 때에 출석한 것으로 본다(법 제45조 제5항).

1. 조합원이 권한을 행사할 수 없어 배우자, 직계존비속 또는 형제자매 중에서 성년자를 대리인으로 정하여 위임장을 제출하는 경우
2. 해외에 거주하는 조합원이 대리인을 지정하는 경우
3. 법인인 토지등소유자가 대리인을 지정하는 경우. 이 경우 법인의 대리인은 조합의 임원 또는 대의원으로 선임될 수 있다

(2) 조합은 대리인의 의결권행사의 경우 서면의결권을 행사하는 자가 본인인지를 확인하여야 한다(법 제45조 제6항).

7 대의원회

1. 의무적 설립

대의원은 조합원 중에서 선출하며, 조합원의 수가 100인 이상인 조합은 대의원회를 두어야 한다(법 제46조 제1항).

2. 대의원 수

대의원회는 조합원의 10분의 1 이상으로 하되 조합원의 10분의 1이 100인을 넘는 경우에는 조합원의 10분의 1 범위 안에서 100인 이상으로 구성할 수 있다(법 제46조 제2항).

3. 대의원회에서 대신할 수 없는 사항

총회의 의결사항 중 다음에 해당하는 사항은 대의원회에서 대신할 수 없다(시행령 제43조).

1. 정관의 변경에 관한 사항(법 제40조 제4항에 따른 경미한 사항의 변경은 법 또는 정관에서 총회의결사항으로 정한 경우로 한정한다)
2. 자금의 차입과 그 방법·이자율 및 상환방법에 관한 사항
3. 예산으로 정한 사항 외에 조합원에게 부담이 되는 계약에 관한 사항
4. 시공자·설계자 또는 감정평가법인등이(법 제74조 제2항에 따라 시장·군수등이 선정·계약하는 감정평가법인등은 제외한다)의 선정 및 변경에 관한 사항
5. 정비사업전문관리업자의 선정 및 변경에 관한 사항
6. 조합임원의 선임 및 해임과 대의원의 선임 및 해임에 관한 사항. 다만, 정관으로 정하는 바에 따라 임기중 궐위된 자(조합장은 제외한다)를 보궐선임하는 경우를 제외한다.
7. 사업시행계획서의 작성 및 변경에 관한 사항(법 제50조 제1항 본문에 따른 정비사업의 중지 또는 폐지에 관한 사항을 포함하며, 같은 항 단서에 따른 경미한 변경은 제외한다)
8. 관리처분계획의 수립 및 변경에 관한 사항(법 제74조 제1항 각 호 외의 부분 단서에 따른 경미한 변경은 제외한다)
9. 법 제45조 제2항에 따라 총회에 상정하여야 하는 사항
10. 조합의 합병 또는 해산에 관한 사항. 다만, 사업완료로 인한 해산의 경우는 제외한다.
11. 건설되는 건축물의 설계 개요의 변경에 관한 사항
12. 정비사업비의 변경에 관한 사항

4. 임원의 대의원 자격제한

조합장이 아닌 조합임원은 대의원이 될 수 없다(법 제46조 제3항).

5. 대의원 선출 등

① 대의원은 조합원 중에서 선출하며, 대의원회의 의장은 조합장이 된다(영 제36조 제1항).
② 대의원의 선임 및 해임에 관하여는 정관이 정하는 바에 의한다(영 제36조 제2항).

8 조합의 임원

1. 조합은 조합원으로서 정비구역에 위치한 건축물 또는 토지(재건축사업의 경우에는 건축물과 그 부속토지를 말한다.)를 소유한 자[하나의 건축물 또는 토지의 소유권을 다른 사람과 공유한 경우에는 가장 많은 지분을 소유(2인 이상의 공유자가 가장 많은 지분을 소유한 경우를 포함한다)한 경우로 한정한다] 중 다음 각 호의 어느 하나의 요건을 갖춘 조합장 1명과 이사, 감사를 임원으로 둔다. 이 경우 조합장은 선임일부터 관리처분계획인가를 받을 때까지는 해당 정비구역에서 거주(영업을 하는 자의 경우 영업을 말한다.)하여야 한다(법 제41조 제1항).

> 1. 정비구역에 위치한 건축물 또는 토지를 5년 이상 소유할 것
> 2. 정비구역에서 거주하고 있는 자로서 선임일 직전 3년 동안 정비구역에서 1년 이상 거주할 것

2. 조합임원의 수(법 제41조 제2항, 영 제40조)

조합에 두는 이사의 수는 3명 이상으로 하고, 감사의 수는 1명 이상 3명 이하로 한다. 다만, 토지등 소유자의 수가 100명을 초과하는 경우에는 이사의 수를 5명 이상으로 정관으로 정한다.

3. 추진위원회 위원 또는 조합임원의 선출 위탁

조합은 총회 의결을 거쳐 추진위원회 위원 또는 조합임원의 선출에 관한 선거관리를 선거관리위원회에 위탁할 수 있다(법 제41조 제3항).

4. 임원의 임기(법 제41조 제4항, 제5항)

① 조합임원의 임기는 3년 이하의 범위에서 정관으로 정하되, 연임할 수 있다.

② 조합임원의 선출방법 등은 정관으로 정한다. 다만, 시장·군수등은 다음 각 호의 어느 하나에 해당하는 경우 시·도 조례로 정하는 바에 따라 변호사·회계사·기술사 등으로서 대통령령으로 정하는 요건을 갖춘 자를 전문조합관리인으로 선정하여 조합임원의 업무를 대행하게 할 수 있다.

> 1. 조합임원이 사임, 해임, 임기만료, 그 밖에 불가피한 사유 등으로 직무를 수행할 수 없는 때부터 6개월 이상 선임되지 아니한 경우
> 2. 총회에서 조합원 과반수의 출석과 출석 조합원 과반수의 동의로 전문조합관리인의 선정을 요청하는 경우

5. 임원 선정 시 행위제한(법 132조, 제134조)

(1) 금지행위

누구든지 추진위원, 조합임원의 선임 또는 제29조에 따른 계약 체결과 관련하여 다음 각 호의 행위를 하여서는 아니 된다(법 제 132조).

> 1. 금품, 향응 또는 그 밖의 재산상 이익을 제공하거나 제공의사를 표시하거나 제공을 약속하는 행위
> 2. 금품, 향응 또는 그 밖의 재산상 이익을 제공받거나 제공의사 표시를 승낙하는 행위
> 3. 제3자를 통하여 제1호 또는 제2호에 해당하는 행위를 하는 행위

(2) 벌칙

임원선임 시 금지행위를 위반하여 금품, 향응 또는 그 밖의 재산상 이익을 제공하거나 제공의사를 표시하거나 제공을 약속하는 행위를 하거나 제공을 받거나 제공의사 표시를 승낙한 자는 5년 이하의 징역 또는 5천만원 이하의 벌금에 처한다(법 제 135조).

9 조합임원의 직무 등

1. 조합장의 직무(법 제42조 제1항, 제2항)

조합장은 조합을 대표하고, 그 사무를 총괄하며, 총회 또는 대의원회의 의장이 된다. 이 경우 조합장이 대의원회 의장이 되는 경우에는 대의원으로 본다.

2. 감사의 조합대표(법 제42조 제3항)

조합장 또는 이사의 자기를 위한 조합과의 계약이나 소송에 관하여는 감사가 조합을 대표한다.

3. 겸임금지(법 제42조 제4항)

조합임원은 같은 목적의 정비사업을 하는 다른 조합의 임원 또는 직원을 겸할 수 없다.

10 조합임원의 결격사유 및 해임

1. 임원의 결격사유

다음 각 호의 하나에 해당하는 자는 조합의 임원 또는 전문조합관리인이 될 수 없다(법 제43조 제1항).

1. 미성년자·피성년후견인 또는 피한정후견인
2. 파산선고를 받고 복권되지 아니한 자
3. 금고 이상의 실형을 선고받고 그 집행이 종료(종료된 것으로 보는 경우를 포함한다)되거나 집행이 면제된 날부터 2년이 지나지 아니한 자
4. 금고 이상의 형의 집행유예를 받고 그 유예기간 중에 있는 자
5. 이 법을 위반하여 벌금 100만원 이상의 형을 선고받고 10년이 지나지 아니한 자
6. 조합설립 인가권자에 해당하는 지방자치단체의 장, 지방의회의원 또는 그 배우자·직계존속·직계비속

2. 임원의 당연퇴임

(1) 조합임원이 다음 각 호의 어느 하나에 해당하는 경우에는 당연 퇴임한다(법 제43조 제2항).

1. 제1항 각 호의 어느 하나에 해당하게 되거나 선임 당시 그에 해당하는 자이었음이 밝혀진 경우
2. 조합임원이 제41조제1항에 따른 자격요건을 갖추지 못한 경우

(2) 시장·군수등이 전문조합관리인을 선정한 경우 전문조합관리인이 업무를 대행할 임원은 당연 퇴임한다(법 제43조 제5항).

3. 퇴임 전 행위의 효력

결격사유에 해당되어 퇴임된 임원이 퇴임 전에 관여한 행위는 그 효력을 잃지 아니한다(법 제43조 제3항).

4. 임원의 해임

조합임원은 제44조(총회의 소집)에도 불구하고 조합원 10분의 1 이상의 요구로 소집된 총회에서 조합원 과반수의 출석과 출석 조합원 과반수의 동의를 받아 해임할 수 있다. 이 경우 요구자 대표로 선출된 자가 해임 총회의 소집 및 진행을 할 때에는 조합장의 권한을 대행한다(법 제43조 제4항).

11 정관의 작성 및 변경

1. 정관의 작성과 표준정관

조합의 정관에는 다음 각 호의 사항이 포함되어야 하며, 시·도지사는 다음 사항이 포함된 표준정관을 작성하여 보급할 수 있다(법 제40조 제1항, 제2항).

1. 조합의 명칭 및 사무소의 소재지
2. 조합원의 자격
3. 조합원의 제명·탈퇴 및 교체
4. 정비구역의 위치 및 면적
5. 조합의 임원의 수 및 업무의 범위
6. 조합임원의 권리·의무·보수·선임방법·변경 및 해임
7. 대의원의 수, 선임방법, 선임절차 및 의결방법
8. 조합의 비용부담 및 조합의 회계
9. 정비사업의 시행연도 및 시행방법
10. 총회의 소집절차·시기 및 의결방법
11. 총회의 개최 및 조합원의 총회소집요구
12. 제73조 제2항에 따른 이자 지급
13. 정비사업비의 부담시기 및 절차
14. 정비사업이 종결된 때의 청산절차(조합의 해산 이후 청산인의 보수 등 청산 업무에 필요한 사항을 포함한다)
15. 청산금의 징수·지급의 방법 및 절차
16. 시공자·설계자의 선정 및 계약서에 포함될 내용
17. 정관의 변경절차
18. 그 밖에 정비사업의 추진 및 조합의 운영을 위하여 필요한 사항으로서 대통령령이 정하는 사항

2. 정관변경의 동의요건

(1) 원칙

조합이 정관을 변경하고자 하는 경우에는 조합설립의 인가규정에도 불구하고 총회를 개최하여 조합원 과반수의 동의를 얻어 시장·군수의 인가를 받아야 한다(법 제40조 제3항).

(2) 예외

다음에 해당하는 사항은 조합원 2/3의 동의를 얻어야 한다(법 제40조 제3항).

1. 조합원의 자격에 관한 사항
2. 조합원의 제명·탈퇴 및 교체에 관한 사항
3. 정비구역의 위치 및 면적
4. 조합의 비용부담 및 조합의 회계
5. 정비사업비의 부담시기 및 절차
6. 시공자·설계자의 선정 및 계약서에 포함될 내용

12 주민대표회의

1. 주민대표기구의 구성 등

(1) 주민대표회의의 구성 의무

토지등소유자가 시장·군수 또는 주택공사 등의 사업시행을 원하는 경우 사업시행을 원활하게 하기 위한 주민대표회의를 정비구역지정 고시 후 구성하여야 한다(법 제47조 제1항).

(2) 주민대표회의의 구성

① 주민대표회의는 위원장을 포함하여 5명 이상 25명 이하로 구성한다(법 제47조 제2항).
② 위원장과 부위원장 각 1명과, 1명 이상 3명 이하의 감사를 둔다(영 제37조 제1항).

(3) 시장·군수의 승인(법 제47조 제3항, 제4항)

① 주민대표회의는 토지등소유자의 과반수의 동의를 얻어서 구성하며, 이를 구성한 때에는 국토교통부령으로 정하는 방법 및 절차에 따라 시장·군수의 승인을 얻어야 한다.
② 이 경우 주민대표회의 구성에 동의한 자는 제26조 제1항 제8호 후단에 따른 사업시행자의 지정에 동의한 것으로 본다. 다만, 사업시행자의 지정 요청 전에 시장·군수 및 주민대표회의에 사업시행자의 지정에 대한 반대의 의사표시를 한 토지등소유자의 경우에는 그러하지 아니하다.

(4) 운영에 필요한 경비 지원

시장·군수 또는 주택공사등은 주민대표회의의 운영에 필요한 경비의 일부를 해당 정비사업비에서 지원할 수 있다(영 제37조 제4항).

2. 의견제시

주민대표회의 또는 세입자(상가세입자를 포함한다. 이하 같다)는 사업시행자가 다음 각호의 사항에 관하여 시행규정을 정하는 때에 의견을 제시할 수 있다. 이 경우 사업시행자는 주민대표회의 또는 세입자의 의견을 반영하기 위하여 노력하여야 한다(법 제47조 제5항).

1. 건축물의 철거
2. 주민이주(세입자의 퇴거에 관한 사항을 포함한다)
3. 토지 및 건축물의 보상(세입자에 대한 주거이전비 등 보상에 관한 사항을 포함한다)
4. 정비사업비의 부담
5. 세입자에 대한 임대주택의 공급 및 입주자격
6. 그 밖에 정비사업의 시행을 위하여 필요한 사항으로서 대통령령이 정하는 사항

13 토지등 소유자 전체회의

1. 제27조 제1항 제3호(지정개발자)에 따라 사업시행자로 지정된 신탁업자는 다음 각 호의 사항에 관하여 해당 정비사업의 토지등소유자(재건축사업의 경우에는 신탁업자를 사업시행자로 지정하는 것에 동의한 토지등소유자를 말한다. 이하 이 조에서 같다) 전원으로 구성되는 토지등소유자 전체회의의 의결을 거쳐야 한다(법 제48조 제1항).

   1. 시행규정의 확정 및 변경에 관한 사항
   2. 정비사업비의 사용 및 변경
   3. 정비사업전문관리업자와의 계약 등 토지등소유자의 부담이 될 계약
   4. 시공자의 선정 및 변경에 관한 사항
   5. 정비사업비의 토지등소유자별 분담내역
   6. 자금의 차입과 그 방법·이자율 및 상환방법
   7. 사업시행계획서의 작성 및 변경
   8. 관리처분계획의 수립 및 변경
   9. 청산금의 징수·지급
   10. 비용의 금액 및 징수방법
   11. 그 밖에 토지등소유자의 부담이 될 사항으로 시행규정으로 정하는 사항

2. 토지등소유자 전체회의는 사업시행자가 직권으로 소집하거나 토지등소유자 5분의 1 이상의 요구로 사업시행자가 소집한다(법 제48조 제2항).

제4절 사업시행계획 제25회, 제31회, 제33회, 제35회

1 사업시행계획서의 작성

사업시행자는 정비계획에 따라 다음 각 호의 사항을 포함하는 사업시행계획서를 작성하여야 한다(법 제52조).

1. 토지이용계획(건축물배치계획을 포함한다)
2. 정비기반시설 및 공동이용시설의 설치계획
3. 임시거주시설을 포함한 주민이주대책
4. 세입자의 주거 및 이주 대책
5. 사업시행기간 동안 정비구역 내 가로등 설치, 폐쇄회로 텔레비전 설치 등 범죄예방대책
6. 제10조에 따른 임대주택의 건설계획(재건축사업의 경우는 제외한다)
7. 제54조 제4항, 101조의5 및 101조의6에 따른 국민주택규모주택의 건설계획(주거환경개선사업의 경우는 제외한다)
8. 공공지원민간임대주택 또는 임대관리 위탁주택의 건설계획(필요한 경우로 한정한다)
9. 건축물의 높이 및 용적률 등에 관한 건축계획
10. 정비사업의 시행과정에서 발생하는 폐기물의 처리계획
11. 교육시설의 교육환경 보호에 관한 계획(정비구역부터 200미터 이내에 교육시설이 설치되어 있는 경우로 한정한다)
12. 정비사업비
13. 그 밖에 사업시행을 위한 사항으로서 대통령령으로 정하는 바에 따라 시·도조례로 정하는 사항

2 시행규정의 작성

시장·군수등, 토지주택공사등 또는 신탁업자가 단독으로 정비사업을 시행하는 경우 다음 각 호의 사항을 포함하는 시행규정을 작성하여야 한다(법 제53조).

1. 정비사업의 종류 및 명칭
2. 정비사업의 시행연도 및 시행방법
3. 비용부담 및 회계
4. 토지등소유자의 권리·의무
5. 정비기반시설 및 공동이용시설의 부담
6. 공고·공람 및 통지의 방법
7. 토지 및 건축물에 관한 권리의 평가방법

8. 관리처분계획 및 청산(분할징수 또는 납입에 관한 사항을 포함한다). 다만, 수용의 방법으로 시행하는 경우는 제외한다.
9. 시행규정의 변경
10. 사업시행계획서의 변경
11. 토지등소유자 전체회의(신탁업자가 사업시행자인 경우로 한정한다)
12. 그 밖에 시·도조례로 정하는 사항

3 사업시행계획인가 및 고시

1. 인가

(1) 사업시행자(제25조 제1항 및 제2항에 따른 공동시행의 경우를 포함하되, 사업시행자가 시장·군수등인 경우는 제외한다)는 정비사업을 시행하려는 경우에는 제52조에 따른 사업시행계획서에 정관등과 그 밖에 국토교통부령으로 정하는 서류를 첨부하여 시장·군수등에게 제출하고 사업시행계획인가를 받아야 하고, 인가받은 사항을 변경하거나 정비사업을 중지 또는 폐지하려는 경우에도 또한 같다. 다만, 대통령령으로 정하는 경미한 사항을 변경하려는 때에는 시장·군수등에게 신고하여야 한다(법 제50조 제1항).

(2) 경미한 사항의 변경으로 신고를 하는 경우에는 시장·군수등은 신고를 받은 날부터 20일 이내에 신고수리 여부를 신고인에게 통지하여야 하며, 시장·군수등이 기간 내에 신고수리 여부 또는 민원 처리 관련 법령에 따른 처리기간의 연장을 신고인에게 통지하지 아니하면 그 기간이 끝난 날의 다음 날에 신고를 수리한 것으로 본다(법 제50조 제2항, 3항).

2. 사업시행계획인가 기간

시장·군수등은 특별한 사유가 없으면 제1항에 따라 사업시행계획서의 제출이 있은 날부터 60일 이내에 인가 여부를 결정하여 사업시행자에게 통보하여야 한다(법 제50조 제4항).

3. 사업시행계획인가 신청 전 동의

(1) 조합이 시행하는 경우 사업시행계획인가 동의

사업시행자(시장·군수등 또는 토지주택공사등은 제외한다)는 사업시행계획인가를 신청하기 전에 미리 총회의 의결을 거쳐야 하며, 인가받은 사항을 변경하거나 정비사업을 중지 또는 폐지하려는 경우에도 또한 같다. 다만, 제1항 단서에 따른 경미한 사항의 변경은 총회의 의결을 필요로 하지 아니한다(법 제50조 제5항).

(2) 토지등소유자가 재개발사업을 시행하는 경우 사업시행계획인가 동의

토지등소유자가 재개발사업을 시행하려는 경우에는 사업시행계획인가를 신청하기 전에 사업시행계획서에 대하여 토지등소유자의 4분의 3 이상 및 토지면적의 2분의 1 이상의 토지소유자의 동의를 받아야 한다. 다만, 인가받은 사항을 변경하려는 경우에는 규약으로 정하는 바에 따라 토지등소유자의 과반수의 동의를 받아야 하며, 제1항 단서에 따른 경미한 사항의 변경인 경우에는 토지등소유자의 동의를 필요로 하지 아니한다(법 제50조 제6항).

(3) 지정개발자가 하는 경우 사업시행계획인가 동의

지정개발자가 정비사업을 시행하려는 경우에는 사업시행계획인가를 신청하기 전에 토지등소유자의 과반수의 동의 및 토지면적의 2분의 1 이상의 토지소유자의 동의를 받아야 한다. 다만, 제1항 단서에 따른 경미한 사항의 변경인 경우에는 토지등소유자의 동의를 필요로 하지 아니한다(법 제50조 제7항).

(4) 동의생략

천재·지변으로 재개발·재건축사업을 시장·군수등·주택공사·지정개발자가 사업시행자인 경우에는 토지등소유자의 동의를 필요로 하지 아니한다(법 제50조 제8항).

4. 사업시행계획의 통합심의

(1) 통합심의 사유

① 정비구역의 지정권자는 사업시행계획인가와 관련된 다음 각 호 중 둘 이상의 심의가 필요한 경우에는 이를 통합하여 검토 및 심의(이하 "통합심의"라 한다)하여야 한다(법 제50조의2 제1항).

> 1. 「건축법」에 따른 건축물의 건축 및 특별건축구역의 지정 등에 관한 사항
> 2. 「경관법」에 따른 경관 심의에 관한 사항
> 3. 「교육환경 보호에 관한 법률」에 따른 교육환경평가
> 4. 「국토의 계획 및 이용에 관한 법률」에 따른 도시·군관리계획에 관한 사항
> 5. 「도시교통정비 촉진법」에 따른 교통영향평가에 관한 사항
> 6. 「환경영향평가법」에 따른 환경영향평가 등에 관한 사항
> 7. 그 밖에 국토교통부장관, 시·도지사 또는 시장·군수등이 필요하다고 인정하여 통합심의에 부치는 사항

(2) 통합심의의 반영

시장·군수등은 특별한 사유가 없으면 통합심의 결과를 반영하여 사업시행계획을 인가하여야 하며, 통합심의를 거친 경우에는 제1항 각 호의 사항에 대한 검토·심의·조사·협의·조정 또는 재정을 거친 것으로 본다(법 제50조의2 제4항, 제5항).

5. 사업시행계획인가 절차

(1) 공고·공람

시장·군수등은 사업시행계획인가를 하거나 사업시행계획서를 작성하려는 경우에는 대통령령으로 정하는 방법 및 절차에 따라 관계 서류의 사본을 14일 이상 일반인이 공람할 수 있게 하여야 한다. 다만, 제50조 제1항 단서에 따른 경미한 사항을 변경하려는 경우에는 그러하지 아니하다(법 제56조 제1항).

(2) 의견제출

토지등소유자 또는 조합원 그 밖에 정비사업과 관련하여 이해관계를 가지는 자는 위 공람기간(14일) 이내에 시장·군수에게 서면으로 의견을 제출할 수 있다(법 제56조 제2항).

(3) 채택여부심사

시장·군수는 제출된 의견을 심사하여 채택할 필요가 있다고 인정하는 때에는 이를 채택하고, 그러하지 아니하는 경우에는 의견을 제출한 자에게 그 사유를 알려주어야 한다(법 56조 제3항).

(4) 사업시행계획인가 고시

시장·군수는 사업시행계획인가(시장·군수가 사업시행계획서를 작성한 경우를 포함한다)를 하거나 그 정비사업을 변경·중지 또는 폐지하는 경우에는 국토교통부령이 정하는 방법 및 절차에 의하여 그 내용을 당해 지방자치단체의 공보에 고시하여야 한다. 다만 경미한 사항을 변경하고자 하는 경우에는 그러하지 아니하다(법 제50조 제7항).

4 사업시행계획인가 고시의 효과(다른 법률의 인·허가 등의 의제)

1. 다른 법률의 인·허가등의 의제사항

사업시행자가 사업시행계획인가를 받은 때(시장·군수등이 직접 정비사업을 시행하는 경우에는 사업시행계획서를 작성한 때를 말한다. 이하 이 조에서 같다)에는 다음 각 호의 인가·허가·결정·승인·신고·등록·협의·동의·심사·지정 또는 해제(이하 "인·허가등"이라 한다)가 있은 것으로 보며, 사업시행계획인가의 고시가 있은 때에는 다음 각 호의 관계 법률에 따른 인·허가등의 고시·공고 등이 있은 것으로 본다(법 제57조 제1항).

① 「주택법」 제16조의 규정에 의한 사업계획의 승인
② 「공공주택 특별법」 제35조에 따른 주택건설사업계획의 승인
③ 「건축법」 제11조의 규정에 의한 건축허가, 같은 법 제20조에 따른 가설건축물의 건축허가 또는 축조신고 및 같은 법 제29조에 따른 건축협의

> ④「도로법」제36조에 따른 도로관리청이 아닌 자에 대한 도로공사 시행의 허가 및 도로법 제61조에 따른 도로의 점용 허가
> ⑤「사방사업법」제20조의 규정에 의한 사방지 지정의 해제
> ⑥「농지법」에 의한 농지전용의 허가·협의 및 같 농지전용신고
> 이하 생략

2. 인·허가 의제에 따른 관련서류의 제출

사업시행자는 정비사업에 대하여 인·허가등의 의제를 받으려는 경우에는 사업시행계획인가를 신청하는 때에 해당 법률에서 정하는 관계 서류를 함께 제출하여야 한다. 다만, 사업시행계획인가를 신청한 때에 시공자가 선정되어 있지 아니하여 관계 서류를 제출할 수 없거나 제6항에 따라 사업시행계획인가를 하는 경우에는 시장·군수등이 정하는 기한까지 제출할 수 있다(법 제57조 제3항).

3. 인·허가의제에 따른 협의

시장·군수등은 사업시행계획인가를 하거나 사업시행계획서를 작성하려는 경우 제1항 각 호 및 제2항 각 호에 따라 의제되는 인·허가등에 해당하는 사항이 있는 때에는 미리 관계 행정기관의 장과 협의하여야 하고, 협의를 요청받은 관계 행정기관의 장은 요청받은 날(제3항 단서의 경우에는 서류가 관계 행정기관의 장에게 도달된 날을 말한다)부터 30일 이내에 의견을 제출하여야 한다. 이 경우 관계 행정기관의 장이 30일 이내에 의견을 제출하지 아니하면 협의된 것으로 본다(법 제57조 제4항).

4. 사업시행계획인가 시 정비기반시설의 기부체납

시장·군수등은 사업시행계획을 인가하는 경우 사업시행자가 제출하는 사업시행계획에 해당 정비사업과 직접적으로 관련이 없거나 과도한 정비기반시설의 기부채납을 요구하여서는 아니 된다(법 제51조 제1항).

5 사업시행계획인가의 특례

1. 일부건물의 존치와 리모델링이 포함된 경우 사업시행계획인가

(1) 인가여부

사업시행자는 일부 건축물의 존치 또는 리모델링(「주택법」 또는 「건축법」에 따른 리모델링을 말한다. 이하 같다)에 관한 내용이 포함된 사업시행계획서를 작성하여 사업시행계획인가의 신청을 할 수 있다(법 제58조 제1항).

(2) 동의요건

사업시행자가 제1항의 규정에 의하여 사업시행계획서를 작성하고자 하는 경우에는 존치 또는 리모델링되는 건축물 소유자의 동의(집합건물 소유 및 관리에 관한법률에 따른 구분소유자가 있는 경우에는 구분소유자의 3분의 2 이상의 동의와 당해건축물 연면적의 3분의 2 이상의 구분소유자의 동의로 한다)를 얻어야 한다. 다만, 정비계획에서 존치 또는 리모델링하는 것으로 계획된 경우에는 그러하지 아니한다(법 제58조 제3항).

(3) 건축법과 주택법의 특례

이 경우 시장·군수는 존치 또는 리모델링되는 건축물 및 건축물이 있는 토지가 주택법 및 건축법상의 건축관련 기준에 적합하지 아니하더라도 대통령령이 정하는 기준에 따라 사업시행계획인가를 할 수 있다(법 제58조 제2항).

2. 사업시행계획인가 시 건축위원회 심의

시장·군수는 정비구역이 아닌 구역에서 시행하는 재건축사업의 사업시행계획인가를 하고자 하는 경우에는 건축물의 높이·층수·용적률 등 대통령령이 정하는 사항에 대하여 「건축법」에 의하여 특별자치시·특별자치도·시·군·구에 설치하는 건축위원회의 심의를 거쳐야 한다(법 제28조 제2항). 다만 「국토의 계획 및 이용에 관한 법률」에 의하여 지정된 지구단위계획구역인 경우 도시계획위원회의 심의(건축위원회와 공동으로 하는 심의를 포함)를 거쳐 지구단위계획으로 결정된 사항을 제외한다(영 제39조).

3. 사업시행계획인가 시 지정개발자의 사업비 예치

시장·군수는 도시환경정비사업의 사업시행계획인가를 하고자 하는 경우 해당 정비사업의 사업시행자가 지정개발자인 때에는 정비사업비의 100분의 20의 범위 이내에서 시·도의 조례가 정하는 금액을 예치하게 할 수 있다. 이 경우 예치금은 청산금의 지급이 완료된 때에 이를 반환한다(법 제60조 제1항, 제2항).

4. 사업시행계획인가 시 교육감 또는 교육장과 협의

시장·군수등은 사업시행계획인가(시장·군수등이 사업시행계획서를 작성한 경우를 포함한다)를 하려는 경우 정비구역부터 200미터 이내에 교육시설이 설치되어 있는 때에는 해당 지방자치단체의 교육감 또는 교육장과 협의하여야 하며, 인가받은 사항을 변경하는 경우에도 또한 같다. 하지만 천재지변이나 그 밖의 불가피한 사유로 긴급히 정비사업을 시행할 필요가 있다고 인정하는 때에는 관계 행정기관의 장 및 교육감 또는 교육장과 협의를 마치기 전에 사업시행계획인가를 할 수 있다. 이 경우 협의를 마칠 때까지는 제1항 및 제2항에 따른 인·허가등을 받은 것으로 보지 아니한다(법 제57조 제5항, 제6항).

제5절 정비사업시행을 위한 조치 등

1 임시거주시설의 설치 등

1. 임시거주시설의 설치의무

사업시행자는 주거환경개선사업 및 재개발사업의 시행으로 철거되는 주택의 소유자 또는 세입자(정비구역에서 실제 거주하는 자에 한한다)에 대하여 당해 정비구역 안과 밖에 소재한 임대주택 등의 시설에 임시로 거주하게 하거나 주택자금의 융자알선 등 임시거주에 상응하는 조치를 하여야 한다(법 제61조 제1항).

2. 임시거주시설의 설치를 위한 토지 등의 사용

이 경우 사업시행자는 그 임시거주를 위하여 필요한 때에는 국가·지방자치단체 그 밖의 공공단체 또는 개인의 시설이나 토지를 일시거주할 수 있다. 국가 또는 지방자치단체는 사업시행자로부터 임시거주시설에 필요한 건축물이나 토지의 사용신청을 받은 때에는 대통령령이 정하는 다음의 사유가 없는 한 이를 거절하지 못한다. 이 경우 그 사용료 또는 대부료는 이를 면제한다(법 제61조 제2항, 제3항, 영 제53조).

① 제3자와 이미 매매계약을 체결한 경우 ② 사용신청 이전에 사용계획이 확정된 경우 ③ 제3자에게 이미 사용허가를 한 경우

3. 원상회복

사업시행자는 정비사업의 공사를 완료한 때에는 그 완료한 날부터 30일 이내에 임시거주시설을 철거하고, 사용한 건축물이나 토지를 원상회복하여야 한다(법 제61조 제4항).

4. 손실보상

① 공공단체(지방자치단체를 제외한다) 또는 개인의 시설이나 토지를 일시 거주함으로써 손실을 받은 자가 있는 경우에는 사업시행자는 그 손실을 보상하여야 한다. 손실을 보상하는 경우에는 손실을 입은 자와 협의하여야 한다(법 제62조 제1항).

② 손실보상에 관하여는 이 법에 규정된 것을 제외하고는 「공익사업을 위한 토지 등의 취득 및 보상에 관한 법률」을 준용한다(법 제62조 제3항).

2 임시상가의 설치

재개발사업의 사업시행자는 사업시행으로 이주하는 상가세입자가 사용할 수 있도록 정비구역 또는 정비구역의 인근에 임시상가를 설치할 수 있다(법 제61조 제5항).

3 토지 등의 수용 또는 사용

사업시행자는 정비구역에서 정비사업(재건축사업의 경우에는 제26조 제1항 제1호 및 제27조 제1항 제1호에 해당하는 사업으로 한정한다)을 시행하기 위하여 「공익사업을 위한 토지 등의 취득 및 보상에 관한 법률」 제3조에 따른 토지·물건 또는 그 밖의 권리를 취득하거나 사용할 수 있다(법 제63조).

1. 「공익사업을 위한 토지 등의 취득 및 보상에 관한 법률」의 준용

정비구역에서 정비사업의 시행을 위한 토지 또는 건축물의 소유권과 그 밖의 권리에 대한 수용 또는 사용은 이 법에 규정된 사항을 제외하고는 「공익사업을 위한 토지 등의 취득 및 보상에 관한 법률」을 준용한다. 다만, 정비사업의 시행에 따른 손실보상의 기준 및 절차는 대통령령으로 정할 수 있다(법 제65조 제1항).

2. 「공익사업을 위한 토지 등의 취득 및 보상에 관한 법률」의 특례

사업인정·고시 의제	「공익사업을 위한 토지 등의 취득 및 보상에 관한 법률」을 준용함에 있어서 사업시행계획인가의 고시가 있은 때에는 「공익사업을 위한 토지 등의 취득 및 보상에 관한 법률」에 의한 사업인정 및 그 고시가 있은 것으로 본다(법 제65조 제2항).
재결신청기간의 특례	수용 또는 사용에 대한 재결의 신청은 「공익사업을 위한 토지 등의 취득 및 보상에 관한 법률」에 불구하고 사업시행계획인가를 할 때 정한 사업시행기간 이내에 하여야 한다(법 제65조 제3항).
사후현물보상	대지 또는 건축물을 현물보상하는 경우에는 「공익사업을 위한 토지 등의 취득 및 보상에 관한 법률」(사전현금보상)에도 불구하고 준공인가 이후에 현물보상을 할 수 있다(법 제65조 제4항).

4 재건축사업의 매도청구

1. 매도청구권 대상

재건축사업의 사업시행자는 사업시행계획인가의 고시가 있은 날부터 30일 이내에 다음 각 호의 자에게 조합설립 또는 사업시행자의 지정에 관한 동의 여부를 회답할 것을 서면으로 촉구하여야 한다(법 제64조 제1항).

1. 제35조 제3항부터 제5항까지에 따른 조합설립에 동의하지 아니한 자
2. 제26조 제1항 및 제27조 제1항에 따라 시장·군수등, 토지주택공사등 또는 신탁업자의 사업시행자 지정에 동의하지 아니한 자

2. 매도청구권에 대한 답변

촉구를 받은 토지등소유자는 촉구를 받은 날부터 2개월 이내에 회답하여야 하며, 기간 내에 회답하지 아니한 경우 그 토지등소유자는 조합설립 또는 사업시행자의 지정에 동의하지 아니하겠다는 뜻을 회답한 것으로 본다(법 제64조 제2항, 제3항).

3. 매도청구권의 발생

제2항의 기간이 지나면 사업시행자는 그 기간이 만료된 때부터 2개월 이내에 조합설립 또는 사업시행자 지정에 동의하지 아니하겠다는 뜻을 회답한 토지등소유자와 건축물 또는 토지만 소유한 자에게 건축물 또는 토지의 소유권과 그 밖의 권리를 매도할 것을 청구할 수 있다(법 제64조 제4항).

5 국민주택채권의 매입 배제

주거환경개선사업에 따른 건축허가를 받는 때와 부동산등기(소유권 보존등기 또는 이전등기에 한한다)를 하는 때에는 「주택도시기금법」의 국민주택채권의 매입에 관한 규정은 적용하지 아니한다(법 제68조 제1항).

6 용도지역의 결정·고시 의제(법 제69조 제1항, 영 제58조)

1. 제2종일반주거지역 의제

주거환경개선사업이 법 제23조 제1항 제1호(스스로 개량하는 방법) 또는 제3호(환지방법)의 방법으로 시행되는 경우에는 제2종일반주거지역으로 지정된 것으로 본다.

2. 제3종일반주거지역 의제

주거환경개선사업이 법 제23조 제1항 제2호(수용 후 공급방법) 또는 제4호(관리처분계획)의 방법으로 시행되는 경우에는 제3종일반주거지역으로 지정된 것으로 본다. 다만, 공공지원민간임대주택 또는 공공건설임대주택을 200세대 이상 공급하려는 경우로서 해당 임대주택의 건설지역을 포함하여 정비계획에서 따로 정하는 구역은 준주거지역으로 지정된 것으로 본다.

3. 용도지역의 결정·고시가 의제되지 않는 경우

다만, 다음 각 호의 어느 하나에 해당하는 경우에는 용도지역이 변경되지 아니한다.

1. 해당 정비구역이 「개발제한구역의 지정 및 관리에 관한 특별조치법」에 따라 결정된 개발제한구역인 경우
2. 시장·군수가 주거환경개선사업을 위하여 필요하다고 인정하여 해당 정비구역 일부분을 종전 용도지역을 그대로 유지하거나 동일면적 범위 안에서 위치를 변경하는 내용으로 정비계획을 수립한 경우
3. 시장·군수가 제10조제1항 제10호 다목의 사항을 포함하는 정비계획을 수립한 경우

PART 3 도시 및 주거환경 정비법

7 국·공유지의 무상양여 등

1. 사업시행자에게 무상양여

다음 각 호의 어느 하나에 해당하는 구역에서 국가 또는 지방자치단체가 소유하는 토지는 사업시행계획인가의 고시가 있은 날부터 종전의 용도가 폐지된 것으로 보며, 「국유재산법」, 「공유재산 및 물품 관리법」 및 그 밖에 국·공유지의 관리 및 처분에 관하여 규정한 관계 법령에도 불구하고 해당 사업시행자에게 무상으로 양여된다. 다만, 「국유재산법」에 따른 행정재산 또는 「공유재산 및 물품 관리법」에 따른 행정재산과 국가 또는 지방자치단체가 양도계약을 체결하여 정비구역지정 고시일 현재 대금의 일부를 수령한 토지에 대하여는 그러하지 아니하다(법 제101조 제1항).

1. 주거환경개선구역
2. 국가 또는 지방자치단체가 도시영세민을 이주시켜 형성된 낙후지역으로서 대통령령으로 정하는 재개발구역(이 항 각 호 외의 부분 본문에도 불구하고 무상양여 대상에서 국유지는 제외하고, 공유지는 시장·군수등 또는 토지주택공사등이 단독으로 사업시행자가 되는 경우로 한정한다)

2. 무상양여된 토지의 사용·수익 또는 처분제한

무상양여된 토지의 사용수익 또는 처분으로 발생한 수입은 주거환경개선사업 또는 재개발사업 외의 용도로 사용할 수 없다(법 제101조 제3항).

3. 무상양여대상 관리청과의 협의

시장·군수는 무상양여의 대상이 되는 국·공유지를 소유 또는 관리하고 있는 국가 또는 지방자치단체와 협의를 하여야 한다(법 제101조 제4항).

4. 양여된 토지의 관리처분

사업시행자에게 양여된 토지의 관리처분에 관하여 필요한 사항은 국토교통부장관의 승인을 얻어 당해 시·도조례 또는 주택공사 등의 시행규정으로 정한다(법 제101조 제5항).

5. 국·공유지의 처분제한

주거환경개선구역 안에서 국가 또는 지방자치단체가 소유하는 토지는 정비구역지정의 고시가 있은 날부터 정비사업 외의 목적으로 이를 양도하거나 매각할 수 없다(법 제101조 제2항).

기출 및 예상문제

01 도시 및 주거환경정비법령상 정비사업의 시행방법으로 허용되지 <u>않는</u> 것은? (제35회)

① 주거환경개선사업: 환지로 공급하는 방법
② 주거환경개선사업: 인가받은 관리처분계획에 따라 주택 및 부대시설·복리시설을 건설하여 공급하는 방법
③ 재개발사업: 인가받은 관리처분계획에 따라 건축물을 건설하여 공급하는 방법
④ 재개발사업: 환지로 공급하는 방법
⑤ 재건축사업: 「국토의 계획 및 이용에 관한 법률」에 따른 일반주거지역인 정비구역에서 인가받은 관리처분계획에 따라 「건축법」에 따른 오피스텔을 건설하여 공급하는 방법

해설 재건축사업에서 오피스텔은 준주거지역과 상업지역에서 공급이 될 수 있다. 일반주거지역은 아니다.

정답 ⑤

02 도시 및 주거환경정비법령상 조합설립 등에 관한 설명으로 옳은 것은? (제35회)

① 재개발조합이 조합설립인가를 받은 날부터 3년 이내에 사업시행계획인가를 신청하지 아니한 때에는 시장·군수등은 직접 정비사업을 시행할 수 있다.
② 재개발사업의 추진위원회가 조합을 설립하려면 토지등 소유자의 3분의 2이상 및 토지면적의 2분의 1 이상의 토지소유자의 동의를 받아야 한다.
③ 토지등소유자가 30인 미만인 경우 토지등 소유자는 조합을 설립하지 아니하고 재개발사업을 시행할 수 있다.
④ 조합은 재개발조합설립인가를 받은 때에도 토지등 소유자에게 그 내용을 통지하지 아니한다.
⑤ 추진위원회는 조합설립인가 후 지체없이 추정분담금에 관한 정보를 토지등소유자에게 제공하여야 한다.

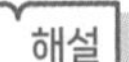

② 재개발사업의 추진위원회가 조합을 설립하려면 토지등 소유자의 4분의 3이상 및 토지면적의 2분의 1 이상의 토지소유자의 동의를 받아야 한다.
③ 토지등소유자가 30인이 아니고 20인 미만인 경우 토지등 소유자는 조합을 설립하지 아니하고 재개발사업을 시행할 수 있다.
④ 조합은 재개발조합설립인가를 받은 경우 토지등 소유자에게 그 내용을 통지한다.
⑤ 추정분담금에 관한 정보를 토지등소유자에게 제공하는 것은 추진위원회가 토지등소유자에게 조합설립 동의를 받기 전에 한다.

정답 ①

03 도시 및 주거환경정비법령상 조합의 임원에 관한 설명으로 틀린 것은?  제34회

① 조합임원의 임기만료 후 6개월 이상 조합임원이 선임되지 아니한 경우에는 시장·군수등이 조합임원 선출을 위한 총회를 소집할 수 있다.
② 조합임원이 결격사유에 해당하게 되어 당연 퇴임한 경우 그가 퇴임 전에 관여한 행위는 그 효력을 잃는다.
③ 총회에서 요청하여 시장·군수등이 전문조합관리인을 선정한 경우 전문조합관리인이 업무를 대행할 임원은 당연 퇴임한다.
④ 조합장이 아닌 조합임원은 대의원이 될 수 없다.
⑤ 대의원회는 임기중 궐위된 조합장을 보궐선임할 수 없다.

해설 ② 결격사유에 해당되어 퇴임된 임원이 퇴임 전에 관여한 행위는 그 효력을 잃지 아니한다.

정답 ②

04 CHAPTER

분양과 관리처분계획

단원별 학습포인트

분양신청, 관리처분계획의 핵심쟁점

- 분양통지시기와 분양신청기간, 청산기간
- 관리처분계획의 내용을 숙지할 것
- 관리처분계획에서 현금청산시기, 분양설계의 시기 특히, 주택공급을 방법
- 종전토지건물의 가격평가에서 재개발과 재건축의 차이점
- 소유권변동시기와 등기의 시기
- 청산금의 지급시기와 소멸시효

제1절 분양과 관리처분계획 등 매년 출제

1 분양공고 및 분양신청

1. 분양통지 및 공고

사업시행자는 사업시행계획인가의 고시가 있은 날(사업시행계획인가 이후 시공자를 선정한 경우에는 시공자와 계약을 체결한 날)부터 120일 이내에 다음 각 호의 사항을 토지등소유자에게 통지하고, 분양의 대상이 되는 대지 또는 건축물의 내역 등 대통령령으로 정하는 사항을 해당 지역에서 발간되는 일간신문에 공고하여야 한다. 다만, 토지등소유자 1인이 시행하는 재개발사업의 경우에는 그러하지 아니하다(법 제72조 제1항, 영 제59조 제1항).

2. 분양신청기간

분양신청기간은 통지한 날부터 30일 이상 60일 이내로 하여야 한다. 다만, 관리처분계획의 수립에 지장이 없다고 판단하는 경우에는 분양신청기간을 20일의 범위에서 한 차례만 연장할 수 있다(법 제72조 제2항).

참고학습 토지등소유자에게 분양통지하는 사항(법 제72조 제1항, 영 제59조 제1항)

1. 분양대상자별 종전의 토지 또는 건축물의 명세 및 사업시행계획인가의 고시가 있은 날을 기준으로 한 가격(사업시행계획인가 전에 제81조제3항에 따라 철거된 건축물은 시장·군수등에게 허가를 받은 날을 기준으로 한 가격)
2. 분양대상자별 분담금의 추산액
3. 분양신청기간
4. 사업시행계획인가의 내용
5. 정비사업의 종류·명칭 및 정비구역의 위치·면적
6. 분양신청기간 및 장소
7. 분양대상 대지 또는 건축물의 내역
8. 분양신청자격
9. 분양신청방법
10. 토지등소유자외의 권리자의 권리신고방법
11. 분양을 신청하지 아니한 자에 대한 조치

참고학습 일간신문에 분양공고하는 사항(영 제59조 제2항)

1. 사업시행계획인가의 내용
2. 정비사업의 종류·명칭 및 정비구역의 위치·면적
3. 분양신청기간 및 장소
4. 분양대상 대지 또는 건축물의 내역
5. 분양신청자격
6. 분양신청방법
7. 분양을 신청하지 아니한 자에 대한 조치
8. 분양신청서

3. 분양신청 방법

대지 또는 건축물에 대한 분양을 받으려는 토지등소유자는 분양신청기간에 분양신청서에 소유권의 내역을 분명하게 적고, 그 소유의 토지 및 건축물에 관한 등기부등본 또는 환지예정지증명원을 첨부하여 사업시행자에게 제출하여야 한다. 이 경우 우편의 방법으로 분양신청을 하는 때에는 분양신청기간 내에 발송된 것임을 증명할 수 있는 우편으로 하여야 한다(법 제72조 제3항, 영 제59조 제3항).

4. 재분양 및 공고

(1) 재분양 공고

사업시행자는 분양신청기간 종료 후 사업시행계획인가의 변경(경미한 사항의 변경은 제외한다)으로 세대수 또는 주택규모가 달라지는 경우 분양공고 등의 절차를 다시 거칠 수 있다(법 제72조 제4항).

(2) 재분양신청

사업시행자는 정관등으로 정하고 있거나 총회의 의결을 거친 경우 ① 분양신청을 하지 아니한 자 ②분양신청을 철회한 자에 해당하는 토지등소유자에게 분양신청을 다시 하게 할 수 있다(법 제72조 제5항).

5. 투기과열지구 안에서의 분양신청을 한 경우 분양신청

제3항부터 제5항까지의 규정(분양신청기간 안에 분양 및 재 분양신청)에도 불구하고 투기과열지구의 정비사업에서 관리처분계획에 따라 분양대상자 및 그 세대에 속한 자는 분양대상자 선정일(조합원 분양분의 분양대상자는 최초 관리처분계획 인가일을 말한다)부터 5년 이내에는 투기과열지구에서 분양신청 및 재분양신청을 할 수 없다. 다만, 상속, 결혼, 이혼으로 조합원 자격을 취득한 경우에는 분양신청을 할 수 있다(법 제72조 제6항).

6. 공공재개발 사업시행자의 양수

공공재개발사업 시행자는 투기과열지구 안 조합원 지위양도가능사유 중 제39조 제2항 6호(공공임대주택, 「공공주택 특별법」에 따른 공공분양주택의 공급 및 대통령령으로 정하는 사업을 목적으로 건축물 또는 토지를 양수하려는 공공재개발사업 시행자에게 양도하려는 경우)에 따라 건축물 또는 토지를 양수하려는 경우 무분별한 분양신청을 방지하기 위하여 분양공고 시 양수대상이 되는 건축물 또는 토지의 조건을 함께 공고하여야 한다.(법 제72조 제7항)

2 분양신청을 하지 아니한 자 등에 대한 조치

1. 현금청산

(1) 손실보상의 협의

사업시행자는 관리처분계획이 인가·고시된 다음 날부터 90일 이내에 다음 각 호에서 정하는 자와 토지, 건축물 또는 그 밖의 권리의 손실보상에 관한 협의를 하여야 한다. 다만, 사업시행자는 분양신청기간 종료일의 다음 날부터 협의를 시작할 수 있다(법 제73조 제1항).

1. 분양신청을 하지 아니한 자
2. 분양신청기간 종료 이전에 분양신청을 철회한 자
3. 제72조 제6항(투기과열지구에서 5년내 분양신청한 자)에 따라 분양신청을 할 수 없는 자
4. 인가된 관리처분계획에 따라 분양대상에서 제외된 자

(2) 손실보상 협의가 성립되지 않는 경우 매도청구

사업시행자는 제1항에 따른 협의가 성립되지 아니하면 그 기간의 만료일 다음 날부터 60일 이내에 수용재결을 신청하거나 매도청구소송을 제기하여야 한다(법 제73조 제2항).

(3) 손실보상 되지 않는 경우의 이자지급

사업시행자는 제2항에 따른 기간을 넘겨서 수용재결을 신청하거나 매도청구소송을 제기한 경우에는 해당 토지등소유자에게 지연일수에 따른 이자를 지급하여야 한다. 이 경우 이자는 100분의 15 이하의 범위에서 대통령령으로 정하는 이율을 적용하여 산정한다(법 제73조 제3항).

2. 청산금 결정방법(협의)

사업시행자가 토지등소유자의 토지·건축물 그 밖의 권리에 대하여 현금으로 청산하는 경우 청산금액은 사업시행자와 토지등소유자가 협의하여 산정한다. 이 경우 이 경우 재개발사업의 손실보상액의 산정을 위한 감정평가법인등이 선정에 관하여는 「공익사업을 위한 토지 등의 취득 및 보상에 관한 법률」에 따른다(영 제60조).

3 분양신청을 받은 후 잔여분의 분양

사업시행자는 분양신청을 받은 후 잔여분이 있는 경우에는 정관등 또는 사업시행계획으로 정하는 목적을 위하여 그 잔여분을 보류지(건축물을 포함한다)로 정하거나 조합원 또는 토지등소유자 이외의 자에게 분양할 수 있다. 이 경우 분양공고와 분양신청절차 등에 필요한 사항은 대통령령으로 정한다(법 제79조 제4항).

4 사업시행계획인가 및 관리처분계획인가 시기 조정

1. 시·도지사는 정비사업의 시행으로 인하여 정비구역 주변 지역에 현저한 주택 부족이나 주택시장의 불안정이 발생하는 등 조례로 정하는 사유가 발생하는 경우에는 주거정책심의위원회의 심의를 거쳐 사업시행계획인가 또는 관리처분계획인가의 시기를 조정하도록 해당 시장·군수·구청장에게 요청할 수 있으며, 요청을 받은 시장·군수·구청장은 특별한 사유가 없으면 그 요청에 따라야 하며, 사업시행계획인가 또는 관리처분계획 인가의 조정 시기는 인가를 신청한 날부터 1년을 넘을 수 없다(법 제75조 제1항, 제2항).
2. 특별자치시장 및 특별자치도지사는 정비사업의 시행으로 정비구역 주변 지역에 주택이 현저하게 부족하거나 주택시장이 불안정하게 되는 등 특별자치시 및 특별자치도의 조례로 정하는 사유가 발생하는 경우에는 「주거기본법」에 따른 시·도 주거정책심의위원회의 심의를 거쳐 사업시행계획인가 또는 관리처분계획인가의 시기를 조정할 수 있다. 이 경우 사업시행계획인가 또는 관리처분계획인가의 조정 시기는 인가를 신청한 날부터 1년을 넘을 수 없다(법 제75조 제2항).

5 관리처분계획의 인가 등

1. 관리처분계획의 내용

(1) 사업시행자는 제72조에 따른 분양신청기간이 종료된 때에는 분양신청의 현황을 기초로 다음 각 호의 사항이 포함된 관리처분계획을 수립하여 시장·군수등의 인가를 받아야 하며, 관리처분계획을 변경·중지 또는 폐지하려는 경우에도 또한 같다. 다만, 대통령령으로 정하는 경미한 사항을 변경하려는 경우에는 시장·군수등에게 신고하여야 한다(법 제74조 제1항).

1. 분양설계
2. 분양대상자의 주소 및 성명
3. 다음 각 목에 따른 분양대상자별 분양예정인 대지 또는 건축물의 추산액(임대관리 위탁주택에 관한 내용을 포함한다)
4. 다음 각 목에 해당하는 보류지 등의 명세와 추산액 및 처분방법. 다만, 공공지원민간임대주택의 경우에는 선정된 임대사업자의 성명 및 주소를 포함한다.
   ① 일반 분양분
   ② 공공지원민간임대주택
   ③ 임대주택
   ④ 그 밖에 부대·복리시설 등
5. 분양대상자별 종전의 토지 또는 건축물의 명세 및 사업시행계획인가의 고시가 있은 날을 기준으로 한 가격(사업시행계획인가 전에 제81조의2 제3항에 따라 철거된 건축물의 경우에는 시장·군수에게 허가받은 날을 기준으로 한 가격)
6. 정비사업비의 추산액(재건축사업의 경우에는「재건축 초과이익 환수에 관한 법률」에 따른 재건축부담금에 관한 사항을 포함한다) 및 그에 따른 조합원 분담규모 및 분담시기
7. 분양대상자의 종전의 토지 또는 건축물에 관한 소유권 외의 권리명세
8. 세입자별 손실보상을 위한 권리명세 및 그 평가액
9. 그 밖에 정비사업과 관련한 권리 등에 관한 대통령령이 정하는 사항

(2) 경미한 사항의 변경으로 신고를 하는 경우에는 시장·군수등은 신고를 받은 날부터 20일 이내에 신고수리 여부를 신고인에게 통지하여야 하며, 시장·군수등이 기간 내에 신고수리 여부 또는 민원 처리 관련 법령에 따른 처리기간의 연장을 신고인에게 통지하지 아니하면 그 기간이 끝난 날의 다음 날에 신고를 수리한 것으로 본다(법 제74조 제2항, 3항).

참고학습 | **관리처분계획의 경미한 사항의 변경(영 제 61조)**

"대통령령으로 정하는 경미한 사항을 변경하려는 경우"란 다음 각 호의 어느 하나에 해당하는 경우를 말한다.
1. 계산착오·오기·누락 등에 따른 조서의 단순정정인 경우(불이익을 받는 자가 없는 경우에만 해당한다)
2. 정관 및 사업시행계획인가의 변경에 따라 관리처분계획을 변경하는 경우
3. 매도청구에 대한 판결에 따라 관리처분계획을 변경하는 경우
4. 권리·의무의 변동이 있는 경우로서 분양설계의 변경을 수반하지 아니하는 경우
5. 주택분양에 관한 권리를 포기하는 토지등소유자에 대한 임대주택의 공급에 따라 관리처분계획을 변경하는 경우
6.「민간임대주택에 관한 특별법」에 따른 임대사업자의 주소(법인인 경우에는 법인의 소재지와 대표자의 성명 및 주소)를 변경하는 경우

2. 관리처분계획의 수립 절차

(1) 공람

사업시행자는 관리처분계획인가를 신청하기 전에 관계 서류의 사본을 30일 이상 토지등소유자에게 공람하게 하고 의견을 들어야 한다. 다만, 대통령령으로 정하는 경미한 사항을 변경하려는 경우에는 토지등소유자의 공람 및 의견청취 절차를 거치지 아니할 수 있다(법 제78조 제1항).

(2) 인가여부 통보

시장·군수등은 사업시행자의 관리처분계획인가의 신청이 있은 날부터 30일 이내에 인가 여부를 결정하여 사업시행자에게 통보하여야 한다. 다만, 시장·군수등은 관리처분계획의 타당성 검증을 요청하는 경우에는 관리처분계획인가의 신청을 받은 날부터 60일 이내에 인가 여부를 결정하여 사업시행자에게 통지하여야 한다(법 제78조 제2항).

(3) 고시

시장·군수는 관리처분계획을 인가하는 때에는 그 내용을 당해 지방자치단체의 공보에 고시하여야 한다(법 제78조 제4항).

(4) 통지

사업시행자는 제1항에 따라 공람을 실시하려거나 제4항에 따른 시장·군수등의 고시가 있은 때에는 대통령령으로 정하는 방법과 절차에 따라 토지등소유자에게는 공람계획을 통지하고, 분양신청을 한 자에게는 관리처분계획인가의 내용 등을 통지하여야 한다(법 제78조 제5항).

3. 관리처분계획의 타당성검토

시장·군수등은 다음 각 호의 어느 하나에 해당하는 경우에는 대통령령으로 정하는 공공기관에 관리처분계획의 타당성 검증을 요청하여야 한다. 이 경우 시장·군수등은 타당성 검증 비용을 사업시행자에게 부담하게 할 수 있다(법 제78조 제3항).

1. 제74조 제1항 제6호에 따른 정비사업비가 제52조 제1항 제12호에 따른 정비사업비 기준으로 100분의 10 이상으로서 대통령령으로 정하는 비율 이상 늘어나는 경우
2. 제74조 제1항 제6호에 따른 조합원 분담규모가 제72조 제1항 제2호에 따른 분양대상자별 분담금의 추산액 총액 기준으로 100분의 20 이상으로서 대통령령으로 정하는 비율 이상 늘어나는 경우
3. 조합원 5분의 1 이상이 관리처분계획인가 신청이 있은 날부터 15일 이내에 시장·군수등에게 타당성 검증을 요청한 경우
4. 그 밖에 시장·군수등이 필요하다고 인정하는 경우

4. 관리처분계획의 일반적 기준(법 제76조 제1항)

1. 종전의 토지 또는 건축물의 면적·이용 상황·환경, 그 밖의 사항을 종합적으로 고려하여 대지 또는 건축물이 균형 있게 분양신청자에게 배분되고 합리적으로 이용되도록 한다.
2. 지나치게 좁거나 넓은 토지 또는 건축물은 넓히거나 좁혀 대지 또는 건축물이 적정 규모가 되도록 한다.
3. 너무 좁은 토지 또는 건축물을 취득한 자나 정비구역 지정 후 분할된 토지 또는 집합건물의 구분소유권을 취득한 자에게는 현금으로 청산할 수 있다.
4. 재해 또는 위생상의 위해를 방지하기 위하여 토지의 규모를 조정할 특별한 필요가 있는 때에는 너무 좁은 토지를 넓혀 토지를 갈음하여 보상을 하거나 건축물의 일부와 그 건축물이 있는 대지의 공유지분을 교부할 수 있다.
5. 분양설계에 관한 계획은 제72조에 따른 분양신청기간이 만료하는 날을 기준으로 하여 수립한다.
6. 1세대 또는 1명이 하나 이상의 주택 또는 토지를 소유한 경우 1주택을 공급하고, 같은 세대에 속하지 아니하는 2명 이상이 1주택 또는 1토지를 공유한 경우에는 1주택만 공급한다.
7. 제6호에도 불구하고 다음 각 목의 경우에는 각 목의 방법에 따라 주택을 공급할 수 있다.

   1. 2명 이상이 1토지를 공유한 경우로서 시·도 조례로 주택공급을 따로 정하고 있는 경우에는 시·도조례로 정하는 바에 따라 주택을 공급할 수 있다.
   2. 다음 하나에 해당하는 토지등소유자에게는 소유한 주택 수만큼 공급할 수 있다.
      ① 과밀억제권역에 위치하지 아니한 재건축사업의 토지등소유자. 다만, 투기과열지구 또는 조정대상지역에서 사업시행계획인가(최초 사업시행계획인가를 말한다)를 신청하는 재건축사업의 토지등소유자는 제외한다. 다만, 조정대상지역 또는 투기과열지구로 지정되기 전에 1명의 토지등소유자로부터 토지 또는 건축물의 소유권을 양수하여 여러 명이 소유하게 된 경우에는 양도인과 양수인에게 각각 1주택을 공급할 수 있다.
      ② 근로자(공무원 포함) 숙소, 기숙사 용도로 주택을 소유하고 있는 토지등소유자
      ③ 국가, 지방자치단체 및 토지주택공사등
      ④ 공공기관지방이전 및 혁신도시 활성화를 위한 시책 등에 따라 이전하는 공공기관이 소유한 주택을 양수한 자
   3. 종전 토지 및 건물 가격의 범위 또는 종전 주택의 주거전용면적의 범위에서 2주택을 공급할 수 있고, 이 중 1주택은 주거전용면적을 60㎡ 이하로 한다. 다만, 60㎡ 이하로 공급받은 1주택은 소유권이전고시일 다음 날부터 3년이 지나기 전에는 주택을 전매(매매·증여나 그 밖에 권리의 변동을 수반하는 모든 행위를 포함하되 상속의 경우는 제외한다)하거나 전매를 알선할 수 없다.
   4. 과밀억제권역에 위치한 재건축사업의 경우에는 토지등소유자가 소유한 주택수의 범위에서 3주택까지 공급할 수 있다. 다만, 투기과열지구 또는 「주택법」에 따라 지정된 조정대상지역에서 사업시행계획인가(최초 사업시행계획인가를 말한다)를 신청하는 재건축사업의 경우에는 그러하지 아니하다.

참고학습 각 사업별 관리처분계획의 방법(영 제63조 제1항, 제2항)

1. 주거환경개선사업과 재개발사업의 경우 법제 74조 제4항에 따른 관리처분은 다음 각 호의 방법에 따른다.
   ① 시·도 조례로 분양주택의 규모를 제한하는 경우에는 그 규모 이하로 주택을 공급할 것
   ② 1개의 건축물의 대지는 1필지의 토지가 되도록 정할 것. 다만, 주택단지의 경우에는 그러하지 아니하다.
   ③ 정비구역의 토지등소유자(지상권자는 제외한다)에게 분양할 것. 다만, 공동주택을 분양하는 경우 시도조례로 정하는 금액·규모·취득 시기 또는 유형에 대한 기준에 부합하지 아니하는 토지등소유자는 시도조례로 정하는 바에 따라 분양대상에서 제외할 수 있다.
2. 재건축사업의 경우 법 제 74조 제4항에 따른 관리처분은 다음 각 호의 방법에 따른다. 다만, 조합이 조합원 전원의 동의를 받아 그 기준을 따로 정하는 경우에는 그에 따른다.

5. 주택 등 건축물의 분양받을 권리산정 기준일

(1) 기준일

정비사업을 통하여 분양받을 건축물이 다음 각 호의 어느 하나에 해당하는 경우에는 정비구역지정에 따른 고시가 있은 날 또는 시·도지사가 투기를 억제하기 위하여 기본계획 수립을 위한 주민공람의 공고일 후 정비구역 지정·고시 전에 따로 정하는 날(이하 이 조에서 "기준일"이라 한다)의 다음 날을 기준으로 건축물을 분양받을 권리를 산정한다(법 제77 제1항).

1. 1필지의 토지가 수개의 필지로 분할되는 경우
2. 「집합건물의 소유 및 관리에 관한 법률」에 따른 집합건물이 아닌 건축물이 같은 법에 따른 집합건물로 전환되는 경우
3. 하나의 대지 범위에 속하는 동일인 소유의 토지와 주택 등 건축물을 토지와 주택 등 건축물로 각각 분리하여 소유하는 경우
4. 나대지에 건축물을 새로 건축하거나 기존 건축물을 철거하고 다세대주택, 그 밖의 공동주택을 건축하여 토지등소유자의 수가 증가되는 경우
5. 「집합건물의 소유 및 관리에 관한 법률」에 따른 전유부분의 분할로 토지등소유자의 수가 증가하는 경우

(2) 기준일 등 고시

시·도지사는 기준일을 따로 정하는 경우에는 기준일·지정사유·건축물의 분양받을 권리의 산정 기준 등을 해당 지방자치단체의 공보에 고시하여야 한다(법 제77 제2항).

6. 관리처분계획고시의 효과

(1) 건축물의 철거 등

① **원칙** : 사업시행자는 관리처분계획의 인가를 받은 후 기존의 건축물을 철거하여야 한다(법 제81조 제2항).

② 예외(법 제81조 제3항)

사업시행자는 다음 각 호의 어느 하나에 해당하는 경우에는 관리처분계획인가 후 철거하여야 함에도 불구하고 기존 건축물의 소유자의 동의 및 시장·군수의 허가를 얻어 해당 건축물을 철거할 수 있다. 이 경우 건축물의 철거에도 불구하고 토지등소유자로서의 권리·의무에 영향을 주지 아니한다.

1. 「재난 및 안전관리 기본법」·「주택법」·「건축법」 등 관계 법령에 따라 기존 건축물의 붕괴 등 안전사고의 우려가 있는 경우
2. 폐공가(廢公家)의 밀집으로 우범지대화의 우려가 있는 경우

③ 건물의 철거시기 제한(법 제81조 제4항)

시장·군수등은 사업시행자가 기존의 건축물을 철거하거나 철거를 위하여 점유자를 퇴거시키려는 경우 다음 각 호의 어느 하나에 해당하는 시기에는 건축물을 철거하거나 점유자를 퇴거시키는 것을 제한할 수 있다.

1. 일출 전과 일몰 후
2. 호우, 대설, 폭풍해일, 지진해일, 태풍, 강풍, 풍랑, 한파 등으로 해당 지역에 중대한 재해발생이 예상되어 기상청장이 「기상법」 제13조에 따라 특보를 발표한 때
3. 「재난 및 안전관리 기본법」 제3조에 따른 재난이 발생한 때
4. 제1호부터 제3호까지에 준하는 시기로서 시장·군수가 인정하는 시기

(2) 사용·수익금지

종전의 토지 또는 건축물의 소유자·지상권자·전세권자·임차권자 등 권리자는 관리처분계획인가의 고시가 있은 때에는 소유권 이전고시가 있는 날까지 종전의 토지 또는 건축물을 사용하거나 수익할 수 없다. 다만, 다음 각 호의 어느 하나에 해당하는 경우에는 그러하지 아니하다(법 제81조 제1항).

1. 사업시행자의 동의를 받은 경우
2. 「공익사업을 위한 토지 등의 취득 및 보상에 관한 법률」에 따른 손실보상이 완료되지 아니한 경우

(3) 용익권자의 권리조정

① **계약해지** : 정비사업의 시행으로 인하여 지상권·전세권 또는 임차권의 설정목적을 달성할 수 없는 때에는 그 권리자는 계약을 해지할 수 있다(법 제71조 제1항).

② **금전반환청구권** : 계약을 해지할 수 있는 자가 가지는 전세금·보증금 그 밖의 계약상의 금전의 반환청구권은 사업시행자에게 이를 행사할 수 있다(법 제71조 제2항).

③ **시행자의 구상** : 금전의 반환청구권의 행사에 따라 당해 금전을 지급한 사업시행자는 당해 토지등소유자에게 이를 구상할 수 있다(법 제71조 제3항).

④ **압류 및 효과** : 사업시행자는 구상이 되지 아니하는 때에는 당해 토지등소유자에게 귀속될 대지 또는 건축물을 압류할 수 있다. 이 경우 압류한 권리는 저당권과 동일한 효력을 가진다(법 제71조 제4항).

(4) 「민법」 등의 기간 규정 배제

관리처분계획의 인가를 받은 경우 지상권·전세권설정계약 또는 임대차계약의 계약기간에 대하여는 「민법」 제280조·제281조 및 제312조 제2항, 「주택임대차보호법」 제4조 제1항, 「상가건물임대차보호법」 제9조 제1항의 기간규정은 이를 적용하지 아니한다(법 제71조 제5항).

6 관리처분계획에 따른 재산평가방법

정비사업에서 분양예정인 대지 및 건물의 추산액과 종전 토지 및 건물의 가격, 세입자 손실보상에 따라 재산 또는 권리를 평가할 때에는 다음 방법에 따른다(법 제74조 제4항).

1. 재산평가방법

「감정평가 및 감정평가사에 관한 법률」에 따른 감정평가법인등이 다음 구분에 따른 감정평가법인등이 평가한 금액을 산술평균하여 산정한다. 다만, 관리처분계획을 변경·중지 또는 폐지하고자 하는 경우에는 분양예정 대상인 대지 또는 건축물의 추산액과 종전의 토지 또는 건축물의 가격은 사업시행자 및 토지등소유자 전원이 합의하여 이를 산정할 수 있다.

1. **주거환경개선사업 또는 재개발사업** : 시장·군수가 선정·계약한 2인 이상의 감정평가법인등이 평가한 금액을 산술평균하여 산정한다.
2. **재건축사업** : 시장·군수가 선정·계약한 1인 이상의 감정평가법인과 조합총회의 의결로 정하여 선정·계약한 1인 이상의 감정평가법인이 평가한 금액을 산술평균하여 산정한다.

참고학습 분양대상자별 종전의 토지 또는 건축물의 가격의 평가기준일

사업시행계획인가의 고시가 있은 날을 기준으로 하나 사업시행계획인가 전에 철거된 건축물의 경우에는 시장·군수에게 허가 받은 날을 기준으로 한 가격으로 한다.

2. 감정평가에 필요한 비용 예치

사업시행자는 감정평가를 하고자 하는 경우 시장·군수에게 감정평가법인 등의 선정·계약을 요청하고 감정평가에 필요한 비용을 미리 예치하여야 한다. 시장·군수는 감정평가가 끝난 경우 예치된 금액에서 감정평가 비용을 직접 지급한 후 나머지 비용은 사업시행자와 정산하여야 한다.

7 주택의 관리와 공급

1. 관리처분계획에 따라 조성된 대지 및 건축물의 관리 등

정비사업의 시행으로 조성된 대지 및 건축물은 관리처분계획에 따라 처분 또는 관리하여야 한다(법 제79조 제1항).

2. 관리처분계획에 따라 공급

사업시행자는 정비사업의 시행으로 건설된 건축물을 인가받은 관리처분계획에 따라 토지등소유자에게 공급하여야 한다(법 제79조 제2항).

3. 주택공급의 특례(「주택법」 규정의 특례)

사업시행자가 정비구역 안에 주택을 건설하는 경우에는 입주자 모집조건·방법·절차, 입주금(계약금·중도금 및 잔금을 말한다)의 납부방법·시기·절차, 주택공급방법·절차 등에 관하여는 「주택법」의 규정(주택공급의 규정)에 불구하고 대통령령이 정하는 범위 안에서 시장·군수의 승인을 얻어 사업시행자가 이를 따로 정할 수 있다(법 제79조 제3항).

8 재개발사업으로 건설된 임대주택

1. 재개발 임대주택의 인수자

조합이 재개발사업의 시행으로 건설된 재개발임대주택의 인수를 요청하는 경우 시·도지사 또는 시장, 군수, 구청장이 우선하여 인수하여야 하며, 시·도지사 또는 시장, 군수, 구청장이 예산·관리인력의 부족 등 부득이한 사정으로 인수하기 어려운 경우에는 국토교통부장관에게 토지주택공사 등을 인수자로 지정할 것을 요청할 수 있다(시행령 제68조 제1항).

2. 재개발임대주택의 인수가격

재개발임대주택의 인수 가격은 「공공주택 특별법 시행령」에 따라 정해진 분양전환가격의 산정기준 중 건축비에 부속토지의 가격을 합한 금액으로 하며, 부속토지의 가격은 사업시행계획인가 고시가 있는 날을 기준으로 감정평가법인 둘 이상이 평가한 금액을 산술평균한 금액으로 한다. 이 경우 건축비 및 부속토지의 가격에 가산할 항목은 인수자가 조합과 협의하여 정할 수 있다(시행령 제68조 제2항).

3. 인수한 임대주택의 토지임대부 분양주택으로 활용

국토교통부장관, 시·도지사, 시장, 군수, 구청장 또는 토지주택공사등은 정비구역에 세입자와 다음에 해당하는 자의 요청이 있는 경우에는 인수한 임대주택의 일부를 「주택법」에 따른 토지임대부 분양주택으로 전환하여 공급하여야 한다.

> 1. 면적이 90제곱미터 미만의 토지를 소유한 자로서 건축물을 소유하지 아니한 자
> 2. 바닥면적이 40제곱미터 미만의 사실상 주거를 위하여 사용하는 건축물을 소유한 자로서 토지를 소유하지 아니한 자

9 지분형주택

1. 지분형주택의 규모는 주거전용면적 60제곱미터 이하인 주택으로 한정한다.
2. 지분형주택의 공동 소유기간은 소유권을 취득한 날부터 10년의 범위에서 사업시행자가 정하는 기간으로 한다.
3. 지분형주택의 분양대상자는 다음 각 목의 요건을 모두 충족하는 자로 한다.

> 1. 종전에 소유하였던 토지 또는 건축물의 가격이 제1호에 따른 주택의 분양가격 이하에 해당하는 사람
> 2. 세대주로서 정비계획의 공람 공고일 당시 해당 정비구역에 2년 이상 실제 거주한 사람
> 3. 정비사업의 시행으로 철거되는 주택 외 다른 주택을 소유하지 아니한 사람

제2절 공사완료에 따른 조치 등

1 정비사업의 준공인가 등(준공인가신청 → 준공인가 → 공사완료고시 → 소유권이전 및 고시 → 보고)

1. 시장·군수등의 준공인가

시장·군수등이 아닌 사업시행자가 정비사업 공사를 완료한 때에는 대통령령으로 정하는 방법 및 절차에 따라 시장·군수의 준공인가를 받아야 한다(법 제83조 제1항).

2. 주택공사등의 자체적 준공인가 처리

다만, 주택공사등인 사업시행자(공동시행자인 경우를 포함한다)가 다른 법률에 의하여 자체적으로 준공인가를 처리한 경우에는 준공인가를 받은 것으로 보며, 이 경우 주택공사등인 사업시행자는 그 내용을 지체없이 시장·군수에게 통보하여야 한다. 사업시행자는 자체적으로 처리한 준공인가결과를 시장·군수에게 통보한 때 또는 준공인가증을 교부받은 때에는 그 사실을 분양대상자에게 지체없이 통지하여야 한다(법 제52조 제1항, 영 제74조 제1항, 제3항).

3. 준공인가절차

(1) 준공인가신청 및 준공검사

준공인가신청을 받은 시장·군수등은 지체없이 준공검사를 실시하여야 한다. 이 경우 시장·군수등은 효율적인 준공검사를 위하여 필요한 때에는 관계 행정기관·공공기관·연구기관 그 밖의 전문기관 또는 단체에 준공검사의 실시를 의뢰할 수 있다(법 제83조 제2항).

(2) 준공인가 및 공사완료고시

준공검사를 실시한 결과 정비사업이 인가받은 사업시행계획대로 완료되었다고 인정되는 때에는 준공인가를 하고 공사의 완료를 해당 지방자치단체의 공보에 고시하여야 하며, 시장·군수는 직접 시행하는 정비사업에 관한 공사가 완료된 때에는 그 공사의 완료를 당해 지방자치단체의 공보에 고시하여야 한다(법 제83조 제3항, 제4항).

(3) 공사완료에 따른 관련 인·허가 등의 의제

① 준공인가를 하거나 공사완료를 고시하는 경우 시장·군수등이 제57조에 따라 의제되는 인·허가 등에 따른 준공검사·준공인가·사용검사·사용승인 등(이하 "준공검사·인가등"이라 한다)에 관하여 관계 행정기관의 장과 협의한 사항은 해당 준공검사·인가등을 받은 것으로 본다(법 제85조 제1항).

② 시장·군수등이 아닌 사업시행자는 준공검사·인가등의 의제를 받으려는 경우에는 준공인가를 신청하는 때에 해당 법률에서 정하는 관계 서류를 함께 제출하여야 한다(법 제85조 제2항).

③ 시장·군수등은 준공인가를 하거나 공사완료를 고시하는 경우 그 내용에 의제되는 인·허가등에 따른 준공검사·인가등에 해당하는 사항이 있은 때에는 미리 관계 행정기관의 장과 협의하여야 하며, 관계 행정기관의 장은 협의를 요청받은 날부터 10일 이내에 의견을 제출하여야 하며, 기간 내에 의견을 제출하지 아니하면 협의가 이루어진 것으로 본다(법 제85조 제3항, 제4항, 5항)..

4. 준공인가 전 완공된 건축물의 사용허가(법 제83조 제5항, 영 제75조)

(1) **신청서제출** : 사업시행자는 준공인가 전 사용허가를 받으려는 경우 신청서를 시장·군수등에게 제출하여야 한다.

(2) **사용허가** : 시장·군수등은 준공인가를 하기 전이라도 완공된 건축물이 사용에 지장이 없는 등 다음의 기준에 적합한 경우에는 입주예정자가 완공된 건축물을 사용할 것을 사업시행자에 대하여 허가할 수 있다. 다만 시장·군수등이 사업시행자인 경우에는 허가를 받지 아니하고 입주예정자가 완공된 건축물을 사용하게 할 수 있다.

> 1. 완공된 건축물에 전기·수도·난방 및 상·하수도 시설 등이 갖추어져 있어 당해 건축물을 사용하는데 지장이 없을 것
> 2. 완공된 건축물이 인가받은 관리처분계획에 적합할 것
> 3. 입주자가 공사에 따른 차량통행·소음·분진 등의 위해로부터 안전할 것

(3) **동별·세대별 사용허가여부** : 시장·군수는 준공인가 전 사용허가를 하는 때에는 동별·세대별 또는 구획별로 사용허가를 할 수 있다.

5. 준공인가 등에 따른 정비구역의 해제와 조합의 존속여부

정비구역의 지정은 준공인가의 고시가 있은 날(관리처분계획을 수립하는 경우에는 이전고시가 있은 때를 말한다)의 다음 날에 해제된 것으로 본다. 이 경우 지방자치단체는 해당 지역을 「지구단위계획으로 관리하여야 하며, 정비구역의 해제는 조합의 존속에 영향을 주지 아니한다(법 제84조 제1항, 제2항).

2 소유권 이전(공사완료고시 → 대지확정측량, 토지의 분할절차를 거쳐 소유권 이전·고시 → 보고)

1. 소유권 이전(법 제54조 제1항)

(1) 원칙

사업시행자는 공사완료고시가 있은 때에는 지체없이 대지확정측량을 하고 토지의 분할절차를 거쳐 관리처분계획에서 정한 사항을 분양을 받을 자에게 통지하고 대지 또는 건축물의 소유권을 이전하여야 한다(법 제86조 제1항 본문).

(2) 예외

다만, 정비사업의 효율적인 추진을 위하여 필요한 경우에는 당해 정비사업에 관한 공사가 전부 완료되기 전에 완공된 부분에 대하여 준공인가를 받아 대지 또는 건축물별로 이를 분양받을 자에게 그 소유권을 이전할 수 있다(법 제86조 제1항 단서).

2. 소유권 이전·고시 및 보고

사업시행자는 대지 및 건축물의 소유권을 이전하고자 하는 때에는 그 내용을 당해 지방자치단체의 공보에 고시한 후 이를 시장·군수에게 보고하여야 한다(법 제86조 제2항 전단).

3. 소유권 이전·고시의 효과

(1) 소유권 취득

대지 또는 건축물을 분양받을 자는 고시가 있은 날의 다음 날에 그 대지 또는 건축물에 대한 소유권을 취득한다(법 제86조 제2항 후단).

(2) 대지 및 건축물에 대한 권리의 확정

대지 또는 건축물을 분양받을 자에게 소유권을 이전한 경우 종전의 토지 또는 건축물에 설정된 지상권·전세권·저당권·임차권·가등기담보권·가압류 등 등기된 권리 및 「주택임대차보호법」의 대항력의 요건을 갖춘 임차권은 소유권을 이전받은 대지 또는 건축물에 설정된 것으로 본다(법 제87조 제1항).

4. 소유권이전에 따른 조합의 해산

(1) 조합해산총회

① 조합장은 소유권이전고시가 있은 날부터 1년 이내에 조합 해산을 위한 총회를 소집하여야 한다.(법 제86조의 2 제1항)

② 조합장이 1년 이내에 총회를 소집하지 아니한 경우 조합원 5분의 1 이상의 요구로 소집된 총회에서 조합원 과반수의 출석과 출석 조합원 과반수의 동의를 받아 해산을 의결할 수 있다. 이 경우 요구자 대표로 선출된 자가 조합 해산을 위한 총회의 소집 및 진행을 할 때에는 조합장의 권한을 대행한다.(법 제86조의 2 제2항)

(2) 조합설립인가 취소

시장·군수등은 조합이 정당한 사유 없이 해산을 의결하지 아니하는 경우에는 조합설립인가를 취소할 수 있다.(법 제86조의 2 제3항)

(3) 청산인

① 해산하는 조합에 청산인이 될 자가 없는 경우에는 시장·군수등은 법원에 청산인의 선임을 청구할 수 있다(법 제86조의 2 제4항).

② 조합이 해산을 의결하거나 제3항에 따라 조합설립인가가 취소된 경우 청산인은 지체 없이 청산의 목적범위에서 성실하게 청산인의 직무를 수행하여야 한다(법 제86조의 2 제5항).

5. 「도시개발법」의 준용

취득하는 대지 또는 건축물 중 토지등소유자에게 분양하는 대지 또는 건축물은 「도시개발법」에 의하여 행하여진 환지로 보며, 보류지와 일반에게 분양하는 대지 또는 건축물은 「도시개발법」에 의한 보류지 또는 체비지로 본다(법 제87조 제2항, 제3항).

3 등기절차 및 권리변동의 제한

1. 이전등기

사업시행자는 소유권이전의 고시가 있은 때에는 지체없이 대지 및 건축물에 관한 등기를 지방법원 지원 또는 등기소에 촉탁 또는 신청하여야 한다(법 제88조 제1항, 제2항).

2. 타 등기의 제한

정비사업에 관하여 소유권이전의 고시가 있은 날부터 이전등기가 있을 때까지는 저당권 등의 다른 등기를 하지 못한다(법 제88조 제3항).

4 청산금 등

1. 청산금 징수시기

대지 또는 건축물을 분양받은 자가 종전에 소유하고 있던 토지 또는 건축물의 가격과 분양받은 대지 또는 건축물의 가격사이에 차이가 있는 경우에는 사업시행자는 이전의 고시가 있은 후에 그 차액에 상당하는 청산금을 분양받은 자로부터 징수하거나 분양받은 자에게 지급하여야 한다(법 제89조 제1항).

2. 청산금의 분할징수·지급

다만 사업시행자는 정관 등에서 분할징수 및 분할지급에 대하여 정하고 있거나 총회의 의결을 거쳐 따로 정한 경우에는 관리처분계획인가 후부터 소유권이전의 고시일까지 일정기간별로 분할징수하거나 분할지급할 수 있다(법 제89조 제2항).

3. 청산금의 징수방법 등

(1) 강제징수(법 제90조 제1항)

징수 및 위탁	시장·군수등인 사업시행자는 청산금을 납부할 자가 이를 납부하지 아니하는 경우 지방세 체납처분 예에 따라 징수(분할징수를 포함한다)할 수 있으며, 시장·군수등이 아닌 사업시행자는 시장·군수등에게 청산금의 징수를 위탁할 수 있다.
수수료 지급	이 경우 사업시행자는 징수한 금액의 100분의 4에 해당하는 금액을 당해 시장·군수에게 교부하여야 한다.

(2) 공탁

청산금을 지급받을 자가 이를 받을 수 없거나 거부한 때에는 사업시행자는 그 청산금을 공탁할 수 있다(법 제90조 제2항).

(3) 청산금의 소멸시효

청산금을 지급(분할지급을 포함한다)받을 권리 또는 이를 징수할 권리는 소유권이전 고시일 다음 날부터 5년간 이를 행사하지 아니하면 소멸한다(법 제90조 제3항).

4. 청산금 평가

종전에 소유하고 있던 토지 또는 건축물의 가격과 분양받은 대지 또는 건축물의 가격을 평가하는 경우 그 토지 또는 건축물의 규모·위치·용도·이용 상황·정비사업비 등을 참작하여 평가하여야 한다. 가격평가의 방법 및 절차 등에 관하여 필요한 사항은 대통령령으로 정한다(법 제89조 제3항, 제4항, 영 제57조).

5 저당권의 물상대위

정비사업을 시행하는 지역 안에 있는 토지 또는 건축물에 저당권을 설정한 권리자는 저당권이 설정된 토지 또는 건축물의 소유자가 지급받을 청산금에 대하여 청산금을 지급하기 전에 압류절차를 거쳐 저당권을 행사할 수 있다(법 제91조).

제3절 공공시행자 및 지정개발자 사업시행의 특례

1. 정비구역지정의 특례(법 제101조의 8)

(1) 주택공사와 지정개발자의 정비구역지정제안

토지주택공사등(제26조에 따라 사업시행자로 지정되려는 경우로 한정한다.) 또는 지정개발자(제27조제1항에 따른 신탁업자로 한정한다.)는 제8조에도 불구하고 대통령령으로 정하는 비율 이상의 토지등소유자의 동의를 받아 정비구역의 지정권자(특별자치시장·특별자치도지사·시장·군수인 경우로 한정한다.)에게 정비구역의 지정(변경지정을 포함한다)을 제안할 수 있다. 이 경우 토지주택공사등 또는 지정개발자는 다음 각 호의 사항을 포함한 제안서를 정비구역의 지정권자에게 제출하여야 한다.

1. 정비사업의 명칭
2. 정비구역의 위치, 면적 등 개요
3. 토지이용, 주택건설 및 기반시설의 설치 등에 관한 기본방향
4. 그 밖에 지정제안을 위하여 필요한 사항으로서 대통령령으로 정하는 사항

(2) 정비계획수립 전 정비구역의 지정특례

제1항에 따라 토지주택공사등 또는 지정개발자가 정비구역의 지정을 제안한 경우 정비구역의 지정권자는 제8조 및 제16조에도 불구하고 정비계획을 수립하기 전에 정비구역을 지정할 수 있다.

(3) 정비계획수립 전 정비구역 지정절차

정비구역의 지정권자는 제2항에 따라 정비구역을 지정하려면 주민 및 지방의회의 의견을 들어야 하며, 지방도시계획위원회의 심의를 거쳐야 한다. 다만, 제15조제3항에 따른 경미한 사항을 변경하는 경우에는 그러하지 아니하다.

2. 사업시행자 지정의 특례(법 제101조의 9)

정비구역의 지정권자는 제26조제1항제8호 및 제27조제1항제3호에도 불구하고 토지면적 2분의 1 이상의 토지소유자와 토지등소유자의 3분의 2 이상에 해당하는 자가 동의하는 경우에는 정비구역의 지정과 동시에 토지주택공사등 또는 지정개발자를 사업시행자로 지정할 수 있다. 이 경우 제101조의8제1항에 따라 정비구역 지정제안에 동의한 토지등소유자는 토지주택공사등 또는 지정개발자의 사업시행자 지정에 동의한 것으로 본다.

3. 정비계획과 사업시행계획의 통합 수립(법 제101조의 10)

(1) 통합계획의 수립

사업시행자는 제101조의8에 따라 정비구역이 지정된 경우에는 제9조에 따른 정비계획과 제52조에 따른 사업시행계획을 통합하여 다음 각 호의 사항이 포함된 정비사업계획을 수립하여야 한다.

1. 제9조제1항에 따른 정비계획의 내용(제9호는 제외한다)
2. 제52조제1항에 따른 사업시행계획서의 내용

(2) 정비사업계획의 인가 전 동의

지정개발자가 정비사업을 시행하려는 경우에는 최초 정비사업계획인가를 신청하기 전에 재개발사업 및 재건축사업의 조합설립을 위한 동의요건 이상의 동의를 받아야 한다. 이 경우 제101조의9에 따라 사업시행자 지정에 동의한 토지등소유자는 동의한 것으로 본다.

(3) 정비사업계획의 인가

사업시행자는 정비사업을 시행하려는 경우에는 제1항에 따른 정비사업계획에 정관등과 그 밖에 국토교통부령으로 정하는 서류를 첨부하여 정비구역의 지정권자에게 제출하고 정비사업계획인가를 받아야 하고, 인가받은 사항을 변경하거나 정비사업을 중지 또는 폐지하려는 경우에도 또한 같다. 다만, 경미한 사항을 변경하려는 때에는 정비구역의 지정권자에게 신고하여야 한다.

(4) 정비사업계획의 인가의 효과

① 정비사업계획인가의 고시가 있는 경우 해당 정비사업계획 중 「국토의 계획 및 이용에 관한 법률」 제52조제1항 각 호의 어느 하나에 해당하는 사항은 같은 법 제50조에 따라 지구단위계획구역 및 지구단위계획으로 결정·고시된 것으로 본다.

② 제4항에 따른 정비사업계획인가의 고시는 제16조제2항에 따른 정비계획 결정의 고시 및 제50조제9항에 따른 사업시행계획인가의 고시로 본다.

제 4 절 청문

국토교통부장관, 시·도지사, 시장, 군수 또는 구청장은 다음 각 호의 어느 하나에 해당하는 처분을 하려는 경우에는 청문을 하여야 한다.(법 제121조)

1. 제86조의2 제3항(소유권이전에 따른 조합의 해산)에 따른 조합설립인가의 취소
2. 제106조제1항에 따른 정비사업전문관리업의 등록취소
3. 제113조제1항부터 제3항까지의 규정(감독)에 따른 추진위원회 승인의 취소, 조합설립인가의 취소, 사업시행계획인가의 취소 또는 관리처분계획인가의 취소
4. 제113조의2제1항에 따른 시공자 선정 취소 또는 과징금 부과
5. 제113조의3제1항에 따른 입찰참가 제한

CHAPTER 04

기출 및 예상문제

01 도시 및 주거환경정비법령상 사업시행자가 관리처분계획이 인가·고시된 다음 날부터 90일 이내에 손실보상 협의를 하여야 하는 토지등소유자를 모두 고른 것은? (단, 분양신청기간 종료일의 다음 날부터 협의를 시작할 수 있음) (제35회)

> ㄱ. 분양신청기간 내에 분양신청을 하지 아니한 자
> ㄴ. 인가된 관리처분계획에 따라 분양대상에서 제외된 자
> ㄷ. 분양신청기간 종료 후에 분양신청을 철회한 자

① ㄱ ② ㄱ, ㄴ ③ ㄱ, ㄷ
④ ㄴ, ㄷ ⑤ ㄱ, ㄴ, ㄷ

해설 ① 분양신청을 하지 아니한 자 ② 분양신청기간 종료 이전에 분양신청을 철회한 자 ③ 투기과열지구 지정으로 분양신청을 할 수 없는 자 ④ 관리처분계획에 따라 분양대상에서 제외된 자에게는 관리처분계획의 인가·고시된 다음 날부터 90일 이내에 손실보상에 대한 협의를 하여야 한다.

정답 ②

02 도시 및 주거환경정비법령상 공사완료에 따른 조치등에 관한 설명으로 틀린 것은? (제29회)

① 사업시행자인 지방공사가 정비사업 공사를 완료한 때에는 시장·군수등의 준공인가를 받아야 한다.
② 시장군수등은 준공인가전 사용허가를 하는 때에는 동별·세대별 또는 구획별로 사용허가를 할 수 있다.
③ 관리처분계획을 수립하는 경우 정비구역의 지정은 이전고시가 있은 날의 다음 날에 해제된 것으로 본다.
④ 준공인가에 따른 정비구역의 해제가 있으면 조합은 해산된 것으로 본다.
⑤ 관리처분계획에 따라 소유권을 이전하는 경우 건축물을 분양받을 자는 이전고시가 있은 날의 다음 날에 그 건축물의 소유권을 취득한다.

해설 ④ 준공인가에 따른 정비구역의 해제는 조합의 존속에 영향을 주지 아니한다.

정답 ④

03 도시 및 주거환경정비법령상 소규모 토지 등의 소유자에 대한 토지임대부 분양주택 공급에 관한 내용이다. ( )에 들어갈 숫자로 옳은 것은? (단, 조례는 고려하지 않음) (제34회)

> 국토교통부장관, 시·도지사, 시장, 군수, 구청장 또는 토지주택공사등은 정비구역에 세입자와 다음의 어느 하나에 해당하는 자의 요청이 있는 경우에는 인수한 재개발임대주택의 일부를 「주택법」에 따른 토지임대부 분양주택으로 전환하여 공급하여야 한다.
> 1. 면적이 (ㄱ) 제곱미터 미만의 토지를 소유한 자로서 건축물을 소유하지 아니한 자
> 2. 바닥면적이 (ㄴ) 제곱미터 미만의 사실상 주거를 위하여 사용하는 건축물을 소유한 자로서 토지를 소유하지 아니한 자

① ㄱ: 90, ㄴ: 40
② ㄱ: 90, ㄴ: 50
③ ㄱ: 90, ㄴ: 60
④ ㄱ: 100, ㄴ: 40
⑤ ㄱ: 100, ㄴ: 50

해설 **토지임대부 분양주택의 공급**

국토교통부장관, 시·도지사, 시장, 군수, 구청장 또는 토지주택공사등은 정비구역에 세입자와 다음에 해당하는 자의 요청이 있는 경우에는 인수한 임대주택의 일부를 「주택법」에 따른 토지임대부 분양주택으로 전환하여 공급하여야 한다.

> 1. 면적이 90제곱미터 미만의 토지를 소유한 자로서 건축물을 소유하지 아니한 자
> 2. 바닥면적이 40제곱미터 미만의 사실상 주거를 위하여 사용하는 건축물을 소유한 자로서 토지를 소유하지 아니한 자

정답 ①

2025 랜드하나 공인중개사 기본서

PART 4
주택법

CHAPTER 01 총설

단원별 학습포인트

주택법 용어정의 핵심쟁점

- ❑ 세대구분형 공동주택
- ❑ 주택법상 단독주택과 공동주택의 종류(건축법과 비교하여)
- ❑ 공구의 개념
- ❑ 공공택지의 종류
- ❑ 도시형생활주택 정리
- ❑ 국민주택의 개념
- ❑ 단지의 범위에서 동일한 단지의 요건
- ❑ 부대시설, 복리시설, 간선시설의 구분

제1절 목적

이 법은 쾌적한 주거생활에 필요한 주택의 건설·공급·관리와 이를 위한 자금의 조달·운용 등에 관한 사항을 정함으로써 국민의 주거안정과 주거수준의 향상에 이바지함을 목적으로 한다(법 제1조).

제2절 용어의 정의 매년 출제

1 주택

"주택"이란 세대의 구성원이 장기간 독립된 주거생활을 할 수 있는 구조로 된 건축물의 전부 또는 일부 및 그 부속토지를 말하며, 이를 단독주택과 공동주택으로 구분한다(법 제2조 제1호).

참고학습 | 주택법에 따른 단독주택과 공동주택의 분류(시행령 제2조, 제3조)

1. 단독주택
   ① 단독주택 ② 다중주택 ③ 다가구주택
2. 공동주택
   ① 아파트 ② 연립주택 ③ 다세대주택

2 국민주택과 민영주택

1. 국민주택

국민주택이란 다음 각 목의 어느 하나에 해당하는 주택으로서 국민주택규모 이하인 주택을 말한다(법 제2조 제5호).

1. 국가·지방자치단체, 한국토지주택공사 또는 지방공사가 건설하는 주택
2. 국가·지방자치단체의 재정 또는 주택도시기금으로부터 자금을 지원받아 건설되거나 개량되는 주택

2. 민영주택

"민영주택"이란 국민주택을 제외한 주택을 말한다(법 제2조 제7호).

3. 국민주택 규모

"국민주택규모"란 주거전용면적이 1호 또는 1세대 당 85제곱미터 이하인 주택(「수도권정비계획법」에 따른 수도권을 제외한 도시지역이 아닌 읍 또는 면 지역은 1호 또는 1세대당 주거전용면적이 100제곱미터 이하인 주택을 말한다)을 말한다. 이 경우 주거전용면적의 산정방법은 국토교통부령으로 정한다(법 제2조 제6호).

참고학습 | **주거전용면적 산정방법(국토교통부령 제2조 제2항)**

1. **단독주택** : 단독주택의 경우에는 그 바닥면적에서 지하실(거실로 사용되는 면적을 제외한다)과 본 건축물과 분리된 창고·차고 및 화장실의 면적을 제외한 면적을 말한다.
2. **공동주택** : 공동주택의 경우에는 외벽의 내부선을 기준으로 산정한 면적으로 한다. 다만, 2세대 이상이 공동으로 사용하는 부분으로서 다음에 해당하는 공용면적을 제외하며, 이 경우 바닥면적에서 주거전용면적을 제외하고 남는 외벽면적은 공용면적에 가산한다.
   ① 복도·계단·현관 등 공동주택의 지상층에 있는 공용면적
   ② ①의 공용면적을 제외한 지하층·관리사무소 등 그 밖의 공용면적

3 세대구분형 공동주택

1. 개념

"세대구분형 공동주택"이란 공동주택의 주택 내부 공간의 일부를 세대별로 구분하여 생활이 가능한 구조로 하되, 그 구분된 공간 일부에 대하여 구분소유를 할 수 없는 주택을 말한다(법 제2조의 19호, 시행령 제9조).

2. 주택법 제15조에 따른 사업계획의 승인을 받아 건설하는 세대구분형 공동주택(시행령 제9조)

1. 세대별로 구분된 각각의 공간마다 별도의 욕실, 부엌과 현관을 설치할 것
2. 하나의 세대가 통합하여 사용할 수 있도록 세대 간에 연결문 또는 경량구조의 경계벽 등을 설치할 것
3. 세대구분형 공동주택의 세대수가 해당 주택단지 안의 공동주택 전체 세대수의 3분의 1을 넘지 않을 것
4. 세대별로 구분된 각각의 공간의 주거전용면적(주거의 용도로만 쓰이는 면적으로서 법 제2조 제6호 후단에 따른 방법으로 산정된 것을 말한다. 이하 같다) 합계가 해당 주택단지 전체 주거전용면적 합계의 3분의 1을 넘지 않는 등 국토교통부장관이 정하여 고시하는 주거전용면적의 비율에 관한 기준을 충족할 것

3. 「공동주택관리법」에 따른 행위의 허가를 받거나 신고를 하고 설치하는 세대구분형 공동주택

1. 구분된 공간의 세대수는 기존 세대를 포함하여 2세대 이하일 것
2. 세대별로 구분된 각각의 공간마다 별도의 욕실, 부엌과 구분 출입문을 설치할 것
3. 세대구분형 공동주택의 세대수가 해당 주택단지 안의 공동주택 전체 세대수의 10분의 1과 해당 동의 전체 세대수의 3분의 1을 각각 넘지 않을 것. 다만, 특별자치시장, 특별자치도지사·시장·군수·구청장이 부대시설의 규모 등 해당 주택단지의 여건을 고려하여 인정하는 범위에서 세대수의 기준을 넘을 수 있다.
4. 구조, 화재, 소방 및 피난안전 등 관계 법령에서 정하는 안전 기준을 충족할 것

4. 세대구분형 공동주택의 세대수 산정

세대구분형 공동주택의 건설과 관련하여 법 제21조에 따른 주택건설기준 등을 적용하는 경우 세대구분형 공동주택의 세대수는 그 구분된 공간의 세대에 관계없이 하나의 세대로 산정한다(시행령 제2조의3 제2항).

4 도시형생활주택

1. 개념

"도시형 생활주택"이란 300세대 미만의 국민주택규모에 해당하는 주택으로서 도시지역에 건설하는 다음 각 호의 주택을 말한다(법 제2조 제20호, 영 제10조).

1. 소형주택	① 세대별 주거전용면적은 60제곱미터 이하일 것 ② 세대별로 독립된 주거가 가능하도록 욕실 및 부엌을 설치할 것 ③ 지하층에는 세대를 설치하지 아니할 것
2. 단지형 연립주택	소형 주택이 아닌 연립주택. 다만, 「건축법」에 따라 건축위원회의 심의를 받은 경우에는 주택으로 쓰는 층수를 5개층까지 건축할 수 있다.
3. 단지형 다세대주택	소형 주택이 아닌 다세대주택. 다만, 「건축법」에 따라 건축위원회의 심의를 받은 경우에는 주택으로 쓰는 층수를 5개층까지 건축할 수 있다.

2. 복합형태

하나의 건축물에는 도시형 생활주택과 그 밖의 주택을 함께 건축할 수 없다. 다만, 다음 각 호의 경우는 예외로 한다(영 제10조 제2항).

1. 소형 주택과 주거전용면적이 85제곱미터를 초과하는 주택 1세대를 함께 건축하는 경우
2. 준주거지역 또는 상업지역에서 소형 주택과 도시형 생활주택 외의 주택을 함께 건축하는 경우
3. 하나의 건물에는, 단지형 연립주택 또는 단지형 다세대주택과 소형주택을 함께 건축할 수 없다.

5 준주택

"준주택"이란 주택 외의 건축물과 그 부속토지로서 주거시설로 이용가능한 시설 등을 말하며, 그 범위와 종류는 다음과 같이 대통령령으로 정한다(법 제2조 제4호).

1. 「건축법 시행령」에 따른 기숙사(학생복지주택을 포함한다)
2. 다중생활시설 : 제2종 근린생활시설 및 숙박시설로서 다중생활시설
3. 노인복지주택 : 노인복지시설 중 「노인복지법」에 따른 노인복지주택(노인에게 주거시설을 분양 또는 임대하여 주거의 편의·생활지도·상담 및 안전관리 등 일상생활에 필요한 편의를 제공함을 목적으로 하는 시설)
4. 「건축법 시행령」에 따른 오피스텔

6 기타주택

1. 에너지절약형 친환경주택

에너지절약형 친환경주택이란 저 에너지 건물 조성기술 등 대통령령으로 정하는 기술을 이용하여 에너지 사용량을 절감하거나 이산화탄소 배출량을 저감할 수 있도록 건설된 주택을 말하며 그 종류와 범위는 사업계획의 승인을 받아 건설하는 다음 각 호의 공동주택으로 한다(법 제2조 제21호, 영 제11조).

> 1. 「건축법 시행령」에 따른 아파트
> 2. 「건축법 시행령」에 따른 연립주택
> 3. 「건축법 시행령」에 따른 다세대주택

2. 건강친화형 주택

건강친화형 주택이란 건강하고 쾌적한 실내환경의 조성을 위하여 실내공기의 오염물질 등을 최소화할 수 있도록 대통령령으로 정하는 기준에 따라 건설된 주택을 말한다(법 제2조 제22호, 영 제12조).

3. 임대주택

임대주택이란 임대를 목적으로 하는 주택으로서, 「공공주택 특별법」 에 따른 공공임대주택과 「민간임대주택에 관한 특별법」 에 따른 민간임대주택으로 구분한다(법 제2조 제8호).

4. 토지임대부 분양주택

토지임대부 분양주택이란 토지의 소유권은 사업계획의 승인을 받아 토지임대부 분양주택 건설사업을 시행하는 자가 가지고, 건축물 및 복리시설 등에 대한 소유권[건축물의 전유부분에 대한 구분소유권은 이를 분양받은 자가 가지고, 건축물의 공용부분·부속건물 및 복리시설은 분양받은 자들이 공유한다]은 주택을 분양받은 자가 가지는 주택을 말한다(법 제2조 제9호).

5. 장수명주택

장수명 주택이란 구조적으로 오랫동안 유지·관리될 수 있는 내구성을 갖추고, 입주자의 필요에 따라 내부 구조를 쉽게 변경할 수 있는 가변성과 수리 용이성 등이 우수한 주택을 말한다(법 제2조 제23호).

7 공공택지

"공공택지"란 다음 각 목의 어느 하나에 해당하는 공공사업에 의하여 개발·조성되는 공동주택이 건설되는 용지를 말한다(법 제2조 24호).

1. 국가·지방자치단체·한국토지주택공사 및 지방공사인 사업주체가 국민주택을 건설하기 위하여 토지를 수용하는 경우 국민주택건설 또는 대지조성사업으로 조성된 토지
2. 「택지개발촉진법」에 의한 택지개발사업 다만 같은 법 제7조 제1항 제4호에 따른 주택건설등 사업자가 같은 법 제12조 제5항에 따라 활용하는 택지를 제외한다.
3. 「산업입지 및 개발에 관한 법률」에 의한 산업단지개발사업
4. 「공공주택 특별법」에 따른 공공주택지구조성사업
5. 「민간임대주택에 관한 특별법」에 따른 공공지원민간임대주택 공급촉진지구 조성사업(시행자가 수용 또는 사용의 방식으로 시행하는 사업만 해당한다)
6. 「도시개발법」에 따른 도시개발사업(「도시개발법」상 공공사업 시행자가 같은 법에 따라 수용 또는 사용의 방식으로 시행하는 사업과 혼용방식 중 수용 또는 사용방식이 적용되는 구역에서 시행하는 사업에 한한다)
7. 「경제자유구역의 지정 및 운영에 관한 특별법」에 따른 경제자유구역개발사업(수용 또는 사용의 방식으로 시행하는 사업과 혼용방식 중 수용 또는 사용방식이 적용되는 구역에서 시행하는 사업에 한한다)
8. 「혁신도시 조성 및 발전에 관한 특별법」에 따른 혁신도시개발사업
9. 「신행정수도 후속대책을 위한 연기·공주지역 행정중심복합도시 건설을 위한 특별법」에 따른 행정중심복합도시건설사업
10. 「공익사업을 위한 토지 등의 취득 및 보상에 관한 법률」에 따른 공익사업으로서 대통령령으로 정하는 사업

8 주택단지

1. "주택단지"란 주택건설사업계획 또는 대지조성사업계획의 승인을 받아 주택과 그 부대시설 및 복리시설을 건설하거나 대지를 조성하는 데 사용되는 일단의 토지를 말한다. 다만, 다음 각 목의 시설로 분리된 토지는 각각 별개의 주택단지로 본다(법 제2조 12호, 영 제5조).

    1. 철도·고속도로·자동차전용도로
    2. 폭 20m 이상인 일반도로
    3. 폭 8m 이상인 도시계획예정도로
    4. 1 내지 3의 시설에 준하는 것으로서 보행자 및 자동차의 통행이 가능한 도로로서 다음에 해당하는 도로
        ① 도시·군 계획시설인 도로로서 국토교통부령이 정하는 도로
        ② 「도로법」에 의한 일반국도·특별시도·광역시도 또는 지방도
        ③ 그 밖에 관계 법령에 의하여 설치된 도로로서 ① 및 ②에 준하는 도로

2. 단지안의 도로에서 제외

제1항에도 불구하고 사업계획승인권자가 다음 각 호의 요건을 모두 충족한다고 인정하여 사업계획을 승인한 도로는 주택단지의 구분기준이 되는 도로에서 제외한다.

> 1. 인근 주민의 통행권 확보 및 교통편의 제고 등을 위해 기존의 도로를 국토교통부령으로 정하는 기준에 적합하게 유지·변경할 것
> 2. 보행자 통행의 편리성 및 안전성을 확보하기 위한 시설을 국토교통부령으로 정하는 바에 따라 설치할 것

9 부대시설 및 복리시설

부대시설과 복리시설은 다음과 같이 구분된다.

	부대시설(법 제2조 제13호)	복리시설(법 제2조 제14호)
개념	주택에 딸린 시설 또는 설비를 말한다.	주택단지의 입주자 등의 생활복리를 위한 다음 시설
종류	1. 주차장, 관리사무소, 담장 및 주택단지 안의 도로 2. 「건축법」에 의한 건축설비 3. 1 및 2의 시설·설비에 준하는 것으로서 다음의 시설 또는 설비 ① 보안등·대문·경비실·자전거보관소 ② 조경시설·옹벽·축대·주택단지안의 도로 ③ 안내표지판·공중전화·공중화장실 ④ 저수시설·지하양수시설·대피시설 ⑤ 쓰레기수거 및 처리시설·오수처리시설·단독정화조 ⑥ 소방시설·냉난방공급시설(지역난방공급시설을 제외한다) ⑦ 전기자동차에 전기를 충전하여 공급하는 시설 ⑧ 「전기통신사업법」 등 다른 법령에 따라 거주자의 편익을 위해 주택단지에 의무적으로 설치해야 하는 시설로서 사업주체 또는 입주자의 설치 및 관리 의무가 없는 시설	1. 어린이놀이터, 근린생활시설, 유치원, 주민운동시설 및 경로당 2. 그 밖에 입주자 생활복리를 위한 다음의 공동시설 ① 제1종 근린생활시설 및 제2종 근린생활시설(총포판매소, 장의사, 다중생활시설, 단란주점 및 안마시술소는 제외한다) ② 종교시설 ③ 판매시설 중 소매시장 및 상점 ④ 교육연구시설 ⑤ 노유자시설 ⑥ 수련시설 ⑦ 업무시설 중 금융업소 ⑧ 지식산업센터 ⑨ 사회복지관 ⑩ 공동작업장 ⑪ 주민공동시설 ⑫ 도시·군계획시설인 시장

10 기간시설과 간선시설(법 제2조 제16호, 제17호)

1. "기간시설"이란 도로·상하수도·전기시설·가스시설·통신시설·지역난방시설 등을 말한다.
2. "간선시설"이란 도로·상하수도·전기시설·가스시설·통신시설 및 지역난방시설 등 주택단지(둘 이상의 주택단지를 동시에 개발하는 경우에는 각각의 주택단지를 말한다) 안의 기간시설을 그 주택단지 밖에 있는 같은 종류의 기간시설에 연결시키는 시설을 말한다. 다만, 가스시설·통신시설 및 지역난방시설의 경우에는 주택단지 안의 기간시설을 포함한다.

11 사업주체

"사업주체"란 주택건설사업계획 또는 대지조성사업계획의 승인을 받아 그 사업을 시행하는 다음 각 목의 자를 말한다(법 제2조 제10호).

1. 국가·지방자치단체
2. 「한국토지주택공사법」에 의한 한국토지주택공사
3. 이 법에 따라 등록한 주택건설사업자 또는 대지조성사업자
4. 그 밖에 이 법에 의하여 주택건설사업 또는 대지조성사업을 시행하는 자

12 주택의 규모별 건설비율

국토교통부장관은 주택수급의 적정을 기하기 위하여 필요하다고 인정하는 때에는 사업주체가 건설하는 주택의 75%(주택조합이나 고용자가 건설하는 주택은 100%) 이하의 범위 안에서 일정 비율 이상을 국민주택규모로 건설하게 할 수 있다. 국민주택규모 주택의 건설비율은 주택단지별 사업계획에 적용한다(영 제46조).

13 리모델링 기본계획

세대수 증가형 리모델링으로 인한 도시과밀, 이주수요 집중 등을 체계적으로 관리하기 위하여 수립하는 계획을 말한다(법 제2조 제26호).

14 리모델링

"리모델링"이란 건축물의 노후화 억제 또는 기능 향상 등을 위한 다음 각 목의 어느 하나에 해당하는 행위를 말한다(법 제2조 제25호, 영 제13조).

1. 대수선(大修繕)
2. 주택법에 따른 사용검사일(주택단지 안의 공동주택 전부에 대하여 임시사용승인을 받은 경우에는 그 임시사용승인일을 말한다) 또는 「건축법」에 따른 사용승인일부터 15년[15년 이상 20년 미만의 연수 중 시·도의 조례로 정하는 경우에는 그 연수로 한다]이 지난 공동주택을 각 세대의 주거전용면적[「건축법」 제38조에 따른 건축물대장 중 집합건축물대장의 전유부분(專有部分)의 면적을 말한다]의 10분의 3 이내(세대의 주거전용면적이 85제곱미터 미만인 경우에는 10분의 4 이내)에서 증축하는 행위. 이 경우 공동주택의 기능향상등을 위하여 공용부분에 대하여도 별도로 증축할 수 있다.
3. 각 세대의 증축 가능 면적을 합산한 면적의 범위에서 기존 세대수의 100분의 15 이내에서 세대수를 증가하는 증축 행위(이하 "세대수 증가형 리모델링"이라 한다). 다만, 수직으로 증축하는 행위(이하 "수직증축형 리모델링"이라 한다)는 다음 요건을 모두 충족하는 경우로 한정한다.
   ① 최대 3개층 이하로서 수직증축형 리모델링의 대상이 되는 건축물의 기존 층수가 14층 이하인 경우에는 2개층을 말한다.
   ② 수직증축형 리모델링 대상 건축물 건축 당시의 구조도를 보유하고 있는 경우를 말한다(영 제4조의2).

15 공구

"공구"란 하나의 주택단지에서 대통령령으로 정하는 다음의 기준에 따라 둘 이상으로 구분되는 일단의 구역으로, 착공신고 및 사용검사를 별도로 수행할 수 있는 구역을 말한다(법 제2조 제18호 영8조).

1. 다음 각 목의 어느 하나에 해당하는 시설을 설치하거나 공간을 조성하여 6미터 이상의 폭으로 공구 간 경계를 설정할 것
   ① 주택단지 안의 도로
   ② 주택단지 안의 지상에 설치되는 부설주차장
   ③ 주택단지 안의 옹벽 또는 축대
   ④ 식재, 조경이 된 녹지
   ⑤ 그 밖에 어린이놀이터 등 부대시설이나 복리시설로서 사업계획승인권자가 적합하다고 인정하는 시설
2. 공구별 세대수는 300세대 이상으로 할 것

기출 및 예상문제

01 주택법령상 "기간시설"에 해당하지 않는 것은? (제35회)

① 전기시설 ② 통신시설 ③ 상하수도
④ 어린이놀이터 ⑤ 지역난방시설

해설 "기간시설"이란 도로·상하수도·전기시설·가스시설·통신시설·지역난방시설 등을 말한다. 어린이 놀이터는 복리시설이다.

정답 ④

02 주택법령상 수직증축형 리모델링의 허용 요건에 관한 규정의 일부이다. ( )에 들어갈 숫자로 옳은 것은? (제35회)

> 시행령 제13조 ① 법 제2조 제25호 다목1)에서 "대통령령으로 정하는 범위"란 다음 각 호의 구분에 따른 범위를 말한다.
> 1. 수직으로 증축하는 행위(이하 "수직증축형 리모델링"이라 한다)의 대상이 되는 기존 건축물의 층수가 (ㄱ)층 이상인 경우: (ㄴ)개층
> 2. 수직증축형 리모델링의 대상이 되는 기존 건축물의 층수가 (ㄷ)층 이하인 경우: (ㄹ)개층

① ㄱ: 10, ㄴ: 3, ㄷ: 9, ㄹ: 2 ② ㄱ: 10, ㄴ: 4, ㄷ: 9, ㄹ: 3
③ ㄱ: 15, ㄴ: 3, ㄷ: 14, ㄹ: 2 ④ ㄱ: 15, ㄴ: 4, ㄷ: 14, ㄹ: 3
⑤ ㄱ: 20, ㄴ: 5, ㄷ: 19, ㄹ: 4

해설 수직증축형 리모델링의 대상이 되는 기존 건축물의 층수가 15층 이상인 경우: 3개층이고 14층 이하인 경우: 2개층

정답 ③

03 주택법령상 주택단지가 일정한 시설로 분리된 토지는 각각 별개의 주택단지로 본다. 그 시설에 해당하지 않는 것은? (제32회)

① 철도 ② 폭 20 미터의 고속도로
③ 폭 10 미터의 일반도로 ④ 폭 20 미터의 자동차전용도로
⑤ 폭 10 미터의 도시계획예정도로

해설 ③ 다음 각목의 시설로 분리된 토지는 이를 각 각 별개의 주택단지로 본다.

1. 철도·고속도로·자동차전용도로
2. 폭 20m 이상인 일반도로
3. 폭 8m 이상인 도시계획예정도로
4. 1.내지3.의 시설에 준하는 것으로서 일반국도·특별시도·광역시도·지방도

정답 ③

04 주택법령상 용어에 관한 설명으로 옳은 것을 모두 고른 것은? (제32회)

ㄱ. 주택에 딸린 「건축법」에 따른 건축설비는 복리시설에 해당한다.
ㄴ. 300세대인 국민주택규모의 단지형 다세대주택은 도시형 생활주택에 해당한다.
ㄷ. 민영주택은 국민주택을 제외한 주택을 말한다.

① ㄱ ② ㄷ ③ ㄱ, ㄴ ④ ㄴ, ㄷ ⑤ ㄱ, ㄴ, ㄷ

해설 ㄱ. 주택에 딸린 건축설비는 복리시설이 아니라 부대시설이다.
ㄴ. 단지형 다세대주택은 도시형 생활주택에 해당하려면 300세대 미만이어야 한다. 그러므로 300세대라 했으므로 틀린 지문이다.

정답 ②

02 CHAPTER 주택의 건설 등

제1절 사업주체의 등록 제20회, 제22회, 제26회, 제31회, 제34회

단원별 학습포인트

등록의 핵심쟁점

- 등록의 요건
- 등록사업주체와 비등록사업주체(특히 조합과 고용자의 등록여부?)
- 등록사업주체와 공동으로 사업을 하는 경우(의무와 재량은 누가?)
- 등록결격사유와 필요적 등록말소사유

'사업주체'라 함은 주택건설사업계획 또는 대지조성사업계획의 승인을 얻어 그 사업을 시행하는 자를 말한다(법 제2조 제10호).

1 단독사업주체

1. 등록·비등록사업주체(법 제4조 제1항, 영 제14조 제1항)

(1) 등록사업주체

연간 단독주택의 경우에는 20호, 공동주택의 경우에는 20세대, 다만, 도시형 생활주택(소형 주택과 주거전용면적이 85제곱미터를 초과하는 주택 1세대를 함께 건축하는 경우를 포함한다)은 30세대 이상의 주택건설사업을 시행하려는 자 또는 연간 1만㎡ 이상의 대지조성사업을 시행하려는 자는 국토교통부장관에게 등록하여야 한다.

(2) 비 등록사업주체

다만, 다음 각호의 사업주체의 경우에는 등록하지 아니하고 「주택법」상 사업주체가 될 수 있다.

1. 국가·지방자치단체
2. 한국토지주택공사
3. 지방공사
4. 「공익법인의 설립·운영에 관한 법률」에 따라 주택건설사업을 목적으로 설립된 공익법인
5. 주택조합(등록사업자와 공동으로 주택건설사업을 하는 주택조합만 해당한다)
6. 근로자를 고용하는 자(등록사업자와 공동으로 주택건설사업을 시행하는 고용자만 해당하며, 이하 "고용자"라 한다)

2. 등록기준

주택건설사업 또는 대지조성사업의 등록을 하려는 자는 다음 각 호의 요건을 모두 갖추어야 한다. 이 경우 하나의 사업자가 주택건설사업과 대지조성사업을 함께 할 때에는 1. 및 3.의 기준은 중복하여 적용하지 아니한다(영 제14조 제3항).

1. 자본금 3억원(개인인 경우에는 자산평가액 6억원) 이상
2. 주택건설사업의 경우에는 건축분야기술자 1인 이상, 대지조성사업의 경우에는 토목분야기술자 1인 이상
3. 사무실 면적 : 사업의 수행에 필요한 사무장비를 갖출 수 있는 면적

3. 등록사업자의 결격사유

다음 각 호의 어느 하나에 해당하는 자는 주택건설사업 등의 등록을 할 수 없다(법 제6조).

1. 미성년자·피성년후견인 또는 피한정후견인
2. 파산선고를 받은 자로서 복권되지 아니한 자
3. 「부정수표단속법」 또는 이 법을 위반하여 금고 이상의 실형을 선고받고 그 집행이 끝나거나(집행이 끝난 것으로 보는 경우를 포함한다) 집행이 면제된 날부터 2년이 지나지 아니한 자
4. 「부정수표단속법」 또는 이 법을 위반하여 금고 이상의 형의 집행유예를 선고받고 그 유예기간 중에 있는 자
5. 등록이 말소된 후 2년이 지나지 아니한 자
6. 임원 중에 위 1.부터 5.까지의 규정 중 어느 하나에 해당하는 자가 있는 법인

4. 주택건설사업의 등록말소 등

국토교통부장관은 등록사업자가 다음 각 호의 어느 하나에 해당하면 그 등록을 말소하거나 1년 이내의 기간을 정하여 영업의 정지를 명할 수 있다. 다만, 1. 또는 4.에 해당하는 경우에는 그 등록을 말소하여야 한다(법 제8조 제1항).

1. 거짓이나 그 밖의 부정한 방법으로 등록한 경우
2. 등록기준에 미달하게 된 경우 다만, 「채무자 회생 및 파산에 관한 법률」에 따라 법원이 회생절차개시의 결정을 하고 그 절차가 진행 중이거나 일시적으로 등록기준에 미달하는 등 대통령령으로 정하는 경우는 예외로 한다.
3. 고의 또는 과실로 공사를 잘못 시공하여 공중(公衆)에게 위해(危害)를 끼치거나 입주자에게 재산상 손해를 입힌 경우
4. 등록증의 대여 등을 한 경우
5. 이하 생략

5. 등록말소 등을 받은 자의 사업수행

등록말소 또는 영업정지의 처분을 받은 등록사업자는 그 처분 전에 사업계획승인을 얻은 사업은 이를 계속 수행할 수 있다. 다만 등록말소의 처분을 받은 등록사업자가 그 사업을 계속 수행할 수 없는 중대하고 명백한 사유가 있을 경우에는 그러하지 아니하다(법 제9조).

6. 등록사업자의 시공기준

(1) 등록사업자의 직접시공

등록사업자가 사업계획승인(「건축법」에 따른 공동주택건축허가를 포함한다)을 받아 분양 또는 임대를 목적으로 주택을 건설하는 경우로서 그 기술능력, 주택건설 실적 및 주택규모 등이 대통령령으로 정하는 기준에 해당하는 경우에는 그 등록사업자를 「건설산업기본법」에 따른 건설사업자로 보며 주택건설공사를 시공할 수 있다(법 제7조 제1항).

(2) 5개 층 이하의 시공기준

주택건설공사를 시공하려는 등록사업자는 다음 각 호의 요건을 모두 갖추어야 한다(영 제17조 제1항).

1. 자본금이 5억원(개인인 경우에는 자산평가액 10억원) 이상일 것
2. 「건설기술진흥법 시행령」 별표 1에 따른 건축 분야 및 토목 분야 기술인 3명 이상을 보유하고 있을 것. 이 경우 「건설기술진흥법 시행령」 별표 1에 따른 건설기술인으로서 다음 각 목에 해당하는 건설기술인 각 1명이 포함되어야 한다.
   가. 건축시공 기술사 또는 건축기사
   나. 토목 분야 기술인
3. 최근 5년간의 주택건설 실적이 100호 또는 100세대 이상일 것

(3) 6층 시공기준

등록사업자가 건설할 수 있는 주택은 주택으로 쓰는 층수가 5개층 이하인 주택으로 한다. 다만, 각층 거실의 바닥면적 300제곱미터 이내마다 1개소 이상의 직통계단을 설치한 경우에는 주택으로 쓰는 층수가 6개층인 주택을 건설할 수 있다(영 제17조 제2항).

(4) 6층 이상 시공기준

다음 각 호의 어느 하나에 해당하는 등록사업자는 주택으로 쓰는 층수가 6개층 이상인 주택을 건설할 수 있다(영 제17조 제3항).

1. 주택으로 쓰는 층수가 6개층 이상인 아파트를 건설한 실적이 있는 자
2. 최근 3년간 300세대 이상의 공동주택을 건설한 실적이 있는 자

(5) 시공규모

주택건설공사를 시공하는 등록사업자는 건설공사비(총공사비에서 대지구입비를 제외한 금액을 말한다)가 자본금과 자본준비금·이익준비금을 합한 금액의 10배(개인인 경우에는 자산평가액의 5배)를 초과하는 건설공사는 시공할 수 없다(영 제17조 제4항).

2 공동사업주체

1. 임의적 공동사업주체

(1) 토지소유자와 등록사업자

토지소유자가 주택을 건설하는 경우에는 주택건설사업 등의 등록을 하지 아니하여도 등록사업자와 공동으로 사업을 시행할 수 있으며, 공동사업을 하는 경우에는 일정 요건을 갖추어 사업계획승인을 신청하여야 한다. 이 경우 토지소유자와 등록사업자를 공동사업주체로 본다(법 제5조 제1항, 영 제16조 제1항).

(2) 주택조합과 등록사업자

① 주택조합(세대수를 늘리지 아니하는 리모델링주택조합은 제외한다)이 그 구성원의 주택을 건설하는 경우에는 등록사업자(지방자치단체, 한국토지주택공사 및 지방공사를 포함한다)와 공동으로 사업을 시행할 수 있으며, 공동사업을 하는 경우에는 일정 요건을 갖추어 사업계획승인을 신청하여야 한다. 이 경우 주택조합과 등록사업자를 공동사업주체로 본다(법 제5조 제2항, 영 제16조 제2항).

② 주택조합과 등록사업자가 공동으로 사업을 시행하면서 시공할 경우 등록사업자는 시공자로서의 책임뿐만 아니라 자신의 귀책사유로 사업 추진이 불가능하게 되거나 지연됨으로 인하여 조합원에게 입힌 손해를 배상할 책임이 있다(법 제11조 제4항).

2. 의무적 공동사업주체(고용자와 등록사업자)

고용자가 그 근로자의 주택을 건설하는 경우에는 대통령령으로 정하는 바에 따라 등록사업자와 공동으로 사업을 시행하여야 하며, 공동으로 주택을 건설하려는 경우에는 다음 각 호의 요건을 모두 갖추어 사업계획승인을 신청하여야 한다. 이 경우 고용자와 등록사업자를 공동사업주체로 본다(법 제5조 제3항, 영 제16조 제2항).

3. 공동사업주체 간의 구체적인 책임의 분담 등

공동사업주체 간의 구체적인 업무·비용 및 책임의 분담 등에 관하여는 대통령령으로 정하는 범위에서 당사자 간의 협약에 따른다(법 제10조 제4항).

참고학습 | 공동사업주체의 요건

토지소유자·주택조합(세대수를 증가하지 아니하는 리모델링주택조합은 제외한다) 또는 고용자(이하 토지소유자등이라 한다)와 등록사업자(주택조합의 경우에는 지방자치단체, 한국토지주택공사 및 지방공사를 포함한다)가 공동으로 주택을 건설하려는 경우에는 다음 각 호의 요건을 갖추어 사업계획승인을 신청하여야 한다(영 제16조).

등록사업자의 요건	등록사업자가 등록사업자의 주택건설공사 시공기준 요건을 갖춘 자이거나 「건설산업기본법」에 의한 건설업(건축공사업 또는 토목건축공사업에 한한다)의 등록을 한 자일 것. 다만, 지방자치단체·한국토지주택공사 및 지방공사의 경우에는 그러하지 아니하다.
토지소유자등의 요건	토지소유자등이 주택건설대지의 소유권(지역주택조합 또는 직장주택조합이 지구단위계획의 결정이 필요한 사업으로 등록사업자와 공동으로 사업을 시행하는 경우에는 100분의 95 이상의 소유권을 말한다)을 확보하고 있을 것
주택건설대지의 요건	주택건설대지(위에 따라 토지소유자등이 소유권을 확보한 대지를 말한다)가 저당권·가등기담보권·가압류·전세권·지상권 등(이하 "저당권등"이라 한다)의 목적으로 되어 있는 경우에는 그 저당권등을 말소할 것. 다만, 저당권등의 권리자로부터 해당 사업의 시행에 대한 동의를 받은 경우에는 그러하지 아니하다.
토지소유자등과 등록사업자간 협약	토지소유자등과 등록사업자간에 대지 및 주택(부대시설 및 복리시설을 포함한다)의 사용·처분, 사업비의 부담, 공사기간 그 밖에 사업추진상의 각종 책임 등에 관하여 법 및 이 영이 정하는 범위 안에서 협약이 체결되어 있을 것

제2절 주택조합 제20회 ~ 제22회, 제24회 ~ 제31회, 제34회

단원별 학습포인트

주택조합의 핵심쟁점

- ❑ 지역과 직장, 리모델링 주택조합원의 자격요건(소유한 주택과 거주기간이나 근무기간)
- ❑ 국민주택을 공급받기위한 직장조합원의 요건과 인가 또는 신고여부
- ❑ 조합원의 수(지역과 직장, 리모델링 비교)
- ❑ 인가신청은 어디의 누구에게? 인가 신청하는 경우 대지는?
- ❑ 조합원의 지위양도(지역과 직장, 리모델링 비교)

1 주택조합의 개념과 종류

"주택조합"이란 많은 수의 구성원이 주택을 마련하거나 리모델링하기 위하여 결성하는 다음 각 목의 조합을 말한다(법 제2조 제11호).

지역주택조합	다음 구분에 따른 지역에 거주하는 주민이 주택을 마련하기 위하여 설립한 조합 1. 서울특별시·인천광역시 및 경기도 2. 대전광역시·충청남도 및 세종특별자치시 3. 충청북도 4. 광주광역시 및 전라남도 5. 전북특별자치도 6. 대구광역시 및 경상북도 7. 부산광역시·울산광역시 및 경상남도 8. 강원특별자치도 9. 제주특별자치도
직장주택조합	같은 직장의 근로자가 주택을 마련하기 위하여 설립한 조합
리모델링주택조합	공동주택의 소유자가 그 주택을 리모델링하기 위하여 설립한 조합

2 주택조합원의 자격

주택조합의 조합원이 될 수 있는 사람은 다음 각 호의 구분에 따른 사람으로 한다. 다만, 조합원의 사망으로 그 지위를 상속받는 자는 다음 각 호의 요건에도 불구하고 조합원이 될 수 있다(영 제21조 제1항).

1. 지역주택 조합원의 자격(영 제21조 제1항 제1호)

1. 무주택자이거나 85㎡ 이하인 주택 1채를 소유한 자일 것
   조합설립인가 신청일(해당 주택건설대지가 투기과열지구 안에 있는 경우에는 조합설립인가 신청일 1년 전의 날을 말한다. 이하 같다)부터 해당 조합주택의 입주가능일까지 주택을 소유하지 아니한 세대의 세대주로서 다음의 어느 하나에 해당할 것
   ① 세대주를 포함한 세대원[세대주와 동일한 세대별 주민등록표에 등재되어 있지 아니한 세대주의 배우자 및 그 배우자와 동일한 세대를 이루고 있는 사람을 포함한다.] 전원이 주택을 소유하고 있지 아니한 세대의 세대주일 것
   ② 세대주를 포함한 세대원 중 1명에 한정하여 주거전용면적 85제곱미터 이하의 주택 1채를 소유한 세대의 세대주일 것
2. 조합설립인가신청일 현재 지역주택조합 설립가능지역에 6월 이상 거주하여 온 자일 것
3. 본인 또는 본인과 같은 세대별 주민등록표에 등재되어 있지 않은 배우자가 같은 또는 다른 지역주택조합의 조합원이거나 직장주택조합의 조합원이 아닐 것

2. 직장주택조합 조합원의 자격(영 제21조 제1항 제2호)

1. 무주택자이거나 85제곱미터 이하인 주택 1채를 소유한 자일 것.
   다만 국민주택을 공급 받기 위하여 설립 신고한 경우에는 무주택자에 한한다.
2. 조합설립인가신청일 현재 동일한 특별시·광역시·특별자치시·특별자치도·시 또는 군에 소재하는 동일한 국가기관·지방자치단체·법인에 근무하는 자일 것
3. 본인 또는 본인과 같은 세대별 주민등록표에 등재되어 있지 않은 배우자가 같은 또는 다른 지역주택조합의 조합원이거나 직장주택조합의 조합원이 아닐 것

3. 리모델링주택조합의 조합원자격

리모델링주택 조합원의 경우에는 다음 각 목의 어느 하나에 해당하는 자. 이 경우 당해 공동주택 또는 복리시설의 소유권이 수인의 공유에 속하는 경우에는 그 수인을 대표하는 1인을 조합원으로 본다(영 제21조 제1항 제3호).

1. 사업계획승인을 얻어 건설한 공동주택의 소유자
2. 복리시설을 함께 리모델링하는 경우에는 당해 복리시설의 소유자
3. 건축허가를 받아 분양을 목적으로 건설한 공동주택의 소유자(해당 건축물에 공동주택 외의 시설이 있는 경우에는 해당 시설의 소유자를 포함한다)

4. 조합원자격인정(일시적으로 상실한 경우)

주택조합의 조합원이 근무·질병치료·유학·결혼 등 부득이한 사유로 인하여 세대주자격을 일시적으로 상실한 경우로서 시장·군수 또는 구청장이 인정하는 경우에는 조합원자격이 있는 것으로 본다(영 제21 제2항).

5. 조합원자격의 확인

시장·군수 또는 구청장은 지역주택조합 또는 직장주택조합에 대하여 다음 각 호의 행위를 하고자 하는 경우에는 국토교통부장관에게 주택전산망에 의한 전산검색을 의뢰하여 조합원 자격에의 해당 여부를 확인하여야 한다(규칙 제8조 제3항).

> 1. 주택조합의 설립인가를 하고자 하는 경우
> 2. 당해 주택조합에 대한 사업계획을 승인하고자 하는 경우
> 3. 당해 조합주택에 대하여 사용검사 또는 임시사용승인을 하고자 하는 경우

3 주택조합 구성원의 수

주택조합(리모델링주택조합은 제외한다)은 주택조합 설립인가를 받는 날부터 사용검사를 받는 날까지 계속하여 다음 각 호의 요건을 모두 충족해야 한다(영 제20조 제7항).

> 1. 주택건설 예정 세대수(설립인가 당시의 사업계획서상 주택건설 예정 세대수를 말하되, 법 제20조에 따라 임대주택으로 건설·공급하는 세대수는 제외한다. 이하 같다)의 50퍼센트 이상의 조합원으로 구성할 것. 다만, 사업계획승인 등의 과정에서 세대수가 변경된 경우에는 변경된 세대수를 기준으로 한다.
> 2. 조합원은 20명 이상일 것

4 발기인

1. 지역직장주택조합 발기인의 자격

조합원을 모집하려는 주택조합의 발기인은 다음의 대통령령으로 정하는 자격기준을 갖추어야 한다(법 제11조의3 제6항, 시행령 제24의3 제1항).

(1) 지역주택조합 발기인의 자격

> 1. 조합원 모집 신고를 하는 날부터 해당 조합설립인가일까지 무주택자이거나 85제곱미터 이하인 주택 1채를 소유한 자일 것.
> 2. 조합원 모집 신고를 하는 날의 1년 전부터 해당 조합설립인가일까지 계속하여 지역주택조합설립가능 지역에 거주할 것

(2) 직장주택조합 발기인의 자격

1. 조합원 모집 신고를 하는 날부터 해당 조합설립인가일까지 무주택자이거나 85제곱미터 이하인 주택 1채를 소유한 자일 것.
2. 조합원 모집 신고를 하는 날 현재 동일한 특별시·광역시·특별자치시·특별자치도·시 또는 군에 소재하는 동일한 국가기관·지방자치단체·법인에 근무하는 사람일 것

2. 발기인의 권리와 의무

주택조합의 발기인은 조합원 모집 신고를 하는 날 주택조합에 가입한 것으로 본다. 이 경우 주택조합의 발기인은 그 주택조합의 가입 신청자와 동일한 권리와 의무가 있다(법 제11조의3 제7항).

5 조합원 모집방법

1. 조합원 공개모집방법 : 원칙은 신고

지역주택조합 또는 직장주택조합의 설립인가를 받기 위하여 조합원을 모집하려는 자는 해당 주택건설대지의 50퍼센트 이상에 해당하는 토지의 사용권원을 확보하여 관할 시장·군수·구청장에게 신고하고, 공개모집의 방법으로 조합원을 모집하여야 한다. 조합 설립인가를 받기 전에 신고한 내용을 변경하는 경우에도 또한 같다(법 제11조의3 제1항).

2. 공개모집이후 결원충원과 재 모집방법 : 예외적으로 선착순

공개모집 이후 조합원의 사망·자격상실·탈퇴 등으로 인한 결원을 충원하거나 미달된 조합원을 재모집하는 경우에는 신고하지 아니하고 선착순의 방법으로 조합원을 모집할 수 있다(법 제11조의3 제2항).

3. 조합원 모집신고의 거부

시장·군수·구청장은 다음 각 호의 어느 하나에 해당하는 경우에는 조합원 모집 신고를 수리할 수 없다(법 제11조의3 제5항).

1. 이미 신고된 사업대지와 전부 또는 일부가 중복되는 경우
2. 이미 수립되었거나 수립 예정인 도시·군계획, 이미 수립된 토지이용계획 또는 이 법이나 관계 법령에 따른 건축기준 및 건축제한 등에 따라 해당 주택건설대지에 조합주택을 건설할 수 없는 경우
3. 제11조의2 제1항에 따라 조합업무를 대행할 수 있는 자가 아닌 자와 업무대행계약을 체결한 경우 등 신고내용이 법령에 위반되는 경우
4. 신고한 내용이 사실과 다른 경우

4. 모집주체와 가입신청자의 계약서

조합원을 모집하는 모집주체와 주택조합 가입 신청자는 다음 각 호의 사항이 포함된 주택조합 가입에 관한 계약서를 작성하여야 한다(법 제11조의3 제 8항).

> 1. 주택조합의 사업개요
> 2. 조합원의 자격기준
> 3. 분담금 등 각종 비용의 납부예정금액, 납부시기 및 납부방법
> 4. 주택건설대지의 사용권원 및 소유권을 확보한 면적 및 비율
> 5. 조합원 탈퇴 및 환급의 방법, 시기 및 절차

5. 설명의무 및 보관

모집주체는 주택조합가입계약서에 명시된 사항을 주택조합 가입 신청자가 이해할 수 있도록 설명하여야 하며, 설명한 내용을 주택조합 가입 신청자가 이해하였음을 국토교통부령으로 정하는 바에 따라 서면으로 확인을 받아 주택조합 가입 신청자에게 교부하여야 하며, 그 사본을 5년간 보관하여야 한다(법 제11조의4).

6. 조합원모집광고 준수사항

모집주체가 주택조합의 조합원을 모집하기 위하여 광고를 하는 경우에는 다음 각 호의 내용이 포함되어야 한다(법 제11조의5 제1항).

> 1. "지역주택조합 또는 직장주택조합의 조합원 모집을 위한 광고"라는 문구
> 2. 조합원의 자격기준에 관한 내용
> 3. 주택건설대지의 사용권원 및 소유권을 확보한 비율
> 4. 그 밖에 조합원 보호를 위하여 대통령령으로 정하는 내용모집주체는 주택조합가입계약

7. 모집주체의 금지행위

모집주체가 조합원 가입을 권유하거나 모집 광고를 하는 경우에는 다음 각 호의 행위를 하여서는 아니 된다(법 제11조의5 제2항).

> 1. 조합주택의 공급방식, 조합원의 자격기준 등을 충분히 설명하지 않거나 누락하여 제한 없이 조합에 가입하거나 주택을 공급받을 수 있는 것으로 오해하게 하는 행위
> 2. 제5조제4항에 따른 협약이나 제15조제1항에 따른 사업계획승인을 통하여 확정될 수 있는 사항을 사전에 확정된 것처럼 오해하게 하는 행위

3. 사업추진 과정에서 조합원이 부담해야 할 비용이 추가로 발생할 수 있음에도 주택 공급가격이 확정된 것으로 오해하게 하는 행위
4. 주택건설대시의 사용권원 및 소유권을 확보한 비율을 사실과 다르거나 불명확하게 제공하는 행위
5. 조합사업의 내용을 사실과 다르게 설명하거나 그 내용의 중요한 사실을 은폐 또는 축소하는 행위
6. 그 밖에 조합원 보호를 위하여 대통령령으로 정하는 행위

6 가입된 조합원의 가입철회 및 가입비 반환

1. 가입비 예치의무

모집주체는 주택조합의 가입을 신청한 자가 주택조합 가입을 신청하는 때에 납부하여야 하는 가입비를 대통령령으로 정하는 예치기관에 예치하도록 하여야 한다(법 제11조의6 제1항).

2. 가입자의 청약철회 및 철회의 효력발생

① 주택조합의 가입을 신청한 자는 가입비등을 예치한 날부터 30일 이내에 주택조합 가입에 관한 청약을 철회할 수 있다(법 제11조의6 제2항).

② 청약 철회를 서면으로 하는 경우에는 청약 철회의 의사를 표시한 서면을 발송한 날에 그 효력이 발생한다(법 제11조의6 제3항).

③ 모집주체는 주택조합의 가입을 신청한 자가 청약 철회를 한 경우 청약 철회 의사가 도달한 날부터 7일 이내에 예치기관의 장에게 가입비등의 반환을 요청하여야 하며, 예치기관의 장은 가입비등의 반환 요청을 받은 경우 요청일부터 10일 이내에 그 가입비등을 예치한 자에게 반환하여야 한다(법 제11조의6 제4항, 제5항).

3. 청약철회에 따른 손해배상

모집주체는 주택조합의 가입을 신청한 자에게 청약 철회를 이유로 위약금 또는 손해배상을 청구할 수 없다(법 제11조의6 제6항).

4. 청약철회와 탈퇴의 관계

주택조합의 가입을 신청한 자는 가입비등을 예치한 날부터 30일 이내에 청약철회를 하는 경우 조합 탈퇴에 관한 규정은 적용하지 않는다.(법 제11조의6 제7항).

7 조합설립 인가

1. 설립인가

많은 수의 구성원이 주택을 마련하기 위하여 주택조합을 설립하려는 경우에는 주택건설대지를 관할하는 시장·군수·구청장의 인가를 받아야 한다. 인가받은 내용을 변경하거나 주택조합을 해산하려는 경우에도 또한 같다. 다만 신고대상 직장주택조합의 경우는 제외한다(법 제11조 제1항, 영 제20조 제1항).

2. 설립인가 받는 경우 토지소유여부(신고대상 직장주택조합은 제외)(법 제11조 제2항)

(1) **사용권원** : 해당 주택건설대지의 80퍼센트 이상에 해당하는 토지의 사용권원을 확보

(2) **소유권** : 해당 주택건설대지의 15퍼센트 이상에 해당하는 토지의 소유권을 확보

(3) 다만, 국민주택을 공급받기위한 직장주택조합의 경우에는 소유권이나 권원이 필요없다.

3. 예외 : 신고

국민주택을 공급받기 위하여 직장주택조합을 설립하려는 자는 관할 시장·군수·구청장에게 신고하여야 한다. 신고한 내용을 변경하거나 직장주택조합을 해산하려는 경우에도 또한 같다(법 제11조 제5항).

4. 리모델링주택조합의 인가신청 요건(법 제11조 제3항)

주택을 리모델링하기 위하여 주택조합을 설립하려는 경우에는 다음 각 호의 구분에 따른 구분소유자와 의결권의 결의를 증명하는 서류를 첨부하여 관할 시장·군수·구청장의 인가를 받아야 한다.

(1) 리모델링 조합설립 동의요건

① **주택단지 전체를 리모델링하는 경우** : 각 동의 구분소유자와 의결권의 각 과반수의 결의와 주택단지 전체의 구분소유자와 의결권의 각 3분의 2 이상의 결의

② **동을 리모델링** : 그 동의 구분소유자 및 의결권의 각 3분의 2 이상의 결의

(2) 리모델링 결의(착수)시 동의

① **주택단지 전체를 리모델링하는 경우** : 각 동별 구분소유자 및 의결권의 각 50% 이상의 동의와 주택단지 전체 구분소유자 및 의결권의 각 75% 이상의 동의를 받아야 하며(리모델링을 하지 않는 별동의 건축물로 입주자 공유가 아닌 복리시설 등의 소유자는 권리변동이 없는 경우에 한정하여 동의비율 산정에서 제외한다).

② **동을 리모델링하는 경우** : 그 동의 구분소유자 및 의결권의 각 75% 이상의 동의를 받아야 한다.

(3) 리모델링주택조합 설립에 동의한 자로부터 건축물을 취득한 자는 리모델링주택조합 설립에 동의한 것으로 본다(영 제20조 제8항).

5. 설립인가여부를 결정시 고려사항

시장·군수·구청장은 해당 주택건설대지에 대한 사항을 종합적으로 검토하여 주택조합의 설립인가 여부를 결정하여야 한다. 이 경우 그 주택건설대지가 이미 인가를 받은 다른 주택조합의 주택건설대지와 중복되지 아니하도록 하여야 한다(영 제20조 제9항).

8 주택조합의 사업계획승인 신청

1. 사업계획승인 신청기간

주택조합은 설립인가를 받은 날부터 2년 이내에 사업계획승인(세대수를 증가하지 않는 리모델링인 경우에는 허가를 말한다)을 신청하여야 한다(영 제23조 제1항).

2. 조합이 등록사업자와 공동으로 하는 경우 주택건설대지의 소유권

주택조합은 등록사업자가 소유하는 공공택지를 주택건설대지로 사용해서는 아니 된다. 다만, 경매 또는 공매를 통하여 취득한 공공택지는 예외로 한다(영 제23조 제2항).

9 조합주택의 공급

주택조합(리모델링주택조합은 제외한다)은 그 구성원을 위하여 건설하는 주택을 그 조합원에게 우선 공급할 수 있으며, 국민주택을 공급받기 위하여 설립한 직장주택조합에 대하여는 사업주체가 국민주택을 그 직장주택조합원에게 우선 공급할 수 있다(법 제11조 제6항).

10 지역, 직장조합원의 교체와 신규가입 등

1. 원칙

지역주택조합 또는 직장주택조합은 그 설립인가를 받은 후에는 당해 조합원을 교체하거나 신규로 가입하게 할 수 없다(영 제22조 제1항).

2. 조합원 추가모집

조합원수가 주택건설예정세대수를 초과하지 아니하는 범위에서 시장·군수 또는 구청장으로부터 조합원 추가모집의 승인을 받은 경우에는 조합원을 추가로 모집할 수 있으며(영 제22조 제1항 제1호), 조합원 추가모집의 승인과 조합원 추가모집에 따른 주택조합의 변경인가신청은 사업계획승인신청일까지 하여야 한다(영 제22조 제3항).

3. 조합원의 충원

다음 각 호의 어느 하나의 사유에 해당하면 결원이 발생한 범위에서 충원할 수 있다(영 제22조 제1항 제2호).

1. 조합원의 사망
2. 사업계획승인 이후[지역주택조합 또는 직장주택조합이 해당 주택건설대지 전부의 소유권을 확보하지 아니하고 사업계획승인을 받은 경우(지구단위계획계획이 필요한 사업에서 등록사업자와 공동으로 사업하는 경우)에는 해당 주택건설대지 전부의 소유권(해당 주택건설대지가 저당권등의 목적으로 되어 있는 경우에는 그 저당권등의 말소를 포함한다)을 확보한 이후를 말한다]에 입주자로 선정된 지위가 양도·증여 또는 판결 등으로 변경된 경우. 다만, 전매가 금지되는 경우는 제외한다.
3. 조합원의 탈퇴 등으로 조합원수가 주택건설예정세대수의 50% 미만이 되는 경우
4. 사업계획승인 과정 등에서 주택건설예정세대수가 변경되어 조합원수가 변경된 세대수의 50% 미만이 되는 경우
5. 조합원이 무자격자로 판명되어 자격을 상실하는 경우

※ **조합원 자격판정 기준**
조합원으로 추가 모집되는 자와 위의 사유로 충원되는 자에 대한 지역 및 직장조합원 자격요건 충족여부의 판단은 당해 주택조합의 설립인가신청일을 기준으로 한다(영 제22조 제2항).

11 조합의 탈퇴

조합원은 조합규약으로 정하는 바에 따라 조합에 탈퇴 의사를 알리고 탈퇴할 수 있다. 탈퇴한 조합원(제명된 조합원을 포함한다)은 조합규약으로 정하는 바에 따라 부담한 비용의 환급을 청구할 수 있다(법 제11조 제8항, 9항).

12 조합총회

총회의 의결을 하는 경우에는 조합원의 10% 이상이 직접 출석하여야 한다. 다만, 창립총회 또는 다음의 사항을 의결하는 총회의 경우에는 20% 이상이 직접 출석하여야 한다(영 제20조 제4항).

1. 조합규약(영 제20조제2항 각 호의 사항만 해당한다)의 변경
2. 자금의 차입과 그 방법·이자율 및 상환방법
3. 예산으로 정한 사항 외에 조합원에게 부담이 될 계약의 체결
4. 법 제11조의2제1항에 따른 업무대행자의 선정·변경 및 업무대행계약의 체결
5. 시공자의 선정·변경 및 공사계약의 체결
6. 조합임원의 선임 및 해임

7. 사업비의 조합원별 분담 명세 확정(리모델링주택조합의 경우 법 제68조제4항에 따른 안전진단 결과에 따라 구조설계의 변경이 필요한 경우 발생할 수 있는 추가 비용의 분담안을 포함한다) 및 변경
8. 사업비의 세부항목별 사용계획이 포함된 예산안
9. 조합해산의 결의 및 해산시의 회계 보고

13 조합임원과 발기인의 결격

1. 임원의 결격사유

다음 어느 하나에 해당하는 사람은 조합의 발기인 또는 임원이 될 수 없다(법 제13조 제1항).

1. 미성년자·피 성년후견인 또는 피 한정후견인
2. 파산선고를 받은 사람으로서 복권되지 아니한 사람
3. 금고 이상의 실형을 선고받고 그 집행이 종료(종료된 것으로 보는 경우를 포함한다)되거나 집행이 면제된 날부터 2년이 지나지 아니한 사람
4. 금고 이상의 형의 집행유예를 선고받고 그 유예기간 중에 있는 사람
5. 금고 이상의 형의 선고유예를 받고 그 선고유예기간 중에 있는 사람
6. 법원의 판결 또는 다른 법률에 따라 자격이 상실 또는 정지된 사람
7. 해당 주택조합의 공동사업주체인 등록사업자 또는 업무대행사의 임직원

2. 임원의 당연퇴임과 퇴임전에 관여한 행위의 효력

주택조합의 발기인이나 임원이 다음 각 호의 어느 하나에 해당하는 경우 해당 발기인은 그 지위를 상실하고 해당 임원은 당연히 퇴직하며, 지위가 상실된 발기인 또는 퇴직된 임원이 지위 상실이나 퇴직 전에 관여한 행위는 그 효력을 상실하지 아니한다(법 제13조 제2항, 제3항).

1. 주택조합의 발기인이 제11조의3제6항에 따른 자격기준을 갖추지 아니하게 되거나 주택조합의 임원이 제11조제7항에 따른 조합원 자격을 갖추지 아니하게 되는 경우
2. 주택조합의 발기인 또는 임원이 결격사유에 해당하게 되는 경우

3. 겸직금지의무

주택조합의 임원은 다른 주택조합의 임원, 직원 또는 발기인을 겸할 수 없다(법 제13조 제4항).

14 주택조합의 사업종결 및 해산

1. 주택조합의 사업종결

주택조합의 발기인은 조합원 모집 신고가 수리된 날부터 2년이 되는 날까지 주택조합 설립인가를 받지 못하는 경우 해당 조합원 모집 신고가 수리된 날부터 2년이 되는 날부터 3개월 이내 주택조합 가입 신청자 전원으로 구성되는 총회 의결을 거쳐 주택조합 사업의 종결 여부를 결정하도록 하여야 한다(법 제14조의2 제2항, 령 제25조의2 제1항).

2. 주택조합의 해산

주택조합은 주택조합의 설립인가를 받은 날부터 3년이 되는 날까지 사업계획승인을 받지 못하는 경우 해당 설립인가를 받은 날부터 3년이 되는 날부터 3개월 이내 총회의 의결을 거쳐 해산 여부를 결정하여야 한다(법 제14조의2 제1항).

3. 해산총회(법 제14조의2 제3항, 영 25조의2 제3항)

(1) 사업종결 또는 해산 총회를 소집하려는 주택조합의 임원 또는 발기인은 총회가 개최되기 7일 전까지 회의 목적, 안건, 일시 및 장소를 정하여 조합원 또는 주택조합 가입 신청자에게 통지하여야 한다.

(2) 사업종결 또는 해산 총회는 다음의 요건을 모두 충족해야 한다.

1. 주택조합 가입 신청자의 3분의 2 이상의 찬성으로 의결할 것 2. 주택조합 가입 신청자의 100분의 20 이상이 직접 출석할 것. 다만, 감염병예방으로 전자적방법으로 의결하는 경우는 제외한다.

4. 해산절차(법 제14조의2 제3항, 제4항, 제5항)

(1) 해산을 결의하거나 사업의 종결을 결의하는 경우 대통령령으로 정하는 바에 따라 청산인을 선임하여야 한다.

(2) 주택조합의 발기인은 제2항에 따른 총회의 결과(사업의 종결을 결의한 경우에는 청산계획을 포함한다)를 관할 시장·군수·구청장에게 국토교통부령으로 정하는 바에 따라 통지하여야 한다.

15 조합의 업무대행

1. 조합의 업무대행자

주택조합(리모델링주택조합은 제외한다.) 및 주택조합의 발기인은 조합원 모집 등 주택조합의 업무를 공동사업주체인 등록사업자 또는 다음 각 호의 어느 하나에 해당하는 자로서 법인은 5억의 자본금, 개인은 10억의 자산평가액을 보유한 자 외의 자에게 대행하게 할 수 없다(법 제11조의2 제1항).

1. 등록사업자
2. 「공인중개사법」 제9조에 따른 중개업자
3. 「도시 및 주거환경정비법」 제69조에 따른 정비사업전문관리업자
4. 「부동산개발업의 관리 및 육성에 관한 법률」 제4조에 따른 등록사업자
5. 「자본시장과 금융투자업에 관한 법률」에 따른 신탁업자
6. 그 밖에 다른 법률에 따라 등록한 자로서 대통령령으로 정하는 자

2. 업무대행자의 업무범위와 의무 및 손해배상책임

(1) 업무대행자의 업무범위

업무대행자에게 대행시킬 수 있는 주택조합의 업무는 다음 각 호와 같다(법 제11조의2 제2항).

1. 조합원 모집, 토지 확보, 조합설립인가 신청 등 조합설립을 위한 업무의 대행
2. 사업성 검토 및 사업계획서 작성업무의 대행
3. 설계자 및 시공자 선정에 관한 업무의 지원
4. 사업계획승인 신청 등 사업계획승인을 위한 업무의 대행
5. 계약금 등 자금의 보관 및 그와 관련된 업무의 대행
6. 그 밖에 총회의 운영업무 지원 등 국토교통부령으로 정하는 사항

(2) 자금보관업무

주택조합 및 주택조합의 발기인은 제2항 제5호에 따른 업무 중 계약금 등 자금의 보관 업무는 신탁업자에게 대행하도록 하여야 한다(법 제11조의2 제3항).

(3) 업무대행자의 실적보고서 작성·제출

업무대행자는 국토교통부령으로 정하는 바에 따라 사업연도별로 분기마다 해당 업무의 실적보고서를 작성하여 주택조합 또는 주택조합의 발기인에게 제출하여야 한다(법 제11조의2 제4항).

(4) 손해배상책임

주택조합의 업무를 대행하는 자는 신의에 따라 성실하게 업무를 수행하여야 하고, 자신의 귀책사유로 주택조합(발기인을 포함한다) 또는 조합원(주택조합 가입 신청자를 포함한다)에게 손해를 입힌 경우에는 그 손해를 배상할 책임이 있다(법 제11조의2 제5항).

(5) 표준업무대행 계약서

국토교통부장관은 주택조합의 원활한 사업추진 및 조합원의 권리 보호를 위하여 공정거래위원회 위원장과 협의를 거쳐 표준업무대행계약서를 작성·보급할 수 있다(법 제11조의2 제6항).

16 주택조합의 실적보고 및 자료의 공개

1. 실적보고서 작성

주택조합의 발기인 또는 임원은 다음 각 호의 사항이 포함된 해당 주택조합의 실적보고서를 국토교통부령으로 정하는 바에 따라 사업연도별로 분기마다 작성하여야 한다(법 제12조 제1항).

> 1. 조합원(주택조합 가입 신청자를 포함한다. 이하 이 조에서 같다) 모집 현황
> 2. 해당 주택건설대지의 사용권원 및 소유권 확보 현황

2. 자료공개

주택조합의 발기인 또는 임원은 주택조합사업의 시행에 관한 다음 각 호의 서류 및 관련 자료가 작성되거나 변경된 후 15일 이내에 이를 조합원이 알 수 있도록 인터넷과 그 밖의 방법을 병행하여 공개하여야 한다(법 제12조 제2항).

> 1. 조합규약
> 2. 공동사업주체의 선정 및 주택조합이 공동사업주체인 등록사업자와 체결한 협약서
> 3. 설계자 등 용역업체 선정 계약서
> 4. 조합총회 및 이사회, 대의원회 등의 의사록
> 5. 사업시행계획서
> 6. 해당 주택조합사업의 시행에 관한 공문서
> 7. 회계감사보고서
> 8. 분기별 사업실적보고서
> 9. 제11조의2제4항에 따라 업무대행자가 제출한 실적보고서
> 10. 그 밖에 주택조합사업 시행에 관하여 대통령령으로 정하는 서류 및 관련 자료

17 주택조합에 대한 감독 및 회계감사

1. 조합에 대한 감독

국토교통부장관 또는 시장·군수·구청장은 주택공급에 관한 질서를 유지하기 위하여 특히 필요하다고 인정되는 경우에는 국가가 관리하고 있는 행정전산망 등을 이용하여 주택조합 구성원의 자격 등에 관하여 필요한 사항을 확인할 수 있다(법 제14조 제1항).

2. 조합설립인가의 취소

시장·군수·구청장은 주택조합 또는 주택조합의 구성원이 다음 각 호의 어느 하나에 해당하는 경우에는 주택조합의 설립인가를 취소할 수 있다(법 제14조 제2항).

1. 거짓이나 그 밖의 부정한 방법으로 설립인가를 받은 경우
2. 제94조에 따른 명령이나 처분을 위반한 경우

3. 회계감사

주택조합은 대통령령으로 정하는 바에 따라 회계감사를 받아야 하며, 그 감사결과를 관할 시장·군수·구청장에게 보고하여야 한다(법 제14조의3 제1항).

4. 거래장부의 보관

주택조합의 임원 또는 발기인은 계약금등(해당 주택조합사업에 관한 모든 수입에 따른 금전을 말한다)의 징수·보관·예치·집행 등 모든 거래 행위에 관하여 장부를 월별로 작성하여 그 증빙서류와 함께 주택조합 해산인가를 받는 날까지 보관하여야 한다(법 제14조의3 제2항).

18 주택조합사업의 시공보증

1. 시공보증서 제출의무

주택조합이 공동사업주체인 시공자를 선정한 경우 그 시공자는 공사의 시공보증(시공자가 공사의 계약상 의무를 이행하지 못하거나 의무이행을 하지 아니할 경우 보증기관에서 시공자를 대신하여 계약이행의무를 부담하거나 총 공사금액의 50퍼센트 이하에서 대통령령으로 정하는 비율(총 공사금액의 30퍼센트 이상을 말한다) 이상의 범위에서 주택조합이 정하는 금액을 납부할 것을 보증하는 것을 말한다)을 위하여 국토교통부령으로 정하는 기관의 시공보증서를 조합에 제출하여야 한다(법 제14조의4 제1항).

2. 시공보증서 제출여부의 확인

사업계획승인권자는 착공신고를 받는 경우에는 시공보증서 제출 여부를 확인하여야 한다(법 제14조의4 제2항).

제3절 리모델링 제27회, 제28회, 제31회, 제33회, 제34회

단원별 학습포인트

리모델링의 개념, 리모델링 기본계획, 안전진단의 핵심쟁점
- ❑ 리모델링 기본계획의 수립절차(정비기본계획과 유사)
- ❑ 리모델링 안전진단(1차와 2차 안전진단의 차이점)
- ❑ 리모델링 안전성검토(1차와 2차의 차이점)
- ❑ 리모델링 주택조합
- ❑ 증축형 리모델링의 권리변동계획

1 리모델링 기본계획

1. 리모델링 기본계획의 수립권자 및 대상지역 등

(1) 특별시장·광역시장 및 대도시의 시장은 관할구역에 대하여 리모델링 기본계획을 10년 단위로 수립하여야 한다. 다만, 세대수 증가형 리모델링에 따른 도시과밀의 우려가 적은 경우로서 특별시장·광역시장·대도시시장이 도시계획위원회의 심의를 거쳐 리모델링 기본계획을 수립할 필요가 없다고 인정하는 경우에는 리모델링 기본계획을 수립하지 아니할 수 있다(법 제71조 제1항, 영 제80조 제2항).

(2) 대도시가 아닌 시의 시장은 세대수 증가형 리모델링에 따른 도시과밀이나 일시집중 등이 우려되어 도지사가 리모델링 기본계획의 수립이 필요하다고 인정한 경우 리모델링 기본계획을 수립하여야 한다(법 제71조 제2항).

(3) 리모델링 기본계획의 작성기준 및 작성방법 등은 국토교통부장관이 정한다(법 제71조 제3항).

2. 리모델링 기본계획의 수립절차

(1) **의견청취(법 제72조 제1항)**

리모델링 기본계획을 수립하거나 변경하려면 14일 이상 주민에게 공람하고, 지방의회의 의견을 들어야 한다. 이 경우 지방의회는 의견제시를 요청받은 날부터 30일 이내에 의견을 제시하여야 하며, 30일 이내에 의견을 제시하지 아니하는 경우에는 이의가 없는 것으로 본다. 다만, 대통령령으로 정하는 경미한 변경인 경우에는 주민공람 및 지방의회 의견청취 절차를 거치지 아니할 수 있다.

(2) **협의 및 심의(법 제72조 제2항, 제3항)**

리모델링 기본계획을 수립하거나 변경하려면 관계 행정기관의 장과 협의한 후 도시계획위원회의 심의를 거쳐야 하며, 협의를 요청받은 관계 행정기관의 장은 특별한 사유가 없으면 그 요청을 받은 날부터 30일 이내에 의견을 제시하여야 한다.

(3) 도지사 승인(법 제72조 제4항)

대도시 시장은 리모델링 기본계획을 수립하거나 변경하려면 도지사의 승인을 받아야 하며, 도지사는 기본계획을 승인하려면 도시계획위원회의 심의를 거쳐야 한다.

(4) 리모델링 기본계획의 고시 등(법 제73조 제1항)

리모델링 기본계획을 수립하거나 변경한 때에는 이를 지체 없이 해당 지방자치단체의 공보에 고시하여야 한다.

3. 리모델링 기본계획의 재검토(법 제73조 제2항)

특별시장·광역시장 및 대도시의 시장은 5년마다 리모델링 기본계획의 타당성을 검토하여 그 결과를 리모델링 기본계획에 반영하여야 한다.

4. 세대수증가형리모델링의 시기조정(법 제74조 제1항, 제2항)

국토교통부장관(시·도지사는)은 세대수 증가형 리모델링의 시행으로 주변 지역에 현저한 주택부족이나 주택시장의 불안정 등이 발생될 우려가 있는 때에는 주거정책심의위원회의 심의를 거쳐 특별시장, 광역시장, 대도시의 시장에게 리모델링 기본계획을 변경하도록 요청하거나, 시장·군수·구청장에게 세대수 증가형 리모델링의 사업계획 승인 또는 허가의 시기를 조정하도록 요청할 수 있으며, 요청을 받은 특별시장, 광역시장, 대도시의 시장 또는 시장·군수·구청장은 특별한 사유가 없으면 그 요청에 따라야 한다.

5. 리모델링 지원센터의 설치·운영

(1) 리모텔링 지원센터의 설치(법 제75조 제1항)

시장·군수·구청장은 리모델링의 원활한 추진을 지원하기 위하여 리모델링 지원센터를 설치하여 운영할 수 있다.

(2) 리모델링 지원센터는 다음 각 호의 업무를 수행할 수 있다(법 제75조 제2항).

1. 리모델링주택조합 설립을 위한 업무 지원
2. 설계자 및 시공자 선정 등에 대한 지원
3. 권리변동계획 수립에 관한 지원
4. 그 밖에 지방자치단체의 조례로 정하는 사항

2 리모델링 안전진단과 안전성검토

1. 안전진단

(1) 증축형리모델링의 제1차 안전진단

증축형리모델링을 하려는 자는 시장·군수·구청장에게 안전진단을 요청하여야 하며, 안전진단을 요청받은 시장·군수·구청장은 해당 건축물의 증축 가능 여부의 확인 등을 위하여 안전진단을 실시하여야 한다(법 제68조 제1항).

(2) 안전진단기관

시장·군수·구청장은 안전진단을 실시하는 경우에는 다음 정하는 기관에 안전진단을 의뢰하여야 하며, 안전진단을 의뢰받은 기관은 리모델링을 하려는 자가 추천한 건축구조기술사(구조설계를 담당할 자를 말한다)와 함께 안전진단을 실시하여야 한다(법 제68조 제2항, 영 제78조제1항).

> 1. 안전진단전문기관
> 2. 국토안전관리원
> 3. 한국건설기술연구원

(3) 증축형리모델링의 상세안전진단(제2차 안전진단)

① 시장·군수·구청장은 수직증축형리모델링을 허가한 후에 해당 건축물의 구조안전성 등에 대한 상세 확인을 위하여 안전진단을 실시하여야 한다. 이 경우 안전진단을 의뢰받은 기관은 리모델링을 하려는 자가 추천한 건축구조기술사와 함께 안전진단을 실시하여야 하며, 리모델링을 하려는 자는 안전진단 후 구조설계의 변경 등이 필요한 경우에는 건축구조기술사로 하여금 이를 보완하도록 하여야 한다(법 제68조 제4항).

② 상세안전진단의 방법
시장·군수 또는 구청장은 상세안전진단을 실시하려는 경우에는 1차 안전진단을 실시한 기관 외의 기관에 안전진단을 의뢰하여야 한다. 다만, 다음 각 호의 어느 하나에 해당하는 경우에는 그러하지 아니하다(영 제78조 제2항).

> 1. 1차 안전진단을 실시한 기관이 ① 국토안전관리원 ② 한국건설기술연구원인 경우
> 2. 법 제68조 제4항에 따른 안전진단 의뢰(2회 이상 「지방자치단체를 당사자로 하는 계약에 관한 법률」에 따라 입찰에 부치거나 수의계약을 시도하는 경우로 한정한다)에 응하는 기관이 없는 경우

(4) 안전진단의 방법

① 안전진단 보고서작성

안전진단을 의뢰받은 기관은 국토교통부장관이 정하여 고시하는 기준에 따라 안전진단을 실시하고, 국토교통부령으로 정하는 방법 및 절차에 따라 안전진단 결과보고서를 작성하여 안전진단을 요청한 자와 시장·군수·구청장에게 제출하여야 한다(법 제68조 제5항).

② 안전진단 적정성검토

안전진단전문기관으로부터 안전진단 결과보고서를 제출받은 시장·군수·구청장은 필요하다고 인정하는 경우에는 제출받은 날부터 7일 이내에 국토안전관리원 또는 한국건설기술연구원에 안전진단 결과보고서의 적정성에 대한 검토를 의뢰할 수 있다(시행령 제78조 제3항).

(5) 안전진단비용의 부담

시장·군수·구청장은 안전진단을 실시하는 비용의 전부 또는 일부를 리모델링을 하려는 자에게 부담하게 할 수 있다(법 제68조 제6항).

(6) 증축형리모델링 제외

시장·군수·구청장이 1차 안전진단결과 건축물 구조의 안전에 위험이 있다고 평가하여 「도시 및 주거환경정비법」에 따른 재건축사업 및 「빈집 및 소규모주택 정비에 관한 특례법」에 따른 소규모재건축사업의 시행이 필요하다고 결정한 건축물에 대하여는 증축형리모델링을 하여서는 아니 된다(법 제68조 제3항).

2. 안전성검토

(1) 1차 안전성검토(증축범위의 적정성에 대한 안정성검토)

시장·군수·구청장은 수직증축형 리모델링을 하려는 자가 「건축법」에 따른 건축위원회의 심의를 요청하는 경우 구조계획상 증축범위의 적정성 등에 대하여 다음의 대통령령으로 정하는 전문기관에 안전성 검토를 의뢰하여야 한다(법 제69조 제1항).

1. 국토안전관리원
2. 한국건설기술연구원

(2) 2차 안전성검토(제출된 설계도서상 구조안전의 적정성 여부 등의 확인을 위하여 실시하는 안전성 검토를 말한다.)

시장·군수·구청장은 제42조 제2항에 따라 수직증축형 리모델링을 하려는 자의 허가 신청이 있거나 제42조의3 제4항에 따른 안전진단(상세안전진단)결과 국토교통부장관이 정하여 고시하는 설계도서의 변경이 있는 경우 제출된 설계도서상 구조안전의 적정성 여부 등에 대하여 ① 국토안전관리원 ② 한국건설기술연구원에 안전성 검토를 의뢰하여야 한다(법 제69조 제2항).

(3) 안전성검토방법

안전성 검토의뢰를 받은 전문기관은 국토교통부장관이 정하여 고시하는 검토기준에 따라 검토한 결과를 안전성 검토를 의뢰받은 날부터 30일 내에 시장·군수·구청장에게 제출하여야 한다.
다만, 검토 의뢰를 받은 전문기관이 부득이하게 검토기간의 연장이 필요하다고 인정하여 20일의 범위에서 그 기간을 연장(한 차례로 한정한다)한 경우에는 그 연장된 기간을 포함한 기간을 말하며, 기간을 산정할 때 보완기간, 공휴일 및 토요일은 산정대상에서 제외한다(법 제69조 제3항, 시행령 79조 제2항, 제4항).

(4) 안전성검토비용

시장·군수·구청장은 전문기관의 안전성 검토비용의 전부 또는 일부를 리모델링을 하려는 자에게 부담하게 할 수 있다(법 제69조 제4항).

(5) 국토교통부장관은 시장·군수·구청장에게 안전성검토결과에 대한 자료 제출을 요청할 수 있으며, 필요한 경우 시장·군수·구청장으로 하여금 안전성 검토결과의 적정성에 대하여 「건축법」에 따른 중앙건축위원회의 심의를 받도록 요청할 수 있으며, 특별한 사유가 없으면 중앙건축위원회 심의결과를 반영하여야 한다(법 제69조 제5항, 제6항).

3. 수직증축형 리모델링의 설계도 작성방법

수직증축형 리모델링의 설계자는 국토교통부장관이 정하여 고시하는 구조기준에 맞게 구조설계도서를 작성하여야 한다(법 제70조).

3 주택조합 등의 리모델링 제18회, 제28회, 제31회, 제33회

1. 리모델링의 허가요건

공동주택(부대시설과 복리시설을 포함한다)의 입주자·사용자 또는 관리주체가 공동주택을 리모델링하려고 하는 경우에는 다음의 기준을 갖추어 시장·군수·구청장의 허가를 받아야 한다 (법 제66조 제1항, 영 제75조 제1항).

구분	세부기준
동의비율	1. 입주자·사용자 또는 관리주체 리모델링의 동의비율 공사기간, 공사방법 등이 적혀 있는 동의서에 입주자 전체의 동의를 받아야 한다. 2. 리모델링주택 조합의 경우 동의비율 주택단지 전체를 리모델링하는 경우 : 각 동별 구분소유자 및 의결권의 각 50% 이상의 동의와 단지 전체 구분소유자 및 의결권의 각 75% 이상의 동의를 받아야 하며(리모델링을 하지 않는 별동의 건축물로 입주자 공유가 아닌 복리시설 등의 소유자는 권리변동이 없는 경우에 한정하여 동의비율 산정에서 제외한다) 동을 리모델링하는 경우 : 그 동의 구분소유자 및 의결권의 각 75% 이상의 동의 3. 입주자대표회 리모델링의 동의비율 주택단지의 소유자 전원의 동의를 받아야 한다.
허용행위	1. 공동주택 ① 리모델링은 주택단지별 또는 동별로 한다. ② 복리시설을 분양하기 위한 것이 아니어야 한다. 다만, 1층을 필로티 구조로 전용하여 세대의 일부 또는 전부를 부대시설 및 복리시설 등으로 이용하는 경우에는 그렇지 않다. ③ ②에 따라 1층을 필로티 구조로 전용하는 경우 제13조에 따른 수직증축 허용범위를 초과하여 증축하는 것이 아니어야 한다. ④ 내력벽의 철거에 의하여 세대를 합치는 행위가 아니어야 한다. 2. 입주자 공유가 아닌 복리시설 등 ① 사용검사를 받은 후 10년 이상 지난 복리시설로서 공동주택과 동시에 리모델링하는 경우로서 시장·군수·구청장이 구조안전에 지장이 없다고 인정하는 경우로 한정한다. ② 증축은 기존건축물 연면적 합계의 10분의 1 이내여야 하고, 증축 범위는 「건축법 시행령」 제6조 제2항 제2호 나목에 따른다. 다만, 주택과 주택 외의 시설이 동일 건축물로 건축된 경우는 주택의 증축 면적비율의 범위 안에서 증축할 수 있다.

2. 허가신청의 예외 및 동의의 철회

리모델링 결의를 한 리모델링주택조합이나 소유자 전원의 동의를 받은 입주자대표회의가 시장·군수·구청장의 허가를 받아 리모델링을 할 수 있으며, 리모델링에 동의한 소유자는 리모델링주택조합 또는 입주자대표회의가 시장·군수·구청장에게 허가신청서를 제출하기 전까지 서면으로 동의를 철회할 수 있다(법 제66조 제2항, 영 제75조 제3항).

3. 리모델링의 허가신청서 제출 절차

공동주택(부대시설과 복리시설을 포함한다)의 입주자·사용자 또는 관리주체가 공동주택을 리모델링하려고 허가를 받으려고 하는 경우에는 허가신청서를 시장·군수·구청장에게 제출하여야 한다(법 제66조 제1항, 영 제75조 제2항, 규칙 제28조 제1항).

4. 도시계획위원회의 심의

시장·군수·구청장이 세대수 증가형 리모델링(50세대 이상으로 세대수가 증가하는 경우로 한정한다)을 허가하려는 경우에는 기반시설에의 영향이나 도시·군관리계획과의 부합 여부 등에 대하여 시·군·구 도시계획위원회의 심의를 거쳐야 하고, 리모델링 기본계획 수립 대상지역에서 세대수 증가형 리모델링을 허가하려는 시장·군수·구청장은 해당 리모델링 기본계획에 부합하는 범위에서 허가하여야 한다(법 제66조 제6항·제9항, 영 제76조 제2항).

5. 권리변동계획의 수립

세대수가 증가되는 리모델링을 하는 경우에는 기존 주택의 권리변동, 비용분담 등에 대한 권리변동계획을 수립하여 사업계획승인 또는 행위허가를 받아야 한다(법 제67조, 영 제77조 제1항).

참고학습 권리변동계획의 내용(시행령 제77조)

1. 권리변동계획에 포함되는 사항

   1. 리모델링 전후의 대지 및 건축물의 권리변동 명세
   2. 조합원의 비용분담
   3. 사업비
   4. 조합원 외의 자에 대한 분양계획
   5. 그 밖에 리모델링과 관련된 권리 등에 대하여 해당 시·도 또는 시·군의 조례로 정하는 사항

2. 대지 및 건축물의 권리변동 명세를 작성하거나 조합원의 비용분담 금액을 산정하는 경우에는 감정평가법인등이 리모델링 전후의 재산 또는 권리에 대하여 평가한 금액을 기준으로 할 수 있다.

6. 시공자의 선정

(1) 시공자

리모델링주택조합의 총회 또는 소유자 전원의 동의를 받은 입주자대표회의에서 「건설산업기본법」에 따른 건설사업자 또는 건설사업자로 보는 등록사업자를 시공자로 선정하여야 한다(법 제66조 제3항).

(2) 시공자 선정방법

시공자를 선정하는 경우에는 국토교통부장관이 정하는 경쟁입찰의 방법으로 하여야 한다. 다만, 시공자 선정을 위하여 국토교통부장관이 정하는 경쟁입찰의 방법으로 2회 이상 경쟁입찰을 실시하였으나 입찰자의 수가 해당 경쟁입찰의 방법에서 정하는 최저 입찰자 수에 미달하여 경쟁입찰의 방법으로 시공자를 선정할 수 없게 된 경우에는 그러하지 아니하다(법 제66조 제4항, 영 제76조 제1항).

7. 사용검사

공동주택의 입주자·사용자·관리주체·입주자대표회의 또는 리모델링주택조합이 리모델링에 관하여 시장·군수·구청장의 허가를 받거나 신고를 한 후 그 공사를 완료하였을 때에는 시장·군수·구청장의 사용검사를 받아야 하며, 사용검사에 관하여는 주택법 사용검사를 준용한다(법 제66조 제7항).

8. 리모델링의 특례

(1) 대지사용권의 변동

공동주택의 소유자가 리모델링에 의하여 전유부분의 면적이 늘거나 줄어드는 경우에는 대지사용권은 변하지 아니하는 것으로 본다. 다만, 세대수 증가를 수반하는 리모델링의 경우에는 권리변동계획에 따른다(법 제76조 제1항).

(2) 공용부분의 변경

공동주택의 소유자가 리모델링에 의하여 일부 공용부분의 면적을 전유부분의 면적으로 변경한 경우에는 그 소유자의 나머지 공용부분의 면적은 변하지 아니하는 것으로 본다(법 제76조 제2항).

(3) 예외

대지사용권 및 공용부분의 면적에 관하여는 ①과 ②에도 불구하고 소유자가 「집합건물의 소유 및 관리에 관한 법률」에 따른 규약으로 달리 정한 경우에는 그 규약에 따른다(법 제76조 제3항).

(4) 임차권 등 계약기간

임대차계약 당시 다음 각 호의 어느 하나에 해당하여 그 사실을 임차인에게 알린 경우로서 리모델링 허가를 받은 경우에는 해당 리모델링 건축물에 관한 임대차계약에 대하여 「주택임대차보호법 제4조 제1항(기간) 및 「상가건물임대차보호법」 제9조 제1항(기간)을 적용하지 아니한다(법 제76조 제4항).

1. 임대차계약 당시 해당 건축물의 소유자들(입주자대표회의를 포함한다)이 리모델링주택조합 설립인가를 받은 경우
2. 임대차계약 당시 해당 건축물의 입주자대표회의가 직접 리모델링을 실시하기 위하여 관할 시장·군수·구청장에게 안전진단을 요청한 경우

9. 법인

리모델링주택조합의 법인격에 관하여는 「도시 및 주거환경정비법」을 준용하여 법인으로 보며, 설립인가를 받은 날부터 30일 이내에 등기하면 성립하고, 조합이라는 문자를 사용하여야 한다(법 제76조 제5항).

제 4 절 주택건설사업의 시행

단원별 학습포인트

사업계획승인 핵심쟁점

- 사업계획승인대상(30세대, 30호 이상 특히, 50세대, 50호 이상인 경우 사업계획승인)
- 사업계획 승인권자(지자체 장과 국토교통부장관이 하는 경우 구분)
- 공사착수기간과 착공연장 사유와 연장가능기간
- 공구별 분할의 경우 착공시기와 사업계획승인
- 사업계획승인 시 소유권 확보와 매도청구권

1 사업계획승인 제20회, 제21회, 제26회(4문제), 제28회, 제29회, 제30회, 제31회, 제32회, 제35회

1. 사업계획승인대상(법 제15조 제1항, 제2항, 영 제27조 제1항)

(1) **단독주택** : 30호 다만, 다음 각 목의 어느 하나에 해당하는 주택인 경우에는 50호로 한다.

> 1. 공공택지의 어느 하나에 해당하는 공공사업에 따라 조성된 용지를 개별 필지로 구분하지 아니하고 일단의 토지로 공급받아 해당 토지에 건설하는 단독주택
> 2. 「건축법 시행령」에 따른 한옥

(2) **공동주택** : 30세대(리모델링의 경우 증가하는 세대수가 30세대인 경우를 말한다).

다만, 다음 각 목의 어느 하나에 해당하는 주택인 경우에는 50세대로 한다.

> 1. 다음의 요건을 갖춘 도시형생활주택의 단지형 연립주택 또는 단지형 다세대주택
>   ① 세대별 주거전용 면적이 30제곱미터 이상일 것
>   ② 해당 주택단지 진입도로의 폭이 6미터 이상일 것
> 2. 주거환경개선사업(스스로 주택을 개량하는 방법으로 시행하는 경우로 한정한다)을 시행하기 위한 정비구역[같은 법 시행령 제13조 제1항 제4호에 따른 정비기반시설의 설치계획대로 정비기반시설 설치가 이루어지지 아니한 지역으로서 시장·군수 또는 구청장이 지정·고시하는 지역은 제외한다]에서 건설하는 공동주택

(3) **사업계획승인대상 여부의 기준(주택건설규모산정)**

주택건설규모를 산정할 때 다음 각 호의 구분에 따른 동일 사업주체(「건축법」에 따른 건축주를 포함한다)가 일단의 주택단지를 여러 개의 구역으로 분할하여 주택을 건설하려는 경우에는 전체 구역의

주택건설호수 또는 세대수의 규모를 주택건설규모로 산정한다. 이 경우 주택의 건설기준, 부대시설 및 복리시설의 설치기준과 대지의 조성기준을 적용할 때에는 전체 구역을 하나의 대지로 본다(영 제27조 제5항).

> 1. 사업주체가 개인인 경우 : 개인인 사업주체와 그의 배우자나 직계존비속
> 2. 사업주체가 법인인 경우 : 법인인 사업주체와 그 법인의 소속 임원

(4) 사업계획승인 시 간선시설 등의 설치요구금지

사업계획승인권자는 사업계획을 승인할 때 사업주체가 제출하는 사업계획에 해당 주택건설사업 또는 대지조성사업과 직접적으로 관련이 없거나 과도한 기반시설의 기부채납을 요구하여서는 아니 된다(법 제17조 제1항).

2. 사업계획승인권자(법 제15조 제1항)

(1) **원칙** : 지방자치단체 장 : 시·도지사 또는 시장·군수

① **주택건설사업 또는 대지조성사업으로서 해당 대지면적이 10만 제곱미터 이상인 경우**
시·도지사 또는 대도시 시장의 사업계획승인을 받는다.

② **주택건설사업 또는 대지조성사업으로서 해당 대지면적이 10만 제곱미터 미만인 경우**
특별시장·광역시장·특별자치시장·특별자치도지사 또는 시장·군수의 사업계획승인을 받는다.

(2) **예외** : 국토교통부장관

다음의 경우에는 국토교통부장관의 사업계획승인을 얻어야 한다(영 제27조 제3항).

> 1. 국가 및 한국토지주택공사가 시행하는 경우
> 2. 330만 제곱미터 이상의 규모로 「택지개발촉진법」에 의한 택지개발사업 또는 「도시개발법」에 의한 도시개발사업을 추진하는 지역 중 국토교통부장관이 지정·고시하는 지역 안에서 주택건설사업을 시행하는 경우
> 3. 수도권·광역시 지역의 긴급한 주택난 해소가 필요하거나 지역균형개발 또는 광역적 차원의 조정이 필요하여 국토교통부장관이 지정·고시하는 지역 안에서 주택건설사업을 시행하는 경우
> 4. 다음 각 목의 자가 단독 또는 공동으로 총지분의 50%를 초과하여 출자한 위탁관리 부동산투자회사(해당 부동산투자회사의 자산관리회사가 한국토지주택공사인 경우만 해당한다)가 「공공주택 특별법」에 따른 공공주택건설사업을 시행하는 경우
>
> ① 국가　② 지방자치단체　③ 한국토지주택공사　④ 지방공사

3. 공구별로 분할하는 경우의 사업계획승인

(1) 공구별분할의 경우 사업계획승인(법 제15조 제3항)

주택건설사업을 시행하려는 자는 해당 주택단지를 공구별로 분할하여 주택을 건설·공급할 수 있다. 이 경우 사업계획승인권자에게 사업계획승인을 받아야 한다.

(2) 공구별분할의 경우 주택건설호수 및 기준(영 제28 제1항)

전체 세대수가 600세대 이상인 주택단지는 공구별로 분할하여 주택을 건설·공급할 수 있다.

4. 공사착공

(1) 공사착수 의무기간

사업주체는 승인받은 사업계획대로 사업을 시행하여야 하고, 다음 각 호의 구분에 따라 공사를 시작하여야 한다(법 제16조 제1항).

1. 단지 전체에 대한 사업계획승인을 받은 경우 : 승인받은 날부터 5년 이내
2. 공구별로 분할하여 사업계획승인을 받은 경우
   ① 최초로 공사를 진행하는 공구 : 승인받은 날부터 5년 이내
   ② 최초로 공사를 진행하는 공구 외의 공구 : 해당 주택단지에 대한 최초 착공신고일 부터 2년 이내

(2) 정당한 사유로 착수기간 연장

다만, 사업계획승인권자는 대통령령으로 정하는 다음의 정당한 사유가 있다고 인정하는 경우에는 사업주체의 신청을 받아 그 사유가 없어진 날부터 1년의 범위에서 공사의 착수기간을 연장할 수 있다(시행령 제31조).

1. 국가유산청장의 매장유산 발굴허가를 받은 경우
2. 해당 사업시행지에 대한 소유권 분쟁(소송절차가 진행 중인 경우만 해당한다)으로 인하여 공사 착수가 지연되는 경우
3. 법 제15조에 따른 사업계획승인의 조건으로 부과된 사항을 이행함에 따라 공사 착수가 지연되는 경우
4. 천재지변 또는 사업주체에게 책임이 없는 불가항력적인 사유로 인하여 공사 착수가 지연되는 경우
5. 공공택지의 개발·조성을 위한 계획에 포함된 기반시설의 설치 지연으로 공사 착수가 지연되는 경우
6. 해당 지역의 미분양주택 증가 등으로 사업성이 악화될 우려가 있거나 주택건설경기가 침체되는 등 공사에 착수하지 못할 부득이한 사유가 있다고 사업계획승인권자가 인정하는 경우

(3) 공사착수신고

사업계획승인을 받은 사업주체가 공사를 시작하려는 경우에는 사업계획승인권자에게 착수 신고하여야 하며, 사업계획승인권자는 신고를 받은 날부터 20일 이내에 신고수리 여부를 신고인에게 통지하여야 한다(법 제16조 제2항, 제3항).

(4) 사업계획승인의 취소

① 사업계획승인권자는 다음 각 호의 어느 하나에 해당하는 경우 그 사업계획의 승인을 취소(제2호 또는 제3호에 해당하는 경우 「주택도시기금법」에 따라 주택분양보증이 된 사업은 제외한다)할 수 있다(법 제16조 제4항).

> 1. 사업주체가 공사착수기간(최초로 공사를 진행하는 공구 외의 공구는 제외한다)을 위반하여 공사를 시작하지 아니한 경우
> 2. 사업주체가 경매·공매 등으로 인하여 대지소유권을 상실한 경우
> 3. 사업주체의 부도·파산 등으로 공사의 완료가 불가능한 경우

② 사업계획승인권자는 ①의 제2호 또는 제3호의 사유로 사업계획승인을 취소하고자 하는 경우에는 사업주체에게 사업계획 이행, 사업비 조달 계획 등 대통령령으로 정하는 내용이 포함된 사업 정상화 계획을 제출받아 계획의 타당성을 심사한 후 취소 여부를 결정하여야 한다(법 제16조 제5항).

5. 사업계획승인 요건으로 대지의 소유권 확보

(1) 소유권 확보

주택건설사업계획의 승인을 받으려는 자는 해당 주택건설대지의 소유권을 확보하여야 한다. 다만, 다음 각 호의 어느 하나에 해당하는 경우에는 그러하지 아니하다(법 제21조 제1항).

> 1. 「국토의 계획 및 이용에 관한 법률」에 따른 지구단위계획의 결정이 필요한 주택건설사업의 해당 대지면적의 100분의 80 이상을 사용할 수 있는 권원[등록사업자와 공동으로 사업을 시행하는 주택조합(리모델링주택조합은 제외한다)의 경우에는 100분의 95 이상의 소유권을 말한다]을 확보하고(국공유지가 포함된 경우에는 해당 토지의 관리청이 해당 토지를 사업주체에게 매각하거나 양여할 것을 확인한 서류를 사업계획승인권자에게 제출하는 경우에는 확보한 것으로 본다), 확보하지 못한 대지가 매도청구 대상이 되는 대지에 해당하는 경우
> 2. 사업주체가 주택건설대지의 소유권을 확보하지 못하였으나 그 대지를 사용할 수 있는 권원을 확보한 경우
> 3. 국가·지방자치단체·한국토지주택공사 또는 지방공사가 주택건설사업을 하는 경우

(2) 매도청구대상토지에 대한 착공

사업주체가 착공신고한 후 공사를 시작하려는 경우 사업계획승인을 받은 해당 주택건설대지에 매도청구 대상이 되는 대지가 포함되어 있으면 해당 매도청구 대상 대지에 대하여는 그 대지의 소유자가 매도에 대하여 합의를 하거나 매도청구에 관한 법원의 승소판결(확정되지 아니한 판결을 포함한다)을 받은 경우에만 공사를 시작할 수 있다(법 제21조 제2항).

6. 매도청구 등

(1) 매도청구대상

① 사업계획승인을 얻은 사업주체의 매도청구

지구단위계획의 결정이 필요한 주택건설사업으로서 사업계획승인을 받은 사업주체는 다음 각 호에 따라 해당 주택건설대지 중 사용할 수 있는 권원을 확보하지 못한 대지(건축물을 포함한다.)의 소유자에게 그 대지를 시가로 매도할 것을 청구할 수 있다. 이 경우 매도청구 대상이 되는 대지의 소유자와 매도청구를 하기 전에 3개월 이상 협의를 하여야 한다(법 제22조 제1항).

1. 100분의 95 이상 사용권 확보 (모든 소유자 대상)	사용권원을 확보하지 못한 대지의 모든 소유자에게 매도청구 가능
2. 100분의 95 미만 사용권 확보 (10년 이전에 소유자 제외)	1.외의 경우에는 사용권원을 확보하지 못한 대지의 소유자 중 지구단위계획구역 결정고시일 10년 이전에 해당 대지의 소유권을 취득하여 계속 보유하고 있는 자(대지의 소유기간을 산정할 때 대지소유자가 직계존속·직계비속 및 배우자로부터 상속받아 소유권을 취득한 경우에는 피상속인의 소유기간을 합산한다)를 제외한 소유자에게 매도청구 가능
3. 지역주택조합, 직장주택조합의 매도청구	등록사업자와 공동으로 사업을 시행하는 주택조합(리모델링주택조합은 제외한다)의 경우에는 지구단위계획의 결정이 필요한 주택건설사업의 해당 대지면적의 100분의 95 이상의 소유권을 확보한 경우에는 소유권을 확보하지 못한 대지의 모든 소유자에게 매도청구를 할 수 있다.

② 리모델링주택조합의 매도청구

리모델링조합이 리모델링의 허가를 신청하기 위한 동의율을 확보한 경우 그 리모델링 결의에 찬성하지 아니하는 자의 주택 및 토지에 대하여 매도청구를 할 수 있다.(법 제22조 제2항).

(2) 소유자의 확인이 곤란한 대지 등에 대한 처분

① 사업계획승인을 받은 사업주체는 해당 주택건설대지 중 사용할 수 있는 권원을 확보하지 못한 대지의 소유자가 있는 곳을 확인하기가 현저히 곤란한 경우에는 전국적으로 배포되는 둘 이상의 일간신문에 두 차례 이상 공고하고, 공고한 날부터 30일 이상이 지났을 때에는 매도청구 대상의 대지로 본다(법 제23조 제1항).

② 사업주체는 제1항에 따른 매도청구 대상 대지의 감정평가액에 해당하는 금액을 법원에 공탁하고 주택건설사업을 시행할 수 있으며, 이 경우 감정평가액은 사업계획승인권자가 추천하는 감정평가법인등이 2명 이상이 평가한 금액을 산술평균하여 산정한다(법 제23조 제2항, 제3항).

7. 사업계획승인 절차

(1) 사업계획의 작성

사업계획은 쾌적하고 문화적인 주거생활을 하는 데에 적합하도록 수립되어야 하며, 그 사업계획에는 부대시설 및 복리시설의 설치에 관한 계획 등이 포함되어야 한다(법 제15조 제5항).

(2) 승인여부통보

① 사업계획승인권자는 사업계획승인의 신청을 받은 때에는 정당한 사유가 없는 한 그 신청을 받은 날부터 60일 이내에 사업주체에게 승인여부를 통보하여야 한다(영 제30조 제1항).

② 국토교통부장관은 주택건설사업계획의 승인을 한 때에는 지체없이 관할 시·도지사에게 그 내용을 통보하여야 한다(영 제30조 제2항).

(3) 사업계획승인의 고시

사업계획승인권자는 사업계획을 승인하였을 때에는 이에 관한 사항을 고시하여야 한다. 이 경우 국토교통부장관은 관할 시장·군수·구청장에게, 시·도지사는 관할 시장, 군수 또는 구청장에게 각각 사업계획승인서 및 관계 서류의 사본을 지체 없이 송부하여 이를 고시한다(법 제15조 제6항).

8. 사업계획승인대상 제외

주택 외의 시설과 주택을 동일 건축물로 건축하는 경우 등 대통령령으로 정하는 다음의 경우에는 사업계획승인을 받지 않는다(법 제15조 제1항).

(1) 주택 외의 시설과 주택을 동일건축물로 건축하는 경우(영 제27조 제4항 제1호)

1. 대상지역 : 도시지역 중 상업지역(유통상업지역을 제외한다) 또는 준주거지역 안
2. 대상주택
   ① 300세대 미만의 주택과 주택 외의 시설을 동일건축물로 건축하는 경우
   ② 당해 건축물의 연면적에 대한 주택연면적 합계의 비율이 90% 미만인 경우

(2) 「농어촌정비법」에 따른 생활환경정비사업 중 농업협동조합중앙회가 조달하는 자금으로 시행하는 사업에 대하여는 이를 사업계획승인대상에서 제외한다(영 제27조 제4항 제2호).

9. 사업계획승인의 효과로 다른 법률에 의한 인·허가 등의 의제 및 협의

(1) 사업계획승인권자가 사업계획을 승인할 때 다른 법률에 따른 허가·인가·결정·승인 또는 신고 등(인·허가 등)에 관하여 관계 행정기관의 장과 협의한 사항에 대하여는 해당 인·허가 등을 받은 것으로 보며, 사업계획의 승인고시가 있은 때에는 관계 법률에 따른 고시가 있은 것으로 본다(법 제19조 제1항).

(2) 인·허가등의 의제를 받으려는 자는 사업계획승인을 신청할 때에 해당 법률에서 정하는 관계 서류를 함께 제출하여야 한다(법 제19조 제2항).

(3) 사업계획승인권자는 사업계획을 승인하려는 경우 그 사업계획에 제1항 각 호의 어느 하나에 해당하는 사항이 포함되어 있는 경우에는 해당 법률에서 정하는 관계 서류를 미리 관계 행정기관의 장에게 제출한 후 협의하여야 한다. 이 경우 관계 행정기관의 장은 사업계획승인권자의 협의 요청을 받은 날부터 20일 이내에 의견을 제출하여야 하며, 그 기간 내에 의견을 제출하지 아니한 경우에는 협의가 완료된 것으로 본다(법 제19조 제3항).

2 사업계획의 통합심의

1. 사업계획승인과 통합심의 사항

사업계획승인권자는 필요하다고 인정하는 경우에 도시계획·건축·교통 등 사업계획승인과 관련된 다음 각 호의 사항을 통합심의 할 수 있다(법 제18조 제1항).

1. 「건축법」에 따른 건축심의
2. 「국토의 계획 및 이용에 관한 법률」에 따른 도시·군관리계획 및 개발행위 관련 사항
3. 「대도시권 광역교통 관리에 관한 특별법」에 따른 광역교통 개선대책
4. 「도시교통정비 촉진법」에 따른 교통영향평가
5. 「경관법」에 따른 경관심의
6. 그 밖에 사업계획승인권자가 필요하다고 인정하여 통합심의에 부치는 사항

2. 사업주체의 통합심의 신청

(1) 통합심의의무 및 예외

사업계획승인을 받으려는 자가 통합심의를 신청하는 경우 사업계획승인권자는 통합심의를 하여야 한다. 다만, 사업계획의 특성 및 규모 등으로 인하여 통합심의가 적절하지 아니하다고 인정하는 경우에는 그 사항을 제외하고 통합심의를 할 수 있다(법 제18조 제2항).

(3) 통합심의를 위한 서류제출

사업계획승인을 받으려는 자가 통합심의를 신청하는 경우 통합심의와 관련된 서류를 첨부하여야 한다. 이 경우 사업계획승인권자는 통합심의를 효율적으로 처리하기 위하여 필요한 경우 제출기한을 정하여 제출하도록 할 수 있다(법 제18조 제3항).

(4) 시·도지사의 통합심의

사업계획승인권자가 시장·군수·구청장인 경우로서 시·도지사가 통합심의사항 하나에 해당하는 권한을 가진 경우에는 사업계획승인권자가 시·도지사에게 통합심의를 요청할 수 있다(법 제18조 제4항).

3. 사업계획승인권자의 통합심의

(1) 공동위원회 구성

사업계획승인권자가 통합심의를 하는 경우에는 다음 각 호의 어느 하나에 해당하는 위원회에 속하고 해당 위원회의 위원장의 추천을 받은 위원들과 사업계획승인권자가 속한 지방자치단체 소속 공무원으로 소집된 공동위원회를 구성하여 통합심의를 하여야 한다. 이 경우 공동위원회의 구성, 통합심의의 방법 및 절차에 관한 사항은 대통령령으로 정한다(법 제18조 제5항).

1. 「건축법」에 따른 중앙건축위원회 및 지방건축위원회
2. 「국토의 계획 및 이용에 관한 법률」에 따라 해당 주택단지가 속한 시·도에 설치된 지방도시계획위원회
3. 「대도시권 광역교통 관리에 관한 특별법」에 따라 광역교통 개선대책에 대하여 심의권한을 가진 국가교통위원회
4. 「도시교통정비 촉진법」에 따른 교통영향평가심의위원회
5. 「경관법」에 따른 경관위원회
6. 제1항 제6호에 대하여 심의권한을 가진 관련 위원회

(2) 통합심의 결과의 반영

사업계획승인권자는 통합심의를 한 경우 특별한 사유가 없으면 심의 결과를 반영하여 사업계획을 승인하여야 한다(법 제18조 제6항).

(3) 통합심의의 효과

통합심의를 거친 경우에는 제1항 각 호에 대한 검토·심의·조사·협의·조정 또는 재정을 거친 것으로 본다(법 제18조 제7항).

3 간선시설의 설치 및 비용의 상환 제17회

1. 설치의무대상 및 설치의무자

사업주체가 100호(리모델링의 경우에는 증가하는 세대수가 100세대) 이상의 주택건설사업을 시행하는 경우 또는 16,500 제곱미터 이상의 대지조성사업을 시행하는 경우 다음에 해당하는 자는 각각 해당 간선시설을 설치하여야 한다. 다만, 1.에 해당하는 시설로서 사업주체가 주택건설사업계획 또는 대지조성사업계획에 포함하여 설치하려는 경우에는 그러하지 아니하다(법 제28조 제1항, 영 제39조 제1항).

> 1. 도로 및 상하수도시설 : 지방자치단체
> 2. 전기시설·통신시설·가스시설 또는 지역난방시설 : 해당 시설을 공급하는 자
> 3. 우체통 : 국가

2. 설치시기

간선시설은 특별한 사유가 없으면 사용검사일까지 설치를 완료하여야 한다(법 제29조 제2항).

3. 설치비용

(1) 설치비용의 부담

간선시설의 설치비용은 설치의무자가 부담한다. 이 경우 도로 및 상하수도간설시설의 설치비용은 그 비용의 2분의 1의 범위에서 국가가 보조할 수 있다(법 제28조 제3항).

(2) 사업주체가 설치한 경우의 비용상환

① **설치비용의 상환요구** : 간선시설 설치의무자가 사용검사일까지 간선시설의 설치를 완료하지 못할 특별한 사유가 있는 경우에는 사업주체가 그 간선시설을 자기부담으로 설치하고 간선시설 설치의무자에게 그 비용의 상환을 요구할 수 있다(법 제28조 제7항).

② **설치비상환계약** : 사업주체가 ①에 따라 간선시설을 자기 부담으로 설치하려는 경우 간선시설 설치의무자는 사업주체와 간선시설의 설치비상환계약을 체결하여야 한다(영 제40조 제1항).

③ **상환기간** : 간선시설의 설치비상환계약에서 정하는 설치비의 상환기간은 당해 공사의 사용검사일부터 3년 이내로 하여야 한다(영 제40조 제2항).

④ **상환금액** : 간선시설 설치의무자가 간선시설의 설치비상환계약에 의하여 상환하여야 하는 금액은 다음 각 호의 금액을 합산한 금액으로 한다(영 제40조 제3항).

> 1. 설치비용
> 2. 상환 완료시까지의 설치비용에 대한 이자. 이 경우 그 이자율은 설치비상환계약체결일 당시의 정기예금 금리로 하되, 설치비상환계약에서 달리 정한 경우에는 그에 의한다.

(3) 전기지중선로의 설치비용

전기간선시설을 지중선로로 설치하는 경우에는 전기를 공급하는 자와 지중에 설치할 것을 요청하는 자가 각각 100분의 50의 비율로 그 설치비용을 부담한다. 다만, 사업지구 밖의 기간시설로부터 그 사업지구 안의 가장 가까운 주택단지의 경계선까지 전기간선시설을 설치하는 경우에는 전기를 공급하는 자가 부담한다(법 제28조 제4항 단서).

(4) 도로·상하수도의 설치대행

지방자치단체는 사업주체가 자신의 부담으로 지방자치단체의 설치의무에 해당하지 아니하는 도로 또는 상하수도시설(해당 주택건설사업 또는 대지조성사업과 직접적으로 관련이 있는 경우로 한정한다)의 설치를 요청할 경우에는 이에 따를 수 있다(법 제28조 제5항).

4 사전방문 및 품질점검단 제35회

1. 사전방문

(1) 사전방문의 시기

사업주체는 사용검사를 받기 전에 입주예정자가 해당 주택을 방문하여 공사 상태를 미리 점검하는 사전방문을 할 수 있게 하여야 한다(법 제48조2 제1항).

(2) 입주예정자의 하자보수 요청

입주예정자는 사전방문 결과 하자[공사상 잘못으로 인하여 균열·침하(沈下)·파손·들뜸·누수 등이 발생하여 안전상·기능상 또는 미관상의 지장을 초래할 정도의 결함을 말한다. 이하 같다]가 있다고 판단하는 경우 사업주체에게 보수공사 등 적절한 조치를 해줄 것을 요청할 수 있다(법 제48조2 제2항).

(3) 사업주체의 조치

① 입주예정자의 하자에 대한 조치 요청을 받은 사업주체는 다음 각 호의 구분에 따른 시기까지 보수공사 등의 조치를 완료하기 위한 조치계획을 국토교통부령으로 정하는 바에 따라 수립하고, 해당 계획에 따라 보수공사 등의 조치를 완료해야 한다(영 53조의2 제2항).

> 1. 중대한 하자인 경우: 사용검사를 받기 전. 다만, 제5항의 사유가 있는 경우에는 입주예정자와 협의(공용부분의 경우에는 입주예정자 3분의 2 이상의 동의를 받아야 한다)하여 정하는 날로 하되, 사용검사를 받은 날부터 90일 이내에 조치를 완료하도록 노력해야 한다.
> 2. 그 밖의 하자인 경우: 다음 각 목의 구분에 따른 시기. 다만, 제5항의 사유가 있거나 입주예정자와 협의(공용부분의 경우에는 입주예정자 3분의 2 이상의 동의를 받아야 한다)한 경우에는 입주예정자와 협의하여 정하는 날로 하되, 전유부분은 입주예정자에게 인도한 날부터, 공용부분은 사용검사를 받은 날부터 각각 180일 이내에 조치를 완료하도록 노력해야 한다.

② 조치계획을 수립한 사업주체는 사전방문 기간의 종료일부터 7일 이내에 사용검사권자에게 해당 조치계획을 제출하고, 입주예정자에게 그 조치계획을 문서로 알려야 한다(영 53조의2 제3항).

③ 중대한 하자에 대한 조치시기

하자(제4항에 따라 사용검사권자가 하자가 아니라고 확인한 사항은 제외한다)에 대한 조치 요청을 받은 사업주체는 대통령령으로 정하는 바에 따라 보수공사 등 적절한 조치를 하여야 한다. 이 경우 입주예정자가 조치를 요청한 하자 중 대통령령으로 정하는 중대한 하자는 대통령령으로 정하는 특별한 사유가 없으면 사용검사를 받기 전까지 조치를 완료하여야 한다(법 제48조2 제3항, 시행령 53조의2 제5항).

(4) 사용검사권자의 하자확인

입주예정자가 요청한 사항이 하자가 아니라고 판단하는 사업주체는 대통령령으로 정하는 바에 따라 사용검사권자에게 하자 여부를 확인해줄 것을 요청할 수 있다. 이 경우 사용검사권자는 공동주택 품질점검단의 자문을 받는 등 대통령령으로 정하는 바에 따라 하자 여부를 확인하여 확인 요청을 받은 날부터 7일 이내에 하지 여부를 확인하여 해당 사업주체에게 통보해야 한다(법 제48조2 제4항, 시행령 53조의3 제3항).

(5) 통지의무

사업주체는 하자가 있어 조치한 내용 및 하자가 아니라고 확인받은 사실 등을 대통령령으로 정하는 바에 따라 입주예정자 및 사용검사권자에게 알려야 한다(법 제48조2 제5항).

2. 품질점검단

(1) 품질점검의 시기

시·도지사는 사전방문을 실시하고 사용검사를 신청하기 전에 공동주택의 품질을 점검하여 사업계획의 내용에 적합한 공동주택이 건설되도록 할 목적으로 주택 관련 분야 등의 전문가로 구성된 공동주택 품질점검단을 설치·운영할 수 있다. 이 경우 시·도지사는 품질점검단의 설치·운영에 관한 사항을 조례로 정하는 바에 따라 대도시 시장에게 위임할 수 있다(법 제48조3 제1항).

(2) 품질점검 및 결과제출

품질점검단은 등록사업주체가 건설하는 300세대 이상인 공동주택(다만, 시·도지사가 필요하다고 인정하는 경우에는 조례로 정하는 바에 따라 300세대 미만인 공동주택으로 정할 수 있다.)의 건축·구조·안전·품질관리 등에 대한 시공품질을 대통령령으로 정하는 바에 따라 점검하여 그 결과를 시·도지사와 사용검사권자에게 제출하여야 한다(법 제48조3 제2항, 시행령 53조의5 제1항).

(3) 보관의무

사용검사권자는 제출받은 점검결과를 사용검사가 있은 날부터 2년 이상 보관하여야 하며, 입주자(입주예정자를 포함한다)가 관련 자료의 공개를 요구하는 경우에는 이를 공개하여야 한다(법 제48조3 제5항).

(4) 사용검사권자의 보완조치

사용검사권자는 대통령령으로 정하는 바에 따라 제2항에 따른 품질점검단의 점검결과에 대한 사업주체의 의견을 청취한 후 하자가 있다고 판단하는 경우 보수·보강 등 필요한 조치를 명하여야 한다. 이 경우 대통령령으로 정하는 중대한 하자는 대통령령으로 정하는 특별한 사유가 없으면 사용검사를 받기 전까지 조치하도록 명하여야 한다(법 제48조3 제6항).

5 바닥충격음 성능등급과 성능검사 제35회

1. 성능등급 인정기관

(1) 국토교통부장관은 주택건설기준 중 공동주택 바닥충격음 차단구조의 성능등급을 대통령령이 정하는 기준에 따라 바닥충격음 성능등급 인정기관을 지정할 수 있다(법 제41조 제1항).

(2) 바닥충격음 성능등급 인정기관은 성능등급을 인정받은 인정제품이 다음 각 호의 어느 하나에 해당하면 그 인정을 취소할 수 있다. 다만, 제1호에 해당하는 경우에는 그 인정을 취소하여야 한다(법 제41조 제2항).

> 1. 거짓이나 그 밖의 부정한 방법으로 인정받은 경우
> 2. 인정받은 내용과 다르게 판매·시공한 경우
> 3. 인정제품이 국토교통부령으로 정한 품질관리기준을 준수하지 아니한 경우
> 4. 인정의 유효기간을 연장하기 위한 시험결과를 제출하지 아니한 경우

(3) 바닥충격음 성능인정기관의 취소

국토교통부장관은 바닥충격음 성능등급 인정기관이 다음 각 호의 어느 하나에 해당하는 경우 그 지정을 취소할 수 있다. 다만, 제1호에 해당하는 경우에는 그 지정을 취소하여야 한다(법 제41조 제5항).

> 1. 거짓이나 그 밖의 부정한 방법으로 바닥충격음 성능등급 인정기관으로 지정을 받은 경우
> 2. 제1항에 따른 바닥충격음 차단구조의 성능등급의 인정기준을 위반하여 업무를 수행한 경우
> 3. 제4항에 따른 바닥충격음 성능등급 인정기관의 지정 요건에 맞지 아니한 경우
> 4. 정당한 사유 없이 2년 이상 계속하여 인정업무를 수행하지 아니한 경우

(4) 높이의 완화

사업주체가 콘크리트 슬래브 두께 250밀리미터 이상으로 바닥구조를 시공하는 경우 사업계획승인권자는 지구단위계획으로 정한 건축물 높이의 최고한도의 100분의 115를 초과하지 아니하는 범위에서 조례로 정하는 기준에 따라 건축물 높이의 최고한도를 완화하여 적용할 수 있다(법 제41조 제8항).

2. 성능검사

(1) 성능검사기준 및 성능검사기관

① 국토교통부장관은 바닥충격음 차단구조의 성능을 검사하기 위하여 성능검사의 기준을 마련하여야 한다(법 제41조2 제1항).

② 국토교통부장관은 성능검사를 전문적으로 수행하기 위하여 성능을 검사하는 바닥충격음 성능검사기관을 대통령령으로 정하는 지정 요건 및 절차에 따라 지정할 수 있다(법 제41조2 제2항).

(2) 성능검사 비용

국토교통부장관은 바닥충격음 성능검사기관의 업무를 수행하는 데에 필요한 비용을 지원할 수 있다(법 제41조2 제4항).

(3) 성능검사 제출시기

사업주체는 제15조에 따른 사업계획승인을 받아 시행하는 주택건설사업의 경우 제49조에 따른 사용검사를 받기 전에 바닥충격음 성능검사기관으로부터 성능검사기준에 따라 바닥충격음 차단구조의 성능검사를 받아 그 결과를 사용검사권자에게 제출하여야 한다(법 제41조2 제5항).

(4) 성능검사 미달에 대한 조치

사용검사권자는 제5항에 따른 성능검사 결과가 성능검사기준에 미달하는 경우 대통령령으로 정하는 바에 따라 사업주체에게 보완 시공, 손해배상 등의 조치를 권고할 수 있다. 조치를 권고받은 사업주체는 권고받은 날부터 10일 이내 권고사항에 대한 조치결과를 사용검사권자에게 제출하여야 한다(법 제41조2 제6항, 제7항).

(5) 입주예정자에게 통보

사업주체는 사용검사권자에게 제5항에 따라 제출한 성능검사 결과 및 제7항에 따라 사용검사권자에게 제출한 조치결과를 대통령령으로 정하는 방법에 따라 입주예정자에게 알려야 한다(법 제41조2 제8항).

(6) 국토교통부장관에게 성능검사결과 제출

국토교통부장관은 층간소음 저감 정책을 수립하기 위하여 필요하다고 판단하는 경우 사용검사권자에게 제5항에 따라 제출된 성능검사 결과 및 제7항에 따라 제출된 조치결과를 국토교통부장관에게 제출하도록 요청할 수 있다. 이 경우 자료 제출을 요청받은 사용검사권자는 정당한 사유가 없으면 이에 따라야 한다(법 제41조2 제9항).

6 사용검사 제24회, 제34회

1. 사용검사 및 검사권자(법 제29조 제1항)

(1) 원칙(사업 완료한 경우 : 전체에 대한 사용검사)

사업주체는 사업계획승인을 받아 시행하는 주택건설사업 또는 대지조성사업을 완료한 경우에는 주택 또는 대지에 대하여 국토교통부령으로 정하는 바에 따라 시장·군수·구청장(국가 또는 한국토지주택공사가 사업주체인 경우와 대통령령으로 정하는 경우에는 국토교통부장관을 말한다. 이하 이 조에서 같다)의 사용검사를 받아야 한다(법 제49조 제1항 본문).

(2) 공구별 사용검사

다만, 공구별 분할의 경우로 사업계획을 승인받은 경우에는 완공된 주택에 대하여 공구별로 분할 사용검사를 받아야 한다(법 제49조 제1항 단서).

(3) 동별 사용검사

다만, 사업계획승인 조건의 미이행 등 대통령령으로 정하는 사유가 있는 경우에는 공사가 완료된 주택에 대하여 동별 사용검사를 받을 수 있다(법 제49조 제1항, 영 제54조 제2항).

1. 사업계획승인 조건의 미 이행
2. 하나의 주택단지의 입주자를 분할 모집하여 전체 단지의 사용검사를 마치기 전에 입주가 필요한 경우
3. 그 밖에 사업계획승인권자가 동별로 사용검사를 받을 필요가 있다고 인정하는 경우

핵심정리 | 사용검사권자

1. 원칙
   지방자치단체장이 사업계획승인을 한 경우 시장·군수·구청장의 사용검사를 받아야 한다.
2. 예외
   국토교통부장관이 사업계획승인을 한 경우 국토교통부장관의 사용검사를 받아야 한다.

2. 사용검사 신청권자

(1) 원칙

사업주체가 사용검사를 신청하는 게 원칙이다.

(2) 예외

예외적으로 ① 해당 주택의 시공을 보증한 자, ② 해당 주택의 시공자 또는 ③ 입주예정자는 대통령령으로 정하는 바에 따라 사용검사를 받을 수 있다(법 제49조 제3항, 영 제35조 제1항, 제2항).

(3) 사업주체가 파산 등으로 사용검사를 신청할 수 없는 경우

해당 주택의 시공을 보증한 자 또는 입주예정자가 사용검사를 받는다.

① 사업주체가 파산 등으로 주택건설사업을 계속할 수 없는 경우에는 당해 주택의 시공을 보증한 자가 잔여공사를 시공하고 사용검사를 받아야 한다(영 제55조 제1항).

② 시공보증자가 없거나 시공보증자가 파산 등으로 시공을 할 수 없는 경우에는 입주예정자 대표회의가 시공자를 정하여 잔여공사를 시공하고 사용검사를 받아야 한다(영 제55조 제1항).

③ 시공을 보증한 자 등이 사용검사를 받은 경우에는 사용검사를 받은 자의 구분에 따라 시공보증자 또는 세대별 입주자의 명의로 건축물관리대장 등재 및 소유권보존등기를 할 수 있다(영 제55조 제2항).

(4) 사업주체가 정당한 이유 없이 사용검사를 위한 절차를 이행하지 아니하는 경우에는

① 해당 주택의 시공을 보증한 자

② 해당 주택의 시공자 또는

③ 입주예정자가 사용검사를 신청할 수 있으며. 이 경우 사용검사권자는 사업주체가 사용검사를 받지 아니하는 정당한 이유를 밝히지 못하는 한 사용검사를 거부하거나 지연할 수 없고, 사용검사권자는 사업주체에게 사용검사를 받지 아니하는 정당한 이유를 제출할 것을 요청하여야 한다. 이 경우 사업주체는 요청을 받은 날부터 7일 이내에 의견을 통지하여야 한다(법 제49조 제3항 제2호, 영 제55조 제4항).

3. 사용검사 절차

(1) 사용검사권자는 사용검사를 할 때 다음 각 호의 사항을 확인해야 한다(영 제54조 제3항).

> 1. 주택 또는 대지가 사업계획의 내용에 적합한지 여부
> 2. 법 제48조의2제3항, 제48조의3제6항 후단, 이 영 제53조의2제2항 및 제53조의6제6항에 따라 사용검사를 받기 전까지 조치해야 하는 하자를 조치 완료했는지 여부

(2) 사용검사는 그 신청일부터 15일 이내에 하여야 한다(영 제54조 제4항).

4. 사용검사의 효과

(1) 다른 법률에 의한 의제

사업주체가 사용검사를 받았을 때에는 의제되는 인·허가등에 따른 해당 사업의 사용승인·준공검사 또는 준공인가 등을 받은 것으로 본다. 이 경우 사용검사권자는 미리 관계 행정기관의 장과 협의하여야 하며, 협의요청을 받은 관계 행정기관의 장은 정당한 사유가 없는 한 그 요청을 받은 날부터 10일 이내에 그 의견을 제시하여야 한다(법 제49조 제2항, 영 제54조 제5항).

(2) 주택 또는 대지의 사용

사업주체 또는 입주예정자는 사용검사를 받은 후가 아니면 주택 또는 대지를 사용하게 하거나 이를 사용할 수 없다. 다만 대통령령이 정하는 경우로서 사용검사권자의 임시사용승인을 받은 경우에는 사용검사를 받지 않아도 사용할 수 있다(법 제49조 제4항).

5. 임시사용승인

(1) 임시사용승인신청

임시사용승인을 얻고자 하는 자는 국토교통부령이 정하는 바에 의하여 사용검사권자에게 임시사용승인을 신청하여야 한다(영 제56조 제2항).

(2) 임시사용승인의 대상(영 제56조 제1항, 제3항)

주택건설사업	건축물의 동별로 공사가 완료된 때 이 경우 임시사용승인의 대상이 공동주택인 경우에는 세대별로 임시사용승인을 할 수 있다.
대지조성사업	구획별로 공사가 완료된 때

(3) 임시사용승인조건(영 제56조 제3항)

사용검사권자는 임시사용승인의 신청을 받은 때에는 임시사용승인대상인 주택 또는 대지가 사업계획의 내용에 적합하고 사용에 지장이 없는 경우에 한하여 임시사용을 승인할 수 있다.

제 5 절 사업주체보호조치 등

1 택지취득의 특례

1. 국·공유지 등의 우선 매각 및 임대

(1) 우선 매각 및 임대대상

국가 또는 지방자치단체는 그가 소유하는 토지를 매각하거나 임대할 때 다음 각 호의 어느 하나의 목적으로 그 토지의 매수 또는 임차를 원하는 자가 있으면 그에게 우선적으로 그 토지를 매각하거나 임대할 수 있다(법 제30조 제1항, 영 제41조).

1. 국민주택규모의 주택을 50% 이상으로 건설하는 주택의 건설 2. 주택조합이 건설하는 주택(조합주택)의 건설 3. 1 또는 2의 주택을 건설하기 위한 대지의 조성

(2) 환매 또는 임대계약취소

국가 또는 지방자치단체는 국가 또는 지방자치단체로부터 토지를 매수하거나 임차한 자가 그 매수일 또는 임차일부터 2년 이내에 국민주택규모의 주택 또는 조합주택을 건설하지 아니하거나 그 주택을 건설하기 위한 대지조성사업을 시행하지 아니한 경우에는 환매하거나 임대계약을 취소할 수 있다(법 제30조 제2항).

2. 환지방식에 의한 도시개발사업으로 조성된 대지(체비지)의 활용

(1) 우선매각의 원칙

사업주체가 국민주택용지로 사용하기 위하여 도시개발사업시행자[「도시개발법」에 따른 환지방식에 의하여 사업을 시행하는 도시개발사업의 시행자를 말한다.]에게 체비지의 매각을 요구한 경우 그 도시개발사업시행자는 대통령령으로 정하는 바에 따라 체비지의 총면적의 50%의 범위에서 이를 우선적으로 사업주체에게 매각할 수 있다(법 제31조 제1항).

(2) 환지계획 작성 전 매각 요구 : 집단환지

사업주체가 「도시개발법」에 따른 환지 계획의 수립 전에 체비지의 매각을 요구하면 도시개발사업시행자는 사업주체에게 매각할 체비지를 그 환지 계획에서 하나의 단지로 정하여야 한다(법 제31조 제2항).

(3) 체비지 양도가격(법 제31조 제3항, 시행규칙 제14조 제2항)

원칙	체비지의 양도가격은 국토교통부령으로 정하는 바에 따라 「감정평가 및 감정평가사에 관한 법률」에 따른 감정평가법인 2인 이상의 감정평가가격을 산술평균한 가격을 기준으로 산정한다.
예외	임대주택을 건설하는 경우 등 국토교통부령이 정하는 경우(85제곱미터 이하의 임대주택을 건설하거나 60제곱미터 이하의 국민주택을 건설하는 경우)에는 국토교통부령이 정하는 조성원가를 기준으로 할 수 있다.

(4) 매각방법

도시개발사업시행자가 체비지를 사업주체에게 국민주택용지로 매각하는 때에는 경쟁입찰의 방법에 의한다. 다만 매각을 요구하는 사업주체가 하나인 때에는 수의계약에 의할 수 있다(영 제42조).

2 사업주체 보호조치

1. 타인토지에의 출입

(1) 출입권자

국가·지방자치단체·한국토지주택공사 및 지방공사인 사업주체가 사업계획의 수립을 위한 조사 또는 측량을 하려는 경우와 국민주택사업을 시행하기 위하여 필요한 경우에는 다음 각 호의 행위를 할 수 있다(법 제24조 제1항).

1. 타인의 토지에 출입하는 행위
2. 특별한 용도로 이용되지 아니하고 있는 타인의 토지를 재료적치장 또는 임시도로로 일시 사용하는 행위
3. 특히 필요한 경우 죽목(竹木)·토석이나 그 밖의 장애물을 변경하거나 제거하는 행위

(2) 「국토의 계획 및 이용에 관한 법률」의 준용

「국토의 계획 및 이용에 관한 법률」의 타인토지출입절차·수인의 의무 등 및 벌칙규정은 이 법에서의 타인 토지출입에 준용한다(법 제24조 제3항).

(3) 토지에의 출입 등에 따른 손실보상

1. 타인토지의 출입행위로 인하여 손실을 입은 자가 있는 경우에는 그 행위를 한 사업주체가 그 손실을 보상하여야 한다(법 제25조 제1항).
2. 손실보상에 관하여는 그 손실을 보상할 자와 손실을 입은 자가 협의하여야 한다(법 제25조 제2항).

3. 손실을 보상할 자 또는 손실을 입은 자는 협의가 성립되지 아니하거나 협의를 할 수 없는 경우에는 「공익사업을 위한 토지 등의 취득 및 보상에 관한 법률」에 따른 관할 토지수용위원회에 재결(裁決)을 신청할 수 있다(법 제25조 제3항).
4. 토지수용위원회의 재결에 관하여는 「공익사업을 위한 토지 등의 취득 및 보상에 관한 법률」 제83조부터 제87조까지의 규정을 준용한다(법 제25조 제4항).

2. 토지 등의 수용·사용

(1) 수용·사용권자

국가·지방자치단체·한국토지주택공사 및 지방공사인 사업주체가 국민주택을 건설하거나 국민주택을 건설하기 위한 대지를 조성하는 경우에는 토지나 토지에 정착한 물건 및 그 토지나 물건에 관한 소유권 외의 권리(이하 "토지 등"이라 한다)를 수용하거나 사용할 수 있다(법 제24조 제2항).

(2) 「공익사업을 위한 토지 등의 취득 및 보상에 관한 법률」의 준용

토지 등을 수용하거나 사용하는 경우 이 법에 규정된 것 외에는 「공익사업을 위한 토지 등의 취득 및 보상에 관한 법률」을 준용한다(법 제27조 제1항).

(3) 「공익사업을 위한 토지 등의 취득 및 보상에 관한 법률」의 특례(법 제27조 제2항)

사업인정 의제	「공익사업을 위한 토지 등의 취득 및 보상에 관한 법률」을 준용하는 경우에는 사업계획승인을 「공익사업을 위한 토지 등의 취득 및 보상에 관한 법률」에 의한 사업인정으로 본다.
재결신청기간의 특례	다만 재결신청은 「공익사업을 위한 토지 등의 취득 및 보상에 관한 법률」에 불구하고 사업계획승인을 얻은 주택건설사업기간 내에 할 수 있다

3. 토지매수업무 등의 위탁

(1) 토지매수업무 등의 위탁

국가 또는 한국토지주택공사인 사업주체는 주택건설사업 또는 대지조성사업을 위한 토지매수 업무와 손실보상 업무를 대통령령으로 정하는 바에 따라 관할 지방자치단체의 장에게 위탁할 수 있다(법 제26조 제1항).

(2) 위탁수수료

사업주체가 토지매수 업무와 손실보상 업무를 위탁할 때에는 그 토지매수 금액과 손실보상 금액의 100분의 2의 범위에서 대통령령으로 정하는 요율의 위탁수수료를 해당 지방자치단체에 지급하여야 한다(법 제26조 제2항).

4. 서류의 무상 열람

국민주택을 건설·공급하는 사업주체는 주택건설사업 또는 대지조성사업을 시행할 때 필요한 경우에는 능기소나 그 밖의 관계 행정기관의 장에게 필요한 서류의 열람·등사나 그 등본 또는 초본의 발급을 무료로 청구할 수 있다(법 제32조).

제6절 기타주택의 건설 등 제32회, 제33회

1 주택법에 따른 임대주택의 건설

1. 임대주택 건설비율

(1) 사업주체(리모델링을 시행하는 자는 제외한다)가 다음의 사항을 포함한 사업계획승인신청서(「건축법」의 허가신청서를 포함한다)를 제출하는 경우 사업계획승인권자(건축허가권자를 포함한다)는 「국토의 계획 및 이용에 관한 법률」의 용도지역별 용적률 범위 안에서 특별시·광역시·특별자치시·특별자치도·시 또는 군의 조례로 정하는 기준에 따라 용적률을 완화하여 적용할 수 있으며, 이에 따라 용적률을 완화하여 적용하는 경우 사업주체는 완화된 용적률의 100분의 30 이상 100분의 60 이하의 범위에서 시·도의 조례로 정하는 비율 이상에 해당하는 면적을 임대주택으로 공급하여야 한다(법 제20조 제1항, 제2항 전단, 영 제37조 제1항).

1. 30호 이상의 주택과 주택 외의 시설을 동일 건축물로 건축하는 계획 2. 임대주택의 건설·공급에 관한 사항

(2) 사업주체는 사업계획승인을 신청하기 전에 미리 용적률의 완화로 건설되는 임대주택의 규모 등에 관하여 인수자와 협의하여 사업계획승인신청서에 반영하여야 한다(법 제20조 제4항).

2. 임대주택의 선정방법

사업주체는 공급되는 주택의 전부[주택조합의 경우에는 조합원에게 공급하고 남은 주택]를 대상으로 공개추첨의 방법에 의하여 인수자에게 공급하는 임대주택을 선정하여야 하며, 그 선정결과를 지체 없이 인수자에게 통보하여야 한다(법 제20조 제5항).

3. 임대주택의 공급

(1) 임대주택의 인수

사업주체는 임대주택을 국토교통부장관, 시·도지사, 한국토지주택공사 또는 지방공사에 공급하여야 하며 시·도지사가 우선 인수할 수 있다. 다만, 시·도지사가 임대주택을 인수하지 아니하는 경우 다음 구분에 따라 국토교통부장관에게 인수자 지정을 요청하여야 하며. 국토교통부장관은 특별자치시장, 특별자치도지사, 시장, 군수 또는 구청장으로부터 인수자 지정의 요청을 받은 경우 30일 이내에 인수자를 지정하여 시·도지사에게 통보하여야 하며, 국토교통부장관으로부터 통보를 받은 시·도지사는 지체 없이 국토교통부장관이 지정한 인수자와 임대주택의 인수에 관하여 협의하여야 한다(법 제20조 제2항, 영 제37조 제2항).

1. **시·도지사가 인수하지 아니하는 경우** : 관할 시장, 군수 또는 구청장이 제1항의 사업계획승인 신청 사실을 특별시장, 광역시장 또는 도지사에게 통보한 후 국토교통부장관에게 인수자 지정 요청
2. **특별자치시장 또는 특별자치도지사가 인수하지 아니하는 경우** : 특별자치시장 또는 특별자치도지사가 직접 국토교통부장관에게 인수자 지정 요청

(2) 임대주택의 가격

임대주택의 공급가격은 「공공주택 특별법」에 따라 임대주택의 매각 시 적용하는 공공건설임대주택의 분양전환가격에 산정기준에서 정하는 건축비로 하고, 그 부속토지는 인수자에게 기부채납한 것으로 본다(법 제20조 제3항).

(3) 임대주택의 등기

사업주체는 임대주택의 준공인가[건축법의 사용승인을 포함한다]를 받은 후 지체 없이 인수자에게 등기를 촉탁 또는 신청하여야 한다. 이 경우 사업주체가 거부 또는 지체하는 경우에는 인수자가 등기를 촉탁 또는 신청할 수 있다(법 제20조 제6항).

2 토지임대부 분양주택의 건설

1. 토지임대부 분양주택의 토지임대차기간

① 토지임대부 분양주택의 토지에 대한 임대차기간은 40년 이내로 한다. 이 경우 토지임대부 분양주택 소유자의 75퍼센트 이상이 계약갱신을 청구하는 경우 40년의 범위에서 이를 갱신할 수 있다(법 제78 제1항).

② 토지임대부 분양주택을 양수한 자 또는 상속받은 자는 제1항에 따른 임대차계약을 승계한다(법 제78 제4항).

2. 지상권설정 간주

토지임대부 분양주택을 공급받은 자가 토지소유자와 임대차계약을 체결한 경우 해당 주택의 구분소유권을 목적으로 그 토지 위에 제1항에 따른 임대차기간 동안 지상권이 설정된 것으로 본다.

토지에 대한 임대차계약을 체결하고자 하는 자는 국토교통부령으로 정하는 표준임대차계약서를 사용하여야 한다(법 제78 제2항, 제3항).

3. 토지임대부 분양주택의 토지임대료

(1) 토지임대부 분양주택의 토지임대료는 해당 토지의 조성원가 또는 감정가격 등을 기준으로 산정한다(법 제78 제5항).

(2) 토지임대료의 산정방법

① **토지임대료의 원칙**

토지임대료는 월별 임대료를 원칙으로 하되, 토지소유자와 주택을 공급받은 자가 합의한 경우 대통령령으로 정하는 바에 따라 임대료를 선납하거나 보증금으로 전환하여 납부할 수 있다.(법 제78 제6항)

② 토지임대료를 선납하거나 보증금으로 전환하려는 경우 그 선납 토지임대료 또는 보증금을 산정할 때 적용되는 이자율은 「은행법」에 따른 은행의 3년 만기 정기예금 평균이자율 이상이어야 한다(영 제82조).

③ **월별 임대료 산정**

토지임대부 분양주택의 월별 토지임대료는 다음 각 호의 구분에 따라 산정한 금액을 12개월로 분할한 금액 이하로 한다(영 제81조 제1항).

> 1. 공공택지에 토지임대주택을 건설하는 경우 : 해당 공공택지의 조성원가에 입주자모집공고일이 속하는 달의 전전달의 은행법에 따른 은행의 3년 만기 정기예금 평균이자율을 적용하여 산정한 금액
> 2. 공공택지 외의 택지에 토지임대주택을 건설하는 경우 : 「감정평가 및 감정평가사에 관한 법률」에 따라 감정평가한 가액에 입주자모집공고일이 속하는 달의 전전달의 「은행법」에 따른 은행의 3년 만기 정기예금 평균이자율을 적용하여 산정한 금액.

(3) 사업주체가 지방자치단체 또는 지방공사인 경우 임대료산정

제1항에도 불구하고 사업주체가 지방자치단체 또는 지방공사인 경우에는 다음 각 호의 금액 사이의 범위에서 지방자치단체의 장이 지역별 여건을 고려하여 정하는 금액을 12개월로 분할한 금액 이하로 할 수 있다.(시행령 제81조 제2항)

> 1. 해당 택지의 조성원가에 입주자모집공고일이 속하는 달의 전전달의 「은행법」에 따른 은행의 3년 만기 정기예금 평균이자율을 적용하여 산정한 금액
> 2. 「감정평가 및 감정평가사에 관한 법률」에 따라 감정평가한 가액에 입주자모집공고일이 속하는 달의 전전달의 「은행법」에 따른 은행의 3년 만기 정기예금 평균이자율을 적용하여 산정한 금액. 이 경우 감정평가액의 산정시기와 산정방법 등에 관하여는 제1항제2호 후단을 준용한다.

(4) 임대료 증액

① 토지소유자는 제1항 및 제2항의 기준에 따라 토지임대주택을 분양받은 자와 토지임대료에 관한 약정(이하 "토지임대료약정"이라 한다)을 체결한 후 2년이 지나기 전에는 토지임대료의 증액을 청구할 수 없다.(시행령 제81조 제3항)

② 토지소유자는 토지임대료약정 체결 후 2년이 지나 토지임대료의 증액을 청구하는 경우에는 시·군·구의 평균지가상승률을 고려하여 증액률을 산정하되, 「주택임대차보호법 시행령」 제8조제1항에 따른 차임 등의 증액청구 한도 비율을 초과해서는 아니 된다.(시행령 제81조 제4항)

4. 법에 정하지 않은 사항에 대한 규정적용

제1항부터 제6항까지에서 정한 사항 외에 토지임대부 분양주택 토지의 임대차 관계는 토지소유자와 주택을 공급받은 자 간의 임대차계약에 따른다(법 제78 제7항).

5. 법 적용의 순서

토지임대부 분양주택에 관하여 이 법에서 정하지 아니한 사항은「집합건물의 소유 및 관리에 관한 법률」,「민법」순으로 적용한다(법 제78 제8항).

6. 토지임대부 분양주택의 공공매입

(1) 토지임대부 분양주택의 양도

① 토지임대부 분양주택을 공급받은 자는 제64조제1항의 전매제한규정에도 불구하고 전매제한기간이 지나기 전에 한국토지주택공사에 해당 주택의 매입을 신청할 수 있다(법 제78조의2 제1항).

② 한국토지주택공사는 매입신청을 받거나 제64조제1항의 전매제한규정을 위반하여 토지임대부 분양주택의 전매가 이루어진 경우 대통령령으로 정하는 특별한 사유(전매가능사유)가 없으면 대통령령으로 정하는 절차를 거쳐 해당 주택을 매입하여야 한다(법 제78조의2 제2항).

(2) 매입금액

한국토지주택공사가 주택을 매입하는 경우 다음 각 호의 구분에 따른 금액을 그 주택을 양도하는 자에게 지급한 때에는 그 지급한 날에 한국토지주택공사가 해당 주택을 취득한 것으로 본다(법 제78조의2 제3항).

1. 주택공사에 매입신청을 받은 경우: 해당 주택의 매입비용과 보유기간 등을 고려하여 대통령령으로 정하는 금액
2. 전매제한규정을 위반하여 전매가 이루어진 경우: 해당 주택의 매입비용

기출 및 예상문제

01 주택법령상 주택의 건설에 대한 설명으로 옳은 것은? (단, 조례는 고려하지 않음) (제35회)

① 하나의 건축물에는 단지형 연립주택 또는 단지형 다세대주택과 소형 주택을 함께 건축할 수 없다.

② 국토교통부장관이 적정한 주택수급을 위하여 필요하다고 인정하는 경우, 고용자가 건설하는 주택에 대하여 국민주택규모로 건설하게 할 수 있는 비율은 주택의 75퍼센트 이하이다.

③ 「주택법」에 따라 건설사업자로 간주하는 등록사업자는 주택건설사업계획승인을 받은 주택의 건설공사를 시공할 수 없다.

④ 장수명 주택의 인증기준·인증절차 및 수수료 등은 「주택공급에 관한 규칙」으로 정한다.

⑤ 국토교통부장관은 바닥충격음 성능등급을 인정받은 제품이 인정받은 내용과 다르게 판매·시공한 경우에 해당하면 그 인정을 취소하여야 한다.

해설

② 국토교통부장관은 주택수급의 적정을 기하기 위하여 필요하다고 인정하는 때에는 사업주체가 건설하는 주택의 75%(주택조합이나 고용자가 건설하는 주택은 100%) 이하의 범위 안에서 일정 비율 이상을 국민주택규모로 건설하게 할 수 있다.

③ 「주택법」에 따라 건설사업자로 간주하는 등록사업자도 사업계획승인을 받은 주택의 건설공사를 시공할 수 있다.

④ 장수명 주택의 인증기준·인증절차 및 수수료 등은 「주택공급에 관한 규칙」이 아니라 주택건설기준 등에 관한 규칙으로 정한다.

⑤ 국토교통부장관은 바닥충격음 성능등급을 인정받은 제품이 인정받은 내용과 다르게 판매·시공한 경우에 해당하면 그 인정을 취소하여야 하는 게 아니라 취소할 수 있다.

정답 ①

02 주택법령상 리모델링에 관한 설명으로 틀린 것은? (단, 조례는 고려하지 않음) (제34회)

① 세대수 증가형 리모델링으로 인한 도시과밀, 이주수요 집중 등을 체계적으로 관리하기 위하여 수립하는 계획 을 리모델링 기본계획이라 한다.

② 리모델링에 동의한 소유자는 리모델링 결의를 한 리모 델링주택조합이나 소유자 전원의 동의를 받은 입주자대 표회의가 시장·군수·구청장에게 리모델링 허가신청서를 제출하기 전까지 서면으로 동의를 철회할 수 있다.

③ 특별시장·광역시장 및 대도시의 시장은 리모델링 기본계획을 수립하거나 변경한 때에는 이를 지체 없이 해당 지방자치단체의 공보에 고시하여야 한다.

④ 수직증축형 리모델링의 설계자는 국토교통부장관이 정하여 고시하는 구조기준에 맞게 구조설계도서를 작성하여야 한다.

⑤ 대수선인 리모델링을 하려는 자는 시장·군수·구청장에게 안전진단을 요청하여야 한다.

해설 ⑤ 대수선인 리모델링을 하려는 경우에는 안전진단을 받지 않는다. 안전진단은 증축형리모델링을 하는 경우에 받는다.

정답 ⑤

03 주택법령상 사업계획의 승인 등에 관한 설명으로 틀린 것은? (제35회)

① 승인받은 사업계획 중 공공시설 설치계획의 변경이 필요한 경우에는 사업계획승인권자로부터 변경승인을 받지 않아도 된다.

② 주택건설사업계획에는 부대시설 및 복리시설의 설치에 관한 계획 등이 포함되어야 한다.

③ 주택건설사업을 시행하려는 자는 전체 세대수가 600세대 이상인 주택단지를 공구별로 분할하여 주택을 건설·공급할 수 있다.

④ 주택건설사업계획의 승인을 받으려는 한국토지주택공사는 해당 주택건설대지의 소유권을 확보하지 않아도 된다.

⑤ 사업주체는 입주자 모집공고를 한 후 사업계획변경승인을 받은 경우에는 14일 이내에 문서로 입주예정자에게 그 내용을 통보하여야 한다.

해설 ① 승인받은 사업계획 중 공공시설 설치계획의 변경이 필요한 경우에는 경미한 사항의 변경이 아니므로 변경의 승인을 받아야 한다.

정답 ①

04 주택법령상 사전방문 등에 관한 설명으로 틀린 것은? (제35회)

① 사전방문한 입주예정자가 보수공사 등 적절한 조치를 요청한 사항이 하자가 아니라고 판단하는 사업수체는 사용검사권자에게 하자 여부를 확인해줄 것을 요청할 수 있다.

② 사업주체는 사전방문을 주택공급계약에 따라 정한 입주지정기간 시작일 60일 전까지 1일 이상 실시해야 한다.

③ 사업주체가 사전방문을 실시하려는 경우, 사용검사권자에 대한 사전방문계획의 제출은 사전방문기간 시작일 1개월 전까지 해야 한다.

④ 사용검사권자는 사업주체로부터 하자 여부의 확인 요청을 받은 날로부터 7일 이내에 하자 여부를 확인하여 해당 사업주체에게 통보해야 한다.

⑤ 보수공사 등의 조치계획을 수립한 사업주체는 사전방문기간의 종료일로부터 7일 이내에 사용검사권자에게 해당 조치계획을 제출해야 한다.

해설 ② 사업주체는 사전방문을 주택공급계약에 따라 정한 입주지정기간 시작일 45일 전까지 2일 이상 실시해야 한다.

정답 ②

03 CHAPTER

주택의 자금

단원별 학습포인트

주택상환사채의 핵심쟁점
- ❏ 주택상환사채는 누가 발행하는가?(등록사업주체의 요건)
- ❏ 만기는?
- ❏ 기명증권의 특징

제1절 주택상환사채 제27회, 제31회, 제32회, 제33회

1. 발행자

한국토지주택공사와 등록사업자는 대통령령으로 정하는 바에 따라 주택으로 상환하는 사채를 발행할 수 있다(법 제80조 제1항).

2. 등록사업자의 발행(영 제84조 제1항)

(1) 발행요건

등록사업자는 자본금·자산평가액 및 기술인력 등이 대통령령으로 정하는 다음의 기준에 맞아야 한다.

1. 법인으로서 자본금이 5억원 이상일 것
2. 「건설산업기본법」에 의한 건설업 등록을 하였거나 제13조 제2항 단서의 규정에 해당하는 등록사업자일 것
3. 최근 3년간 연평균 주택건설실적이 300세대 이상일 것

(2) 지급보증

등록사업자는 금융기관 또는 주택도시보증공사의 보증을 받은 경우에만 발행할 수 있다.

(3) 발행규모

등록사업자가 발행할 수 있는 주택상환사채의 규모는 최근 3년간의 연평균 주택건설호수 이내로 한다(영 제84조 제2항).

3. 발행계획의 승인

주택상환사채를 발행하려는 자는 대통령령으로 정하는 바에 따라 주택상환사채발행계획을 수립하여 국토교통부장관의 승인을 받아야 한다(법 제80조 제2항). 국토교통부장관은 주택상환사채의 발행승인을 한 때에는 주택상환사채 발행대상지역을 관할하는 시·도지사에게 그 내용을 통보하여야 한다(영 제85조 제3항).

4. 발행방법 및 명의변경

① 주택상환사채는 액면 또는 할인의 방법으로 발행한다(영 제83조 제1항).
② 주택상환사채권에는 기호와 번호를 붙여야 하며, 국토교통부령이 정하는 사항을 기재하여야 한다(영 제83조 제2항).
③ 주택상환사채는 이를 양도하거나 중도에 해약할 수 없다. 다만 해외이주 등 부득이한 사유가 있는 경우로서 국토교통부령이 정하는 경우에는 그러하지 아니하다(영 제86조 제3항).
④ 주택상환사채는 기명증권(記名證券)으로 하고, 사채권자의 명의변경은 취득자의 성명과 주소를 사채원부에 기록하는 방법으로 하며, 취득자의 성명을 채권에 기록하지 아니하면 사채발행자 및 제3자에게 대항할 수 없다(법 제81조 제2항).

5. 주택상환사채의 상환

(1) 상환의무

주택상환사채를 발행한 자는 발행조건에 따라 주택을 건설하여 사채권자에게 상환하여야 한다(법 제81조 제1항). 주택상환사채를 상환함에 있어 주택상환사채권자가 원하는 경우에는 주택상환사채의 원리금을 현금으로 상환할 수 있다(시행규칙 제35조 제3항).

(2) 상환기간

주택상환사채의 상환기간은 3년을 초과할 수 없다. 이 경우 상환기간은 주택상환사채발행일부터 주택의 공급계약체결일까지의 기간으로 한다(영 제86조 제1항, 제2항).

(3) 중도상환

주택상환사채는 이를 양도하거나 중도에 해약할 수 없다. 다만 해외이주 등 부득이한 사유가 있는 경우로서 국토교통부령이 정하는 경우에는 그러하지 아니하다(영 제86조 제3항).

6. 주택상환사채의 효력 및 준용법규

(1) 등록말소된 경우 채권의 효력

등록사업자의 등록이 말소된 경우에도 등록사업자가 발행한 주택상환사채의 효력에는 영향을 미치지 아니한다(법 제82조).

(2) 법 준용

주택상환사채의 발행에 관하여 이 법에서 규정한 것 외에는 「상법」 중 사채발행에 관한 규정을 적용한다. 다만, 한국토지주택공사가 발행하는 경우와 금융기관 등이 상환을 보증하여 등록사업자가 발행하는 경우에는 「상법」 제478조 제1항을 적용하지 아니한다(법 제83조).

참고학습 주택상환사채의 용도

주택상환사채의 납입금은 다음 각 호의 용도로만 사용할 수 있다(시행령 제87조)

1. 택지의 구입 및 조성
2. 주택건설자재의 구입
3. 건설공사비에의 충당
4. 그 밖에 주택상환을 위하여 필요한 비용으로서 국토교통부장관의 승인을 받은 비용에의 충당

제2절 특별회계와 입주자 저축

1 국민주택사업특별회계

1. 국민주택사업특별회계의 설치

지방자치단체는 국민주택사업을 시행하기 위하여 국민주택사업특별회계를 설치·운용하여야 한다(법 제84조 제1항).

2. 국민주택사업특별회계의 자금

국민주택사업특별회계의 자금은 자체부담금이나 주택도시기금으로부터의 차입금 등 일정한 재원으로 조성한다(법 제84조 제2항).

3. 운용상황 보고

지방자치단체는 대통령령이 정하는 바에 의하여 국민주택사업특별회계의 운용 상황을 국토교통부장관에게 보고하여야 한다(법 제84조 제3항).

2 입주자 저축 제22회, 제35회

1. 의의

국토교통부장관은 주택을 공급받으려는 자에게 미리 입주금의 전부 또는 일부를 저축(이하 "입주자저축"이라 한다)하게 할 수 있다. 입주자저축이란 국민주택과 민영주택을 공급받기 위하여 가입하는 주택청약종합저축을 말한다(법 제56조 제1항, 제2항).

2. 입주자저축의 취급기관

입주자저축취급기관은 「은행법」에 따른 은행 중 국토교통부장관이 지정하며, 입주자저축은 한 사람이 한 계좌만 가입할 수 있다. (법 제56조 제3항, 제4항).

3. 정보제공 및 정보제공사실의 통보

① 국토교통부장관은 다음 각 호의 업무를 수행하기 위하여 필요한 경우 입주자저축취급기관의 장에게 입주자저축정보를 제공하도록 요청할 수 있으며, 제공 요청을 받은 입주자저축취급기관의 장은 입주자저축정보를 제공하여야 한다.(법 제56조 제5항, 6항)

② 입주자저축정보를 제공한 입주자저축취급기관의 장은 입주자저축정보의 제공사실을 명의인에게 통보하지 아니할 수 있다. 다만, 입주자저축정보를 제공하는 입주자저축취급기관의 장은 입주자저축정보의 명의인이 요구할 때에는 입주자저축정보의 제공사실을 통보하여야 한다.(법 제56조 제7항)

4. 주택청약업무 수행기관

국토교통부장관은 제55조에 따른 입주자자격, 공급 순위 등의 확인과 제56조에 따른 입주자저축의 관리 등 주택공급과 관련하여 국토교통부령으로 정하는 업무를 효율적으로 수행하기 위하여 주택청약업무수행기관을 지정·고시할 수 있다.(법 제56조의2)

5. 입주자 자격정보제공

국토교통부장관은 주택을 공급받으려는 자가 요청하는 경우 주택공급 신청 전에 입주자자격, 주택의 소유 여부, 재당첨 제한 여부, 공급 순위 등에 관한 정보를 제공할 수 있으며, 정보를 제공하기 위하여 필요한 경우 국토교통부장관은 정보 제공을 요청하는 자 및 배우자, 정보 제공을 요청하는 자 또는 배우자와 세대를 같이하는 세대원에게 개인정보의 수집·제공 동의를 받아야 한다.(법 제56조의3)

03 CHAPTER

기출 및 예상문제

01 주택법령상 입주자저축에 관한 설명으로 틀린 것은? (제35회)

① 입주자저축정보를 제공하는 입주자저축취급기간의 장은 입주자저축정보의 명의인이 요구하더라도 입주자저축정보의 제공사실을 통보하지 아니할 수 있다.

② 국토교통부장관으로부터「주택법」에 따라 입주자저축정보의 제공 요청을 받은 입주자저축취급기관의 장은 「금융실명거래 및 비밀보장에 관한 법률」에도 불구하고 입주자저축정보를 제공하여야 한다.

③ "입주자저축"이란 국민주택과 민영주택을 공급받기 위하여 가입하는 주택청약종합저축을 말한다.

④ 국토교통부장관은 입주자저축의 납입방식·금액 및 조건 등에 필요한 사항에 관한 국토교통부령을 제정하거나 개정할 때에는 기획재정부장관과 미리 협의해야 한다.

⑤ 입주자저축은 한 사람이 한 계좌만 가입할 수 있다.

해설 입주자저축정보를 제공한 입주자저축취급기관의 장은 입주자저축정보의 제공사실을 명의인에게 통보하지 아니할 수 있다. 다만, 입주자저축정보를 제공하는 입주자저축취급기관의 장은 입주자저축정보의 명의인이 요구할 때에는 입주자저축정보의 제공사실을 통보하여야 한다.

정답 ①

02 주택법령상 주택상환사체의 납입금이 사용될 수 있는 용도로 명시된 것을 모두 고른 것은? (제32회)

ㄱ. 주택건설자재의 구입	ㄴ. 택지의 구입 및 조성
ㄷ. 주택조합 운영비에의 충당	ㄹ. 주택조합 가입 청약철회자의 가입비 반환

① ㄱ, ㄴ ② ㄱ, ㄹ ③ ㄷ, ㄹ ④ ㄱ, ㄴ, ㄷ ⑤ ㄴ, ㄷ, ㄹ

해설 ① 주택상환사채의 납입금은 다음 각 호의 용도로만 사용할 수 있다.

1. 택지의 구입 및 조성
2. 주택건설자재의 구입
3. 건설공사비에의 충당
4. 그 밖에 주택상환을 위하여 필요한 비용으로서 국토교통부장관의 승인을 받은 비용에의 충당

정답 ①

04 CHAPTER

주택의 공급

제1절 주택의 공급 제23회, 제26회, 제28회

1 주택의 공급(「주택공급에 관한 규칙」에 적합)

1. 주택을 공급하는 경우(국토교통부령에 적합)

사업주체(「건축법」 규정에 따른 건축허가를 받아 주택외의 시설과 주택을 동일건축물로 20호 이상으로 건설·공급하는 건축주와 사용검사를 받은 주택을 사업주체로부터 일괄하여 양수받은 자를 포함한다. 이하 같다)는 다음 정하는 바에 따라 주택을 건설·공급하여야 한다. 이 경우 국가유공자, 보훈보상대상자, 장애인, 철거주택의 소유자, 그 밖에 국토교통부령으로 정하는 대상자에 대하여는 국토교통부령으로 정하는 바에 따라 입주자 모집조건 등을 달리 정하여 별도로 공급할 수 있다(법 제54조 제1항).

1. 입주자 모집공고 승인
   사업주체(공공주택사업자는 제외한다)가 입주자를 모집하려는 경우 국토교통부령으로 정하는 바에 따라 시장·군수·구청장의 승인(복리시설의 경우에는 신고를 말한다)을 받아야 한다.
2. 사업주체가 건설하는 주택을 공급하려는 경우
   ① 국토교통부령으로 정하는 입주자모집의 시기·조건·방법·절차 조건·방법·절차, 입주금의 납부 방법·시기·절차, 주택공급계약의 방법·절차 등에 적합할 것
   ② 국토교통부령으로 정하는 바에 따라 벽지·바닥재·주방용구·조명기구 등을 제외한 부분의 가격을 따로 제시하고, 이를 입주자가 선택할 수 있도록 할 것

2. 주택을 공급받고자 하는 경우(국토교통부령에 적합)

주택을 공급받으려는 자는 국토교통부령으로 정하는 입주자자격, 재당첨 제한 및 공급 순위 등에 맞게 주택을 공급받아야 한다(법 제54조 제2항).

3. 입주자자격확인 자료제공요청

(1) 국토교통부장관의 입주자자격등 확인

국토교통부장관은 주택을 공급받으려는 자의 입주자자격, 주택의 소유 여부, 재당첨 제한 여부, 공급 순위 등을 확인하거나 제56조의3에 따라 요청받은 정보를 제공하기 위하여 필요하다고 인정하는 경우에는 주민등록 전산정보(주민등록번호·외국인등록번호 등 고유식별번호를 포함한다), 가족관계 등록사항, 국세, 지방세, 금융, 토지, 건물(건물등기부·건축물대장을 포함한다), 자동차, 건강보험, 국민연금, 고용보험 및 산업재해보상보험 등의 자료 또는 정보의 제공을 관계 기관의 장에게 요청할 수 있다. 이 경우 관계 기관의 장은 특별한 사유가 없으면 이에 따라야 한다(법 제55조 제1항).

(2) 국토교통부장관의 정보제공요청

국토교통부장관은 주택을 공급받으려는 자의 입주자자격, 공급 순위 등을 확인하기 위하여 본인, 배우자, 본인 또는 배우자와 세대를 같이하는 세대원이 제출한 동의서면을 전자적 형태로 바꾼 문서에 의하여 금융기관 등의 장에게 다음 각 호의 자료 또는 정보의 제공을 요청할 수 있다(법 제55조 제2항).

1. 금융정보	2. 신용정보	3. 보험정보

(3) 금융정보제공사실의 통보

국토교통부장관이 제2항에 따라 금융정보등의 제공을 요청하는 경우 해당 금융정보등 명의인의 정보제공에 대한 동의서면을 함께 제출하여야 한다. 이 경우 동의서면은 전자적 형태로 바꾸어 제출할 수 있으며, 금융정보등을 제공한 금융기관 등의 장은 금융정보등의 제공사실을 명의인에게 통보하지 아니할 수 있다(법 제55조 제3항).

2 마감자재 목록표 등의 제출

1. 목록표 등의 제출

사업주체가 시장·군수·구청장의 입주자모집승인을 받으려는 경우(사업주체가 국가·지방자치단체·한국토지주택공사 및 지방공사인 경우에는 견본주택을 건설하는 경우를 말한다)에는 건설하는 견본주택에 사용되는 마감자재의 규격·성능 및 재질을 적은 마감자재목록표와 견본주택의 각 실의 내부를 촬영한 영상물 등을 제작하여 입주자모집 승인권자(시장·군수·구청장)에게 제출하여야 한다(법 제54조 제3항).

2. 정보의 제공

사업주체는 주택공급계약을 체결할 때 입주예정자에게 다음 각 호의 자료 또는 정보를 제공하여야 한다. 다만, 입주자 모집공고에 이를 표시(인터넷에 게재하는 경우를 포함한다)한 경우에는 그러하지 아니하다(법 제54조 제4항).

1. 견본주택에 사용된 마감자재 목록표
2. 공동주택 발코니의 세대 간 경계벽에 피난구를 설치하거나 경계벽을 경량구조로 건설한 경우 그에 관한 정보

3. 목록표 등의 보관

시장·군수·구청장은 마감자재 목록표와 영상물 등을 사용검사가 있은 날부터 2년 이상 보관하여야 하며, 입주자가 열람을 요구하는 경우에는 이를 공개하여야 한다(법 제54조 제5항).

4. 마감자재의 변경

사업주체가 마감자재 생산업체의 부도 등으로 인한 제품의 품귀 등 부득이한 사유로 인하여 사업계획승인 또는 마감자재 목록표의 마감자재와 다르게 마감자재를 시공·설치하려는 경우에는 당초의 마감자재와 같은 질 이상으로 설치하여야 하며(법 제54조 제6항), 사업주체가 마감자재 목록표의 자재와 다른 마감자재를 시공·설치하려는 경우에는 그 사실을 입주예정자에게 알려야 한다(법 제54조 제7항).

3 공급주택의 표시 및 광고사본 제출의무

사업주체는 공급하려는 주택에 대하여 기반시설의 설치·정비 또는 개량에 관한 내용이 포함된 표시 및 광고를 한 경우 주택공급계약 체결기간의 시작일부터 30일 이내에 해당 표시 또는 광고의 사본을 시장·군수·구청장에게 제출하여야 한다. 이 경우 시장·군수·구청장은 제출받은 표시 또는 광고의 사본을 사용검사가 있은 날부터 2년 이상 보관하여야 하며, 입주자가 열람을 요구하는 경우 이를 공개하여야 한다(법 제54조 제8항, 영 제58조).

4 견본주택의 건축기준

1. 견본주택 마감자재의 등급

사업주체가 주택의 판매촉진을 위하여 견본주택을 건설하려는 경우 견본주택의 내부에 사용하는 마감자재 및 가구는 사업계획승인의 내용과 같은 것으로 시공·설치하여야 한다(법 제60조 제1항).

2. 다른 마감자재의 시공하는 경우 표시

사업주체는 견본주택의 내부에 사용하는 마감자재를 사업계획승인 또는 마감자재 목록표와 다른 마감자재로 설치하는 경우로서 다음의 각 어느 하나에 해당하는 경우에는 일반인이 그 해당 사항을 알 수 있도록 국토교통부령으로 정하는 바에 따라 그 공급가격을 표시하여야 한다(법 제60조 제2항).

1. 분양가격에 포함되지 아니하는 품목을 견본주택에 전시하는 경우
2. 마감자재 생산업체의 부도 등으로 인한 제품의 품귀 등 부득이한 경우

3. 견본주택에 비치서류

견본주택에는 마감자재 목록표와 사업계획승인을 받은 서류 중 평면도와 시방서(示方書)를 갖춰 두어야 하며, 견본주택의 배치·구조 및 유지관리 등은 국토교통부령으로 정하는 기준에 맞아야 한다(법 제60조 제3항).

5 분양가심사위원회의 운영 등

1. 분양가심사위원회의 설치

시장·군수·구청장은 분양가상한제 및 분양가공시제에 관한 사항을 심의하기 위하여 사업계획승인 신청(「도시 및 주거환경정비법」에 따른 사업시행계획인가,「건축법」 에 따른 건축허가를 포함한다)이 있는 날부터 20일 이내에 분양가심사위원회를 설치·운영하여야 한다. 다만, 사업주체가 국가·지방자치단체·한국토지주택공사 또는 지방공사인 경우에는 해당 기관의 장이 위원회를 설치·운영하여야 한다(법 제59조 제1항, 영 제62조).

2. 분양가심사위원회의 심의사항 : 위원회는 다음의 각 사항을 심의한다(영 제63조).

1. 분양가격 및 발코니 확장비용 산정의 적정성 여부 2. 시·군·구별 기본형건축비 산정의 적정성 여부 3. 분양가격 공시내역의 적정성 여부 4. 분양가상한제 적용주택과 관련된 제2종 국민주택채권 매입예정상한액 산정의 적정성 여부 5. 분양가상한제 적용주택의 전매행위 제한과 관련된 인근지역 주택매매가격 산정의 적정성 여부

3. 효과

시장·군수·구청장은 입주자모집승인을 할 때에는 분양가심사위원회의 심사결과에 따라 승인 여부를 결정하여야 한다(법 제59조 제2항).

제2절 분양가상한제 및 분양가격의 공시 제21회, 제22회, 제23회, 제26회, 제30회, 제33회

1 분양가상한제 적용주택

1. 분양가상한제 적용

사업주체가 일반인에게 공급하는 공동주택 중 다음 각 호의 어느 하나에 해당하는 지역에서 공급하는 주택의 경우에는 분양가상한제로 공급하여야 한다(법 제57조 제1항).

1. 공공택지
2. 공공택지 외의 택지에서 주택가격 상승 우려가 있어 국토교통부장관이 주거정책심의위원회의 심의를 거쳐 지정하는 지역

2. 분양가상한제 적용제외

다음 각 호의 하나에 해당하는 경우에는 분양가상한제를 적용하지 아니한다(법 제57조 제2항, 영 58의4 제1항).

1. 도시형 생활주택
2. 「경제자유구역의 지정 및 운영에 관한 특별법」에 따라 지정·고시된 경제자유구역에서 건설·공급하는 공동주택으로서 경제자유구역위원회에서 외자유치 촉진과 관련이 있다고 인정하여 분양가상한제를 적용하지 아니하기로 심의·의결한 경우
3. 「관광진흥법」 에 따라 지정된 관광특구에서 건설·공급하는 공동주택으로서 해당 건축물의 층수가 50층 이상이거나 높이가 150미터 이상인 경우
4. 한국토지주택공사 또는 지방공사가 정비사업의 시행자로 참여하는 사업에서 건설·공급하는 주택의 전체 세대수 10퍼센트 이상을 임대주택으로 건설·공급할 것
   ① 「도시 및 주거환경정비법」 에 따른 정비사업으로서 면적이 2만제곱미터 미만인 사업이거나 전체 세대수가 200세대 미만인 사업
   ② 「빈집 및 소규모주택 정비에 관한 특례법」에 따른 소규모주택정비사업
5. 주거환경개선사업 및 공공재개발사업에서 건설·공급하는 주택
6. 도시재생 활성화 및 지원에 관한 특별법」에 따른 주거재생혁신지구에서 시행하는 혁신지구재생사업에서 건설·공급하는 주택
7. 「공공주택 특별법」에 따른 도심 공공주택 복합사업에서 건설·공급하는 주택

2 분양가상한제 적용지역의 지정

1. 분양가상한제 적용지역의 지정

국토교통부장관은 공공택지 외 택지에 분양가상한제를 적용하는 경우는 투기과열지구 중 다음 각 호에 해당하는 지역을 말한다.(법 제58조 제1항, 영 제61조 제1항).

> 1. 분양가상한제적용 직전월부터 소급하여 12개월간의 아파트 분양가격상승률이 물가상승률(해당 지역이 포함된 시·도 소비자물가상승률을 말한다)의 2배를 초과한 지역. 이 경우 해당 지역의 아파트 분양가격상승률을 산정할 수 없는 경우에는 해당 지역이 포함된 특별시·광역시·특별자치시·특별자치도 또는 시·군의 아파트 분양가격상승률을 적용한다.
> 2. 분양가상한제적용 직전월부터 소급하여 3개월간의 주택매매거래량이 전년 동기 대비 20퍼센트 이상 증가한 지역
> 3. 분양가상한제적용 직전월부터 소급하여 주택공급이 있었던 2개월 동안 해당 지역에서 공급되는 주택의 월평균 청약경쟁률이 모두 5대 1을 초과하였거나 해당 지역에서 공급되는 국민주택규모 주택의 월평균 청약경쟁률이 모두 10대 1을 초과한 지역

2. 분양가상한제 적용시점

국토교통부장관이 제1항에 따른 지정기준을 충족하는 지역 중에서 분양가상한제 적용 지역을 지정하는 경우 해당 지역에서 공급되는 주택의 분양가상한제 적용대상의 규정은 분양가상한제 지정공고에 따른 공고일 이후 최초로 입주자모집승인을 신청하는 분부터 적용한다(영 제61조 제2항).

3. 지정절차

국토교통부장관이 분양가상한제 적용지역을 지정하는 경우에는 미리 시·도지사의 의견을 듣고, 주거정책심의위원회 심의를 거쳐 분양가상한제 적용 지역으로 지정할 수 있다. 분양가상한제 적용 지역을 지정하였을 때에는 지체 없이 이를 공고하고, 그 지정 지역을 관할하는 시장·군수·구청장에게 공고 내용을 통보하여야 한다. 이 경우 시장·군수·구청장은 사업주체로 하여금 입주자 모집공고 시 해당 지역에서 공급하는 주택이 분양가상한제 적용주택이라는 사실을 공고하게 하여야 한다(법 제58조 제2항, 3항).

4. 분양가상한제 적용의 해제요청

분양가상한제 적용 지역으로 지정된 지역의 시·도지사, 시장, 군수 또는 구청장은 분양가상한제 적용 지역의 지정 후 해당 지역의 주택가격이 안정되는 등 분양가상한제 적용 지역으로 계속 지정할 필요가 없다고 인정하는 경우에는 국토교통부장관에게 그 지정의 해제를 요청할 수 있고, 해제를 요청받은 국토교통부장관은 요청받은 날부터 40일 이내에 주거정책심의위원회의 심의를 거쳐 분양가상한제 적용 지역 지정의 해제 여부를 결정하여야 한다. 이 경우 국토교통부장관은 관계 시·도지사, 시장, 군수 또는 구청장에게 그 결과를 통보하여야 한다(법 제58조 제6항, 시행령 제61조 제2항).

5. 분양가상한제 적용지역의 직권해제

국토교통부장관은 분양가상한제 적용 지역으로 계속 지정할 필요가 없다고 인정하는 경우에는 주거정책심의위원회 심의를 거쳐 분양가상한제 적용 지역의 지정을 해제하여야 하며, 해제하는 경우에는 지정절차를 준용한다(법 제58조 제4항, 5항).

3 분양가격

분양가격은 택지비와 건축비(토지임대부 분양주택의 경우에는 건축비만 해당한다)로 구성되며, 구체적인 명세, 산정방식, 감정평가기관 선정방법 등은 국토교통부령으로 정한다. 이 경우 택지비는 다음에 따라 산정한 금액으로 한다(법 제57조 제2항).

1. 택지비

(1) 공공택지의 택지비(공급가격+택지와 관련된 비용)

공공택지에서 주택을 공급하는 경우에는 해당 택지의 공급가격에 국토교통부령으로 정하는 택지와 관련된 비용을 가산한 금액(법 제57조 제2항 제1호)

(2) 공공택지 외의 택지비

① **원칙**(감정평가한 가액+택지와 관련된 비용)

공공택지 외의 택지에서 주택을 공급하는 경우에는 「감정평가 및 감정평가사에 관한 법률」에 따라 감정평가한 가액에 국토교통부령으로 정하는 택지와 관련된 비용을 가산한 금액(법 제57조 제2항 제2호 본문)

② **예외**(대통령령이 정하는 범위 내에서 당해 매입가격)

1. 대상

다만, 택지 매입가격이 다음 각 목의 어느 하나에 해당하는 경우에는 해당 매입가격(대통령령으로 정하는 범위 내에 한한다)에 국토교통부령으로 정하는 택지와 관련된 비용을 가산한 금액을 택지비로 볼 수 있다. 이 경우 택지비는 주택단지 전체에 동일하게 적용하여야 한다(법 제57조 제2항 제2호 단서).

① 「민사집행법」, 「국세징수법」 또는 「지방세기본법」에 따른 경·공매 낙찰가격
② 국가·지방자치단체 등 공공기관으로부터 매입한 가격
③ 그 밖에 실제 매매가격을 확인할 수 있는 경우로서 대통령령으로 정하는 경우(「부동산등기법」에 따른 부동산등기부 또는 「지방세법 시행령」에 따른 법인장부에 해당 택지의 거래가액이 기록되어 있는 경우를 말한다)

> 2. 매입가격의 산정(영 제 59조 제1항)
> 감정평가한 가액에 국토교통부령이 정하는 택지와 관련된 비용을 가산한 금액의 100분의 120에 상당하는 금액 또는 개별공시지가의 100분의 150에 상당하는 금액 이내 에서 당해 매입가격을 택지비로 볼 수 있다. 매입가격을 택지비로 보는 경우 택지비는 주택단지 전체에 동일하게 적용하여야 한다. 이 경우 사업주체는 시장·군수 또는 구청장에게 감정평가를 신청하여야 한다.

2. 건축비(기본형건축비 + 가산한 금액)

분양가격 구성항목 중 건축비는 국토교통부장관이 정하여 고시하는 기본형건축비에 국토교통부령으로 정하는 금액을 더한 금액으로 한다. 이 경우 기본형건축비는 시장·군수·구청장이 해당 지역의 특성을 고려하여 국토교통부령으로 정하는 범위에서 따로 정하여 고시할 수 있다(법 제57조 제4항).

4 분양가상한제 적용주택의 입주자 거주의무

1. 거주의무 대상주택

다음 각 호의 어느 하나에 해당하는 주택의 거주의무자(상속받은 자는 제외한다.)는 해당 주택의 최초 입주가능일부터 3년 이내(토지임대부 분양주택의 경우에는 최초 입주가능일을 말한다)에 입주하여야 하고, 해당 주택의 분양가격과 국토교통부장관이 고시한 방법으로 결정된 인근지역 주택매매가격의 비율에 따라 5년 이내의 범위에서 거주의무기간 동안 계속하여 해당 주택에 거주하여야 한다. 다만, 해외 체류 등 대통령령으로 정하는 부득이한 사유가 있는 경우 그 기간은 해당 주택에 거주한 것으로 본다(법 제57조의2 제1항).

> 1. 사업주체가 수도권에서 건설·공급하는 분양가상한제 적용주택
> 2. 토지임대부 분양주택

2. 수도권에서 공급하는 분양가상한제 거주의무기간(영 제60조의2 제1항)

분양가격이 인근지역 주택매매가격의	공공택지	공공택지 외의 택지
80퍼센트 미만	5년	3년
80퍼센트 이상 100퍼센트 미만인 주택	3년	2년

3. 토지임대부 분양주택의 경우 : 5년

4. 의무거주의 예외사유

다만, 해외 체류 등 대통령령으로 정하는 다음의 부득이한 사유가 있는 경우 그 기간은 해당 주택에 거주한 것으로 본다. 이 경우 제2호부터 제8호까지의 규정에 해당하는지는 한국토지주택공사(사업주체가 공공주택사업자인 경우에는 공공주택사업자를 말한다.)의 확인을 받아야 한다(법 제57조의2 제1항 단서, 영60조의2 제2항).

1. ① 법 제57조의2제1항제1호에 따른 주택에 입주하기 위하여 준비기간이 필요한 경우. 이 경우 해당 주택에 거주한 것으로 보는 기간은 최초 입주가능일이후 3년이 되는 날부터 90일까지(최초 입주가능일부터 3년이 되는 날 전에 입주하는 경우에는 입주일 전날부터 역산하여 최초 입주가능일까지의 기간으로 하되, 90일을 한도로 한다)로 한다.
   ② 토지임대부 분양주택에 입주하기 위해 준비기간이 필요한 경우. 이 경우 해당 주택에 거주한 것으로 보는 기간은 최초 입주가능일부터 90일까지로 한다.
2. 거주의무자가 거주의무기간 중 세대원(거주의무자가 포함된 세대의 구성원을 말한다)의 근무·생업·취학 또는 질병치료를 위하여 해외에 체류하는 경우
3. 거주의무자가 주택의 특별공급을 받은 군인으로서 인사발령에 따라 거주의무기간 중 해당 주택 건설지역이 아닌 지역에 거주하는 경우
4. 거주의무자가 거주의무기간 중 세대원의 근무·생업·취학 또는 질병치료를 위하여 세대원 전원이 다른 주택건설지역에 거주하는 경우. 다만, 수도권 안에서 거주를 이전하는 경우는 제외한다.
5. 거주의무자가 거주의무기간 중 혼인 또는 이혼으로 입주한 주택에서 퇴거하고 해당 주택에 계속 거주하려는 거주의무자의 직계존속·비속, 배우자(종전 배우자를 포함한다) 또는 형제자매가 자신으로 세대주를 변경한 후 거주의무기간 중 남은 기간을 승계하여 거주하는 경우
6. 「영유아보육법」에 따른 가정어린이집을 설치·운영하려는 자가 해당 주택에 가정어린이집의 설치를 목적으로 인가를 받은 경우. 이 경우 해당 주택에 거주한 것으로 보는 기간은 가정어린이집을 설치·운영하는 기간으로 한정한다.
7. 법 제64조제2항 본문에 따라 전매제한이 적용되지 않는 경우. 다만, 배우자에게 일부증여와 실직·파산등으로 인한 경제적 어려움은 제외한다.
8. 거주의무자의 직계비속이 「초·중등교육법」따른 학교에 재학 중인 학생으로서 주택의 최초 입주가능일 현재 해당 학기가 끝나지 않은 경우. 이 경우 해당 주택에 거주한 것으로 보는 기간은 학기가 끝난 후 90일까지로 한정한다.

5. 거주의무 위반 시 주택의 매입

(1) 매입신청서 제출

거주의무자는 거주의무를 이행하지 아니한 경우 해당 주택을 양도(매매·증여나 그 밖에 권리 변동을 수반하는 모든 행위를 포함하되, 상속의 경우는 제외한다)할 수 없다. 다만, 거주의무자가 제1항 각 호 외의 부분 단서(거주한 것으로 보는 간주사유) 이외의 사유로 거주의무기간 이내에 거주를 이전하려는 경우 거주의무자는 대통령령으로 정하는 바에 따라 한국토지주택공사(사업주체가 공공주택사업자인 경우에는 공공주택사업자를 말한다)에 매입신청서를 제출하여 해당 주택의 매입을 신청하여야 한다(법 제57조의2 제2항, 영 60조의2 제3항).

(2) 매입절차

① 한국토지주택공사는 분양가상한제 적용주택의 매입신청을 받거나 거주의무자가 거주의무기간을 위반하였다는 사실을 알게 된 경우 위반사실에 대한 의견청취를 하는 등 대통령령으로 정하는 절차를 거쳐 대통령령으로 정하는 특별한 사유가 없으면 해당 주택을 매입하여야 한다(법 제57조의2 제3항).

② 주택공사는 해당 주택을 매입하려면 14일 이상의 기간을 정하여 거주의무자에게 의견을 제출할 수 있는 기회를 주고 의견을 제출받은 한국토지주택공사는 제출 의견의 처리 결과를 거주의무자에게 통보해야 한다(영 60조의2 제4항, 제5항).

(3) 매입시기 및 비용

한국토지주택공사가 주택을 매입하는 경우 거주의무자등에게 그가 납부한 입주금과 그 입주금에 「은행법」에 따른 은행의 1년 만기 정기예금의 평균이자율을 적용한 이자를 합산한 매입비용을 지급한 때에는 그 지급한 날에 한국토지주택공사가 해당 주택을 취득한 것으로 본다(법 제57조의2 제4항).

6. 부기등기

(1) 부기등기 의무

사업주체는 제1항에 따른 주택을 공급하는 경우에는 거주의무자가 거주의무기간을 거주하여야 해당 주택을 양도할 수 있음을 소유권에 관한 등기에 부기등기하여야 한다. 이 경우 부기등기는 주택의 소유권보존등기와 동시에 하여야 하며, 부기등기에 포함되어야 할 표기내용 등은 대통령령으로 정한다(법 제57조의2 제5항).

(2) 부기등기의 말소

거주의무자등은 거주의무기간을 거주한 후 지방자치단체의 장으로부터 그 거주사실을 확인받은 경우 부기등기 사항을 말소할 수 있다. 이 경우 거주사실의 확인 등의 절차·방법 등에 필요한 사항은 대통령령으로 정한다(법 제57조의2 6항).

7. 주택공사가 취득한 주택을 공급받은 사람의 거주의무

(1) 재 공급받은 사람의 거주의무기간

한국토지주택공사는 제3항 및 제4항에 따라 취득한 주택을 국토교통부령으로 정하는 바에 따라 재공급하여야 하며, 주택을 재공급받은 사람은 거주의무기간 중 잔여기간을 계속하여 거주하지 아니하고 그 주택을 양도할 수 없다. 다만, 제1항 각 호 외의 부분 단서의 사유에 해당하는 경우 그 기간은 해당 주택에 거주한 것으로 본다(법 제57조의2 제7항).

(2) 재공급받은 사람의 거주이전

주택을 재공급받은 사람이 거주의무 예외사유 이외의 사유로 거주의무기간 이내에 거주를 이전하려는 경우에는 대통령령으로 정하는 바에 따라 한국토지주택공사에 해당 주택의 매입을 신청하여야 한다.

8. 거주실태조사

(1) 분양가상한제 적용주택의 거주실태 조사

국토교통부장관 또는 지방자치단체의 장은 거주의무자의 실제 거주 여부를 확인하기 위하여 거주의무자등에게 필요한 서류 등의 제출을 요구할 수 있으며, 소속 공무원으로 하여금 해당 주택에 출입하여 조사하게 하거나 관계인에게 필요한 질문을 하게 할 수 있다. 이 경우 서류 등의 제출을 요구받거나 해당 주택의 출입·조사 또는 필요한 질문을 받은 거주의무자등은 모든 세대원의 해외출장 등 특별한 사유가 없으면 이에 따라야 한다.(법 제57조의3 제1항)

(2) 자료제출 요청

국토교통부장관 또는 지방자치단체의 장은 거주실태조사를 위하여 필요한 경우 주민등록 전산정보, 가족관계 등록사항 등 실제 거주 여부를 확인하기 위하여 필요한 자료 또는 정보의 제공을 관계 기관의 장에게 요청할 수 있다. 이 경우 자료의 제공을 요청받은 관계 기관의 장은 특별한 사유가 없으면 이에 따라야 한다.(법 제57조의3 제2항)

(3) 증표휴대

출입·조사·질문을 하는 사람은 국토교통부령으로 정하는 증표를 지니고 이를 관계인에게 내보여야 하며, 조사자의 이름·출입시간 및 출입목적 등이 표시된 문서를 관계인에게 교부하여야 한다(법 제57조의3 제3항).

5 분양가격 공시

1. 공공택지에서 공급하는 주택의 공시

사업주체는 분양가상한제 적용주택으로서 공공택지에서 공급하는 주택에 대하여 입주자모집 승인을 받았을 때에는 입주자 모집공고에 다음 각 호에 대하여 분양가격을 공시하여야 한다(법 제57조 제5항).

1. 택지비
2. 공사비
3. 간접비
4. 그 밖에 국토교통부령이 정하는 비용

2. 공공택지 외의 택지에서 공급하는 주택의 공시

시장·군수·구청장이 공공택지 외의 택지에서 공급되는 분양가상한제 적용주택(투기과열지구 또는 주거정책심의위원회의 심의를 거쳐 국토교통부장관이 지정하는 지역)에 대하여 입주자모집승인을 하는 경우에는 다음 각 호의 구분에 따라 분양가격을 공시하여야 한다(법 제57조 제6항).

1. 택지비
2. 직접공사비
3. 간접공사비
4. 설계비
5. 감리비
6. 부대비
7. 그 밖에 국토교통부령이 정하는 비용

제 3 절 투기과열지구의 지정 및 해제 제21회, 제25회, 제28회, 제29회, 제30회, 제32회

1 투기과열지구의 지정

1. 지정권자

국토교통부장관이 투기과열지구를 지정하거나 해제할 경우에는 미리 시·도지사의 의견을 듣고 그 의견에 대한 검토의견을 회신하여야 하며, 시·도지사가 투기과열지구를 지정하거나 해제할 경우에는 국토교통부장관과 협의하여 지정한다(법 제63조 제5항).

2. 투기과열지구 지정단위

투기과열지구는 시·군·구 또는 읍·면·동의 지역 단위로 지정하되, 택지개발지구등 해당 지역 여건을 고려하여 지정 단위를 조정할 수 있다(법 제63조 제1항 단서).

3. 투기과열지구의 지정기준

투기과열지구는 해당 지역의 주택가격상승률이 물가상승률보다 현저히 높은 지역으로서 그 지역의 청약경쟁률·주택가격·주택보급률 및 주택공급계획 등과 지역 주택시장 여건 등을 고려하였을 때 주택에 대한 투기가 성행하고 있거나 성행할 우려가 있는 지역 중 대통령령으로 정하는 다음 기준을 충족하는 곳이어야 한다(법 제63조 제2항, 령 72의2 제1항).

1. 투기과열지구지정 직전월부터 소급하여 주택공급이 있었던 2개월 동안 해당 지역에서 공급되는 주택의 월별 평균 청약경쟁률이 모두 5대 1을 초과했거나 국민주택규모 주택의 월별 평균 청약경쟁률이 모두 10대 1을 초과한 곳
2. 다음 각 목에 해당하는 곳으로서 주택공급이 위축될 우려가 있는 곳
   ① 투기과열지구지정 직전월의 주택분양실적이 전달보다 30퍼센트 이상 감소한 곳
   ② 사업계획승인 건수나 건축허가 건수(투기과열지구지정직전월부터 소급하여 6개월간의 건수를 말한다)가 직전 연도보다 급격하게 감소한 곳
3. 신도시 개발이나 주택의 전매행위 성행 등으로 투기 및 주거불안의 우려가 있는 곳으로서 다음 각 목의 어느 하나에 해당하는 곳
   ① 해당 지역이 속하는 시·도의 주택보급률이 전국 평균 이하인 곳
   ② 해당 지역이 속하는 시·도의 자가주택비율이 전국 평균 이하인 곳
   ③ 해당 지역의 분양주택(투기과열지구로 지정하는 날이 속하는 연도의 직전 연도에 분양된 주택을 말한다)의 수가 입주자저축에 가입한 사람으로서 국토교통부령으로 정하는 사람의 수보다 현저히 적은 곳

4. 지정절차

(1) 심의

국토교통부장관 또는 시·도지사는 주택가격의 안정을 위하여 필요한 경우에 일정한 지역을 주거정책심의위원회의 심의를 거쳐 투기과열지구로 지정하거나 이를 해제할 수 있다. 이 경우 투기과열지구는 그 지정목적을 달성할 수 있는 최소한의 범위로 한다(법 제63조 제1항 본문).

(2) 공고 및 통보

국토교통부장관 또는 시·도지사는 투기과열지구를 지정하였을 때에는 지체 없이 이를 공고하고, 국토교통부장관은 그 투기과열지구를 관할하는 특별자치시장, 특별자치도지사, 시장, 군수 또는 구청장에게, 시·도지사는 그 투기과열지구를 관할하는 시장, 군수 또는 구청장에게 각각 공고 내용을 통보하여야 한다. 이 경우 시장·군수·구청장은 사업주체로 하여금 입주자 모집공고 시 해당 주택건설 지역이 투기과열지구에 포함된 사실을 공고하게 하여야 한다. 투기과열지구 지정을 해제하는 경우에도 또한 같다(법 제63조 제3항).

2 투기과열지구의 재검토와 해제

국토교통부장관 또는 시·도지사는 투기과열지구에서 지정 사유가 없어졌다고 인정하는 경우에는 지체 없이 투기과열지구 지정을 해제하여야 한다(법 제63조 제4항).

1. 투기과열지구의 재검토

국토교통부장관은 반기(6개월)마다 주거정책심의위원회의 회의를 소집하여 투기과열지구로 지정된 지역별로 해당 지역의 주택가격 안정 여건의 변화 등을 고려하여 투기과열지구 지정의 유지 여부를 재검토하여야 한다. 재검토 결과 투기과열지구 지정의 해제가 필요하다고 인정되는 경우에는 지체 없이 투기과열지구 지정을 해제하고 이를 공고하여야 한다(법 제63조 제6항).

2. 투기과열지구의 해제요청 및 해제

(1) 해제요청

투기과열지구로 지정된 지역의 시·도지사 또는 시장·군수·구청장은 투기과열지구 지정 후 해당 지역의 주택가격이 안정되는 등 지정 사유가 없어졌다고 인정되는 경우에는 국토교통부장관 또는 시·도지사에게 투기과열지구 지정의 해제를 요청할 수 있다(법 제63조 제7항).

(2) 해제요청에 따른 심의결과 통보

투기과열지구 지정의 해제를 요청받은 국토교통부장관 또는 시·도지사는 요청받은 날부터 40일 이내에 주거정책심의위원회의 심의를 거쳐 투기과열지구 지정의 해제 여부를 결정하여 그 투기과열지구를 관할하는 지방자치단체의 장에게 심의결과를 통보하여야 한다(법 제63조 제8항).

(3) 해제·공고

국토교통부장관 또는 시·도지사는 심의결과 투기과열지구에서 그 지정 사유가 없어졌다고 인정될 때에는 지체 없이 투기과열지구 지정을 해제하고 이를 공고하여야 한다(법 제63조 제9항).

제4절 조정대상지역의 지정 및 해제 제29회, 제34회

1 조정대상지역의 지정

1. 조정대상지역의 지정권자

국토교통부장관은 대통령령으로 정하는 기준을 충족하는 지역을 주거정책심의위원회의 심의를 거쳐 조정대상지역으로 지정할 수 있다(법 제63조의2 제1항).

2. 조정대상지역의 구분과 지정기준

(1) 과열지역

주택가격, 청약경쟁률, 분양권 전매량 및 주택보급률 등을 고려하였을 때 주택 분양 등이 과열되어 있거나 과열될 우려가 있는 지역으로 그 지정 목적을 달성할 수 있는 최소한의 범위에서 시·군·구 또는 읍·면·동의 지역 단위로 지정하되, 택지개발지구등 해당 지역 여건을 고려하여 지정 단위를 조정할 수 있다(령 72의3 제1항 제1호).

> 과열지역은 조정대상지역으로 지정하는 날이 속하는 달의 바로 전달(이하 이 항에서 "조정대상지역지정직전월"이라 한다)부터 소급하여 3개월간의 해당 지역 주택가격상승률이 그 지역이 속하는 시·도 소비자물가상승률의 1.3배를 초과한 지역으로서 다음 하나에 해당하는 지역
> 1. 직전월부터 소급하여 주택공급이 있었던 2개월 동안 해당 지역에서 공급되는 주택의 월평균 청약경쟁률이 모두 5대1을 초과하였거나 국민주택규모 주택의 월평균 청약경쟁률이 모두 10대 1을 초과한 지역
> 2. 직전월부터 소급하여 3개월간의 분양권(주택의 입주자로 선정된 지위를 말한다.) 전매거래량이 직전 연도의 같은 기간보다 30퍼센트 이상 증가한 지역
> 3. 해당 지역이 속하는 시·도별 주택보급률 또는 자가주택비율이 전국 평균 이하인 지역

(2) 위축지역

주택가격, 주택거래량, 미분양주택의 수 및 주택보급률 등을 고려하여 주택의 분양·매매 등 거래가 위축되어 있거나 위축될 우려가 있는 지역(영 제72의3 제1항 제2호)

> 위축지역은 직전월부터 소급하여 6개월간의 평균 주택가격상승률이 마이너스 1.0% 이하인 지역으로서 다음 각 목의 어느 하나에 해당하는 지역을 말한다.
> 1. 직전월부터 소급하여 3개월 연속 주택매매거래량이 전년 동기 대비 20% 이상 감소한 지역
> 2. 직전월부터 소급하여 3개월간의 평균 미분양주택(사업계획승인을 받아 입주자를 모집을 하였으나 입주자가 선정되지 아니한 주택을 말한다)의 수가 전년 동기 대비 2배 이상인 지역
> 3. 시·도별 주택보급률 또는 자가주택비율이 전국 평균을 초과하는 지역

3. 지정절차

(1) 의견청취

국토교통부장관은 조정대상지역을 지정하는 경우에는 미리 시·도지사의 의견을 들어야 한다(법 제63조의2 제3항).

(2) 공고 및 통보

국토교통부장관은 조정대상지역을 지정하였을 때에는 지체 없이 이를 공고하고, 그 조정대상지역을 관할하는 시장·군수·구청장에게 공고 내용을 통보하여야 한다. 이 경우 시장·군수·구청장은 사업주체로 하여금 입주자 모집공고 시 해당 주택건설 지역이 조정대상지역에 포함된 사실을 공고하게 하여야 한다(법 제63조의2 제4항).

2 조정대상지역의 해제 및 재검토

1. 해제절차

국토교통부장관은 조정대상지역으로 유지할 필요가 없다고 판단되는 경우에는 주거정책심의위원회의 심의를 거쳐 조정대상지역의 지정을 해제하여야 하며, 해제 하는 경우에도 지정절차를 준용한다(법 제63조의2 제5항, 제6항).

2. 해제요청

조정대상지역으로 지정된 지역의 시·도지사 또는 시장·군수·구청장은 조정대상지역 지정 후 해당 지역의 주택가격이 안정되는 등 조정대상지역으로 유지할 필요가 없다고 판단되는 경우에는 국토교통부장관에게 그 지정의 해제를 요청할 수 있다(법 제63조의2 제8항).

3. 조정대상지역의 재검토

국토교통부장관은 반기(6개월)마다 주거정책심의위원회의 회의를 소집하여 조정대상지역으로 지정된 지역별로 해당 지역의 주택가격 안정 여건의 변화 등을 고려하여 조정대상지역 지정의 유지 여부를 재검토하여야 한다. 이 경우 재검토 결과 조정대상지역 지정의 해제가 필요하다고 인정되는 경우에는 지체 없이 조정대상지역 지정을 해제하고 이를 공고하여야 한다(법 제63조의2 제7항).

제5절 주택의 전매행위 제한 등 제21회, 제22회, 제23회, 제24회, 제25회

1 전매행위 등의 제한대상 및 기간

사업주체가 건설·공급하는 주택[해당 주택의 입주자로 선정된 지위(입주자로 선정되어 그 주택에 입주할 수 있는 권리·자격·지위 등을 말한다)를 포함한다.]으로서 다음 각 호의 어느 하나에 해당하는 경우에는 10년 이내의 범위에서 대통령령이 정하는 전매제한기간이 지나기 전에는 그 주택을 전매(매매·증여나 그 밖에 권리의 변동을 수반하는 모든 행위를 포함하되, 상속의 경우는 제외한다. 이하 같다)하거나 이의 전매를 알선할 수 없다. 이 경우 전매제한기간은 주택의 수급 상황 및 투기 우려 등을 고려하여 대통령령으로 지역별로 달리 정할 수 있다(법 제64조 제1항).

1. 전매제한대상 지위 및 주택

1. 투기과열지구에서 건설·공급되는 주택
2. 조정대상지역에서 건설·공급되는 주택. 다만, 위축지역에 해당하는 조정대상지역 중 주택의 수급 상황 등을 고려하여 대통령령(공공택지 외의 택지에서 건설·공급되는 주택을 말한다)으로 정하는 지역에서 건설·공급되는 주택은 제외한다.
3. 분양가상한제 적용주택. 다만, 수도권외의 지역 중 주택의 수급 상황 및 투기 우려 등을 고려하여 대통령령으로 정하는 지역(광역시가 아닌 지역과 광역시 중 도시지역이 아닌 지역을 말한다)으로서 투기과열지구가 지정되지 아니하거나 투기과열지구가 해제된 지역 중 공공택지 외의 택지에서 건설·공급되는 분양가상한제 적용주택은 제외한다.
4. 공공택지 외의 택지에서 건설·공급되는 주택. 다만, 분양가상한제를 제외하는 주택 및 수도권 외의 지역 중 주택의 수급 상황 및 투기 우려 등을 고려하여 대통령령으로 정하는 지역(광역시가 아닌 지역과 광역시 중 도시지역이 아닌 지역을 말한다)으로서 공공택지 외의 택지에서 건설·공급되는 주택은 제외한다.
5. 공공재개발사업(「공공주택 특별법」에 따른 주택건설사업계획의 승인 지역에 한정한다)에서 건설·공급하는 주택
6. 토지임대부 분양주택

2. 전매행위 등의 제한기간(10년 범위 내에서 대통령령으로 정한다)의 공통 적용 사항(시행령 별표3)

1. 전매행위 제한기간은 해당 주택의 입주자로 선정된 날부터 기산한다.
2. 주택에 대한 전매행위 제한기간이 2 이상일 경우에는 그 중 가장 긴 전매행위 제한기간을 적용한다. 다만, 법 제63조의2 제1항 제2호(조정대상지역 중 위축지역)에 따른 지역에서 건설·공급되는 주택의 경우에는 가장 짧은 전매행위 제한기간을 적용한다.
3. 주택에 대한 전매행위 제한기간 이내에 해당 주택에 대한 소유권이전등기를 완료한 경우 소유권이전등기를 완료한 때에 전매행위 제한기간이 지난 것으로 본다. 이 경우 주택에 대한 소유권이전등기에는 대지를 제외한 건축물에 대해서만 소유권이전등기를 하는 경우를 포함한다.

3. 투기과열지구에서 건설·공급되는 주택입주자로 선정된 지위 전매제한기간

(1) **수도권** : 3년

(2) **수도권 외의 지역** : 1년

4. 조정대상지역에서 건설·공급되는 주택입주자로 선정된 지위 전매제한기간

(1) **과열지역(법 제63조의2 제1항 제1호에 해당하는 조정대상지역을 말하다)**

① 수도권 : 3년

② 수도권 외의 지역 : 1년

(2) **위축지역(법 제63조의2 제1항 제2호에 해당하는 조정대상지역을 말한다)**

공공택지에서 건설·공급되는 주택	공공택지 외의 택지에서 건설·공급되는 주택
6개월	–

5. 분양가상한제 적용주택 및 그 주택 입주자로 선정된 지위의 전매제한기간

(1) **공공택지에서 건설·공급되는 주택**

① 수도권: 3년

② 수도권 외의 지역: 1년

(2) **공공택지 외의 택지에서 건설·공급되는 주택**

① 투기과열지구

㉠ 수도권: 3년

㉡ 수도권 외의 지역: 1년

② 투기과열지구가 아닌 지역

수도권		수도권 외의 지역	
		광역시 중 도시지역	그 외 지역
과밀억제권역	1년	6개월	–
성장관리권역 및 자연보전권역	6개월		

6. 공공택지 외의 택지에서 건설·공급되는 주택 또는 그 주택의 입주자로 선정된 지위의 전매제한기간

수도권		수도권 외의 지역	
		광역시 중 도시지역	그 외 지역
과밀억제권역	1년	6개월	-
성장관리권역 및 자연보전권역	6개월		

7. 공공재개발사업(「공공주택 특별법」에 따른 주택건설사업계획의 승인 지역에 한정한다)

(1) 투기과열지구

① 수도권 : 3년
② 수도권 외의 지역 : 1년

(2) 투기과열지구가 아닌 지역

수도권		수도권 외의 지역	
		광역시 중 도시지역	그 외 지역
과밀억제권역	1년	6개월	-
성장관리권역 및 자연보전권역	6개월		

8. 토지임대부 분양주택 : 10년

2 전매가능 사유

1. 전매허용대상

전매제한대상(1호 부터 5호) 주택을 공급받은 자의 생업상의 사정 등으로 전매가 불가피하다고 인정되는 경우로서 한국토지주택공사의 동의를 받은 경우에는 전매제한을 적용하지 아니한다. 다만, 분양가상한제 적용 주택을 공급받은 자가 전매하는 경우에는 한국토지주택공사가 그 주택을 우선 매입할 수 있다(법 제64조 제2항, 영 제73조 제4항).

1. 세대원(주택을 공급받은 사람이 포함된 세대의 구성원을 말한다. 이하 이 조에서 같다)이 근무 또는 생업상의 사정이나 질병치료·취학·결혼으로 인하여 세대원 전원이 다른 광역시, 특별자치시, 특별자치도, 시 또는 군(광역시의 관할구역에 있는 군을 제외한다)으로 이전하는 경우. 다만, 수도권 안에서 이전하는 경우를 제외한다.

2. 상속에 의하여 취득한 주택으로 세대원 전원이 이전하는 경우
3. 세대원 전원이 해외로 이주하거나 2년 이상의 기간 해외에 체류하고자 하는 경우
4. 이혼으로 인하여 입주자로 선정된 지위 또는 주택을 그 배우자에게 이전하는 경우
5. 「공익사업을 위한 토지 등의 취득 및 보상에 관한 법률」 제78조 제1항에 따라 공익사업의 시행으로 주거용 건축물을 제공한 자가 사업시행자로부터 이주대책용 주택을 공급받은 경우(사업시행자의 알선으로 공급받은 경우를 포함한다)로서 시장·군수 또는 구청장이 확인하는 경우
6. 전매제한대상 3호부터 5호까지 해당하는 주택의 소유자가 국가·지방자치단체 및 금융기관(제71조 제1호 각 목의 금융기관을 말한다)에 대한 채무를 이행하지 못하여 경매 또는 공매가 시행되는 경우
7. 입주자로 선정된 지위 또는 주택의 일부를 그 배우자에게 증여하는 경우
8. 실직·파산 또는 신용불량으로 경제적 어려움이 발생한 경우

2. 주택공사의 동의 방법

① 제4항에 따른 동의를 받으려는 사람은 국토교통부령으로 정하는 전매 동의신청서를 한국토지주택공사에 제출해야 한다. 이 경우 한국토지주택공사는 해당 동의신청서를 접수한 날부터 14일 이내에 동의 여부를 신청인에게 통보해야 한다(영 제73조 제5항).

② 한국토지주택공사는 법 제64조제2항 단서에 따라 해당 주택을 우선 매입하려는 경우에는 제5항 후단에 따른 통보를 할 때 우선 매입 의사를 함께 통보해야 한다(영 제73조 6항).

3. 환매 및 매입금액

전매금지규정을 위반하여 주택의 입주자로 선정된 지위의 전매가 이루어진 경우, 사업주체가 매입비용을 그 매수인에게 지급한 경우에는 그 지급한 날에 사업주체가 해당 입주자로 선정된 지위를 취득한 것으로 보며, 한국토지주택공사가 분양가상한제 적용주택을 우선 매입하는 경우에도 매입비용을 준용하되, 해당 주택의 분양가격과 인근지역 주택매매가격의 비율 및 해당 주택의 보유기간 등을 고려하여 대통령령으로 정하는 바에 따라 매입금액을 달리 정할 수 있다(법 제64조 제3항).

4. 전매금지에 관한 부기등기 및 부기등기의 시기

① 사업주체가 전매제한대상에서 3호(분양가상한제 적용주택) 또는 4호(수도권의 지역으로서 공공택지 외의 택지에서 건설·공급되는 주택) 6호(토지임대부 분양주택)에 해당하는 주택을 공급하는 경우(한국주택토지공사가 제6항에 따라 주택을 재공급하는 경우도 포함한다)에는 그 주택의 소유권을 제3자에게 이전할 수 없음을 소유권에 관한 등기에 부기등기하여야 한다.(법 제64조 제4항).

② 부기등기는 주택의 소유권보존등기와 동시에 하여야 하며, 부기등기에는 "이 주택은 최초로 소유권이전등기가 된 후에는 「주택법」 제64조제1항에서 정한 기간이 지나기 전에 한국토지주택공사(제64조제2항 단서 및 제78조의2제3항에 따라 한국토지주택공사가 매입한 주택을 공급받는 자를 포함한다) 외의 자에게 소유권을 이전하는 어떠한 행위도 할 수 없음"을 명시하여야 한다.(법 제64조 제5항).

5. 주택공사의 재공급

한국토지주택공사는 제2항 단서(분양가상한제 우선매입주택) 및 제78조의2 제3항(토지임대부 분양주택의 매입)에 따라 매입한 주택을 국토교통부령으로 정하는 바에 따라 재공급하여야 하며, 해당 주택을 공급받은 자는 전매제한기간 중 잔여기간 동안 그 주택을 전매할 수 없다. 이 경우 제78조의2제3항(토지임대부 분양주택의 매입)에 따라 매입한 주택은 토지임대부 분양주택으로 재공급하여야 한다.

6. 전매금지규정위반 시 입주자 자격제한

국토교통부장관은 제1항을 위반한 자에 대하여 10년의 범위에서 국토교통부령으로 정하는 바에 따라 주택의 입주자자격을 제한할 수 있다.(법 제64조 제7항)

3 전매위반 시 조치

전매금지행위를 위반하여 입주자로 선정된 지위를 전매하거나 이의 전매를 알선한 자는 3년 이하의 징역 또는 3,000만원 이하의 벌금에 처한다 다만, 그 위반행위로 얻은 이익의 3배에 해당하는 금액이 3천만원을 초과하는 자는 3년 이하의 징역 또는 그 이익의 3배에 해당하는 금액 이하의 벌금에 처한다(법 제101조).

4 분양권전매 등 신고자에 대한 포상금(법 제92조)

시·도지사는 법을 위반하여 분양권 등을 전매하거나 알선하는 자를 주무관청에 신고한 자에게 대통령령으로 정하는 바에 따라 포상금을 지급할 수 있다(법 제92조).

제6절 공급질서교란 행위 제20회, 제23회, 제24회, 제32회

1 저당권설정 등의 제한

1. 제한행위 및 제한기간

(1) 저당권등의 설정 제한행위

사업주체는 주택건설사업에 의하여 건설된 주택 및 대지에 대하여는 입주자 모집공고 승인 신청일(주택조합의 경우에는 사업계획승인 신청일을 말한다) 이후부터 입주예정자가 그 주택 및 대지의 소유권이전등기를 신청할 수 있는 날 이후 60일까지의 기간 동안 입주예정자의 동의 없이 다음 각 호의 어느 하나에 해당하는 행위를 하여서는 아니 된다. 여기서 "소유권이전등기를 신청할 수 있는 날"이란 사업주체가 입주예정자에게 통보한 입주가능일을 말한다(법 제61조 제1항, 제2항).

> 1. 해당 주택 및 대지에 저당권 또는 가등기담보권 등 담보물권을 설정하는 행위
> 2. 해당 주택 및 대지에 전세권·지상권 또는 등기되는 부동산임차권을 설정하는 행위
> 3. 해당 주택 및 대지를 매매 또는 증여 등의 방법으로 처분하는 행위

(2) 입주자의 동의 없이 저당권 설정 등을 할 수 있는 경우

저당권등설정 금지규정에도 불구하고 주택의 건설을 촉진하기 위하여 다음의 각 어느 하나에 해당하는 경우에는 입주자의 동의 없이 저당권 설정 등을 할 수 있다(법 제61조 제1항 단서, 영 제71조).

> 1. 당해 주택의 입주자에게 주택구입자금의 일부를 융자하여 줄 목적으로 주택도시기금이나 금융기관으로부터 주택건설자금의 융자를 받는 경우
> 2. 당해 주택의 입주자에게 주택구입자금의 일부를 융자하여 줄 목적으로 금융기관으로부터 주택구입자금의 융자를 받는 경우
> 3. 사업주체가 파산(「채무자 회생 및 파산에 관한 법률」 등에 의한 법원의 결정·인가를 포함한다. 이하 같다)·합병·분할·등록말소·영업정지 등의 사유로 사업을 시행할 수 없게 되어 사업주체가 변경되는 경우

2. 부기등기

(1) 부기등기의 명시내용

① 대지의 경우

저당권설정 등의 제한을 할 때 사업주체는 "이 토지는「주택법」에 따라 입주자를 모집한 토지(주택조합의 경우에는 주택건설사업계획승인이 신청된 토지를 말한다)로서 입주예정자의 동의를 얻지 아니하고는 당해 토지에 대하여 양도 또는 제한물권을 설정하거나 압류·가압류·가처분 등 소유권에 제한을 가하는 일체의 행위를 할 수 없음"이라는 내용을 명시하여야 한다(법 제61조 제3항, 영 제72조 제1항 전단).

② 주택의 경우

저당권설정 등의 제한을 할 때 사업주체는 "이 주택은 「부동산등기법」에 따라 소유권보존등기를 마친 주택으로서 입주예정자의 동의를 얻지 아니하고는 당해 주택에 대하여 양도 또는 제한물권을 설정하거나 압류·가압류·가처분 등 소유권에 제한을 가하는 일체의 행위를 할 수 없음"이라는 내용을 명시하여야 한다(법 제61조 제3항, 영 제72조 제1항 후단).

(2) 부기등기의 예외

다만, 사업주체가 국가·지방자치단체 및 한국토지주택공사 등 공공기관이거나 해당 대지가 사업주체의 소유가 아닌 경우 등 대통령령으로 정하는 경우에는 그러하지 아니하다(법 제61조 제3항 단서, 영 제72조 제3항).

(3) 부기등기의 시기

① 주택건설대지에 대하여는 입주자모집공고승인 신청(주택건설대지 중 주택조합이 사업계획승인 신청일까지 소유권을 확보하지 못한 부분이 있는 경우에는 그 부분에 대한 소유권 이전등기를 말한다)과 동시에 하여야 한다.

② 주택에 대하여는 소유권보존등기와 동시에 하여야 한다(법 제61조 제4항).

(4) 부기등기의 말소

사업주체는 사업계획승인이 취소되거나 입주예정자가 소유권이전등기를 신청한 경우를 제외하고는 부기등기를 말소 할 수 없다. 다만, 소유권이전등기를 신청할 수 있는 날부터 60일이 경과한 때에는 그러하지 아니하다(영 제72조 제3항).

(5) 부기등기의 효력

부기등기일 이후에 해당 대지 또는 주택을 양수하거나 제한물권을 설정 받은 경우 또는 압류·가압류·가처분 등의 목적물로 한 경우에는 그 효력을 무효로 한다. 다만, 사업주체의 경영부실로 입주예정자가 그 대지를 양수받는 경우 등 대통령령이 정하는 경우에는 그러하지 아니하다(법 제61조 제5항, 영 제72조 제4항).

3. 주택건설대지의 신탁

(1) 신탁사유

사업주체의 재무 상황 및 금융거래 상황이 극히 불량한 경우 등 대통령령으로 정하는 사유에 해당되어 주택도시보증공사가 분양보증을 하면서 주택건설대지를 주택도시보증공사에 신탁하게 할 경우에는 저당권설정 등의 제한과 부기등기에도 불구하고 사업주체는 그 주택건설대지를 신탁할 수 있다(법 제61조 제6항, 영 제72조 제5항).

(2) 신탁계약의 조건

사업주체가 주택건설대지를 신탁하는 경우 신탁등기일 이후부터 입주예정자가 해당 주택건설대지의 소유권이전등기를 신청할 수 있는 날 이후 60일까지의 기간 동안 해당 신탁의 종료를 원인으로 하는 사업주체의 소유권이전등기청구권에 대한 압류·가압류·가처분 등은 효력이 없음을 신탁계약조항에 포함하여야 한다(법 제61조 제7항).

(3) 신탁대지에 대한 압류 등 무효

신탁등기일 이후부터 입주예정자가 해당 주택건설대지의 소유권이전등기를 신청할 수 있는 날 이후 60일까지의 기간 동안 해당 신탁의 종료를 원인으로 하는 사업주체의 소유권이전등기청구권을 압류·가압류·가처분 등의 목적물로 한 경우에는 그 효력을 무효로 한다(법 제61조 제8항).

2 공급질서교란행위의 금지 제23회, 제24회, 제25회

1. 공급질서교란행위

누구든지 이 법에 따라 건설·공급되는 주택을 공급받거나 공급받게 하기 위하여 다음 각 호의 어느 하나에 해당하는 증서 또는 지위를 양도·양수(매매·증여나 그 밖에 권리 변동을 수반하는 모든 행위를 포함하되, 상속·저당의 경우는 제외한다. 이하 이 조에서 같다) 또는 이를 알선하거나 양도·양수 또는 이를 알선할 목적으로 하는 광고(각종 간행물·인쇄물·전화·인터넷, 그 밖의 매체를 통한 행위를 포함한다)를 하여서는 아니 되며, 누구든지 거짓이나 그 밖의 부정한 방법으로 이 법에 따라 건설·공급되는 증서나 지위 또는 주택을 공급받거나 공급받게 하여서는 아니 된다(법 제65조 제1항, 영 제74조 제1항).

1. 주택조합설립에 따라 주택을 공급받을 수 있는 지위
2. 주택상환사채
3. 입주자저축의 증서
4. 시장·군수 또는 구청장이 발행한 무허가건물확인서·건물철거예정증명서 또는 건물철거확인서
5. 공공사업의 시행으로 인한 이주대책에 의하여 주택을 공급받을 수 있는 지위 또는 이주대책대상자확인서

2. 위반 시 조치

(1) 지위의 무효 또는 계약의 취소(법 제65조 제2항)

① 국토교통부장관 또는 사업주체는 다음 각 호의 어느 하나에 해당하는 자에 대하여는 그 주택 공급을 신청할 수 있는 지위를 무효로 하거나 이미 체결된 주택의 공급계약을 취소하여야 한다.

1. 금지행위를 위반하여 증서 또는 지위를 양도하거나 양수한 자
2. 금지행위를 위반하여 거짓이나 그 밖의 부정한 방법으로 증서나 지위 또는 주택을 공급받은 자

② 국토교통부장관 또는 사업주체는 제2항에도 불구하고 제1항을 위반한 공급질서 교란 행위가 있었다는 사실을 알지 못하고 주택 또는 주택의 입주자로 선정된 지위를 취득한 매수인이 해당 공급질서 교란 행위와 관련이 없음을 대통령령으로 정하는 바에 따라 소명하는 경우에는 이미 체결된 주택의 공급계약을 취소하여서는 아니 된다(법 제65조 제6항).

(2) 환매 및 퇴거명령

① 환매
사업주체가 위반한 자에게 대통령령으로 정하는 바에 따라 산정한 주택가격에 해당하는 금액을 지급한 경우에는 그 지급한 날에 그 주택을 취득한 것으로 본다(법 제65조 제3항).

② 퇴거명령

사업주체가 매수인에게 주택가격을 지급하거나, 매수인을 알 수 없어 주택가격의 수령 통지를 할 수 없는 경우 등 다음의 사유에 해당하는 경우로서 주택가격을 그 주택이 있는 지역을 관할하는 법원에 공탁한 경우에는 그 주택에 입주한 자에 대하여 기간을 정하여 퇴거를 명할 수 있다(법 제65조 제4항, 영 제74조 제3항).

1. 매수인을 알 수 없어 주택가격의 수령 통지를 할 수 없는 경우
2. 매수인에게 주택가격의 수령을 3회 이상 통지하였으나 매수인이 수령을 거부한 경우. 이 경우 각 통지일 간에는 1개월 이상의 간격이 있어야 한다.
3. 매수인이 주소지에 3개월 이상 살지 아니하여 주택가격의 수령이 불가능한 경우
4. 주택의 압류 또는 가압류로 인하여 매수인에게 주택가격을 지급할 수 없는 경우

(3) 벌칙

① 입주자 자격제한

국토교통부장관은 금지행위를 위반한 자에 대하여 10년 이내의 범위에서 국토교통부령으로 정하는 바에 따라 주택의 입주자자격을 제한할 수 있다(법 제65조 제5항).

② 형사처벌

주택공급질서교란 금지행위를 위반한 자는 3년 이하의 징역 또는 3,000만원 이하의 벌금에 처한다. 다만, 제2호 및 제3호에 해당하는 자로서 그 위반행위로 얻은 이익의 3배에 해당하는 금액이 3천만원을 초과하는 자는 3년 이하의 징역 또는 그 이익의 3배에 해당하는 금액 이하의 벌금에 처한다(법 제101조).

제7절 주택의 사용검사 후 말소등기로 인한 매도청구 제27회, 제28회, 제29회, 제30회

1. 사용검사 후 매도청구권

주택(복리시설을 포함한다. 이하 이 조에서 같다)의 소유자들은 주택단지 전체 대지에 속하는 일부의 토지에 대한 소유권이전등기 말소소송 등에 따라 제29조의 사용검사(동별 사용검사를 포함한다)를 받은 이후에 해당 토지의 소유권을 회복한 실소유자에게 해당 토지를 시가(市價)로 매도할 것을 청구할 수 있다(법 제62조 제1항).

2. 매도청구권행사 시 동의요건

주택의 소유자들은 대표자를 선정하여 제1항에 따른 매도청구에 관한 소송을 제기할 수 있다. 이 경우 대표자는 주택의 소유자 전체의 4분의 3 이상의 동의를 얻어 선정한다(법 제62조 제2항).

3. 매도청구권 판결의 효력

매도청구에 관한 소송에 대한 판결은 주택의 소유자 전체에 대하여 효력이 있다(법 제62조 제3항).

4. 매도청구대상토지의 비율

매도청구를 하려는 경우에는 해당 토지의 면적이 주택단지 전체 대지 면적의 100분의 5 미만이어야 한다(법 제62조 제4항).

5. 매도청구건의사표시의 효력발생시기

매도청구의 의사표시는 실소유자가 해당 토지 소유권을 회복한 날부터 2년 이내에 해당 실소유자에게 송달되어야 한다(법 제62조 제5항).

6. 구상권

주택의 소유자들은 제1항에 따른 매도청구로 인하여 발생한 비용의 전부를 사업주체에게 구상할 수 있다(법 제62조 제6항).

제 8 절 청문

국토교통부장관 또는 지방자치단체의 장은 다음 각 호의 어느 하나에 해당하는 처분을 하려면 청문을 하여야 한다(법 제96조).

1. 제8조제1항에 따른 주택건설사업 등의 등록말소
2. 제14조제2항에 따른 주택조합의 설립인가취소
3. 제16조제4항에 따른 사업계획승인의 취소
4. 제66조제8항(리모델링허가받은 자가 거짓이나 부정한 방법으로 받은 허가)에 따른 행위허가의 취소

04 CHAPTER 기출 및 예상문제

01 주택법령상 분양가상한제 적용주택에 관한 설명으로 옳은 것을 모두 고른 것은? (제33회)

ㄱ. 도시형 생활주택은 분양가상한제 적용주택에 해당하지 않는다.
ㄴ. 토지임대부 분양주택의 분양가격은 택지비와 건축비로 구성된다.
ㄷ. 사업주체는 분양가상한제 적용주택으로서 공공택지에서 공급하는 주택에 대하여 입주자 모집 공고에 분양가격을 공시해야 하는데, 간접비는 공시해야 하는 분양가격에 포함되지 않는다.

① ㄱ　② ㄱ, ㄴ　③ ㄱ, ㄷ
④ ㄴ, ㄷ　⑤ ㄱ, ㄴ, ㄷ

해설 ㄴ. 토지임대부 분양주택은 토지를 임대받기 때문에 분양가에 토지가격은 포함되지 않는다.
ㄷ. 사업주체가 공공택지에서 입주자모집공고에서 공시하는 항목은 ① 택지비 ② 공사비 ③ 간접비 ④ 기타 국토교통부령이 정하는 비용에 대하여 공시를 한다.

정답 ①

02 주택법령상 투기과열지구의 지정 기준에 관한 설명이다. (　　)에 들어갈 숫자와 내용을 바르게 나열한 것은? (제32회)

• 투기과열지구로 지정하는 날이 속하는 달의 바로 전 달(이하 "직전월")부터 소급하여 주택공급이 있었던 (ㄱ)개월 동안 해당지역에서 공급되는 주택의 월평균 청약경쟁률이 모두 5대 1을 초과하였거나 국민주택규모 주택의 월평균 청약경쟁률이 모두 (ㄴ)대 1을 초과하는 곳
• 주택의 (ㄷ)이 직전월보다 30퍼센트 이상 감소하여 주택공급이 위축될 우려가 있는 곳

① ㄱ: 2, ㄴ: 10, ㄷ: 분양계획
② ㄱ: 2, ㄴ: 10, ㄷ: 건축허가실적
③ ㄱ: 2, ㄴ: 20, ㄷ: 건축허가실적
④ ㄱ: 3, ㄴ: 10, ㄷ: 분양계획
⑤ ㄱ: 3, ㄴ: 20, ㄷ: 건축허가실적

해설 투기과열지구는 주택가격 상승률이 물가상승률 보다 현저하게 높아 주택에 대한 투기가 우려되는 다음의 지역에 지정하거나 해제 할 수 있다.

1. 주택공급이 있었던 직전 2개월간 해당 지역에서 공급되는 주택의 청약경쟁률이 5대 1을 초과하였거나 국민주택규모 이하 주택의 청약경쟁률이 10대 1을 초과한 곳
2. 다음 각 목의 어느 하나에 해당하여 주택공급이 위축될 우려가 있는 곳
   ① 주택의 분양계획이 직전월보다 30퍼센트 이상 감소한 곳
   ② 주택법에 따른 사업계획승인이나 건축허가 실적이 직전년도보다 급격하게 감소한 곳
3. 이하생략

정답 ①

03 주택법령상 조정대상지역의 지정기준의 일부이다. (   )에 들어갈 숫자로 옳은 것은? (제34회)

> 조정대상지역지정직전월부터 소급하여 6개월간의 평균 주택가격상승률이 마이너스 (ㄱ)퍼센트 이하인 지역으로서 다음에 해당하는 지역
> • 조정대상지역지정직전월부터 소급하여 (ㄴ)개월 연속 주택매매거래량이 직전 연도의 같은 기간보다 (ㄷ)퍼센트 이상 감소한 지역
> • 조정대상지역지정직전월부터 소급하여 (ㄴ)개월간의 평균 미분양주택(「주택법」제15조제1항에 따른 사업계획승인을 받아 입주자를 모집했으나 입주자가 선정되지 않은 주택을 말한다)의 수가 직전 연도의 같은 기간보다 2배 이상인 지역

① ㄱ: 1, ㄴ: 3, ㄷ: 20
② ㄱ: 1, ㄴ: 3, ㄷ: 30
③ ㄱ: 1, ㄴ: 6, ㄷ: 30
④ ㄱ: 3, ㄴ: 3, ㄷ: 20
⑤ ㄱ: 3, ㄴ: 6, ㄷ: 20

해설 **위축지역에 해당하는 지역의 경우**

조정대상지역지정직전월부터 소급하여 6개월간의 평균 주택가격상승률이 마이너스 1퍼센트 이하인 지역으로서 다음 각 목에 해당하는 지역
가. 조정대상지역지정직전월부터 소급하여 3개월 연속 주택매매거래량이 직전 연도의 같은 기간보다 20퍼센트 이상 감소한 지역
나. 조정대상지역지정직전월부터 소급하여 3개월간의 평균 미분양주택(법 제15조제1항에 따른 사업계획승인을 받아 입주자를 모집했으나 입주자가 선정되지 않은 주택을 말한다)의 수가 직전 연도의 같은 기간보다 2배 이상인 지역
다. 해당 지역이 속하는 시·도의 주택보급률 또는 자가주택비율이 전국 평균을 초과하는 지역

정답 ①

PART 5
건축법

CHAPTER 01 총설

제1절 목적

이 법은 건축물의 대지·구조·설비 기준 및 용도 등을 정하여 건축물의 안전·기능·환경 및 미관을 향상시킴으로써 공공복리의 증진에 이바지하는 것을 목적으로 한다(법 제1조).

제2절 용어정의 제26회, 제29회, 제31회

이 법과 영에서 사용하는 용어의 뜻은 다음과 같다(법 제2조 제1항, 영 제2조 제1항).

1. 대지

"대지(垈地)"란 「공간정보의 구축 및 관리등에 관한 법률」에 따라 각 필지(筆地)로 나눈 토지를 말한다. 다만, 대통령령으로 정하는 토지는 둘 이상의 필지를 하나의 대지로 하거나 하나 이상의 필지의 일부를 하나의 대지로 할 수 있다.

2. 건축물

"건축물"이란 토지에 정착(定着)하는 공작물 중 지붕과 기둥 또는 벽이 있는 것과 이에 딸린 시설물, 지하나 고가(高架)의 공작물에 설치하는 사무소·공연장·점포·차고·창고, 그 밖에 대통령령으로 정하는 것을 말한다.

3. 초고층 건축물

층수가 50층 이상이거나 높이가 200미터 이상인 건축물을 말한다.

4. 준 초고층 건축물

"준초고층 건축물"이란 고층건축물 중 초고층 건축물이 아닌 것을 말한다.

5. 고층건축물

층수가 30층 이상이거나 높이가 120미터 이상인 건축물을 말한다.

6. 건축물의 용도

"건축물의 용도"란 건축물의 종류를 유사한 구조, 이용 목적 및 형태별로 묶어 분류한 것을 말한다.

7. 건축설비

"건축설비"란 건축물에 설치하는 전기·전화 설비, 초고속 정보통신 설비, 지능형 홈네트워크 설비, 가스·급수·배수(配水)·배수(排水)·환기·난방·냉방·소화(消火)·배연(排煙) 및 오물처리의 설비, 굴뚝, 승강기, 피뢰침, 국기 게양대, 공동시청 안테나, 유선방송 수신시설, 우편함, 저수조(貯水槽), 방범시설, 그 밖에 국토교통부령으로 정하는 설비를 말한다.

8. 지하층

"지하층"이란 건축물의 바닥이 지표면 아래에 있는 층으로서 바닥에서 지표면까지 평균높이가 해당 층 높이의 2분의 1 이상인 것을 말한다.

9. 거실

"거실"이란 건축물 안에서 거주, 집무, 작업, 집회, 오락, 그 밖에 이와 유사한 목적을 위하여 사용되는 방을 말한다.

10. 주요구조부

"주요구조부"란 내력벽(耐力壁), 기둥, 바닥, 보, 지붕틀 및 주계단(主階段)을 말한다. 다만, 사이 기둥, 최하층 바닥, 작은 보, 차양, 옥외 계단, 그 밖에 이와 유사한 것으로 건축물의 구조상 중요하지 아니한 부분은 제외한다.

11. 건축

"건축"이란 건축물을 신축·증축·개축·재축(再築)하거나 건축물을 이전하는 것을 말한다.

12. 대수선

"대수선"이란 건축물의 기둥, 보, 내력벽, 주계단 등의 구조나 외부 형태를 수선·변경하거나 증설하는 것으로서 대통령령으로 정하는 것을 말한다.

13. 리모델링

"리모델링"이란 건축물의 노후화를 억제하거나 기능 향상 등을 위하여 대수선하거나 일부 증축 또는 개축하는 행위를 말한다.

14. 도로

"도로"란 보행과 자동차 통행이 가능한 너비 4m 이상의 도로(지형적으로 자동차 통행이 불가능한 경우와 막다른 도로의 경우에는 대통령령으로 정하는 구조와 너비의 도로)로서 다음 각 목의 어느 하나에 해당하는 도로나 그 예정도로를 말한다.

> 1. 「국토의 계획 및 이용에 관한 법률」, 「도로법」, 「사도법」, 그 밖의 관계 법령에 따라 신설 또는 변경에 관한 고시가 된 도로
> 2. 건축허가 또는 신고 시에 특별시장·광역시장·도지사·특별자치시장·특별자치도지사(이하 "시·도지사"라 한다) 또는 시장·군수·구청장(자치구의 구청장을 말한다. 이하 같다)이 위치를 지정하여 공고한 도로

15. 결합건축

"결합건축"이란 용적률을 개별 대지마다 적용하지 아니하고, 2개 이상의 대지를 대상으로 통합적용하여 건축물을 건축하는 것을 말한다.

16. 설계자

"설계자"란 자기의 책임(보조자의 도움을 받는 경우를 포함한다)으로 설계도서를 작성하고 그 설계도서에서 의도하는 바를 해설하며, 지도하고 자문에 응하는 자를 말한다.

17. 제조업자

"제조업자"란 건축물의 건축·대수선·용도변경, 건축설비의 설치 또는 공작물의 축조 등에 필요한 건축자재를 제조하는 사람을 말한다.

18. 유통업자

"유통업자"란 건축물의 건축·대수선·용도변경, 건축설비의 설치 또는 공작물의 축조에 필요한 건축자재를 판매하거나 공사현장에 납품하는 사람을 말한다.

19. 설계도서

"설계도서"란 건축물의 건축등에 관한 공사용 도면, 구조 계산서, 시방서(示方書), 그 밖에 국토교통부령으로 정하는 공사에 필요한 서류를 말한다.

20. 공사감리자

"공사감리자"란 자기의 책임(보조자의 도움을 받는 경우를 포함한다)으로 이 법으로 정하는 바에 따라 건축물, 건축설비 또는 공작물이 설계도서의 내용대로 시공되는지를 확인하고, 품질관리·공사관리·안전관리 등에 대하여 지도·감독하는 자를 말한다.

21. 건축물의 유지·관리

건축물의 소유자나 관리자가 사용 승인된 건축물의 대지·구조·설비 및 용도 등을 지속적으로 유지하기 위하여 건축물이 멸실될 때까지 관리하는 행위를 말한다.

22. 관계전문기술자

"관계전문기술자"란 건축물의 구조·설비 등 건축물과 관련된 전문기술자격을 보유하고 설계와 공사감리에 참여하여 설계자 및 공사감리자와 협력하는 자를 말한다.

23. 실내건축

"실내건축"이란 건축물의 실내를 안전하고 쾌적하며 효율적으로 사용하기 위하여 내부 공간을 칸막이로 구획하거나 벽지, 천장재, 바닥재, 유리 등 다음의 대통령령으로 정하는 재료 또는 장식물을 설치하는 것을 말한다.

1. 벽, 천장, 바닥 및 반자틀의 재료
2. 실내에 설치하는 난간, 창호 및 출입문의 재료
3. 실내에 설치하는 전기·가스·급수(給水), 배수(排水)·환기시설의 재료
4. 실내에 설치하는 충돌·끼임 등 사용자의 안전사고 방지를 위한 시설의 재료

24. 특별건축구역

"특별건축구역"이란 조화롭고 창의적인 건축물의 건축을 통하여 도시경관의 창출, 건설기술 수준향상 및 건축 관련 제도개선을 도모하기 위하여 이 법 또는 관계 법령에 따라 일부 규정을 적용하지 아니하거나 완화 또는 통합하여 적용할 수 있도록 특별히 지정하는 구역을 말한다.

25. 내수재료(耐水材料)

인조석·콘크리트 등 내수성을 가진 재료로서 국토교통부령으로 정하는 재료를 말한다.

26. 내화구조(耐火構造)

화재에 견딜 수 있는 성능을 가진 구조로서 국토교통부령으로 정하는 기준에 적합한 구조를 말한다.

27. 방화구조(防火構造)

화염의 확산을 막을 수 있는 성능을 가진 구조로서 국토교통부령으로 정하는 기준에 적합한 구조를 말한다.

28. 난연재료(難燃材料)

불에 잘 타지 아니하는 성능을 가진 재료로서 국토교통부령으로 정하는 기준에 적합한 재료를 말한다.

29. 불연재료(不燃材料)와 준불연재료

(1) **불연재료** : 불에 타지 아니하는 성질을 가진 재료로서 국토교통부령으로 정하는 기준에 적합한 재료를 불연재료라 한다.

(2) **준불연재료** : 불연재료에 준하는 성질을 가진 재료로서 국토교통부령으로 정하는 기준에 적합한 재료를 말한다.

30. 부속건축물

같은 대지에서 주된 건축물과 분리된 부속용도의 건축물로서 주된 건축물의 이용 또는 관리하는 데에 필요한 건축물을 말한다.

31. 부속용도

건축물의 주된 용도의 기능에 필수적인 용도로서 다음의 하나에 해당하는 용도를 말한다.

1. 건축물의 설비, 대피, 위생, 그 밖에 이와 비슷한 시설의 용도
2. 사무, 작업, 집회, 물품저장, 주차, 그 밖에 이와 비슷한 시설의 용도
3. 구내식당·직장어린이집·구내운동시설 등 종업원 후생복리시설, 구내소각시설, 그 밖에 이와 비슷한 시설의 용도. 이 경우 다음의 요건을 모두 갖춘 휴게음식점(별표 1 제3호의 제1종 근린생활시설 중 같은 호 나목에 따른 휴게음식점을 말한다)은 구내식당에 포함되는 것으로 본다.
   가. 구내식당 내부에 설치할 것
   나. 설치면적이 구내식당 전체 면적의 3분의 1 이하로서 50제곱미터 이하일 것
   다. 다류(茶類)를 조리·판매하는 휴게음식점일 것
4. 관계 법령에서 주된 용도의 부수시설로 설치할 수 있게 규정하고 있는 시설, 그 밖에 국토교통부장관이 이와 유사하다고 인정하여 고시하는 시설의 용도

32. 부속구조물

"부속구조물"이란 건축물의 안전·기능·환경 등을 향상시키기 위하여 건축물에 추가적으로 설치하는 환기시설물 등 대통령령으로 정하는 구조물을 말한다.

33. 발코니

건축물의 내부와 외부를 연결하는 완충공간으로서 전망이나 휴식 등의 목적으로 건축물 외벽에 접하여 부가적(附加的)으로 설치되는 공간을 말한다. 이 경우 주택에 설치되는 발코니로서 국토교통부장관이 정하는 기준에 적합한 발코니는 필요에 따라 거실·침실·창고 등의 용도로 사용할 수 있다.

34. 다중이용건축물

"다중이용 건축물"이란 다음 각 목의 어느 하나에 해당하는 건축물을 말한다.

1. 다음의 어느 하나에 해당하는 용도로 쓰는 바닥면적의 합계가 5천㎡ 이상인 건축물
   ① 문화 및 집회시설(동물원·식물원은 제외한다)
   ② 종교시설
   ③ 판매시설
   ④ 운수시설 중 여객용 시설
   ⑤ 의료시설 중 종합병원
   ⑥ 숙박시설 중 관광숙박시설
2. 16층 이상인 건축물

35. 준 다중이용 건축물

"준 다중이용 건축물"이란 다중이용 건축물 외의 건축물로서 다음 각 목의 어느 하나에 해당하는 용도로 쓰는 바닥면적의 합계가 1천㎡ 이상인 건축물을 말한다.

① 문화 및 집회시설(동물원 및 식물원은 제외한다)	② 종교시설
③ 판매시설	④ 운수시설 중 여객용 시설
⑤ 의료시설 중 종합병원	⑥ 숙박시설 중 관광숙박시설
⑦ 노유자시설	⑧ 운동시설
⑨ 교육연구시설	⑩ 위락시설
⑪ 관광 휴게시설	⑫ 장례시설

36. 특수구조건축물

"특수구조 건축물"이란 다음 각 목의 어느 하나에 해당하는 건축물을 말한다.

1. 한쪽 끝은 고정되고 다른 끝은 지지(支持)되지 아니한 구조로 된 보·차양 등이 외벽(외벽이 없는 경우에는 외곽 기둥을 말한다)의 중심선으로부터 3미터 이상 돌출된 건축물
2. 기둥과 기둥 사이의 거리(기둥의 중심선 사이의 거리를 말하며, 기둥이 없는 경우에는 내력벽과 내력벽의 중심선 사이의 거리를 말한다. 이하 같다)가 20미터 이상인 건축물
3. 특수한 설계·시공·공법 등이 필요한 건축물로서 국토교통부장관이 정하여 고시하는 구조로 된 건축물

제3절 「건축법」의 적용범위(대상물, 대상행위, 대상지역)

1 적용대상물 제22회, 제24회, 제27회, 제28회, 제30회

「건축법」의 적용대상물은 건축물, 대지, 건축설비 및 일정한 공작물이다.

1. 건축물

(1) 건축물의 정의

"건축물"이란 토지에 정착하는 공작물 중 지붕과 기둥 또는 벽이 있는 것과 이에 딸린 시설물(대문, 담장 등), 지하나 고가의 공작물에 설치하는 사무소·공연장·점포·차고·창고, 그 밖에 대통령령으로 정하는 것을 말한다(법 제2조 제1항 제2호).

(2) 「건축법」 적용을 받지 않는 건축물

이 법은 다음의 하나에 해당하는 건축물에는 이를 적용하지 아니한다(법 제3조 제1항).

1. 「문화유산의 보존 및 활용에 관한 법률」에 따른 지정문화유산나 임시지정문화유산 또는 「자연유산의 보존 및 활용에 관한 법률」에 따라 지정된 천연기념물등이나 임시지정천연기념물, 임시지정명승, 임시지정시·도자연유산, 임시자연유산자료
2. 철도나 궤도의 선로 부지에 있는 다음 각 목의 시설
   ① 운전보안시설
   ② 철도 선로의 위나 아래를 가로지르는 보행시설
   ③ 플랫폼
   ④ 해당 철도 또는 궤도사업용 급수·급탄 및 급유 시설
3. 고속도로 통행료 징수시설
4. 컨테이너를 이용한 간이창고(「산업집적활성화 및 공장설립에 관한 법률」에 따른 공장의 용도로만 사용되는 건축물의 대지에 설치하는 것으로서 이동이 쉬운 것만 해당된다)
5. 「하천법」에 따른 하천구역 내의 수문조작실

2. 대지(대지의 범위)

대지란 「공간정보의 구축 및 관리등에 관한 법률」에 따라 각 필지로 나눈 토지를 말한다. 다만, 대통령령으로 정하는 토지는 둘 이상의 필지를 하나의 대지로 하거나 하나 이상의 필지의 일부를 하나의 대지로 할 수 있다(법 제2조 제1항 제1호).

(1) 둘 이상의 필지를 하나의 대지로 할 수 있는 토지(영 제3조 제1항)

1. 하나의 건축물을 두 필지 이상에 걸쳐 건축하는 경우 : 그 건축물이 건축되는 각 필지의 토지를 합한 토지
2. 「공간정보의 구축 및 관리등에 관한 법률」에 따라 합병이 불가능한 경우 중 다음 각 목의 어느 하나에 해당하는 경우 : 그 합병이 불가능한 필지의 토지를 합한 토지. 다만, 토지의 소유자가 서로 다르거나 소유권 외의 권리관계가 서로 다른 경우는 제외한다.
   ① 각 필지의 지번부여지역이 서로 다른 경우
   ② 각 필지의 도면의 축척이 다른 경우
   ③ 서로 인접하고 있는 필지로서 각 필지의 지반이 연속되지 아니한 경우
3. 「국토의 계획 및 이용에 관한 법률」에 따른 도시·군계획시설에 해당하는 건축물을 건축하는 경우 : 그 도시·군계획시설이 설치되는 일단의 토지
4. 「주택법」에 따른 사업계획승인을 받아 주택과 그 부대시설 및 복리시설을 건축하는 경우 : 주택단지
5. 도로의 지표 아래에 건축하는 건축물의 경우 : 특별시장·광역시장·특별자치시장·특별자치도지사·시장·군수 또는 구청장이 그 건축물이 건축되는 토지로 정하는 토지
6. 사용승인을 신청할 때 둘 이상의 필지를 하나의 필지로 합칠 것을 조건으로 건축허가를 하는 경우 : 그 필지가 합쳐지는 토지 다만, 토지의 소유자가 서로 다른 경우는 제외한다.

(2) 하나 이상의 필지의 일부를 하나의 대지로 할 수 있는 토지(영 제3조 제2항)

1. 하나 이상의 필지의 일부에 대하여 도시·군계획시설이 결정·고시된 경우 : 그 결정·고시된 부분의 토지
2. 하나 이상의 필지의 일부에 대하여 「농지법」에 따른 농지전용허가를 받은 경우 : 그 허가받은 부분의 토지
3. 하나 이상의 필지의 일부에 대하여 「산지관리법」에 따른 산지전용허가를 받은 경우 : 그 허가받은 부분의 토지
4. 하나 이상의 필지의 일부에 대하여 「국토의 계획 및 이용에 관한 법률」 제56조에 따른 개발행위허가를 받은 경우 : 그 허가받은 부분의 토지
5. 사용승인을 신청할 때 필지를 나눌 것을 조건으로 건축허가를 하는 경우 : 그 필지가 나누어지는 토지

3. 일부 신고대상 공작물

대지를 조성하기 위한 옹벽, 굴뚝, 광고탑, 고가수조(高架水槽), 지하 대피호, 그 밖에 이와 유사한 것으로서 대통령령으로 정하는 다음의 공작물을 축조(건축물과 분리하여 축조하는 것을 말한다)하려는 자는 대통령령으로 정하는 바에 따라 허가권자에게 신고하여야 한다(법 제83조 제1항, 시행령 제118조 제1항).

1. 높이 2m를 넘는 옹벽 또는 담장
2. 높이 4m를 넘는 광고판, 광고탑, 장식탑, 기념탑, 첨탑, 그 밖에 이와 비슷한 것
3. 높이 6m를 넘는 굴뚝, 골프연습장 등의 운동시설을 위한 철탑, 주거지역·상업지역에 설치하는 통신용 철탑, 그 밖에 이와 비슷한 것
4. 높이 8m를 넘는 고가수조나 그 밖에 이와 비슷한 것
5. 높이 8m(위험을 방지하기 위한 난간의 높이는 제외한다) 이하의 기계식주차장 및 철골조립식 주차장(바닥면이 조립식이 아닌 것을 포함한다)으로서 외벽이 없는 것
6. 바닥면적 30㎡를 넘는 지하대피호
7. 높이 5m를 넘는「신에너지 및 재생에너지 개발·이용·보급 촉진법」에 따른 태양에너지를 이용하는 발전설비와 그 밖에 이와 비슷한 것
8. 건축조례로 정하는 제조시설, 저장시설(시멘트사일로를 포함), 유희시설, 그 밖에 이와 비슷한 것
9. 건축물의 구조에 심대한 영향을 줄 수 있는 중량물로서 건축조례가 정하는 것

4. 건축설비

'건축설비'라 함은 건축물에 설치하는 전기·전화 설비, 초고속 정보통신 설비, 지능형 홈네트워크 설비, 가스·급수·배수(配水)·배수(排水)·환기·난방·소화(消火)·배연(排煙) 및 오물처리의 설비, 굴뚝, 승강기, 피뢰침, 국기 게양대, 공동시청 안테나, 유선방송 수신시설, 우편함, 저수조(貯水槽), 그 밖에 국토교통부령으로 정하는 설비를 말한다(법 제2조 제1항 제3호).

2 적용대상행위 제22회, 제23회, 제24회, 제25회, 제27회, 제29회, 제35회

「건축법」은 건축물의 건축, 대수선 및 용도변경에 대하여 적용된다.

1. 건축물의 건축(영 제2조)

"건축"이란 건축물을 신축·증축·개축·재축하거나 건축물을 이전하는 것을 말한다.

(1) 신축

1. 건축물이 없는 대지(기존건축물이 해체되거나 멸실된 대지를 포함한다)에 새로 건축물을 축조하는 것
2. 부속건축물만 있는 대지에 새로 주된 건축물을 축조하는 것(개축 또는 재축하는 것은 제외)
3. 건축물의 전부를 해체하고 종전 규모를 초과하여 건축하는 행위도 신축이다.

(2) 증축

1. 기존건축물이 있는 대지에서 건축물의 건축면적·연면적·층수 또는 높이를 늘리는 것을 말한다.
2. 담장 등 건축물에 부수되는 시설물의 축조 등도 증축에 해당한다.
3. 동일 대지 안에서 별동으로 또는 붙여서 건축물의 건축행위도 증축이다.

핵심정리

- 단순한 건축물의 높이 증가도 증축에 해당한다.
- 건축물의 일부가 해체되거나 멸실되고 종전보다 규모가 커지는 것은 증축

(3) 개축

기존건축물의 전부 또는 일부[내력벽·기둥·보·지붕틀(한옥의 경우에는 지붕틀의 범위에서 서까래는 제외한다) 중 셋 이상이 포함되는 경우를 말한다]를 해체하고 그 대지에 종전과 같은 규모의 범위에서 건축물을 다시 축조하는 것을 말한다.

(4) 재축

"재축"이란 건축물이 천재지변이나 그 밖의 재해(災害)로 멸실된 경우 그 대지에 다음 각 목의 요건을 모두 갖추어 다시 축조하는 것을 말한다.

1. 연면적 합계는 종전 규모 이하로 할 것
2. 동(棟)수, 층수 및 높이는 다음의 어느 하나에 해당할 것
   ① 동수, 층수 및 높이가 모두 종전 규모 이하일 것
   ② 동수, 층수 또는 높이의 어느 하나가 종전 규모를 초과하는 경우에는 해당 동수, 층수 및 높이가 "법령등"에 모두 적합할 것

(5) 이전

건축물의 주요구조부를 해체하지 아니하고 같은 대지의 다른 위치로 옮기는 것을 말한다.

2. 대수선

건축물의 기둥·보·내력벽·주계단 등의 구조 또는 외부형태를 수선·변경 또는 증설하는 것(증축·개축 또는 재축에 해당하지 아니하는 것)으로서 다음 각 호의 어느 하나에 해당하는 것을 말한다(법 제2조 제1항, 영 제3조의2).

1. 내력벽을 증설 또는 해체하거나 그 벽면적을 30㎡ 이상 수선 또는 변경하는 것
2. 기둥을 증설 또는 해체하거나 세 개 이상 수선 또는 변경하는 것
3. 보를 증설 또는 해체하거나 세 개 이상 수선 또는 변경하는 것
4. 지붕틀(한옥의 경우에는 지붕틀의 범위에서 서까래는 제외한다)을 증설 또는 해체하거나 세 개 이상 수선 또는 변경하는 것
5. 방화벽 또는 방화구획을 위한 바닥 또는 벽을 증설 또는 해체하거나 수선 또는 변경하는 것
6. 주계단·피난계단 또는 특별피난계단을 증설 또는 해체하거나 수선 또는 변경하는 것

7. 다가구주택의 가구 간 경계벽 또는 다세대주택의 세대 간 경계벽을 증설 또는 해체하거나 수선 또는 변경하는 것
8. 건축물의 외벽에 사용하는 마감재료(법 제52조 제2항에 따른 마감재료를 말한다)를 증설 또는 해체하거나 벽면적 30㎡ 이상 수선 또는 변경하는 것

핵심정리

주요구조부
내력벽·기둥·바닥·보·지붕틀 및 주계단을 말한다. 다만 사이기둥·최하층바닥·작은보·차양·옥외계단 기타 이와 유사한 것으로 건축물의 구조상 중요하지 아니한 부분을 제외한다.

3. 용도변경 제20회, 제22회, 제23회, 제24회, 제25회, 제29회, 제31회, 제33회, 제34회

(1) 건축물의 시설군과 용도(법 제19조 제4항, 영 제14조 제5항)

시설군	용도군	
1. 자동차관련 시설군	자동차관련시설	
2. 산업등 시설군	① 운수시설 ② 창고시설 ③ 공장 ④ 위험물저장 및 처리시설 ⑤ 자원순환 관련 시설 ⑥ 묘지관련시설 ⑦ 장례시설	
3. 전기통신시설군	① 방송통신시설 ② 발전시설	
4. 문화집회시설군	① 문화 및 집회시설 ② 종교시설 ③ 위락시설 ④ 관광휴게시설	
5. 영업시설군	① 판매시설 ② 운동시설 ③ 숙박시설 ④ 제2종 근린생활시설 중 다중생활시설	↑ 허가 / 신고 ↓
6. 교육 및 복지시설군	① 의료시설 ② 교육연구시설 ③ 노유자시설 ④ 수련시설 ⑤ 야영장시설	
7. 근린생활시설군	① 제1종 근린생활시설 ② 제2종 근린생활시설 (다중생활시설은 제외한다)	
8. 주거업무시설군	① 단독주택 ② 공동주택 ③ 업무시설 ④ 교정시설 ⑤ 국방·군사시설	
9. 그 밖의 시설군	동물 및 식물관련시설	

(2) 허가 또는 신고

사용승인을 받은 건축물의 용도를 변경하려는 자는 다음 각 호의 구분에 따라 국토교통부령으로 정하는 바에 따라 특별자치도지사 또는 시장·군수·구청장의 허가를 받거나 신고를 하여야 한다. 건축물의 용도변경은 변경하려는 용도의 건축기준에 맞게 하여야 한다(법 제19조 제1항, 제2항).

① 허가대상

건축물의 용도를 상위군(아래 각 호의 번호가 용도변경 하고자 하는 건축물이 속하는 시설군보다 작은 시설군을 말한다)에 해당하는 용도로 변경하는 경우

② 신고대상

건축물의 용도를 하위군(아래 각 호의 번호가 용도변경 하고자 하는 건축물이 속하는 시설군보다 큰 시설군을 말한다)에 해당하는 용도로 변경하는 경우

(3) 건축물대장의 기재내용의 변경신청(허가, 신고 배제)

① 원칙

위 시설군 중 같은 시설군 안에서 용도를 변경하려는 자는 국토교통부령으로 정하는 바에 따라 허가권자에게 건축물대장 기재내용의 변경을 신청하여야 한다(법 제19조 제3항).

② 예외

다만, 다음 각 호의 어느 하나에 해당하는 건축물 상호 간의 용도변경은 대장의 기재내용변경을 신청하지 않는다. 다만, 별표 1 제3호 다목 (목욕장만 해당한다)·라목, 같은 표 제4호 가목·사목·카목·파목 (골프연습장, 놀이형시설만 해당한다)·더목·러목·머목, 같은 표 제7호 다목2), 같은 표 제15호 가목 (생활숙박시설만 해당한다) 및 같은 표 제16호 가목·나목에 해당하는 용도로 변경하는 경우는 대장의 기재내용변경을 하여야 한다(법 제19조 제3항, 영 제14조 제4항).

1. 동일한 용도군에 속하는 건축물 상호 간의 용도변경
2. 「국토의 계획 및 이용에 관한 법률」이나 그 밖의 관계 법령에서 정하는 용도제한에 적합한 범위에서 제1종 근린생활시설과 제2종 근린생활시설 상호 간의 용도변경

(4) 사용승인 및 건축사설계의 규정준용(법 제19조 제5항, 제6항)

① 사용승인의 규정준용

허가나 신고 대상인 경우로서 용도변경하려는 부분의 바닥면적의 합계가 100제곱미터 이상인 경우의 사용승인에 관하여는 사용승인의 규정을 준용한다. 다만, 용도변경하려는 부분의 바닥면적의 합계가 500제곱미터 미만으로서 대수선에 해당되는 공사를 수반하지 아니하는 경우에는 그러하지 아니하다.

② 건축사설계의 규정준용

허가 대상인 경우로서 용도변경하려는 부분의 바닥면적의 합계가 500제곱미터 이상인 용도변경(대통령령으로 정하는 경우는 제외한다)의 설계에 관하여는 건축물의 설계에 관한 규정(건축사만이 설계)을 준용한다.

(5) 복수용도의 건축물(법 제19조의2)

① 건축주는 건축물의 용도를 복수로 하여 제11조에 따른 건축허가, 제14조에 따른 건축신고 및 제19조에 따른 용도변경 허가·신고 또는 건축물대장 기재내용의 변경 신청을 할 수 있다.

② 허가권자는 제1항에 따라 신청한 복수의 용도가 이 법 및 관계 법령에서 정한 건축기준과 입지기준 등에 모두 적합한 경우에 한정하여 국토교통부령으로 정하는 바에 따라 복수 용도를 허용할 수 있다.

(6) 용도별 건축물의 종류

건축물의 용도는 다음과 같이 구분하되, 각 용도에 속하는 건축물의 종류는 다음과 같다(법 제2조 제2항, 영 제3조의4).

1호. 단독주택	1. 단독주택[단독주택의 형태를 갖춘 가정어린이집·공동생활가정·지역아동센터 및 노인복지시설(노인복지주택은 제외한다)을 포함한다] 가. 단독주택 나. 다중주택 : 다음의 요건을 모두 갖춘 주택을 말한다. ① 학생 또는 직장인 등 여러 사람이 장기간 거주할 수 있는 구조로 되어 있는 것 ② 독립된 주거의 형태를 갖추지 아니한 것(각 실별로 욕실은 설치할 수 있으나, 취사시설은 설치하지 아니한 것을 말한다) ③ 1개 동의 주택으로 쓰이는 바닥면적(부설 주차장 면적은 제외한다.)의 합계가 660제곱미터 이하이고 주택으로 쓰는 층수(지하층은 제외한다)가 3개 층 이하일 것. 다만, 1층의 전부 또는 일부를 필로티 구조로 하여 주차장으로 사용하고 나머지 부분을 주택 외의 용도로 쓰는 경우에는 해당 층을 주택의 층수에서 제외한다. ④ 적정한 주거환경을 조성하기 위하여 건축조례로 정하는 실별 최소 면적, 창문의 설치 및 크기 등의 기준에 적합할 것 다. 다가구주택 : 다음의 요건을 모두 갖춘 주택으로서 공동주택에 해당하지 아니하는 것을 말한다. ① 주택으로 쓰는 층수(지하층은 제외한다)가 3개 층 이하일 것. 다만, 1층의 바닥면적 2분의 1 이상을 필로티 구조로 하여 주차장으로 사용하고 나머지 부분을 주택 외의 용도로 쓰는 경우에는 해당 층을 주택의 층수에서 제외한다. ② 1개 동의 주택으로 쓰이는 바닥면적(부설 주차장 면적은 제외한다. 이하 같다)의 합계가 660제곱미터 이하일 것 ③ 19세대(대지 내 동별 세대수를 합한 세대를 말한다) 이하가 거주할 수 있을 것 라. 공관(公館)

2호. 공동주택	2. 공동주택[공동주택의 형태를 갖춘 가정어린이집·공동생활가정·지역아동센터·노인복지시설(노인복지주택은 제외한다) 및 「주택법 시행령」 제3조 제1항에 따른 원룸형 주택을 포함한다]. 다만, 가목이나 나목에서 층수를 산정할 때 1층 전부를 필로티 구조로 하여 주차장으로 사용하는 경우에는 필로티 부분을 층수에서 제외하고, 다목에서 층수를 산정할 때 1층의 바닥면적 2분의 1 이상을 필로티 구조로 하여 주차장으로 사용하고 나머지 부분을 주택 외의 용도로 쓰는 경우에는 해당 층을 주택의 층수에서 제외하며, 가목부터 라목까지의 규정에서 층수를 산정할 때 지하층을 주택의 층수에서 제외한다. 가. 아파트 : 주택으로 쓰는 층수가 5개 층 이상인 주택 나. 연립주택 : 주택으로 쓰는 1개 동의 바닥면적(2개 이상의 동을 지하주차장으로 연결하는 경우에는 각각의 동으로 본다) 합계가 660제곱미터를 초과하고, 층수가 4개 층 이하인 주택 다. 다세대주택 : 주택으로 쓰는 1개 동의 바닥면적 합계가 660제곱미터 이하이고, 층수가 4개 층 이하인 주택(2개 이상의 동을 지하주차장으로 연결하는 경우에는 각각의 동으로 본다) 라. 기숙사 : 다음의 어느 하나에 해당하는 건축물로서 공간의 구성과 규모 등에 관하여 국토교통부장관이 정하여 고시하는 기준에 적합한 것. 다만, 구분소유된 개별 실(室)은 제외한다. ① 일반기숙사: 학교 또는 공장 등의 학생 또는 종업원 등을 위하여 사용하는 것으로서 해당 기숙사의 공동취사시설 이용 세대 수가 전체 세대 수(건축물의 일부를 기숙사로 사용하는 경우에는 기숙사로 사용하는 세대 수로 한다. 이하 같다)의 50퍼센트 이상인 것(학생복지주택을 포함한다) ② 임대형기숙사: 「공공주택 특별법」에 따른 공공주택사업자 또는「민간임대주택에 관한 특별법」에 따른 임대사업자가 임대사업에 사용하는 것으로서 임대 목적으로 제공하는 실이 20실 이상이고 해당 기숙사의 공동취사시설 이용 세대 수가 전체 세대 수의 50퍼센트 이상인 것
3호. 제1종 근린생활 시설	가. 식품·잡화·의류·완구·서적·건축자재·의약품·의료기기 등 일용품을 판매하는 소매점으로서 같은 건축물(하나의 대지에 두 동 이상의 건축물이 있는 경우에는 이를 같은 건축물로 본다. 이하 같다)에 해당 용도로 쓰는 바닥면적의 합계가 1천 제곱미터 미만인 것 나. 휴게음식점, 제과점 등 음료·차(茶)·음식·빵·떡·과자 등을 조리하거나 제조하여 판매하는 시설(제4호 너목 또는 제17호에 해당하는 것은 제외한다)로서 같은 건축물에 해당 용도로 쓰는 바닥면적의 합계가 300제곱미터 미만인 것 다. 이용원, 미용원, 목욕장, 세탁소 등 사람의 위생관리나 의류 등을 세탁·수선하는 시설(세탁소의 경우 공장에 부설되는 것과 「대기환경보전법」, 「수질 및 수생태계 보전에 관한 법률」 또는 「소음·진동관리법」에 따른 배출시설의 설치 허가 또는 신고의 대상인 것은 제외한다) 라. 의원, 치과의원, 한의원, 침술원, 접골원(接骨院), 조산원, 안마원, 산후조리원 등 주민의 진료·치료 등을 위한 시설 마. 탁구장, 체육도장으로서 같은 건축물에 해당 용도로 쓰는 바닥면적의 합계가 500제곱미터 미만인 것 바. 지역자치센터, 파출소, 지구대, 소방서, 우체국, 방송국, 보건소, 공공도서관, 건강보험공단 사무소 등 공공업무시설로서 같은 건축물에 해당 용도로 쓰는 바닥면적의 합계가 1천 제곱미터 미만인 것 사. 마을회관, 마을공동작업소, 마을공동구판장, 공중화장실, 대피소, 지역아동센터(단독주택과 공동주택에 해당하는 것은 제외한다) 등 주민이 공동으로 이용하는 시설

	아. 변전소, 도시가스배관시설, 정수장, 양수장 등 주민의 생활에 필요한 에너지공급이나 급수·배수와 관련된 시설 자. 금융업소, 사무소, 부동산중개사무소, 결혼상담소 등 소개업소, 출판사 등 일반업무시설로서 같은 건축물에 해당 용도로 쓰는 바닥면적의 합계가 30제곱미터 미만인 것 차. 전기자동차 충전소(해당 용도로 쓰는 바닥면적의 합계가 1천제곱미터 미만인 것으로 한정한다) 카. 동물병원, 동물미용실 및 「동물보호법」 제73조제1항제2호에 따른 동물위탁관리업을 위한 시설로서 같은 건축물에 해당 용도로 쓰는 바닥면적의 합계가 300제곱미터 미만인 것
4호. 제2종 근린생활 시설	가. 공연장(극장, 영화관, 연예장, 음악당, 서커스장, 비디오물감상실, 비디오물소극장, 그 밖에 이와 비슷한 것을 말한다. 이하 같다)으로서 같은 건축물에 해당 용도로 쓰는 바닥면적의 합계가 500제곱미터 미만인 것 나. 종교집회장[교회, 성당, 사찰, 기도원, 수도원, 수녀원, 제실(祭室), 사당, 그 밖에 이와 비슷한 것을 말한다. 이하 같다]으로서 같은 건축물에 해당 용도로 쓰는 바닥면적의 합계가 500제곱미터 미만인 것 다. 자동차영업소로서 같은 건축물에 해당 용도로 쓰는 바닥면적의 합계가 1천제곱미터 미만인 것 라. 서점(제1종 근린생활시설에 해당하지 않는 것) 마. 총포판매소 바. 사진관, 표구점 사. 청소년게임제공업소, 복합유통게임제공업소, 인터넷컴퓨터게임시설제공업소, 그 밖에 이와 비슷한 게임 관련 시설로서 같은 건축물에 해당 용도로 쓰는 바닥면적의 합계가 500제곱미터 미만인 것 아. 휴게음식점, 제과점 등 음료·차(茶)·음식·빵·떡·과자 등을 조리하거나 제조하여 판매하는 시설(너목 또는 제17호에 해당하는 것은 제외한다)로서 같은 건축물에 해당 용도로 쓰는 바닥면적의 합계가 300제곱미터 이상인 것 자. 일반음식점 차. 장의사, 동물병원, 동물미용실, 「동물보호법」 제73조제1항제2호에 따른 동물위탁관리업을 위한 시설, 그 밖에 이와 유사한 것(제1종 근린생활시설에 해당하는 것은 제외한다) 카. 학원(자동차학원 및 무도학원은 제외한다), 교습소(자동차 교습 및 무도 교습을 위한 시설은 제외한다), 직업훈련소(운전·정비 관련 직업훈련소는 제외한다)로서 같은 건축물에 해당 용도로 쓰는 바닥면적의 합계가 500제곱미터 미만인 것 타. 독서실, 기원 파. 테니스장, 체력단련장, 에어로빅장, 볼링장, 당구장, 실내낚시터, 골프연습장, 놀이형시설(「관광진흥법」에 따른 기타유원시설업의 시설을 말한다. 이하 같다) 등 주민의 체육 활동을 위한 시설(제3호 마목의 시설은 제외한다)로서 같은 건축물에 해당 용도로 쓰는 바닥면적의 합계가 500제곱미터 미만인 것 하. 금융업소, 사무소, 부동산중개사무소, 결혼상담소 등 소개업소, 출판사 등 일반업무시설로서 같은 건축물에 해당 용도로 쓰는 바닥면적의 합계가 500제곱미터 미만인 것(제1종 근린생활시설에 해당하는 것은 제외한다)

4호. 제2종 근린생활 시설	거. 다중생활시설(「다중이용업소의 안전관리에 관한 특별법」에 따른 다중이용업 중 고시원업의 시설로서 독립된 주거의 형태를 갖추지 않은 것을 말한다. 이하 같다)로서 같은 건축물에 해당 용도로 쓰는 바닥면석의 합계가 500제곱미터 미만인 것 너. 제조업소, 수리점 등 물품의 제조·가공·수리 등을 위한 시설로서 같은 건축물에 해당 용도로 쓰는 바닥면적의 합계가 500제곱미터 미만이고, 다음 요건 중 어느 하나에 해당하는 것 ① 「대기환경보전법」, 「수질 및 수생태계 보전에 관한 법률」 또는 「소음·진동관리법」에 따른 배출시설의 설치 허가 또는 신고의 대상이 아닌 것 ② 「대기환경보전법」, 「수질 및 수생태계 보전에 관한 법률」 또는 「소음·진동관리법」에 따른 배출시설의 설치 허가 또는 신고의 대상 시설이나 귀금속·장신구 및 관련 제품 제조시설로서 발생되는 폐수를 전량 위탁처리하는 것 더. 단란주점으로서 같은 건축물에 해당 용도로 쓰는 바닥면적의 합계가 150제곱미터 미만인 것 러. 안마시술소, 노래연습장
5호. 문화 및 집회시설	가. 공연장으로서 제2종 근린생활시설에 해당하지 아니하는 것 나. 집회장[예식장, 공회당, 회의장, 마권(馬券) 장외 발매소, 마권 전화투표소, 그 밖에 이와 비슷한 것을 말한다]으로서 제2종 근린생활시설에 해당하지 아니하는 것 다. 관람장(경마장, 경륜장, 경정장, 자동차 경기장, 그 밖에 이와 비슷한 것과 체육관 및 운동장으로서 관람실의 바닥면적의 합계가 1천 제곱미터 이상인 것을 말한다) 라. 전시장(박물관, 미술관, 과학관, 문화관, 체험관, 기념관, 산업전시장, 박람회장, 그 밖에 이와 비슷한 것을 말한다) 마. 동·식물원(동물원, 식물원, 수족관, 그 밖에 이와 비슷한 것을 말한다)
6호. 종교시설	가. 종교집회장으로서 제2종 근린생활시설에 해당하지 아니하는 것 나. 종교집회장(제2종 근린생활시설에 해당하지 아니하는 것을 말한다)에 설치하는 봉안당(奉安堂)
7호. 판매시설	가. 도매시장(「농수산물유통 및 가격안정에 관한 법률」에 따른 농수산물도매시장, 농수산물공판장, 그 밖에 이와 비슷한 것을 말하며, 그 안에 있는 근린생활시설을 포함한다) 나. 소매시장(「유통산업발전법」 제2조 제3호에 따른 대규모 점포, 그 밖에 이와 비슷한 것을 말하며, 그 안에 있는 근린생활시설을 포함한다) 다. 상점(그 안에 있는 근린생활시설을 포함한다)으로서 다음의 요건 중 어느 하나에 해당하는 것 ① 제3호 가목에 해당하는 용도(서점은 제외한다)로서 제1종 근린생활시설에 해당하지 아니하는 것 ② 「게임산업진흥에 관한 법률」 제2조 제6호의2 가목에 따른 청소년게임제공업의 시설, 같은 호 나목에 따른 일반게임제공업의 시설, 같은 조 제7호에 따른 인터넷컴퓨터게임시설제공업의 시설 및 같은 조 제8호에 따른 복합유통게임제공업의 시설로서 제2종 근린생활시설에 해당하지 아니하는 것
8호. 운수시설	가. 여객자동차터미널 나. 철도시설 다. 공항시설 라. 항만시설
9호. 의료시설	가. 병원(종합병원, 병원, 치과병원, 한방병원, 정신병원 및 요양병원을 말한다) 나. 격리병원(전염병원, 마약진료소, 그 밖에 이와 비슷한 것을 말한다)

10호. 교육연구 시설	가. 학교(유치원, 초등학교, 중학교, 고등학교, 전문대학, 대학, 대학교, 그 밖에 이에 준하는 각종 학교를 말한다) 나. 교육원(연수원, 그 밖에 이와 비슷한 것을 포함한다) 다. 직업훈련소(운전 및 정비 관련 직업훈련소는 제외한다) 라. 학원(자동차학원 및 무도학원은 제외한다) 마. 연구소(연구소에 준하는 시험소와 계측계량소를 포함한다) 바. 도서관
11호. 노유자 (노인 및 어린이) 시설	가. 아동 관련 시설(어린이집, 아동복지시설, 그 밖에 이와 비슷한 것으로서 단독주택, 공동주택 및 제1종 근린생활시설에 해당하지 아니하는 것을 말한다) 나. 노인복지시설(단독주택과 공동주택에 해당하지 아니하는 것을 말한다) 다. 그 밖에 다른 용도로 분류되지 아니한 사회복지시설 및 근로복지시설
12호. 수련시설	가. 생활권 수련시설(「청소년활동진흥법」에 따른 청소년수련관, 청소년문화의집, 청소년특화시설, 그 밖에 이와 비슷한 것을 말한다) 나. 자연권 수련시설(「청소년활동진흥법」에 따른 청소년수련원, 청소년야영장, 그 밖에 이와 비슷한 것을 말한다) 다. 「청소년활동진흥법」에 따른 유스호스텔
13호. 운동시설	가. 탁구장, 체육도장, 테니스장, 체력단련장, 에어로빅장, 볼링장, 당구장, 실내낚시터, 골프연습장, 놀이형시설, 그 밖에 이와 비슷한 것으로서 제1종 근린생활시설 및 제2종 근린생활시설에 해당하지 아니하는 것 나. 체육관으로서 관람석이 없거나 관람석의 바닥면적이 1천제곱미터 미만인 것 다. 운동장(육상장, 구기장, 볼링장, 수영장, 스케이트장, 롤러스케이트장, 승마장, 사격장, 궁도장, 골프장 등과 이에 딸린 건축물을 말한다)으로서 관람석이 없거나 관람석의 바닥면적이 1천제곱미터 미만인 것
14호. 업무시설	가. 공공업무시설 : 국가 또는 지방자치단체의 청사와 외국공관의 건축물로서 제1종 근린생활시설에 해당하지 아니하는 것 나. 일반업무시설 : 다음 요건을 갖춘 업무시설을 말한다. ① 금융업소, 사무소, 결혼상담소 등 소개업소, 출판사, 신문사, 그 밖에 이와 비슷한 것으로서 제1종 근린생활시설 및 제2종 근린생활시설에 해당하지 않는 것 ② 오피스텔(업무를 주로 하며, 분양하거나 임대하는 구획 중 일부 구획에서 숙식을 할 수 있도록 한 건축물로서 국토교통부장관이 고시하는 기준에 적합한 것을 말한다)
15호. 숙박시설	가. 일반숙박시설 및 생활숙박시설 나. 관광숙박시설(관광호텔, 수상관광호텔, 한국전통호텔, 가족호텔, 호스텔, 소형호텔, 의료관광호텔 및 휴양 콘도미니엄) 다. 다중생활시설(제2종 근린생활시설에 해당하지 아니하는 것을 말한다) 라. 그 밖에 가목부터 다목까지의 시설과 비슷한 것

16호. 위락시설	가. 단란주점으로서 제2종 근린생활시설에 해당하지 아니하는 것 나. 유흥주점이나 그 밖에 이와 비슷한 것 다. 「관광진흥법」에 따른 유원시설업의 시설, 그 밖에 이와 비슷한 시설(제2종 근린생활시설과 운동시설에 해당하는 것은 제외한다) 라. 무도장, 무도학원 마. 카지노영업소
17호. 공장	물품의 제조·가공[염색·도장(塗裝)·표백·재봉·건조·인쇄 등을 포함한다] 또는 수리에 계속적으로 이용되는 건축물로서 제1종 근린생활시설, 제2종 근린생활시설, 위험물저장 및 처리시설, 자동차 관련 시설, 분뇨 및 쓰레기처리시설 등으로 따로 분류되지 아니한 것
18호. 창고시설	가. 창고(물품저장시설로서 「물류정책기본법」에 따른 일반창고와 냉장 및 냉동 창고를 포함한다) 나. 하역장 다. 「물류시설의 개발 및 운영에 관한 법률」에 따른 물류터미널 라. 집배송 시설
19호. 위험물 저장 및 처리시설	「위험물안전관리법」, 「석유 및 석유대체연료 사업법」, 「도시가스사업법」, 「고압가스 안전관리법」, 「액화석유가스의 안전관리 및 사업법」, 「총포·도검·화약류 등 단속법」, 「유해화학물질 관리법」등에 따라 설치 또는 영업의 허가를 받아야 하는 건축물로서 다음 각 목의 어느 하나에 해당하는 것. 다만, 자가난방, 자가발전, 그 밖에 이와 비슷한 목적으로 쓰는 저장시설은 제외한다. 가. 주유소(기계식 세차설비를 포함한다) 및 석유 판매소 나. 액화석유가스 충전소·판매소·저장소(기계식 세차설비를 포함한다) 다. 위험물 제조소·저장소·취급소 라. 액화가스 취급소·판매소 마. 유독물 보관·저장·판매시설 바. 고압가스 충전소·판매소·저장소 사. 도료류 판매소 아. 도시가스 제조시설 자. 화약류 저장소 차. 그 밖에 가목부터 자목까지의 시설과 비슷한 것
20호. 자동차관 련시설	가. 주차장 나. 세차장 다. 폐차장 라. 검사장 마. 매매장 바. 정비공장 사. 운전학원 및 정비학원(운전 및 정비 관련 직업훈련시설을 포함한다) 아. 「여객자동차 운수사업법」, 「화물자동차 운수사업법」 및 「건설기계관리법」에 따른 차고 및 주기장(駐機場)

21호. 동물 및 식물 관련시설	가. 축사(양잠·양봉·양어·양돈·양계·곤충사육시설 및 부화장 등을 포함한다) 나. 가축시설[가축용 운동시설, 인공수정센터, 관리사(管理舍), 가축용 창고, 가축시장, 동물검역소, 실험동물 사육시설, 그 밖에 이와 비슷한 것을 말한다] 다. 도축장 라. 도계장 마. 작물 재배사 바. 종묘배양시설 사. 화초 및 분재 등의 온실 아. 식물과 관련된 마목부터 사목까지의 시설과 비슷한 것(동·식물원은 제외한다)
22호. 자원순환 관련시설	가. 하수 등 처리시설 나. 고물상 다. 폐기물재활용시설 라. 폐기물 처분시설 마. 폐기물감량화시설
23호. 교정시설	가. 교정시설(보호감호소, 구치소 및 교도소를 말한다) 나. 갱생보호시설, 그 밖에 범죄자의 갱생·보육·교육·보건 등의 용도로 쓰는 시설 다. 소년원 및 소년분류심사원
24. 국방 군사 시설	국방·군사시설
25호. 방송통신 시설	가. 방송국(방송프로그램 제작시설 및 송신·수신·중계시설을 포함한다) 나. 전신전화국 다. 촬영소 라. 통신용 시설 마. 데이터센터 바. 그 밖에 가목부터 라목까지의 시설과 비슷한 것
26호. 발전시설	발전소(집단에너지 공급시설을 포함한다)로 사용되는 건축물로서 제1종 근린생활시설에 해당하지 아니하는 것
26호. 묘지관련 시설	가. 화장시설 나. 봉안당(종교시설에 해당하는 것은 제외한다) 다. 묘지와 자연장지에 부수되는 건축물
27호. 관광휴게 시설	가. 야외음악당 나. 야외극장 다. 어린이회관 라. 관망탑 마. 휴게소 바. 공원·유원지 또는 관광지에 부수되는 시설
28호. 장례시설	가. 장례식장 나. 동물전용 장례식장
29호. 야영장시설	관광진흥법에 따른 야영장시설로서 관리동, 화장실, 샤워실, 대피소, 취사시설 등의 용도로 쓰는 바닥면적의 합계가 300제곱미터 미만인 것

3 건축법 적용대상지역(법 제3조 제2항)

1. 전면적 적용대상지역

1. 「국토의 계획 및 이용에 관한 법률」에 의한 도시지역 및 지구단위계획구역
2. 동 또는 읍의 지역(동·읍에 속하는 섬의 경우에는 그 인구가 500인 이상인 경우에 한한다)

2. 「건축법」의 일부를 적용하지 아니하는 지역

전면적 적용지역을 제외한 지역은 다음의 규정을 적용하지 아니한다.

1. 대지와 도로의 관계(법 제44조)
2. 대지의 분할제한(법 제57조)
3. 도로의 지정·폐지 또는 변경(법 제45조)
4. 건축선의 지정(법 제46조)
5. 건축선에 의한 건축제한(법 제47조)
6. 방화지구 안의 건축물(법 제51조)

01 CHAPTER

기출 및 예상문제

01 건축법령상 건축물의 "대수선"에 해당하지 않는 것은? (단, 건출물의 중축·개축 또는 재축에 해당하지 않음) (제35회)

① 보를 두 개 변경하는 것
② 기둥을 세 개 수선하는 것
③ 내력벽의 벽면적을 30제곱미터 수선하는 것
④ 특별피난계단을 변경하는 것
⑤ 다세대주택의 세대 간 경계벽을 증설하는 것

해설 기둥, 보, 지붕틀은 3개 이상을 수선·변경하면 대수선이다.

정답 ①

02 甲은 A도 B시에 소재하는 자동차 영업소로만 쓰는 건축물(사용승인을 받은 건축물로서 같은 건축물에 해당 용도로 쓰는 바닥면적의 합계가 500㎡임)**의 용도를 전부 노래연습장으로 용도변경하려고 한다. 건축법령상 이에 관한 설명으로 옳은 것은?** (단, 제시된 조건 이외의 다른 조건이나 제한, 건축법령상 특례 및 조례는 고려하지 않음) (제34회)

① 甲은 건축물 용도변경에 관하여 B시장의 허가를 받아야 한다.
② 甲은 B시장에게 건축물 용도변경에 관하여 신고를 하여야 한다.
③ 甲은 용도변경한 건축물을 사용하려면 B시장의 사용승인을 받아야 한다.
④ 甲은 B시장에게 건축물대장 기재내용의 변경을 신청하여야 한다.
⑤ 甲의 건축물에 대한 용도변경을 위한 설계는 건축사가 아니면 할 수 없다.

해설 ①② 자동차 영업소(1,000㎡ 미만)는 제2종 근린생활시설이고, 용도변경이 되는 노래연습장도 제2종 근린생활시설이다. 그러므로 용도변경을 하는 경우 허가나 신고대상이 아니다. 또한 동일한 용도사이의 변경인 경우 이므로 대장의 기재사항 변경도 필요하지는 않는 게 원칙이지만 노래연습장으로의 변경은 대장의 기재사항을 변경하여야 한다.
③ 사용승인은 허가대상이거나 신고대상인 경우 사용승인을 받는다. 상기의 경우는 허가나 신고대상이 아니므로 사용승인을 받지 않는다.
⑤ 건축사가 설계하는 경우는 허가대상인 경우이다.

정답 ④

02 CHAPTER

건축물의 건축

단원별 학습포인트

- ❏ 입지규모의 사전결정제도(실효기간, 의제사항)
- ❏ 원칙적 허가권자와 대형건물에서의 예외적 허가권자
- ❏ 도지사의 사전승인대상
- ❏ 건축허가의 거부(건축위원회 심의)
- ❏ 필요적취소와 임의적 취소사유를 구별
- ❏ 허가제한은 누가? 어떤 사유로? 얼마동안?
- ❏ 신고대상 건물의 종류와 신고의 실효기간?
- ❏ 가설건축물의 요건(허가대상과 신고대상의 구별, 존치기간)
- ❏ 협의대상건물인 공용건축물
- ❏ 사용승인

제1절 건축허가 등(허가·신고·협의) 매년 출제(제34회 제외), 제35회

1 건축에 관한 입지 및 규모의 사전결정 제20회, 제28회, 제30회, 제33회

1. 사전결정신청

건축허가 대상 건축물을 건축하려는 자는 건축허가를 신청하기 전에 허가권자에게 그 건축물의 건축에 관한 다음 각 호의 사항에 대한 사전결정을 신청할 수 있다(법 제10조 제1항).

> 1. 해당 대지에 건축하는 것이 이 법이나 관계 법령에서 허용되는지 여부
> 2. 이 법 또는 관계 법령에 따른 건축기준 및 건축제한, 그 완화에 관한 사항 등을 고려하여 해당 대지에 건축 가능한 건축물의 규모
> 3. 건축허가를 받기 위하여 신청자가 고려하여야 할 사항

2. 사전결정신청시 건축위원회 심의 등 신청

사전결정을 신청하는 자는 건축위원회 심의와 「도시교통정비 촉진법」에 따른 교통영향평가서의 검토를 동시에 신청할 수 있다(법 제10조 제2항).

3. 전략환경영향평가협의

허가권자는 사전결정이 신청된 건축물의 대지면적이 「환경영향평가법」에 따른 소규모 환경영향평가 대상사업인 경우 환경부장관이나 지방환경관서의 장과 소규모 환경영향평가에 관한 협의를 하여야 한다(법 제10조 제3항).

4. 사전결정통지 및 의제사항

허가권자는 사전결정 신청을 받으면 입지, 건축물의 규모, 용도 등을 사전결정한 후 사전결정 신청자에게 알려야 하며, 사전결정 통지를 받은 경우에는 다음 각 호의 허가를 받거나 신고 또는 협의를 한 것으로 본다. 이 경우에는 미리 관계 행정기관의 장과 협의하여야 하며, 협의를 요청 받은 관계 행정기관의 장은 요청받은 날부터 15일 이내에 의견을 제출하여야 한다(법 제10조 제4항, 제5항, 제6항, 제7항).

1. 「국토의 계획 및 이용에 관한 법률」에 의한 개발행위허가
2. 「산지관리법」에 의한 산지전용허가 및 산지전용신고, 산지일시사용허가·신고. 다만, 보전산지인 경우에는 도시지역만 해당된다.
3. 「농지법」에 의한 농지전용허가·신고 및 협의
4. 「하천법」에 의한 하천점용허가

5. 사전결정의 효력의 상실

사전결정신청자는 사전결정을 통지받은 날부터 2년 이내에 건축허가를 신청하여야 하며, 이 기간에 건축허가를 신청하지 아니하면 사전결정의 효력이 상실된다(법 제10조 제8항).

참고학습 | **건축위원회 심의의 효력 상실**

건축위원회의 심의를 받은 자가 심의 결과를 통지 받은 날부터 2년 이내에 건축허가를 신청하지 아니하면 건축위원회 심의의 효력이 상실된다(법 제11조 제10항).

2 건축허가

1. 허가권자 등

(1) 원칙(특별자치시장·특별자치도지사 또는 시장·군수·구청장)

건축물을 건축하거나 대수선하려는 자는 특별자치시장·특별자치도지사 또는 시장·군수·구청장의 허가를 받아야 한다(법 제11조 제1항).

(2) 예외(특별시장 또는 광역시장)

다만, 층수가 21층 이상이거나 연면적의 합계가 10만㎡ 이상인 건축물의 건축(연면적의 10분의 3 이상을 증축하여 층수가 21층 이상으로 되거나 연면적의 합계가 10만㎡ 이상으로 되는 경우를 포함한다)을 특별시·광역시에 건축하려면 특별시장이나 광역시장의 허가를 받아야 한다(법 제11조 제1항 단서, 영 제8조 제1항).

대형건축물에서 제외되는 것

1. 공장
2. 창고
3. 지방건축위원회의 심의를 거친 건축물(특별시 또는 광역시의 건축조례로 정하는 바에 따라 해당 지방건축위원회의 심의사항으로 할 수 있는 건축물에 한정하며, 초고층 건축물은 제외한다)은 제외한다.

2. 도지사의 사전승인

시장·군수는 다음 각 호의 어느 하나에 해당하는 건축물의 건축을 허가하려면 미리 건축계획서와 국토교통부령으로 정하는 건축물의 용도, 규모 및 형태가 표시된 기본설계도서를 첨부하여 도지사의 승인을 받아야 한다(법 제11조 제2항).

1. 대형건축물(층수가 21층 이상이거나 연면적의 합계가 10만㎡ 이상인 건축물, 공장, 창고 및 지방건축위원회의 심의를 거친 건축물은 제외) 다만, 도시환경, 광역교통 등을 고려하여 해당 도의 조례로 정하는 건축물은 제외한다.
2. 자연환경 또는 수질보호를 위하여 도지사가 지정·공고하는 구역 안에 건축하는 3층 이상 또는 연면적합계 1,000㎡ 이상의 다음의 건축물(영 제8조 제3항)

공고	규모	대상 건축물
도지사가 지정·공고하는 구역	3층 이상 또는 연면적 합계 1,000㎡ 이상	① 업무시설 (일반업무시설만 해당한다) ② 제2종근린생활시설 (일반음식점만 해당) ③ 위락시설 ④ 숙박시설 ⑤ 공동주택

3. 주거환경 또는 교육환경 등 주변환경의 보호상 필요하다고 인정하여 도지사가 지정·공고하는 구역 안에 건축하는 다음의 건축물

공고	규모	대상 건축물
도지사가 지정·공고하는 구역	×	① 위락시설, ② 숙박시설

3. 건축허가에 대한 규제

(1) 건축허가거부

허가권자는 건축허가를 하고자 하는 때에 「건축기본법」 제25조에 따른 한국건축규정의 준수 여부를 확인하여야 한다. 다만, 다음 각 호의 어느 하나에 해당하는 경우에는 이 법이나 다른 법률에도 불구하고 건축위원회의 심의를 거쳐 건축허가를 하지 아니할 수 있다(법 제11조 제4항).

1. 위락시설이나 숙박시설에 해당하는 건축물의 건축을 허가하는 경우 해당 대지에 건축하려는 건축물의 용도·규모 또는 형태가 주거환경이나 교육환경 등 주변 환경을 고려할 때 부적합하다고 인정되는 경우
2. ① 「국토의 계획 및 이용에 관한 법률」에 따른 방재지구 및 ② 「자연재해대책법」에 따른 자연재해위험개선지구 ③ 허가권자가 상습적으로 침수되거나 침수가 우려된다고 지정·고시하는 지역에 건축하려는 건축물에 대하여 일부 공간에 거실을 설치하는 것이 부적합하다고 인정되는 경우

(2) 건축허가의 제한 등

① 건축허가 등의 제한권자 및 제한 사유

	국토교통부장관의 제한	시·도지사의 제한
제한목적 및 대상 (법 제18조 제1항, 제2항)	국토관리를 위하여 특히 필요하다고 인정하거나 주무부장관이 국방, 국가유산의 보존, 환경보전 또는 국민경제를 위하여 특히 필요하다고 인정하여 요청하면 허가권자의 건축허가나 허가를 받은 건축물의 착공을 제한할 수 있다.	지역계획이나 도시·군계획에 특히 필요하다고 인정하면 시장·군수·구청장의 건축허가나 허가를 받은 건축물의 착공을 제한할 수 있다.
사후보고 (법 제18조 제5항)		시·도지사는 시장·군수·구청장의 건축허가나 건축물의 착공을 제한한 경우 즉시 국토교통부장관에게 보고하여야 하며, 보고를 받은 국토교통부장관은 제한 내용이 지나치다고 인정하면 해제를 명할 수 있다

② 건축허가제한 시 주민의견청취 및 건축위원회 심의

국토교통부장관이나 시·도지사는 제1항이나 제2항에 따라 건축허가나 건축허가를 받은 건축물의 착공을 제한하려는 경우에는 「토지이용규제 기본법」 제8조에 따라 주민의견을 청취한 후 건축위원회의 심의를 거쳐야 한다(법 제18조 제3항).

③ 건축허가의 제한기간

건축허가 또는 건축물의 착공을 제한하는 경우 그 제한기간은 2년 이내로 한다. 다만 1회에 한하여 1년 이내의 범위에서 그 제한기간을 연장할 수 있다(법 제18조 제4항).

④ 건축허가의 제한대상 등의 통보 및 공고

국토교통부장관이나 특별시장·광역시장·도지사는 건축허가나 건축물의 착공을 제한하는 경우 제한 목적·기간, 대상 건축물의 용도와 대상 구역의 위치·면적·경계 등을 상세하게 정하여 허가권자에게 통보하여야 하며, 통보를 받은 허가권자는 지체 없이 이를 공고하여야 한다(법 제18조 제5항).

(3) 건축허가취소

건축허가의 취소사유는 다음과 같이 필요적 사유와 임의적 사유로 구분된다.

구분	내용
필요적 취소사유 (법 제11조 제7항)	허가를 받은 자가 다음 각 호의 어느 하나에 해당하면 허가를 취소하여야 한다. 1. 허가를 받은 자가 허가를 받은 날부터 2년(「산업집적활성화 및 공장설립에 관한 법률」 제13조에 따라 공장의 신설·증설 또는 업종변경의 승인을 받은 공장은 3년.) 이내에 공사에 착수하지 아니하는 경우 다만 허가권자는 정당한 이유가 있다고 인정하는 경우에는 1년의 범위 안에서 그 공사의 착수기간을 연장할 수 있다. 2. 2년 이내에 공사에 착수하였으나 공사의 완료가 불가능하다고 인정되는 경우 3. 착공신고 전에 경매 또는 공매 등으로 건축주가 대지의 소유권을 상실한 때부터 6개월이 지난 이후 공사의 착수가 불가능하다고 판단되는 경우
임의적 취소사유 (법 제69조 제1항)	허가권자는 대지 또는 건축물이 이 법 또는 이 법의 규정에 의한 명령이나 처분에 위반한 경우에는 이 법의 규정에 의한 허가 또는 승인을 취소할 수 있다

(4) 건축위원회 심의를 받은 건물의 허가신청기간

건축위원회의 심의를 받은 자가 심의 결과를 통지 받은 날부터 2년 이내에 건축허가를 신청하지 아니하면 건축위원회 심의의 효력이 상실된다(법 제11조 제10항).

4. 건축허가절차

(1) 허가신청서 등 제출

건축허가를 받으려는 자는 허가신청서에 국토교통부령으로 정하는 바에 따라 설계도서와 제5항 각 호에 따른 허가 등을 받거나 신고를 하기 위하여 관계 법령에서 제출하도록 의무화하고 있는 신청서 및 구비서류[건축할 대지의 범위와 그 대지의 소유 또는 그 사용에 관한 권리를 증명하는 서류(분양을 목적으로 하는 공동주택을 건축하는 경우에는 건축할 대지의 범위와 그 대지의 소유에 관한 권리를 증명하는 서류)]를 첨부하여 허가권자에게 제출하여야 한다. 다만, 국토교통부장관이 관계 행정기관의 장과 협의하여 국토교통부령으로 정하는 신청서 및 구비서류는 제21조에 따른 착공신고 전까지 제출할 수 있다(법 제11조 제3항).

(2) 건축허가 소유권 확보 제28회

건축허가를 받으려는 자는 해당 대지의 소유권을 확보하여야 한다. 다만, 다음 각 호의 어느 하나에 해당하는 경우에는 그러하지 아니하다(법 제11조 제11항).

1. 건축주가 대지의 소유권을 확보하지 못하였으나 그 대지를 사용할 수 있는 권원을 확보한 경우. 다만, 분양을 목적으로 하는 공동주택은 제외한다.
2. 건축주가 건축물의 노후화 또는 구조안전 문제 등 대통령령으로 정하는 다음의 사유로 건축물을 신축·개축·재축 및 리모델링을 하기 위하여 건축물 및 해당 대지의 공유자 수의 100분의 80 이상의 동의를 얻고 동의한 공유자의 지분 합계가 전체 지분의 100분의 80 이상인 경우
3. 건축주가 제1항에 따른 건축허가를 받아 주택과 주택 외의 시설을 동일 건축물로 건축하기 위하여 「주택법」 제21조를 준용한 대지 소유 등의 권리 관계를 증명한 경우. 다만, 「주택법」 제15조제1항 각 호 외의 부분 본문에 따른 대통령령으로 정하는 호수 이상으로 건설·공급하는 경우에 한정한다.
4. 건축하려는 대지에 포함된 국유지 또는 공유지에 대하여 허가권자가 해당 토지의 관리청이 해당 토지를 건축주에게 매각하거나 양여할 것을 확인한 경우
5. 건축주가 집합건물의 공용부분을 변경하기 위하여 「집합건물의 소유 및 관리에 관한 법률」 제15조제1항에 따른 결의가 있었음을 증명한 경우
6. 건축주가 집합건물을 재건축하기 위하여 「집합건물의 소유 및 관리에 관한 법률」 제47조에 따른 결의가 있었음을 증명한 경우

참고학습 공유자 80%이상 동의 중 동의를 하지 않은 공유자에 대한 매도청구권(법 제17조의2, 제17조의3)

1. 매도청구권(법 제17조의2)
   제11조 제11항 제2호(공유지분)에 따라 건축허가를 받은 건축주는 해당 건축물 또는 대지의 공유자 중 동의하지 아니한 공유자에게 그 공유지분을 시가로 매도할 것을 청구할 수 있다. 이 경우 매도청구를 하기 전에 매도청구 대상이 되는 공유자와 3개월 이상 협의를 하여야 한다.
2. 소유자확인이 곤란한 공유지분에 대한 처분(제17조의3)
   ① 제11조 제11항 제2호(공유지분)에 따라 건축허가를 받은 건축주는 해당 건축물 또는 대지의 공유자가 거주하는 곳을 확인하기가 현저히 곤란한 경우에는 전국적으로 배포되는 둘 이상의 일간신문에 두 차례 이상 공고하고, 공고한 날부터 30일 이상이 지났을 때에는 매도청구 대상이 되는 건축물 또는 대지로 본다.
   ② 건축주는 매도청구 대상 공유지분의 감정평가액에 해당하는 금액을 법원에 공탁하고 착공할 수 있다.
   ③ 제2항에 따른 공유지분의 감정평가액은 허가권자가 추천하는 「감정평가 및 감정평가사에 관한 법률」에 따른 감정평가법인등 2명 이상이 평가한 금액을 산술평균하여 산정한다.

(3) 건축허가서 교부

허가권자는 허가를 하였으면 국토교통부령으로 정하는 바에 따라 허가서를 신청인에게 발급하여야 한다(영 제9조 제2항).

3 건축허가의 특례

1. 신고대상 건축물

(1) 신고대상 건축물

허가 대상 건축물이라 하더라도 다음 각 호의 어느 하나에 해당하는 경우에는 미리 허가권자에게 국토교통부령으로 정하는 바에 따라 신고를 하면 건축허가를 받은 것으로 본다(법 제14조 제1항).

1. 바닥면적의 합계가 85㎡ 이내의 증축·개축 또는 재축 다만, 3층 이상 건축물인 경우에는 증축·개축 또는 재축하려는 부분의 바닥면적의 합계가 건축물 연면적의 10분의 1 이내인 경우로 한정한다.
2. 「국토의 계획 및 이용에 관한 법률」에 의한 관리지역·농림지역 또는 자연환경보전지역 안에서 연면적 200㎡ 미만이고 3층 미만인 건축물의 건축. 다만 다음의 경우는 제외한다.
   1. 지구단위계획구역
   2. 방재지구 등 재해취약지역으로서 대통령령으로 정하는 구역 안에서의 건축을 제외한다(대통령령이 정하는 구역은 방재지구와 붕괴위험지역을 말한다)(영 제11조 제1항).
3. 연면적이 200㎡ 미만이고 3층 미만인 건축물의 대수선
4. 주요구조부의 해체가 없는 등 대통령령으로 정하는 대수선
   ① 내력벽의 면적을 30㎡ 이상 수선하는 것
   ② 기둥을 세 개 이상 수선하는 것
   ③ 보를 세 개 이상 수선하는 것
   ④ 지붕틀을 세 개 이상 수선하는 것
   ⑤ 방화벽 또는 방화구획을 위한 바닥 또는 벽을 수선하는 것
   ⑥ 주계단·피난계단 또는 특별피난계단을 수선하는 것
5. 기타 소규모건축물로서 다음의 건축물(영 제11조 제2항)
   ① 연면적의 합계가 100㎡ 이하인 건축물
   ② 건축물의 높이를 3m 이하의 범위에서 증축하는 건축물
   ③ 표준설계도서에 따라 건축하는 건축물로서 그 용도 및 규모가 주위환경이나 미관에 지장이 없다고 인정하여 건축조례로 정하는 건축물
   ④ 공업지역, 지구단위계획구역(산업·유통형만 해당한다) 및 산업단지 안에서 건축하는 2층 이하인 건축물로서 연면적의 합계가 500㎡ 이하인 공장(제조업소 등 물품의 제조·가공을 위한 시설을 포함한다)
   ⑤ 농업이나 수산업을 경영하기 위하여 읍·면지역(시장 또는 군수가 지역계획 또는 도시·군계획에 지장이 있다고 인정하여 지정·공고한 구역은 제외한다)에서 건축하는 연면적 200㎡ 이하의 창고 및 연면적 400㎡ 이하의 축사·작물재배사·종묘배양시설, 화초 및 분재 등의 온실

(2) 신고대상건물과 신고대상가설건축물의 신고사항의 통보기간

① 허가권자는 건축신고(가설건축물의 축조신고도 포함)를 받은 날부터 5일 이내에 신고수리 여부 또는 민원 처리 관련 법령에 따른 처리기간의 연장 여부를 신고인에게 통지하여야 한다. 다만, 이 법 또는 다른 법령에 따라 심의, 동의, 협의, 확인 등이 필요한 경우에는 20일 이내에 통지하여야 한다(법 제14조 제3항, 법 제20조 제4항).

② 허가권자는 건축신고가(가설건축물의 축조신고도 포함)제3항 단서에 해당하는 경우에는 신고를 받은 날부터 5일 이내에 신고인에게 그 내용을 통지하여야 한다(법 제14조 제4항, 법 제20조 제4항).

(3) 신고대상건축물의 공사착수기간

신고를 한자가 신고일부터 1년 이내에 공사에 착수하지 아니하면 그 신고의 효력은 없어진다. 다만, 건축주의 요청에 따라 허가권자가 정당한 사유가 있다고 인정하면 1년의 범위에서 착수기한을 연장할 수 있다(법 제14조 제5항).

2. 협의대상건축물(공용건축물의 특례) 제30회

(1) 협의

국가나 지방자치단체는 건축물을 건축·대수선·용도변경하거나 가설건축물을 건축하거나 공작물을 축조하려는 경우에는 대통령령으로 정하는 바에 따라 미리 건축물의 소재지를 관할하는 허가권자와 협의하여야 한다. 이 경우 국가 또는 지방자치단체가 건축물을 건축하려면 해당 건축공사를 시행하는 행정기관의 장 또는 그 위임을 받은 자는 건축공사에 착수하기 전에 그 공사에 관한 설계도서와 국토교통부령으로 정하는 관계 서류를 허가권자에게 제출(전자문서에 의한 제출을 포함한다)하여야 한다. 다만, 국가안보상 중요하거나 국가기밀에 속하는 건축물을 건축하는 경우에는 설계도서의 제출을 생략할 수 있다(법 제29조 제1항, 영 제22조 제1항).

(2) 허가의제

국가 또는 지방자치단체가 건축물의 소재지를 관할하는 허가권자와 협의한 경우에는 건축허가를 받았거나 신고한 것으로 본다(법 제29조 제2항).

(3) 사용승인규정 배제(통보)

공용건축물에 대하여 협의한 건축물에 대하여는 사용승인의 규정을 적용하지 아니한다. 다만 건축물의 공사가 완료된 경우에는 지체없이 국토교통부령이 정하는 관계서류를 첨부하여 허가권자에게 이를 통보하여야 한다(법 제29조 제3항).

(4) 공용건물에 구분지상권의 설치

국가나 지방자치단체가 소유한 대지의 지상 또는 지하 여유공간에 구분지상권을 설정하여 주민편의시설 등 대통령령으로 정하는 다음의 시설을 설치하고자 하는 경우 허가권자는 구분지상권자를 건축주로 보고 구분지상권이 설정된 부분을 대지로 보아 건축허가를 할 수 있다. 이 경우 구분지상권 설정의 대상 및 범위, 기간 등은 「국유재산법」 및 「공유재산 및 물품 관리법」에 적합하여야 한다(법 제29조 제3항, 시행령 제22조 제4항).

> 1. 제1종 근린생활시설
> 2. 제2종 근린생활시설(총포판매소, 장의사, 다중생활시설, 제조업소, 단란주점, 안마시술소 및 노래연습장은 제외한다)
> 3. 문화 및 집회시설(공연장 및 전시장으로 한정한다)
> 4. 의료시설
> 5. 교육연구시설
> 6. 노유자시설
> 7. 운동시설
> 8. 업무시설(오피스텔은 제외한다)

4 허가·신고사항의 변경

건축주가 허가를 받았거나 신고한 사항을 변경하려면 변경하기 전에 대통령령으로 정하는 바에 따라 허가권자의 허가를 받거나 신고하여야 한다(법 제16조 제1항, 영 제12조 제1항).

1. 변경허가

바닥면적의 합계가 85㎡를 초과하는 부분에 대한 신축·증축·개축에 해당하는 변경인 경우에는 허가를 받고, 그 밖의 경우에는 신고할 것

2. 변경신고

> 1. 바닥면적의 합계가 85㎡이하의 부분에 대한 증축·개축에 해당하는 변경인 경우
> 2. 신고로써 허가를 갈음하는 건축물에 대하여는 변경 후 건축물의 연면적을 각각 신고로써 허가를 갈음할 수 있는 규모에서 변경하는 경우
> 3. 건축주·공사시공자 또는 공사감리자(이하 건축관계자라 한다)를 변경하는 경우

3. 일괄신고

허가 또는 신고사항 중 다음 사항의 변경에 대하여는 사용승인을 신청하는 때에 허가권자에게 일괄하여 신고할 수 있다(법 제16조 제2항, 영 제12조 제3항).

> 1. 건축물의 동수나 층수를 변경하지 아니하면서 변경되는 부분의 바닥면적의 합계가 50제곱미터 이하인 경우로서 다음 각 목의 요건을 모두 갖춘 경우
>   ① 변경되는 부분의 높이가 1미터 이하이거나 전체 높이의 10분의 1 이하일 것
>   ② 허가를 받거나 신고를 하고 건축 중인 부분의 위치 변경범위가 1미터 이내일 것
>   ③ 법 제14조제1항에 따라 신고를 하면 법 제11조에 따른 건축허가를 받은 것으로 보는 규모에서 건축허가를 받아야 하는 규모로의 변경이 아닐 것
> 2. 건축물의 동수나 층수를 변경하지 아니하면서 변경되는 부분이 연면적 합계의 10분의 1 이하인 경우(연면적이 5,000㎡ 이상인 건축물은 각 층의 바닥면적이 50㎡ 이하의 범위 에서 변경되는 경우만 해당한다). 다만, 4 본문 및 5 본문의 규정에 의한 범위내의 변경인 경우에 한한다.
> 3. 대수선에 해당하는 경우
> 4. 건축물의 층수를 변경하시 아니하면서 변경되는 부분의 높이가 1m 이하이거나 전체 높이의 10분의 1 이하인 경우. 다만 변경되는 부분이 1 본문, 2 본문 및 5 본문의 규정에 의한 범위내의 변경인 경우만 해당한다.
> 5. 허가를 받거나 신고를 하고 건축 중인 부분의 위치가 1m 이내에서 변경되는 경우. 다만, 변경되는 부분이 1 본문, 2 본문 및 4 본문에 따른 범위의 변경인 경우만 해당한다.

4. 변경허가·신고의 생략

신축·증축·개축·재축·이전 또는 대수선 또는 용도변경에 해당하지 아니하는 변경에 대하여는 허가 또는 신고를 요하지 아니한다(법 제16조 제1항 단서, 영 제12조 제2항).

5. 다른 허가·신고의 의제

허가 또는 신고 사항의 변경허가 또는 변경신고에 관하여는 다음 4.의 규정을 준용한다.

5 다른 허가·신고의 의제

1. 의제사항

건축허가를 받는 경우(건축신고를 한 경우를 포함)에는 다음의 허가 등을 받거나 신고를 한 것으로 보며, 공장건축물의 경우에는 「산업집적 활성화 및 공장설립에 관한 법률」에 의하여 관계법률에 의한 인·허가 등 또는 허가 등을 받은 것으로 본다(법 제11조 제5항, 법 제14조 제2항).

1. 공사용 가설건축물의 축조신고
2. 공작물의 축조신고
3. 「국토의 계획 및 이용에 관한 법률」에 의한 개발행위허가
4. 「국토의 계획 및 이용에 관한 법률」에 의한 시행자의 지정 및 실시계획의 인가
5. 「산지관리법」에 의한 산지전용허가 및 산지전용신고. 다만 보전산지인 경우에는 도시지역에 한한다.
6. 「사도법」에 의한 사도개설허가
7. 「농지법」에 의한 농지전용허가·신고 및 협의
8. 「도로법」에 의한 도로의 점용허가
9. 「도로법」에 의한 도로관리청이 아닌 자에 대한 공사시행 허가 및 도로의 연결허가
10. 「하천법」에 의한 하천점용 등의 허가
11. 「하수도법」에 의한 배수설비의 설치신고
12. 「하수도법」 제34조 제2항에 따른 개인하수처리시설의 설치신고
13. 「수도법」 제38조에 따라 수도사업자가 지방자치단체인 경우 그 지방자치단체가 정한 조례에 따른 상수도 공급신청
14. 「전기안전관리법」에 의한 자가용전기설비 공사계획의 인가 또는 신고
15. 「수질 및 수생태계 보전에 관한 법률」 제33조에 따른 수질오염물질 배출시설 설치의 허가나 신고
16. 「대기환경보전법」제23조에 따른 대기오염물질 배출시설설치의 허가나 신고
17. 「소음·진동규제법」 제8조에 따른 소음·진동 배출시설 설치의 허가나 신고
18. 「가축분뇨의 관리 및 이용에 관한 법률」 제11조에 따른 배출시설 설치허가나 신고
19. 「자연공원법」 제23조에 따른 행위허가
20. 「도시공원 및 녹지 등에 관한 법률」 제24조에 따른 도시공원의 점용허가
21. 「토양환경보전법」 제12조에 따른 특정토양오염관리대상시설의 신고

2. 의제절차

허가권자는 1.의 사항이 다른 행정기관의 권한에 속하면 그 행정기관의 장과 미리 협의하여야 하며, 협의 요청을 받은 관계 행정기관의 장은 요청을 받은 날부터 15일 이내에 의견을 제출하여야 한다. 이 경우 관계 행정기관의 장은 제8항에 따른 처리기준이 아닌 사유를 이유로 협의를 거부할 수 없고, 협의 요청을 받은 날부터 15일 이내에 의견을 제출하지 아니하면 협의가 이루어진 것으로 본다(법 제11조 제6항).

6 건축공사현장 안전관리예치금 등 제30회

1. 공사현장의 미관개선 및 안전관리 등 필요한 조치의무

건축허가를 받은 자는 건축물의 건축공사를 중단하고 장기간 공사현장을 방치할 경우 공사현장의 미관 개선과 안전관리 등 필요한 조치를 하여야 한다(법 제13조 제1항).

2. 예치금 예치의무

허가권자는 연면적이 1천제곱미터 이상인 건축물로서 해당 지방자치단체의 조례로 정하는 건축물에 대하여는 제21조에 따른 착공신고를 하는 건축주에게 장기간 건축물의 공사현장이 방치되는 것에 대비하여 미리 미관 개선과 안전관리에 필요한 비용을 건축공사비의 1퍼센트의 범위에서 예치하게 할 수 있다(법 제13조 제2항).

3. 안전관리예치금 예치의무배제

(1) 안전관리예치금 예치의무배제 건축물

「주택법」에 의하여 주택도시보증공사가 분양보증을 한 건축물 또는 「건축물의 분양에 관한 법률」에 의한 분양보증 또는 신탁계약을 체결한 건축물은 안전관리예치금 예치하지 아니한다.

(2) 안전관리예치금 예치의무배제 건축주

「주택도시기금법」에 따른 주택도시보증공사 또는 「지방공기업법」에 의하여 건축사업을 수행하기 위하여 설립된 지방공사는 안전관리예치금을 예치하지 아니한다.

4. 예치금의 반환

허가권자가 예치금을 반환하는 때에는 대통령령이 정하는 이율(안전관리예치금을 「국고금관리법 시행령」 제11조에서 정한 금융기관에 예치한 경우에 안전관리예치금에 대하여 적용하는 이자율)로 산정한 이자를 포함하여 반환하여야 한다. 다만 보증서를 예치한 경우에는 그러하지 아니하다(법 제13조 제3항, 영 제10조의2조 제2항).

5. 미관·안전관리를 위한 개선명령 및 행정대집행

허가권자는 공사현장이 방치되어 도시미관을 저해하고 안전을 위해한다고 판단되면 건축허가를 받은 자에게 건축물 공사현장의 미관과 안전관리를 위한 개선을 명할 수 있다. 개선명령을 받은 자가 개선을 하지 아니하는 때에는 「행정대집행법」이 정하는 바에 따라 대집행을 할 수 있다. 이 경우 건축주가 예치한 예치금을 행정대집행에 필요한 비용에 사용할 수 있으며, 행정대집행에 필요한 비용이 이미 납부한 예치금보다 많을 때에는 「행정대집행법」에 따라 그 차액을 추가로 징수할 수 있다(법 제13조 제5항, 제6항).

7 건축물 안전영향평가 제35회

1. 안전영향평가 대상(법 제13조의2 제1항, 영 제10조의3 제1항)

허가권자는 초고층 건축물 등 대통령령으로 정하는 주요 건축물에 대하여 제11조에 따른 건축허가를 하기 전에 건축물의 구조, 지반 및 풍환경(風環境) 등이 건축물의 구조안전과 인접 대지의 안전에 미치는 영향 등을 평가하는 건축물 안전영향평가를 안전영향평가기관에 의뢰하여 실시하여야 한다.

1. 초고층 건축물
2. 다음 각 목의 요건을 모두 충족하는 건축물
   ① 연면적(하나의 대지에 둘 이상의 건축물을 건축하는 경우에는 각각의 건축물의 연면적을 말한다)이 10만 제곱미터 이상일 것
   ② 16층 이상일 것

2. 안전영향평가 기관(법 제13조의2 제2항)

안전영향평가기관은 국토교통부장관이 「공공기관의 운영에 관한 법률」 제4조에 따른 공공기관으로서 건축 관련 업무를 수행하는 기관 중에서 지정하여 고시한다.

제2절 가설건축물(허가·신고) 제21회, 제28회

1 허가대상 가설건축물

도시·군계획시설 및 도시·군계획시설예정지에서 가설건축물을 건축하려는 자는 허가권자의 허가를 받아야 하며, 허가권자는 해당 가설건축물의 건축이 다음 각 호의 어느 하나에 해당하는 경우가 아니면 허가를 하여야 한다(법 제20조 제1항, 제2항, 영 제15조 제1항).

1. 「국토의 계획 및 이용에 관한 법률」 제64조에 위배되는 경우
2. 4층 이상인 경우
3. 구조, 존치기간, 설치목적 및 다른 시설 설치 필요성 등에 관하여 대통령령으로 정하는 기준의 범위에서 조례로 정하는 바에 따르지 아니한 경우

허가대상 가설건축물의 요건(시행령 제15조 제1항)

① 철근콘크리트조 또는 철골철근콘크리트조가 아닐 것
② 존치기간은 3년 이내일 것. 다만 도시·군계획사업이 시행될 때까지 그 기간을 연장할 수 있다.

③ 전기·수도·가스 등 새로운 간선공급설비의 설치를 요하지 아니할 것
④ 공동주택·판매시설·운수시설 등으로서 분양을 목적으로 건축하는 건축물이 아닐 것

4. 그 밖에 이 법 또는 다른 법령에 따른 제한규정을 위반하는 경우

2 신고대상 가설건축물

1. 신고대상 가설건축물

건축허가대상 가설건축물 외에 재해복구·흥행·전람회·공사용 가설건축물 등 다음에 정하는 용도의 가설건축물을 축조하고자 하는 자는 3년 이내(다만, 제5항 제3호의 공사용 가설건축물 및 공작물의 경우에는 해당 공사의 완료일까지의 기간을 말한다.) 설치에 관한 기준 및 절차에 따라 특별자치도지사 또는 시장·군수·구청장에게 신고한 후 착공하여야 한다(법 제20조 제3항).

1. 재해가 발생한 구역 또는 그 인접구역으로서 허가권자가 지정하는 구역에서 일시사용을 위하여 축조하는 것
2. 허가권자가 도시미관이나 교통소통에 지장이 없다고 인정하는 가설흥행장, 가설전람회장, 농·수·축산물 직거래용 가설점포, 그 밖에 이와 비슷한 것
3. 공사에 필요한 규모의 공사용 가설건축물 및 공작물
4. 전시를 위한 견본주택이나 그 밖에 이와 비슷한 것
5. 허가권자가 도로변 등의 미관정비를 위하여 지정·공고하는 구역에서 축조하는 가설점포(물건 등의 판매를 목적으로 하는 것을 말한다)로서 안전·방화 및 위생에 지장이 없는 것
6. 조립식 구조로 된 경비용으로 쓰는 가설건축물로서 연면적이 10㎡ 이하인 것
7. 조립식 경량구조로 된 외벽이 없는 임시 자동차 차고
8. 컨테이너 또는 이와 비슷한 것으로 된 가설건축물로서 임시사무실·임시창고 또는 임시숙소로 사용되는 것(건축물의 옥상에 축조하는 것은 제외한다. 다만, 2009년 7월 1일부터 2015년 6월 30일까지 및 2016년 7월 1일부터 2019년 6월 30일까지 공장의 옥상에 축조하는 것은 포함한다)
9. 도시지역 중 주거지역·상업지역 또는 공업지역에 설치하는 농업·어업용 비닐하우스로서 연면적이 100㎡ 이상인 것
10. 연면적이 100㎡ 이상인 간이축사용, 가축분뇨처리용, 가축운동용, 가축의 비가림용 비닐하우스 또는 천막(벽 또는 지붕이 합성수지 재질로 된 것을 포함한다)구조 건축물
11. 농업·어업용 고정식 온실 및 간이작업장, 가축양육실
12. 물품저장용, 간이포장용, 간이수선작업용 등으로 쓰기 위하여 공장 또는 창고시설에 설치하거나 인접대지에 설치하는 천막(벽 또는 지붕이 합성수지 재질로 된 것을 포함한다), 그 밖에 이와 비슷한 것
13. 유원지, 종합휴양업 사업지역 등에서 한시적인 관광·문화행사 등을 목적으로 천막 또는 경량구조로 설치하는 것

14. 야외전시시설 및 촬영시설
15. 야외흡연실 용도로 쓰는 가설건축물로서 연면적이 50제곱미터 이하인 것

2. 신고대상가설건축물의 존치기간

신고해야 하는 가설건축물의 존치기간은 3년 이내로 하며, 존치기간의 연장이 필요한 경우에는 횟수별 3년의 범위에서 신고대상 가설건축물별로 건축조례로 정하는 횟수만큼 존치기간을 연장할 수 있다. 다만, 제5항 제3호의 공사용 가설건축물 및 공작물의 경우에는 해당 공사의 완료일까지의 기간으로 한다.(영 제15조 제7항)

3. 가설건축물축조신고 및 신고증명서 교부

(1) 가설건축물의 건축허가를 받거나 축조신고를 하려는 자는 국토교통부령으로 정하는 가설건축물 건축허가신청서 또는 가설건축물 축조신고서에 관계 서류를 첨부하여 허가권자에게 제출하여야 한다. 다만, 건축물의 건축허가를 신청할 때 건축물의 건축에 관한 사항과 함께 공사용 가설건축물의 건축에 관한 사항을 제출한 경우에는 가설건축물 축조신고서의 제출을 생략한다(영 제15조 제8항).

(2) 가설건축물 건축허가신청서 또는 가설건축물 축조신고서를 제출받은 허가권자는 그 내용을 확인한 후 신청인 또는 신고인에게 국토교통부령으로 정하는 바에 따라 가설건축물 건축허가서 또는 가설건축물 축조신고필증을 주어야 한다(영 제15조 제9항).

3 가설건축물의 존치기간 연장

1. 존치기간 만료일 통지

허가권자는 가설건축물의 존치기간 만료일 30일 전까지 해당 가설건축물의 건축주에게 존치기간 만료일과 기간연장여부 등의 사항을 알려야 한다(영 제15조의2 제1항).

2. 존치기간 연장의 허가 또는 신고

존치기간을 연장하려는 가설건축물의 건축주는 다음 각 호의 구분에 따라 허가권자에게 연장허가를 신청하거나 연장신고하여야 하며, 이 경우에도 신청서를 작성하여 제출하고 허가권자는 신고필증을 주어야 한다(영 제15조의2 제2항, 제3항).

1. 허가 대상 가설건축물 : 존치기간 만료일 14일 전까지 허가 신청
2. 신고 대상 가설건축물 : 존치기간 만료일 7일 전까지 신고

3. 공장에 설치한 가설건축물의 존치기간 연장(연장 간주)

위 2에도 불구하고 다음 각 호의 요건을 모두 충족하는 가설건축물로서 건축주가 위 2.의 구분에 따른 기간까지 허가권자에게 그 존치기간의 연장을 원하지 않는다는 사실을 통지하지 않는 경우에는 기존 가설건축물과 동일한 기간(도시·군계획시설의 경우에는 도시·군계획시설사업이 시행되기 전까지의 기간으로 한정한다)으로 존치기간을 연장한 것으로 본다(영 제15조의3).

1. 공장에 설치한 가설건축물
2. 농업·어업용 고정식 온실의 가설건축물(농림지역에 설치한 것만 해당한다)
3. 도시·군계획시설 예정지에 설치한 가설건축물
4. 존치기간 연장이 가능한 가설건축물일 것

4 가설건축물대장

허가권자는 가설건축물의 건축을 허가하거나 축조신고를 받은 경우에는 국토교통부령이 정하는 바에 의하여 가설건축물대장에 이를 기재하여 관리하여야 한다(법 제20조 제4항).

5 가설건축물의 다른 허가·신고의 의제

가설건축물의 건축허가 신청 또는 축조신고를 받은 때에는 다른 법령에 따른 제한 규정에 대하여 확인이 필요한 경우 관계 행정기관의 장과 미리 협의하여야 하고, 협의 요청을 받은 관계 행정기관의 장은 요청을 받은 날부터 15일 이내에 의견을 제출하여야 한다. 이 경우 관계 행정기관의 장이 협의 요청을 받은 날부터 15일 이내에 의견을 제출하지 아니하면 협의가 이루어진 것으로 본다(법 제20조 제7항).

제3절 건축물의 건축절차 제20회

1 건축주와의 계약 등

건축관계자는 건축물이 설계도서에 따라 이 법과 이 법에 따른 명령이나 처분, 그 밖의 관계 법령에 맞게 건축되도록 업무를 성실히 수행하여야 하며, 서로 위법하거나 부당한 일을 하도록 강요하거나 이와 관련하여 어떠한 불이익도 주어서는 아니된다(법 제15조 제1항).

2 건축물의 설계

1. 건축사의 설계대상

다음 각 호의 건축물의 건축 등을 위한 설계는 건축사가 아니면 할 수 없다(법 제23조 제1항).

1. 건축허가를 받아야 하는 건축물
2. 건축신고를 하여야 하는 건축물
3. 「주택법」 제66조 제1항 또는 제2항에 따른 리모델링을 하는 건축물

2. 건축사의 설계대상에서 배제(법 제23조 제1항단서, 시행령 제18조)

다만, 다음 각 호의 어느 하나에 해당하는 경우에는 그러하지 아니하다

1. 바닥면적의 합계가 85㎡ 미만의 증축·개축 또는 재축의 경우
2. 연면적이 200㎡ 미만이고 층수가 3층 미만인 건축물의 대수선의 경우
3. 그 밖에 건축물의 특수성 및 용도 등에 비추어 대통령령이 정하는 건축물의 건축 등의 경우
   ① 읍·면지역에서 건축하는 건축물 중 연면적이 200㎡ 이하인 창고 및 농막과 연면적 400㎡ 이하인 축사 및 작물 재배사, 종묘배양시설, 화초 및 분재 등의 온실
   ② 축조신고대상 가설건축물로서 건축조례로 정하는 가설건축물

3 착공신고 등(건축주 → 허가권자)

1. 착공신고대상 및 시기

건축허가(제11조)·건축신고(제14조) 또는 가설건축물의 건축허가(제20조 제1항)를 받고 건축물의 공사를 착수하고자 하는 건축주는 국토교통부령으로 정하는 바에 따라 허가권자에게 공사계획을 신고하여야 한다. (법 제21조 제1항).

2. 착공신고 수리여부의 통지

허가권자는 착공신고를 받은 날부터 3일 이내에 신고수리 여부 또는 민원 처리 관련 법령에 따른 처리기간의 연장 여부를 신고인에게 통지하여야 하며, 3일 이내에 신고수리 여부 또는 민원 처리 관련 법령에 따른 처리기간의 연장 여부를 신고인에게 통지하지 아니하면 그 기간이 끝난 날의 다음 날에 신고를 수리한 것으로 본다(법 제21조 제3항, 제4항).

3. 공사감리자의 공동서명의무

건축물의 착수공사계획을 신고하거나 변경신고를 하는 경우 해당 공사감리자(공사감리자를 지정한 경우에 한한다) 및 공사시공자가 그 신고서에 함께 서명하여야 한다(법 제21조 제2항).

4 건축물의 사용승인

1. 사용승인대상 및 신청시기

건축주는 건축허가(제11조)·건축신고(제14조) 또는 가설건축물의 건축허가(제20조 제1항)를 받은 건축물의 건축공사를 완료[하나의 대지에 둘 이상의 건축물을 건축하는 경우 동(棟)별 공사를 완료한 경우를 포함한다]한 후 그 건축물을 사용하려면 공사감리자가 작성한 감리완료보고서(공사감리자를 지정한 경우만 해당된다)와 국토교통부령으로 정하는 공사완료도서를 첨부하여 허가권자에게 사용승인을 신청하여야 한다(법 제22조 제1항).

핵심정리 협의대상 건축물은 사용승인 없이 통보

국가 또는 지방자치단체가 건축허가(법 제8조) 또는 건축신고(법 제9조)의 규정에 의한 건축물을 건축 또는 대수선하고자 하는 경우, 건축물의 소재지를 관할하는 허가권자와 협의한 경우에는 사용승인의 규정을 준용하지 아니하며 공사가 완료된 경우에는 지체없이 허가권자에게 통보하여야 한다(법 제25조 제3항).
※ 사용승인의 대상은 착공신고대상과 동일하며 협의대상 공용건축물은 대상이 아님에 유의한다.

2. 사용승인서교부

(1) 원칙

허가권자는 사용승인신청을 받은 경우 국토교통부령으로 정하는 기간(7일 이내)에 다음 각 호의 사항에 대한 검사를 실시하고, 검사에 합격된 건축물에 대하여는 사용승인서를 내주어야 한다(법 제22조 제2항).

1. 사용승인을 신청한 건축물이 이 법에 따라 허가 또는 신고한 설계도서대로 시공되었는지의 여부
2. 감리완료보고서, 공사완료도서 등의 서류 및 도서가 적합하게 작성되었는지의 여부

(2) 사용승인의 예외

다만, 당해 지방자치단체의 조례로 정하는 건축물은 사용승인을 위한 검사를 실시하지 아니하고 사용승인서를 내줄 수 있다. 특별시장 또는 광역시장은 사용승인을 한 경우 지체 없이 그 사실을 군수 또는 구청장에게 알려서 건축물대장에 적게 하여야 한다. 이 경우 건축물대장에는 설계자, 대통령령으로 정하는 주요 공사의 시공자, 공사감리자를 적어야 한다(법 제22조 제2항 단서, 제6항).

3. 건축물의 사용(법 제22조 제3항)

(1) 원칙

건축주는 사용승인을 얻은 후가 아니면 그 건축물을 사용하거나 사용하게 할 수 없다.

(2) 예외

다만, 다음 각 호의 어느 하나에 해당하는 경우에는 그러하지 아니하다.

1. 허가권자가 7일 이내에 사용승인서를 교부하지 아니한 경우
2. 사용승인서를 교부받기 전에 공사가 완료된 부분이 건폐율, 용적률, 설비, 피난·방화 등 국토교통부령이 정하는 기준에 적합한 경우로서 기간을 정하여 대통령령으로 정하는 바에 따라 임시로 사용의 승인을 한 경우

4. 임시사용승인

(1) 임시사용승인 신청서 제출

건축주는 사용승인서를 받기 전에 공사가 완료된 부분에 대한 임시사용의 승인을 받으려는 경우에는 국토교통부령으로 정하는 바에 따라 임시사용승인신청서를 허가권자에게 제출(전자문서에 의한 제출을 포함한다)하여야 한다(영 제17조 제2항).

(2) 임시사용승인의 조건

① **국토교통부령에 적합** : 허가권자는 제2항의 신청서를 접수한 경우에는 공사가 완료된 부분이 법 제22조 제3항 제2호에 따른 기준(건폐율, 용적률, 설비, 피난·방화 등 국토교통부령이 정하는 기준)에 적합한 경우에 한하여 임시사용을 승인할 수 있다.

② **식수 등 조경에 부적합시기의 임시사용승인** : 식수 등 조경에 필요한 조치를 하기에 부적합한 시기에 건축공사가 완료된 건축물에 대하여는 허가권자가 지정하는 시기까지 식수 등 조경에 필요한 조치를 할 것을 조건으로 하여 임시사용을 승인할 수 있다(영 제17조 제3항).

③ **임시사용승인의 기간** : 임시사용승인의 기간은 2년 이내로 한다. 다만 허가권자는 대형건축물 또는 암반공사 등으로 인하여 공사기간이 긴 건축물에 대하여는 그 기간을 연장할 수 있다(영 제17조 제4항).

5. 사용승인의 효과(의제)

건축주가 사용승인을 받은 경우에는 다른 법률에 따른 사용승인·준공검사 또는 등록신청 등을 받거나 한 것으로 보며, 공장건축물의 경우에는 「산업집적활성화 및 공장설립에 관한 법률」 제14조의2에 따라 관련 법률의 검사 등을 받은 것으로 본다(법 제22조 제4항).

CHAPTER 02

기출 및 예상문제

01 건축법령상 건축허가대상 건축물을 건축하려는 자가 건축 관련 입지와 규모의 사전결정 통지를 받은 경우에 허가를 받은 것으로 볼 수 있는 것을 모두 고른 것은? (단, 미리 관계 행정기관의 장과 사전결정에 관하여 협의한 것을 전제로 함.) (제33회)

> ㄱ. 「농지법」 제34조에 따른 농지전용허가
> ㄴ. 「하천법」 제33조에 따른 하천점용허가
> ㄷ. 「국토의 계획 및 이용에 관한 법률」 제56조에 따른 개발행위허가
> ㄹ. 도시지역 외의 지역에서 「산지관리법」 제14조에 따른 보전산지에 대한 산지전용허가

① ㄱ, ㄴ　② ㄷ, ㄹ　③ ㄱ, ㄴ, ㄷ　④ ㄴ, ㄷ, ㄹ　⑤ ㄱ, ㄴ, ㄷ, ㄹ

해설 ③ 사전결정 통지를 받은 경우에는 다음 각 호의 허가를 받거나 신고 또는 협의를 한 것으로 본다.

> 1. 「국토의 계획 및 이용에 관한 법률」에 의한 개발행위허가
> 2. 「산지관리법」에 의한 산지전용허가 및 산지전용신고, 산지일시사용허가·신고. 다만, 보전산지인 경우에는 도시지역만 해당된다.
> 3. 「농지법」에 의한 농지전용허가·신고 및 협의
> 4. 「하천법」에 의한 하천점용허가

정답 ③

02 건축법령상 건축허가 제한 등에 관한 설명으로 옳은 것은? (제35회)

① 도지사는 지역계획에 특히 필요하다고 인정하더라도 허가 받은 건축물의 착공을 제한할 수 없다.

② 시장·군수·구청장이 건축허가를 제한하려는 경우에는 주민의견을 청취한 후 도시계획위원회의 심의를 거쳐야 한다.

③ 건축허가를 제한하는 경우 제한기간은 2년 이내로 하며, 1회에 한하여 1년 이내의 범위에서 제한기간을 연장할 수 있다.

④ 건축허가를 제한하는 경우 국토교통부장관은 제한 목적·기간 등을 상세하게 정하여 지체 없이 공고하여야 한다.

⑤ 건축허가를 제한한 경우 허가권자는 즉시 국토교통부장관에게 보고하여야 하며, 보고를 받은 국토교통부장관은 제한 내용이 지나치다고 인정하면 직권으로 이를 해제하여야 한다.

해설

① 시·도지사도 건축허가를 제한 할 수 있다.
② 시장·군수·구청장은 건축허가를 제한 할 수 없고 허가제한은 국토교통부장관이나 시·도지사가 제한한다.
④ 국토교통부장관이 건축허가를 제한하는 경우 허가권자에게 통보하며 통보를 받은 허가권자가 이를 공고한다.
⑤ 시·도지사는 시장·군수·구청장의 건축허가나 착공을 제한하는 경우 즉시 국토교통부장관에게 보고하여야 하며, 국토교통부장관은 제한의 내용이 과도하다고 인정하는 경우 해제를 명할 수 있다.

정답 ③

03 건축주 甲은 A도 B시에서 연면적이 100제곱미터이고 2층인 건축물을 대수선하고자 '건축법' 제 14조에 따른 신고(이하 "건축신고")**를 하려고 한다. 건축법령상 이에 관한 설명으로 옳은 것은?** (단, 건축법령상 특례 및 조례는 고려하지 않음) (제32회)

① 甲이 대수선을 하기 전에 B시장에게 건축신고를 하면 건축허가를 받은 것으로 본다.
② 건축신고를 한 甲이 공사시공자를 변경하려면 B시장에게 허가를 받아야 한다.
③ B시장은 건축신고의 수리 전에 건축물 안전영향평가를 실시하여야 한다.
④ B시장은 건축신고의 수리 전에 건축물 안전영향평가를 실시하여야 한다.
⑤ 건축신고를 한 甲은 건축물의 공사가 끝난 후 사용승인 신청 없이 건축물을 사용할 수 있다.

해설

② 시공자를 변경하는 경우에는 B시장에게 허가를 받는 게 아니라 B시장에게 변경신고를 하여야 한다.
③④ 건축물 안전영향평가대상 건축물이 아니다.
⑤ 공사완료 후 사용승인대상건물이다.

정답 ①

03 CHAPTER 건축물의 대지 및 도로

단원별 학습포인트

대지와 도로의 핵심쟁점

- ❑ 건축법상 대지의 요건
- ❑ 대지안의 조경(특히 조경의무 면제되는 것)
- ❑ 공개공지(어떤 건물을 어떤 용도지역에서 공개공지 제공면적은? 효과는?)
- ❑ 용도지역별 대지의 분할제한 면적
- ❑ 대지가 2 이상의 용도지역에 걸치는 경우의 건축법상의 해결
- ❑ 원칙적 도로와 예외적 도로인 막다른 도로와 차량통행이 불가능한 도로의 요건
- ❑ 대지와 도로의 관계 및 도로의 지정, 폐지, 변경의 공통점과 차이점
- ❑ 건축선(원칙적 건축선, 소요너비에 미달하는 경우의 건축선, 가각전제 하는 경우)

제1절 대지 제22회, 제23회, 제24회, 제25회, 제26회, 제27회, 제31회, 제34회, 제35회

1 대지의 안전 등

1. 인접도로와의 관계(배수, 방습 등)(법 제40조 제1항)

대지는 인접한 도로면보다 낮아서는 아니된다. 다만, 대지의 배수에 지장이 없거나 건축물의 용도상 방습(防濕)의 필요가 없는 경우에는 인접한 도로면보다 낮아도 된다.

2. 습지, 매립지 등(성토, 지반의 개량 등)

습한 토지, 물이 나올 우려가 많은 토지, 쓰레기, 그 밖에 이와 유사한 것으로 매립된 토지에 건축물을 건축하는 경우에는 성토(盛土), 지반 개량 등 필요한 조치를 하여야 한다(법 제40조 제2항).

3. 하수관 등 배수시설의 설치

대지에는 빗물과 오수를 배출하거나 처리하기 위하여 필요한 하수관, 하수구, 저수탱크, 그 밖에 이와 유사한 시설을 하여야 한다(법 제40조 제3항).

4. 옹벽설치

손궤의 우려가 있는 토지에 대지를 조성하려면 국토교통부령으로 정하는 바에 따라 옹벽을 설치하거나 그 밖에 필요한 조치를 하여야 한다. 다만 건축사 또는 국가기술자격법에 의한 건축구조기술사에 의하여 당해 토지의 구조안전이 확인된 경우는 그러하지 아니하다(법 제40조 제4항, 규칙 제25조).

1. 성토 또는 절토하는 부분의 경사도가 1 : 1.5 이상으로서 높이가 1m 이상인 부분에는 옹벽을 설치할 것
2. 옹벽의 높이가 2m 이상인 경우에는 이를 콘크리트구조로 할 것
3. 옹벽의 높이가 2m 넘는 경우에는 축조 시 신고하여야 한다.
4. 옹벽의 외벽면에는 이의 지지 또는 배수를 위한 시설 외의 구조물이 밖으로 튀어 나오지 아니하게 할 것

2 토지굴착부분에 대한 조치 등

공사시공자는 대지를 조성하거나 건축공사를 하기 위하여 토지를 굴착·절토·매립 또는 성토 등을 하는 경우 그 변경 부분에는 국토교통부령으로 정하는 바에 따라 공사 중 비탈면 붕괴, 토사 유출 등 위험발생의 방지, 환경 보존, 그 밖에 필요한 조치를 한 후 해당 공사현장에 그 사실을 게시하여야 한다. 이 경우 허가권자는 위반한 자에 대하여 그 의무이행에 필요한 조치를 명할 수 있다(법 제41조 제1항, 제2항).

3 대지의 조경

1. 조경의 의무대상

면적 200㎡ 이상인 대지에 건축을 하는 건축주는 용도지역 및 건축물의 규모에 따라 당해 지방자치단체의 조례가 정하는 기준에 따라 대지에 조경 기타 필요한 조치를 하여야 한다(법 제42조 제1항).

2. 옥상조경

건축물의 옥상에 국토교통부장관이 고시하는 기준에 따라 조경 기타 필요한 조치를 하는 경우에는 옥상부분의 조경면적의 3분의 2에 해당하는 면적을 대지의 조경면적으로 산정할 수 있다. 이 경우 조경의무면적으로 산정하는 면적은 조경의무면적의 100분의 50을 초과할 수 없다(영 제27조 제3항).

3. 조경의무배제 건축물

조경이 필요하지 아니한 건축물로서 다음의 건축물에 대하여는 조경 등의 조치를 하지 아니할 수 있다(법 제42조 제1항, 영 제27조 제1항).

1. 녹지지역에 건축하는 건축물
2. 면적 5,000㎡ 미만인 대지에 건축하는 공장
3. 연면적의 합계가 1,500㎡ 미만인 공장
4. 「산업집적 활성화 및 공장설립에 관한 법률」에 의한 산업단지의 공장
5. 대지에 염분이 함유되어 있는 경우 또는 건축물 용도의 특성상 조경 등의 조치를 하기가 곤란하거나 조경 등의 조치를 하는 것이 불합리한 경우로서 건축조례로 정하는 건축물
6. 축사
7. 가설건축물
8. 연면적의 합계가 1,500㎡ 미만인 물류시설(주거지역 또는 상업지역에 건축하는 것을 제외한다)로서 국토교통부령으로 정하는 것
9. 「국토의 계획 및 이용에 관한 법률」에 따라 지정된 자연환경보전지역·농림지역 또는 관리지역(지구단위계획구역으로 지정된 지역을 제외한다)의 건축물
10. 다음 각 목의 어느 하나에 해당하는 건축물 중 건축조례로 정하는 건축물
   ① 「관광진흥법」에 따른 관광지 또는 관광단지에 설치하는 관광시설
   ② 「관광진흥법 시행령」에 따른 전문휴양업의 시설 또는 종합휴양업의 시설
   ③ 「국토의 계획 및 이용에 관한 법률 시행령」에 따른 관광·휴양형 지구단위계획구역에 설치하는 관광시설
   ④ 「체육시설의 설치·이용에 관한 법률 시행령」 별표 1에 따른 골프장

4 공개공지 제25회, 제26회, 제27회, 제34회, 제35회

1. 설치의무 대상지역

다음 각 호의 어느 하나에 해당하는 지역의 환경을 쾌적하게 조성하기 위하여 대통령령으로 정하는 용도와 규모의 건축물은 일반이 사용할 수 있도록 대통령령으로 정하는 기준에 따라 소규모 휴식시설 등의 공개 공지(空地 : 공터)를 설치하여야 한다(법 제43조 제1항).

1. 일반주거지역, 준주거지역
2. 상업지역
3. 준공업지역
4. 허가권자가 도시화의 가능성이 크거나 노후 산업단지의 정비가 필요하다고 인정하여 지정·공고하는 지역

2. 설치의무 대상건축물

다음 각 호의 어느 하나에 해당하는 건축물의 대지에는 공개공지등을 설치해야 한다. 이 경우 공개공지는 필로티의 구조로 설치할 수 있다(영 제27조의2 제1항).

> 1. 바닥면적의 합계가 5,000㎡ 이상인
>   ① 문화 및 집회시설
>   ② 종교시설
>   ③ 판매시설(「농수산물유통 및 가격안정에 관한 법률」 제2조에 따른 농수산물유통시설은 제외한다)
>   ④ 운수시설(여객용만 해당)
>   ⑤ 업무시설
>   ⑥ 숙박시설
> 2. 그 밖에 다중이 이용하는 시설로서 건축조례로 정하는 건축물

3. 설치기준

(1) 면적

공개공지 등의 면적은 대지면적의 100분의 10 이하의 범위에서 건축조례로 정한다. 이 경우 법 제32조에 따른 조경면적과 매장유산의 현지 보존 조치 면적을 공개공지등의 면적으로 할 수 있다(영 제27조의2 제2항).

(2) 시설설치

공개공지등을 설치할 때에는 모든 사람들이 환경친화적으로 편리하게 이용할 수 있도록 긴 의자 또는 조경시설 등 건축조례로 정하는 시설을 설치해야 한다(영 제27조의2 제3항).

4. 건축기준의 완화

(1) 용적률·높이제한 완화

건축물(설치의무대상 건축물과 설치의무대상에 해당되지 아니하는 건축물이 하나의 건축물로 복합된 경우를 포함한다)에 공개공지를 설치하는 경우로서 법 제55조(건폐율), 법 제56조(용적률) 및 법 제60조(건축물의 높이제한)를 완화하여 적용하려는 경우에는 대지면적에 대한 공개공지 면적비율에 따라 용적률과 높이를 완화한다. 다만, 다음 각 호의 범위에서 건축조례로 정한 기준이 완화 비율보다 큰 경우에는 해당 건축조례로 정하는 바에 따른다(법 제43조 제2항, 영 제27조의2 제4항).

> 1. 용적률은 당해 지역에 적용되는 용적률의 1.2배 이하
> 2. 건축물의 높이제한은 당해 건축물에 적용되는 높이기준의 1.2배 이하
>
> **※ 건폐율은 법률에서 완화근거가 있으나 시행령에서 완화규정을 두고 있지 않음에 유의한다.**

(2) 공개공지 설치대상이 아닌 건축물의 공개공지 설치

공개공지 설치의무대상인 건축물로서 공개공지 설치대상이 아닌 건축물(「주택법」제15조 제1항에 따른 사업계획승인 대상인 공동주택 중 주택 외의 시설과 주택을 동일 건축물로 건축하는 것 외의 공동주택은 제외한다)의 대지에 적합한 공개공지를 설치하는 경우에는 용적률과 높이의 완화 규정을 준용한다(영 제27조의2 제5항).

(3) 공개공지 등의 활용

공개공지에는 연간 60일 이내의 기간 동안 건축조례로 정하는 바에 따라 주민들을 위한 문화행사를 열거나 판촉활동을 할 수 있다. 다만, 울타리를 설치하는 등 공중이 해당 공개공지를 이용하는데 지장을 주는 행위를 해서는 아니된다(영 제27조의2 제6항).

5 대지의 분할제한(건축물이 있는 대지) 제24회

1. 용도지역별 대지분할제한

건축물이 있는 대지는 다음의 규모 이상의 범위 안에서 당해 지방자치단체의 조례가 정하는 면적에 못 미치게 분할할 수 없다(법 제57조 제1항, 영 제80조).

1. 주거지역 : 60㎡
2. 상업지역 : 150㎡
3. 공업지역 : 150㎡
4. 녹지지역 : 200㎡
5. 기타 지역 : 60㎡

2. 관련규정에 의한 대지분할제한

건축물이 있는 대지는 다음의 규정에 의한 기준에 미달되게 분할할 수 없다(법 제57조 제2항).

1. 대지와 도로의 관계
2. 건축물의 건폐율
3. 건축물의 용적률
4. 대지 안의 공지
5. 건축물의 높이제한
6. 일조 등의 확보를 위한 건축물의 높이제한

6 건축물의 대지가 지역·지구 또는 구역에 걸치는 경우의 조치 제22회, 제26회

1. 원칙

대지가 이 법이나 다른 법률에 따른 지역·지구(녹지지역과 방화지구는 제외한다. 이하 이 조에서 같다) 또는 구역에 걸치는 경우에는 대통령령으로 정하는 바에 따라 그 건축물과 대지의 전부에 대하여 대지의 과반(過半)이 속하는 지역·지구 또는 구역의 건축물 및 대지 등에 관한 이 법의 규정을 적용한다(법 제54조 제1항).

2. 예외

(1) 방화지구

하나의 건축물이 방화지구와 그 밖의 구역에 걸치는 경우에는 그 전부에 대하여 방화지구 안의 건축물에 관한 이 법의 규정을 적용한다. 다만, 건축물의 방화지구에 속한 부분과 그 밖의 구역에 속한 부분의 경계가 방화벽으로 구획되는 경우 그 밖의 구역에 있는 부분에 대하여는 그러하지 아니하다(법 제54조 제2항).

(2) 녹지지역

대지가 녹지지역과 그 밖의 지역·지구 또는 구역에 걸치는 경우에는 각 지역·지구 또는 구역 안의 건축물과 대지에 관한 이 법의 규정을 적용한다. 다만, 녹지지역 안의 건축물이 방화지구에 걸치는 경우에는 방화지구의 규정에 따른다(법 제54조 제3항).

제3절 도로 제22회, 제23회, 제25회

1 도로의 정의

1. 원칙적 도로(통과도로)

'도로'라 함은 보행 및 자동차통행이 가능한 너비 4m 이상의 도로로서 다음의 하나에 해당하는 도로 또는 그 예정도로를 말한다(법 제2조).

> 1. 「국토의 계획 및 이용에 관한 법률」, 「도로법」, 「사도법」, 그 밖의 관계 법령에 따라 신설 또는 변경에 관한 고시가 된 도로
> 2. 건축허가 또는 신고 시에 특별시장·광역시장·도지사·특별자치시장·특별자치도지사(시·도지사) 또는 시장·군수·구청장이 위치를 지정하여 공고한 도로

2. 예외적 도로

(1) 차량통행이 불가능한 도로

특별자치시·특별자치도지사 또는 시장·군수·구청장이 지형적 조건으로 인하여 차량 통행을 위한 도로의 설치가 곤란하다고 인정하여 그 위치를 지정·공고하는 구간의 너비 3m 이상(길이가 10m 미만인 막다른 도로인 경우에는 너비 2m 이상)인 도로(영 제3조의3 제1호)

(2) 막다른 도로

위의 (1)에 해당하지 아니하는 막다른 도로로서 당해도로의 너비가 그 길이에 따라 각각 다음 표에 정하는 기준 이상인 도로 (영 제3조의3 제2호)

막다른 도로의 길이	도로의 너비
10m 미만 10m 이상 35m 미만 35m 이상	2m 이상 3m 이상 6m 이상(도시지역이 아닌 읍·면지역은 4m 이상)

2 도로의 지정·폐지 또는 변경

1. 도로의 지정과 폐지공고

도로의 지정과 폐지의 절차는 다음과 같다(법 제45조 제1항, 제2항).

(1) 도로의 지정·공고

원칙	허가권자는 도로의 위치를 지정·공고하려면 국토교통부령으로 정하는 바에 따라 그 도로에 대한 이해관계인의 동의를 받아야 한다.
예외	다만, 다음 각 호의 어느 하나에 해당하면 이해관계인의 동의를 받지 아니하고 건축위원회의 심의를 거쳐 도로를 지정할 수 있다. ① 허가권자가 이해관계인이 해외에 거주하는 등의 사유로 이해관계인의 동의를 받기가 곤란하다고 인정하는 경우 ② 주민이 오랫동안 통행로로 이용하고 있는 사실상의 통로로서 해당 지방자치단체의 조례로 정하는 것인 경우

(2) 도로의 폐지·변경

허가권자는 지정한 도로를 폐지하거나 변경하려면 그 도로에 대한 이해관계인의 동의를 받아야 한다. 그 도로에 편입된 토지의 소유자, 건축주 등이 허가권자에게 지정된 도로의 폐지나 변경을 신청하는 경우에도 또한 같다.

2. 도로관리대장에 기재·관리

허가권자는 도로를 지정 또는 변경한 경우에는 국토교통부령이 정하는 바에 의하여 도로관리대장에 이를 기재하고 관리하여야 한다(법 제35조 제3항).

3 대지와 도로의 관계(법 제44조 제1항)

1. 원칙

건축물의 대지는 2m 이상이 도로(자동차만의 통행에 사용되는 도로는 제외한다)에 접하여야 한다.

2. 예외

(1) 접하지 않아도 되는 경우(법 제44조 제1항)

다음의 하나에 해당하는 건축물의 대지는 2m 이상을 도로에 접하지 아니하여도 된다.

1. 당해 건축물의 출입에 지장이 없다고 인정되는 경우
2. 건축물의 주변에 광장·공원·유원지 그 밖에 관계 법령에 따라 건축이 금지되고 공중의 통행에 지장이 없는 것으로서 허가권자가 인정하는 공지가 있는 경우
3. 농막을 건축하는 경우

(2) 4m 이상 접하여야 하는 경우

연면적의 합계가 2,000㎡(공장인 경우에는 3,000㎡) 이상인 건축물(축사, 작물 재배사, 그 밖에 이와 비슷한 건축물로서 건축조례로 정하는 규모의 건축물은 제외한다)의 대지는 너비 6m 이상의 도로에 4m 이상 접하여야 한다(영 제28조 제2항).

제3절 건축선 제21회, 제22회, 제34회

1 건축선의 개념

'건축선'이란 도로와 접한 부분에서 건축물 등을 건축할 수 있는 한계선 또는 가능선이다. 이러한 건축선은 건축물의 건축으로 인한 도로의 침식을 방지하고 도로교통의 원활한 소통을 위한 것이며, 반드시 건축선에 맞추어 건축물을 건축하여야 하는 것은 아니므로 건축물을 건축할 수 있는 의무선이 아니라 가능선으로 보아야 할 것이다.

2 건축선의 지정

1. 원칙

건축선은 대지와 도로의 경계선으로 한다(법 제46조 제1항).

2. 예외(법 제46조 제1항)

(1) 소요너비에 미달되는 너비의 도로인 경우

소요 너비에 못 미치는 너비의 도로인 경우에는 건축선은 다음과 같이 한다.

양측에 대지가 있는 경우	소요 너비에 못 미치는 너비의 도로인 경우에는 그 중심선으로부터 그 소요 너비의 2분의 1의 수평거리만큼 물러난 선을 건축선으로 한다.
도로의 반대쪽에 경사지 등이 있는 경우	그 도로의 반대쪽에 경사지, 하천, 철도선로부지, 그 밖에 이와 유사한 것이 있는 경우에는 그 경사지 등이 있는 쪽의 도로경계선에서 소요 너비에 해당하는 수평거리의 선을 건축선으로 한다.

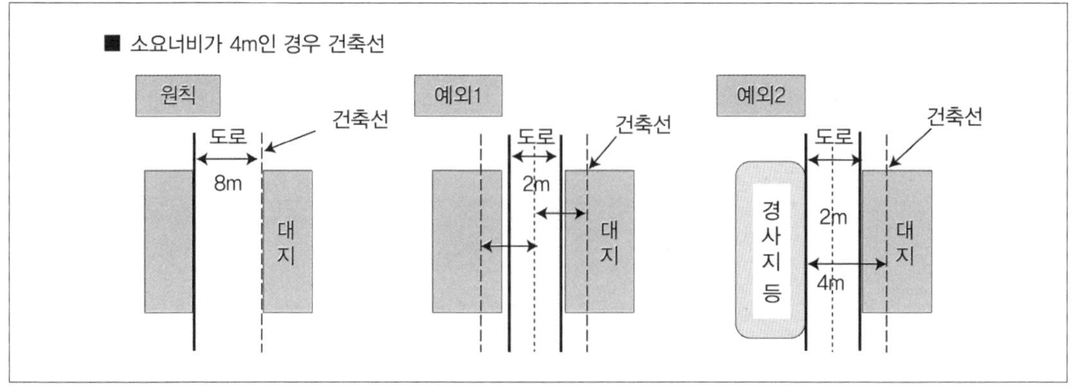

(2) 도로의 모퉁이 대지인 경우(가각전제)

너비 8m 미만인 도로의 모퉁이에 위치한 대지의 도로모퉁이 부분의 건축선은 그 대지에 접한 도로경계선의 교차점으로부터 도로경계선에 따라 다음의 표에 따른 거리를 각각 후퇴한 두 점을 연결한 선으로 한다(영 제31조 제1항).

도로의 교차각	당해 도로의 너비		교차되는 도로의 너비
	6m 이상 8m 미만	4m 이상 6m 미만	
90° 미만	4m	3m	6m 이상 8m 미만
	3m	2m	4m 이상 6m 미만
90° 이상 120° 미만	3m	2m	6m 이상 8m 미만
	2m	2m	4m 이상 6m 미만

가각전제한 건축선

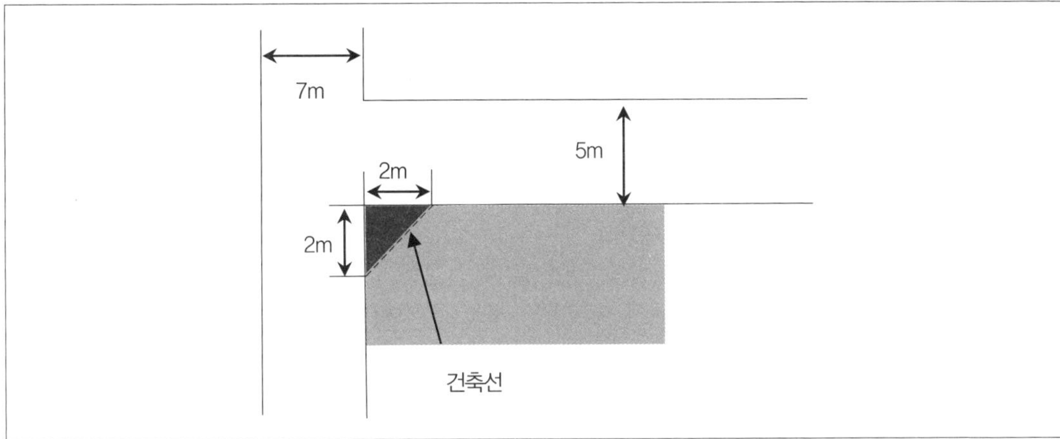

3. 지정건축선

(1) 건축선 지정

허가권자는 시가지 안에 있어서의 건축물의 위치를 정비하거나 환경을 정비하기 위하여 필요하다고 인정하는 경우에는 도시지역에서는 4m 이하의 범위에서 건축선을 따로 지정할 수 있다(법 제46조 제2항, 영 제31조 제2항).

(2) 건축선 지정절차

1. 공고·의견제시
   허가권자는 건축선을 지정하려면 미리 그 내용을 해당 지방자치단체의 공보, 일간신문 또는 인터넷 홈페이지 등에 30일 이상 공고하여야 하며, 공고한 내용에 대하여 의견이 있는 자는 공고기간에 허가권자에게 의견을 제출(전자문서에 의한 제출을 포함한다)할 수 있다(영 제31조 제3항).

2. 고시
허가권자는 건축선을 지정하면 지체 없이 이를 고시하여야 한다(법 제36조 제3항).

지정건축선

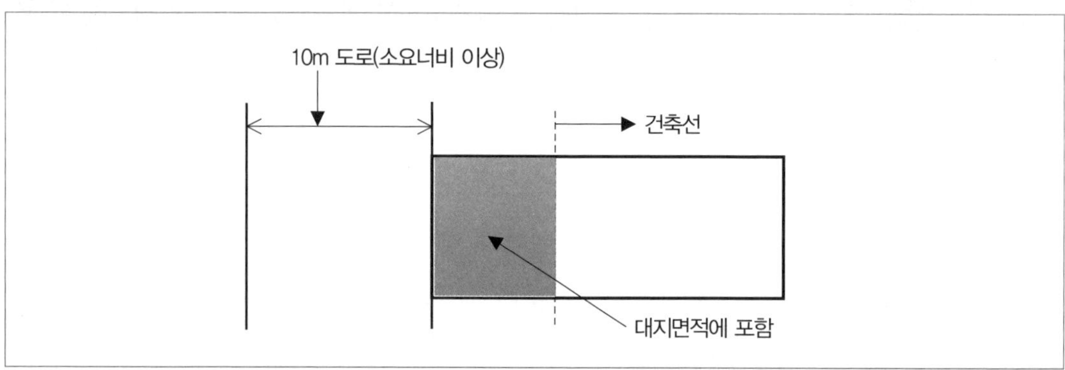

4. 건축선에 의한 건축제한

1. 건축물과 담장은 건축선의 수직면(垂直面)을 넘어서는 아니 된다. 다만, 지표(地表) 아래 부분은 그러하지 아니하다(법 제47조 제1항).
2. 도로면으로부터 높이 4.5m 이하에 있는 출입구, 창문, 그 밖에 이와 유사한 구조물은 열고 닫을 때 건축선의 수직면을 넘지 아니하는 구조로 하여야 한다(법 제47조 제2항).

5. 건축선과 대지면적산정

(1) 대지면적 산정하는 때에 산입하지 아니하는 경우

1. 소요너비에 미달되는 너비의 도로인 경우 도로와 건축선 사이의 면적은 당해 대지의 면적을 산정하는 경우에 산입하지 아니한다.
2. 도로의 모퉁이 대지인 경우(가각전제) 도로와 건축선 사이의 면적은 당해 대지의 면적을 산정하는 경우에 산입하지 아니한다.

(2) 대지면적 산정하는 때에 산입하는 경우

허가권자가 시가지정비를 위하여 건축선을 지정한 경우에는 도로와 건축선 사이의 면적은 당해 대지의 면적을 산정하는 경우에 산입한다.

03 CHAPTER

기출 및 예상문제

01 건축법령상 대지의 조경 등의 조치를 하지 아니할 수 있는 건축물이 아닌 것은? (단, 가설건축물은 제외하고, 건축법령상 특례, 기타 강화·완화조건 및 조례는 고려하지 않음) (제35회)

① 녹지지역에 건축하는 건축물
② 면적 4천 제곱미터인 대지에 건축하는 공장
③ 연면적의 합계가 1천 제곱미터인 공장
④ 「국토의 계획 및 이용에 관한 법률」에 따라 지정된 관리지역(지구단위계획구역으로 지정된 지역이 아님)의 건축물
⑤ 주거지역에 건축하는 연면적의 합계가 1천500제곱미터인 물류시설

해설 물류시설은 1,500제곱미터 미만인 경우는 조경을 하지 않는다. 단, 주거지역과 상업지역은 1,500제곱미터 미만이어도 조경을 하여야 한다.

정답 ⑤

02 건축법령상 공개공지등에 관한 설명으로 옳은 것은? (단, 건축법령상 특례, 기타 강화·완화조건은 고려하지 않음)

① 노후 산업단지의 정비가 필요하다고 인정되어 지정·공고된 지역에는 공개공지등을 설치할 수 없다.
② 공개공지는 필로티의 구조로 설치할 수 없다.
③ 공개공지등을 설치할 때에는 모든 사람들이 환경친화적으로 편리하게 이용할 수 있도록 긴 의자 또는 조경시설 등 건축조례로 정하는 시설을 설치해야 한다.
④ 공개공지등에는 건축조례로 정하는 바에 따라 연간 최장 90일의 기간 동안 주민들을 위한 문화행사를 열거나 판촉활동을 할 수 있다.
⑤ 울타리나 담장 등 시설의 설치 또는 출입구의 폐쇄 등을 통하여 공개공지등의 출입을 제한한 경우 지체없이 관할 시장·군수·구청장에게 신고하여야 한다.

해설 ① 노후 산업단지의 정비가 필요하다고 인정되어 지정·공고된 지역에서도 요건을 갖춘 경우 공개공지를 설치한다.
② 공개공지는 필로티의 구조로 설치할 수 있다.
④ 공개공지등에는 건축조례로 정하는 바에 따라 연간 최장 90일이 아니라 60일 이다.
⑤ 울타리나 담장 등 시설의 설치 또는 출입구의 폐쇄 등을 통하여 공개공지등의 출입을 제한하는 조치는 신고가 아니라 해서는 아니된다.

정답 ③

CHAPTER 04

건축물의 구조 및 재료

단원별 학습포인트

- ❑ 구조안전 확인대상 건물의 종류
- ❑ 내진능력공개대상 건물
- ❑ 초고층건물과 준 초고층건물의 피난안전구역의 설치기준
- ❑ 승강기

제1절 구조내력 등 제27회, 제29회, 제34회, 제35회

1. 건축물은 고정하중, 적재하중(積載荷重), 적설하중(積雪荷重), 풍압(風壓), 지진, 그 밖의 진동 및 충격 등에 대하여 안전한 구조를 가져야 한다(법 제48조 제1항).

2. 구조의 안전 확인 및 확인서류 제출

(1) 건축물을 건축하거나 대수선하는 경우에는 해당 건축물의 설계자는 국토교통부령으로 정하는 구조기준 등에 따라 그 구조의 안전을 확인하여야 한다(법 제48조 제2항, 영 제32조 1항).

(2) 제1항에 따라 구조 안전을 확인한 건축물 중 다음 각 호의 어느 하나에 해당하는 건축물의 건축주는 해당 건축물의 설계자로부터 구조 안전의 확인 서류를 받아 법 제21조에 따른 착공신고를 하는 때에 그 확인 서류를 허가권자에게 제출하여야 한다. 다만, 표준설계도서에 따라 건축하는 건축물은 제외한다(영 제32조 제2항).

> 1. 층수가 2층[주요구조부인 기둥과 보를 설치하는 건축물로서 그 기둥과 보가 목재인 목구조 건축물(이하 "목구조 건축물"이라 한다)의 경우에는 3층] 이상인 건축물
> 2. 연면적이 200제곱미터(목구조 건축물의 경우에는 500제곱미터) 이상인 건축물. 다만, 창고, 축사, 작물 재배사는 제외한다.
> 3. 높이가 13미터 이상인 건축물
> 4. 처마높이가 9미터 이상인 건축물
> 5. 기둥과 기둥 사이의 거리가 10미터 이상인 건축물
> 6. 건축물의 용도 및 규모를 고려한 중요도가 높은 건축물로서 국토교통부령으로 정하는 건축물
> 7. 국가적 문화유산으로 보존할 가치가 있는 건축물로서 국토교통부령으로 정하는 것

8. 한쪽 끝은 고정되고 다른 끝은 지지(支持)되지 아니한 구조로 된 보·차양 등이 외벽(외벽이 없는 경우에는 외곽 기둥을 말한다)의 중심선으로부터 3미터 이상 돌출된 특수구조 건축물
9. 특수한 설계·시공·공법 등이 필요한 건축물로서 국토교통부장관이 정하여 고시하는 구조로 된 특수구조 건축물
10. 단독주택 및 공동주택

(2) 기존 건축물을 건축 또는 대수선하려는 건축주는 법 제5조제1항에 따라 건축법적용의 완화를 요청할 때 구조 안전의 확인 서류를 허가권자에게 제출하여야 한다(영 제32조 제3항).

3. 지방자치단체의 장은 구조 안전 확인 대상 건축물에 대하여 허가 등을 하는 경우 내진(耐震)성능 확보 여부를 확인하여야 한다(법 제48조 제3항).

4. 지진에 대한 안전여부확인

국토교통부장관은 지진으로부터 건축물의 구조 안전을 확보하기 위하여 건축물의 용도, 규모 및 설계구조의 중요도에 따라 내진등급(耐震等級)을 설정하여야 하며, 내진등급을 설정하기 위한 내진등급기준 등 필요한 사항은 국토교통부령으로 정한다(법 제48조의2).

5. 건물의 내진능력공개 대상

다음 각 호의 어느 하나에 해당하는 건축물을 건축하고자 하는 자는 건물의 사용승인을 받는 즉시 건축물이 지진 발생 시에 견딜 수 있는 내진능력을 공개하여야 한다. 다만, 구조안전 확인 대상 건축물이 아니거나 내진능력 산정이 곤란한 건축물로서 대통령령으로 정하는 건축물은 공개하지 아니한다(법 제48조의3).

1. 층수가 2층(주요구조부인 기둥과 보를 설치하는 건축물로서 그 기둥과 보가 목재인 목구조 건축물의 경우에는 3층) 이상인 건축물
2. 연면적이 200제곱미터(목구조 건축물의 경우에는 500제곱미터) 이상인 건축물
3. 구조안전확인대상 건축물

참고학습 | 내진능력을 공개하지 않아도 되는 건축물(영 제32조의2)

법 제48조의3에서 내진능력을 공개하지 않아도 되는 건물이란 다음 각 호에 해당하는 건물을 말한다.

1. 창고, 축사, 작물 재배사 및 표준설계도서에 따라 건축하는 건축물로서 제32조 제2항 제1호 및 제3호부터 제9호까지의 어느 하나에도 해당하지 아니하는 건축물
2. 제32조 제1항에 따른 구조기준 중 국토교통부령으로 정하는 소규모건축구조기준을 적용한 건축물

2 건축구조기술사와 협력

다음 각 호의 어느 하나에 해당하는 건축물의 설계자는 해당 건축물에 대한 구조의 안전을 확인하는 경우에는 건축구조기술사의 협력을 받아야 한다(영 제91조의3 제1항).

1. 6층 이상인 건축물
2. 특수구조 건축물
3. 다중이용 건축물
4. 준 다중이용 건축물
5. 3층 이상의 필로티형식 건축물
6. 제32조 제2항 제6호에 해당하는 건축물 중 국토교통부령으로 정하는 건축물

제2절 피난구역 및 지하층

1 초고층 건축물의 피난안전구역 제27회

초고층 건축물에는 피난층 또는 지상으로 통하는 직통계단과 직접 연결되는 피난안전구역(건축물의 피난·안전을 위하여 건축물 중간층에 설치하는 대피공간을 말한다. 이하 같다)을 지상층으로부터 최대 30개 층마다 1개소 이상 설치하여야 한다(영 제34조 제3항).

2 준 초고층 건축물의 피난안전구역

준초고층 건축물에는 피난층 또는 지상으로 통하는 직통계단과 직접 연결되는 피난안전구역을 해당 건축물 전체 층수의 2분의 1에 해당하는 층으로부터 상하 5개층 이내에 1개소 이상 설치하여야 한다. 다만, 국토교통부령으로 정하는 기준에 따라 피난층 또는 지상으로 통하는 직통계단을 설치하는 경우에는 그러하지 아니하다(영 제34조 제4항).

3 지하층 제20회, 제23회

1. 의의

'지하층'이라 함은 건축물의 바닥이 지표면 아래에 있는 층으로서 그 바닥으로부터 지표면까지의 평균높이가 당해 층 높이의 2분의 1 이상인 것을 말한다(법 제2조 제1항). 건축물에 설치하는 지하층의 구조 및 설비는 국토교통부령으로 정하는 기준에 맞게 하여야 한다(법 제53조).

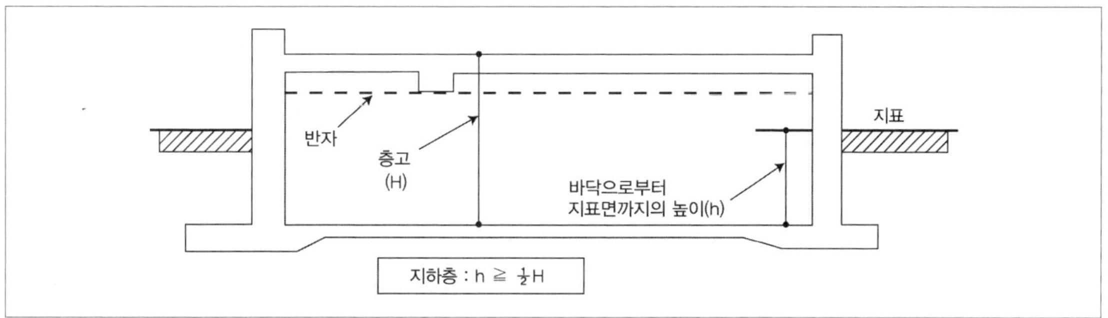

2. 지하층의 지표면

지하층의 지표면은 각 층의 주위가 접하는 각 지표면 부분의 높이를 그 지표면부분의 수평거리에 따라 가중평균한 높이의 수평면을 지표면으로 산정한다(영 제119조 제1항 제10호).

3. 지하층의 층수와 면적 산정

(1) 지하층의 층수

지하층은 건축물의 층수에 산정하지 아니한다(영 제119조 제1항 제9호).

(2) 지하층의 연면적

지하층은 건물의 연면적 산정시에는 포함된다. 다만, 용적률의 산정에 있어서는 지하층 면적을 제외한다(영 제119조 제1항 제4호).

04 CHAPTER 기출 및 예상문제

01 건축법령상 건축허가 대상 건축물로서 내진능력을 공개하여야 하는 건축물에 해당하지 않는 것은? (단, 소규모건축구조기준을 적용한 건축물이 아님) (제35회)

① 높이가 13미터인 건축물

② 처마높이가 9미터인 건축물

③ 기둥과 기둥 사이의 거리가 10미터인 건축물

④ 건축물의 용도 및 규모를 고려한 중요도가 높은 건축물로서 국토교통부령으로 정하는 건축물

⑤ 국가적 문화유산으로 보존할 가치가 있는 것으로 문화체육관광부령으로 정하는 건축물

해설 내진능력공개 건물은 구조안전확인대상 건물과 동일 한데 ⑤의 국가적문화유산으로 보존가치 있는 건물도 구조안정확인 및 내진능력공개대상이나 문화체육관광부령이 아니라 국토교통부령이 정하는 건물이어야 한다.

1. 층수가 2층[목구조 건축물의 경우에는 3층] 이상인 건축물
2. 연면적이 200제곱미터(목구조 건축물의 경우에는 500제곱미터) 이상인 건축물. 다만, 창고, 축사, 작물 재배사는 제외한다.
3. 높이가 13미터 이상인 건축물
4. 처마높이가 9미터 이상인 건축물
5. 기둥과 기둥 사이의 거리가 10미터 이상인 건축물
6. 건축물의 용도 및 규모를 고려한 중요도가 높은 건축물로서 국토교통부령으로 정하는 건축물
7. 국가적 문화유산으로 보존할 가치가 있는 건축물로서 국토교통부령으로 정하는 것
8. 한쪽 끝은 고정되고 다른 끝은 지지되지 아니한 구조로 된 보·차양 등이 외벽(외벽이 없는 경우에는 외곽 기둥을 말한다)의 중심선으로부터 3미터 이상 돌출된 특수구조 건축물
9. 특수한 설계·시공·공법 등이 필요한 건축물로서 국토교통부장관이 정하여 고시하는 구조로 된 특수구조 건축물
10. 단독주택 및 공동주택

 ⑤

05 CHAPTER

건축물의 높이규제

단원별 학습포인트

건물의 높이제한의 핵심쟁점

- 가로구역단위로 높이를 규제하는 방법 (① 허가권자 ② 특별시, 광역시 조례)
- 가로구역별 높이가 정해진 경우에도 높이를 다르게 정할 수 있는지 여부 및 최고높이의 완화
- 전용주거지역과 일반주거지역에서 일조권 높이제한
- 공동주택에서 일조권확보를 위한 높이를 제한하는 방법
- 일조권 높이제한규정을 적용하지 않는 건물은?

제1절 건축물의 높이 등의 제한 제23회, 제24회

1 가로구역별 건물의 높이제한

허가권자는 가로구역[도로로 둘러싸인 일단(一團)의 지역을 말한다. 이하 같다]을 단위로 하여 대통령령으로 정하는 기준과 절차에 따라 건축물의 높이를 지정·공고할 수 있다(법 제60조 제1항).

1. 건물의 용도·형태에 따른 조정

허가권자는 같은 가로구역에서 건축물의 용도 및 형태에 따라 건축물의 높이를 다르게 정할 수 있다(영 제82조 제3항).

2. 가로구역별 최고높이의 완화

다만, 허가권자는 가로구역의 높이를 완화하여 적용할 필요가 있다고 판단되는 대지에 대하여는 대통령령으로 정하는 바에 따라 건축위원회의 심의를 거쳐 높이를 완화하여 적용할 수 있다. 이 경우에 대한 구체적인 완화기준은 건축조례로 정한다(영 제82조 제4항).

3. 특별시·광역시의 조례

특별시장이나 광역시장은 도시관리를 위하여 필요하면 가로구역별 건축물의 높이를 특별시나 광역시의 조례로 정할 수 있다(법 제60조 제2항).

4. 지정·공고절차

허가권자는 가로구역별 건축물의 높이를 지정하려면 지방건축위원회의 심의를 거쳐야 한다. 이 경우 주민의 의견청취 절차 등은 「토지이용규제 기본법」 제8조에 따른다(영 제82조 제2항).

5. 높이완화규정의 중첩적용

허가권자는 제1항 및 제2항(가로구역별높이 제한규정)에도 불구하고 일조(日照)·통풍 등 주변 환경 및 도시미관에 미치는 영향이 크지 않다고 인정하는 경우에는 건축위원회의 심의를 거쳐 이 법 및 다른 법률에 따른 가로구역의 높이 완화에 관한 규정을 중첩하여 적용할 수 있다(법 제60조 제4항)

2 일조권확보를 위한 건축물의 높이제한 제25회

1. 전용주거지역이나 일반주거지역에서 높이 제한(법 제61조 제1항, 영 제86조 제1항)

(1) 원칙(정북방향)

전용주거지역이나 일반주거지역 안에서 건축하는 건축물의 높이는 일조(日照) 등의 확보를 위하여 정북방향의 인접대지경계선으로부터의 거리에 따라 다음의 범위에서 건축조례가 정하는 거리 이상을 띄어 건축하여야 한다.

> 1. 높이 10m 이하인 부분 : 인접대지경계선으로부터 1.5m 이상
> 2. 높이 10m를 초과하는 부분 : 인접대지경계선으로부터 당해건축물의 각 부분의 높이의 2분의 1이상

(2) 전용주거지역이나 일반주거지역에서 일조권 높이제한 규정을 적용하지 않는 경우

> 1. 다음 각 목의 어느 하나에 해당하는 구역 안의 대지 상호간에 건축하는 건축물로서 해당 대지가 너비 20미터 이상의 도로(자동차·보행자·자전거 전용도로를 포함하며, 도로에 공공공지, 녹지, 광장, 그 밖에 건축미관에 지장이 없는 도시·군계획시설이 접한 경우 해당 시설을 포함한다)에 접한 경우
>   ① 지구단위계획구역, 경관지구
>   ② 「경관법」 제9조 제1항 제4호에 따른 중점경관관리구역
>   ③ 법 제77조의2 제1항에 따른 특별가로구역
>   ④ 도시미관 향상을 위하여 허가권자가 지정·공고하는 구역
> 2. 건축협정구역 안에서 대지 상호간에 건축하는 건축물(법 제77조의4 제1항에 따른 건축협정에 일정 거리 이상을 띄어 건축하는 내용이 포함된 경우만 해당한다)의 경우
> 3. 건축물의 정북 방향의 인접 대지가 전용주거지역이나 일반주거지역이 아닌 용도지역에 해당하는 경우

(3) 정북방향 규정의 예외(정남방향)

다음에 해당하는 경우에는 건축물의 높이를 정남(正南)방향의 인접대지경계선으로부터의 거리에 따라 위의 높이 범위 안에서 허가권자가 정하여 고시하는 높이로 하며, 허가권자는 건축물의 높이를 고시하려면 국토교통부령으로 정하는 바에 따라 미리 해당 지역주민의 의견을 들어야 한다. 다만, 아래의 제1호부터 제6호까지의 어느 하나에 해당하는 지역인 경우로서 건축위원회의 심의를 거친 경우에는 그러하지 아니하다(법 제61조 제3항, 제4항).

1. 「택지개발촉진법」에 의한 택지개발지구인 경우
2. 「주택법」에 의한 대지조성사업지구인 경우
3. 「지역개발 및 지원에 관한 법률」에 의한 지역개발사업구역인 경우
4. 「산업입지 및 개발에 관한 법률」에 의한 국가산업단지, 일반산업단지, 도시첨단산업단지 및 농공단지인 경우
5. 「도시개발법」에 의한 도시개발구역인 경우
6. 「도시 및 주거환경정비법」에 의한 정비구역
7. 정북방향으로 도로·공원·하천 등 건축이 금지된 공지에 접하는 대지인 경우
8. 정북방향으로 접하고 있는 대지의 소유자와 합의한 경우 기타 대통령령이 정하는 경우

2. 공동주택의 일조권 높이제한

공동주택의 높이는 일반상업지역과 중심상업지역을 제외한 모든 용도지역에서 일조권확보를 위한 건축물의 높이제한에 따른 기준을 충족해야 한다(법 제61조 제2항, 영 제86조 제2항).

1. 일조 등의 확보기준
   공동주택은 전용주거지역 및 일반주거지역이 아니더라도 일조 등의 확보기준에 적합하여야 한다.
2. 채광을 위한 창문 등이 있는 벽면의 높이제한
   건축물(기숙사는 제외한다)의 각 부분의 높이는 그 부분으로부터 채광을 위한 창문 등이 있는 벽면에서 직각 방향으로 인접 대지경계선까지의 수평거리의 2배 이하의 높이로 할 것
   ① **근린상업지역·준주거지역의 특례** : 근린상업지역·준주거지역 안의 건축물은 4배 이하의 높이로 한다.
   ② **다세대주택의 특례** : 채광을 위한 창문 등이 있는 벽면에서 직각방향으로 인접대지경계선까지의 수평거리가 1m 이상으로서 건축조례로 정하는 거리 이상인 다세대주택인 경우 위의 규정(인접대지경계선까지의 수평거리의 2배 이하의 높이)을 적용하지 않는다.
3. 인동거리제한
   같은 대지에서 두 동(棟) 이상의 건축물이 서로 마주보고 있는 경우(한 동의 건축물 각 부분이 서로 마주보고 있는 경우를 포함한다)에 건축물 각 부분 사이의 거리는 다음 각 목의 거리 이상을 띄어 건축할 것. 다만, 그 대지의 모든 세대가 동지(冬至)를 기준으로 9시에서 15시 사이에 2시간 이상을 계속하여 일조(日照)를 확보할 수 있는 거리 이상으로 할 수 있다.

① 채광을 위한 창문 등이 있는 벽면으로부터 직각방향으로 건축물 각 부분 높이의 0.5배(도시형 생활주택의 경우에는 0.25배) 이상의 범위에서 건축조례로 정하는 거리 이상
② ①에도 불구하고 서로 마주보는 건축물 중 높은 건축물(높은 건축물을 중심으로 마주보는 두 동의 축이 시계방향으로 정동에서 정서 방향인 경우만 해당한다)의 주된 개구부(거실과 주된 침실이 있는 부분의 개구부를 말한다)의 방향이 낮은 건축물을 향하는 경우에는 10미터 이상으로서 낮은 건축물 각 부분의 높이의 0.5배(도시형 생활주택의 경우에는 0.25배) 이상의 범위에서 건축조례로 정하는 거리 이상
③ ①에도 불구하고 건축물과 부대시설 또는 복리시설이 서로 마주보고 있는 경우에는 부대시설 또는 복리시설 각 부분 높이의 1배 이상
④ 채광창(창넓이가 0.5제곱미터 이상인 창을 말한다)이 없는 벽면과 측벽이 마주보는 경우에는 8미터 이상
⑤ 측벽과 측벽이 마주보는 경우[마주보는 측벽 중 하나의 측벽에 채광을 위한 창문 등이 설치되어 있지 아니한 바닥면적 3제곱미터 이하의 발코니(출입을 위한 개구부를 포함한다)를 설치하는 경우를 포함한다]에는 4미터 이상

4. 위 3.의 규정에 불구하고 「주택법」에 따른 주택단지에 두 동 이상의 건축물이 「건축법」에 따른 도로를 사이에 두고 서로 마주보고 있는 경우에는 위 3.의 ①부터 ③까지의 규정을 적용하지 아니하되, 해당 도로의 중심선을 인접 대지경계선으로 보아 위 2.의 규정을 적용한다.

핵심정리 채광을 위한 창문 등이 있는 벽면의 높이제한

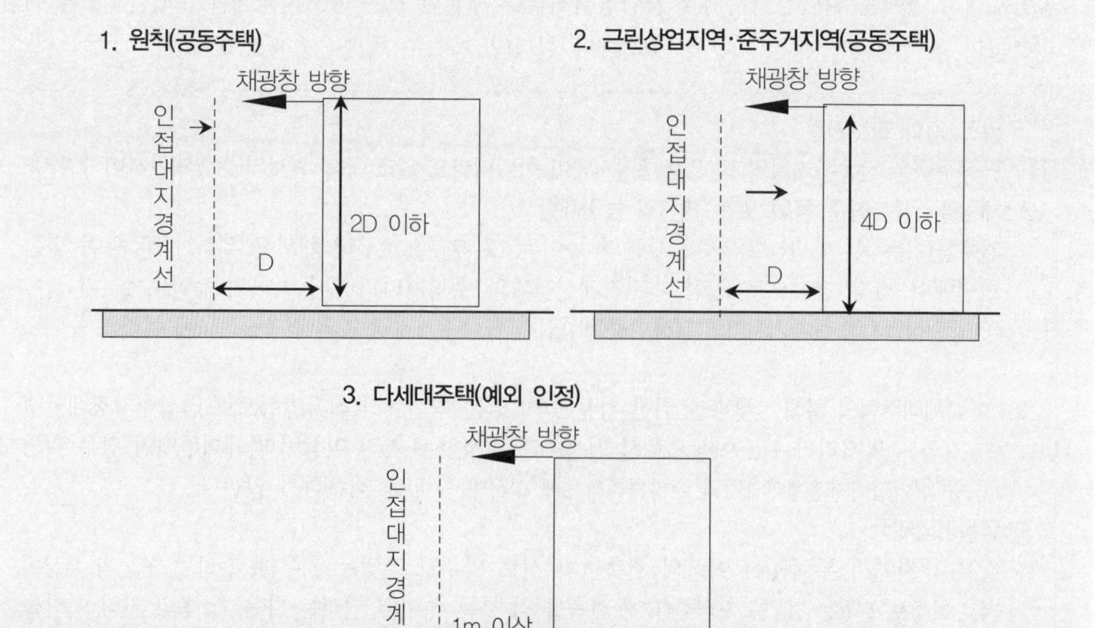

3. 일조권높이 적용의 특례

① 인접대지경계선기준

영 제86조 제1항부터 제5항까지(일조권 높이제한)를 적용할 때 건축물을 건축하려는 대지와 다른 대지 사이에 다음 각 호의 시설 또는 부지가 있는 경우에는 그 반대편의 대지경계선(공동주택은 인접 대지경계선과 그 반대편 대지경계선의 중심선)을 인접 대지경계선으로 한다(영 제86조 제6항).

> 1. 공원(「도시공원 및 녹지 등에 관한 법률」 제2조 제3호에 따른 도시공원 중 지방건축위원회의 심의를 거쳐 허가권자가 공원의 일조 등을 확보할 필요가 있다고 인정하는 공원은 제외한다), 도로, 철도, 하천, 광장, 공공공지, 녹지, 유수지, 자동차 전용도로, 유원지
> 2. 다음 각 목에 해당하는 대지(건축물이 없는 경우로 한정한다)
>   ① 너비(대지경계선에서 가장 가까운 거리를 말한다)가 2미터 이하인 대지
>   ② 면적이 제80조 각 호에 따른 분할제한 기준 이하인 대지
> 3. 제1호 및 제2호 외에 건축이 허용되지 아니하는 공지

② 영 제86조 제1항부터 제5항까지의 규정(일조권 높이제한)을 적용할 때 건축물(공동주택으로 한정한다)을 건축하려는 하나의 대지 사이에 제6항 각 호의 시설 또는 부지가 있는 경우에는 지방건축위원회의 심의를 거쳐 제6항 각 호의 시설 또는 부지를 기준으로 마주하고 있는 해당 대지의 경계선의 중심선을 인접 대지경계선으로 할 수 있다(영 제86조 제7항).

4. 일조권높이규정 적용의 배제

2층 이하로서 높이가 8m 이하인 건축물에 대하여는 당해 지방자치단체의 조례가 정하는 바에 의하여 일조 등의 확보를 위한 건축물의 높이제한의 규정 등을 적용하지 아니할 수 있다(법 제61조 제4항).

05 CHAPTER 기출 및 예상문제

01 건축법령상 건축물의 높이 제한에 관한 설명으로 틀린 것은? (단, 「건축법」 제73조에 따른 적용 특례 및 조례는 고려하지 않음) (제25회)

① 전용주거지역과 일반주거지역 안에서 건축하는 건축물에 대하여는 일조의 확보를 위한 높이 제한이 적용된다.

② 일반상업지역에 건축하는 공동주택으로서 하나의 대지에 두 동(棟) 이상을 건축하는 경우에는 채광의 확보를 위한 높이 제한이 적용된다.

③ 건축물의 높이가 정하여지지 아니한 가로구역의 경우 건축물 각 부분의 높이는 그 부분으로부터 전면(前面)도로의 반대쪽 경계선까지의 수평거리의 1.5배를 넘을 수 없다.

④ 허가권자는 같은 가로구역에서 건축물의 용도 및 형태에 따라 건축물의 높이를 다르게 정할 수 있다.

⑤ 허가권자는 가로구역별 건축물의 최고 높이를 지정하려면 지방건축위원회의 심의를 거쳐야 한다.

해설 | 일반상업지역과 중심상업지역에 건축하는 공동주택의 경우에는 채광의 확보를 위한 높이 제한이 적용되지 않는다.

정답 ②

06
CHAPTER

높이·면적 등과 특별건축구역

단원별 학습포인트

대지면적, 건축면적, 바닥면적, 연면적 높이, 층수의 핵심쟁점

- 대지면적에서 제외되는 부분
- 건축면적 계산에서 제외되는 부분
- 바닥면적 계산에서 제외되는 부분
- 건물의 높이계산에서 제외되는 부분
- 층의 구분이 불명확한 경우의 층수계산, 보기에 따라 층을 달리하는 경우의 층수계산
- 건물옥상의 승강기 탑, 옥탑 등의 층수와 높이의 계산 법

제1절 건축물의 면적·높이·층수의 산정방법 제20~21회, 제23회 ~ 제25회, 제29회 ~ 제31회, 제33회

건축물의 대지면적, 연면적, 바닥면적, 높이, 처마, 천장, 바닥 및 층수의 산정방법은 대통령령으로 정한다(법 제84조, 영 제119조 제1항).

1 면적의 산정방법

1. 대지면적(영 제119조의 제1항 제1호)

대지의 수평투영면적으로 한다. 다만, 다음 각 목의 어느 하나에 해당하는 면적은 대지면적에서 제외한다.

> 1. 도로의 소요너비에 미달하여 대지에 건축선이 정하여진 경우 : 그 건축선과 도로 사이의 대지면적
> 2. 대지에 도시·군계획시설인 도로·공원 등이 있는 경우 : 그 도시·군계획시설에 포함되는 대지(「국토의 계획 및 이용에 관한 법률」 제47조 제7항에 따라 건축물 또는 공작물을 설치하는 도시·군계획시설의 부지는 제외한다)면적

2. 건축면적(영 제119조 제1항 제2호)

(1) 개념

건축면적은 건축물의 외벽의 중심선으로 둘러싸인 부분의 수평투영면적으로 한다. 다만, 외벽이 없는 경우에는 외곽부분의 기둥의 중심선으로 둘러싸인 부분의 수평투영면적으로 한다.

(2) 건축면적의 산정

다만, 다음 어느 하나에 해당하는 경우에는 다음 기준에 따라 산정한다.

① 돌출차양 등의 면적
처마, 차양, 부연(附椽), 그 밖에 이와 비슷한 것으로서 그 외벽의 중심선으로부터 수평거리 1m 이상 돌출된 부분이 있는 건축물의 건축면적은 그 돌출된 끝부분으로부터 다음의 구분에 따른 수평거리를 후퇴한 선으로 둘러싸인 부분의 수평투영면적으로 한다.

전통사찰	「전통사찰보존법」에 의한 전통사찰은 4m 이하의 범위에서 외벽의 중심선까지의 거리	4m
축사	사료 투여, 가축 이동 및 가축 분뇨 유출 방지 등을 위하여 처마, 차양, 부연, 그 밖에 이와 비슷한 것이 설치된 축사는 3m 이하의 범위에서 외벽의 중심선까지의 거리(두 동의 축사가 하나의 차양으로 연결된 경우에는 6m 이하의 범위에서 축사 양 외벽의 중심선까지의 거리를 말한다)	3m
한옥	2m 이하의 범위에서 외벽의 중심선까지의 거리	2m
자동차 충전시설	충전시설(그에 딸린 충전 전용 주차구획을 포함한다)의 설치를 목적으로 처마, 차양, 부연, 그 밖에 이와 비슷한 것이 설치된 공동주택 : 2미터 이하의 범위에서 외벽의 중심선까지의 거리	2m
신·재생 에너지 설비	「신에너지 및 재생에너지 개발·이용·보급 촉진법」에 따른 신·재생에너지 설비(신·재생에너지를 생산하거나 이용하기 위한 것만 해당한다)를 설치하기 위하여 처마, 차양, 부연, 그 밖에 이와 비슷한 것이 설치된 건축물로서 「녹색건축물 조성 지원법」에 따른 제로에너지건축물 인증을 받은 건축물	2m
그 밖의 건축물	1m	1m

② 다음의 경우에는 건축면적에 산입하지 않는다.

1. 지표면으로부터 1m 이하에 있는 부분(창고 중 물품을 입출고하기 위하여 차량을 접안시키는 부분의 경우에는 지표면으로부터 1.5m 이하에 있는 부분)
2. 「다중이용업소의 안전관리에 관한 특별법 시행령」 제9조에 따라 기존의 다중이용업소(2004년 5월 29일 이전의 것만 해당한다)의 비상구에 연결하여 설치하는 폭 2m 이하의 옥외

피난계단(기존 건축물에 옥외 피난계단을 설치함으로써 법 제55조에 따른 건폐율의 기준에 적합하지 아니하게 된 경우만 해당한다)

3. 건축물 지상층에 일반인이나 차량이 통행할 수 있도록 설치한 보행통로나 차량통로
4. 지하주차장의 경사로
5. 건축물 지하층의 출입구 상부(출입구 너비에 상당하는 규모의 부분을 말한다)
6. 생활폐기물 보관시설(음식물쓰레기, 의류 등의 수거시설을 말한다. 이하 같다)
7. 「영유아보육법」에 따른 영유아어린이집(2005년 1월 29일 이전에 설치된 것만 해당한다)의 비상구에 연결하여 설치하는 폭 2m 이하의 영유아용 대피용 미끄럼대 또는 비상계단(기존 건축물에 영유아용 대피용 미끄럼대 또는 비상계단을 설치함으로써 법 제55조에 따른 건폐율 기준에 적합하지 아니하게 된 경우만 해당한다)
8. 장애인용 승강기, 장애인용 에스컬레이터, 휠체어리프트 또는 경사로
9. 소독설비를 갖추기 위하여 가축사육시설에서 설치하는 시설
10. 「매장유산보호 및 조사에 관한법률」에 따른 현지보존 및 이전보존을 위하여 매장유산 보호 및 전시에 전용되는 부분
11. 「가축분뇨의 관리 및 이용에 관한 법률」에 따른 처리시설(배출시설의 처리시설로 한정한다)
12. 「영유아보육법」 제15조에 따른 설치기준에 따라 직통계단 1개소를 갈음하여 건축물의 외부에 설치하는 비상계단(같은 조에 따른 어린이집이 2011년 4월 6일 이전에 설치된 경우로서 기존 건축물에 비상계단을 설치함으로써 건폐율 기준에 적합하지 않게 된 경우만 해당한다)

3. 바닥면적(영 제119조 제1항 제3호)

(1) 개념

건축물의 각 층 또는 그 일부로서 벽, 기둥, 그 밖에 이와 비슷한 구획의 중심선으로 둘러싸인 부분의 수평투영면적으로 한다.

(2) 바닥면적의 산정방법

① 벽·기둥의 구획이 없는 건축물

벽·기둥의 구획이 없는 건축물은 그 지붕 끝부분으로부터 수평거리 1m를 후퇴한 선으로 둘러싸인 수평투영면적으로 한다.

② 노대 등의 면적[노대면적 - (노대 등이 접한 가장 긴 외벽에 접한 길이×1.5m)]

건축물의 노대 기타 이와 유사한 것(노대 등)의 바닥은 난간 등의 설치여부에 관계없이 노대 등의 면적(외벽의 중심선으로부터 노대 등의 끝부분까지의 면적을 말한다)에서 노대 등이 접한 가장 긴 외벽에 접한 길이에 1.5m를 곱한 값을 뺀 면적을 바닥면적에 산입한다.

③ 바닥면적에서 제외

1. 필로티나 그 밖에 이와 비슷한 구조(벽면적의 2분의 1 이상이 그 층의 바닥면에서 위층 바닥 아래면까지 공간으로 된 것만 해당한다)의 부분은 그 부분이 공중의 통행이나 차량의 통행 또는 주차에 전용되는 경우와 공동주택의 경우에는 바닥면적에 산입하지 아니한다.
2. 승강기탑(옥상 출입용 승강장을 포함한다), 계단탑, 장식탑, 다락[층고(層高)가 1.5m(경사진 형태의 지붕인 경우에는 1.8m) 이하인 것만 해당한다], 건축물의 내부에 설치하는 냉방설비 배기장치 전용 설치공간(각 세대나 실별로 외부 공기에 직접 닿는 곳에 설치하는 경우로서 1제곱미터 이하로 한정한다), 건축물의 외부 또는 내부에 설치하는 굴뚝, 더스트슈트, 설비덕트, 그 밖에 이와 비슷한 것과 옥상·옥외 또는 지하에 설치하는 물탱크, 기름탱크, 냉각탑, 정화조, 도시가스 정압기 그 밖에 이와 비슷한 것을 설치하기 위한 구조물과 건축물 간에 화물의 이동에 이용되는 컨베이어벨트만을 설치하기 위한 구조물은 바닥면적에 산입하지 않는다.
3. 공동주택으로서 지상층에 설치한 기계실, 전기실, 어린이놀이터 및 조경시설 및 생활폐기물 보관시설의 면적은 바닥면적에 산입하지 않는다.
4. 「다중이용업소의 안전관리에 관한 특별법 시행령」에 따라 기존의 다중이용업소(2004년 5월 29일 이전의 것만 해당한다)의 비상구에 연결하여 설치하는 폭 1.5m 이하의 옥외 피난계단은 바닥면적에 산입하지 않는다.
5. 사용승인을 받은 후 15년 이상이 되어 건축물을 리모델링하는 경우로서 미관 향상, 열의 손실 방지 등을 위하여 외벽에 부가하여 마감재 등을 설치하는 부분은 바닥면적에 산입하지 않는다.
6. 단열재를 구조체의 외기측에 설치하는 단열공법으로 건축된 건축물의 경우에는 단열재가 설치된 외벽 중 내측 내력벽의 중심선을 기준으로 산정한 면적을 바닥면적으로 한다.
7. 「영유아보육법」에 따른 어린이집(2005년 1월 29일 이전에 설치된 것만 해당한다)의 비상구에 연결하여 설치하는 폭 2m 이하의 영유아용 대피용 미끄럼대 또는 비상계단의 면적은 바닥면적(기존 건축물에 영유아용 대피용 미끄럼대 또는 비상계단을 설치함으로써 법 제56조에 따른 용적률 기준에 적합하지 아니하게 된 경우만 해당한다)에 산입하지 않는다.
8. 장애인용 승강기, 장애인용 에스컬레이터, 휠체어리프트, 경사로 또는 승강장은 바닥면적에 산입하지 않는다.
9. 「가축전염병 예방법」에 따른 소독설비를 갖추기 위하여 같은 호에 따른 가축사육시설에서 설치하는 시설은 바닥면적에 산입하지 않는다.
10. 매장유산보호 및 조사에 관한법률에 따른 현지보존 및 이전보존을 위하여 매장유산 보호 및 전시에 전용되는 부분은 바닥면적에 산입하지 아니한다.
11. 「영유아보육법」에 따른 설치기준에 따라 직통계단 1개소를 갈음하여 건축물의 외부에 설치하는 비상계단(같은 조에 따른 어린이집이 2011년 4월 6일 이전에 설치된 경우로서 기존 건축물에 비상계단을 설치함으로써 건폐율 기준에 적합하지 않게 된 경우만 해당한다)
12. 지하주차장의 경사로(지상층에서 지하 1층으로 내려가는 부분으로 한정한다)는 바닥면적에 산입하지 않는다.
13. 이하생략

4. 연면적(영 제119조의 제1항 제4호)

하나의 건축물 각 층의 바닥면적의 합계로 하되, 용적률을 산정할 때에는 다음 각 목에 해당하는 면적은 제외한다.

1. 지하층의 면적
2. 지상층의 주차용(해당 건축물의 부속용도인 경우만 해당한다)으로 쓰는 면적
3. 초고층 건축물과 준초고층 건축물에 설치하는 피난안전구역의 면적
4. 건축물의 경사지붕 아래에 설치하는 대피공간의 면적(층수가 11층 이상인 건물로서 11층 이상인 층의 바닥면적 합계가 1만 ㎡ 이상인 건축물 옥상의 공간)

2 높이의 산정방법

1. 건축물의 높이(영 제119조 제1항 제5호)

(1) 개념

지표면으로부터 당해건축물의 상단까지의 높이[건축물의 1층 전체에 필로티(건축물을 사용하기 위한 경비실, 계단실, 승강기실, 그 밖에 이와 비슷한 것을 포함한다)가 설치되어 있는 경우에는 필로티의 층고를 제외한 높이]로 한다.

(2) 건축물의 높이산정

① 건축물의 높이에 산입

건축물의 옥상에 설치되는 승강기탑(옥상 출입용 승강장을 포함한다)·계단탑·망루·장식탑·옥탑 등으로서 그 수평투영면적의 합계가 해당 건축물 건축면적의 8분의 1(「주택법」에 따른 사업계획승인 대상인 공동주택 중 세대별 전용면적이 85㎡면적 이하인 경우에는 6분의 1)면적이하인 경우로서 그 부분의 높이가 12m를 넘는 경우에는 그 넘는 부분만 해당 건축물의 높이에 산입한다.

② 건축물의 높이에서 제외

지붕마루장식·굴뚝·방화벽의 옥상돌출부나 그 밖에 이와 비슷한 옥상돌출물과 난간벽(그 벽면적의 2분의 1 이상이 공간으로 되어 있는 것만 해당한다)은 당해 건축물의 높이에 산입하지 아니한다.

핵심정리 | 옥탑의 높이

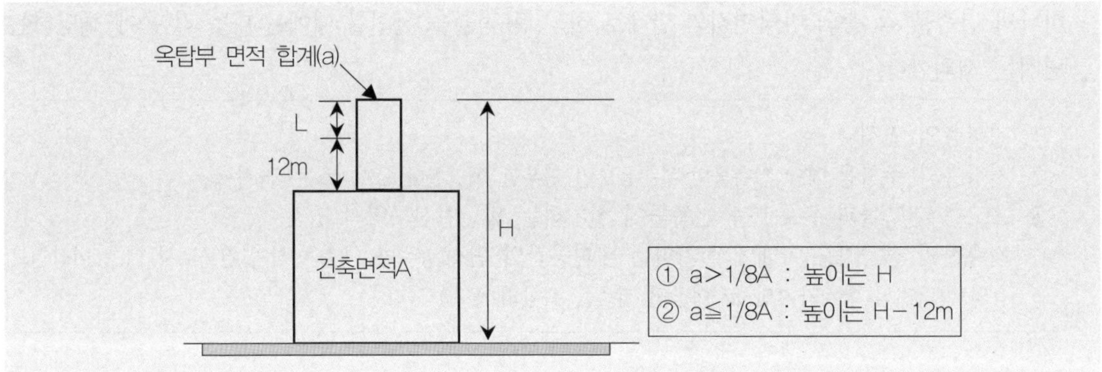

2. 층수

(1) 층수 산정방법

1. 층의 구분이 명확하지 아니한 건축물은 그 건축물의 높이 4m마다 하나의 층으로 보고 그 층수를 산정한다.
2. 건축물이 부분에 따라 층수가 다른 경우에는 그 중 가장 많은 층수를 그 건축물의 층수로 본다.

(2) 층수에서 제외

1. 승강기탑(옥상 출입용 승강장을 포함한다)·계단탑·망루·장식탑·옥탑, 그 밖에 이와 비슷한 건축물의 옥상부분으로서 그 수평투영면적의 합계가 해당 건축물 건축면적의 8분의 1(「주택법」에 따른 사업계획승인 대상인 공동주택 중 세대별 전용면적이 85㎡ 이하인 경우에는 6분의 1) 이하인 것
2. 지하층

3. 처마높이

지표면으로부터 건축물의 지붕틀 또는 이와 비슷한 수평재를 지지하는 벽·깔도리 또는 기둥의 상단까지의 높이로 한다.

4. 반자높이

방의 바닥면으로부터 반자까지의 높이로 한다. 다만 한 방에서 반자높이가 다른 부분이 있는 경우에는 그 각 부분의 반자의 면적에 따라 가중평균한 높이로 한다.

5. 층고

방의 바닥구조체 윗면으로부터 위층 바닥구조체의 윗면까지의 높이로 한다. 다만 한 방에서 층의 높이가 다른 부분이 있는 경우에는 그 각 부분의 높이에 따른 면적에 따라 가중평균한 높이로 한다.

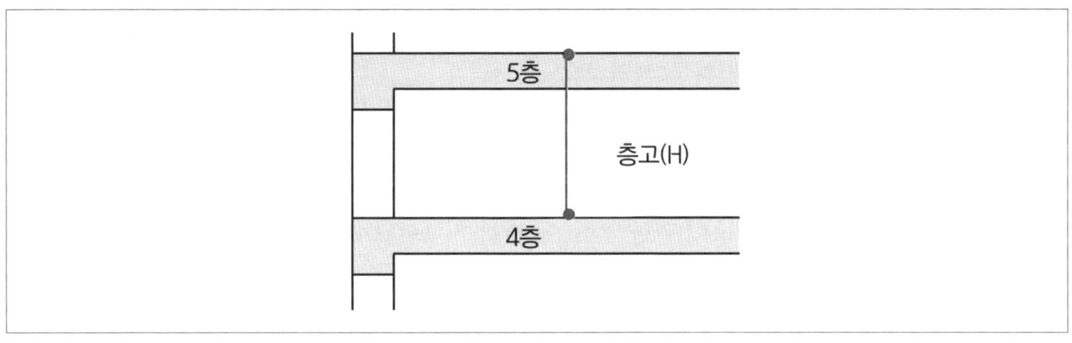

제2절 특별건축구역의 지정 제32회, 제33회

1 특별건축구역의 정의

특별건축구역이란 조화롭고 창의적인 건축물의 건축을 통하여 도시경관의 창출, 건설기술 수준향상 및 건축 관련 제도개선을 도모하기 위하여 이 법 또는 관계 법령에 따라 일부 규정을 적용하지 아니하거나 완화 또는 통합하여 적용할 수 있도록 특별히 지정하는 구역을 말한다.

2 특별건축구역의 지정권자 및 지정

1. 특별건축구역의 지정

(1) 지정권자 및 지정 대상

국토교통부장관 또는 시·도지사는 다음 각 호의 구분에 따라 도시나 지역의 일부가 특별건축구역으로 특례 적용이 필요하다고 인정하는 경우에는 특별건축구역을 지정할 수 있다(법 제69조 제1항).

(2) 국토교통부장관이 지정하는 경우

① 국가가 국제행사 등을 개최하는 도시 또는 지역의 사업구역

② 관계 법령에 따른 국가정책사업으로서 조화롭고 창의적인 건축을 위하여 대통령령으로 정하는 사업구역(영 제105조 제1항)

> 1. 「신행정수도 후속대책을 위한 연기·공주지역 행정중심복합도시 건설을 위한 특별법」에 따른 행정중심복합도시의 사업구역
> 2. 「공공기관 지방이전에 따른 혁신도시 건설 및 지원에 관한 특별법」에 따른 혁신도시의 사업구역
> 3. 「경제자유구역의 지정 및 운영에 관한 특별법」 제4조에 따라 지정된 경제자유구역
> 4. 「택지개발촉진법」에 따른 택지개발사업구역
> 5. 「공공주택건설 등에 관한 특별법」에 따른 공공주택지구
> 6. 「도시개발법」에 따른 도시개발구역
> 7. 「아시아문화중심도시 조성에 관한 특별법」에 따른 국립아시아문화전당 건설사업구역
> 8. 「국토의 계획 및 이용에 관한 법률」에 따른 지구단위계획구역 중 현상설계(懸賞設計) 등에 따른 창의적 개발을 위한 특별계획구역

(3) 시·도지사가 지정하는 경우

① 지방자치단체가 국제행사 등을 개최하는 도시 또는 지역의 사업구역

② 관계법령에 따른 도시개발·도시재정비 및 건축문화 진흥사업으로서 건축물 또는 공간환경을 조성하기 위하여 대통령령으로 정하는사업구역(영 제105조 제2항)

> 1. 경제자유구역
> 2. 택지개발사업구역
> 3. 정비구역
> 4. 도시개발구역
> 5. 재정비촉진구역
> 6. 국제자유도시의 사업구역
> 7. 지구단위계획구역 중 현상설계(懸賞設計) 등에 따른 창의적 개발을 위한 특별계획구역
> 8. 관광진흥법」에 따른 관광지, 관광단지 또는 관광특구
> 9. 「지역문화진흥법」에 따른 문화지구

③ 그 밖에 대통령령으로 정하는 도시 또는 지역의 사업구역(영 제105조 제3항)

> 1. 건축문화 진흥을 위하여 국토교통부령으로 정하는 건축물 또는 공간환경을 조성하는 지역
> 2. 주거, 상업, 업무 등 다양한 기능을 결합하는 복합적인 토지 이용을 증진시킬 필요가 있는 지역으로서 다음 각 목의 요건을 모두 갖춘 지역
>   ① 도시지역일 것
>   ② 「국토의 계획 및 이용에 관한 법률 시행령」 제71조에 따른 용도지역 안에서의 건축제한 적용을 배제할 필요가 있을 것
> 3. 그 밖에 도시경관의 창출, 건설기술 수준향상 및 건축 관련 제도개선을 도모하기 위하여 특별건축구역으로 지정할 필요가 있다고 시·도지사가 인정하는 도시 또는 지역

(4) 특별건축구역으로 지정할 수 없는 지역 등

다음 각 호의 어느 하나에 해당하는 지역·구역 등에 대하여는 제1항에도 불구하고 특별건축구역으로 지정할 수 없다(법 제69조 제2항).

> 1. 「개발제한구역의 지정 및 관리에 관한 특별조치법」에 따른 개발제한구역
> 2. 「자연공원법」에 따른 자연공원
> 3. 「도로법」에 따른 접도구역
> 4. 「산지관리법」에 따른 보전산지

(5) 특별건축구역으로 지정 전 사전협의

국토교통부장관 또는 시·도지사는 특별건축구역으로 지정하고자 하는 지역이 「군사기지 및 군사시설 보호법」에 따른 군사기지 및 군사시설 보호구역에 해당하는 경우에는 국방부장관과 사전에 협의하여야 한다(법 제69조 제3항).

2. 특별건축구역의 지정절차 등

(1) 지정신청에 의한 지정

중앙행정기관의 장, 지정대상 사업구역을 관할하는 시·도지사 또는 시장·군수·구청장(이하 이 장에서 "지정신청기관"이라 한다)은 특별건축구역의 지정이 필요한 경우에는 중앙행정기관의 장 또는 시·도지사는 국토교통부장관에게, 시장·군수·구청장은 특별시장·광역시장·도지사에게 각각 특별건축구역의 지정을 신청할 수 있다(법 제71조 제1항).

(2) 특별건축구역지정 제안

지정신청기관 외의 자는 제1항 각 호의 자료를 갖추어 제69조제1항제2호의 사업구역을 관할하는 시·도지사에게 특별건축구역의 지정을 제안할 수 있으며, 특별건축구역 지정 제안의 방법 및 절차 등에 관하여 필요한 사항은 대통령령으로 정한다(법 제71조 제2항, 제3항).

(3) 국토교통부장관 또는 시·도지사의 직권 지정

국토교통부장관 또는 시·도지사는 필요한 경우 직권으로 특별건축구역을 지정할 수 있다. 이 경우 제1항 각 호의 자료에 따라 특별건축구역 지정의 필요성, 타당성 및 공공성 등과 피난·방재 등의 사항을 검토하고 각각 중앙건축위원회 또는 시·도지사가 두는 건축위원회의 심의를 거쳐야 한다(법 제71조 제6항).

(4) 지정절차 등(법 제71조 제4항, 제5항, 제7항, 제8항)

심의	국토교통부장관 또는 시·도지사는 지정신청이 접수된 경우에는 특별건축구역 지정의 필요성, 타당성 및 공공성 등과 피난·방재 등의 사항을 검토하고, 지정 여부를 결정하기 위하여 지정신청을 받은 날부터 30일 이내에 국토교통부장관이 지정신청을 받은 경우에는 중앙건축위원회, 시·도지사가 지정신청을 받은 경우에는 시·도지사가 두는 건축위원회의 심의를 거쳐야 하며, 건축위원회의 심의 결과를 고려하여 필요한 경우 특별건축구역의 범위, 도시·군관리계획 등에 관한 사항을 조정할 수 있다

↓

고시·송부	국토교통부장관 또는 시·도지사는 특별건축구역을 지정하거나 변경·해제하는 경우에는 대통령령으로 정하는 바에 따라 주요 내용을 관보(시·도지사는 공보)에 고시하고, 국토교통부장관 또는 시·도지사는 지정신청기관에 관계 서류의 사본을 송부하여야 한다.

↓

필요한 조치	관계 서류의 사본을 받은 지정신청기관은 관계 서류에 도시·군관리계획의 결정사항이 포함되어 있는 경우에는 「국토의 계획 및 이용에 관한 법률」에 따라 지형도면의 승인신청 등 필요한 조치를 취하여야 한다.

(5) 변경지정

지정신청기관은 특별건축구역 지정 이후 변경이 있는 경우 변경지정을 받아야 한다. 이 경우 변경지정을 받아야 하는 변경의 범위, 변경지정의 절차 등 필요한 사항은 대통령령으로 정한다(법 제71조 제9항).

(6) 특별건축구역의 해제

국토교통부장관 또는 시·도지사는 다음 각 호의 어느 하나에 해당하는 경우에는 특별건축구역의 전부 또는 일부에 대하여 지정을 해제할 수 있다. 이 경우 국토교통부장관 또는 시·도지사는 지정신청기관의 의견을 청취하여야 한다(법 제71조 제10항).

1. 지정신청기관의 요청이 있는 경우
2. 거짓이나 그 밖의 부정한 방법으로 지정을 받은 경우
3. 특별건축구역 지정일부터 5년 이내에 특별건축구역 지정목적에 부합하는 건축물의 착공이 이루어지지 아니하는 경우
4. 특별건축구역 지정요건 등을 위반하였으나 시정이 불가능한 경우

3. 특별건축구역의 지정효과

특별건축구역을 지정하거나 변경한 경우에는 「국토의 계획 및 이용에 관한 법률」 제30조에 따른 도시·군관리계획의 결정(용도 지역·지구·구역의 지정 및 변경은 제외한다)이 있는 것으로 본다(법 제71조 제11항).

3 특별건축구역 안의 건축물에 대한 특례

1. 관계 법령 적용 배제(법 제73조 제1항)

특별건축구역에 건축하는 건축물에 대하여는 다음 각 호의 규정을 적용하지 아니할 수 있다.

(1) 「건축법」

제42조(대지 안의 조경), 제55조(건축물의 건폐율), 제56조(건축물의 용적률), 제58조(대지 안의 공지), 제60조(건축물의 높이제한) 및 제61조(일조 등의 확보를 위한 건축물의 높이제한)

(2) 「주택법」

제35조(주택건설기준 등) 중 대통령령으로 정하는 규정

2. 관계 법령 적용 완화(다른 방법으로 대신할 수 있는 경우)

(1) 「건축법」

특별건축구역에 건축하는 건축물이 제49조, 제50조, 제50조의2, 제51조부터 제53조까지, 제62조 및 제64조와 「녹색건축물조성지원법」 제15조에 해당할 때에는 해당 규정에서 요구하는 기준 또는 성능 등을 다른 방법으로 대신할 수 있는 것으로 지방건축위원회가 인정하는 경우에만 해당 규정의 전부 또는 일부를 완화하여 적용할 수 있다(법 제73조 제2항).

(2) 「소방시설설치유지 및 안전관리에 관한 법률」 적용 완화

「소방시설설치유지 및 안전관리에 관한 법률」 제9조(특정소방대상물에 설치하는 소방시설 등의 유지·관리 등)와 제11조(소방시설기준 적용의 특례)에서 요구하는 기준 또는 성능 등을 대통령령으로 정하는 절차·심의방법 등에 따라 다른 방법으로 대신할 수 있는 경우 전부 또는 일부를 완화하여 적용할 수 있다. 허가권자가 「소방시설설치유지 및 안전관리에 관한 법률」 제9조 및 제11조에 따른 기준 또는 성능 등을 완화하여 적용하려면 「소방시설공사업법」에 따른 지방소방기술심의위원회의 심의를 거치거나 소방본부장 또는 소방서장과 협의를 하여야 한다(법 제73조 제3항, 영 제109조 제2항).

참고학습 특별건축구역의 특례적용 건축물

특별건축구역에서 제73조에 따라 건축기준 등의 특례사항을 적용하여 건축할 수 있는 건축물은 다음 각 호의 어느 하나에 해당되어야 한다(법 제70조).

1. 국가 또는 지방자치단체가 건축하는 건축물
2. 「공공기관의 운영에 관한 법률」 제4조에 따른 공공기관 중 대통령령으로 정하는 다음의 공공기관이 건축하는 건축물(영 제106조 제1항)

① 한국토지주택공사	② 한국수자원공사	③ 한국도로공사	④ 한국토지공사
⑤ 한국철도공사	⑥ 국가철도공단	⑦ 한국관광공사	⑧ 한국농어촌공사

3. 통합적용계획의 수립 및 시행

(1) 관계 법령의 통합 적용

특별건축구역에서는 다음 각 호의 관계 법령의 규정에 대하여는 개별 건축물마다 적용하지 아니하고 특별건축구역 전부 또는 일부를 대상으로 통합하여 적용할 수 있다(법 제74조 제1항).

1. 「문화예술진흥법」 제9조에 따른 건축물에 대한 미술작품의 설치
2. 「주차장법」 제19조에 따른 부설주차장의 설치
3. 「도시공원 및 녹지 등에 관한 법률」에 따른 공원의 설치

(2) 통합적용계획의 수립(지정신청기관)

지정신청기관은 관계 법령의 규정을 통합하여 적용하려는 경우에는 특별건축구역 전부 또는 일부에 대하여 미술작품, 부설주차장, 공원 등에 대한 수요를 개별법에서 정한 기준 이상으로 산정하여 파악하고 이용자의 편의성, 쾌적성 및 안전 등을 고려한 통합적용계획을 수립하여야 한다(법 제74조 제2항).

① 허가권자와 협의

지정신청기관이 통합적용계획을 수립하는 때에는 해당 구역을 관할하는 허가권자와 협의하여야 하며, 협의요청을 받은 허가권자는 요청받은 날부터 20일 이내에 지정신청기관에게 의견을 제출하여야 한다(법 제74조 제3항).

② 도시·군관리계획의 변경을 수반하는 통합적용계획이 수립된 때

지정신청기관은 도시·군관리계획의 변경을 수반하는 통합적용계획이 수립된 때에는 관련 서류를 「국토의 계획 및 이용에 관한 법률」 제30조에 따른 도시·군관리계획 결정권자에게 송부하여야 하며, 이 경우 해당 도시·군관리계획 결정권자는 특별한 사유가 없으면 도시·군관리계획의 변경에 필요한 조치를 취하여야 한다(법 제74조 제4항).

4 특별건축구역 내 건축물의 허가신청 및 심의 등

1. 건축허가신청(특례적용계획서 첨부)

특별건축구역에서 제63조에 따라 건축기준 등의 특례사항을 적용하여 건축허가를 신청하고자 하는 자(이하 이 조에서 "허가신청자"라 한다)는 특례적용계획서를 첨부하여 해당 허가권자에게 건축허가를 신청하여야 한다. 이 경우 특례적용계획서의 작성방법 및 제출서류 등은 국토교통부령으로 정한다(법 제72조 제1항).

2. 지방건축위원회의 심의 등

(1) 지방건축위원회의 심의

건축기준 등의 특례사항을 적용하는 건축허가는 해당 건축물이 특별건축구역의 지정 목적에 적합한지의 여부와 특례적용계획서 등 해당 사항에 대하여 시·도지사 및 시장·군수·구청장이 설치하는 건축위원회(지방건축위원회)의 심의를 거쳐야 한다(법 제72조 제2항).

(2) 교통영향평가의 검토

허가신청자는 건축기준 등의 특례사항을 적용하여 건축허가 시 「도시교통정비촉진법」에 따른 교통영향평가의 검토를 동시에 진행하고자 하는 경우에는 같은 법 제16조에 따른 교통영향평가에 관한 서류를 첨부하여 허가권자에게 심의를 신청할 수 있다. 교통영향평가에 대하여 지방건축위원회에서 통합심의한 경우에는 「도시교통정비촉진법」 제17조에 따른 교통영향평가의 심의를 한 것으로 본다(법 제72조 제3항, 제4항).

(3) 지방건축위원회의 변경심의

심의된 내용에 대하여 대통령령으로 정하는 변경사항이 발생한 경우에는 지방건축위원회의 변경심의를 받아야 한다. 이 경우 변경심의는 최초의 심의 규정을 준용한다(법 제72조 제5항).

3. 모니터링 대상 건축물의 지정 등

(1) 모니터링 대상 건축물의 지정

국토교통부장관 또는 특별시장·광역시장·도지사는 건축제도의 개선 및 건설기술의 향상을 위하여 허가권자의 의견을 들어 특별건축구역 내에서 제1항 및 제2항에 따라 건축허가를 받은 건축물에 대하여 모니터링(특례를 적용한 건축물에 대하여 해당 건축물의 건축시공, 공사감리, 유지·관리 등의 과정을 검토하고 실제로 건축물에 구현된 기능·미관·환경 등을 분석하여 평가하는 것을 말한다. 이하 이 장에서 같다)을 실시할 수 있다(법 제72조 제6항).

(2) 특례적용계획서 등 제출

허가권자는 법 제1항 및 제2항에 따라 건축허가를 받은 건축물의 특례적용계획서와 그 밖에 법 제6항에 따라 모니터링 대상 건축물을 지정하는데 필요한 국토교통부령으로 정하는 자료를 특별시장·광역시장·특별자치시장·도지사·특별자치도지사는 국토교통부장관에게, 시장·군수·구청장은 특별시장·광역시장·도지사에게 각각 제출하여야 한다(법 제72조 제7항).

(3) 설계자의 건축 참여

특례사항을 적용하여 건축허가를 받은 「건설기술진흥법」 제2조 제5호에 따른 발주청은 설계의도의 구현, 건축시공 및 공사감리의 모니터링, 그 밖에 발주청이 위탁하는 업무의 수행 등을 위하여 필요한 경우 설계자를 건축허가 이후에도 해당 건축물의 건축에 참여하게 할 수 있다. 이 경우 설계자의 업무내용 및 보수 등에 관하여는 대통령령으로 정한다(법 제72조 제8항).

5 건축주 등의 의무

특별건축구역에서 건축기준 등의 적용 특례사항을 적용하여 건축허가를 받은 건축물의 공사감리자, 시공자, 건축주 및 소유자 및 관리자는 시공 중이거나 건축물의 사용승인 이후에도 당초 허가를 받은 건축물의 형태, 재료, 색채 등이 원형을 유지하도록 필요한 조치를 하여야 한다(법 제75조 제1항).

6 허가권자 등의 의무

① 허가권자는 특별건축구역의 건축물에 대하여 설계자의 창의성·심미성 등의 발휘와 제도개선·기술발전 등이 유도될 수 있도록 노력하여야 한다(법 제76조 제1항).

② 허가권자는 제75조 제2항에 따른 특별건축구역 건축물의 모니터링보고서를 국토교통부장관 또는 특별시장·광역시장·도지사에게 제출하여야 하며, 국토교통부장관 또는 특별시장·광역시장·도지사는 해당 모니터링보고서와 제77조에 따른 검사 및 모니터링 결과 등을 분석하여 필요한 경우 이 법 또는 관계 법령의 제도개선을 위하여 노력하여야 한다(법 제76조 제2항).

제3절 특별가로구역

1 특별가로구역의 지정

국토교통부장관 및 허가권자는 도로에 인접한 건축물의 건축을 통한 조화로운 도시경관의 창출을 위하여 이 법 및 관계 법령에 따라 일부 규정을 적용하지 아니하거나 완화하여 적용할 수 있도록 다음 각 호의 어느 하나에 해당하는 지구 또는 구역에서 대통령령으로 정하는 도로에 접한 대지의 일정 구역을 특별가로구역으로 지정할 수 있다(법 제77조의2 제1항).

1. 경관지구
2. 지구단위계획구역 중 미관유지를 위하여 필요하다고 인정하는 구역

2 지정절차

국토교통부장관 및 허가권자는 특별가로구역을 지정하려는 경우에는 일정한 자료를 갖추어 국토교통부장관 또는 허가권자가 두는 건축위원회의 심의를 거쳐야 하고, 지정하거나 변경·해제하는 경우에는 국토교통부령으로 정하는 바에 따라 이를 지역 주민에게 알려야 한다(법 제77조의2 제2항, 제3항).

3 지정효과

1. 특별가로구역의 변경절차 및 해제

특별가로구역 내 건축물에 관한 건축기준의 적용 등에 관하여는 제71조 제9항·제10항(지정절차 및 지정해제), 제72조 제1항부터 제5항(건축물의 심의 등)까지, 제73조 제1항(적용배제)·제2항(적용완화), 제75조 제1항(건축주의 의무) 및 제77조 제1항(건축물의 검사)을 준용한다(법 제77조의3 제2항).

2. 특별가로구역에서 적용배제규정

특별가로구역 안의 건축물에 대하여 국토교통부장관 또는 허가권자가 배치기준을 따로 정하는 경우에는 제46조(건축선의 지정) 및 「민법」 제242조(경계선 부근의 건축)를 적용하지 아니한다(법 제77조의3 제3항).

제4절 건축협정 제27회, 제28회, 제31회, 제34회

1 건축협정의 체결

1. 건축협정체결 대상

① 토지 또는 건축물의 소유자, 지상권자 등 대통령령으로 정하는 자(이하 "소유자등"이라 한다)는 전원의 합의로 다음 각 호의 어느 하나에 해당하는 지역 또는 구역에서 건축물의 건축·대수선 또는 리모델링에 관한 건축협정을 체결할 수 있다(법 제77조의4 제1항).

② 제1항 각 호의 지역 또는 구역에서 둘 이상의 토지를 소유한 자가 1인인 경우에도 그 토지 소유자는 해당 토지의 구역을 건축협정 대상 지역으로 하는 건축협정을 정할 수 있다. 이 경우 그 토지 소유자 1인을 건축협정 체결자로 본다(법 제77조의4 제2항).

> 1. 지구단위계획구역
> 2. 주거환경개선사업을 시행하기 위하여 지정·고시된 정비구역
> 3. 「도시재정비 촉진을 위한 특별법」에 따른 존치지역
> 4. 「도시재생 활성화 및 지원에 관한 특별법」에 따른 도시재생활성화지역
> 5. 그 밖에 시·도지사 및 시장·군수·구청장(이하 "건축협정인가권자"라 한다)이 도시 및 주거환경개선이 필요하다고 인정하여 해당 지방자치단체의 조례로 정하는 구역

2. 건축협정은 다음 각 호의 사항을 포함하여야 한다(법 제77조의4 제4항)

> 1. 건축물의 건축·대수선 또는 리모델링에 관한 사항
> 2. 건축물의 위치·용도·형태 및 부대시설에 관하여 대통령령으로 정하는 사항

2 건축협정운영회의 설립

협정체결자는 건축협정서 작성 및 건축협정 관리 등을 위하여 필요한 경우 협정체결자 간의 자율적 기구로서 건축협정운영회를 설립할 수 있으며, 설립하려면 협정체결자 과반수의 동의를 받아 건축협정운영회의 대표자를 선임하고, 국토교통부령으로 정하는 바에 따라 건축협정인가권자에게 신고하여야 한다. 다만, 제77조의6에 따른 건축협정 인가 신청 시 건축협정운영회에 관한 사항을 포함한 경우에는 그러하지 아니하다(법 제77조의5 제1항, 제2항).

3 건축협정의 인가 및 변경

1. 건축협정의 인가

협정체결자 또는 건축협정운영회의 대표자는 건축협정서를 작성하여 국토교통부령으로 정하는 바에 따라 해당 건축협정인가권자의 인가를 받아야 하며, 인가신청을 받은 건축협정인가권자는 인가를 하기 전에 건축협정인가권자가 두는 건축위원회의 심의를 거쳐야 한다. 건축협정 체결 대상 토지가 둘 이상의 특별자치시 또는 시·군·구에 걸치는 경우 건축협정 체결 대상 토지면적의 과반(過半)이 속하는 건축협정인가권자에게 인가를 신청할 수 있다. 이 경우 인가 신청을 받은 건축협정인가권자는 건축협정을 인가하기 전에 다른 특별자치시장 또는 시장·군수·구청장과 협의를 하여야 한다(법 제77조의6 제1항, 제2항).

2. 건축협정의 변경

협정체결자 또는 건축협정운영회의 대표자는 제77조의6제1항에 따라 인가받은 사항을 변경하려면 국토교통부령으로 정하는 바에 따라 변경인가를 받아야 한다. 다만, 대통령령으로 정하는 경미한 사항을 변경하는 경우에는 그러하지 아니하다. 변경인가에 관하여는 제77조의6(건축협정인가)을 준용한다(법 제77조의7 제1항, 제2항).

4 건축협정의 관리 등

건축협정인가권자는 건축협정을 인가하거나 변경 인가하였을 때에는 건축협정 관리대장을 작성하여 관리하여야 하며, 건축협정구역에서 건축물의 건축·대수선 또는 리모델링 등을 하려는 소유자등은 건축협정에 따라야 한다. 그리고 건축협정구역에서 협정체결자인 소유자등으로부터 건축물 등을 이전받거나 설정받은 자는 협정체결자로서의 지위를 승계한다. 다만, 건축협정에서 달리 정한 경우에는 그에 따른다(법 제77조의8, 제77조의10).

5 건축협정의 폐지

협정체결자 또는 건축협정운영회의 대표자는 건축협정을 폐지하려는 경우에는 협정체결자 과반수의 동의를 받아 국토교통부령으로 정하는 바에 따라 건축협정인가권자의 인가를 받아야 한다. 다만, 특례를 적용하여 착공신고를 한 경우에는 착공신고를 한 날부터 20년이 지난 후에 건축협정의 폐지인가를 신청할 수 있다. 다만, 다음 각 호의 요건을 모두 갖춘 경우에는 20년이 지난 것으로 본다(법 제77조의9 제1항·제2항, 영 제110조의4).

1. 법 제57조 제3항에 따라 분할된 대지를 같은 조 제1항 및 제2항의 기준에 적합하게 할 것
2. 법 제77조의13에 따른 특례를 적용받지 아니하는 내용으로 건축협정 변경인가를 받고 그에 따라 건축허가를 받을 것. 다만, 법 제77조의13에 따른 특례적용을 받은 내용대로 사용승인을 받은 경우에는 특례를 적용받지 아니하는 내용으로 건축협정 변경인가를 받고 그에 따라 건축허가를 받은 후 해당 건축물의 사용승인을 받아야 한다.
3. 법 제77조의11 제2항에 따라 지원받은 사업비용을 반환할 것

6 건축협정에 따른 특례

1. 맞벽건축의 특례

건축협정을 체결하여 둘 이상의 건축물 벽을 맞벽으로 하여 건축하려는 경우 맞벽으로 건축하려는 자는 공동으로 건축허가를 신청할 수 있고(법 제77조의13 제1항), 제17조(건축허가의 수수료), 제21조(착공신고), 제22조(사용승인) 및 제25조(공사감리)에 관하여는 개별 건축물마다 적용하지 아니하고 허가를 신청한 건축물 전부 또는 일부를 대상으로 통합하여 적용할 수 있다(법 제77조의13 제1항, 제2항).

2. 통합적용의 특례

건축협정의 인가를 받은 건축협정구역에서 연접한 대지에 대하여는 다음 각 호의 관계 법령의 규정을 개별 건축물마다 적용하지 아니하고 건축협정구역의 전부 또는 일부를 대상으로 통합하여 적용할 수 있다(법 제77조의13 제3항). 건축협정구역 전부 또는 일부에 대하여 조경 및 부설주차장에 대한 기준을 이 법 및 「주차장법」에서 정한 기준 이상으로 산정하여 적용하여야 한다(법 제77조의13 제4항).

1. 제42조에 따른 대지의 조경
2. 제44조에 따른 대지와 도로와의 관계
3. 제53조에 따른 지하층의 설치
4. 제55조 및 제56조에 따른 건폐율
5. 「주차장법」 제19조에 따른 부설주차장의 설치
6. 「하수도법」 제34조에 따른 개인하수처리시설의 설치

건축협정을 체결하여 둘 이상 건축물의 경계벽을 전체 또는 일부를 공유하여 건축하는 경우에는 제1항부터 제4항까지의 특례를 적용하며, 해당 대지를 하나의 대지로 보아 이 법의 기준을 개별 건축물마다 적용하지 아니하고 허가를 신청한 건축물의 전부 또는 일부를 대상으로 통합하여 적용할 수 있다(법 제77조의13 제5항).

3. 적용완화

건축협정구역에 건축하는 건축물에 대하여는 다음 각 호의 구분에 따라 완화하여 적용할 수 있다. 다만, 제56조(용적률)를 완화하여 적용하는 경우에는 건축위원회의 심의「국토의 계획 및 이용에 관한 법률」에 따른 지방도시계획위원회의 심의를 통합하여 거쳐야 한다(법 제77조의13 제6항).

1. **법 제42조에 따른 대지의 조경 면적** : 대지의 조경을 도로에 면하여 통합적으로 조성하는 건축협정구역에 한정하여 해당 지역에 적용하는 조경 면적기준의 100분의 20의 범위에서 완화
2. **법 제55조에 따른 건폐율** : 해당 지역에 적용하는 건폐율의 100분의 20의 범위에서 완화. 이 경우「국토의 계획 및 이용에 관한 법률」 제84조에 따른 건폐율의 최대한도를 초과할 수 없다.
3. **법 제56조에 따른 용적률** : 해당 지역에 적용하는 용적률의 100분의 20의 범위에서 완화. 이 경우「국토의 계획 및 이용에 관한 법률」 제85조에 따른 용적률의 최대한도를 초과할 수 없다.
4. **법 제60조에 따른 높이 제한** : 너비 6미터 이상의 도로에 접한 건축협정구역에 한정하여 해당 건축물에 적용하는 높이 기준의 100분의 20의 범위에서 완화
5. **법 제61조에 따른 일조 등의 확보를 위한 건축물의 높이 제한** : 건축협정구역 안에서 대지 상호간에 건축하는 공동주택에 한정하여 제86조 제3항 제1호에 따른 기준의 100분의 20의 범위에서 완화

7 건축협정 집중구역지정

1. 건축협정인가권자는 건축협정의 효율적인 체결을 통한 도시의 기능 및 미관의 증진을 위하여 제77조의4 제1항 각 호의 어느 하나에 해당하는 지역 및 구역의 전체 또는 일부를 건축협정 집중구역으로 지정할 수 있다(법 제77조의14 제1항).

2. 건축협정인가권자는 건축협정 집중구역을 지정하는 경우에는 미리 건축협정인가권자가 두는 건축위원회의 심의를 거쳐야 하며, 건축협정 집중구역 내의 건축협정이 심의내용에 부합하는 경우에는 건축위원회의 심의를 생략할 수 있다(법 제77조의14 제2항, 제4항).

제5절 결합건축 제30회, 제33회

1. 결합건축 대상지역

(1) 다음 각 호의 어느 하나에 해당하는 지역에서 대지간의 최단거리가 100미터 이내의 범위에서 대통령령으로 정하는 범위에 있는 2개의 대지 의 건축주가 서로 합의한 경우 2개의 대지를 대상으로 결합건축을 할 수 있다(법 제77조의15 제1항).

> 1. 상업지역
> 2. 역세권개발구역
> 3. 정비구역 중 주거환경개선사업의 시행을 위한 구역
> 4. 그 밖에 도시 및 주거환경 개선과 효율적인 토지이용이 필요하다고 대통령령으로 정하는 지역

(2) 다음 각 호의 어느 하나에 해당하는 경우에는 제1항 각 호의 어느 하나에 해당하는 지역에서 대통령령으로 정하는 범위에 있는 3개 이상 대지의 건축주 등이 서로 합의한 경우 3개 이상의 대지를 대상으로 결합건축을 할 수 있다(법 제77조의15 제2항).

> 1. 국가·지방자치단체 또는 공공기관이 소유 또는 관리하는 건축물과 결합건축하는 경우
> 2. 「빈집 및 소규모주택 정비에 관한 특례법」에 따른 빈집 또는 「건축물관리법」에 따른 빈 건축물을 해체하여 그 대지에 공원, 광장 등 대통령령으로 정하는 시설을 설치하는 경우
> 3. 그 밖에 대통령령으로 정하는 건축물과 결합건축하는 경우

참고학습

대통령령이 정하는 2개의 대지의 요건 (시행령 제111조 제1항).

1. 2개의 대지 모두가 법 제77조의15제1항 각 호의 지역 중 동일한 지역에 속할 것
2. 2개의 대지 모두가 너비 12미터 이상인 도로로 둘러싸인 하나의 구역 안에 있을 것. 이 경우 그 구역 안에 너비 12미터 이상인 도로로 둘러싸인 더 작은 구역이 있어서는 아니 된다.

대통령령이 정하는 3개의 대지의 요건 (시행령 제111조 제2항).

1. 대지 모두가 법 제77조의15제1항 각 호의 지역 중 같은 지역에 속할 것
2. 모든 대지 간 최단거리가 500미터 이내일 것

(3) 결합건축 제외

도시경관의 형성, 기반시설 부족 등의 사유로 해당 지방자치단체의 조례로 정하는 지역 안에서는 결합건축을 할 수 없다(법 제77조의15 제3항).

(4) 대지소유자가 1인인 경우

결합건축을 하려는 2개 이상의 대지를 소유한 자가 1명인 경우에도 그 토지 소유자는 해당 토지의 구역을 결합건축 대상 지역으로 정할 수 있다. 이 경우 그 토지 소유자 1인을 결합건축자로 본다.(법 제77조의15 제4항)

2. 결합건축의 절차

(1) 결합건축을 하고자 하는 건축주는 건축허가를 신청하는 때에는 다음 각 호의 사항을 명시한 결합건축협정서를 첨부하여야 하며 국토교통부령으로 정하는 도서를 제출하여야 한다(법 제77조의16 제1항).

> 1. 결합건축 대상 대지의 위치 및 용도지역
> 2. 결합건축협정서를 체결하는 자(이하 "결합건축협정체결자"라 한다)의 성명, 주소 및 생년월일(법인, 법인 아닌 사단이나 재단 및 외국인의 경우에는 「부동산등기법」 제49조에 따라 부여된 등록번호를 말한다)
> 3. 「국토의 계획 및 이용에 관한 법률」 제78조에 따라 조례로 정한 용적률과 결합건축으로 조정되어 적용되는 대지별 용적률
> 4. 결합건축 대상 대지별 건축계획서

(2) 허가권자는 「국토의 계획 및 이용에 관한 법률」 제2조 제11호에 따른 도시·군계획사업에 편입된 대지가 있는 경우에는 결합건축을 포함한 건축허가를 아니할 수 있다(법 제77조의16 제2항).

(3) 허가권자는 ①에 따른 건축허가를 하기 전에 건축위원회의 심의를 거쳐야 한다. 다만, 결합건축으로 조정되어 적용되는 대지별 용적률이 「국토의 계획 및 이용에 관한 법률」 제78조에 따라 해당 대지에 적용되는 도시계획조례의 용적률의 100분의 20을 초과하는 경우에는 건축위원회와 도시계획위원회의 공동위원회를 구성하여 심의를 하여야 한다(법 제77조의16 제3항, 영 제111조의2).

3. 결합건축의 관리

(1) 허가권자는 결합건축을 포함하여 건축허가를 한 경우 국토교통부령으로 정하는 바에 따라 그 내용을 공고하고, 결합건축 관리대장을 작성하여 관리하여야 한다(법 제77조의17 제1항).

(2) 허가권자는 제77조의15제1항에 따른 결합건축과 관련된 건축물의 사용승인 신청이 있는 경우 해당 결합건축협정서상의 다른 대지에서 착공신고 또는 다음 각 호의 어느 하나에 해당하는 조치가 이행되었는지를 확인한 후 사용승인을 하여야 한다(법 제77조의17 제2항, 영 제111조의3).

> 1. 법 제11조 제7항 각 호 외의 부분 단서에 따른 공사의 착수기간 연장 신청. 다만, 착공이 지연된 것에 건축주의 귀책사유가 없고 착공 지연에 따른 건축허가 취소의 가능성이 없다고 인정하는 경우로 한정한다.
> 2. 「국토의 계획 및 이용에 관한 법률」에 따른 도시·군계획시설의 결정

(3) 허가권자는 결합건축을 허용한 경우 건축물대장에 국토교통부령으로 정하는 바에 따라 결합건축에 관한 내용을 명시하여야 하며, 결합건축협정서에 따른 협정체결 유지기간은 최소 30년으로 한다. 다만, 결합건축협정서의 용적률 기준을 종전대로 환원하여 신축·개축·재축하는 경우에는 그러하지 아니한다(법 제77조의17 제3항, 제4항).

(4) 결합건축협정서를 폐지하려는 경우에는 결합건축협정체결자 전원이 동의하여 허가권자에게 신고하여야 하며, 허가권자는 용적률을 이전받은 건축물이 멸실된 것을 확인한 후 결합건축의 폐지를 수리하여야 한다. 이 경우 결합건축 폐지에 관하여는 ① 및 ③을 준용한다(법 제77조의17 제5항).

기출 및 예상문제

01 건축법령상 건축물의 면적 등의 산정방법으로 옳은 것은? (제31회)

① 공동주택으로서 지상층에 설치한 생활폐기물 보관함의 면적은 바닥면적에 산입한다.
② 지하층에 설치한 기계실, 전기실의 면적은 용적률을 산정할 때 연면적에 산입한다.
③ 「건축법」상 건축물의 높이 제한 규정을 적용할 때, 건축물의 1층 전체에 필로티가 설치되어 있는 경우 건축물의 높이는 필로티의 층고를 제외하고 산정한다.
④ 건축물의 층고는 방의 바닥구조체 윗면으로부터 위층 바닥구조체의 아랫면까지의 높이로 한다.
⑤ 건축물이 부분에 따라 그 층수가 다른 경우에는 그 중 가장 많은 층수가 가장 적은 층수를 평균하여 반올림한 수를 그 건축물의 층수로 본다.

해설
① 공동주택의 생활폐기물 보관함의 면적은 바닥면적에 산입하지 않는다.
② 지하층은 전체가 용적률계산 시 연면적에 산입하지 않는다.
④ 건축물의 층고는 방의 바닥구조체 윗면으로부터 위층 바닥구조체의 윗면까지의 높이로 한다.
⑤ 건축물이 부분에 따라 그 층수가 다른 경우에는 그 중 가장 많은 층수가 건물의 층수가 된다.

정답 ③

02 건축법령상 건축물의 면적 등의 산정방법에 관한 설명으로 <u>틀린</u> 것은? (제33회)

① 공동주택으로서 지상층에 설치한 조경시설의 면적은 바닥면적에 산입하지 않는다.
② 지하주차장의 경사로의 면적은 건축면적에 산입한다.
③ 태양열을 주된 에너지원으로 이용하는 주택의 건축면적은 건축물의 외벽중 내측 내력벽의 중심선을 기준으로 한다.
④ 용적률을 산정할 때에는 지하층의 면적은 연면적에 산입하지 않는다.
⑤ 층의 구분이 명확하지 아니한 건축물의 높이는 4미터마다 하나의 층으로 보고 그 층수를 산정한다.

해설
② 지하주차장의 경사로의 면적은 건축면적에 산입하지 않는다.

정답 ②

03 건축법령상 지상 11층 지하3층인 하나의 건축물이 다음 조건을 갖추고 있는 경우 건축물의 용적률은? (단 제시된 조건 이외의 다른 조건이나 제한 및 건축법령상 특례는 고려하지 않음) (제34회)

- 대지면적은 1,500㎡
- 각 층의 바닥면적은 1,000㎡로 동일함
- 지상1층 중 500㎡는 건축물의 부속용도인 주차장으로, 나머지는 500㎡는 제2종 근린생활시설로 사용함
- 지상2층에서 11층까지는 업무시설로 사용함
- 지하 층은 제1종 근린생활시설로, 지하2층과 지하3층은 주차장으로 사용함

① 660% ② 700% ③ 800% ④ 900% ⑤ 1,100%

해설 용적률은 연면적/대지면적의 비율을 말한다. 용적률의 연면적을 구할 때 ① 지하층 ② 부속용도의 주차공간 ③ 초고층 건물이나 준 초고층 건물의 피난안전구역 ④ 경사지붕아래의 대피공간은 제외한다.
그러므로 지하 1층, 지하 2층, 지하 3층 모두 제외되며 지상 1층의 500㎡의 부속용도의 주차장도 제외된다. 그러므로 연면적은 이를 제외한 부분의 면적을 합한 면적이 용적률에서의 필요한 연면적이 된다. (지상1층의 근린생활시설 500㎡) + (지상 2층부터 11층 까지 1만㎡) = 10,500㎡
그러므로 용적률은 10,500㎡/1,500㎡ = 700%

정답 ②

이행강제금

1 이행강제금의 부과사유 등

허가권자는 제79조 제1항에 따라 시정명령을 받은 후 시정기간 내에 시정명령을 이행하지 아니한 건축주등에 대하여는 그 시정명령의 이행에 필요한 상당한 이행기한을 정하여 그 기한까지 시정명령을 이행하지 아니하면 다음 각 호의 이행강제금을 부과한다(법 제80조 제1항).

1. 건폐율·용적률 또는 허가·신고위반(중요사항 위반)
   건축물이 건폐율이나 용적률을 초과하여 건축된 경우 또는 허가를 받지 아니하거나 신고를 하지 아니하고 건축된 경우에는 「지방세법」에 따라 해당 건축물에 적용되는 1㎡의 시가표준액의 100분의 50에 해당하는 금액에 위반면적을 곱한 금액 이하의 범위에서 위반 내용에 따라 대통령령으로 정하는 비율을 곱한 금액. 다만, 연면적(공동주택의 경우에는 세대 면적을 기준으로 한다) 60㎡ 이하의 주거용 건축물인 경우에는 위에 해당하는 금액의 2분의 1의 범위 안에서 당해 지방자치단체의 조례가 정하는 금액을 부과한다.

   "대통령령으로 정하는 비율"이란 다음 각 호의 구분에 따른 비율을 말한다. 다만, 건축조례로 다음 각 호의 비율을 낮추어 정할 수 있되, 낮추는 경우에도 그 비율은 100분의 60 이상이어야 한다(영 제115조의3 제1항).
   1. 허가를 받지 아니하고 건축한 경우 : 100분의 100
   2. 신고를 하지 아니하고 건축한 경우 : 100분의 70
   3. 건폐율을 초과하여 건축한 경우 : 100분의 80
   4. 용적률을 초과하여 건축한 경우 : 100분의 90

2. 건폐율·용적률 또는 허가·신고 외 위반(일반사항 위반)
   건축물이 1 외의 위반 건축물에 해당하는 경우에는 「지방세법」에 따라 그 건축물에 적용되는 시가표준액에 해당하는 금액의 100분의 10의 범위에서 위반내용에 따라 대통령령으로 정하는 금액. 다만, 연면적(공동주택의 경우에는 세대 면적을 기준으로 한다) 60㎡ 이하의 주거용 건축물인 경우와 주거용 건축물로서 다음에 속하는 경우에는 해당하는 금액의 2분의 1의 범위 안에서 당해 지방자치단체의 조례가 정하는 금액을 부과한다(영 제115조의2 제1항).

   ① 사용승인을 받지 아니하고 건축물을 사용한 경우
   ② 대지의 조경에 관한 사항을 위반한 경우
   ③ 건축물의 높이 제한에 위반한 경우
   ④ 일조 등의 확보를 위한 건축물의 높이제한에 위반한 경우
   ⑤ 그 밖에 법 또는 법에 의한 명령이나 처분을 위반한 경우(별표 15 위반 건축물란의 제1호, 제4호부터 제9호까지 및 제13호에 해당하는 경우는 제외한다)로서 건축조례로 정하는 경우

2. 이행강제금의 가중

허가권자는 영리목적을 위한 위반이나 상습적 위반 등 대통령령으로 정하는 경우에 제1항에 따른 금액을 100분의 100의 범위에서 가중하여야 한다(법 제80조 제2항).

참고학습 영리목적의 가중(대통령령 제115의3 제2항)

1. 임대 등 영리를 목적으로 법 제19조를 위반하여 용도변경을 한 경우(위반면적이 50제곱미터를 초과하는 경우로 한정한다)
2. 임대 등 영리를 목적으로 허가나 신고 없이 신축 또는 증축한 경우(위반면적이 50제곱미터를 초과하는 경우로 한정한다)
3. 임대 등 영리를 목적으로 허가나 신고 없이 다세대주택의 세대수 또는 다가구주택의 가구수를 증가시킨 경우(5세대 또는 5가구 이상 증가시킨 경우로 한정한다)
4. 동일인이 최근 3년 내에 2회 이상 법 또는 법에 따른 명령이나 처분을 위반한 경우
5. 제1호부터 제4호까지의 규정과 비슷한 경우로서 건축조례로 정하는 경우

2 이행강제금의 부과횟수

허가권자는 최초의 시정명령이 있었던 날을 기준으로 하여 1년에 2회 이내의 범위에서 해당 지방자치단체의 조례로 정하는 횟수만큼 그 시정명령이 이행될 때까지 반복하여 이행강제금을 부과·징수할 수 있다(법 제80조 제5항, 영 제115조의2 제1항).

1. 사용승인을 얻지 아니하고 건축물을 사용한 경우
2. 건축물의 유지·관리의무사항 중 조경의무면적을 위반한 경우
3. 건축물의 높이제한에 위반한 경우
4. 일조 등의 확보를 위한 건축물의 높이제한에 위반한 경우
5. 그 밖에 법 또는 법에 의한 명령이나 처분에 위반한 경우(별표 15 위반건축물란의 제1호, 제4호 부터 제9호 까지의 규정에 해당되는 경우를 제외한다)로서 건축조례로 정하는 경우

3 이행강제금의 부과절차

1. 사전계고(부과의 요식성)

허가권자는 이행강제금을 부과하기 전에 이행강제금을 부과·징수한다는 뜻을 미리 문서로써 계고(戒告)하여야 한다. 허가권자는 이행강제금을 부과하는 경우 금액, 부과 사유, 납부기한, 수납기관, 이의제기 방법 및 이의제기 기관 등을 구체적으로 밝힌 문서로 하여야 한다(법 제80조 제3항, 제4항).

2. 시정명령을 이행하는 경우

허가권자는 시정명령을 받은 자가 이를 이행하면 새로운 이행강제금의 부과를 즉시 중지하되, 이미 부과된 이행강제금은 징수하여야 한다(법 제80조 제6항).

3. 강제징수

허가권자는 이행강제금 부과처분을 받은 자가 이행강제금을 납부기한까지 내지 아니하면 지방행정제재·부과금의 징수 등에 관한 법률에 따라 징수한다(법 제80조 제7항).

핵심정리 이행강제금의 성격

1. 이행강제금의 성격은 행정벌이 아니라 명령을 집행하지 않은 것에 대한 제제로서 집행벌의 성격이 있다.
2. 위반행위에 대하여 벌금이나 과태료가 부과되었다 하더라도 이행강제금을 다시 부과할 수 있다.
3. 이행강제금 부과처분에 불복하는 경우에는 일반적 쟁송절차에 따라 권리구제를 받을 수 있다.

4 이행강제금의 부과특례

허가권자는 이행강제금을 다음 각 호에서 정하는 바에 따라 감경할 수 있다. 다만, 지방자치단체의 조례로 정하는 기간까지 위반내용을 시정하지 아니한 경우는 제외한다(법 제80조의 2 제1항).

1. 축사 등 농업용·어업용 시설로서 500제곱미터(「수도권정비계획법」 제2조 제1호에 따른 수도권 외의 지역에서는 1천 제곱미터) 이하인 경우는 5분의 1을 감경
2. 그 밖에 위반 동기, 위반 범위 및 위반 시기 등을 고려하여 대통령령으로 정하는 경우(제80조 제2항에 해당하는 경우는 제외한다)에는 100분의 75의 범위에서 대통령령으로 정하는 비율을 감경

07 CHAPTER

기출 및 예상문제

01 건축법령상 이행강제금을 산정하기 위하여 위반 내용에 따라 곱하는 비율을 높은 순서대로 나열한 것은? (단, 조례는 고려하지 않음) (제29회)

ㄱ. 용적률을 초과하여 건축한 경우
ㄴ. 건폐율을 초과하여 건축한 경우
ㄷ. 신고를 하지 아니하고 건축한 경우
ㄹ. 허가를 받지 아니하고 건축한 경우

① ㄱ - ㄴ - ㄹ - ㄷ
② ㄱ - ㄹ - ㄷ - ㄴ
③ ㄴ - ㄱ - ㄹ - ㄷ
④ ㄹ - ㄱ - ㄴ - ㄷ
⑤ ㄹ - ㄷ - ㄴ - ㄱ

해설 건폐율·용적율을 초과하거나 허가·신고없이 건축된 건축물은 ㎡당 시가표준액의 50% 금액에 위반면적을 곱한 금액 이하의 범위에서 아래의 금액으로 한다.

무허가 건축물	100 %
무신고 건축물	70 %
건폐율 위반	80 %
용적률 위반	90 %

정답 ④

PART 6
농지법

01 CHAPTER 총설

단원별 학습포인트

- 출제문항수는 1문제 정도이다. 이 단원은 농지의 개념을 정확하게 이해하여야 한다. 이는 곧 농지의 전용을 이해하는 것이므로 대단히 중요하며 기타 농업인, 농업법인 등의 용어를 정리하여야 한다.

제1절 용어의 정의(법 제2조) 제20회, 제23회, 제27회, 제28회, 제30회

이 법에서 사용하는 용어의 정의는 다음과 같다.

1 농지(법 제2조 제1호)

1. 실제토지현상으로 판단

전·답·과수원, 그 밖에 법적 지목(地目)을 불문하고 실제로 농작물 경작지 또는 대통령령으로 정하는 다년생 식물재배지로 이용되는 토지(영 제2조 제1항)

참고학습 다년생식물재배지

1. 목초·종묘·인삼·약초·잔디 및 조림용 묘목
2. 과수·뽕나무·유실수 그 밖의 생육기간이 2년 이상인 식물
3. 조경 또는 관상용 수목과 그 묘목(조경목적으로 식재한 것을 제외한다)

2. 개량시설 및 생산시설부지

농지의 개량시설과 농축산물 생산시설로서 대통령령이 정하는 시설의 부지(영 제2조 제3항)

개량시설의 부지	개량시설로서 다음 각 목의 어느 하나에 해당하는 시설 1. 유지(溜池 : 웅덩이), 양·배수시설, 수로, 농로, 제방 2. 1. 외의 시설로서 객토·성토·절토·암석제거를 통하여 농지의 생산성 향상이나 농지의 보전 또는 이용에 필요한 시설로서 농림축산식품부령으로 정하는 시설. 이 경우 객토·성토·절토의 기준은 농림축산식품부령으로 정한다.
농축산물 생산시설의 부지	농축산물 생산시설로서 농작물 경작지 또는 다년생식물의 재배지에 설치한 다음 각 목의 어느 하나에 해당하는 시설 1. 고정식온실·버섯재배사 및 비닐하우스와 농림축산식품부령으로 정하는 그 부속시설 2. 축사·곤충사육사와 농림축산식품부령으로 정하는 그 부속시설

	3. 간이퇴비장 4. 농막·간이저온저장고·간이액비 저장조 중 농림축산식품부령으로 정하는 시설

3. 농지에서 제외

다음의 토지는 농지에서 제외한다(영 제2조 제2항).

지목이 전·답·과수원이 아닌 토지	「공간정보의 구축 및 관리 등에 관한 법률」에 따른 지목이 전·답, 과수원이 아닌 토지(지목이 임야인 토지는 제외한다)로서 농작물 경작지 또는 제1항 각 호에 따른 다년생식물 재배지로 계속하여 이용되는 기간이 3년 미만인 토지
지목이 임야인 토지	「공간정보의 구축 및 관리 등에 관한 법률」에 따른 지목이 임야인 토지로서 「산지관리법」에 따른 산지전용허가(다른 법률에 따라 산지전용허가가 의제되는 인가·허가·승인 등을 포함한다)를 거치지 아니하고 농작물의 경작 또는 다년생식물의 재배에 이용되는 토지
「초지법」에 의하여 조성된 초지	

2 농업인

농업에 종사하는 개인으로서 다음의 자를 말한다(영 제3조).

1. 1천㎡ 이상의 농지에서 농작물 또는 다년생식물을 경작 또는 재배하거나 1년 중 90일 이상 농업에 종사하는 자
2. 농지에 330㎡ 이상의 고정식온실·버섯재배사·비닐하우스, 그 밖의 농림축산식품부령으로 정하는 농업생산에 필요한 시설을 설치하여 농작물 또는 다년생식물을 경작 또는 재배하는 자
3. 대가축 2두, 중가축 10두, 소가축 100두, 가금(집에는 기르는 날짐승) 1천수 또는 꿀벌 10군 이상을 사육하거나 1년 중 120일 이상 축산업에 종사하는 자
4. 농업경영을 통한 농산물의 연간 판매액이 120만원 이상인 자

3 농업법인

"농업법인"이란 「농어업경영체 육성 및 지원에 관한 법률」 제16조에 따라 설립된 영농조합법인과 같은 법 제19조에 따라 설립되고 업무집행권을 가진 자 중 3분의 1 이상이 농업인인 농업회사법인을 말한다(법 제2조 제3호).

4 농업경영

농업인 또는 농업법인이 자기의 계산과 책임으로 농업을 영위하는 것을 말한다(법 제2조 제4호).

5 자경(법 제2조 제5호)

농업인의 경우	농업인이 그 소유 농지에서 농작물 경작 또는 다년생식물 재배에 상시 종사하거나 농작업(農作業)의 2분의 1 이상을 자기의 노동력으로 경작 또는 재배하는 것
농업법인의 경우	농업법인이 그 소유 농지에서 농작물을 경작하거나 다년생식물을 재배하는 것을 말한다.

6 위탁경영

소유자가 타인에게 일정한 보수를 지급하기로 약정하고 농작업의 전부 또는 일부를 위탁하여 행하는 농업경영을 말한다(법 제2조 제6호).

7 농지개량

"농지개량"이란 농지의 생산성을 높이기 위하여 농지의 형질을 변경하는 다음 어느 하나에 해당하는 행위를 말한다.

1. 농지의 이용가치를 높이기 위하여 농지의 구획을 정리하거나 개량시설을 설치하는 행위
2. 농지의 토양개량이나 관개, 배수, 농업기계 이용의 개선을 위하여 해당 농지에서 객토·성토 또는 절토하거나 암석을 채굴하는 행위

8 농지의 전용

"농지의 전용"이란 농지를 농작물의 경작이나 다년생식물의 재배 등 농업생산 또는 농지개량 외의 용도로 사용하는 것을 말한다. 다만, 농지의 개량시설 및 생산시설부지 용도로 사용하는 경우에는 전용(轉用)으로 보지 아니한다(법 제2조 제7호, 영 제3조의2).

참고학습 농지개량의 범위

농지개량의 범위는 농지의 생산성을 높이기 위하여 농지의 형질을 변경하는 다음 각 호의 어느 하나에 해당하는 행위로서 인근 농지의 관개·배수·통풍 및 농작업에 영향을 미치지 아니하는 것으로 한다.

1. 농지의 이용가치를 높이기 위하여 농지의 구획을 정리하거나 개량시설을 설치하는 행위
2. 해당 농지의 토양개량이나 관개·배수·농업기계이용의 개선을 위하여 농지에서 농림축산식품부령으로 정하는 기준에 따라 객토·성토·절토하거나 암석을 채굴하는 행위

9 주말체험영농

"주말·체험영농"이란 농업인이 아닌 개인이 주말 등을 이용하여 취미생활이나 여가활동으로 농작물을 경작하거나 다년생식물을 재배하는 것을 말한다.(법 제2조 제8호)

기출 및 예상문제

01 농지법령상 농지에 해당하는 것만을 모두 고른 것은? (제30회)

> ㄱ. 대통령령으로 정하는 다년생식물 재배지로 실제로 이용되는 토지(「초지법」에 따라 조성된 초지 등 대통령령으로 정하는 토지는 제외)
> ㄴ. 관상용 수목의 묘목을 조경목적으로 식재한 재배지로 실제로 이용되는 토지
> ㄷ. 「공간정보의 구축 및 관리 등에 관한 법률」에 따른 지목이 답(畓)이고 농작물 경작지로 실제로 이용되는 토지의 개량시설에 해당하는 양·배수시설의 부지

① ㄱ ② ㄱ, ㄴ ③ ㄱ, ㄷ ④ ㄴ, ㄷ ⑤ ㄱ, ㄴ, ㄷ

해설 조경 또는 관상용 수목과 그 묘목의 재배지는 다년생식물재배지 로서 농지에 해당한다. 하지만 조경목적으로 식재한 것을 제외한다.

정답 ③

02 농지법령상 농업에 종사하는 개인으로서 농업인에 해당하지 않는 자는? (제20회, 제28회)

① 1년 중 150일을 축산업에 종사하는 자
② 1,200㎡의 농지에서 다년생식물을 재배하면서 1년 중 100일을 농업에 종사하는 자
③ 대가축 3두를 사육하는 자
④ 가금 1,200수를 사육하는 자
⑤ 농업경영을 통한 농산물의 연간 판매액이 80만원인 자

해설 ⑤ 농업인

> 1. 1천제곱미터 이상의 농지에서 농작물 또는 다년생식물을 경작 또는 재배하거나 1년 중 90일 이상 농업에 종사하는 자
> 2. 농지에 330제곱미터 이상의 고정식온실·버섯재배사·비닐하우스, 그 밖의 농림축산식품부령으로 정하는 농업생산에 필요한 시설을 설치하여 농작물 또는 다년생식물을 경작 또는 재배하는 자
> 3. 대가축 2두, 중가축 10두, 소가축 100두, 가금 1천수 또는 꿀벌 10군 이상을 사육하거나 1년 중 120일 이상 축산업에 종사하는 자
> 4. 농업경영을 통한 농산물의 연간 판매액이 120만원 이상인 자

정답 ⑤

02 CHAPTER 농지의 소유

단원별 학습포인트

❑ 출제문항수는 1~2문제 정도이다. 이 단원은 경자유전의 원칙의 예외, 농지취득자격증명발급의 발급 및 발급 대상의 제외, 농지의 소유상한, 농지처분의무와 처분명령에 따른 매수청구 및 이행강제금 등 「농지법」에서 주요한 내용을 구성하고 있다.

제1절 농지의 소유제한 제21회, 제33회

1 원칙(경자유전의 원칙)

농지는 자기의 농업경영에 이용하거나 이용할 자가 아니면 이를 소유하지 못한다(법 제6조 제1항).

2 예외

1. 경자유전의 원칙에 대한 특례

다음 각 호의 어느 하나에 해당하는 경우에는 농지를 소유할 수 있다. 다만, 소유 농지는 농업경영에 이용되도록 하여야 한다(제2호 및 제3호는 제외한다)(법 제6조 제2항).

1. 국가나 지방자치단체가 농지를 소유하는 경우
2. 「초·중등교육법」 및 「고등교육법」에 따른 학교, 농림축산식품부령으로 정하는 공공단체·농업연구기관·농업생산자단체 또는 종묘나 그 밖의 농업 기자재 생산자가 그 목적사업을 수행하기 위하여 필요한 시험지·연구지·실습지 또는 종묘생산지 또는 과수 인공수분용 꽃가루 생산지로 쓰기 위하여 농림축산식품부령으로 정하는 바에 따라 농지를 취득하여 소유하는 경우
3. 주말·체험영농을 하려고 농업진흥지역 외의 농지를 소유하는 경우
4. 상속[상속인에게 한 유증(遺贈)을 포함한다. 이하 같다]으로 농지를 취득하여 소유하는 경우
5. 8년 이상 농업경영을 하던 사람이 이농(離農)한 후에도 이농 당시 소유하고 있던 농지를 계속 소유하는 경우
6. 일정한 법인이 담보농지를 취득하여 소유하는 경우(「자산유동화에 관한 법률」 제3조에 따른 유동화전문회사등이 제13조 제1항 제1호부터 제4호까지에 규정된 저당권자로부터 농지를 취득하는 경우를 포함한다)
7. 농지전용허가[다른 법률에 따라 농지전용허가가 의제(擬制)되는 인가·허가·승인 등을 포함한다]를 받거나 농지전용신고를 한 자가 그 농지를 소유하는 경우

8. 농지전용협의를 마친 농지를 소유하는 경우
9. 「한국농어촌공사 및 농지관리기금법」에 의한 농지의 개발사업지구 안에 소재하는 농지로서 대통령령이 정하는 1천500㎡ 미만의 농지 또는 「농어촌정비법」에 의한 농지를 취득하여 소유하는 경우
10. 농업진흥지역 밖의 농지 중 최상단부부터 최하단부까지의 평균경사율이 15퍼센트 이상인 농지로서 대통령령으로 정하는 농지를 소유하는 경우
11. 다음 각 목의 어느 하나에 해당하는 경우
    ① 「한국농어촌공사 및 농지관리기금법」에 따라 한국농어촌공사가 농지를 취득하여 소유하는 경우
    ② 「농어촌정비법」에 의하여 농지를 취득하여 소유하는 경우
    ③ 「공유수면 관리 및 매립에 관한 법률」에 의하여 매립농지를 취득하여 소유하는 경우
    ④ 토지수용으로 농지를 취득하여 소유하는 경우
    ⑤ 농림축산식품부장관과 협의를 마치고 「공익사업을 위한 토지 등의 취득 및 보상에 관한 법률」에 따라 농지를 취득하여 소유하는 경우
    ⑥ 「공공토지의 비축에 관한 법률」에 해당하는 토지 중 공공토지비축심의위원회가 비축이 필요하다고 인정하는 토지로서 계획관리지역과 자연녹지지역 안의 농지를 한국토지주택공사가 취득하여 소유하는 경우. 이 경우 그 취득한 농지를 전용하기 전까지는 한국농어촌공사에 지체 없이 위탁하여 임대하거나 무상사용하게 하여야 한다.

2. 임대 또는 무상사용하게 특례

농지를 임대하거나 무상사용하게 하는 경우에는 자기의 농업경영에 이용하지 아니할지라도 임대하거나 무상사용하게 하는 기간 동안 농지를 계속 소유할 수 있다. 이 법에서 허용된 경우 외에는 농지 소유에 관한 특례를 정할 수 없다(법 제6조 제3항, 제4항).

3 농지의 소유상한(농업경영을 하지 아니하는 자)

1. 상속

상속으로 농지를 취득한 사람으로서 농업경영을 하지 아니하는 사람은 그 상속 농지 중에서 총 1만㎡까지만 소유할 수 있다(법 제7조 제1항).

2. 이농

8년 이상 농업경영을 한 후 이농한 사람은 이농 당시 소유 농지 중에서 총 1만㎡까지만 소유할 수 있다(법 제7조 제2항, 영 제4조).

3. 주말·체험영농

주말·체험영농을 하려는 사람은 총 1천㎡ 미만의 농지를 소유할 수 있다. 이 경우 면적 계산은 그 세대원 전부가 소유하는 총 면적으로 한다(법 제7조 제3항).

4. 상속, 이농의 소유상한의 예외

다음 각 목의 어느 하나에 해당하는 농지를 한국농어촌공사나 그 밖에 대통령령으로 정하는 자에게 위탁하여 임대하거나 무상사용하게 하는 경우 소유 상한을 초과하는 농지를 계속 소유할 수 있다(법 제7조 제4항).

1. 상속으로 농지를 취득한 자로서 농업경영을 하지 아니하는 자가 소유 상한(1만㎡ 이내)을 초과하여 소유하고 있는 농지 2. 8년 이상 농업경영을 한 후 이농한 자가 소유 상한(1만㎡ 이내)을 초과하여 소유하고 있는 농지 ※ 농업경영을 하는 자는 소유상한의 제한이 없음에 유의

제2절 농지취득자격증명 제26회, 제32회

1 농지취득자격증명의 발급

1. 원칙

농지를 취득하려는 자는 농지 소재지를 관할하는 시장(구를 두지 아니한 시의 시장을 말하며, 도농 복합 형태의 시는 농지 소재지가 동지역인 경우만을 말한다), 구청장(도농 복합 형태의 시의 구에서는 농지 소재지가 동지역인 경우만을 말한다), 읍장 또는 면장(이하 "시·구·읍·면의 장"이라 한다)에게서 농지취득자격증명을 발급받아야 한다(법 제8조 제1항).

2. 예외

다만, 다음 각 호의 어느 하나에 해당하면 농지취득자격증명을 발급받지 아니하고 농지를 취득할 수 있다(법 제8조 제1항 단서).

경자가 아닌 경우로서 농지취득자격 증명을 발급받지 않는 경우	1. 국가 또는 지방자치단체가 농지를 소유하는 경우 2. 상속[상속인에게 한 유증(遺贈)을 포함한다. 이하 같다]으로 농지를 취득하여 소유하는 경우 3. 일정한 법인이 담보농지를 취득하여 소유하는 경우(「자산유동화에 관한 법률」 제3조에 따른 유동화전문회사등이 제13조 제1항 제1호부터 제4호까지에 규정된 저당권자로부터 농지를 취득하는 경우를 포함한다) 4. 농지전용협의를 마친 농지를 소유하는 경우 5. 다음 각 목의 어느 하나에 해당하는 경우 ① 「한국농어촌공사 및 농지관리기금법」에 따라 한국농어촌공사가 농지를 취득하여 소유하는 경우

	② 「농어촌정비법」에 의하여 농지를 취득하여 소유하는 경우 ③ 「공유수면 관리 및 매립에 관한 법률」에 의하여 매립농지를 취득하여 소유하는 경우 ④ 토지수용으로 농지를 취득하여 소유하는 경우 ⑤ 농림축산식품부장관과 협의를 마치고 「공익사업을 위한 토지 등의 취득 및 보상에 관한 법률」에 따라 농지를 취득하여 소유하는 경우
기타	6. 농업법인의 합병으로 농지를 취득하는 경우 7. 공유농지의 분할 8. 시효의 완성으로 농지를 취득하는 경우 9. 환매권자가 환매권에 따라 농지를 취득하는 경우 10. 농지이용증진사업 시행계획에 따라 농지를 취득하는 경우

2 발급절차

1. 발급신청

(1) 원칙(농업경영계획서 작성)

농지취득자격증명을 발급받으려는 자는 다음 각 호의 사항이 모두 포함된 농업경영계획서 또는 주말·체험영농계획서를 작성하고 농림축산식품부령으로 정하는 서류를 첨부하여 농지 소재지를 관할하는 시·구·읍·면의 장에게 발급신청을 하여야 한다(법 제8조 제2항).

농업경영계획서의 내용

1. 취득 대상 농지의 면적(공유로 취득하려는 경우 공유 지분의 비율 및 각자가 취득하려는 농지의 위치도 함께 표시한다)
2. 취득 대상 농지에서 농업경영을 하는 데에 필요한 노동력 및 농업 기계·장비·시설의 확보 방안
3. 소유 농지의 이용 실태(농지 소유자에게만 해당한다)
4. 농지취득자격증명을 발급받으려는 자의 직업·영농경력·영농거리

(2) 예외(농업경영계획서 작성면제)

다음의 농지를 취득하는 자는 농업경영계획서 또는 주말·체험영농계획서를 작성하지 아니하고 농림축산식품부령으로 정하는 서류를 첨부하지 아니하여도 발급신청을 할 수 있다.(법 제8조 제2항 단서).

1. 시험·연구·실습지 또는 종묘생산용지로 농림축산식품부령이 정하는 바에 의하여 농지를 취득하여 소유하는 경우

2. 농지전용허가를 받거나 농지전용신고를 한 자가 당해 농지를 소유하는 경우
3. 「한국농어촌공사 및 농지관리기금법」에 의한 농지의 개발사업지구 안에 소재하는 농지로서 대통령령이 정하는 1,500㎡ 미만의 농지 또는 「농어촌정비법」에 의한 농지를 취득하여 소유하는 경우
4. 한계농지 중 최상단부부터 최하단부까지의 평균경사율이 15% 이상인 농지로서 대통령령으로 정하는 농지를 소유하는 경우
5. 「공공토지의 비축에 관한 법률」 제2조 제1호가목에 해당하는 토지 중 같은 법 제7조 제1항에 따른 공공토지비축심의위원회가 비축이 필요하다고 인정하는 토지로서 「국토의 계획 및 이용에 관한 법률」 제36조에 따른 계획관리지역과 자연녹지지역 안의 농지를 한국토지주택공사가 취득하여 소유하는 경우. 이 경우 그 취득한 농지를 전용하기 전까지는 한국농어촌공사에 지체 없이 위탁하여 임대하거나 무상사용하게 하여야 한다.

2. 농지위원회의 심의

시·구·읍·면의 장은 농지 투기가 성행하거나 성행할 우려가 있는 지역의 농지를 취득하려는 자 등 농림축산식품부령으로 정하는 자가 농지취득자격증명 발급을 신청한 경우 제44조에 따른 농지위원회의 심의를 거쳐야 한다(법 제8조 제3항).

3. 요건확인 및 발급기간

(1) 시·구·읍·면장은 농지취득자격증명의 발급신청을 받은 때에는 그 신청을 받은 날부터 7일

(2) 농업경영계획서 또는 주말·체험영농계획서를 작성하지 아니하고 농지취득자격증명의 발급신청을 할 수 있는 경우에는 4일

(3) 농지위원회의 심의 대상의 경우에는 14일 이내에 신청인에게 농지취득자격증명을 발급하여야 한다(법 제8조 제4항).

4. 농업경영계획서의 보존

시·구·읍·면의 장은 농업경영계획서 또는 주말·체험영농계획서를 10년간 보존하여야 하며, 농업경영계획서 또는 주말·체험영농계획서외의 농지취득자격증명 신청서류의 보존기간도 10년으로 정한다(법 제8조의2 제1항, 제2항).

5. 농지취득자격증명 첨부

농지취득자격증명을 발급받아 농지를 취득하는 자가 그 소유권에 관한 등기를 신청할 때에는 농지취득자격증명을 첨부하여야 한다(법 제8조 제4항).

3 발급제한

1. 농업경영계획서 또는 주말영농계획서를 작성하지 않는 경우

시·구·읍·면의 장은 농지취득자격증명을 발급받으려는 자가 농업경영계획서 또는 주말·체험영농계획서에 포함하여야 할 사항을 기재하지 아니하거나 첨부하여야 할 서류를 제출하지 아니한 경우 농지취득자격증명을 발급하여서는 아니 된다(법 제8조의3 제1항).

2. 공유인원의 초과

시·구·읍·면의 장은 1필지를 공유로 취득하려는 자가 제22조제3항에 따른 시·군·구의 조례로 정한 수를 초과한 경우에는 농지취득자격증명을 발급하지 아니할 수 있다.(법 제8조의3 제2항)

3. 법인이 해산명령 요건에 해당하는 경우

시·구·읍·면의 장은 「농어업경영체 육성 및 지원에 관한 법률」에 따른 실태조사 등에 따라 영농조합법인 또는 농업회사법인이 해산명령 청구 요건에 해당하는 것으로 인정하는 경우에는 농지취득자격증명을 발급하지 아니할 수 있다(법 제8조의3 제3항).

제3절 농업경영에 이용하지 아니하는 농지 등의 처분 제22회, 제23회, 제25회, 제28회

1 농지처분의 의무대상

농지 소유자는 다음 각 호의 어느 하나에 해당하게 되면 그 사유가 발생한 날부터 1년 이내에 해당 농지(⑧의 경우에는 농지의 소유상한을 초과하는 면적에 해당하는 농지를 말한다)를 그 사유가 발생한 날 당시 세대를 같이 하는 세대원이 아닌 자, 그 밖에 농림축산식품부령으로 정하는 자에게 처분하여야 한다.(법 제10조 제1항).

1. 소유농지를 자연재해·농지개량·질병 등 대통령령으로 정하는 정당한 사유 없이 자기의 농업경영에 이용하지 아니하거나 이용하지 아니하게 되었다고 시장·군수 또는 구청장이 인정한 경우
2. 농지를 소유하고 있는 농업회사법인이 설립 요건에 맞지 아니하게 된 후 3개월이 지난 경우
3. 학교 등이 시험·연구·실습지 또는 종묘생산용지 등의 목적으로 농지를 취득한 자가 그 농지를 해당 목적사업에 이용하지 아니하게 되었다고 시장·군수 또는 구청장이 인정한 경우
4. 주말·체험영농을 목적으로 농지를 취득한 자가 자연재해·농지개량·질병 등 대통령령으로 정하는 정당한 사유 없이 그 농지를 주말·체험영농에 이용하지 아니하게 되었다고 시장·군수 또는 구청장이 인정한 경우

5. 상속에 따라 농지를 취득하여 소유한 자가 농지를 임대차사유에 따라 임대하거나 한국농어촌공사에 위탁하여 임대하는 등 대통령령으로 정하는 정당한 사유 없이 자기의 농업경영에 이용하지 아니하거나 이용하지 아니하게 되었다고 시장·군수 또는 구청장이 인정한 경우
6. 8년이상 농업경영 후 이농에 따라 농지를 소유한 자가 농지를 임대차사유에 따라 임대하거나 한국농어촌공사에 위탁하여 임대하는 등 대통령령으로 정하는 정당한 사유 없이 자기의 농업경영에 이용하지 아니하거나, 이용하지 아니하게 되었다고 시장·군수 또는 구청장이 인정한 경우
7. 농지전용허가·신고를 하고 농지를 취득한 자가 취득한 날부터 2년 이내에 그 목적사업에 착수하지 아니한 경우
8. 농림축산식품부장관과 협의를 마치고 「공익사업을 위한 토지 등의 취득 및 보상에 관한 법률」에 따라 농지를 취득하여 소유하여야 하는 경우로서 농림축산식품부장관과의 협의를 마치지 아니하고 농지를 소유한 경우
9. 공공토지비축심의위원회가 비축이 필요하다고 인정하는 토지로서 계획관리지역과 자연녹지지역 안의 농지를 한국토지주택공사가 취득하여 소유하는 경우로서 소유한 농지를 한국농어촌공사에 지체 없이 위탁하지 아니한 경우
10. 농지소유상한을 초과하여 농지를 소유한 것이 판명된 경우
11. 지연재해·농지개량·질병 등 대통령령으로 정하는 정당한 사유 없이 농업경영계획서 또는 주말·체험영농계획서 내용을 이행하지 아니하였다고 시장·군수 또는 구청장이 인정한 경우

2 처분의무사실의 통지

시장·군수 또는 구청장은 농지의 처분의무가 생긴 농지의 소유자에게 농림축산식품부령으로 정하는 바에 따라 처분 대상 농지, 처분의무 기간 등을 구체적으로 밝혀 그 농지를 처분하여야 함을 알려야 한다(법 제10조 제2항).

3 처분명령 및 매수청구

1. 처분명령

시장·군수 또는 구청장은 다음 각 호의 어느 하나에 해당하는 농지소유자에게 6개월 이내에 그 농지를 처분할 것을 명할 수 있다(법 제11조 제1항).

1. 거짓이나 그 밖의 부정한 방법으로 농지취득자격증명을 발급받아 농지를 소유한 것으로 시장·군수 또는 구청장이 인정한 경우
2. 농지처분의무 기간에 처분 대상 농지를 처분하지 아니한 경우
3. 농업법인이 「농어업경영체 육성 및 지원에 관한 법률」을 위반하여 부동산업을 영위한 것으로 시장·군수 또는 구청장이 인정한 경우

참고학습 처분명령의 유예

1. 처분명령의 유예대상
   시장(구를 두지 아니한 시의 시장을 말한다. 이하 이 조에서 같다)·군수 또는 구청장은 처분의무 기간에 처분 대상 농지를 처분하지 아니한 농지소유자가 다음 각 호의 어느 하나에 해당하면 처분의무 기간이 지난 날부터 3년간 처분명령을 직권으로 유예할 수 있다(법 제12조 제1항).

   ① 해당 농지를 자기의 농업경영에 이용하는 경우
   ② 한국농어촌공사나 그 밖에 대통령령으로 정하는 자와 해당 농지의 매도위탁계약을 체결한 경우

2. 유예농지의 처분명령
   시장·군수 또는 구청장은 처분명령을 유예 받은 농지소유자가 처분명령 유예 기간에 위 1.의 어느 하나에도 해당하지 아니하게 되면 지체 없이 그 유예한 처분명령을 하여야 한다(법 제12조 제2항).
3. 농지처분의무의 소멸
   농지소유자가 처분명령을 유예 받은 후 위 2에 따른 처분명령을 받지 아니하고 그 유예 기간이 지난 경우에는 처분의무에 대하여 처분명령이 유예된 농지의 그 처분의무만 없어진 것으로 본다(법 제12조 제3항).

2. 매수청구

(1) 매수청구대상

농지소유자는 처분명령을 받으면 「한국농어촌공사 및 농지관리기금법」에 따른 한국농어촌공사에 그 농지의 매수를 청구할 수 있다(법 제11조 제2항).

(2) 매수가격

① **원칙** : 한국농어촌공사는 매수청구가 있는 때에는 「부동산 가격공시에 관한 법률」에 의한 공시지가(당해 토지의 공시지가가 없는 경우에는 동법에 의하여 산정한 개별토지가격을 말한다)를 기준으로 당해 농지를 매수할 수 있다.
② **예외** : 이 경우 인근지역의 실제 거래가격이 공시지가보다 낮은 때에는 실제 거래가격을 기준으로 매수할 수 있다(법 제11조 제3항).
③ **매수자금 융자** : 한국농어촌공사가 농지를 매수하는데 필요한 자금은 「한국농어촌공사 및 농지관리기금법」에 의한 농지관리기금에서 이를 융자한다(법 제11조 제4항).

4 이행강제금

1. 부과대상 및 금액

시장·군수 또는 구청장은 다음 어느 하나에 해당하는 자에게 해당 농지의 감정평가법인등이 감정평가한 감정가격 또는 개별공시지가(해당 토지의 개별공시지가가 없는 경우에는 같은 법 제8조에 따른 표준지공시지가를 기준으로 산정한 금액을 말한다) 중 더 높은 가액의 100분의 25에 해당하는 이행강제금을 부과한다(법 제63조 제1항).

1. 제11조제1항(제12조제2항에 따른 경우를 포함한다)(농지처분의무)에 따라 처분명령을 받은 후 제11조제2항에 따라 매수를 청구하여 협의 중인 경우 등 대통령령으로 정하는 정당한 사유 없이 지정기간까지 그 처분명령을 이행하지 아니한 자
2. 제42조(농지개량행위)에 따른 원상회복 명령을 받은 후 그 기간 내에 원상회복 명령을 이행하지 아니하여 시장·군수·구청장이 그 원상회복 명령의 이행에 필요한 상당한 기간을 정하였음에도 그 기한까지 원상회복을 아니한 자
3. 제42조의2(농지개량행위)에 따른 시정명령을 받은 후 그 기간 내에 시정명령을 이행하지 아니하여 시장·군수·구청장이 그 시정명령의 이행에 필요한 상당한 기간을 정하였음에도 그 기한까지 시정을 아니한 자

2. 사전계고(문서)

시장·군수 또는 구청장은 이행강제금을 부과하기 전에 이행강제금을 부과·징수한다는 뜻을 미리 문서로 알려야 한다. 이 경우 이행강제금의 금액, 부과사유, 납부기한, 수납기관, 이의제기 방법, 이의제기 기관 등을 명시한 문서로 하여야 한다(법 제63조 제2항, 제3항).

3. 부과횟수

시장·군수 또는 구청장은 처분명령·원상회복 명령 또는 시정명령 이행기간이 만료한 다음 날을 기준으로 하여 그 처분명령·원상회복 명령 또는 시정명령이 이행될 때까지 제1항에 따른 이행강제금을 매년 1회 부과·징수할 수 있다(법 제63조 제4항).

4. 처분명령을 이행하는 경우

시장·군수 또는 구청장은 제11조제1항(제12조제2항에 따른 경우를 포함한다)에 따른 처분명령·제42조에 따른 원상회복 명령 또는 제42조의2에 따른 시정명령을 받은 자가 처분명령·원상회복 명령 또는 시정명령을 이행하면 새로운 이행강제금의 부과는 즉시 중지하되, 이미 부과된 이행강제금은 징수하여야 한다(법 제63조 제5항).

5. 이의신청

① **이의제기** : 이행강제금 부과처분에 불복하는 자는 그 처분을 고지받은 날부터 30일 이내에 시장·군수 또는 구청장에게 이의를 제기할 수 있다(법 제63조 제6항).

② **관할법원에 통보 및 재판** : 이행강제금 부과처분을 받은 자가 이의를 제기하면 시장·군수 또는 구청장은 지체 없이 관할 법원에 그 사실을 통보하여야 하며, 그 통보를 받은 관할 법원은 「비송사건절차법」에 따른 과태료 재판에 준하여 재판을 한다(법 제63조 제7항).

③ **강제징수** : 이의신청기간에 이의를 제기하지 아니하고 이행강제금을 납부기한까지 내지 아니하면 지방행정제재·부과금의 징수 등에 관한 법률에 따라 징수한다(법 제63조 제8항).

02 CHAPTER 기출 및 예상문제

01 농지법령상 농지취득자격증명을 발급받지 아니하고 농지를 취득할 수 있는 경우가 아닌 것은? (제32회)

① 시효의 완성으로 농지를 취득하는 경우
② 공유 농지의 분할로 농지를 취득하는 경우
③ 농업법인의 합병으로 농지를 취득하는 경우
④ 국가나 지방자치단체가 농지를 소유하는 경우
⑤ 주말·체험영농을 하려고 농업진흥지역 외의 농지를 소유하는 경우

해설 ⑤ 주말체험영농의 경우에는 농지취득자격증명을 발급받아야 한다.

정답 ⑤

02 농지법령상 농지는 자기의 농업경영에 이용하거나 이용할 자가 아니면 소유하지 못함이 원칙이다. 그 예외에 해당하지 않는 것은? (제33회)

① 8년 이상 농업경영을 하던 사람이 이농한 후에도 이농당시 소유 농지 중 1만제곱미터를 계속 소유하면서 농업경영에 이용되도록 하는 경우
② 농림축산식품장관과 협의를 마치고 「공익사업을 위한 토지 등의 취득 및 보상에 관한 법률」에 따라 농지를 취득하여 소유하면서 농업경영에 이용되도록 하는 경우
③ 「공유수면 관리 및 매립에 관한 법률」에 따라 매립농지를 취득하여 소유하면서 농업경영에 이용되도록 하는 경우
④ 주말·체험영농을 하려고 농업진흥지역 내의 농지를 소유하는 경우
⑤ 「초·중등교육법」 및 「고등교육법」에 따른 학교가 그 목적사업을 수행하기 위하여 필요한 연구지·실습지로 쓰기 위하여 농림축산식품부령으로 정하는 바에 따라 농지를 취득하여 소유하는 경우

해설 ④ 경자유전의 예외사유로서 주말·체험영농의 경우에는 농업진흥지역 내의 농지가 아니라 농업진흥지역 외의 농지를 소유하는 경우 경자유전의 예외를 인정한다.

정답 ④

03 CHAPTER 농지의 이용

단원별 학습포인트

□ 비중이 높은 부분은 아니다. 대리경작자, 농지이용증진사업 및 임대차 사유 등을 중심으로 정리할 필요가 있다.

제1절 농지의 이용증진 등

1 농지소유의 세분화방지

1. 농지의 세분화방지

국가와 지방자치단체는 농업인이나 농업법인의 농지 소유가 세분화되는 것을 막기 위하여 농지를 어느 한 농업인 또는 하나의 농업법인이 일괄적으로 상속·증여 또는 양도받도록 필요한 지원을 할 수 있다(법 제22조 제1항).

2. 농지의 분할금지

「농어촌정비법」에 따른 농업생산기반정비사업이 시행된 농지는 다음 각 호의 어느 하나에 해당하는 경우 외에는 분할할 수 없다(법 제22조 제2항).

1. 도시지역의 주거지역·상업지역·공업지역 또는 도시·군계획시설부지에 포함되어 있는 농지를 분할하는 경우
2. 농지전용허가(다른 법률에 따라 농지전용허가가 의제되는 인가·허가·승인 등을 포함한다)를 받거나 농지전용신고를 하고 전용한 농지를 분할하는 경우
3. 분할 후의 각 필지의 면적이 2천제곱미터를 넘도록 분할하는 경우
4. 농지의 개량, 농지의 교환·분합 등 대통령령으로 정하는 사유로 분할하는 경우

3. 농지공유자의 제한

시장·군수 또는 구청장은 농지를 효율적으로 이용하고 농업생산성을 높이기 위하여 통상적인 영농 관행 등을 감안하여 농지 1필지를 공유로 소유(상속의 경우는 제외한다)하려는 자의 최대인원수를 7인 이하의 범위에서 시·군·구의 조례로 정하는 바에 따라 제한할 수 있다(법 제22조 제3항).

2 대리경작자의 지정 등 제21회, 제23회, 제26회, 제32회

1. 대리경작자 지정

시장(구를 두지 아니한 시의 시장을 말한다. 이하 이 조에서 같다)·군수 또는 구청장은 유휴농지(농작물 경작이나 다년생식물 재배에 이용되지 아니하는 농지로서 대통령령으로 정하는 농지를 말한다)에 대하여 대통령령으로 정하는 바에 따라 그 농지의 소유권자나 임차권자를 대신하여 농작물을 경작할 자(이하 "대리경작자"라 한다)를 직권으로 지정하거나 농림축산식품부령으로 정하는 바에 따라 유휴농지를 경작하려는 자의 신청을 받아 대리경작자를 지정할 수 있다(법 제20조 제1항).

참고학습 유휴농지의 범위(영 제18조)

다음의 농지는 유휴농지에서 제외된다.
1. 지력의 증진이나 토양의 개량·보전을 위하여 필요한 기간 동안 휴경하는 농지
2. 연작으로 인하여 피해가 예상되는 재배작물의 경작 또는 재배 전후에 지력의 증진 또는 회복을 위하여 필요한 기간 동안 휴경하는 농지
3. 농지전용허가를 받거나 농지전용협의(다른 법률에 따라 농지전용허가가 의제되는 협의를 포함한다)를 거친 농지
4. 농지전용신고를 한 농지
5. 농지의 타용도 일시사용허가를 받거나 협의를 거친 농지
6. 그 밖에 농림축산식품부장관이 정하는 제1호부터 제5호까지의 농지에 준하는 농지

2. 대리경작자의 지정요건

(1) 원칙

시장·군수 또는 구청장은 대리경작자를 직권으로 지정하려는 경우에는 다음 각 호의 어느 하나에 해당하지 않는 농업인 또는 농업법인으로서 대리경작을 하려는 자 중에서 지정해야 한다(영 제19조 제1항).

1. 농지 처분의무를 통지받고 그 처분 대상 농지를 처분하지 아니한 자(법 제12조 제3항에 따라 처분의무가 없어진 자는 제외한다)
2. 농지처분명령을 받고 그 처분명령 대상 농지를 처분하지 아니한 자
3. 법 제57조부터 제59조까지의 규정에 따라 징역형의 실형을 선고받고 그 집행이 끝나거나 집행이 면제된 날부터 1년이 지나지 않은 자
4. 집행유예 기간 중에 있는자
5. 선고유예 기간 중에 있는자
6. 법 제57조부터 제60조까지의 규정에 따라 벌금형을 선고받고 1년이 지나지 않은 자

(2) 예외

시장·군수 또는 구청장은 대리경작자를 지정하기가 곤란한 경우에는 인근지역의 「농업·농촌 및 식품산업기본법」에 따른 생산자단체(이하 "농업생산자단체"라 한다)·「초·중등교육법」 및 「고등교육법」에 따른 학교나 그 밖의 해당 농지를 경작하려는 자를 대리경작자로 지정할 수 있다(영 제19조 제2항).

3. 지정절차

(1) 지정예고 등

① 지정예고 및 지정통지

㉠ 시장·군수 또는 구청장은 대리경작자를 지정하려면 농림축산식품부령으로 정하는 바에 따라 그 농지의 소유권자 또는 임차권자에게 예고하여야 하며, 대리경작자를 지정하면 그 농지의 대리경작자와 소유권자 또는 임차권자에게 지정통지서를 보내야 한다(법 제20조 제2항).

㉡ **예고에 갈음** : 시장(구를 두지 아니한 시의 시장을 말한다)·군수 또는 구청장은 대리경작자지정의 예고를 함에 있어서 해당 농지의 소유권 또는 임차권을 가진 자가 불분명하거나 주소불명 등으로 지정의 예고를 할 수 없는 때에는 그 내용을 시청·군청 또는 구청의 게시판에 14일 이상 공고함으로써 그 예고에 대신할 수 있다(규칙 제17조 제2항).

(2) 이의신청

대리경작자의 지정예고에 대하여 이의가 있는 농지의 소유권자나 임차권자는 지정예고를 받은 날부터 10일 이내에 시장(구를 두지 아니한 시의 시장을 말한다. 이하 이 조에서 같다)·군수 또는 구청장에게 이의를 신청할 수 있다. 시장·군수 또는 구청장은 이의신청을 받은 날부터 7일 이내에 이를 심사하여 그 결과를 신청인에게 알려야 한다(영 제20조 제1항, 제2항).

4. 대리경작기간

대리경작기간은 따로 정하지 아니하면 3년으로 한다(법 제20조 제3항).

5. 토지사용료 지급

대리경작자는 수확량의 100분의 10을 농작물의 수확일부터 2월 이내에 그 농지의 소유권자나 임차권자에게 토지사용료로 지급하여야 한다. 이 경우 수령을 거부하거나 지급이 곤란한 경우에는 토지사용료를 공탁할 수 있다(법 제20조 제4항, 규칙 제18조 제1항).

6. 대리경작자 지정의 해지

(1) 기간만료에 의한 지정해지

대리경작 농지의 소유권자 또는 임차권자가 그 농지를 스스로 경작하려면 대리경작 기간이 끝나기 3개월 전까지, 그 대리경작 기간이 끝난 후에는 대리경작자 지정을 중지할 것을 농림축산식품부령으로 정하는 바에 따라 시장·군수 또는 구청장에게 신청하여야 하며, 신청을 받은 시장·군수 또는 구청장은 신청을 받은 날부터 1개월 이내에 대리경작자 지정 중지를 그 대리경작자와 그 농지의 소유권자 또는 임차권자에게 알려야 한다(법 제20조 제5항).

(2) 기간만료 전 지정해지

시장·군수 또는 구청장은 다음의 경우에는 대리경작기간 만료 전에 대리경작자의 지정을 해지할 수 있다(법 제20조 제6항, 영 제21조).

1. 대리경작농지의 소유권자나 임차권자가 정당한 사유를 밝히고 지정 해지신청을 하는 경우
2. 대리경작자가 경작을 게을리 하는 경우
3. 대리경작자로 지정된 자가 토지사용료를 지급 또는 공탁하지 아니하는 경우
4. 대리경작자로 지정된 자가 대리경작자의 지정해지를 신청하는 경우

제2절 농지의 임대차 등 제21회, 제24회, 제27회, 제31회, 제34회

1 농지의 임대차 또는 무상사용

1. 다음 각 호의 어느 하나에 해당하는 경우 외에는 농지를 임대하거나 무상사용하게 할 수 없다(법 제23조 제1항).

> 1. 경자유전의 예외사유 (학교·연구·시험·실습목적이나 주말·체험영농은 제외)
> 2. 농지이용증진사업 시행계획에 따라 농지를 임대하거나 무상사용하게 하는 경우
> 3. 질병, 징집, 취학, 선거에 따른 공직취임, 그 밖에 대통령령으로 정하는 부득이한 사유로 인하여 일시적으로 농업경영에 종사하지 아니하게 된 자가 소유하고 있는 농지를 임대하거나 무상사용하게 하는 경우
> 4. 60세 이상인 사람으로서 대통령령으로 정하는 사람이 소유하고 있는 농지 중에서 자기의 농업경영에 이용한 기간이 5년이 넘은 농지를 임대하거나 무상사용하게 하는 경우

5. ① 영농을 목적으로 개인이 소유하고 있는 농지 중 3년이상 소유한 농지를 주말·체험영농을 하려는 자에게 임대하거나 무상사용하게 하는 경우, 또는 주말·체험영농을 하려는 자에게 임대하는 것을 업(業)으로 하는 자에게 임대하거나 무상사용하게 하는 경우
   ② 농업법인이 소유하고 있는 농지를 주말·체험영농을 하려는 자에게 임대하거나 무상사용하게 하는 경우
6. 개인이 소유하고 있는 농지 중 3년이상 소유한 농지를 한국농어촌공사나 그 밖에 대통령령으로 정하는 자에게 위탁하여 임대하거나 무상사용하게 하는 경우
7. 다음 각 목의 어느 하나에 해당하는 농지를 한국농어촌공사나 그 밖에 대통령령으로 정하는 자에게 위탁하여 임대하거나 무상사용하게 하는 경우
   ① 상속으로 농지를 취득한 사람으로서 농업경영을 하지 아니하는 사람이 소유 상한을 초과하여 소유하고 있는 농지
   ② 8년 이상 농업경영을 한 후 이농한 사람이 소유 상한을 초과하여 소유하고 있는 농지
8. 자경 농지를 농림축산식품부장관이 정하는 이모작을 위하여 8개월 이내로 임대하거나 무상사용하게 하는 경우
9. 대통령령으로 정하는 농지 규모화, 농작물 수급 안정 등을 목적으로 한 사업을 추진하기 위하여 필요한 자경 농지를 임대하거나 무상사용하게 하는 경우

참고학습

대통령령이 정하는 농지의 임대차 무상사용(시행령 제24조)

1. 부상으로 3월 이상의 치료가 필요한 경우
2. 교도소·구치소 또는 보호감호시설에 수용 중인 경우
3. 3월 이상 국외여행을 하는 경우
4. 농업법인이 청산 중인 경우
5. 임신 중이거나 분만 후 6개월 미만인 경우

60세 이상고령에서 대통령령이 정하는 사람이 소유한 농지(시행령 제24조 제2항))

다음 각 호의 어느 하나에 해당하는 사람이 거주하는 시(특별시 및 광역시를 포함한다. 이하 이 항에서 같다)·군 또는 이에 연접한 시·군에 있는 소유 농지를 말한다.

1. 농업경영에 더 이상 종사하지 않게 된 사람
2. 농업인

2 임대차 계약 방법과 무상사용, 계약 갱신과 지위승계

1. 서면계약

임대차계약(농업경영을 하려는 자에게 임대하는 경우만을 말한다)과 사용대차계약(농업경영을 하려는 자에게 무상사용하게 하는 경우만을 말한다)은 서면계약을 원칙으로 한다(법 제24조).

2. 임대차 계약기간

(1) 제23조 제1항 제8호(이모작으로 인한 임대)를 제외한 임대차 기간은 3년 이상으로 하여야 한다. 다만, 다년생식물 재배지 등 대통령령으로 정하는 다음의 농지의 경우에는 5년 이상으로 하여야 한다. 임대차 기간을 정하지 아니하거나 3년(다년성식물 5년)보다 짧은 경우에는 3년(다년성식물 5년)으로 약정된 것으로 본다. 다만, 임차인은 제1항에 따른 기간 미만으로 정한 임대차 기간이 유효함을 주장할 수 있다(법 제24조의2 제1항, 2항).

> 법 제24조의2제1항 단서에서 "다년생식물 재배지 등 대통령령으로 정하는 농지"란 다음 각 호의 어느 하나에 해당하는 농지를 말한다(시행령 24조의2 제1항).
> 1. 농지의 임차인이 제2조제1항 각 호의 어느 하나에 해당하는 다년생식물의 재배지로 이용하는 농지
> 2. 농지의 임차인이 농작물의 재배시설로서 고정식온실 또는 비닐하우스를 설치한 농지

(2) 임대인은 그럼에도 불구하고 질병, 징집 등 대통령령으로 정하는 다음의 불가피한 사유가 있는 경우에는 임대차 기간을 3년(다년성식물 5년) 미만으로 정할 수 있다(법 제24조의2 제3항).

> 1. 질병, 징집, 취학의 경우
> 2. 선거에 의한 공직(公職)에 취임하는 경우
> 3. 부상으로 3개월 이상의 치료가 필요한 경우
> 4. 교도소·구치소 또는 보호감호시설에 수용 중인 경우
> 5. 농업법인이 청산 중인 경우
> 6. 농지전용허가(다른 법률에 따라 농지전용허가가 의제되는 인가·허가·승인 등을 포함한다)를 받았거나 농지전용신고를 하였으나 농지전용목적사업에 착수하지 않은 경우

(3) (1)과 (2)의 규정은 임대차계약을 연장 또는 갱신하거나 재계약을 체결하는 경우 그 임대차 기간에 대하여도 동일하게 적용한다(법 제24조의2 제4항).

3. 임대차계약의 조정

(1) 임대차계약의 당사자는 임대차 기간, 임차료 등 임대차계약에 관하여 서로 협의가 이루어지지 아니한 경우에는 농지소재지를 관할하는 시장·군수 또는 자치구구청장에게 조정을 신청할 수 있다. 조정의 신청이 있으면 지체 없이 농지임대차조정위원회를 구성하여 조정절차를 개시하여야 한다(법 제24조의3 제1항, 2항).

(2) 농지임대차조정위원회에서 작성한 조정안을 임대차계약 당사자가 수락한 때에는 이를 해당 임대차의 당사자 간에 체결된 계약의 내용으로 본다(법 제24조의3 제3항).

4. 묵시적갱신

임대인이 임대차 기간이 끝나기 3개월 전까지 임차인에게 임대차계약을 갱신하지 아니한다는 뜻이나 임대차계약 조건을 변경한다는 뜻을 통지하지 아니하면 그 임대차 기간이 끝난 때에 이전의 임대차계약과 같은 조건으로 다시 임대차계약을 한 것으로 본다(법 제25조).

5. 임대인의 지위승계

임대 농지의 양수인(讓受人)은 이 법에 따른 임대인의 지위를 승계한 것으로 본다(법 제26조).

6. 강행규정

이 법에 위반된 약정으로서 임차인에게 불리한 것은 그 효력이 없다.

7. 국유농지와 공유농지의 임대차 특례

「국유재산법」과 「공유재산 및 물품 관리법」에 따른 국유재산과 공유재산인 농지에 대하여는 제24조, 제24조의2, 제24조의3, 제25조, 제26조 및 제26조의2를 적용하지 아니한다(법 제27조).

제3절 농지의 위탁경영 제25회, 제29회, 제30회, 제34회

농지소유자는 다음 각 호의 어느 하나에 해당하는 경우 외에는 소유농지를 위탁경영할 수 없다(법 제9조).

1. 「병역법」에 따라 징집 또는 소집된 경우
2. 3개월 이상 국외 여행 중인 경우
3. 농업법인이 청산 중인 경우
4. 질병, 취학, 선거에 따른 공직 취임, 그 밖에 부상으로 3월 이상의 치료가 필요한 경우
5. 교도소·구치소 또는 보호감호시설에 수용 중인 경우로 자경할 수 없는 경우(영 제8조 제1항)
6. 임신 중이거나 분만 후 6개월 미만인 경우
7. 농지이용증진사업 시행계획에 따라 위탁경영하는 경우
8. 농업인이 자기 노동력이 부족하여 농작업의 일부를 위탁하는 경우
   ① 주요 농작업의 3분의 1 이상을 자기 또는 세대원의 노동력에 의하는 경우
   ② 자기의 농업경영에 관련된 농작업에 1년 중 30일 이상 직접 종사하는 경우

03 CHAPTER 기출 및 예상문제

01 농지법령상 농지 소유자가 소유 농지를 위탁경영할 수 있는 경우가 아닌 것은?  (제34회)

① 선거에 따른 농지 취임으로 자경할 수 없는 경우

② 「병역법」에 따라 징집 또는 소집된 경우

③ 농업법인이 청산 중인 경우

④ 농지이용증진사업 시행계획에 따라 위탁경영하는 경우

⑤ 농업인이 자기 노동력이 부족하여 농작업의 전부를 위탁하는 경우

해설 **농지의 위탁경영사유**

1. 「병역법」에 따라 징집 또는 소집된 경우
2. 3개월 이상 국외 여행 중인 경우
3. 농업법인이 청산 중인 경우
4. 질병, 취학, 선거에 따른 공직 취임, 그 밖에 부상으로 3월 이상의 치료가 필요한 경우
5. 교도소·구치소 또는 보호감호시설에 수용 중인 경우로 자경할 수 없는 경우
6. 임신 중이거나 분만 후 6개월 미만인 경우
7. 농지이용증진사업 시행계획에 따라 위탁경영하는 경우
8. 농업인이 자기 노동력이 부족하여 농작업의 일부를 위탁하는 경우
   ① 주요 농작업의 3분의 1 이상을 자기 또는 세대원의 노동력에 의하는 경우
   ② 자기의 농업경영에 관련된 농작업에 1년 중 30일 이상 직접 종사하는 경우

정답 ⑤

04 CHAPTER

농지의 보전

단원별 학습포인트

□ 출제문항수는 1~2문제 정도이다. 이 단원은 농지의 소유와 함께 중요한 장이며 농업진흥구역과 농업보호구역의 개념과 행위제한 등 및 전용허가, 전용신고, 전용협의 및 타용도일시사용허가 등에 관하여 명확히 정리하고 전용에 따른 농지보전부담금에 대해서도 철저히 정리하여야 한다.

제1절 농업진흥지역 제22회, 제31회

1 농업진흥지역의 지정

1. 지정

시·도지사는 농지를 효율적으로 이용하고 보전하기 위하여 농업진흥지역을 지정한다(법 제28조 제1항).

2. 농업진흥지역의 구분

농업진흥지역은 다음 각 호의 용도구역으로 구분하여 지정할 수 있다(법 제28조 제2항).

농업진흥구역	농업의 진흥을 도모하여야 하는 다음 각 목의 어느 하나에 해당하는 지역으로서 농림축산식품부장관이 정하는 규모로 농지가 집단화되어 농업 목적으로 이용할 필요가 있는 지역 ① 농지조성사업 또는 농업기반정비사업이 시행되었거나 시행 중인 지역으로서 농업용으로 이용하고 있거나 이용할 토지가 집단화되어 있는 지역 ② ①에 해당하는 지역 외의 지역으로서 농업용으로 이용하고 있는 토지가 집단화되어 있는 지역
농업보호구역	농업진흥구역의 용수원 확보, 수질 보전 등 농업 환경을 보호하기 위하여 필요한 지역

3. 농업진흥지역의 지정 대상

농업진흥지역 지정은 「국토의 계획 및 이용에 관한 법률」에 따른 녹지지역·관리지역·농림지역 및 자연환경보전지역을 대상으로 한다. 다만, 특별시의 녹지지역은 제외한다(법 제29조).

4. 지정절차

심의 및 승인	1. 시·도지사는 「농업·농촌 및 식품산업기본법」 제15조에 따른 시·도 농어업·농어촌 및 식품산업 정책심의회의 심의를 거쳐 농림축산식품부장관의 승인을 받아 농업진흥지역을 지정한다(법 제30조 제1항). 2. 농림축산식품부장관은 녹지지역이나 계획관리지역이 농업진흥지역에 포함되면 농업진흥지역 지정을 승인하기 전에 국토교통부장관과 협의하여야 한다(법 제30조 제3항).
고시 및 열람	시·도지사는 농업진흥지역을 지정하면 지체 없이 이 사실을 고시하고 관계 기관에 통보하여야 하며, 시장·군수 또는 자치구구청장으로 하여금 일반인에게 열람하게 하여야 한다(법 제30조 제2항).
구체적 사항	농업진흥지역의 지정 절차나 그 밖에 지정에 필요한 사항은 대통령령으로 정한다(법 제30조 제4항).

5. 주민의 의견청취

시·도지사는 농업진흥지역을 지정·변경 및 해제하려는 때에는 대통령령으로 정하는 바에 따라 미리 해당 토지의 소유자에게 그 내용을 개별통지하고 해당 지역주민의 의견을 청취하여야 한다. 다만, 다음 각 호의 어느 하나에 해당하는 경우에는 그러하지 아니하다.

1. 다른 법률에 따라 토지소유자에게 개별 통지한 경우
2. 통지를 받을 자를 알 수 없거나 그 주소·거소, 그 밖에 통지할 장소를 알 수 없는 경우

2 행위제한

1. 농업진흥구역의 행위제한

(1) 원칙

농업진흥구역에서는 농업 생산 또는 농지 개량과 직접적으로 관련된 행위로서 대통령령으로 정하는 행위 외의 토지이용행위를 할 수 없다(법 제32조 제1항).

참고학습 농업생산 또는 농지개량과 직접 관련되는 토지이용행위(영 제29조 제1항)

1. 농작물의 경작
2. 다년생식물의 재배
3. 고정식온실·버섯재배사 및 비닐하우스와 농림축산식품부령으로 정하는 그 부속시설의 설치
4. 축사·곤충사육사와 농림축산식품부령으로 정하는 그 부속시설의 설치
5. 간이퇴비장의 설치
6. 농막·간이저온저장고 및 간이액비저장조 중 농림축산식품부령으로 정하는 시설의 설치
7. 농지개량사업 또는 농업용수개발사업의 시행

(2) 예외

다만, 다음 각 호의 토지이용행위는 그러하지 아니하다(법 제32조 제1항 단서, 영 제29조).

1. **농수산물의 가공·처리 시설** : 국내에서 생산된 농수산물을 주된 원료로 하여 가공하거나 건조·절단 등 처리를 거쳐 식품을 생산하기 위한 시설로서 그 부지의 총면적이 1만 5천 제곱미터
2. 미곡의 건조·선별·보관 및 가공시설의 경우에는 3만제곱미터 미만인 시설(해당 시설에서 생산된 제품을 판매하는 시설을 포함한다)
   양곡가공업자가 농림축산식품부장관 또는 지방자치단체의 장과 계약을 체결해 정부관리양곡을 가공·처리하는 시설로서 그 부지 면적이 1만5천제곱미터 미만인 시설
3. **농수산업 관련 시험·연구 시설** : 육종연구를 위한 농수산업에 관한 시험·연구 시설로서 그 부지의 총면적이 3천 제곱미터 미만인 시설
4. 어린이놀이터, 마을회관, 그 밖에 대통령령으로 정하는 농업인의 공동생활에 필요한 편의 시설 및 이용 시설의 설치
5. 대통령령으로 정하는 농업인 주택, 어업인 주택, 농업용 시설, 축산업용 시설 또는 어업용 시설의 설치로 660제곱미터 이하. 단, 자기가 경영하는 농업·임업·축산업 또는 어업을 영위하기 위해 내국인 근로자나 외국인 근로자에 해당하는 사람을 고용하여 거주하게 할 목적인 경우에는 1천제곱미터 이하로 한다.
6. 국방·군사 시설의 설치
7. 하천, 제방, 그 밖에 이에 준하는 국토 보존 시설의 설치
8. 국가유산의 보수·복원·이전, 매장 유산의 발굴, 비석이나 기념탑, 그 밖에 이와 비슷한 공작물의 설치
9. 도로, 철도 그 밖에 대통령령으로 정하는 공공시설의 설치
10. 지하자원 개발을 위한 탐사 또는 지하광물 채광(採鑛)과 광석의 선별 및 적치(積置)를 위한 장소로 사용하는 행위
11. 국내에서 생산되는 농산물을 집하·예냉(豫冷)·저장·선별 또는 포장하는 산지유통시설로서 그 부지의 총면적이 3만 제곱미터 미만인 시설
12. 부지의 총면적이 3천 제곱미터 미만인 농업기계수리시설
13. 부지의 총면적이 3천 제곱미터(지방자치단체 또는 농업생산자단체가 설치하는 경우에는 1만 제곱미터) 미만인 남은 음식물이나 농수산물의 부산물을 이용한 유기질비료 제조시설
14. 부지의 총면적이 3천 제곱미터(지방자치단체 또는 농업생산자단체가 설치하는 경우에는 3만 제곱미터) 미만인 사료 제조시설(해당 시설에서 생산된 제품을 유통·판매하는 시설을 포함한다)

2. 농업보호구역의 행위제한

농업보호구역 안에서는 다음 각 호 외의 토지이용행위를 할 수 없다(법 제32조 제2항, 영 제30조).

1. 농업진흥구역에서 허용되는 토지이용행위
2. 농업인 소득증대에 필요한 시설로서 대통령령으로 정하는 건축물·공작물, 그 밖의 시설의 설치
   ① 「농어촌정비법」에 따른 관광농원사업으로 설치하는 시설로서 그 부지가 2만㎡ 미만인 것
   ② 「농어촌정비법」에 따른 주말농원사업으로 설치하는 시설로서 그 부지가 3천㎡ 미만인 것
   ③ 태양에너지 발전설비
3. 농업인의 생활 여건을 개선하기 위하여 필요한 시설로서 대통령령으로 정하는 건축물·공작물, 그 밖의 시설의 설치
   ① 다음 각 목에 해당하는 시설로서 그 부지가 1천㎡ 미만인 것
      - 단독주택
      - 제1종 근린생활시설
      - 제2종 근린생활시설
   ② 양수장·정수장·대피소·공중화장실 기타 이와 유사한 것에 해당하는 시설로서 3천㎡ 미만인 것(변전소 및 도시배관시설은 제외됨에 유의)

3. 기득권 보호

(1) 기존의 건축물 등

농업진흥지역 지정 당시 관계 법령에 따라 인가·허가 또는 승인 등을 받거나 신고하고 설치한 기존의 건축물·공작물과 그 밖의 시설에 대하여는 행위 제한 규정을 적용하지 아니한다(법 제32조 제3항).

(2) 시행 중에 있는 사업

농업진흥지역 지정 당시 관계 법령에 따라 다음 각 호의 행위에 대하여 인가·허가·승인 등을 받거나 신고하고 공사 또는 사업을 시행 중인 자(관계 법령에 따라 인가·허가·승인 등을 받거나 신고할 필요가 없는 경우에는 시행 중인 공사 또는 사업에 착수한 자를 말한다)는 그 공사 또는 사업에 대하여만 행위 제한 규정을 적용하지 아니한다(법 제32조 제4항).

① 건축물의 건축
② 공작물이나 그 밖의 시설의 설치
③ 토지의 형질변경
④ 그 밖에 ①부터 ③까지의 행위에 준하는 행위

4. 농업진흥지역의 농지매수청구(법 제33조의2)

① 농업진흥지역의 농지를 소유하고 있는 농업인 또는 농업법인은 한국농어촌공사에 그 농지의 매수를 청구할 수 있다.

② 한국농어촌공사는 매수 청구를 받으면 「감정평가 및 감정평가사에 관한 법률」에 따른 감정평가법인등이 평가한 금액을 기준으로 해당 농지를 매수할 수 있다.

③ 한국농어촌공사가 농지를 매수하는 데에 필요한 자금은 농지관리기금에서 융자한다.

5. 농업진흥구역과 농업보호구역에 걸치는 한 필지의 토지 등에 대한 행위 제한의 특례

(1) 한 필지의 토지가 농업진흥구역과 농업보호구역에 걸치는 경우

한 필지의 토지가 농업진흥구역과 농업보호구역에 걸쳐 있으면서 농업진흥구역에 속하는 토지 부분이 330㎡ 이하이면 그 토지 부분에 대하여는 행위 제한을 적용할 때 농업보호구역에 관한 규정을 적용한다(법 제53조 제1항, 영 제73조).

甲의 토지(1,000㎡)

농업진흥지역 A(500㎡)	농업보호구역 B(500㎡)

행위제한
A : 농업진흥구역　　B : 농업보호구역

乙의 토지(1,000㎡)

농업진흥지역 A(300㎡)	농업보호구역 B(700㎡)

행위제한
A, B 모두 : 농업보호구역

(2) 한 필지의 토지 중 일부가 농업진흥지역에 걸치는 경우

한 필지의 토지 일부가 농업진흥지역에 걸쳐 있으면서 농업진흥지역에 속하는 토지 부분의 면적이 330㎡ 이하이면 그 토지 부분에 대하여는 농업진흥구역 및 농업보호구역의 행위제한을 적용하지 아니한다(법 제53조 제2항, 영 제73조).

제2절 농지의 전용(허가·협의·신고) 제23회, 제24회, 제29회, 제35회

1 농지의 전용허가

1. 원칙

농지를 전용하려는 자는 대통령령으로 정하는 바에 따라 농림축산식품부장관의 허가(다른 법률에 따라 농지전용허가가 의제되는 협의를 포함한다)를 받아야 한다. 허가받은 농지의 면적 또는 경계 등 대통령령으로 정하는 중요 사항을 변경하려는 경우에도 또한 같다(법 제34조 제1항).

2. 예외

다음에 해당하는 경우에는 예외적으로 허가를 요하지 아니한다(법 제34조 제1항).

1. 「국토의 계획 및 이용에 관한 법률」에 따른 도시지역 또는 계획관리지역에 있는 농지로서 협의를 거친 농지나 협의 대상에서 제외되는 농지를 전용하는 경우
2. 농지전용신고를 하고 농지를 전용하는 경우
3. 「산지관리법」에 따른 산지전용허가를 받지 아니하거나 같은 법에 따른 산지전용신고를 하지 아니하고 불법으로 개간한 농지를 산림으로 복구하는 경우

3. 허가권자

(1) **원칙** : 농지전용허가권자는 농림축산식품부장관이다.

(2) **예외**

이 법에 따른 농림축산식품부장관의 권한은 대통령령으로 정하는 바에 따라 그 일부를 시·도지사, 시장·군수 또는 구청장에게 위임할 수 있다(법 제51조 제1항).

4. 농지전용허가의 절차

(1) **허가신청**

농지전용의 허가 또는 변경허가를 받으려는 자는 농지전용허가신청서에 농림축산식품부령으로 정하는 서류를 첨부하여 해당 농지의 소재지를 관할하는 시장·군수 또는 자치구구청장에게 제출하여야 한다(영 제32조 제1항).

(2) 시·도지사 및 농림축산식품부장관에게 송부

① 시장·군수 또는 자치구구청장은 농지전용허가신청서 등을 제출받은 때에는 심사기준에 따라 심사한 후 농림축산식품부령으로 정하는 서류를 첨부하여 그 제출 받은 날(신청서류의 보완 또는 보정을 요구한 경우에는 그 보완 또는 보정이 완료된 날을 말한다)부터 10일 이내에 시·도지사에게 보내야 하며, 시·도지사는 10일 이내에 이에 대한 종합적인 심사의견서를 첨부하여 농림축산식품부장관에게 제출하여야 한다(영 제33조 제1항).

② 농림축산식품부장관은 심사기준에 적합하지 아니한 경우에는 농지의 전용허가를 하여서는 아니된다(영 제33조 제2항).

2 농지전용협의

1. 협의의 대상

주무부장관이나 지방자치단체의 장은 다음 각 호의 어느 하나에 해당하면 대통령령으로 정하는 바에 따라 농림축산식품부장관과 미리 농지전용에 관한 협의를 하여야 한다(법 제34조 제2항).

1. 「국토의 계획 및 이용에 관한 법률」에 따른 도시지역에 주거지역·상업지역·공업지역을 지정하거나 같은 법에 따른 도시지역에 도시·군계획시설을 결정할 때에 해당 지역 예정지 또는 시설 예정지에 농지가 포함되어 있는 경우. 다만, 이미 지정된 주거지역·상업지역·공업지역을 다른 지역으로 변경하거나 이미 지정된 주거지역·상업지역·공업지역에 도시·군계획시설을 결정하는 경우는 제외한다.
2. 「국토의 계획 및 이용에 관한 법률」에 따른 계획관리지역에 지구단위계획구역을 지정할 때에 해당 구역 예정지에 농지가 포함되어 있는 경우
3. 「국토의 계획 및 이용에 관한 법률」에 따른 도시지역의 녹지지역 및 개발제한구역의 농지에 대하여 같은 법 제56조에 따라 개발행위를 허가하거나 「개발제한구역의 지정 및 관리에 관한 특별조치법」에 따라 토지의 형질변경허가를 하는 경우

2. 협의절차

주무부장관 또는 지방자치단체의 장이 농지의 전용에 관하여 협의(다른 법률에 따라 농지전용허가가 의제되는 협의를 포함한다)하려는 경우에는 농지전용협의요청서에 농림축산식품부령으로 정하는 서류를 첨부하여 농림축산식품부장관에게 제출하여야 한다(영 제34조 제1항).

3 농지의 전용신고 제23회, 제24회, 제29회

1. 신고의 대상

농지를 다음 각 호의 어느 하나에 해당하는 시설의 부지로 전용하려는 자는 대통령령으로 정하는 바에 따라 시장·군수 또는 자치구구청장에게 신고하여야 한다. 신고한 사항을 변경하려는 경우에도 또한 같다(법 제35조 제1항).

1. 농업인 주택, 어업인 주택, 농축산업용 시설(제2조 제1호 나목에 따른 개량시설과 농축산물 생산시설은 제외한다), 농수산물 유통·가공 시설
2. 어린이놀이터·마을회관 등 농업인의 공동생활 편의 시설
3. 농수산 관련 연구 시설과 양어장·양식장 등 어업용 시설

2. 신고절차

(1) 전용신고서 등의 제출

농지전용의 신고 또는 변경신고를 하려는 자는 농지전용신고서에 농림축산식품부령으로 정하는 서류를 첨부하여 해당 농지의 소재지를 관할하는 시장·군수 또는 자치구구청장에게 제출하여야 한다(영 제35조 제1항).

(2) 신고증 교부 등

시장·군수 또는 자치구구청장은 농지전용신고서 등을 제출받은 때에는 신고내용이 법 제35조 및 이 영 제33조 제1항 제5호·제6호 및 제36조에 적합한지의 여부를 검토하여 적합하다고 인정하는 경우에는 농림축산식품부령으로 정하는 바에 따라 농지전용신고증을 신고인에게 내주어야 하며, 적합하지 아니하다고 인정하는 경우에는 그 사유를 구체적으로 밝혀 제출받은 서류를 반려하여야 한다(영 제35조 제4항).

농지전용신고대상시설의 범위·규모 등

시설의 범위	설치자의 범위	규모
1. 농업진흥지역 밖에 설치하는 농업인주택	무주택인 세대의 세대주	세대당 660㎡ 이하
2. 농업인 또는 농업법인이 자기가 생산한 농산물을 건조·보관하기 위하여 설치하는 시설 및 농업인 또는 농업법인이 농업 또는 축산업을 영위하거나 자기가 생산한 농산물을 처리하는데 필요한 농업용 또는 축산업용시설로서 농림축산식품부령으로 정하는 시설 중 농업용시설	제29조 제4항 제1호 각 목의 어느 하나에 해당하는 세대의 세대원인 농업인과 농업법인	• 농업인: 세대당 1천500㎡ 이하 • 농업법인: 법인당 7천㎡(농업진흥지역 안의 경우에는 3천300㎡) 이하
3. 농업진흥지역 밖에 설치하는 야생조수(野生鳥獸)의 인공사육시설과 「건축법」에 따른 건축허가 또는 건축신고의 대상 시설이 아닌 간이양축시설 또는 농업인 또는 농업법인이 농업 또는 축산업을 영위하거나 자기가 생산한 농산물을 처리하는데 필요한 농업용 또는 축산업용시설로서 농림축산식품부령으로 정하는 시설 중 축산업용시설	제29조 제4항 제1호 각 목의 어느 하나에 해당하는 세대의 세대원인 농업인과 농업법인	• 농업인: 세대당 1천500㎡ 이하 • 농업법인: 법인당 7천㎡
4. 자기가 생산한 농수산물을 처리하기 위하여 농업진흥지역 밖에 설치하는 집하장·선과장·판매장 또는 가공공장 등 농수산물 유통·가공시설(창고·관리사 등 필수적인 부대시설을 포함한다)	제29조 제4항 제1호 각 목의 어느 하나에 해당하는 세대의 세대원인 농업인과 이에 준하는 임·어업인세대의 세대원인 임·어업인	세대당 3천300㎡ 이하
5. 구성원(조합원)이 생산한 농수산물을 처리하기 위하여 농업진흥지역 밖에 설치하는 집하장·선과장·판매장·창고 또는 가공공장 등 농수산물 유통·가공시설	「농업·농촌 및 식품산업 기본법」에 따른 생산자단체, 「농어업경영체 육성 및 지원에 관한 법률」에 따른 영농조합법인 및 영농회사법인, 「수산업협동조합법」에 따른 어촌계·수산업협동조합 및 그 중앙회 또는 「농업·농촌 및 식품산업 기본법」에 따른 영어조합법인	단체당 7천㎡ 이하

6. 농업진흥지역 밖에 설치하는 법 제29조 제1항 제2호에 해당하는 다음 각 목의 시설 가. 어린이놀이터·마을회관 나. 창고·작업장·농기계수리시설·퇴비장 다. 경로당·어린이집·유치원 등 노유자시설, 정자 및 보건진료소 라. 일반목욕장·구판장·운동시설·마을공동주차장·마을공동취수장·마을공동농산어촌체험장	제한없음	제한없음
7. 농수산업 관련 시험·연구시설 : 육종연구를 위한 농수산업에 관한 시험·연구시설로서 그 부지의 총면적이 3천㎡ 미만인 시설	비영리법인	법인당 7천㎡(농업진흥지역 안의 경우에는 3천㎡) 이하
8. 농업진흥지역 밖에 설치하는 양어장 및 양식장	제30조 제4항 제1호 각목의 어느 하나에 해당하는 세대의 세대원인 농업인 및 이에 준하는 어업인세대의 세대원인 어업인, 농업법인 및 「수산업법」 제9조에 따른 영어조합법인	세대 또는 법인당 1만㎡ 이하
9. 농업진흥지역 밖에 설치하는 제부지의 총면적이 1만㎡ 미만인 양어장·양식장, 그 밖의 농림축산식품부령으로 정하는 어업용시설에 해당하는 어업용시설 중 양어장 및 양식장을 제외한 시설	제29조 제4항 제1호 각 목의 어느 하나에 해당하는 세대의 세대원인 농업인 및 이에 준하는 어업인세대의 세대원인 어업인, 농업법인 및 「수산업법」 제9조에 따른 영어조합법인	세대 또는 법인당 1천500㎡ 이하

4 농지의 타용도일시사용허가 등 제35회

1. 타용도일시사용허가·협의

농지를 다음 각 호의 어느 하나에 해당하는 용도로 일시 사용하려는 자는 대통령령으로 정하는 바에 따라 일정 기간 사용한 후 농지로 복구한다는 조건으로 시장·군수 또는 자치구구청장의 허가를 받아야 한다. 허가받은 사항을 변경하려는 경우에도 또한 같다. 다만, 국가나 지방자치단체의 경우에는 시장·군수 또는 자치구구청장과 협의하여야 한다(법 제36조 제1항).

1. 「건축법」에 따른 건축허가 또는 건축신고 대상시설이 아닌 간이 농수축산업용 시설(법 제2조 제1호 나목에 따른 개량시설과 농축산물 생산시설은 제외한다)과 농수산물의 간이 처리 시설을 설치하는 경우

2. 주(主)목적사업(해당 농지에서 허용되는 사업만 해당한다)을 위하여 현장 사무소나 부대시설, 그 밖에 이에 준하는 시설을 설치하거나 물건을 적치(積置)하거나 매설(埋設)하는 경우
3. 대통령령으로 정하는 토석과 광물을 채굴하는 경우
4. 전기사업을 영위하기 위한 목적으로 설치하는 태양에너지 발전설비로서 다음 각 목의 요건을 모두 갖춘 경우
   가. 공유수면매립을 통하여 조성한 토지 중 토양 염도가 일정 수준 이상인 지역 등 농림축산식품부령으로 정하는 지역에 설치하는 시설일 것
   나. 설치 규모, 염도 측정방법 등 농림축산식품부장관이 별도로 정한 요건에 적합하게 설치하는 시설일 것
5. 「건축법」에 따른 건축허가 또는 건축신고 대상시설이 아닌 작물재배사(고정식온실·버섯재배사 및 비닐하우스는 제외한다) 중 농업생산성 제고를 위하여 정보통신기술을 결합한 시설로서 대통령령으로 정하는 요건을 모두 갖춘 시설을 설치하는 경우

2. 농지의 타용도일시사용허가의 기간 등

(1) 농지의 타용도일시사용허가를 받은 경우 일시사용 기간(영 제38조 제1항).

1. 「건축법」에 따른 건축허가 또는 건축신고 대상시설이 아닌 간이 농수축산업용 시설과 농수산물의 간이 처리 시설을 설치하는 경우 : 7년 이내
2. 주(主)목적사업을 위하여 현장 사무소나 부대시설, 그 밖에 이에 준하는 시설을 설치하거나 물건을 적치하거나 매설하는 경우 : 그 주목적 사업의 시행에 필요한 기간 이내
3. 1. 및 2. 외의 경우 : 5년 이내

(2) 다른 법률에 따른 농지의 타용도일시사용허가 협의 의제의 경우 일시사용 기간

1. 주(主)목적사업을 위하여 현장 사무소나 부대시설, 그 밖에 이에 준하는 시설을 설치하거나 물건을 적치하거나 매설하는 경우 : 그 주목적 사업의 시행에 필요한 기간 이내
2. 1.외의 경우 : 7년 이내
3. 1과 2 이외의 경우 : 5년 이내

(3) 타용도일시사용 신고의 경우 일시사용 기간

썰매장, 지역축제장 등으로 일시사용하기위하여 타용도일시사용 신고를 한 경우 : 6개월 이내

(4) 연장

시장·군수 또는 자치구구청장은 농지의 타용도 일시사용기간을 통산하여 다음 각 호의 기간을 초과하지 아니하는 범위에서 연장할 수 있다(영 제38조 제2항).

① 타용도일시사용 허가의 연장

> 1. 「건축법」에 따른 건축허가 또는 건축신고 대상시설이 아닌 간이 농수축산업용 시설(제2조 제1호 나목에 따른 개량시설과 농축산물 생산시설은 제외한다)과 농수산물의 간이 처리 시설을 설치하는 용도로 일시사용하는 경우 : 5년
> 2. 전기사업을 영위하기 위한 목적으로 설치하는 태양에너지 발전설비 용도로 일시사용하는 경우 : 18년. 이 경우 1회 연장기간은 3년을 초과할 수 없다.
> 3. 「건축법」에 따른 건축허가 또는 건축신고 대상시설이 아닌 작물재배사(고정식온실·버섯재배사 및 비닐하우스는 제외한다) 중 농업생산성 제고를 위하여 정보통신기술을 결합한 시설로서 대통령령으로 정하는 요건을 모두 갖춘 시설을 설치하는 경우 : 9년. 이 경우 1회 연장기간은 3년을 초과할 수 없다.
> 4. 1. 및 3 외의 경우 : 3년

② 다른 법률에 따른 일시사용허가가 협의 의제의 경우 연장

> 1. 전기사업을 영위하기 위한 목적으로 설치하는 태양에너지 발전설비 용도로 일시사용하는 경우 : 18년. 이 경우 1회 연장기간은 3년을 초과할 수 없다.
> 2. 「건축법」에 따른 건축허가 또는 건축신고 대상시설이 아닌 작물재배사(고정식온실·버섯재배사 및 비닐하우스는 제외한다) 중 농업생산성 제고를 위하여 정보통신기술을 결합한 시설로서 대통령령으로 정하는 요건을 모두 갖춘 시설을 설치하는 경우 : 9년. 이 경우 1회 연장기간은 3년을 초과할 수 없다.
> 3. 1. 및 3 외의 경우 : 3년

③ 도시·군계획시설의 설치예정지 안의 농지에 대하여 타용도 일시사용허가를 한 경우 : 그 도시·군계획시설의 설치시기 등을 고려하여 필요한 기간

3. 농지의 타용도일시사용 신고

(1) 신고대상

농지를 다음 각 호의 어느 하나에 해당하는 용도로 일시사용하려는 자는 대통령령으로 정하는 바에 따라 지력을 훼손하지 아니하는 범위에서 일정 기간 사용한 후 농지로 원상복구한다는 조건으로 시장·군수 또는 자치구구청장에게 신고하여야 한다. 신고한 사항을 변경하려는 경우에도 또한 같다. 다만, 국가나 지방자치단체의 경우에는 시장·군수 또는 자치구구청장과 협의하여야 한다(법 제36조의2 제1항).

> 1. 썰매장, 지역축제장 등으로 일시적으로 사용하는 경우
> 2. 제36조 제1항 제1호 또는 제2호에 해당하는 시설을 일시적으로 설치하는 경우

(2) 복구조건

시장·군수 또는 자치구구청장은 주무부장관이나 지방자치단체의 장이 다른 법률에 따른 사업 또는 사업계획 등의 인가·허가 또는 승인 등과 관련하여 농지의 타용도 일시사용 협의를 요청하면, 그 인가·허가 또는 승인 등을 할 때에 해당 사업을 시행하려는 자에게 일정 기간 그 농지를 사용한 후 농지로 복구한다는 조건을 붙일 것을 전제로 협의할 수 있다(법 제36조의2 제2항).

(3) 복구계획

시장·군수 또는 자치구구청장은 제1항에 따른 신고를 수리하거나 제2항에 따른 협의를 할 때에는 대통령령으로 정하는 바에 따라 사업을 시행하려는 자에게 농지로의 복구계획을 제출하게 하고 복구비용을 예치하게 할 수 있다 이 경우 예치된 복구비용은 사업시행자가 사업이 종료된 후 농지로의 복구계획을 이행하지 않는 경우 복구대행비로 사용할 수 있다(법 제36조의2 제3항).

5 전용허가 취소

농림축산식품부장관, 시장·군수 또는 자치구구청장은 농지전용허가 또는 농지의 타용도 일시사용허가를 받았거나 농지전용신고 또는 농지의 타용도 일시사용신고 또는 농지개량행위의 신고를 한 자가 다음 각 호의 어느 하나에 해당하면 농림축산식품부령으로 정하는 바에 따라 허가를 취소하거나 관계 공사의 중지, 조업의 정지, 사업규모의 축소 또는 사업계획의 변경, 그 밖에 필요한 조치를 명할 수 있다. 다만, 7.에 해당하면 그 허가를 취소하여야 한다(법 제39조 제1항).

1. 거짓이나 그 밖의 부정한 방법으로 허가를 받거나 신고한 것이 판명된 경우
2. 허가 목적이나 허가 조건을 위반하는 경우
3. 허가를 받지 아니하거나 신고하지 아니하고 사업계획 또는 사업 규모를 변경하는 경우
4. 허가를 받거나 신고를 한 후 농지전용 목적사업과 관련된 사업계획의 변경 등 대통령령으로 정하는 정당한 사유 없이 최초로 허가를 받거나 신고를 한 날부터 2년 이상 대지의 조성, 시설물의 설치 등 농지전용 목적사업에 착수하지 아니하거나 농지전용 목적사업에 착수한 후 1년 이상 공사를 중단한 경우
5. 농지보전부담금을 내지 아니한 경우
6. 허가를 받은 자나 신고를 한 자가 허가취소를 신청하거나 신고를 철회하는 경우
7. 허가를 받은 자가 관계 공사의 중지 등 이 조 본문에 따른 조치명령을 위반한 경우

6 농지보전부담금

1. 농지보전부담금 납입

다음 각 호의 어느 하나에 해당하는 자는 농지의 보전·관리 및 조성을 위한 부담금(농지보전부담금)을 농지관리기금을 운용·관리하는 자에게 내야 한다(법 제38조 제1항).

① 농지전용허가를 받는 자
② 농지전용협의를 거친 주거지역, 상업지역, 공업지역 예정지 또는 도시·군계획시설 예정지에 있는 농지(같은 호 단서에 따라 협의 대상에서 제외되는 농지를 포함한다)를 전용하려는 자
③ 계획관리지역에 지구단위계획구역을 지정할 때에 농지전용에 관한 협의를 거친 지구단위계획구역 예정지에 있는 농지를 전용하려는 자
④ 농지전용협의를 거친 농지를 전용하려는 자
⑤ 농지전용신고를 하고 농지를 전용하려는 자

2. 농지보전부담금의 산정(법 제38조 제6항)

농지보전부담금은 「감정평가 및 감정평가사에 관한 법률」에 따른 해당 농지의 개별공시지가의 범위에서 대통령령으로 정하는 부과기준을 적용하여 산정한 금액으로 하되, 농업진흥지역과 농업진흥지역 밖의 농지를 차등하여 부과기준을 적용할 수 있다(법 제38조 제7항, 영 53조 1항).

농지보전부담금의 제곱미터당 금액은 법 제38조제7항 각 호의 부과기준일 현재 가장 최근에 공시된 「부동산 가격공시에 관한 법률」에 따른 해당 농지의 개별공시지가에 다음 각 호의 구분에 따른 비율을 곱한 금액으로 한다(영 53조 1항).
1. 농업진흥지역의 농지: 100분의 30
2. 농업진흥지역 밖의 농지: 100분의 20

3. 농지보전부담금의 납부시기

농지를 전용하려는 자는 농지보전부담금의 전부 또는 일부를 농지전용허가·농지전용신고(다른 법률에 따라 농지전용허가 또는 농지전용신고가 의제되는 인가·허가·승인 등을 포함한다) 전까지 납부하여야 한다(법 제38조 제4항).

4. 분할납부 및 납입보증보험증서 등 예치

(1) 분할납부

농림축산식품부장관은 다음 각 호의 어느 하나에 해당하는 사유로 농지보전부담금을 한꺼번에 내기 어렵다고 인정되는 경우에는 농림축산식품부령으로 정하는 바에 따라 농지보전부담금의 부과기

준일부터 4년의 범위에서 농지보전부담금을 분할하여 납입하게 할 수 있다(법 제38조 제3항, 영 제50조 제2항).

1. 「공공기관의 운영에 관한 법률」에 따른 공공기관과 「지방공기업법」에 따른 지방공기업이 산업단지의 시설용지로 농지를 전용하는 경우 등 대통령령으로 정하는 농지의 전용 2. 농지보전부담금이 농림축산식품부령으로 정하는 금액 이상인 경우

(2) 납입보증보험증서 등 예치

농림축산식품부장관은 농지보전부담금을 나누어 내게 하려면 대통령령으로 정하는 바에 따라 농지보전부담금을 나누어 내려는 자에게 나누어 낼 농지보전부담금에 대한 납입보증보험증서 등을 미리 예치하게 하여야 한다. 다만, 농지보전부담금을 나누어 내려는 자가 국가나 지방자치단체, 그 밖에 대통령령으로 정하는 자인 경우에는 그러하지 아니하다(법 제38조 제3항).

5. 감면대상

농림축산식품부장관은 다음 각 호의 어느 하나에 해당하면 대통령령으로 정하는 바에 따라 농지보전부담금을 감면할 수 있다(법 제38조 제6항).

① 국가 또는 지방자치단체가 공용 또는 공공용의 목적으로 농지를 전용하는 경우 ② 대통령령이 정하는 중요산업시설을 설치하기 위하여 농지를 전용하는 경우 ③ 농지전용신고대상의 시설 등을 설치하기 위하여 농지를 전용하는 경우

7 용도변경의 승인

1. 승인대상

농지전용허가, 농지전용협의, 농지전용신고에 해당하는 절차를 거쳐 농지전용 목적사업에 사용되고 있거나 사용된 토지를 5년 이내에 다른 목적으로 사용하려는 경우에는 농림축산식품부령으로 정하는 바에 따라 시장·군수 또는 자치구구청장의 승인을 받아야 한다(법 제40조 제1항, 영 제59조 제1항).

2. 목적변경승인과 농지보전부담금

승인을 받아야 하는 자 중 농지보전부담금이 감면되는 시설의 부지로 전용된 토지를 농지보전부담금 감면 비율이 다른 시설의 부지로 사용하려는 자는 대통령령으로 정하는 바에 따라 그에 해당하는 농지보전부담금을 내야 한다(법 제40조 제2항).

제3절 농지대장의 작성비치

1 농지대장의 작성과 비치

시·구·읍·면의 장은 농지 소유 실태와 농지 이용 실태를 파악하여 이를 효율적으로 이용하고 관리하기 위하여 대통령령으로 정하는 바에 따라 모든 농지에 대해 필지별로 농지대장을 작성하여 갖추어 두어야 한다(법 제49조 제1항).

2 농지대장에 포함될 사항

제1항에 따른 농지대장에는 농지의 소재지·지번·지목·면적·소유자·임대차 정보·농업진흥지역 여부 등을 포함한다(법 제49조 제2항).

3 농지대장작성을 위한 보고

시·구·읍·면의 장은 제1항에 따른 농지대장을 작성·정리하거나 농지 이용 실태를 파악하기 위하여 필요하면 해당 농지 소유자에게 필요한 사항을 보고하게 하거나 관계 공무원에게 그 상황을 조사하게 할 수 있다(법 제49조 제3항).

4 농지대장의 열람 또는 등본 등의 교부

시·구·읍·면의 장은 농지대장의 열람신청 또는 등본 교부신청을 받으면 농림축산식품부령으로 정하는 바에 따라 농지대장을 열람하게 하거나 그 등본을 내주어야 한다(법 제50조 제1항).

정오표·개정 법령 확인

랜드하나 홈페이지를 통해 정오표 및 개정 법령, 교재 내용 문의 등의 다양한 서비스를 제공하고 있습니다.

EBS 편성표

강좌명	방송채널	방송	방영시간	방영일
2025년도 EBS공인중개사 기본이론강의	EBS PLUS2	본방송	07:00~07:30	2025년 2월~5월 월~금 (주 5회)
		재방송	08:30~09:00	2025년 2월~10월 월~금 (주 5회)

본 프로그램 방송채널 및 방영일시는 EBS 편성에 따라 조정될 수 있습니다.

기본이론 60편(12주, 주5회)